100% 합격을 위한
해커스금융의 특별 혜택

필수계산문제집

해커스금융 사이트(fn.Hackers.com) 접속 후 로그인 ▶ 우측 상단의 [교재] 클릭 ▶
좌측의 [무료 자료 다운로드] 클릭 ▶ 본 교재 우측의 필수계산문제집 [다운로드] 클릭 ▶
위 쿠폰번호 입력 후 이용

▲
무료자료 다운로드
바로가기

이론정리+문제풀이 무료 인강

해커스금융 사이트(fn.Hackers.com) 접속 후 로그인 ▶ 우측 상단의 [무료강의] 클릭 ▶
과목별 무료강의 중 [금융투자자격증] 클릭하여 이용

* 본 교재 강의 중 일부 회차에 한해 무료 제공됩니다.

▲
무료강의
바로가기

무료 바로 채점 및 성적 분석 서비스

해커스금융 사이트(fn.Hackers.com) 접속 후 로그인 ▶ 우측 상단의 [교재] 클릭 ▶
좌측의 [바로채점/성적분석 서비스] 클릭 ▶ 본 교재 우측의 [채점하기] 클릭하여 이용

▲
바로 채점&성적 분석
서비스 바로가기

무료 시험후기/합격수기

해커스금융 사이트(fn.Hackers.com) 접속 후 로그인 ▶ 상단메뉴의 [금융투자] 클릭 ▶
좌측의 [학습게시판 → 시험후기/합격수기] 클릭하여 이용

▲
합격수기
바로가기

20% 할인쿠폰

최종핵심문제풀이 동영상강의

I494A602G475K307

해커스금융 사이트 (fn.Hackers.com) 접속 후 로그인 ▶ 우측 상단의 [마이클래스] 클릭 ▶
좌측의 [결제관리 → My 쿠폰 확인] 클릭 ▶ 위 쿠폰번호 입력 후 이용

* 유효기간: 2025년 12월 31일까지(등록 후 7일간 사용 가능, ID당 1회에 한해 등록 가능)
* 투자권유자문인력 최종핵심문제풀이 강의에만 사용 가능(이벤트/프로모션 강의 적용 불가)
* 이외 쿠폰 관련 문의는 해커스금융 고객센터(02-537-5000)로 연락 바랍니다.

합격의 기준, 해커스금융 **fn.Hackers.com**

금융자격증 1위* 해커스금융
무료 바로 채점&성적 분석 서비스

한 눈에 보는 서비스 사용법

Step 1.
교재에 있는 모의고사를 풀고
바로 채점 서비스 확인!

Step 2.
[교재명 입력]란에
해당 교재명 입력!

Step 3.
교재 내 표시한 정답
바로 채점 서비스에 입력!

Step 4.
채점 후 나의 석차, 점수,
성적분석 결과 확인!

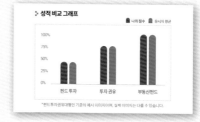

실시간 성적 분석 결과 확인

개인별 맞춤형 학습진단

**실력 최종 점검 후
탄탄하게 마무리**

합격의 기준, 해커스금융 fn.Hackers.com

바로 이용하기 ▶

해커스

펀드투자
권유자문인력

최종핵심정리문제집

해커스금융

▌이 책의 저자

민영기

학력
동국대학교 일반대학원 졸업(박사, 북한화폐경제전공)
세종대학교 산업경영대학원 졸업(경영학 석사)

경력
현 | 해커스금융 온라인 및 오프라인 전임교수
　　금융투자협회 등록교수
　　한국생산성본부 등록교수
　　동국대학교 일반대학원 석사과정 연구교수
　　성공회대학교 연구교수
전 | 상명대학교 리스크관리·보험학과 외래교수
　　세종대학교 산업대학원, 도시부동산대학원 외래교수

강의경력
현 | 해커스금융 동영상강의
전 | 삼성증권, 씨티은행, 하나대투증권, 메리츠증권,
　　현대해상 강의(펀드투자상담사)
　　국민은행, 기업은행, 신한생명, 알리안츠생명 강의
　　(투자설계, 부동산설계)
　　EBS강의(2006년), RTN(부동산TV) 출연(2011, 2009, 2007년)

저서
해커스 투자자산운용사 최종핵심정리문제집
해커스 금융투자분석사 최종핵심정리문제집
해커스 외환전문역 I종 최종핵심정리문제집
해커스 증권투자권유대행인 최종핵심정리문제집
해커스 펀드투자권유대행인 최종핵심정리문제집
해커스 증권투자권유자문인력 최종핵심정리문제집
해커스 파생상품투자권유자문인력 최종핵심정리문제집
해커스 펀드투자권유자문인력 최종핵심정리문제집

송영욱

학력
숭실대학교 경영대학원 졸업(경영학 석사)
경희대학교 법학과 졸업(법학사)

경력
현 | 해커스금융 온라인 및 오프라인 전임교수
　　금융투자협회 등록교수
　　한국생산성본부 등록교수
　　중소기업청 등록교수
전 | 교보증권, 교보생명, 외환은행 근무

강의경력
현 | 해커스금융 동영상강의
전 | 대학생 대상 금융실무 및 취업특강(2007~2016년)
　　메가넥스트 금융마케팅 온라인 및 오프라인 강의
　　새빛에듀넷 펀드·증권·자산관리과정 온라인 및 오프라인 강의
　　한국생산성본부 대학생 대상 금융아카데미과정 강의
　　한국거래소 상장기업 KRX IR EXPO 펀드 및 자산관리 특강

저서
해커스 금융투자분석사 최종핵심정리문제집
해커스 증권투자권유대행인 최종핵심정리문제집
해커스 펀드투자권유대행인 최종핵심정리문제집
해커스 증권투자권유자문인력 최종핵심정리문제집
해커스 파생상품투자권유자문인력 최종핵심정리문제집
해커스 펀드투자권유자문인력 최종핵심정리문제집
해커스 한 권으로 끝내는 공기업 기출 일반상식

방대한 학습량과 높은 난이도... 합격의 열쇠는?

합격의 비법을 제대로 담은 교재로 학습하는 것!

타 교재는 실전 대비를 위한 문제를 충분히 수록하지 않았거나, 합격을 좌우하는 계산문제를 쉽게 해결할 방법이 없거나, 핵심 내용만 빠르게 정리할 수 있는 학습 자료가 부족하여 제대로 시험을 준비하기엔 턱없이 부족했습니다.

「해커스 펀드투자권유자문인력 최종핵심정리문제집」은

1. **시험에 꼭 나오는 핵심 개념을 정리하고, 출제가능성이 높은 문제를 수록**하여, 단기간에 효과적으로 실전에 대비할 수 있습니다.

2. **상세한 해설을 제공**하여 확실한 문제 이해가 가능하며, 문제를 푸는 것만으로도 핵심 개념이 정리되어, 이 책 한 권으로도 펀드투자권유자문인력 시험에 충분히 대비할 수 있습니다.

3. **실전모의고사 2회분을 수록**하여 시험 전 실력을 최종 점검하고, 실전 감각을 극대화할 수 있습니다.

「해커스 펀드투자권유자문인력 최종핵심정리문제집」과 함께 펀드투자권유자문인력 시험을 준비하는 수험생 모두 합격의 기쁨을 느끼고 더 큰 목표를 향해 한걸음 더 나아갈 수 있기를 바랍니다.

목차

해커스 **펀드투자권유자문인력** 최종핵심정리문제집

제3과목

부동산펀드

책의 특징

해커스 **펀드투자권유자문인력** 최종핵심정리문제집

1 핵심 정리부터 실전 마무리까지 단기 완성

시험에 자주 나오는 핵심 개념을 정리하여 기초를 탄탄히 다지고, 출제가능성이 높은 문제를 수록하여 단기간에 효과적으로 실전에 대비할 수 있습니다.

2 최신 출제 경향을 분석하여 출제가능성이 높은 문제 수록

베스트셀러 1위 달성 노하우를 바탕으로 시험에 출제가능성이 높은 문제를 엄선해서 수록하여, 실전 감각을 높일 수 있습니다.

3 중요도에 따른 우선순위 학습 가능 및 맞춤형 학습플랜 제공

문제에 중요도를 ★~★★★로 표시하여, 중요한 내용부터 우선적으로 학습할 수 있습니다. 또한 5 · 7 · 10 · 20일 완성 학습플랜을 제공하여 원하는 학습 기간에 따라 맞춤형 학습할 수 있습니다.

4

확실한 핵심 개념 정리를 위한 상세한 해설 제공

모든 문제에 대해 상세한 해설을 제공하여 어려운 문제도 충분히 이해할 수 있고, 문제를 푸는 것만으로도 개념이 정리되어 보다 확실하게 시험에 대비할 수 있습니다.

5

철저한 실전 대비를 위한 '실전모의고사 2회분' 및 '필수암기공식 30' 수록

시험 전 최종 마무리를 위해 '실전모의고사 2회분'을 수록하였으며, 계산문제를 빠르고 정확하게 풀 수 있도록 시험에 꼭 나오는 공식을 엄선한 '필수암기공식 30'을 수록하였습니다. 또한 정답 및 해설에 있는 '바로 채점 및 성적 분석 서비스' QR코드를 스캔하여 취약점을 파악하고 보완할 수 있습니다.

6

시험장 필수 자료 '필수계산문제집' 제공(fn.Hackers.com)

해커스금융(fn.Hackers.com)에서는 출제가능성이 높은 공식과 계산문제를 함께 수록한 '필수계산문제집'을 제공합니다. 시험 직전까지 이를 활용하여 공식을 암기하면 계산문제에 매우 효과적으로 대비할 수 있습니다.

책의 구성

해커스 **펀드투자권유자문인력** 최종핵심정리문제집

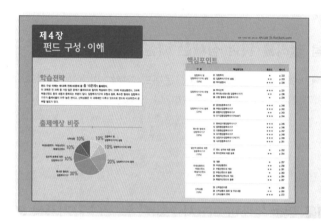

학습전략·출제예상 비중·핵심포인트

효율적인 학습을 위한 학습전략과 출제예상 비중 및 핵심포인트를 수록하였습니다. 핵심포인트에서는 핵심포인트별 중요도를 제시하여 중점적으로 학습해야 하는 부분을 한눈에 확인할 수 있습니다.

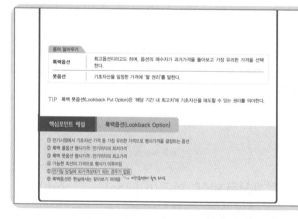

핵심포인트 해설

문제에 대한 핵심 개념을 충분히 이해할 수 있도록 핵심포인트 해설을 수록하여 문제를 푸는 것만으로도 핵심 개념을 확실히 정리할 수 있습니다. 또한 본문 내용 중 생소한 용어는 '용어 알아두기'를 통해 헷갈리는 전문용어를 바로 확인할 수 있습니다.

출제예상문제

☑ 다시 봐야 할 문제(틀린 문제, 풀지 못한 문제, 헷갈리는 문제 등)는 문제 번호 하단의 네모박스(□)에 체크하여 반복학습하시기 바랍니다.

01 중요도 ★★
증권신고서 및 일괄신고서에 대한 설명으로 가장 거리가 먼 것은?

① 집합투자증권을 공모로 발행하고자 하는 경우 증권신고서를 제출해야 하며, 사모집합투자기구에는 적용되지 않는다.
② 증권의 모집 또는 매출의 총액이 10억원 이상인 경우, 증권신고서를 제출해야 한다.
③ 증권신고서는 금융위원회에 접수를 시키면 효력이 발생한다.
④ 개방형집합투자기구를 설정·설립하고자 하는 경우 일괄신고서를 제출할 수 있으며, 일괄신고서를 제출한 집합투자업자는 발행예정기간 중 3회 이상 증권을 발행해야 한다.

출제예상문제

출제가능성이 높은 문제를 수록하여 실전에 철저히 대비할 수 있습니다. 또한 모든 문제에 중요도(★~★★★)를 표시하여 중요한 문제부터 우선적으로 학습할 수 있습니다. 뿐만 아니라, 문제 번호 하단의 네모박스(□)에 다시 봐야 할 문제를 체크하여 복습 시 활용할 수 있습니다.

수익증권 매매 시 입·출금 처리

01 입금 | 금액입금, 단체입금, 현물입금

저축금으로 매수하는 수익증권의 좌수 계산 (수납 시)

$$매수좌수 = 저축금액 \div \frac{매수 \; 시 \; 기준가격}{1,000} \Rightarrow 좌 \; 미만 \; 절상$$

저축금으로 지급하기 위한 수익증권의 좌수 계산 (지급 시)

$$환매좌수 = 저축금액 \div \frac{환매 \; 시 \; 기준가격}{1,000} \Rightarrow 좌 \; 미만 \; 절사$$

02 금액환산 | 수익증권의 좌수를 금액으로 환산하는 경우

수익증권의 좌수를 매수하기 위한 저축금액 계산 (수납 시)

$$저축금액 = 매수좌수 \times \frac{매수 \; 시 \; 기준가격}{1,000} \Rightarrow 원 \; 미만 \; 절사$$

필수암기공식 30

계산문제에서 고득점할 수 있도록 시험에 자주 나오는 핵심 공식 30개를 엄선하였습니다. 이를 시험 직전까지 활용하면 실전에서 계산문제를 보다 빠르고 정확하게 풀 수 있습니다.

제2회 실전모의고사   fn.Hackers.com

제1과목 · 펀드일반

01 집합투자증권의 투자권유에 대한 설명 중 잘못된 것은?

① 집합투자증권 판매를 위한 광고 시 과거 운용실적은 광고에 포함될 수 없다.
② 불초청 투자권유 행위는 원칙적으로 금지되나 투자자보호 및 거래질서를 해할 우려가 없는 증권과 장내파생상품에 대한 투자권유 행위는 예외적으로 가능하다.
③ 투자자정보의 확인은 서명, 기명날인, 녹취뿐만 아니라 전자우편이나 전화자동응답시스템의 방법으로도 가능하다.
④ 투자설명서는 집합투자업자가 작성하며, 판매 시 투자자에게 투자설명서를 제공하고 그 주요내용을 설명해야 한다.

실전모의고사

실전모의고사 2회분을 수록하여 실력을 점검하고 실전 감각을 극대화하여 시험 전 최종 마무리할 수 있습니다.

정답 및 해설 | 제1회 실전모의고사

제1과목 · 펀드일반

01 ①	02 ①	03 ③	04 ④	05 ④
06 ①	07 ④	08 ②	09 ③	10 ②
11 ④	12 ③	13 ④	14 ④	15 ①
16 ④	17 ①	18 ④	19 ④	20 ②
21 ③	22 ③	23 ④	24 ④	25 ②
26 ④	27 ①	28 ①	29 ①	30 ②
31 ①	32 ③	33 ④	34 ②	35 ④
36 ①	37 ③	38 ④	39 ④	40 ④
41 ④	42 ③	43 ②	44 ②	45 ②
46 ①	47 ②	48 ③	49 ①	50 ①
51 ①	52 ②	53 ③	54 ①	55 ①
56 ③	57 ④	58 ①	59 ②	60 ②

제2과목 · 파생상품펀드

03 수익자총회의 소집권자는 원칙적으로 집합투자업자이나, 신탁업자, 수익증권의 5% 이상 보유 수익자도 집합투자업자에게 총회소집 요구를 할 수 있다.

04 장 마감 후 거래는 불법적인 거래이므로 매수 또는 환매의 기준시점 이후에 매입 또는 환매를 청구한 투자자에게 적용되는 기준가격은 기준시점 이전에 매입 또는 환매하는 경우에 적용되는 기준가격 다음에 산출되는 기준가격을 적용해야 한다.

05 연계투자(P2P투자)는 「온라인투자연계금융업 및 이용자보호에 관한 법률」에 따른 것으로 온라인플랫폼을 통하여 투자자의 자금을 투자자가 지정한 해당 차입자에게 대출 등의 방법으로 자금을 공급하고 그에 따른 원리금수취권을 투자자에게 제공하는 것이다.

06 요청받지 않은 투자권유행위는 원칙적으로 금지되

실전모의고사 정답 및 해설

실전모의고사에 대한 상세하고 꼼꼼한 해설을 제공하여, 해설만으로도 문제와 관련된 개념을 확실히 이해하고 정리할 수 있습니다.

자격시험 안내

펀드투자권유자문인력이란?

투자자를 상대로 집합투자기구의 집합투자증권(펀드)에 대하여 투자권유 또는 투자자문 업무를 수행하는 자를 말합니다.

※ 관련 투자자보호교육을 사전에 이수한 후 해당 자격시험에 합격한 자만이 업무 수행 가능

펀드투자권유자문인력 자격시험 안내

■ 시험일정

구 분	시험일	시험시간	원서접수일	합격자발표
제28회	6/30(일)	10:00 ~ 12:00	6/3(월) ~ 6/7(금)	7/11(목)
제29회	12/8(일)	10:00 ~ 12:00	11/11(월) ~ 11/15(금)	12/19(목)

* 자세한 시험일정은 '금융투자협회 자격시험센터(license.kofia.or.kr)'에서도 확인할 수 있습니다.

■ 시험과목 및 문항수, 배점

시험과목		세부과목명	문항수	배 점	과락기준
제1과목	펀드일반	펀드법규	13	60	30문항 미만 득점자
		직무윤리·투자자분쟁예방	15		
		펀드영업실무	8		
		펀드 구성·이해	16		
		펀드 운용·평가	8		
제2과목	파생상품펀드	파생상품펀드 법규	7	25	13문항 미만 득점자
		파생상품펀드 영업	8		
		파생상품펀드 투자·리스크관리	10		
제3과목	부동산펀드	부동산펀드 법규	5	15	8문항 미만 득점자
		부동산펀드 영업	5		
		부동산펀드 투자·리스크관리	5		
합 계			100	100	

■ 시험 관련 기타 정보

시험주관처	금융투자협회
원서접수처	금융투자협회 자격시험센터(license.kofia.or.kr)에서 온라인 접수만 가능
시험시간	120분
응시자격	사전교육을 이수한 금융회사 직원만 응시 가능
문제형식	객관식 4지선다형
합격기준	응시과목별 정답비율이 50% 이상인 자 중에서, 응시과목의 전체 정답비율이 70%(70문항) 이상인 자

시험 당일 유의사항

■ 고사장 가기 전

시험 당일 준비물	• 응시표, 규정신분증(주민등록증, 운전면허증, 여권), 계산기, 검정색 필기도구(연필 제외, 컴퓨터용 사인펜 권장)를 반드시 준비합니다. [참고] 규정신분증 이외에 모바일 신분증, 학생증(대학, 대학원), 사원증, 각종 자격증, 임시 운전면허증, 전역증명서 등을 지참할 경우에는 시험에 응시할 수 없습니다.

■ 시험 시작 전

고사장 도착	• 시험 시작 20분 전까지 고사장에 입실 완료해야 합니다. 시험 시작 이후에는 고사장 입실 및 시험 응시가 불가합니다. • 시험이 시작되기 전에 응시표, 신분증, 계산기, 필기도구를 제외한 모든 소지품을 가방에 넣고 자리에 앉아 대기합니다.

■ 시험 시작 후

시험 문제풀이 및 답안지 마킹	• 시험지를 받으면 시험지의 인쇄상태를 확인한 후, 문제풀이를 시작합니다. • 시험 종료 후에 답안지 마킹을 할 경우 부정 처리되어 불이익을 당할 수 있으므로, 반드시 시험 종료 전에 마킹을 완료해야 합니다.

시험 종료	• 시험 종료 후, 시험지와 답안지 모두 제출합니다. [참고] 고사장 퇴실은 시험 종료 40분 전부터 가능합니다.

단기 합격전략

단기 합격을 위한 학습전략

제1과목 펀드일반

출제비중이 가장 높으나 펀드에 대한 전반적인 내용을 다루고 있어 꼼꼼하게 학습하면, 다른 과목을 수월하게 학습할 수 있습니다.

- **제1장 펀드법규**는 자본시장법상 투자와 관련된 용어의 개념, 규제내용, 투자자보호제도 등을 중심으로 학습해야 합니다.
- **제2장 직무윤리·투자자분쟁예방**은 금융투자업종사자의 의무와 투자자보호, 분쟁조정절차 등을 중심으로 학습해야 합니다.
- **제3장 펀드영업실무**는 수익증권의 매매제도와 펀드 관련 세제를 중심으로 학습해야 합니다.
- **제4장 펀드 구성·이해**는 펀드의 구분 방법과 종류별 특징을 중심으로 학습해야 합니다.
- **제5장 펀드운용, 제6장 펀드평가**는 채권과 주식에 대한 이해, 성과평가, 수익률의 위험 등과 같은 이론적인 내용이 많이 나오므로 꼼꼼하게 학습해야 합니다.

제2과목 파생상품펀드

학습자들이 가장 어렵게 느끼는 과목이지만, 출제비중이 높은 영업과 투자에서 파생상품의 기본이 되는 내용을 중점적으로 학습한 후 리스크관리에 대한 응용 내용을 학습한다면, 합격률을 높일 수 있습니다.

- **제1장 파생상품펀드 법규**는 파생상품 투자 시 운용규제와 강화된 투자자보호제도를 중심으로 학습해야 합니다.
- **제2장 파생상품펀드 영업**에서는 파생상품펀드의 종류 및 투자기법이 가장 중요하며, 파생상품펀드의 유형별 특징과 각각의 활용전략 및 자산배분전략을 이해해야 합니다.
- **제3, 4장 파생상품펀드 투자**에서는 선물·스왑·옵션의 기본적인 이론과 파생결합증권·이색옵션에 대하여 이해해야 합니다.
- **제5장 파생상품펀드 리스크관리**에서는 발행사의 리스크 백투백(BTB) 거래와 자체헤지, 운용사 리스크관리에서는 위험의 종류와 위험관리방법 등이 주로 시험에 출제됩니다.

제3과목 부동산펀드

전반적인 부동산시장 이해를 바탕으로 부동산 관련 개념과 용어를 정확히 이해하고, 중요한 핵심 내용을 면밀하게 학습해야 합니다.

- **제1장 부동산펀드 법규**는 부동산펀드의 운용제한 및 특례를 중심으로 학습해야 합니다.
- **제2장 부동산펀드 영업**에서는 부동산펀드의 종류와 분류 기준, 특성 위주로 학습해야 합니다.
- **제3장 부동산펀드 투자**에서는 부동산의 입체적 시장 및 부동산평가를 이해하고 영업상 현금흐름과 매각현금흐름, 수익률의 종류를 주의 깊게 학습해야 합니다.
- **제4장 부동산펀드 리스크관리**에서는 전통적 투자와 다른 부동산투자의 위험을 알아야 하며, 특히 개발위험을 중심으로 학습해야 합니다.

D-1 마무리 학습 TIP

- '실전모의고사 2회분'을 풉니다.
- '필수암기공식 30'을 보며 핵심 공식을 정리하고, 금융소비자보호법 주요 내용을 익힙니다.
- 해커스금융(fn.Hackers.com)에서 무료로 제공되는 '필수계산문제집'을 다운받아 문제를 풀고 공식을 암기하여, 계산문제에 철저하게 대비합니다.

학습자가 가장 궁금해하는 질문 BEST 4

Q1 펀드투자권유자문인력 시험에 합격하기 위해서는 얼마 동안 공부를 해야 할까요?

A **20일 정도 공부하면 충분히 합격할 수 있습니다.**

본 교재는 모든 문제에 중요도(★~★★★)를 표시하여 중요한 내용부터 우선적으로 학습할 수 있습니다. 따라서 중요도 높은 내용 위주로만 학습한다면 20일보다 더 빨리 시험 대비를 마칠 수 있습니다.

Q2 펀드투자권유자문인력 시험을 독학으로 대비할 수 있을까요?

A **네, 독학으로 시험에 대비할 수 있습니다.**

펀드투자권유자문인력 시험에 대비하기 위해서는 핵심 개념 및 공식을 암기하고, 시험과 유사한 문제를 많이 풀어보는 것이 중요합니다. 따라서 본 교재를 통하여 시험에 출제가능성이 높은 핵심 개념을 정리하고 출제예상문제와 실전모의고사를 풀어본다면, 독학으로도 충분히 시험에 대비할 수 있습니다.

Q3 이전에 펀드투자상담사 자격증을 취득했는데, 펀드투자권유자문인력 자격증을 추가로 취득해야 하나요?

A **아니요, 펀드투자상담사 자격증을 취득했다면, 펀드투자권유자문인력 자격증은 취득할 필요가 없습니다.**

펀드투자상담사 자격증 취득자는 동일시험 기합격자로 간주되어 펀드투자권유자문인력 시험 응시제한 대상에 해당합니다.

Q4 펀드투자권유자문인력 시험은 누구나 응시할 수 있나요?

A **아니요, 펀드투자권유자문인력 시험은 사전교육을 이수한 금융회사 직원만이 응시할 수 있습니다.**

2015년부터 기존의 펀드·증권·파생상품투자상담사 자격시험이 금융회사 종사자 대상 투자권유자문인력 적격성 인증시험으로 전환되었고, 일반인이 응시 가능한 '투자권유대행인' 시험이 신설되었습니다.

학습플랜 | 해커스 **펀드투자권유자문인력** 최종핵심정리문제집

자신에게 맞는 학습플랜을 선택하여 본 교재를 학습하세요.

이때 해커스금융(fn.Hackers.com) 동영상강의를 함께 수강하면 더 효과적이에요.

5일 완성 학습플랜

교재에 수록된 문제 중 중요도가 가장 높은 별 3개(★★★) 문제를 중심으로 5일 만에 시험 준비를 마칠 수 있어요.

* 해커스금융(fn.Hackers.com)에서 무료로 제공하는 '필수계산문제집'과 함께 학습하면 더욱 효과가 좋습니다.

7일 완성 학습플랜

교재에 수록된 문제 중 중요도가 높은 별 3개(★★★)와 별 2개(★★) 문제를 중심으로 7일 만에 시험 준비를 마칠 수 있어요.

1주	1일 ☐	**제1과목** **펀드일반** 별 3개(★★★), 별 2개(★★) 문제 중심	제1장 펀드법규 제2장 직무윤리·투자자분쟁예방	p.20~93 p.94~167
	2일 ☐		제3장 펀드영업실무 제4장 펀드 구성·이해	p.168~217 p.218~317
	3일 ☐		제5장 펀드운용 제6장 펀드평가	p.318~357 p.358~383
	4일 ☐	**제2과목** **파생상품펀드** 별 3개(★★★), 별 2개(★★) 문제 중심	제1장 파생상품펀드 법규 제2장 파생상품펀드 영업	p.386~415 p.416~471
	5일 ☐		제3장 파생상품펀드 투자 1 제4장 파생상품펀드 투자 2 제5장 파생상품펀드 리스크관리	p.472~503 p.504~521 p.522~539
	6일 ☐	**제3과목** **부동산펀드** 별 3개(★★★), 별 2개(★★) 문제 중심	제1장 부동산펀드 법규 제2장 부동산펀드 영업 제3장 부동산펀드 투자 제4장 부동산펀드 리스크관리	p.542~561 p.562~593 p.594~615 p.616~639
	7일 ☐	**마무리**	필수암기공식 30* 제1·2회 실전모의고사 풀이	p.642~647 p.650~724

* 해커스금융(fn.Hackers.com)에서 무료로 제공하는 '필수계산문제집'과 함께 학습하면 더욱 효과가 좋습니다.

10일 완성 학습플랜

교재의 모든 내용을 10일간 집중적으로 학습할 수 있어요.

1주	1일 ☐	제1과목 펀드일반	제1장 펀드법규 제2장 직무윤리·투자자분쟁예방	p.20~93 p.94~167
	2일 ☐		제3장 펀드영업실무	p.168~217
	3일 ☐		제4장 펀드 구성·이해	p.218~317
	4일 ☐		제5장 펀드운용 제6장 펀드평가	p.318~357 p.358~383
2주	5일 ☐	제2과목 파생상품펀드	제1장 파생상품펀드 법규 제2장 파생상품펀드 영업	p.386~415 p.416~471
	6일 ☐		제3장 파생상품펀드 투자 1 제4장 파생상품펀드 투자 2	p.472~503 p.504~521
	7일 ☐		제5장 파생상품펀드 리스크관리	p.522~539
	8일 ☐	제3과목 부동산펀드	제1장 부동산펀드 법규 제2장 부동산펀드 영업	p.542~561 p.562~593
	9일 ☐		제3장 부동산펀드 투자 제4장 부동산펀드 리스크관리	p.594~615 p.616~639
	10일 ☐	마무리	필수암기공식 30* 제1·2회 실전모의고사 풀이	p.642~647 p.650~724

* 해커스금융(fn.Hackers.com)에서 무료로 제공하는 '필수계산문제집'과 함께 학습하면 더욱 효과가 좋습니다.

20일 완성 학습플랜

교재의 모든 내용을 20일간 차근차근 학습할 수 있어요.

1주	1일 ☐	제1과목 펀드일반	제1장 펀드법규	p.20~93
	2일 ☐			
	3일 ☐		제2장 직무윤리·투자자분쟁예방	p.94~167
	4일 ☐		제3장 펀드영업실무	p.168~217
	5일 ☐		제4장 펀드 구성·이해	p.218~317
2주	6일 ☐			
	7일 ☐		제5장 펀드운용	p.318~357
	8일 ☐		제6장 펀드평가	p.358~383
	9일 ☐	제2과목 파생상품펀드	제1장 파생상품펀드 법규	p.386~415
	10일 ☐		제2장 파생상품펀드 영업	p.416~471
3주	11일 ☐		제3장 파생상품펀드 투자 1	p.472~503
	12일 ☐		제4장 파생상품펀드 투자 2	p.504~521
	13일 ☐		제5장 파생상품펀드 리스크관리	p.522~539
	14일 ☐	제3과목 부동산펀드	제1장 부동산펀드 법규	p.542~561
	15일 ☐		제2장 부동산펀드 영업	p.562~593
4주	16일 ☐		제3장 부동산펀드 투자	p.594~615
	17일 ☐		제4장 부동산펀드 리스크관리	p.616~639
	18일 ☐	마무리	필수암기공식 30*	p.642~647
	19일 ☐		제1·2회 실전모의고사 풀이	p.650~724
	20일 ☐		제1·2회 실전모의고사 복습	p.650~724

* 해커스금융(fn.Hackers.com)에서 무료로 제공하는 '필수계산문제집'과 함께 학습하면 더욱 효과가 좋습니다.

제1과목
펀드일반

[총 60문항]

제1장
펀드법규

학습전략

펀드법규는 제1과목 전체 60문제 중 **총 13문제**가 출제된다.

자본시장법의 시행으로 금융투자상품의 개념 및 용어가 달라졌다. 금융투자회사의 업무영역도 넓어지고 상품도 다양하고 복잡해졌다. 이에 따라 펀드법규 과목에서는 달라진 금융투자상품의 법적 개념과 규제 내용, 그리고 투자자보호와 관련된 문제가 자주 출제되고 있다.

출제예상 비중

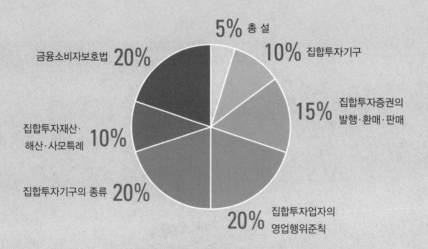

금융소비자보호법 20%

5% 총 설

10% 집합투자기구

15% 집합투자증권의 발행·환매·판매

집합투자재산·해산·사모특례 10%

집합투자기구의 종류 20%

20% 집합투자업자의 영업행위준칙

핵심포인트

자본시장법은 집합투자의 요건에 대하여 규정하고 있다. 이 규정에 부합하는 것은?

① 2인 이상의 자에게 투자권유할 것
② 재산적 가치가 없는 자산도 운용 가능할 것
③ 투자자로부터 일상적인 운용지시를 받지 않을 것
④ 금전 집합운용이 불가할 것

TIP ① 2인 이상의 자에게 투자권유만 하면 되는 것이 아니라 2인 이상에게 판매되어야 한다.
② 재산적 가치가 있는 자산을 운용해야 한다.
④ 투자자로부터 모은 금전 등을 집합운용해야 한다.

핵심포인트 해설 **집합투자의 특징 및 요건**

(1) 집합투자(= 투자펀드)의 특징
① 간접투자　② 집단투자　③ 실적배당
④ 투자자평등　⑤ 고유자산과 펀드자산의 법적 분리

(2) 집합투자의 요건(자본시장법 제6조⑤)
① 2인 이상의 자에게 판매될 것
② 투자자로부터 모은 금전 등을 집합운용할 것
③ 투자자로부터 일상적인 운용지시를 받지 않을 것(투자자의 운용관여는 총회를 통한 간접적인 관여만 허용)
④ 재산적 가치가 있는 자산을 취득, 처분 그 밖의 방법으로 운용할 것
⑤ 운용결과에 대한 책임은 투자자에게 귀속될 것

(3) 집합투자가 아닌 경우 ──→ 1. 49인 이하 (O), 2. 49인 미만 (X), 3. 50인 미만 (O)
① 49인 이하의 투자자에게 사모의 방법으로 금전 등을 모아 운용배분하는 경우
② 자산유동화법에 의하여 금전 등을 모아 운용배분하는 경우

정답 | ③

02

투자신탁의 당사자(집합투자업자, 신탁업자, 수익자)**에 대한 설명으로 잘못된 것은?**

① 집합투자업자는 투자신탁의 설정·해지, 투자신탁재산의 운용, 수익증권의 발행 업무를 한다.

② 신탁업자는 투자신탁재산의 보관·관리, 집합투자업자의 운용지시에 따른 자산 취득 및 처분, 환매대금 및 이익금 지급 업무 등을 한다.

③ 집합투자업자는 법령에 의하여 신탁업자의 감시를 받지 않는다.

④ 수익자는 수익권 좌수에 따라 균등한 권리를 갖고, 언제든지 수익증권의 환매를 청구할 수 있다.

TIP 신탁업자는 집합투자업자가 작성한 투자설명서 및 자산의 평가와 기준가격 산정의 적정성 여부, 집합투자업자의 운용지시가 법령·신탁계약서·투자설명서에 위반되는지 여부를 감시하는 등 집합투자업자를 감시하는 기능을 수행한다.

핵심포인트 해설 **집합투자기구의 법적 형태**

(1) 집합투자기구의 법적 형태
① 신탁형 : 투자신탁(대부분의 집합투자기구는 투자신탁 형태임)
② 회사형 : 투자회사, 투자유한회사, 투자유한책임회사, 투자합자회사
③ 조합형 : 투자합자조합, 투자익명조합

(2) 투자신탁의 구조

자산운용사 →	집합투자업자	• 투자신탁의 설정 및 해지 • 투자신탁재산의 투자 및 운용 • 수익증권의 발행
은행 →	신탁업자	• 신탁재산의 보관 및 관리 • 집합투자업자의 운용지시에 따른 자산 취득 및 처분 • 집합투자업자의 감시(운용지시의 위법 여부 감시) • 투자설명서·자산평가·기준가격 적정 여부 확인 • 환매대금 및 이익금의 지급
투자자 →	수익자	• 신탁원본 상환 및 이익분배 시 수익권 • 수익증권(투자신탁) 환매청구권 • 신탁재산에 대한 장부서류 열람 및 등초본 교부청구권 • 수익자총회 의결권

정답 | ③

자본시장법상 투자신탁의 수익자총회에 대한 설명으로 가장 올바른 것은?

① 수익자총회는 자본시장법에서 정한 사항에 한하여 의결할 수 있다.

② 수익자총회는 원칙적으로 신탁업자가 소집한다.

③ 수익자가 불출석하고 서면에 의해 의결권을 행사하는 것은 불가능하다.

④ 수익자총회의 결의에 반대하여 수익증권의 매수청구를 한 수익자에 대해 매매수수료 등 비용을 부담시킬 수 없다.

용어 알아두기

수익자총회	펀드(투자신탁)에 대한 중요한 사항을 결정하기 위한 의사결정기구로 회사의 주주총회와 같은 역할을 한다.

TIP ① 수익자총회는 자본시장법 또는 신탁계약에서 정한 사항에 한하여 의결할 수 있다.
② 수익자총회는 원칙적으로 집합투자업자가 소집한다.
③ 수익자가 불출석하고 서면에 의해 의결권을 행사하는 것은 가능하다.

핵심포인트 해설   **투자신탁의 기관(수익자총회)**

의결 범위	• 자본시장법에서 정한 사항 • 신탁계약에서 정한 사항
소집권자	• 원칙적인 소집권자 : 집합투자업자 • 신탁업자, 발행 수익증권 총좌수의 5% 이상 보유 수익자도 집합투자업자에게 총회소집 요구 가능
운영	• 총회소집 시 각 수익자에게 총회일의 2주 전 통지
의결방법	• 자본시장법에서 정한 사항 의결 : 출석자 과반수 & 총좌수 1/4 찬성 • 신탁계약으로 정한 사항 의결 : 출석자 과반수 & 총좌수 1/5 찬성 • 수익자가 불출석하고 서면에 의한 의결권 행사도 가능
간주의결권 (Shadow Voting) 요건	• 수익자에게 의결권 행사 통지가 있었으나 행사되지 않았을 것 • 간주의결권 행사 방법이 규약에 기재되어 있을 것 • 수익자총회의 의결권을 행사한 총좌수가 발행총좌수의 1/10 이상일 것 • 금융위원회가 정하는 바에 따라 그 결과를 수익자에게 제공할 것
연기수익자총회 의결방법	• 자본시장법에서 정한 사항 의결 : 출석자 과반수 & 총좌수 1/8 찬성 • 신탁계약으로 정한 사항 의결 : 출석자 과반수 & 총좌수 1/10 찬성
수익증권 매수청구권	• 총회 결의에 반대하는 수익자는 집합투자업자에게 자신의 수익증권 매수청구 가능(결의일로부터 20일 이내) • 인정범위 : 신탁계약 변경, 합병결의에 한함 • 수익자에게 매수수수료 기타 비용을 부담시키면 안 됨

정답 | ④

04

자본시장법상 사전에 수익자총회의 결의를 거쳐야 하는 신탁계약 변경사항으로 모두 묶인 것은?

- ㉠ 신탁계약기간의 변경
- ㉡ 일반사무관리회사의 변경
- ㉢ 주된 투자대상자산의 변경
- ㉣ 집합투자업자, 신탁업자 등이 받은 보수의 인하
- ㉤ 환매대금 지급일의 연장

① ㉠, ㉡, ㉢
② ㉠, ㉢, ㉤
③ ㉡, ㉢, ㉤
④ ㉢, ㉣, ㉤

TIP ㉡㉣은 투자자를 불리하게 하는 내용이 아니므로 수익자총회의 결의가 필요 없다.

핵심포인트 해설 **수익자총회 결의사항**

자본시장법에서 정한 사항	• 수익자를 불리하게 하는 변경 · 집합투자업자 및 신탁업자의 보수·수수료 인상 · 환매대금 지급일 연장 · 개방형펀드를 폐쇄형펀드로 변경 • 중대한 변경 · 집합투자업자 변경 · 신탁업자 변경 · 투자신탁의 종류 변경 · 주된 투자대상자산의 변경 · 투자대상자산에 대한 투자한도의 변경 · 신탁계약기간 변경 · 투자한도의 변경
신탁계약에서 정한 사항	• 합 병 • 환매연기 • 신탁계약의 중요내용 변경

정답 | ②

투자회사에 대한 설명으로 잘못된 것은?

① 최초 감독이사는 법인이사로부터 계속적으로 보수를 지급받고 있는 자 중에서 선임한다.

② 내부감사가 없는 대신 외부감사가 의무화되어 있다.

③ 이사회는 법인이사와 감독이사로 구성되어 자본시장법·정관에서 정한 사항만 의결한다.

④ 주주총회는 이사회가 소집하며 출석주주 의결권 과반수와 발행주식총수 1/4 이상의 찬성으로 의결한다.

TIP 법인이사로부터 계속적으로 보수를 지급받고 있는 자는 감독이사가 될 수 없다.

핵심포인트 해설 **투자회사의 이사**

(1) 투자회사의 이사
  ① 법인이사 : 1인
  ② 감독이사 : 2인 이상

(2) 투자회사의 이사 관련 규정

법인이사	감독이사
• 투자회사를 대표하고 업무를 집행함 • 집합투자업자가 법인이사가 됨 • 집합투자업자는 법인이사의 직무 범위를 정하여 그 직무수행자를 임직원 중에서 선임할 수 있음	• 집합투자업자의 업무집행을 감독 • 투자회사의 업무 및 재산상황을 감독 • 집합투자업자와 일정한 관계에 있는 자는 감독이사가 될 수 없음 • 법인이사, 신탁업자, 투자중개·매매업자, 일반사무관리회사에 대하여 투자회사와 관련된 업무 및 재산상황에 관한 보고 요구 가능 • 회계감사인에 대하여 회계감사에 관한 보고 요구 가능

정답 | ①

06

투자회사의 기관에 대한 설명 중 잘못된 것은?

① 감독이사는 2인 이상이어야 한다.

② 이사회는 법인이사와 감독이사로 구성된다.

③ 주주총회의 소집권자는 3% 이상 보유 주주이다.

④ 주주총회에서는 합병, 환매연기, 정관 중요사항 변경 등을 의결한다.

TIP 주주총회의 소집권자는 이사회이다. 다만, 신탁업자 및 5% 이상 보유 주주도 이사회에 주주총회 소집을 요구할 수 있다.

핵심포인트 해설　　　**투자회사의 기관(이사, 이사회, 주주총회)**

이 사	• 유형 : 법인이사 1인 + 감독이사 2인 이상 • 법인이사(집합투자업자) : 회사대표, 업무집행, 보고(3월마다 1회 이상 업무집행상황 및 자산운용내역을 이사회에 보고) • 감독이사 : 집합투자업자 업무집행 감독, 투자회사의 업무·재산 감독
이사회	• 구성 : 법인이사 + 감독이사 • 소집권자 : 각 이사 • 의결방법 : 과반수 출석 + 출석이사 과반수 찬성으로 의결 • 의결범위 : 자본시장법 & 정관에서 정한 사항(업무위탁계약체결, 보수지급, 금전분배 및 주식배당 등)
주주총회	• 의결범위 : 자본시장법 & 정관에서 정한 사항 • 소집권자 : 이사회(신탁업자, 5% 이상 보유 주주도 이사회에 총회소집 요구 가능) • 기타 : 수익자총회 규정을 준용

정답 | ③

투자회사에 대한 설명 중 잘못된 것은?

① 수익증권을 발행하는 형태의 집합투자기구이다.
② 모든 업무를 외부 전문가에게 위탁해야 한다.
③ 투자자는 투자회사가 발행하는 주식을 취득함으로써 투자회사의 주주가 된다.
④ 투자업무 외의 업무는 할 수 없다.

용어 알아두기

서류상 회사	서류상 회사(Paper Company)는 보통 절세나 경비절감을 목적으로 설립되는 서류형태의 회사로 법적으로 회사자격을 가지고 있다는 점에서 유령회사와 다르다.

TIP 주권을 발행하는 형태의 집합투자기구이다.

핵심포인트 해설 **투자회사**

(1) 투자회사의 의의
　① 투자회사는 주식회사제도를 집합투자에 적합하게 변형한 집합적·간접적 투자제도
　② 회사형 집합투자기구
　③ 서류상 회사(Paper Company)
　④ 내부감사가 없는 대신 외부감사가 의무화되어 있음

(2) 투자회사의 특징
　① 투자업무 외의 업무는 할 수 없음
　② 본점 외의 영업소를 설치할 수 없음
　③ 직원 고용 및 상근임원을 채용할 수 없음
　④ 모든 업무를 외부 전문가에게 위탁해야 함
　⑤ 투자자는 투자회사가 발행하는 주식을 취득함으로써 투자회사의 주주가 됨

정답 | ①

08

집합투자기구의 등록에 대한 설명 중 잘못된 것은?

① 등록은 증권신고서 제출과는 별개의 절차이다.
② 증권신고서와 등록신청서를 동시에 제출하는 경우 증권신고서가 수리된 때에 등록된 것으로 의제한다.
③ 모든 집합투자기구는 자본금(또는 출자금)이 1억원 이상이어야 한다.
④ 변경 등록 시 정정신고서를 제출한 경우 그 정정신고의 효력이 발생하는 때에 변경 등록이 되는 것으로 간주한다.

TIP 투자회사 및 투자조합은 자본금(또는 출자금)이 1억원 이상일 것을 요하지만 투자신탁은 자본금을 요건으로 하지 않는다.

핵심포인트 해설 집합투자기구의 등록

(1) 등록의 의의
　① 증권신고서 제출과는 별개의 절차로 집합투자기구가 설정된 경우 해당 투자기구를 금융위원회에 등록해야 함
　　⇨ 금융위원회는 등록신청 후 20일 이내에 등록 여부 결정
　② 증권신고서와 등록신청서를 동시에 제출하는 경우 증권신고서가 수리된 때에 등록된 것으로 의제함

(2) 집합투자기구의 등록요건
　① 집합투자업자 등이 업무정지기간 중에 있지 않을 것
　② 집합투자기구가 적법하게 설정되었을 것
　③ 집합투자규약이 법령위반 또는 투자자 이익을 침해하지 않을 것
　④ 자본금(또는 출자금)이 1억원 이상일 것(단, 투자신탁은 자본금이 없어도 됨)
　⑤ 투자회사의 경우에는 감독이사가 적격요건을 갖추고 있을 것

(3) 집합투자기구별 등록요건
　① 투자신탁 등록요건
　　㉠ 등록하려는 펀드의 매수규모, 기간 등에 관하여 금융위원회 고시 기준을 충족하는 계획을 수립할 것
　　㉡ 해당 집합투자업자가 운용하는 펀드 중 소규모펀드(50억원 미만)로서 금융위원회가 고시하는 펀드가 차지하는 비율이 5% 이하일 것
　② 투자회사 등록요건
　　㉠ 감독이사가 금융회사지배구조법 제5조 제1항 각 호의 어느 하나에 해당하지 않을 것
　　㉡ 등록 신청 당시 자본금이 1억원 이상일 것

정답 | ③

집합투자증권의 발행에 대한 설명 중 잘못된 것은?

① 투자신탁의 수익증권은 신탁업자의 확인을 받아 집합투자업자가 발행한다.
② 투자신탁의 수익증권은 액면·기명식으로 발행한다.
③ 투자신탁의 수익증권은 예탁결제원의 명의로 일괄예탁방법으로 발행한다.
④ 일괄예탁발행에 따라 수익자명부에는 예탁결제원이 수익자로 등재된다.

TIP 투자신탁의 수익증권은 무액면·기명식으로 발행한다.

핵심포인트 해설 **집합투자증권의 설립과 발행**

(1) 집합투자기구의 설립

투자신탁	• 집합투자업자와 신탁업자의 신탁계약 체결로 설립 • 신탁계약 변경 시 집합투자업자는 신탁업자와 변경계약을 체결해야 함
투자회사	• 발기인이 정관을 작성하여 기명날인하고 설립등기함으로써 설립 • 발기설립만 가능(모집설립 불가)

(2) 집합투자증권의 발행

투자신탁 (수익증권)	• 투자신탁의 수익증권은 신탁업자의 확인을 받아 집합투자업자가 발행 • 수익증권 발행형식 : 무액면·기명식 • 수익증권 발행가액 : 기준가격을 기초로 정해짐 • 수익증권 발행방법 : 예탁결제원의 명의로 일괄예탁방법으로 발행함
투자회사 (주권)	• 투자회사의 주권은 당해 투자회사가 발행하며 신주발행에 관한 사항은 이사회가 결정함 • 발행 가능 주식 : 보통주만 가능 • 주권 발행형식·발행가액·발행방법 : 투자신탁과 동일함

정답 | ②

집합투자증권의 공모발행에 대한 설명으로 잘못된 것은?

① 증권신고서를 금융위원회에 제출하여 수리되기 전에는 집합투자증권을 모집 또는 매출할 수 없다.

② 집합투자증권의 투자권유는 법령에서 정한 투자설명서에 의해서만 가능하다.

③ 집합투자증권을 공모발행한 후에는 발행실적보고서를 제출해야 한다.

④ 증권신고서의 효력발생기간은 원칙적으로 신고서 수리 후 7일이다.

TIP 증권신고서의 효력발생기간은 원칙적으로 신고서 수리 후 15일이고, 정정신고서의 효력발생기간은 원칙적으로 신고서 수리 후 3일이다.

핵심포인트 해설 증권신고서

의 의	• 공모발행 시 증권신고서를 금융위원회에 제출하여 수리되기 전에는 집합투자증권의 모집·매출 불가 • 공모발행 후 발행실적보고서를 제출해야 함
제출대상	• 증권의 모집·매출 총액이 10억원 이상인 경우(공모에 한함) • 사모투자신탁 또는 모투자신탁은 증권신고서 제출대상에서 제외됨
효력발생기간	• 원칙 : 15일 경과 • 집합투자증권의 모집·매출 : 10일 경과 　　　　　　　　　　　　(단, 주주 또는 수익자에게 배정하는 방식의 집합투자증권의 모집·매출 : 　　　　　　　　　　　　7일 경과) • 정정신고서 제출한 경우 : 정정신고서 수리된 날 또는 3일 경과
개방형집합투자기구 특례	• 일괄신고서 제출 가능 • 일괄신고서 제출 후 증권발행 시 추가서류 제출의무 면제 • 정정신고서 제출 특례 인정 • 특례에 따라 발행예정증권 총수 범위 내에서 자유로이 발행 가능

정답 | ④

증권신고의 효력이 발생한 집합투자증권을 취득하고자 하는 자에게는 반드시 투자설명서를 교부해야 한다. 그러나 일부의 자에 대하여는 투자설명서 교부의무가 면제된다. 다음 중 투자설명서 교부가 면제되는 자와 거리가 먼 것은?

① 전문투자자
② 투자설명서 수령 거부의사를 서면으로 표시한 자
③ 전자문서로 수령하기를 원하는 자
④ 연고자

TIP 전자문서로 수령하기를 원하는 자라고 하여 투자설명서 교부의무가 면제되는 것은 아니다.

핵심포인트 해설   **투자설명서**

의 의	• 증권의 청약을 권유할 때 사용해야 하는 법정 투자권유문서 • 신탁업자는 투자설명서의 내용이 법령, 집합투자규약, 증권신고서의 내용에 부합 여부를 확인해야 함
작성 및 공시	• 발행인은 투자설명서를 작성하여 금융위원회에 제출하고 일정한 장소(본점, 금융위원회, 거래소, 청약사무취급장소)에 비치해야 함 • 발행인은 연 1회 이상 다시 고친 투자설명서를 금융위원회에 추가로 제출해야 함
투자설명서 교부의무	• 금융투자업자는 증권 취득자에 대한 투자설명서 교부의무가 있음 • 자본시장법은 설명의무와 투자설명서 교부의무를 강화함
투자설명서 교부면제대상	• 전문투자자 • 모집매출 기준인 50인 산정대상에서 제외되는 자(회계법인, 신용평가회사, 발행인에게 용역을 제공하는 전문자격자, 발행인의 사업내용을 잘 아는 연고자 등) • 서면, 전화, 통신 등의 방법으로 투자설명서 수령을 거부한 자 • 이미 취득한 것과 같은 집합투자증권을 계속하여 추가 취득하려는 자
사용시점별 청약권유문서	• 예비투자설명서 : 증권신고서가 수리된 후 효력이 발생하기 전에 사용 • (정식)투자설명서 : 증권신고의 효력이 발생한 후에 사용 • 간이투자설명서 : 증권신고서가 수리된 후 효력이 발생하기 전후에 사용

정답 | ③

12

투자설명서에 대한 설명으로 잘못된 것은?

① 자본시장법은 투자자보호를 위하여 설명의무를 강화하고, 손해배상의무를 추가하였다.

② 증권신고서가 수리된 후 효력이 발생하기 전에는 예비투자설명서를 사용하여 청약을 권유한다.

③ 증권신고서가 수리된 후 효력이 발생하기 전후에 광고, 안내문, 홍보전단 또는 전자전 달매체에 의하여 청약권유하는 경우 간이투자설명서를 사용한다.

④ 투자설명서는 대면하여 교부해야 하므로 전자문서로 투자설명서를 교부하는 것은 금지된다.

TIP   요건만 충족하면 전자문서로 투자설명서를 교부하는 것도 가능하다.

핵심포인트 해설　　　**투자설명서와 예측정보**

(1) 전자문서에 의한 투자설명서 교부 요건
　① 전자문서에 의하여 투자설명서를 받는 것을 전자문서수신자가 동의할 것
　② 전자문서수신자가 전자문서를 받을 전자전달매체의 종류와 장소를 지정할 것
　③ 전자문서수신자가 그 전자문서를 받은 사실이 확인될 것
　④ 전자문서의 내용이 서면에 의한 투자설명서의 내용과 동일할 것

(2) 예측정보 오류에 대한 손해배상책임 면제 요건
　① 그 기재 또는 표시가 예측정보라는 사실이 밝혀져 있을 것
　② 예측 또는 전망과 관련된 가정이나 판단의 근거가 밝혀져 있을 것
　③ 그 기재 또는 표시가 합리적 근거나 가정에 기초하여 성실하게 행하여져 있을 것
　④ 그 기재 또는 표시에 대하여 예측치와 실제 결과치가 다를 수 있다는 주의문구가 밝혀져 있을 것

정답 | ④

다음 중 정정신고서에 대한 설명으로 잘못된 것은?

① 금융위원회는 집합투자업자의 증권신고서 형식이 제대로 갖추어지지 않았을 경우 정정신고서를 요구할 수 있다.
② 금융위원회가 증권신고서 내용에 대하여 정정할 것을 요구한 날로부터 그 증권신고서는 수리되지 않은 것으로 간주된다.
③ 집합투자업자가 금융위원회에 정정신고서를 제출하여 수리된 날에 그 증권신고서도 수리된 것으로 간주된다.
④ 일괄신고서의 경우에는 정정신고서 제출이 가능하나 발행예정금액 및 기간의 정정은 할 수 없다.

TIP 일괄신고서의 경우에도 정정사유가 있는 경우 발행예정기간 종료 전까지 정정신고서를 제출할 수 있으며 발행예정금액 및 기간의 정정도 가능하다.

핵심포인트 해설　　　**정정신고서**

(1) 정정신고서의 의의 및 효과
　① 의 의
　　㉠ 이미 제출한 증권신고서의 내용을 정정하고자 할 경우 제출하는 신고서
　　㉡ 금융위원회가 증권신고서 형식 불비, 중요사항에 대한 거짓기재, 중요사항 미기재 등의 사유로 증권신고의 정정을 요구하는 경우 이를 정정해야 함
　② 효 과
　　㉠ 금융위원회가 증권신고서 내용에 대하여 정정할 것을 요구한 날로부터 그 증권신고서는 수리되지 않은 것으로 간주됨
　　㉡ 집합투자업자가 금융위원회에 정정신고서를 제출하여 수리된 날에 그 증권신고서도 수리된 것으로 간주함
(2) 정정신고서의 주요 내용
　① 제출기한 : 증권신고서에 기재된 증권의 취득 또는 매수의 청약일 전일
　② 정정신고서 제출 필수사항 : 발행조건의 정정, 인수인 정정, 집합투자기구의 등록 사항 정정, 증권취득에 따른 투자 위험요소, 최근 결산기의 재무제표 확정 시, 집합투자기구 간 합병계약의 체결, 집합투자재산 등에 중대한 영향을 미치는 소송이 제기된 때
　③ 일괄신고서(개방형)의 정정신고도 발행예정기간 종료 전까지 가능(발행예정금액 및 기간의 정정도 가능)

정답 | ④

증권신고서의 거짓기재 등으로 인한 배상책임이 있는 자와 거리가 먼 것은?

① 신고 당시 발행인의 이사
② 증권의 인수계약을 체결한 자
③ 투자설명서를 작성하거나 교부한 자
④ 해당 증권을 판매한 직원

TIP 해당 증권을 판매한 직원은 증권신고서 거짓기재로 인한 배상책임과 상관없다.

핵심포인트 해설 　　증권신고서 등의 거짓기재 등으로 인한 배상책임

배상책임 요건	• 증권신고서(정정신고서 및 첨부서류 포함)와 투자설명서(예비투자설명서, 간이투자설명서 포함)에 대한 사항일 것 • 중요사항에 관하여 거짓의 기재(표시)가 있을 것 • 중요사항이 기재(표시)되지 않음으로써 증권의 취득자가 손해를 입었을 것 • 배상책임자의 고의 또는 중과실이 있을 것 　(배상의 책임을 질 자가 상당한 주의를 하였음에도 불구하고 이를 알 수 없었음을 증명하거나 그 증권의 취득자가 취득의 청약을 할 때에 그 사실을 안 경우에는 배상의 책임을 지지 아니함)
배상책임자	• 증권신고서의 신고인, 신고 당시 발행인의 이사 • 증권신고서 작성을 지시한 자 및 집행자 • 증권신고서의 기재사항 또는 첨부서류가 정확하다고 서명한 공인회계사, 감정인, 신용평가업자 등 • 증권신고서의 내용에 동의하고 그 내용을 확인한 자 • 증권의 인수계약을 체결한 자 • 투자설명서를 작성하거나 교부한 자

정답 | ④

집합투자증권의 거래가격에 대한 설명 중 잘못된 것은?

① 집합투자증권을 판매하는 경우 그 가격은 원칙적으로 금전 납입 후 최초로 산정되는 기준가격으로 판매해야 한다.

② 집합투자증권을 환매하는 그 가격은 환매청구일 이후에 산출한 기준가격으로 환매해야 한다.

③ 투자자가 공과금 납부 등 정기적 채무를 이행하기 위해 MMF를 환매하기로 증권사와 미리 약정한 경우 환매가격은 환매청구일로 가산하여 제2영업일에 공고되는 기준가격으로 환매한다.

④ 집합투자증권을 순자산가치에 비해 할증 또는 할인하여 판매(또는 환매)할 수 없다.

TIP 투자자가 공과금 납부 등 정기적 채무를 이행하기 위해 MMF를 환매하기로 증권사와 미리 약정한 경우 환매가격은 '환매청구일에 공고되는 기준가격'으로 환매한다.

핵심포인트 해설　　**집합투자증권의 판매가격 및 환매기간**

(1) 펀드판매 시 적용되는 기준가격(원칙)
　펀드판매 시 원칙적으로 '금전납입 후 최초로 산정되는 기준가격'으로 판매함

(2) 펀드판매 시 적용되는 기준가격의 예외
　① 매수청구일을 구분하기 위한 기준시점을 지나서 금전 등을 납입한 경우에는 금전납입일로부터 기산하여 '제3영업일에 공고되는 가격'을 기준가격으로 함
　② MMF를 판매하는 경우로서 ㉠ 금융상품 매도에 따라 수취한 결제대금으로 결제일에 MMF를 매수하기로 미리 판매업자와 약정하거나 ㉡ 급여 등 정기적으로 받는 금전으로 수취일에 MMF를 매수하기로 약정한 경우나 ㉢ 국가재정법에 따라 여유자금을 통합하여 운용하는 MMF의 경우 '금전 납부일에 공고되는 기준가격'을 기준가격으로 함
　③ 투자자가 펀드를 변경하지 않고 펀드판매사를 변경할 목적으로 펀드를 환매 후 다른 판매사를 통해 해당펀드를 매수하는 경우에는 '펀드환매 후 15일 이내에 규약에서 정하는 판매업자 변경의 효력이 발생하는 날에 공고되는 기준가격'을 기준가격으로 함

(3) 환매기간
　① 원칙 : 15일을 넘지 않는 범위에서 집합투자규약에서 정함
　② 예외(15일을 초과하여 환매기간을 정할 수 있는 경우)
　　㉠ 펀드자산총액의 10%를 초과하여 시장성 없는 자산에 투자하는 경우
　　㉡ 펀드자산총액의 50%를 초과하여 외화자산에 투자하는 경우
　　㉢ 사모투자 재간접펀드의 경우
　　㉣ 부동산·특별자산투자 재간접펀드의 경우

정답 | ③

16

다음 중 집합투자업자의 영업행위규칙에 대한 설명으로 잘못된 것은?

① 자본시장법은 집합투자기구의 투자대상자산을 한정하지 않고 있으나 MMF에 대해서는 운용대상자산 등에 대해 일정한 규제를 하고 있다.

② 투자신탁의 집합투자업자는 직접 자산을 취득, 처분할 수 없고 모두 신탁업자를 통해야 한다.

③ 투자회사의 집합투자업자는 집합투자기구 명의로 신탁업자에게 투자대상자산의 취득, 처분 등의 지시를 한다.

④ 집합투자업자 및 신탁업자는 투자신탁재산으로 투자대상자산을 취득, 처분한 경우 그 투자신탁재산으로 이행책임을 진다.

TIP 투자신탁의 집합투자업자는 신탁업자에 대하여 투자대상자산의 취득·처분 등에 관하여 필요한 지시를 하며, 신탁업자는 집합투자업자의 지시에 따라 투자대상자산의 취득·처분 등을 해야 한다. 그러나 투자신탁재산의 효율적 운용을 위하여 불가피한 경우 집합투자업자 자신의 명의로 직접 투자대상자산을 취득·처분할 수 있다.

핵심포인트 해설   **투자신탁 자산의 취득 및 처분**

(1) 투자신탁 자산의 취득 및 처분 방법(원칙)
① 집합투자업자 : 신탁업자에 대하여 투자대상자산의 취득·처분 등을 지시함
② 신탁업자 : 집합투자업자의 지시에 따라 투자대상자산의 취득·처분 등을 해야 함

(2) 예외(집합투자업자의 명의로 투자대상자산을 직접 취득·처분할 수 있는 경우)
① 국내외 상장주식, 주식관련 DR, 수익증권, 파생결합증권의 매매
② 국내외 국채, 지방채, 특수채, 둘 이상의 신용평가 받은 사채권, 기업어음증권, 전자단기사채의 매매
③ 장내파생상품의 매매
④ 단기대출
⑤ 보험업법에 의한 보험가입자에 대한 대출
⑥ 금융기관이 발행·할인·매매·중개·인수·보증하는 어음의 매매
⑦ 양도성예금증서의 매매
⑧ 외국환거래법에 의한 대외지급수단의 매매거래
⑨ 장외파생상품의 매매(위험회피목적), 거래상대방과 기본계약을 체결하고 그에 따라 계속적으로 체결하는 금리스왑거래
⑩ 환매조건부 매매

정답 | ②

자본시장법상 공모집합투자기구에서 동일종목 증권임에도 불구하고 자산총액의 100%까지 투자할 수 있는 증권으로만 모두 묶인 것은?

① 국채증권, 지방자치단체가 원리금지급을 보증한 증권
② 국채증권, 특수채증권
③ 특수채증권, 지방자치단체가 원리금지급을 보증한 증권
④ 국채증권, OECD국가 발행채권

TIP 특수채증권과 OECD회원국 발행채권은 자산총액의 30%까지만 투자할 수 있다.

핵심포인트 해설 집합투자업자의 자산운용제한

(1) 증권 운용제한
① 원칙 : 집합투자기구는 동일종목에 자산총액의 10%를 초과하여 투자할 수 없음
② 예 외
　㉠ 국채, 통안증권, 국가나 지자체가 원리금 보증한 채권은 100%까지 투자 가능
　㉡ 지방채, 특수채, 파생결합증권, OECD회원국 & 중국 정부 발행채권은 30%까지 투자 가능
　㉢ 동일법인이 발행한 지분증권의 시가액비중이 10% 넘는 경우에는 그 시가총액 비중까지 투자 가능

(2) 파생상품 운용제한
① 적격요건을 갖추지 못한 자와 장외파생상품 거래를 할 수 없음
② 파생상품 매매에 따른 위험평가액이 (자산총액 − 부채총액)의 100%를 초과하여 투자하는 행위는 금지됨
③ 기초자산 중 동일법인이 발행한 증권의 가격변동으로 인한 위험평가액이 자산총액의 10%를 초과하여 투자하는 행위는 금지됨
④ 동일거래상대방과의 장외파생상품 매매에 따른 거래상대방 위험평가액이 자산총액의 10%를 초과하여 투자하는 행위는 금지됨

(3) 부동산 운용제한
① 원칙 : 집합투자기구가 부동산을 취득한 경우 일정기간 내에 처분할 수 없음
　㉠ 국내에 있는 부동산 : 1년 동안 처분 금지
　㉡ 국외에 있는 부동산 : 집합투자규약으로 정하는 기간 동안 처분 금지
② 예외 : 부동산개발사업에 따라 조성하거나 설치한 토지·건축물 등을 분양하는 경우에는 예외적으로 처분 가능

정답 | ①

18

자본시장법상 집합투자기구의 투자대상자산 규제에 대한 설명이 옳은 것은?

① 증권펀드는 부동산에 투자할 수 없다.
② 부동산펀드는 특별자산에 투자할 수 없다.
③ 특별자산펀드는 파생상품에 투자할 수 없다.
④ 단기금융펀드는 증권에만 투자할 수 있다.

TIP ① 증권펀드도 부동산에 투자할 수 있다.
② 부동산펀드도 특별자산에 투자할 수 있다.
③ 특별자산펀드도 파생상품에 투자할 수 있다.

핵심포인트 해설 **자본시장법상 집합투자기구 투자대상자산 규제**

펀 드 　　투자자산	증 권	파생상품	부동산	특별자산
증권집합투자기구	가 능	가 능	가 능	가 능
부동산집합투자기구	가 능	가 능	가 능	가 능
특별자산집합투자기구	가 능	가 능	가 능	가 능
혼합자산집합투자기구	가 능	가 능	가 능	가 능
단기금융집합투자기구(MMF)	가 능	불가능	불가능	불가능

정답 | ④

집합투자업자의 금전 등에 대한 운용제한 내용이 잘못된 것은?

① 집합투자업자는 집합투자재산을 운용함에 있어 집합투자기구의 계산으로 금전을 차입할 수 없다.

② 환매청구가 대량으로 발생하여 일시적으로 환매대금 지급이 곤란하게 된 경우에 금전차입이 허용된다.

③ 집합투자자총회 안건에 반대하는 투자자의 매수청구가 대량으로 발생하여 일시적으로 매수대금 지급이 곤란한 경우에 금전차입이 허용된다.

④ 집합투자재산을 운용함에 있어서 집합투자재산인 금전을 타인에게 대여하는 것은 허용된다.

TIP 집합투자업자는 집합투자재산을 운용함에 있어서 집합투자재산인 금전을 타인에게 대여할 수 없는 것이 원칙이다.

핵심포인트 해설　　**집합투자업자의 금전차입 등 금지**

금전차입	• 원칙 : 집합투자기구의 계산으로 금전차입 불가 • 예외적 차입의 허용 사유 · 환매청구가 대량 발생한 경우 · 총회 안건에 반대하는 투자자의 매수청구가 대량 발생한 경우 · 시장의 폐쇄·휴장·거래정지 등으로 집합투자재산을 처분할 수 없는 경우 · 환율의 급격한 변동이 발생한 경우 등 • 예외적 차입의 조건 · 차입상대방이 금융기관 등일 것 · 차입금 총액은 순자산총액의 10% 초과 불가 · 차입금 전액을 변제하기 전에는 투자대상자산 추가매수 불가
금전대여	• 원칙 : 집합투자재산인 금전을 타인에게 대여 불가 • 예외 : 콜론(30일 이내의 단기대출)은 허용
보증 및 담보제공	• 집합투자재산으로 해당 집합투자기구 이외의 자를 위한 채무보증이나 담보제공 불가

정답 | ④

20

집합투자업자의 집합투자재산 운용 시 거래제한에 대한 설명 중 잘못된 것은?

① 집합투자업자는 투자재산 운용 시 집합투자업자의 임직원 및 그 배우자와 거래할 수 없다.

② 집합투자업자는 투자재산 운용 시 집합투자업자의 대주주 및 그 배우자와 거래할 수 없다.

③ 집합투자업자는 투자재산 운용 시 집합투자업자 전체 운용펀드를 10% 이상 판매한 투자매매업자와 거래할 수 없다.

④ 집합투자업자는 투자재산 운용 시 집합투자업자 전체 운용펀드의 투자재산을 30% 이상 보관·관리하는 신탁업자와 거래할 수 없다.

TIP 집합투자업자는 투자재산 운용 시 집합투자업자 전체 운용펀드를 30% 이상 판매·위탁판매한 투자매매·중개업자와 거래를 할 수 없다.

핵심포인트 해설　　　**집합투자업자 이해관계인과의 거래제한**

(1) 이해관계인과의 거래금지 원칙
　　① 집합투자업자는 집합투자재산 운용 시 이해관계인과 거래를 할 수 없음
　　② 이해관계인의 범위
　　　㉠ 집합투자업자의 임직원 및 그 배우자
　　　㉡ 집합투자업자의 대주주 및 그 배우자
　　　㉢ 집합투자업자의 계열회사, 계열회사의 임직원 및 그 배우자
　　　㉣ 집합투자업자 전체 운용펀드를 30% 이상 판매·위탁판매한 투자매매·중개업자
　　　㉤ 집합투자업자 전체 운용펀드의 투자재산을 30% 이상 보관·관리하는 신탁업자
　　　㉥ 집합투자업자가 법인이사인 투자회사의 감독이사

(2) 예외 : 이해관계인과의 거래가 허용되는 경우
　　① 이해관계인이 되기 6개월 이전에 체결한 계약에 따른 거래
　　② 증권시장 등 불특정다수인이 참여하는 공개시장을 통한 거래
　　③ 일반적인 거래조건에 비추어 집합투자기구에 유리한 거래
　　④ 시행령 제85조에서 정하고 있는 거래

정답 | ③

21

집합투자업자의 불건전 영업행위와 거리가 먼 것은?

① 자기 또는 관계인수인이 인수한 증권을 집합투자재산으로 매수하는 행위
② 자기 또는 관계인수인이 인수업무를 담당한 법인의 특정 증권에 대해 인위적 시세를 형성하기 위해 그 특정 증권을 매매하는 행위
③ 특정 집합투자기구의 이익을 해하면서 자기 또는 제3자의 이익을 도모하는 행위
④ 집합투자업자와 이해관계인이 되기 6개월 이전에 체결한 계약에 따른 거래

TIP 집합투자업자와 이해관계인이 되기 6개월 이전에 체결한 계약에 따른 거래는 이해상충 우려가 없는 한 가능하다.

핵심포인트 해설 **집합투자업자의 불건전 영업행위**

(1) 불건전 영업행위 금지
　자본시장법은 펀드운용과 관련하여 집합투자업자의 불건전 영업행위를 금지하고 있음

(2) 집합투자업자의 불건전 영업행위
　① 금융투자상품 가격에 중대한 영향을 줄 수 있는 매매의사를 결정 후 이를 실행하기 전에 집합투자업자 자기계산으로 매매하거나 제3자에게 매매를 권유하는 행위
　② 자기 또는 관계인수인이 인수한 증권을 집합투자재산으로 매수하는 행위
　③ 자기 또는 관계인수인이 인수업무를 담당한 법인의 특정 증권에 대해 인위적 시세를 형성하기 위해 그 특정 증권을 매매하는 행위
　④ 특정 집합투자기구의 이익을 해하면서 자기 또는 제3자의 이익을 도모하는 행위
　⑤ 특정 집합투자재산을 집합투자업자의 고유재산 또는 그 집합투자업자가 운용하는 다른 집합투자재산·투자일임재산·신탁재산과 거래하는 행위
　⑥ 제3자와의 계약·담합에 의해 집합투자재산으로 특정 자산에 교차 투자하는 행위
　⑦ 투자운용인력이 아닌 자에게 집합투자재산을 운용하게 하는 행위
　⑧ 기타 대통령령으로 정하는 행위(시행령 제87조 ④)

정답 | ④

22

공모집합투자기구가 예외적으로 성과보수를 받을 수 있는 요건과 거리가 먼 것은?

① 운용성과가 기준지표 성과보다 낮은 경우 성과보수를 적용하지 않은 경우보다 적은 운용보수를 받게 되는 보수체계를 갖출 것
② 집합투자업자가 임의로 변경할 수 없는 객관적 지표(기준지표)를 기준으로 성과보수를 산정할 것
③ 환매금지형집합투자기구의 경우 최소 존속기한이 2년 이상일 것
④ 성과보수의 상한을 정할 것

TIP 환매금지형집합투자기구의 경우 최소 존속기한이 1년 이상이어야 하며, 이에 해당하지 아니하는 집합투자기구의 경우에는 존속기한이 없어야 한다.

핵심포인트 해설 　　집합투자업자의 성과보수 제한

(1) 집합투자기구에 대한 성과보수 규제
　① 원칙 : 집합투자업자는 운용실적에 연동한 성과보수를 받을 수 없음
　② 예 외
　　㉠ 사모집합투자기구의 경우
　　㉡ 공모집합투자기구라도 투자자보호 및 건전 거래질서를 저해할 우려가 없는 경우로서 일정한 요건을 충족하는 경우

(2) 공모집합투자기구가 성과보수를 받을 수 있는 요건
　① 집합투자업자가 임의로 변경할 수 없는 객관적 지표 또는 수치(기준지표)를 기준으로 성과보수를 산정할 것
　② 운용성과가 기준지표의 성과보다 낮은 경우에는 성과보수를 적용하지 아니하는 경우보다 적은 운용보수를 받게 되는 보수체계를 갖출 것
　③ 환매금지형집합투자기구의 경우 존속기한이 1년 이상이어야 하며, 이에 해당하지 않을 경우에는 존속기한이 없을 것
　④ 성과보수의 상한을 정할 것

정답 | ③

다음 중 집합투자업자의 의결권 제한 규정과 거리가 먼 것은?

① 집합투자기구에서 취득한 주식에 대한 의결권 행사는 운용의 한 부분이므로 집합투자업자가 의결권을 행사한다.

② 집합투자업자는 투자자의 이익을 보호하기 위해 집합투자재산에 속하는 주식의 의결권을 충실하게 행사해야 한다.

③ 집합투자업자는 의결권 공시대상법인에 대한 의결권 행사 여부 및 그 내용을 영업보고서에 기재하는 방식으로 기록·유지해야 한다.

④ 주식발행인이 공시대상법인인 경우에는 경영권변경과 관련된 주총의안에 대하여 의결권을 행사한 때에 한해 그 구체적인 행사내용과 그 사유를 공시하면 된다.

TIP 주식발행인이 공시대상법인인 경우에는 주총의안이 무엇인지에 관계없이 그 구체적인 행사내용 및 그 사유를 공시해야 한다.

핵심포인트 해설 **집합투자업자의 의결권 제한 및 공시**

(1) 집합투자업자에 대한 의결권 제한
　① 집합투자기구에서 취득한 주식에 대한 의결권 행사는 운용의 한 부분이므로 집합투자업자가 의결권을 행사함
　② 집합투자업자는 투자자의 이익을 보호하기 위해 집합투자재산에 속하는 주식의 의결권을 충실하게 행사해야 함
　③ 집합투자업자는 의결권 공시대상법인에 대한 의결권 행사 여부 및 그 내용을 영업보고서에 기재하는 방식으로 기록·유지해야 함

(2) 집합투자업자에 대한 의결권 행사내용 공시
　① 공시의무 : 집합투자업자가 증권시장에 상장된 주권을 발행한 법인의 주식에 대해 의결권을 행사하는 경우 그 내용을 공시해야 함
　② 공시내용
　　㉠ 주식발행인이 공시대상법인인 경우 : 주총의안이 무엇인지에 관계없이 그 구체적인 행사내용 및 그 사유, 행사하지 않은 경우에는 그 구체적인 사유 공시
　　㉡ 주식발행인이 공시대상법인이 아닌 경우 : 합병·영업양수도·임원임면·정관변경 등 경영권변경과 관련된 주총의안에 대하여 의결권을 행사한 때에 한하여 그 구체적인 행사내용과 그 사유 공시

정답 | ④

증권집합투자기구에 대한 설명으로 잘못된 것은?

① 집합투자재산의 50%를 초과하여 증권에 투자하는 집합투자기구이다.

② 실무적으로 주식형, 채권형, 혼합형으로 구분된다.

③ 단기금융집합투자기구는 부동산 또는 특별자산으로 운용할 수 없다.

④ 증권의 개념에 부동산 또는 특별자산 관련 증권도 포함된다.

TIP 증권의 개념에 부동산 또는 특별자산 관련 증권은 제외되며, 부동산 또는 특별자산 관련 증권 외의 증권을 기초자산으로 한 파생상품은 포함된다.

핵심포인트 해설　　**증권집합투자기구**

(1) 증권집합투자기구의 의의 및 유형
  ① 의의 : 집합투자재산의 50%를 초과하여 증권에 투자하는 집합투자기구
  ② 유형 : 주식형, 채권형, 혼합형
(2) 증권집합투자기구의 주요 투자대상
  ① 증 권
    ㉠ 채무증권
    ㉡ 지분증권
    ㉢ 수익증권
    ㉣ 파생결합증권
    ㉤ 증권예탁증권
    ㉥ 투자계약증권
  ② 부동산 또는 특별자산 관련 증권 외의 증권을 기초자산으로 한 파생상품

정답 | ④

부동산집합투자기구의 주요 투자대상과 거리가 먼 것은?

① 부동산
② 공시방법을 갖추고 있는 동산
③ 부동산을 담보로 한 금전채권
④ 부동산을 기초자산으로 한 파생상품

TIP 공시방법을 갖추고 있는 동산(자동차, 선박, 항공기, 건설기계 등)은 특별자산집합투자기구의 투자대상이다.

핵심포인트 해설   부동산집합투자기구

(1) 부동산집합투자기구의 의의 및 유형
  ① 의의 : 집합투자재산의 50%를 초과하여 부동산에 투자하는 집합투자기구
  ② 유형 : 대출형, 실물형, 권리형, 증권형, 파생상품형
(2) 부동산집합투자기구의 주요 투자대상
  ① 부동산
  ② 부동산 관련 증권
    ㉠ 부동산투자회사 발행 주식
    ㉡ 부동산개발회사 발행 증권
    ㉢ 부동산투자목적회사 발행 지분증권
    ㉣ 부동산 관련 자산을 기초로 하는 자산유동화증권의 유동화자산가액이 70% 이상인 유동화증권
    ㉤ 주택저당담보부채권
    ㉥ 주택저당증권(금융기관 보증)
  ③ 부동산을 기초자산으로 한 파생상품
  ④ 부동산 관련 권리(지상권, 지역권, 전세권, 임차권, 분양권 등)
  ⑤ 부동산개발, 관리, 개량, 임대, 운영
  ⑥ 부동산개발과 관련된 법인에 대한 대출
  ⑦ 부동산을 담보로 한 금전채권

정답 | ②

26

다음 중 단기금융집합투자기구(MMF)에 대한 설명이 적절하지 않은 것은?

① 집합투자기구 전부를 단기금융상품에 투자하는 집합투자기구이다.

② 집합투자재산의 가격변동이 크지 않는 경우로서 금융위원회가 정하여 고시하는 MMF에 한하여 장부가로 평가할 수 있다.

③ 투자자가 개인으로만 이루어진 MMF의 경우 집합투자재산의 남은 만기의 가중평균기간은 60일 이내여야 한다.

④ 투자하는 채무증권의 신용평가등급이 상위 2개 등급 이내여야 한다.

TIP 투자자가 개인으로만 이루어진 MMF의 경우 집합투자재산의 남은 만기의 가중평균기간은 75일 이내여야 한다.

핵심포인트 해설 **단기금융집합투자기구의 의의 및 운용규제**

의 의	• 집합투자기구 전부를 단기금융상품에 투자하는 집합투자기구(= MMF) • 단기금융상품 : 잔존만기가 단기인 금융투자상품
특 징	• 기설정된 MMF 재산이 일정규모(개인전용 : 3천억원, 기관전용 : 5천억원) 이하인 경우에는 추가로 MMF를 설정할 수 없음 • 위험관리를 위해 위험관리기준을 제정하고 내부통제제도를 갖추어야 함 • 집합투자재산의 가격변동이 크지 않는 경우로서 금융위원회가 정하여 고시하는 MMF에 한하여 장부가로 평가할 수 있음
운용규제	• 투자대상은 단기금융상품으로 제한됨 • 증권을 대여하거나 차입하는 방법으로 운용할 수 없음 • 남은 만기가 1년 이상인 국채증권의 경우 집합투자재산의 5% 이내로 운용해야 함 • 환매조건부매도는 집합투자기구가 보유하고 있는 증권총액의 5% 이내로 운용해야 함 • 투자자가 개인으로만 이루어진 MMF의 경우 집합투자재산의 남은 만기의 가중평균기간은 75일 이내여야 함 (투자자가 법인으로만 이루어지고 금융위원회가 고시한 MMF의 경우 60일 이내) • 투자하는 채무증권의 신용평가등급이 상위 2개 등급 이내여야 함
외화MMF	• 외화단기금융집합투자기구(외화MMF) 허용(시행령 제80조① 2022. 8. 30. 개정) • 표시화폐 : OECD 가입국 및 싱가포르·홍콩·중국통화(각 MMF별로 단일통화이어야 함) • 운용규제 : 원화MMF의 규제(운용자산, 신용등급, 분산투자, 유동성요건 등)와 동일하게 규제하는 것을 원칙으로 함 • 신규외화MMF설정요건은 원화MMF보다 완화함

정답 | ③

27

단기금융집합투자기구(MMF)의 투자 가능한 자산과 거리가 먼 것은?

① 남은 만기가 3년 이내인 지방채
② 남은 만기가 1년 이내인 사채권
③ 남은 만기가 5년 이내인 국채증권
④ 남은 만기가 1년 이내인 어음

TIP 남은 만기가 1년 이내인 지방채에 투자가 가능하다.

핵심포인트 해설   **단기금융집합투자기구(MMF)의 운용대상자산의 제한**

운용 가능한 단기금융상품	• MMF는 아래와 같은 '단기금융상품'만 투자 가능함 · 남은 만기가 6개월 이내인 양도성예금증서(CD) · 남은 만기가 5년 이내인 국채증권 · 남은 만기가 1년 이내인 지방채·특수채·사채권·기업어음증권 · 남은 만기가 1년 이내인 어음 · 단기대출 · 만기가 6개월 이내인 금융기관 또는 체신관서에의 예치 · 다른 MMF 집합투자증권 · 전자단기사채
운용대상자산의 규제	• 자산의 원리금(또는 거래금액)이 환율·증권의 변동에 따라 변동하도록 설계된 자산에 운용하여서는 안 됨 • 자산의 원리금(또는 거래금액)이 계약시점에 미리 정한 특정 신용사건의 발생에 따라 확대 또는 축소되도록 설계된 자산에 운용하여서는 안 됨 • 원리금(또는 거래금액), 만기, 거래기간 등이 확정되지 않은 자산에 운영하여서는 안 됨 • 집합투자재산의 40% 이상을 채무증권(국채, 지방채, 특수채, 사채권, 기업어음증권에 한함)에 운용해야 함

정답 | ①

28

다음 중 환매금지형집합투자기구(폐쇄형펀드)에 대한 설명이 잘못된 것은?

① 존속기간을 정한 집합투자기구만 환매금지형으로 설정할 수 있다.

② 부동산펀드는 환매금지형으로 설정해야 한다.

③ 환매금지형집합투자기구는 설정일로부터 90일 이내에 상장해야 한다.

④ 환매금지형집합투자기구는 추가발행이 금지된다.

TIP 환매금지형펀드도 추가발행이 가능하다.

핵심포인트 해설 　　**환매금지형집합투자기구(폐쇄형 펀드)**

(1) 환매금지형집합투자기구의 의의 및 특징
　① 의의 : 투자자가 집합투자기구에 투자한 이후 집합투자증권의 환매청구에 의하여 그 투자자금을 회수하는 것이 불가능하도록
　　　　 만들어진 집합투자기구
　② 특 징
　　㉠ 환매자금 마련을 위한 처분을 안해도 되므로 펀드자산을 안정적으로 운용 가능
　　㉡ 존속기간을 정한 집합투자기구만 환매금지형으로 설정 가능
　　㉢ 기준가격 산정 및 공고에 관한 규정이 적용되지 않음

(2) 환매금지형집합투자기구의 주요 내용
　① 환매금지형 설정 대상 : 부동산펀드, 특별자산펀드, 혼합자산펀드, 펀드자산총액의 20%를 초과하여 시장성 없는 자산에
　　　　　　　　　　　　 투자하는 펀드, 일반투자자 대상 펀드로서 50%를 초과하여 금융위원회가 고시하는 자산에 투자
　　　　　　　　　　　　 하는 펀드
　　　　　　　　　　　　　　　　　　→ 60일 이내 (X)
　② 상장의무 : 환매금지형펀드는 최초발행일로부터 90일 이내에 상장해야 함
　③ 추가발행 사유
　　㉠ 신탁업자의 확인을 받은 경우
　　㉡ 이익분배금 범위 내에서 추가로 발행하는 경우
　　㉢ 기존투자자 전원의 동의를 받은 경우 → 과반수 동의 (X)
　　㉣ 기존투자자에게 보유비율에 따라 우선매수기회를 부여하는 경우

정답 | ④

종류형집합투자기구는 무엇을 기준으로 수종의 집합투자증권을 발행하는가?

① 판매보수·판매수수료 차이
② 투자비중 차이
③ 운용회사 차이
④ 투자성향 차이

TIP 종류형집합투자기구는 집합투자기구에 부과되는 판매보수나 판매수수료의 차이로 인하여 기준가격이 다른
수종의 집합투자증권을 발행하는 집합투자기구이다.

핵심포인트 해설　　종류형집합투자기구(Multiple-Class Fund)

(1) 종류형집합투자기구의 의의 및 특징
　① 의의 : 판매회사의 판매보수나 판매수수료를 클래스별로 차별화한 집합투자기구
　② 특징 : 종류형집합투자기구 내의 집합투자증권 간 전환 시에는 환매수수료 없음

(2) 종류형집합투자기구의 주요 내용
　① 투자자총회 : 특정 종류의 집합투자증권의 투자자에 대하여만 이해관계가 있는 경우에는 그 종류의 투자자만으로 총회를 개최함
　② 투자설명서 기재사항 : 집합투자증권의 종류, 각 종류의 집합투자증권별 판매보수·판매수수료·환매수수료 및 부과방법과
　　　　　　　　　　　　　기준, 전환 시 전환절차·전환조건·전환방법 등
　③ 등록신청서 기재사항 : 판매수수료와 판매보수에 관한 사항, 전환권이 주어지는 경우 전환에 관한 사항, 집합투자재산이 부
　　　　　　　　　　　　　담하는 비용에 관한 사항, 취득자격에 제한이 있는 경우 그 내용, 환매수수료에 관한 사항, 기준 가격
　　　　　　　　　　　　　산정방법에 관한 사항, 집합투자자 총회에 관한 사항 등
　④ 비용부담 : 판매보수·판매수수료를 제외한 비용은 각 펀드별로 같아야 함
　⑤ 설명의무 : 판매보수·판매수수료가 다른 집합투자증권이 있다는 사실과 각 종류별 집합투자증권 간의 차이를 설명해주어야 함

(3) 종류형 집합투자기구에 대한 추가 설명사항(설명의무를 강화한 것)
　① 판매수수료나 판매보수가 다른 여러 종류의 집합투자증권이 있다는 사실을 설명할 것
　② 각 종류별 집합투자증권의 차이를 설명할 것(예상 투자기간을 고려하여 예상판매수수료와 보수, 보수와 수수료, 보수별 차이
　　점 등을 포함하여 설명할 것)

정답 | ①

30

전환형집합투자기구에 대한 설명 중 잘못된 것은?

① 투자자에게 다른 펀드로 전환할 수 있는 권리가 부여된 집합투자기구이다.

② 다른 집합투자기구로 전환하는 경우 포트폴리오의 변화가 있다.

③ 다른 집합투자기구로 전환 시 환매수수료를 징구한다.

④ 복수의 집합투자기구 간에 공통으로 적용되는 집합투자규약이 있어야 한다.

TIP 다른 집합투자기구로 전환 시 환매수수료를 징구하지 않고 그 적용을 유보한다.

핵심포인트 해설 **전환형집합투자기구(Umbrella Fund)**

(1) 전환형집합투자기구의 의의 및 특징
  ① 의의 : 다른 집합투자기구의 집합투자증권으로 전환할 수 있는 권리를 투자자에게 부여하는 집합투자기구
  ② 특 징
    ㉠ 다른 펀드로 전환하는 경우 포트폴리오의 변화가 있음 *없음 (x)*
    ㉡ 전환 시 환매수수료 적용을 유보함

(2) 전환형집합투자기구의 요건
  ① 복수의 집합투자기구 간에 공통으로 적용되는 집합투자규약이 있을 것
  ② 법적유형이 다른 집합투자기구 또는 기관 전용 사모펀드 간의 전환이 금지되어 있을 것

(3) 유사펀드와의 비교
  ① 목표달성형펀드 : 펀드에서 일정 수익이 달성되면 펀드 해지 또는 안전적인 자산으로 투자대상을 변경함
  ② 전환형집합투자기구 : 수익달성 여부와 관계없이 투자자에게 다른 펀드로 전환할 수 있는 권리가 부여된 펀드

정답 | ③

모자형집합투자기구에 대한 설명이 잘못된 것은?

① 집합투자업자의 운용 효율성을 위하여 도입되었다.
② 자집합투자기구는 모집합투자기구에 50% 초과하여 투자하고, 나머지는 다른 집합투자증권에 투자한다.
③ 자집합투자기구와 모집합투자기구의 집합투자업자가 동일하다.
④ 자집합투자기구 이외의 자가 모집합투자기구의 집합투자증권을 취득할 수 없다.

TIP   자집합투자기구가 모집합투자기구의 집합투자증권 외의 다른 집합투자증권을 취득할 수 없다.

핵심포인트 해설   **모자형집합투자기구(Master-Feeder Fund)**

(1) 모자형집합투자기구의 의의 및 특징
　① 의의 : 모집합투자기구가 발행하는 집합투자증권을 취득하는 구조의 집합투자기구(자집합투자기구)
　② 특 징
　　㉠ 집합투자업자의 운용 효율성을 위하여 도입됨(규모의 경제 효과)
　　㉡ 투자매매·중개업자는 모집합투자기구의 집합투자증권을 투자자에게 판매할 수 없음
　　㉢ 모집합투자기구와 자집합투자기구의 집합투자업자가 동일함

(2) 모자형집합투자기구의 주요 내용
　① 자집합투자기구는 집합투자증권을 투자자에게 판매하고, 그 판매자금을 모집합투자기구에 대부분 투자하는 구조
　② 자집합투자기구가 모집합투자기구 이외의 다른 집합투자증권을 취득할 수 없음
　③ 자집합투자기구 이외의 자가 모집합투자기구의 집합투자증권을 취득할 수 없음

정답 | ②

상장지수집합투자기구(ETF)에 대한 설명 중 잘못된 것은?

① ETF는 지수의 변화에 연동하여 운용하는 것을 목표로 하는 집합투자기구이다.

② ETF는 증권지수의 추적을 목표로 하는 액티브펀드의 일종이다.

③ ETF는 상장되어 주식처럼 거래되므로 인덱스펀드의 단점을 보완하였다.

④ ETF 투자자는 투자매매·중개업자 또는 지정참가회사에 집합투자증권의 환매를 청구할 수 있다.

TIP ETF는 증권지수의 추적을 목표로 하는 인덱스펀드의 일종이다.

핵심포인트 해설　　　상장지수집합투자기구(ETF : Exchange Traded Fund)

의 의	• 지수의 변화에 연동하여 운용되는 것을 목표로 하는 집합투자기구
특 징	• 증권지수의 추적을 목표로 하는 인덱스펀드의 일종 • 전통적인 인덱스펀드의 단점을 보완한 특수한 형태의 인덱스펀드 • ETF가 상장되어 일반투자자가 증권시장에서 직접 매매하도록 함
요 건	• 지수변화에 연동 : 기초자산의 가격 또는 종류에 따라 다수종목의 가격수준을 종합적으로 표시하는 지수의 변화 　　　　　　　에 연동하여 운용하는 것을 목표로 할 것 　· 환매 : 당해 ETF의 환매가 허용될 것 　· 상장 : 설정일로부터 30일 이내에 증권시장에 상장될 것
특 례	• 동일종목 증권에 자산총액의 30%까지 운용할 수 있음 • 동일법인 등이 발행한 지분증권 총수의 20%까지 투자할 수 있음 • 이해관계인과의 거래가 가능함 • ETF에 그 적용이 배제되는 자본시장법 규정 　· 금융투자업자의 대주주가 발행한 증권을 소유하는 행위 　· 특수관계인이 발행한 주식, 채권, 약속어음을 소유하는 행위 　· 계열사 발행주식에 대한 중립투표 의무 　· 자산운용보고서 　· 주식 등의 대량보유 보고 　· 내부자 단기차익반환의무 　· 임원 등의 특정 증권 등 소유상황 보고 　· 집합투자증권 환매 등에 관한 규정 등

정답 | ②

자본시장법상 집합투자기구에 대한 법규내용과 거리가 먼 것은?

① 집합투자업자는 집합투자재산평가위원회를 구성하고 집합투자재산평가기준을 마련해야 한다.

② 신탁업자는 집합투자업자의 재산평가가 법령 및 기준에 맞는지 확인하고 감시해야 한다.

③ 집합투자재산은 원칙적으로 공정가액으로 평가한다.

④ 기준가격은 집합투자기구의 판매 또는 환매 시 거래가격이 된다.

TIP 집합투자재산은 원칙적으로 시가로 평가하고 평가일 현재 신뢰할만한 시가가 없는 경우에는 공정가액으로 평가한다.

핵심포인트 해설　　**집합투자재산의 평가 및 회계**

(1) 집합투자재산의 평가

① 집합투자업자 : 집합투자재산평가위원회 구성, 집합투자재산평가기준 마련, 집합투자재산평가명세 통보

② 신탁업자 : 집합투자업자의 재산평가가 법령 및 기준에 맞는지 확인 및 감시역할

③ 평가방법 : 원칙적으로 시가로 평가함. 다만 평가일 현재 신뢰할만한 시가가 없는 경우에는 공정가액으로 평가하고, 가격변동이 크지 않은 경우로서 금융위원회가 정하여 고시하는 MMF는 예외적으로 장부가격으로 평가함

④ 기준가격 : 집합투자기구의 순자산가치를 보여주며, 판매·환매 시 거래가격이 됨(매일 공고·게시)

⑤ 공고·게시한 기준가격이 잘못 계산된 경우 : 지체 없이 변경 공고·게시함. 다만, 가격차이가 미미한 경우(MMF 0.05%, 국내 상장지분증권 0.2%, 해외상장지분증권 0.3%, 기타 집합투자기구 0.1%)에는 재공고·게시하지 않아도 됨

(2) 집합투자재산의 회계

① 회계처리 : 일반기업과 다른 회계처리기준 적용

② 집합투자업자 또는 투자회사는 회계기간 말일부터 2월 이내에 회계감사(외부감사)를 받아야 함

　(단, 자산총액이 300억원 이하인 펀드, 자산총액 300억원 초과 500억원 이하인 펀드로서 기준일 이전 6개월 동안 펀드를 추가로 발행하지 아니한 경우에는 예외적으로 외부감사를 받지 않아도 됨)

③ 회계감사인 : 회계감사보고서에 중요사항 미기재 또는 허위기재로 투자자에게 손해를 발생시킨 경우 투자자에 대한 손해배상책임을 부담함

④ 이익분배 : 이익금 분배 유보 가능, 이익금 초과분배도 가능, 이익금의 분배방법 및 시기는 집합투자규약으로 정함

정답 | ③

34

신탁업자의 집합투자재산 보관 및 관리에 대한 설명 중 잘못된 것은?

① 신탁업자는 집합투자재산을 각각의 집합투자기구별로 관리해야 한다.

② 각 집합투자기구에서 운용하는 증권 등은 통합하여 예탁결제원에 예탁해야 한다.

③ 신탁업자는 당해 집합투자기구 및 집합투자업자와 계열사 관계에 있지 않아야 한다.

④ 신탁업자는 집합투자재산을 자기 고유재산 등과 거래할 수 없고, 이해관계인과의 거래도 금지된다.

TIP 신탁업자의 집합투자재산 중 증권, 원화표시 CD(기업어음 제외), 어음 및 예탁결제원이 지정한 것은 신탁업자의 고유재산과 구분하여 집합투자기구별로 예탁결제원에 예탁해야 한다.

핵심포인트 해설   신탁업자의 집합투자재산 보관 및 관리

① 재산관리 : 신탁업자는 집합투자재산을 자기 고유재산, 다른 집합투자재산, 제3자로부터 위탁받은 자산과 구분하여 각각의 집합
　　　　　투자기구별로 관리해야 함

② 예탁 : 자산 중 증권, 원화표시 CD, 어음(기업어음 제외) 및 예탁결제원이 지정한 것은 신탁업자의 고유재산과 구분하여 집합투자
　　　　기구별로 예탁결제원에 예탁해야 함(집합투자재산 예탁결제시스템)

③ 신탁업자는 당해 집합투자기구 및 집합투자업자와 계열사 관계에 있지 않아야 함

④ 신탁업자는 집합투자재산을 자기 고유재산 등과 거래할 수 없고, 이해관계인과의 거래도 금지됨

⑤ 신탁업자의 집합투자재산 관련 확인사항

　㉠ 투자설명서가 법령 및 집합투자규약에 부합하는지 여부

　㉡ 집합투자재산 평가의 공정성 여부

　㉢ 기준가격 산정의 적정성 여부(편차가 0.3% 이내이면 적정한 것)

　㉣ 자산운용보고서 작성의 적정성 여부

　㉤ 운용지시 등의 시정요구에 대한 집합투자업자의 이행명세

　㉥ 장외파생상품 운용에 따른 위험관리방법의 작성이 적정한지 여부

　㉦ 폐쇄형 집합투자증권 추가발행 시 기존 투자자의 이익을 해할 우려가 없는지 여부

　㉧ 신탁업자는 회계기간 종료, 존속기간 종료일 등으로부터 2개월 이내에 자산보관·관리보고서를 작성하여 투자자에게 제공해야 함

정답 | ②

다음 중 투자신탁의 법정해지 사유에 해당되는 것은?

① 수익자 전원이 동의한 경우
② 수익자 총수가 1인이 되는 경우
③ 공모·개방형펀드로 설정 후 1년이 되는 날 원본액이 50억 미달인 경우
④ 당해 투자신탁 수익증권 전부에 대하여 환매청구를 받아 해지하는 경우

TIP ①③④는 법정해지 사유가 아니라 임의해지 사유에 해당한다.

핵심포인트 해설　　　**투자신탁의 해지**

임의해지	• 집합투자업자는 사전에 금융위원회의 승인을 얻어 투자신탁을 임의로 해지 가능 • 집합투자업자가 금융위원회의 승인 없이 해지할 수 있는 경우 　· 수익자 전원이 동의한 경우 　· 공모·개방형펀드로 설정 후 1년이 되는 날 원본액이 50억 미달 시 　· 공모·개방형펀드로 설정 후 1년이 지난 후 1개월간 계속 원본액이 50억 미달 시 　· 당해 투자신탁 수익증권 전부에 대하여 환매청구를 받아 신탁계약을 해지하는 경우
법정해지 ⟹ = 당연해지	• 집합투자업자는 법정해지 사유가 발생하면 지체 없이 투자신탁을 해지하고 금융위원회에 보고해야 함 • 법정해지 사유(= 당연해지 사유) 　· 신탁계약기간 종료 　· 투자신탁 해지 결의 　· 투자신탁 피흡수합병 　· 투자신탁 등록취소 　· 수익자 총수가 1인이 된 경우 　· 투자신탁인 일반 사모집합투자기구가 그 요건을 갖추지 못해 해지명령을 받은 경우
일부해지	• 수익자의 환매청구에 응하는 경우 • 발행한 수익증권이 판매되지 아니한 경우 • 수익자가 수익증권의 환매를 청구한 경우 • 반대수익자가 수익증권매수청구권을 행사한 경우

정답 | ②

일반 사모집합투자기구에 대한 설명 중 잘못된 것은?

① 적격투자자만 투자할 수 있다.

② 공모와 달리 사모형태이므로 핵심상품설명서의 작성 및 교부가 면제된다.

③ 일반 사모집합투자기구를 설정한 경우 그 날로부터 2주일 이내에 금융위원회에 보고해야 한다.

④ 투자광고를 하는 경우 전문투자자 또는 금융투자상품 잔고 1억원 이상으로서 시행령으로 정하는 금액 이상인 일반투자자만을 대상으로 해야 한다.

TIP 판매사는 핵심상품설명서를 작성·교부하고, 이를 사용하여 투자권유 하여야 한다.

핵심포인트 해설　　　**일반 사모집합투자기구**

의 의	• 적격투자자(전문투자자 + 3억원 이상 투자하는 일반투자자)가 투자할 수 있는 사모펀드
등록요건	• 자기자본 10억원 이상, 투자운용인력 3인 이상, 이해상충방지체계 구비 등
투자자	• 다음과 같은 적격투자자만 가능 · 전문투자자 : 국가, 한국은행, 금융기관, 주권상장법인 등 · 적격투자자에 해당하는 개인 또는 법인 　－ 차입금이 순자산의 200%를 초과하지 않는 일반사모펀드에 투자하는 경우 : 3억원 이상 투자한 개인 또는 법인 　－ 그 외의 일반사모펀드에 투자하는 경우 : 5억원 이상 투자한 개인 또는 법인
투자권유	• 투자자가 적격투자자인지 확인 • 핵심상품설명서를 작성·교부하고, 이를 사용하여 투자권유 하여야 함
투자광고	㉠ 전문투자자 또는 금융투자상품 잔고 1억원 이상으로서 시행령으로 정하는 금액 이상인 일반투자자만을 대상으로 해야 함 ㉡ 서면, 문자메시지 등 금융감독원장이 정하는 광고매체를 통하여 ㉠투자자에게만 개별적으로 알려야 함

정답 | ②

기관전용 사모집합투자기구에 대한 설명이 잘못된 것은?

① 사원은 1인 이상의 무한책임사원과 1인 이상의 유한책임사원으로 하되, 사원의 총수는 100인 이하로 한다.
② 사원의 출자방법은 금전에 한정되나, 다른 모든 사원의 동의가 있는 경우 증권으로 출자할 수 있다.
③ 정관으로 무한책임사원 중 1인 이상을 업무집행사원으로 정해야 한다.
④ 업무집행사원으로서 운용업무를 하려는 자는 5천만원 이상의 자기자본, 임원요건, 1인 이상의 운용인력 등을 금융위원회에 등록해야 한다.

TIP 업무집행사원으로서 운용업무를 하려는 자는 1억원 이상의 자기자본, 임원요건, 2인 이상의 운용인력 등을 금융위에 등록해야 한다.

핵심포인트 해설 | 기관전용 사모집합투자기구

의 의	• 전문성·위험관리능력을 고려하여 자본시장법령에서 정한 투자자만 투자할 수 있도록 투자자가 제한된 사모펀드
설립 및 보고	• 정관에 목적, 상호, 소재지, 출자목적과 가격, 평가기준 등을 기재하고 총사원이 기명날인 또는 서명해야 함 • 설립등기일로부터 2주일 이내에 금융위원회에 보고해야 함
사 원	• 구성 : 1인 이상의 무한책임사원 + 1인 이상의 유한책임사원 • 사원총수 : 100인 이하일 것
투자목적회사 (SPC) 요건	• 주식회사 또는 유한회사일 것 • 특정 법인 또는 특정자산 등에 효율적 투자를 목적으로 할 것 • 주주 또는 사원이 특수목적회사에 대하여 신용공여를 한 금융기관으로서 출자전환 등을 한 자일 것 • 사원 수가 100명 이하일 것 • 상근임원을 두거나 직원을 고용하지 아니하고, 본점 외의 영업소를 설치하지 아니할 것
업무집행사원	• 무한책임사원 중 1인 이상을 업무집행사원으로 정해야 함 • 운용업무 하려는 자는 1억원 이상의 자기자본, 임원요건, 2인 이상의 운용인력 등을 금융위원회에 등록해야 함 • 6개월마다 1회 이상 사모펀드가 출자한 SPC의 재무제표 등을 사원에게 제공·설명·기록·유지해야 함
지분양도	• 무한책임사원 : 지분양도할 수 없으나 정관으로 정한 경우에는 사원 전원의 동의를 받아 가능 • 유한책임사원 : 무한책임사원 전원의 동의를 받아 가능

정답 | ④

38

금융소비자보호법의 규제체계에 대한 설명이 적절하지 않은 것은?

① 동일기능–동일규제의 원칙이 적용될 수 있도록 금융상품 및 판매업의 유형을 재분류하였다.
② 금융상품은 예금성 상품, 투자성 상품, 보장성 상품, 대출성 상품으로 분류하였다.
③ 금융상품판매업을 영위하더라도 금융관계법상 금융상품판매업 관련 인허가 또는 등록하지 않은 경우에는 금융상품판매업자에 해당되지 않는다.
④ 일반 사모집합투자업자도 금융상품 직접판매업자에 해당된다.

TIP 금융관계법상 금융상품판매업 관련 인허가 또는 등록하지 않은 경우라도 금융상품판매업을 영위하도록 규정한 경우에는 금융상품판매업자에 해당된다. 원칙적으로 모든 집합투자업자가 금융상품판매업자에 해당된다.

핵심포인트 해설 | **금융소비자보호법상 기능별 규제체계**

(1) 금융상품 분류

예금성 상품	은행법상 예금, 적금, 부금 등
투자성 상품	자본시장법상 금융투자상품, 투자일임계약, 신탁계약(관리형신탁 및 투자성 없는 신탁은 제외) 등
보장성 상품	보험업법상 보험상품 및 이와 유사한 것(생명보험, 손해보험 등)
대출성 상품	신용거래융자, 신용대주, 증권담보대출, 청약자금대출 등

(2) 금융상품판매업자 분류

직접판매업자	자신이 직접 계약의 상대방으로서 금융상품에 관한 계약체결을 영업으로 하는 자 예 은행, 보험사, 저축은행 등
판매대리 · 중개업자	금융회사와 금융소비자의 중간에서 금융상품 판매를 중개하거나 금융회사의 위탁을 받아 판매를 대리하는 자 예 투자권유대행인, 보험설계·중개사, 보험대리점, 카드·대출모집인 등
자문업자	금융소비자가 본인에게 적합한 상품을 구매할 수 있도록 자문을 제공하는 자 예 투자자문업자

정답 | ③

금융소비자보호법상 6대 판매원칙에 대한 설명이 적절하지 않은 것은?

① 적합성 원칙에 의하여 재산상황, 금융상품 취득·처분 경험 등에 비추어 적합하지 아니하다고 인정되는 금융상품 계약체결의 권유를 금지한다.

② 적정성 원칙은 파생상품, 파생결합증권, 파생상품펀드 등에만 적용된다.

③ 금융상품 계약 체결을 권유하거나 소비자가 설명을 요청하는 경우 상품의 중요사항을 소비자가 이해할 수 있도록 설명해야 한다.

④ 금융상품 계약 체결 권유 시 소비자가 오인할 우려가 있는 허위 사실 등을 알리는 행위를 금지한다.

TIP 금융소비자보호법상 적정성 원칙은 파생상품 관련 상품뿐만 아니라 대출성·보장성 상품에도 확대 적용된다.

핵심포인트 해설 | **금융소비자보호법상 6대 판매원칙**

적합성 원칙	• 투자성 상품에만 도입되었던 적합성 원칙을 대출성·보장성 상품까지 확대 • 금융소비자의 재산상황, 금융상품취득·처분경험 및 목적 등에 비추어 투자성향에 부적합한 상품의 계약 체결의 권유를 금지함
적정성 원칙	• 파생상품 등에만 도입되었던 적정성 원칙을 일부 대출성·보장성 상품에도 확대 적용 • 위험도가 높은 투자성·대출성 상품은 투자권유가 없는 경우에도 소비자의 투자성향을 파악하고, 해당 투자의 적정성 여부를 해당 소비자에게 알려야 함
설명의무	• 은행법·자본시장법 등에 각각 규정된 설명의무를 금융소비자보호법으로 통합·이관함 • 금융상품 계약체결을 권유하거나 소비자가 설명을 요청하는 경우 상품의 중요사항을 소비자가 이해할 수 있도록 설명해야 함
불공정영업행위 금지	• 판매업자가 금융상품 판매 시 우월적 지위를 이용하여 소비자의 권익을 침해하는 행위 금지함 • 제3자 연대보증 요구, 업무 관련 편익 요구, 연계·제휴서비스를 부당하게 축소·변경하는 행위, 대출실행 후 3년 경과 시 중도상환수수료 부과 등이 금지됨
부당권유행위 금지	• 금융상품 계약체결 권유 시 소비자가 오인할 우려가 있는 허위 사실 등을 알리는 행위를 금지함 • 불확실한 사항에 대한 단정적 판단을 제공하는 행위·내부통제기준에 따른 교육을 받지 않은 자로 하여금 계약체결 권유와 관련된 업무를 하게 하는 행위 등 금지
광고 규제	• 금융상품 또는 판매업자 등의 업무에 관한 광고 시 필수 포함사항 및 금지행위 등을 규정함 • 필수 포함사항 : 설명서·약관을 읽어볼 것을 권유하는 내용, 판매업자 명칭, 금융상품 내용, 운용실적이 미래수익률을 보장하지 않는다는 사실, 보험료인상 및 보장내용 변경 가능 여부

정답 | ②

금융소비자보호법상 6대 판매원칙 위반에 대한 제재와 가장 거리가 먼 것은?

① 금융소비자는 위법계약해지권을 행사할 수 있다.

② 금융위원회는 판매제한명령을 할 수 있다.

③ 금융상품판매업자에 대하여 수입의 50%까지 과징금을 부과할 수 있다.

④ 금융소비자는 설명의무위반에 따른 손해배상청구 소송 시 판매업자의 고의·과실에 대한 입증책임이 있다.

TIP 설명의무 위반에 따른 손해배상청구 소송 시 고의·과실 입증책임을 금융소비자에서 금융회사로 전환하여 금융소비자의 입증부담을 완화하였다.

핵심포인트 해설 | **판매원칙 위반에 대한 제재**

금융소비자의 위법계약해지권	• 위법한 계약체결에 대하여 소비자의 해지 요구 시 금융회사가 정당한 사유를 제시하지 못하는 경우에 소비자가 일방적으로 계약해지 할 수 있음 • 위법계약해지권 행사기간 : 계약체결 후 5년 이내의 범위에서 위법사실을 안 날로부터 1년 이내에 행사해야 함
금융위원회의 판매제한 명령	• 시정·중지 명령 : 금융소비자의 권익 보호 및 건전한 거래질서를 위하여 필요하다고 인정하는 경우에 명령 가능 • 판매제한 명령 : 금융상품으로 인하여 금융소비자의 재산상 현저한 피해가 발생할 우려가 있다고 명백히 인정되는 경우에 명령 가능
징벌적 과징금	• 주요 판매원칙(설명의무, 불공정영업행위·부당권유행위 금지, 광고규제) 위반 시 징벌적 과징금 부과 • 판매업자가 주요 판매원칙 등을 위반한 경우, 그로 인해 얻은 수익의 50%까지 과징금 부과 가능
과태료	• 1억원 이하의 과태료를 부과하는 경우 : 설명의무, 불공정영업행위 금지, 부당권유행위 금지, 광고규제 위반 등 • 3천만원 이하의 과태료를 부과하는 경우 : 적합성·적정성 원칙 미준수 등

정답 | ④

금융소비자의 권익보호제도에 대한 설명이 적절하지 않은 것은?

① 청약철회권은 보장성 상품과 대출성 상품에만 가능하다.
② 금융분쟁조정이 신청된 사건에 대하여 소송이 진행 중일 경우 법원은 그 소송을 중지할 수 있다.
③ 소비자가 신청한 소액분쟁이 있는 경우 분쟁조정 완료 시까지 금융회사의 제소가 금지된다.
④ 금융소비자가 분쟁조정·소송 등 대응 목적으로 금융회사 등이 유지·관리하는 자료의 열람 요구 시, 금융회사는 수용할 의무가 있다.

TIP 청약철회권은 보장성·대출성·투자성 상품 및 자문 등까지 확대되어 적용된다.

핵심포인트 해설　　**금융소비자 권익강화를 위한 제도**

(1) 청약철회권
  ① 의의 : 일정기간 내 금융소비자가 금융상품 계약을 철회하는 경우 판매자는 이미 받은 금전·재화 등을 반환해야 함(보장성·대출성·투자성 상품 및 자문에 확대적용)
  ② 청약철회 가능 기간

투자성 상품	계약서류 제공일 또는 계약체결일로부터 7일 이내
대출성 상품	계약서류 제공일 또는 계약체결일로부터 14일 이내

(2) 계약서류 제공의무 및 기록 유지·관리의무

계약서류 제공의무	• 금융상품판매업자는 소비자와 계약체결 시 계약서, 약관, 설명서 등 계약서류를 지체 없이 교부해야 함
자료기록·유지·관리의무	• 금융상품판매업자는 업무 관련 자료를 기록하고 유지관리해야 함 • 유지관리기간 : 원칙 10년

(3) 사후구제 제도

금융분쟁조정제도	소비자는 금융분쟁 발생 시 금융감독원에 분쟁조정 신청할 수 있으며, 분쟁의 당사자가 조정안을 수락한 경우 재판상 화해와 같은 효력이 있음
소송중지제도	분쟁조정이 신청된 사건에 대하여 소송이 진행 중일 경우 법원이 그 소송을 중지할 수 있도록 한 제도
조정이탈금지제도	소비자가 신청한 소액분쟁(2천만원 이하의 분쟁)이 있는 경우 분쟁조정 완료 시까지 금융회사의 제소를 금지하는 제도
자료열람요구권	금융소비자가 분쟁조정·소송 등 대응 목적으로 금융회사 등이 유지·관리하는 자료의 열람 요구 시, 금융회사는 수용할 의무가 있음
손해배상책임	금융상품판매업자가 설명의무를 위반하여 소비자에게 손해를 입힌 경우, 자신의 고의 또는 과실을 입증하지 못하면 손해배상책임을 면할 수 없음(입증책임을 금융소비자에서 금융상품판매업자로 전환시킴)

정답 | ①

금융소비자보호법상 금융소비자의 위법계약해지권에 대한 설명이 옳은 것은?

① 금융상품판매업자가 광고규제를 위반한 경우에도 적용된다.

② 위법계약해지권이 적용되는 상품에 금융상품자문계약은 포함되지 않는다.

③ 계약체결일로부터 5년 이내의 범위에서 위법사실을 안 날로부터 1년 이내에 해지요구가 가능하다.

④ 위법계약의 해지는 소급적 효력이 있기 때문에 금융상품판매업자는 원상회복의무가 있다.

TIP ① 위법계약해지권은 5대 판매규제(적합성 원칙, 적정성 원칙, 설명의무, 불공정영업행위금지, 부당권유행위금지) 위반 시 적용된다.
② 위법계약해지권이 적용되는 상품에는 투자일임계약, 금전신탁계약, 금융상품자문계약 등이 있고, 적용되지 않는 상품에는 P2P업자와 체결하는 계약, 양도성예금증서, 표지어음 등이 있다.
④ 위법계약해지의 효력은 장래에 대하여만 효력이 있으므로 금융상품판매업자의 원상회복의무는 없다.

핵심포인트 해설 **금융소비자의 위법계약해지권**

행사요건	• 5대 판매규제 위반(적합성 원칙, 적정성 원칙, 설명의무, 불공정영업행위 금지, 부당권유행위 금지) • 적용상품 : 투자일임계약, 금전신탁계약, 금융상품자문계약 • 적용제외상품 : P2P업자와 체결하는 계약, 양도성예금증서, 표지어음
해지요구기간	• 계약체결일로부터 5년 이내의 범위에서 위법사실을 안 날로부터 1년 이내
수락통지	• 금융상품판매업자는 10일 이내에 소비자의 해지요구에 대한 수락여부를 통지해야 함 • 해지요구를 거절할 경우 거절사유를 함께 통지해야 함
위법계약해지의 효력	• 장래효(비소급효) : 금융상품판매업자의 원상회복의무는 없음 • 금융소비자에 대한 해지 관련 비용 요구 불가

정답 | ③

출제예상문제

☑ 다시 봐야 할 문제(틀린 문제, 풀지 못한 문제, 헷갈리는 문제 등)는 문제 번호 하단의 네모박스(□)에 체크하여 반복학습하시기 바랍니다.

01
중요도 ★
투자펀드의 특징과 거리가 먼 것은?

① 집단성   ② 간접성
③ 투자자평등   ④ 펀드자산과 고유재산의 통합

02
중요도 ★★
자본시장법상 집합투자기구에 해당하지 않는 것은?

① 투자회사   ② 합명회사
③ 투자합자조합   ④ 투자익명조합

03
중요도 ★★
집합투자업자의 자산운용보고서 교부의무가 면제되는 경우와 거리가 먼 것은?

① 투자자의 평가금액이 100만원 이하인 경우로서 규약에서 자산운용보고서를 교부하지 않는다고 정한 경우
② MMF에 대하여 매월 1회 이상 집합투자업자, 판매회사 및 금융투자협회의 인터넷홈페이지를 이용하여 자산운용보고서를 공시하는 경우
③ 환매금지형펀드에 대하여 3개월마다 관계사 인터넷홈페이지를 이용하여 자산운용보고서를 공시하는 경우
④ 투자자가 자산운용보고서 수령을 거부한다는 의사표시를 한 경우

04
중요도 ★★★
투자신탁의 수익자총회에 대한 설명 중 잘못된 것은?

① 총회소집은 집합투자업자, 신탁업자뿐만 아니라 총좌수의 5% 이상 보유수익자도 요구할 수 있다.
② 수익자총회는 자본시장법에서 정한 사항만 의결할 수 있다.
③ 자본시장법에서 정한 사항 의결방법은 출석자 과반수 & 총좌수의 1/4 찬성으로 한다.
④ 신탁계약으로 정한 사항 의결방법은 출석자 과반수 & 총좌수의 1/5 찬성으로 한다.

05 중요도 ★★★

투자신탁의 의결기관인 수익자총회는 합병, 환매기간 연장, 중요 신탁계약 변경사항 등의 사유가 있을 때 수익자의 결의를 통하여 결정하게 된다. 집합투자업자가 사전에 수익자총회의 결의를 거쳐야 하는 신탁계약 변경사항과 거리가 먼 것은?

① 집합투자업자, 신탁업자 등이 받는 보수의 인하
② 신탁계약 기간의 변경
③ 주된 투자대상자산의 변경
④ 환매대금 지급일의 연장

정답 및 해설

01 ④ 투자펀드는 집단성, 간접성, 실적배당, 투자자평등, 고유재산과 펀드자산의 엄격한 분리 등의 특징이 있다.

02 ② 자본시장법상 집합투자기구의 법적 형태에는 투자신탁, 투자회사, 투자유한회사, 투자유한책임회사, 투자합자회사, 투자합자조합, 투자익명조합 등이 있다.

03 ① 투자자의 평가금액이 10만원 이하라고 해야 맞다.

04 ② 수익자총회는 자본시장법에서 정한 사항과 신탁계약에서 정한 사항을 의결할 수 있다.

05 ① 신탁보수 인상은 투자자에게 불리하므로 수익자총회 결의사항이지만, 보수 인하는 투자자에게 유리하므로 수익자총회 결의사항이 아니다.

참고 수익자총회의 결의사항

- 보수 및 수수료의 인상
- 환매금지형투자신탁이 아닌 투자신탁의 환매금지형투자신탁으로의 변경
- 환매대금 지급일의 연장
- 투자신탁의 종류의 변경
- 주된 투자대상자산의 변경
- 집합투자업자의 변경
- 신탁업자의 변경
- 신탁계약 기간의 변경 등
- 투자대상자산에 대한 투자한도의 변경

06 중요도 ★★★

자본시장법상 지체 없이 투자신탁을 해지해야 하는 사유(법정해지 사유)에 해당하지 않는 것은?

① 수익자총회의 투자신탁 해지 결의
② 신탁계약에서 정한 신탁계약기간의 종료
③ 투자신탁의 피흡수합병
④ 당해 투자신탁의 수익증권 전부에 대한 환매청구

07 중요도 ★★

집합투자기구 등록 및 집합투자증권에 대한 내용 중 잘못된 것은?

① 투자신탁은 집합투자업자의 확인을 받아 신탁업자가 발행한다.
② 공모집합투자기구는 등록신청서와 증권신고서를 동시에 제출하는 경우 증권신고서가 수리된 때에 등록된 것으로 본다.
③ 투자신탁의 수익증권 및 투자회사의 주식은 무액면식, 기명식으로 발행된다.
④ 투자회사는 상환주식, 전환주식을 발행할 수 없으며, 보통주로만 발행해야 한다.

08 중요도 ★★★

투자설명서는 투자권유 시 법정 투자권유문서로 투자를 권유하는 경우 반드시 투자설명서에 의해야 한다. 이에 대한 설명 중 잘못된 것은?

① 증권신고서의 기재내용과 원칙적으로 동일해야 한다.
② 예비투자설명서는 신고의 효력이 발생하지 않았다는 사실을 덧붙인 투자설명서로 증권신고서 수리 후 효력발생 전에 사용할 수 있다.
③ 간이투자설명서는 효력발생 후에만 사용할 수 있다.
④ 개방형펀드는 최초 투자설명서 제출 후 매년 1회 이상 정기적으로 투자설명서를 갱신해야 한다.

09

중요도 ★★

금융투자업자의 재권유행위가 허용되는 경우로 올바른 것은?

① 불확실한 사항에 대하여 단정적인 판단을 제공하는 행위

② 거부의사표시 후 1개월이 지난 후 다시 투자권유를 하는 행위

③ 투자자로부터 투자권유 요청을 받지 않고 전화의 방법으로 투자권유하는 행위

④ 투자자로부터 금전중개 요청을 받지 않고 이를 조건으로 투자권유하는 행위

10

중요도 ★★

자본시장법상 집합투자업자가 집합투자재산을 운용함에 있어 그 이해관계인과 할 수 있는 거래로 가장 거리가 먼 것은?

① 일반적인 거래조건에 비추어 집합투자기구에 유리한 거래

② 증권시장 등 불특정 다수인이 참여하는 공개시장을 통한 거래

③ 이해관계인이 되기 6개월 이전에 체결한 계약에 따른 거래

④ 집합투자업자가 운용하는 전체 집합투자기구의 집합투자재산의 30% 이상을 관리하는 신탁업자와의 거래

정답 및 해설

06 ④ 당해 투자신탁의 수익증권 전부에 대한 환매청구는 임의해지 사유이다.

참고 **투자신탁의 법정해지 사유**

- 신탁계약기간의 종료
- 수익자총회의 투자신탁 해지 결의
- 투자신탁의 피흡수합병
- 투자신탁의 등록취소
- 수익자 총수가 1인이 되는 경우 등
- 투자신탁인 일반 사모집합투자기구가 그 요건을 갖추지 못해 해지명령을 받은 경우

07 ① 투자신탁은 신탁업자의 확인을 받아 집합투자업자가 발행한다.

08 ③ 간이투자설명서는 효력발생 전은 물론 효력발생 후에도 사용할 수 있다.

09 ② 거부의사표시 후 1개월이 지난 후 다시 투자권유를 하는 행위, 다른 종류의 금융투자상품에 대하여 투자권유를 하는 행위 등은 가능하다.

10 ④ 집합투자업자가 집합투자재산을 운용함에 있어 집합투자업자가 운용하는 전체 집합투자기구의 집합투자재산의 30% 이상을 보관·관리하는 신탁업자와의 거래는 금지된다.

11 중요도 ★★

자본시장법상 집합투자증권의 판매수수료 및 판매보수에 대한 설명으로 가장 거리가 먼 것은?

① 투자신탁의 경우 신탁업자(수탁자)가 투자신탁재산의 법적 소유인으로 보관한다.
② 판매수수료는 환매 시에 투자자로부터 일시에 받을 수도 있다.
③ 판매보수의 한도는 원칙적으로 집합투자재산의 연평균가액의 100분의 2이다.
④ 사모집합투자기구의 경우 판매수수료의 한도가 적용되지 않는다.

12 중요도 ★★

자본시장법상 자산운용보고서에 대한 설명으로 잘못된 것은?

① 집합투자업자는 자산운용보고서를 작성하여 신탁업자의 확인을 받아서 3개월마다 1회 이상 투자자에게 교부해야 한다.
② 자산운용보고서의 교부 시 전자우편의 방법은 허용된다.
③ 자산운용보고서의 작성 및 교부비용은 집합투자업자가 부담한다.
④ 투자자가 수시로 변동되는 경우에도 투자자에게 자산운용보고서를 반드시 교부해야 한다.

13 중요도 ★★

다음 중 집합투자증권의 판매가격에 대한 설명이 적절하지 않은 것은?

① 판매가격은 원칙적으로 금전을 납입한 후 최초로 산정되는 기준가격으로 한다.
② 투자자가 기준시점을 지나 금전을 납입한 경우에 납입일로부터 기산하여 제3영업일에 공고되는 기준가격을 판매가격으로 한다.
③ 모든 단기금융집합투자기구(MMF)의 판매가격은 금전의 납입일에 공고되는 기준가격을 판매가격으로 한다.
④ 투자자의 이익을 침해할 우려가 있다고 인정되는 경우 판매가격은 납입일로부터 기산하여 제3영업일 또는 그 이후에 공고되는 기준가격으로 할 수 있다.

14 중요도 ★★★

집합투자증권의 판매보수 및 판매수수료에 대한 설명 중 잘못된 것은?

① 판매보수는 용역의 대가로 투자자로부터 받는다.

② 판매보수의 한도는 집합투자재산 연평균가액의 1%까지이다.

③ 판매수수료의 한도는 납입금액 또는 환매금액의 2%까지이다.

④ 판매수수료는 집합투자규약이 정하는 바에 따라 판매방법, 투자매매·중개업자, 판매금액, 투자기간 등을 기준으로 차등하여 받을 수 있다.

15 중요도 ★★★

증권을 발행하면 증권신고서를 금융위원회에 제출해야 되는 경우가 있다. 다음 중 증권신고서에 대한 설명으로 잘못된 것은?

① 증권의 모집 또는 매출총액이 10억원 이상인 경우에 제출해야 하는 신고서이다.

② 공모펀드는 증권신고서 제출대상에 포함되나, 사모펀드는 제출하지 않아도 된다.

③ 모(母)투자신탁은 증권신고서 제출대상에 포함되나, 자(子)투자신탁은 제출하지 않아도 된다.

④ 증권신고서 제출 시 발행인의 대표이사, 신고담당이사의 확인을 요한다.

정답 및 해설

11 ③ 판매보수는 원칙적으로 집합투자재산의 연평균가액의 1/100을 초과할 수 없다.

12 ④ 투자자가 수시로 변동되는 등 투자자의 이익을 해할 우려가 없는 경우로서 대통령령이 정하는 경우에는 투자자에게 자산운용보고서를 교부하지 않을 수 있다.

13 ③ 단기금융집합투자기구(MMF)의 판매가격은 원칙적으로 금전을 납입한 후 최초로 산정되는 기준가격으로 한다. 다만, 예외적으로 미리 MMF를 매수하기로 투자매매(중개)업자와 미리 약정한 경우 또는 국가재정법에 따라 여유자금을 통합하여 운용하는 MMF의 경우에는 금전의 납입일에 공고되는 기준가격을 판매가격으로 한다.

14 ① 판매보수는 용역의 대가로 집합투자기구로부터 받는다.

15 ③ 자(子)투자신탁은 증권신고서 제출대상에 포함되나, 모(母)투자신탁은 제출하지 않아도 된다.

16 중요도 ★★
집합투자증권의 환매에 대한 설명으로 잘못된 것은?

① 환매대금은 금전으로 지급하는 것이 원칙이나 투자자 전원의 동의를 얻은 경우 집합투자재산으로 지급할 수 있다.

② 환매기간은 15일을 넘지 않는 범위에서 집합투자규약에서 정할 수 있다.

③ 집합투자기구 자산총액의 10%를 초과하여 외화자산에 투자하는 경우에는 환매기간을 15일을 초과하여 정할 수 있다.

④ 환매연기기간 중에는 환매연기 대상 집합투자증권의 발행 및 판매행위도 금지된다.

17 중요도 ★★
일반투자자에게는 적용되지만 전문투자자에게는 적용되지 않는 것을 모두 고른 것은?

㉠ 설명의무	㉡ 적합성의 원칙	㉢ 적정성의 원칙	㉣ 신의성실의무

① ㉠   ② ㉠, ㉡   ③ ㉠, ㉡, ㉢   ④ ㉠, ㉡, ㉢, ㉣

18 중요도 ★★
집합투자업자의 성과연동형 운용보수 방식에 대한 설명으로 잘못된 것은?

① 성과보수의 상한은 기본운용보수의 50% 이하에서 정할 것

② 성과운용보수는 펀드의 운용성과가 기준지표의 성과를 하회하는 경우와 상회하는 경우를 대칭적인 구조로 산정할 것

③ 3개월 또는 6개월 주기로 성과를 측정하여 다음 주기의 성과운용보수를 산출할 것

④ 성과운용보수를 계산한 값이 기본운용보수의 ±20% 밖의 범위에 분포하는 등 적정한 값으로 결정되도록 정할 것

19

중요도 ★★

다음 중 펀드 환매에 대한 설명으로 잘못된 것은?

① 환매수수료는 환매금액 또는 이익금을 기준으로 부과하며, 징수한 환매수수료는 당해 집합투자재산에 귀속된다.

② 환매대금은 반드시 금전으로만 지급해야 한다.

③ 투자매매업자·투자중개업자는 환매대상 펀드를 자기의 계산으로 취득하거나 타인에게 취득하게 할 수 없다.

④ 투자자는 언제든지 환매청구가 가능하다.

20

중요도 ★

집합투자증권의 환매관련 규정에 대한 내용 중 잘못된 것은?

① 환매연기기간 중에는 환매연기 대상 집합투자증권의 발행 및 판매행위도 금지된다.

② 펀드분리를 한 경우 분리된 펀드와 분리되지 않은 펀드 모두 환매가 연기된다.

③ 환매수수료는 환매금액 또는 이익금을 기준으로 부과할 수 있다.

④ 투자신탁의 환매연기절차는 '집합투자업자의 환매연기결정 ⇨ 수익자총회 결의 ⇨ 수익자 통지' 순으로 진행된다.

정답 및 해설

16 ③ 환매기간은 15일을 넘지 않는 것이 원칙이지만, 예외적으로 펀드자산총액의 10%를 초과하여 시장성 없는 자산에 투자하는 경우, 펀드자산총액의 50%를 초과하여 외화자산에 투자하는 경우, 사모투자 재간접집합투자기구의 경우, 부동산·특별자산투자 재간접집합투자기구의 경우 등은 15일을 초과하여 정할 수 있다.

17 ③ 설명의무, 적합성의 원칙, 적정성의 원칙은 일반투자자에게만 적용되고, 전문투자자에게는 적용되지 않는다.

18 ① 성과보수의 상한은 기본운용보수의 50% 이상 100% 이하에서 정해야 한다.

19 ② 환매대금은 금전으로 지급하는 것이 원칙이다. 다만 집합투자자 전원의 동의를 얻으면 집합투자재산으로 지급할 수 있다.

20 ② 펀드분리는 펀드 내 일부 자산에 대해서만 환매연기사유가 발생한 경우 환매연기 대상 자산을 정상자산으로부터 분리하여 그 환매연기 대상 자산을 현물로 납입하여 별도의 펀드를 설립하는 것으로, 분리되지 않은 펀드(정상펀드)는 펀드분리로 판매 및 환매가 재개되나, 분리된 펀드(부실펀드)는 계속 환매가 연기된다.

21

다음 중 원화MMF와 외화MMF를 비교한 내용이 적절하지 않은 것은?

① 원화MMF의 표시통화는 원화이나 외화MMF의 표시통화는 OECD가입국 통화 또는 중국 통화이다.

② 원화MMF는 원화로만 투자해야 하고, 외화MMF도 각 MMF별 단일통화로 투자해야 한다.

③ 외화MMF의 편입자산, 신용등급, 분산투자, 유동성요건 등 운용규제는 원화MMF와 동일 수준의 규제를 원칙으로 한다.

④ 외화MMF는 원화MMF에 비하여 신규설정요건이 강화되어 있다.

22

다음 중 MMF에 대한 법적 제한 내용을 모두 고르면?

> ㉠ MMF 편입자산의 잔존기한을 제한하고 있다.
> ㉡ MMF 편입자산의 신용등급을 제한하고 있다.
> ㉢ MMF 편입자산의 분산투자를 강화하고 있다.
> ㉣ MMF를 포함한 다른 펀드의 투자를 금지하고 있다.

① ㉠   ② ㉠, ㉡   ③ ㉠, ㉡, ㉢   ④ ㉠, ㉡, ㉢, ㉣

23

집합투자기구의 자산운용에 대한 설명 중 잘못된 것은?

① 재간접펀드 운용규제 강화로 인하여 사모투자 재간접펀드는 불가능하다.

② 공모재간접펀드는 사모펀드에 5% 한도 내에서 투자할 수 있다.

③ 동일한 집합투자기구에 대한 투자는 집합투자기구 자산총액의 20%를 초과할 수 없다.

④ 장외파생상품 거래상대방 위험평가액이 각 집합투자기구 자산총액의 10%를 초과하여 투자하는 행위는 금지된다.

24

중요도 ★★

집합투자기구의 금전차입과 대여의 규제에 대한 설명 중 잘못된 것은?

① 집합투자업자는 집합투자기구의 계산으로 금전을 차입할 수 없는 것이 원칙이다.

② 집합투자기구는 대량환매사태 또는 총회 안건 반대투자자의 대량 매수청구로 일시적 자금 부족을 대응하기 어려운 경우에 예외적으로 재산총액의 20%까지 차입이 허용된다.

③ 집합투자업자는 집합투자재산인 금전을 타인에게 대여할 수 없다. (단, 콜론은 허용함)

④ 집합투자업자는 집합투자재산으로 해당 집합투자기구 외의 자를 위하여 채무보증이나 담보제공을 할 수 없다.

25

중요도 ★★

집합투자기구의 환매 및 거래가격에 대한 설명으로 잘못된 것은?

① 집합투자증권의 환매가격은 환매청구일 후에 산정되는 기준가격으로 해야 한다.

② 중도 환매 시 환매수수료는 투자자가 부담하고, 징수한 환매수수료는 펀드 판매회사에 귀속된다.

③ 집합투자증권의 판매가격은 투자자의 금전 납입 후 최초로 산정되는 기준가격으로 판매해야 한다.

④ 판매가격 또는 환매가격은 기준가격으로 해야 하며 할증하거나 할인할 수 없다.

정답 및 해설

21 ④ 외화MMF는 원화MMF에 비하여 신규설정요건이 완화되어 있다.

22 ③ 다른 MMF 투자는 가능하다.

23 ① 공모펀드 시장 활성화 방안의 하나로 사모투자 재간접펀드, 실물투자 재간접펀드, 자산배분펀드 등의 신상품 도입이 가능하게 되었으며, 기존의 재간접펀드 운용규제가 완화되었다.

24 ② 집합투자기구는 대량환매사태 또는 총회 안건 반대투자자의 대량 매수청구로 일시적 자금부족을 대응하기 어려운 경우에 예외적으로 차입이 허용된다. 다만 이 경우 차입상대방이 금융기관 등이어야 하고, 차입금총액은 차입 당시 집합투자기구 순자산총액의 10%를 초과할 수 없고, 차입금 전액을 변제하기 전까지는 투자대상자산을 추가로 매수할 수 없다.

25 ② 중도 환매 시 환매수수료는 투자자가 부담하고, 징수한 환매수수료는 당해 집합투자재산에 귀속된다.

26

중요도 ★

집합투자업자의 불건전 영업행위와 거리가 먼 것은?

① 금융투자상품의 가격에 중대한 영향을 줄 수 있는 매매의사를 결정한 후 이를 실행하기 전에 집합투자업자 자기계산으로 매매하거나 제3자에게 매매를 권유하는 행위
② 관계인수인이 인수한 증권을 집합투자재산으로 매수하는 행위
③ 특정 집합투자재산을 다른 신탁재산과 거래하지 않는 행위
④ 제3자와의 계약에 의해 집합투자재산을 특정 자산에 교차하여 투자하는 행위

27

중요도 ★★

성과보수를 받는 펀드의 투자설명서 및 집합투자규약에 성과보수에 관한 사항을 기재해야 한다. 그 기재사항과 거리가 먼 것은?

① 성과보수 산정방식
② 성과보수가 지급된다는 뜻과 그 한도
③ 성과보수를 지급하지 않는 펀드보다 더 높은 위험에 노출될 수 있다는 사실
④ 성과보수의 하한

28

중요도 ★

집합투자업자의 자산운용에 대한 공시를 설명한 내용 중 잘못된 것은?

① 집합투자업자는 자산운용보고서를 작성하여 신탁업자의 확인을 받아 3개월마다 1회 이상 직접 또는 전자우편의 방법으로 투자자에게 교부해야 한다.
② 수시공시는 판매회사 및 금융투자협회의 인터넷 홈페이지에 공시, 판매회사가 전자우편을 통해 투자자에게 통지, 판매회사의 본지점 및 영업소에 게시하는 방법으로 하며 세 가지 방법 중 하나로 이행하면 된다.
③ 자산운용보고서의 작성·교부비용은 집합투자업자가 부담한다.
④ 집합투자업자는 회계기간 종료, 계약기간 종료, 집합투자기구 해지 등의 사유 발생 시 사유발생일로부터 2개월 이내에 금융위원회 및 금융투자협회에 결산서류를 제출해야 한다.

29 중요도 ★★

상장지수집합투자기구(ETF)의 경우 자본시장법 중 일부 규정은 적용이 배제된다. 다음 중 적용이 배제되는 규정과 가장 거리가 먼 것은?

① 집합투자증권의 판매보수에 관한 규정
② 금융투자업자의 대주주가 발행한 증권을 소유하는 행위에 관한 규정
③ 계열사 발행주식에 대한 중립투표 의무에 관한 규정
④ 집합투자증권 환매에 관한 규정

30 중요도 ★

집합투자업자는 법령상 수시공시사항이 발생한 경우 이를 공시해야 한다. 다음 중 수시공시사항에 해당하지 않는 것은?

① 보유자산 종류별 평가액과 비율
② 투자운용인력이 변경된 경우 그 사실과 변경된 투자운용인력의 운용경력
③ 환매연기·환매재개 결정 및 그 사유
④ 투자설명서 변경내용

정답 및 해설

26 ③ 특정 집합투자재산을 다른 신탁재산과 거래하는 행위는 불건전 영업행위로 금지되나 다른 신탁재산과 거래하지 않는 행위는 불건전 영업행위와 거리가 멀다.

27 ④ 성과보수를 받는 펀드의 투자설명서 등에 기재해야 할 사항에는 ㉠ 성과보수의 산정방식 및 지급시기, ㉡ 성과보수가 지급된다는 뜻과 그 한도, ㉢ 성과보수를 지급하지 않는 펀드보다 더 높은 위험에 노출될 수 있다는 사실, ㉣ 기준지표 및 성과보수의 상한, ㉤ 성과보수가 지급되지 않은 경우에 관한 사항, ㉥ 투자운용인력의 경력과 운용성과 등이다.

28 ② 세 가지 방법 모두 이행해야 된다.

29 ① 상장지수집합투자기구(ETF)의 자본시장법 적용이 배제되는 규정에는 ㉠ 금융투자업자의 대주주가 발행한 증권을 소유하는 행위, ㉡ 특수관계인이 발행한 주식, 채권, 약속어음을 소유하는 행위, ㉢ 계열사 발행주식에 대한 중립투표 의무, ㉣ 자산운용보고서, ㉤ 주식 등의 대량보유 보고, ㉥ 내부자 단기차익반환의무, ㉦ 임원 등의 특정증권 등 소유상황 보고, ㉧ 집합투자증권 환매에 관한 규정 등이 있다.

30 ① 수시공시사항은 투자운용인력이 변경된 경우 그 사실과 변경된 투자운용인력의 운용경력, 환매연기·환매재개 결정 및 그 사유, 부실자산이 발생한 경우 그 명세 및 상각률, 집합투자자총회의 결의내용, 투자설명서 변경내용, 기준가격 변경내용 등이다.

31

중요도 ★

투자자는 집합투자재산에 관한 장부·서류의 열람이나 등본 또는 초본의 교부를 청구할 수 있다. 다음 중 열람청구 대상이 되는 장부·서류에 해당하지 않는 것은?

① 집합투자재산명세서
② 집합투자증권의 기준가격대장
③ 재무제표 및 그 부속명세서
④ 집합투자재산의 매매일지

32

중요도 ★★★

집합투자업자의 파생상품 및 부동산 운용특례에 대한 설명이 잘못된 것은?

① 파생상품 매매에 따른 위험평가액이 집합투자기구 자산총액의 10%를 초과하여 파생상품에 운용하는 경우에는 계약금액, 위험지표를 인터넷 홈페이지 등에 공시해야 한다.
② 장외파생상품 매매에 따른 위험평가액이 집합투자기구 자산총액의 10%를 초과하여 장외파생상품에 운용하는 경우 위험관리방법을 작성하여 신탁업자의 확인을 받아 금융위원회에 신고해야 한다.
③ 부동산집합투자기구의 경우 '자산총액 − 부채총액'의 100%까지 금전차입이 가능하다.
④ 부동산개발사업을 시행할 목적으로 건축물, 기타 공작물 없는 토지를 매입한 후 개발사업 시행 전에 처분하는 것은 제한된다.

33

중요도 ★

집합투자재산의 평가에 대한 설명으로 잘못된 것은?

① 집합투자재산평가위원회에는 평가담당임원, 운용담당임원, 준법감시인이 반드시 포함되어야 한다.
② 집합투자업자는 신탁업자의 확인을 받아 집합투자재산평가기준을 마련해야 한다.
③ 집합투자재산은 원칙적으로 공정가액으로 평가해야 한다.
④ 기준가격은 집합투자기구의 순자산가치를 보여주며 판매 및 환매 시 거래가격이 된다.

34

중요도 ★

집합투자재산의 회계에 대한 설명 중 잘못된 것은?

□

① 집합투자업자 또는 투자회사 등은 집합투자기구의 결산기마다 대차대조표, 손익계산서, 자산운용보고서 및 그 부속명세서를 작성해야 한다.

② 집합투자규약에 이익금 유보, 분배방법 및 시기 등을 정할 수 있고, 이익금을 초과하여 현금으로 분배하는 것도 가능하다.

③ 회계감사인이 중요사항 미기재 또는 허위기재로 투자자에게 손해를 끼친 경우에는 당해 투자자에게 손해를 배상할 책임이 있다.

④ 집합투자업자 또는 투자회사 등은 외부감사가 면제된다.

35

중요도 ★★

신탁업자의 집합투자재산의 보관 및 관리에 대한 설명 중 잘못된 것은?

□

① 투자신탁의 경우 신탁업자(수탁자)는 투자신탁재산의 법적 소유인으로 보관할 수 없다.

② 투자회사의 경우 신탁업자가 민법상 위임법리에 따라 수임인(보관대리인)으로서 보관한다.

③ 신탁업자는 집합투자재산 중 증권, 원화표시 CD, 어음(기업어음 제외), 기타 예탁결제원이 지정하는 것을 자신의 고유재산과 구분하여 집합투자기구별로 예탁결제원에 예탁해야 한다.

④ 신탁업자는 집합투자재산을 자신의 고유재산, 다른 집합투자재산, 제3자로부터 보관·위탁받은 자산과 구분하여 관리해야 한다.

정답 및 해설

31 ④ 열람청구의 대상이 되는 장부 및 서류는 집합투자재산명세서, 집합투자증권의 기준가격대장, 재무제표 및 그 부속명세서, 집합투자산 운용내역서 등이다.

32 ③ 부동산집합투자기구의 경우 '자산총액 − 부채총액'의 200%까지 금전차입이 가능하고 '자산총액 − 부채총액'의 100%까지 금전대여가 가능하다. 차입금은 부동산 운용 외의 방법으로 운용하면 안 된다. (단, 불가피한 사유가 발생하여 일시적으로 현금성 자산에 투자하는 것은 가능) 또한 총회 의결로 차입한도와 차입대상을 달리할 수 있다.

33 ③ 집합투자재산은 원칙적으로 시가로 평가하고, 평가일 현재 신뢰할 만한 시가가 없는 경우에는 공정가액으로 평가한다. 한편 MMF는 예외적으로 장부가평가를 허용하고 있다.

34 ④ 집합투자업자 또는 투자회사 등은 회계기간 말일부터 2개월 이내에 회계감사인의 외부감사를 받아야 한다. 다만, 자산총액이 300억원 이하인 집합투자기구, 자산총액이 300억원 초과 500억원 이하인 집합투자기구로서 기준일 이전 6개월 동안 집합투자증권을 추가로 발행하지 않는 경우에는 예외적으로 외부감사를 받지 않아도 된다.

35 ① 투자신탁의 경우 신탁업자(수탁자)가 투자신탁재산의 법적 소유인으로 보관한다.

36 중요도 ★★

자본시장법상 집합투자재산을 보관·관리하는 신탁업자가 집합투자재산과 관련하여 확인해야 할 사항으로 가장 거리가 먼 것은?

① 투자설명서가 법령 및 집합투자규약에 부합하는지 여부
② 위탁매매수수료 지급이 적정한지 여부
③ 집합투자재산의 평가가 공정한지 여부
④ 장외파생상품 운용에 따른 위험관리방법의 작성이 적정한지 여부

37 중요도 ★

신탁업자의 업무제한에 대한 설명 중 잘못된 것은?

① 신탁업자는 집합투자재산을 자신의 고유재산과 거래하는 것이 허용되나 예외적으로 금융기관에의 예치 또는 단기대출은 금지된다.
② 신탁업자는 집합투자재산이라는 사실과 위탁자를 명기하여 각각의 집합투자기구별로 관리해야 한다.
③ 실무적으로 집합투자기구별 거래이행은 예탁결제원의 집합투자재산 예탁결제시스템을 통하여 이루어진다.
④ 신탁업자는 당해 집합투자기구의 집합투자업자와 계열회사 관계에 있지 않아야 한다.

38 중요도 ★

신탁업자의 집합투자재산 확인 및 자산보관·관리보고서에 대한 설명 중 잘못된 것은?

① 신탁업자는 집합투자재산의 평가가 공정한지 여부를 확인해야 한다.
② 신탁업자는 기준가격 산정이 적정한지 여부를 확인해야 한다.
③ 신탁업자는 회계기간 종료일로부터 2개월 이내에 자산보관·관리보고서를 작성하여 투자자에게 제공해야 한다.
④ 50만원 미만의 투자자로서 집합투자규약에서 미교부를 정하고 있는 경우에는 자산보관·관리보고서를 제공하지 않아도 된다.

39

중요도 ★

투자신탁의 해지에 대한 설명 중 잘못된 것은?

① 투자신탁의 전부해지는 해지권자(집합투자업자)의 일방적 의사표시로 투자신탁계약의 효력을 장래에 향하여 소멸시키는 행위이다.

② 집합투자업자가 투자신탁을 임의해지하는 경우 원칙적으로 금융위원회의 사전 승인이 필요 없다.

③ 법정해지 사유에는 신탁계약기간 종료, 총회의 투자신탁 해지 결의, 투자신탁의 피흡수합병, 투자신탁의 등록취소 등이 있으며 이 경우 집합투자업자는 지체 없이 투자신탁을 해지하고 금융위원회에 보고해야 한다.

④ 집합투자업자는 해지시점에 미수금 또는 미지급금이 있는 경우 해지일에 공정가액으로 양수해야 한다. (자전거래를 통해 다른 집합투자기구에서 양수하는 것도 가능)

40

중요도 ★

집합투자기구의 합병에 대한 설명으로 잘못된 것은?

① 투자신탁과 투자회사 간 합병할 수 있다.

② 두 집합투자기구가 합병하는 경우 수익자총회 또는 주주총회의 승인을 얻어야 한다.

③ 합병한 경우 그 사실을 금융위원회에 보고하고, 합병대상 집합투자기구가 상장되어 있는 경우 지체 없이 거래소에 보고해야 한다.

④ 존속하는 집합투자기구의 집합투자업자가 금융위원회에 합병보고를 한 때 합병의 효력이 발생하며, 소멸하는 집합투자기구는 합병과 동시에 해지(해산)된 것으로 간주한다.

정답 및 해설

36 ② 위탁매매수수료 지급의 적정성은 신탁업자의 확인사항이 아니다.

37 ① 신탁업자는 집합투자재산을 자신의 고유재산, 다른 집합투자재산 또는 제3자로부터 보관을 위탁받은 재산과 거래하는 것이 금지되나 예외적으로 금융기관에의 예치 또는 단기대출은 허용된다.

38 ④ 신탁업자는 투자자에게 자산보관·관리보고서를 제공하는 것이 원칙이다. 다만 투자자가 수령거부의사를 서면으로 표시한 경우, MMF·폐쇄형펀드·ETF의 자산보관·관리보고서를 인터넷 홈페이지 등을 통해 공시하는 경우, 10만원 이하 투자자로서 집합투자규약에서 미교부를 정하고 있는 경우에는 자산보관·관리보고서를 제공하지 않아도 된다.

39 ② 집합투자업자가 투자신탁을 임의해지하는 경우 원칙적으로 금융위원회의 사전 승인이 필요하다.

40 ① 투자신탁과 투자신탁 간, 투자회사와 투자회사 간 합병만 허용된다.

41

중요도 ★

집합투자기구에 대한 설명 중 잘못된 것은?

① 투자신탁의 흡수합병 시 해산사유가 된다.

② 투자신탁 해지로 투자신탁관계가 종료되면 신탁재산을 결산하여 상환금과 이익분배금을 수익자에게 지급해야 한다.

③ 투자신탁과 투자신탁, 투자회사와 투자회사 간 합병만 허용된다.

④ 합병되면 소멸 투자신탁(투자회사)은 합병과 동시에 해지(해산)된 것으로 간주한다.

42

중요도 ★★

집합투자업자의 자산운용보고서 작성 및 교부의무에 대한 설명 중 잘못된 것은?

① 집합투자업자는 신탁업자의 확인을 받아 3개월마다 1회 이상 자산운용보고서를 작성하여 투자자에게 교부해야 한다.

② 자산운용보고서의 작성 및 교부비용은 집합투자업자가 부담한다.

③ 투자자의 투자금액이 100만원 이하이거나 전자우편주소가 없는 경우에는 수시공시방법에 따라 공시하는 것으로 갈음할 수 있다.

④ MMF에 대하여 매월 1회 이상 집합투자업자의 인터넷 홈페이지에 자산운용보고서를 공시 하더라도 반드시 투자자에게 자산운용보고서를 교부해야 한다.

43

중요도 ★★

사모집합투자기구는 공모집합투자기구에 비하여 법적 규제가 대폭 완화되었으나 투자자 보호를 위하여 일부 제한하는 경우도 있다. 다음 중 공모뿐만 아니라 사모집합투자기구 에도 적용되는 규제에 해당하는 것은?

① 수시공시의무

② 결산서류 등 비치열람의무

③ 회계감사인의 손해배상책임

④ 의결권의 행사 제한

44

중요도 ★★★

사모집합투자기구의 특례에 대한 설명 중 옳은 것은?

① 성과보수를 받을 수 없다.

② 납입수단은 금전뿐만 아니라 증권, 부동산, 실물자산, 노무, 신용 등으로도 가능하다.

③ 설립 전 금융위원회에 등록해야 한다.

④ 투자자보호 필요성이 적은 공시, 회계, 신탁업자의 감시의무 등의 규정도 적용된다.

정답 및 해설

41 ① 투자신탁의 피흡수합병 시 해산사유가 된다.

42 ④ 자산운용보고서를 교부하지 않아도 된다.

> 참고 자산운용보고서를 교부하지 않아도 되는 경우

> - 투자자가 보고서 수령 거부의사를 서면·전화·팩스·전자우편· 이와 비슷한 전자통신의 방법으로 표시한 경우
> - MMF에 대하여 매월 1회 이상 집합투자업자, 판매회사 및 협회의 인터넷 홈페이지에 자산운용보고서를 공시한 경우
> - 환매금지형집합투자기구에 대하여 3개월마다 1회 이상 집합투자업자, 판매회사 및 협회의 인터넷 홈페이지에 자산운용보고서를 공시한 경우
> - 투자자의 집합투자증권 평가금액이 10만원 이하인 경우

43 ④ 집합투자기구에 편입된 주식의 의결권 행사 제한은 사모펀드에도 적용된다.

44 ② ① 성과보수를 받을 수 있고, 그 산정방식은 투자설명서 및 집합투자규약에 기재해야 한다.

③ 사모집합투자기구는 설정·설립일로부터 2주일 이내에 금융위원회에 보고해야 한다.

④ 투자자보호 필요성이 적은 공시, 회계, 신탁업자의 감시의무 등의 규정은 적용되지 않는다.

45 중요도 ★
집합투자증권의 판매 및 환매에 대한 설명 중 옳은 것은?

① 집합투자증권 판매 광고 시 과거 운용실적은 포함할 수 없다.
② 집합투자증권의 판매수수료는 납입금액 또는 환매금액의 2%를 초과할 수 없다.
③ 폐쇄형펀드의 경우 펀드 해지 전에는 어떤 경우에도 투자자금을 회수할 수 없다.
④ 환매수수료는 투자원금을 기준으로 징구한다.

46 중요도 ★
다음 중 투자설명서에 대한 설명으로 잘못된 것은?

① 신탁업자가 작성한다.
② 펀드 운용은 투자설명서에 기재한 운용전략 및 계획에 따라 해야 한다.
③ 투자설명서를 투자자에게 교부하고 주요 내용을 설명해야 한다.
④ 투자설명서 필수 기재사항은 법으로 정하고 있다.

47 중요도 ★
종류형집합투자기구의 등록신청서 기재사항과 거리가 먼 것은?

① 판매수수료와 판매보수에 관한 사항
② 전환권이 주어지는 경우 전환에 관한 사항
③ 집합투자재산이 부담하는 비용에 관한 사항
④ 종류형집합투자기구 투자자의 성향에 관한 사항

48 _{중요도 ★}
집합투자증권의 투자권유 시 법적 제한 사항에 대한 설명으로 잘못된 것은?

① 투자권유 전에 미리 면담 등을 통해 투자목적, 재산상태, 투자경험 등을 파악하고 이를 그 투자자로부터 확인받아야 한다.

② 투자자정보의 확인은 서명, 기명날인, 녹취뿐만 아니라 전자우편, 전화자동응답시스템의 방법으로도 가능하다.

③ 집합투자증권의 내용과 위험, 중요사항에 대하여 전문투자자가 이해할 수 있도록 설명해야 한다.

④ 투자목적 등에 비추어 그 투자자가 적합하지 않다고 인정되는 경우 투자권유를 하면 안된다.

49 _{중요도 ★}
자본시장법상 집합투자업자의 행위준칙에 비추어 볼 때 가능한 것은?

① 집합투자재산 관련 정보를 자기 고유재산 운용에 이용하는 행위

② 일반적인 거래조건보다 불리한 조건으로 거래하는 행위

③ 집합투자재산으로 제3자의 이익을 도모하는 행위

④ 계열사가 인수한 투자증권을 인수일로부터 3개월이 경과한 후에 취득하는 행위

정답 및 해설

45 ② ① 집합투자증권의 과거 운용실적도 판매 광고 시 포함할 수 있다.
　　③ 폐쇄형펀드의 경우 집합투자증권을 시장에 상장하게 되므로 투자자는 시장에서 집합투자증권 거래를 통해 투자자금을 회수할 수 있다.
　　④ 환매수수료는 환매금액 또는 이익금을 기준으로 징구한다.

46 ① 집합투자업자가 작성한다.

47 ④ 종류형집합투자기구 등록신청서에는 ①②③뿐만 아니라 취득자격에 제한이 있는 경우 그 내용, 환매수수료에 관한 사항, 기준 가격 산정방법에 관한 사항, 집합투자자 총회에 관한 사항 등을 포함하여야 한다.

48 ③ 집합투자증권의 내용과 위험, 중요사항에 대하여 일반투자자가 이해할 수 있도록 설명해야 한다.

49 ④ 계열사가 인수한 투자증권을 인수일로부터 3개월 이전에 취득할 수는 없으나 3개월이 지난 후 취득하는 행위는 가능하다.

50

중요도 ★

다음 중 집합투자재산을 보관할 때의 규제에 대한 설명이 옳은 것은?

① 투자회사의 재산은 투자회사 명의로 투자회사가 보관한다.
② 투자신탁의 재산은 집합투자업자의 명의로 신탁업자가 보관한다.
③ 집합투자업자가 집합투자재산을 직접 보관하는 경우는 없다.
④ 대부분의 유가증권은 최종적으로 신탁업자가 보관한다.

51

중요도 ★

집합투자재산의 평가에 대한 설명으로 잘못된 것은?

① 평가업무를 위하여 집합투자재산평가위원회를 구성해야 한다.
② 평가위원회에는 평가담당임원, 운용담당인원, 준법감시인이 반드시 포함되어야 한다.
③ 신탁업자의 확인을 받아 집합투자재산평가기준을 마련해야 한다.
④ 평가위원회가 집합투자재산을 평가한 경우 그 평가명세를 금융위원회에 통보해야 한다.

52

중요도 ★★

신탁업자의 업무 제한에 대한 설명으로 잘못된 것은?

① 신탁업자는 당해 집합투자재산을 운용하는 집합투자업자와 계열회사 관계에 있지 않아야
한다.
② 신탁업자는 당해 집합투자기구의 계열회사 관계에 있지 않아야 한다.
③ 신탁업자는 자신이 보관하는 집합투자재산을 자신의 고유재산, 다른 집합투자재산 또는
제3자로부터 위탁받은 재산과 거래하면 안 된다.
④ 신탁업자는 보관을 위탁받은 집합투자재산에 대한 효율적 관리를 위하여 각각의 집합투자
기구를 통합하여 관리해야 한다.

53 중요도 ★★
다음 중 환매금지형펀드에 대한 설명으로 잘못된 것은?

① 펀드의 존립기간을 정해야 하지만 최장 만기제한은 없다.

② 투자자의 환금성 확보를 위해 펀드를 증권시장에 상장해야 한다.

③ 환매금지형펀드도 신탁업자의 확인을 받으면 추가 발행이 가능하다.

④ 개방형펀드와 같이 매일매일 기준가격을 산정하여 공고해야 한다.

54 중요도 ★
다음 중 집합투자기구의 공시에 대한 설명으로 잘못된 것은?

① 집합투자업자는 자산운용보고서를 작성하여 투자매매업자의 확인을 받아 6개월에 1회 이상 투자자에게 교부해야 한다.

② 수시공시는 인터넷 홈페이지, 전자우편, 영업소 게시 등 3가지 모두의 방법으로 이행해야 한다.

③ 투자자는 집합투자재산명세서, 집합투자증권기준가격대장, 재무제표 및 부속명세서, 집합투자재산 운용내역서 등의 장부서류 열람을 청구할 수 있다.

④ 집합투자업자는 매분기 영업보고서를 작성하여 매분기 종료 후 2개월 이내에 금융위원회 및 금융투자협회에 제출해야 한다.

정답 및 해설

50 ③ ① 투자회사의 재산은 투자회사 명의로 자산보관회사(신탁업자)가 보관한다.
② 투자신탁의 재산은 신탁업자의 명의로 신탁업자가 보관한다.
④ 대부분의 유가증권은 최종적으로 예탁결제원이 보관한다.

51 ④ 평가위원회가 집합투자재산을 평가한 경우 그 평가명세를 신탁업자에게 통보해야 한다.

52 ④ 신탁업자는 보관을 위탁받은 집합투자재산에 대하여 집합투자재산이라는 사실과 위탁자를 명기하여 각각의 집합투자기구별로 관리해야 한다.

53 ④ 환매금지형(폐쇄형)펀드는 기준가격 산정 및 공고에 대한 규정이 적용되지 않으므로 매일매일 기준가격을 산정·공고할 필요가 없다.

54 ① 집합투자업자는 자산운용보고서를 작성하여 신탁업자의 확인을 받아 3개월에 1회 이상 투자매매·중개업자를 통하여 기준일로부터 2개월 이내에 투자자에게 직접 또는 전자우편의 방법으로 교부해야 한다.

55

중요도 ★★

투자신탁의 수익자총회에 대한 설명으로 잘못된 것은?

① 집합투자업자는 수익자총회의 소집통지를 예탁결제원에 위탁해야 하고, 예탁결제원은 의결권 행사를 위한 서면을 보내 통지해야 한다.
② 총회소집 시 각 수익자에게 총회일의 2주 전에 통지해야 한다.
③ 서면에 의한 의결권 행사 시 서면에 의한 의결권 행사의 내용을 총회 전날까지 집합투자업자에게 제출해야 한다.
④ 반대수익자의 수익증권 매수청구권은 합병 결의가 있는 경우에만 가능하다.

56

중요도 ★

집합투자기구에 대한 법적 규제에 대한 설명으로 잘못된 것은?

① 부당권유금지 원칙은 일반투자자에게만 인정된다.
② 집합투자기구의 법적 형태는 신탁형, 회사형, 조합형으로 구분된다.
③ 투자펀드는 집단성, 간접성, 실적배당, 투자자평등, 펀드자산 분리 등의 특징을 가진다.
④ 수익자총회의 반대수익자가 매수청구권을 행사하더라도 매수수수료 등 비용을 부담시킬 수 없다.

57

중요도 ★

투자회사의 위탁을 받아 투자회사의 운영에 관한 업무를 하는 일반사무관리회사의 업무와 거리가 먼 것은?

① 투자회사재산의 계산
② 주식발행 및 명의개서
③ 법령 또는 정관에 의한 통지 및 공고
④ 집합투자재산에 속하는 채권가격의 평가

58

중요도 ★★

자본시장법상 폐쇄형 펀드로 설정·설립되는 경우를 모두 고른 것은?

> ㉠ 부동산펀드를 설정·설립하는 경우
> ㉡ 특별자산펀드를 설정·설립하는 경우
> ㉢ 펀드자산총액의 20%를 초과하여 부동산 등 시장성 없는 자산에 투자할 수 있는 펀드를 설정·설립하는 경우
> ㉣ 펀드자산총액의 20%를 초과하여 파생결합증권·국채 등에 혼합 투자할 수 있는 펀드를 설정·설립하는 경우

① ㉠   ② ㉠, ㉡   ③ ㉠, ㉡, ㉢   ④ ㉠, ㉡, ㉢, ㉣

59

중요도 ★

집합투자재산의 회계에 대한 설명으로 잘못된 것은?

① 자본시장법은 펀드에 대하여는 일반기업과 다른 회계처리기준을 적용하고 있다.
② 세법상 요건을 충족시키기 위해 매 1년마다 결산과 분배를 실시해야 한다.
③ 집합투자업자 또는 투자회사는 각 집합투자기구 재산에 대하여 회계기간 말일로부터 2개월 이내에 회계감사인의 감사를 받아야 한다.
④ 집합투자업자 또는 투자회사는 이익금을 초과하여 분배할 수 없다.

정답 및 해설

55 ④ 반대수익자의 수익증권 매수청구권은 신탁계약의 변경, 합병 결의에 한하여 인정된다.

56 ① 부당권유금지 원칙은 전문투자자에게도 인정된다.

57 ④ 집합투자재산에 속하는 채권가격의 평가는 채권평가회사의 업무이다.

58 ③ 환매금지형(폐쇄형)펀드로 설정·설립되는 경우는 ㉠ ㉡ ㉢이다.

59 ④ 집합투자업자 또는 투자회사는 집합투자기구의 특성에 따라 이익금을 초과하여 분배할 필요가 있는 경우에는 이익금을 초과하여 현금으로 분배할 수 있다. 이 경우에는 집합투자규약에 그 뜻을 기재하고 이익금의 분배방법 및 시기를 미리 정해야 한다.

60 중요도 ★★
금융상품판매업자의 방문(전화판매) **규제에 대한 설명으로 적절하지 않은 것은?**

① 원칙적으로 고객의 요청을 받지 않고 방문(전화판매)하는 것은 부당권유행위에 해당한다.

② 금융상품판매업자가 투자권유 전에 개인정보 취득경로·금융상품 등을 사전안내하고, 고객이 투자권유 받을 의사를 표시한 경우에는 초청받은 권유로 본다.

③ 장외파생상품을 방문판매 하기 위해 전문금융소비자에게 사전안내할 수 있다.

④ 방문(전화판매) 규제 위반 시 벌금 또는 과태료에 처할 수 있다.

61 중요도 ★★★
다음 중 금융소비자보호법상 투자자보호제도에 대한 설명 중 적절하지 않은 것은?

① 금융상품을 예금성, 투자성, 보장성, 대출성 상품으로 재분류하였다.

② 금융상품 판매채널을 직접판매업자, 판매대리·중개업자, 자문업자로 구분하였다.

③ 적합성 원칙의 적용범위를 투자성 상품뿐만 아니라 대출성 상품, 대통령령으로 정하는 보장성 상품 등으로 확대하였다.

④ 설명의무 위반에 따른 손해배상청구 소송 시 고의·과실 입증책임은 금융소비자에게 있다.

62 중요도 ★★★
금융소비자보호법상 적합성 원칙에 대한 설명이 잘못된 것은?

① 투자성 상품에 대한 적합성 판단기준은 손실에 대한 감수능력이 적정수준인지 여부에 달려있다.

② 대출성 상품에 대한 적합성 판단기준은 상환능력이 적정수준인지 여부에 달려있다.

③ 일반사모펀드를 판매하는 경우에도 원칙적으로 적합성 원칙이 적용된다.

④ 금융상품판매업자는 투자권유 또는 자문업무를 하는 경우 금융소비자가 일반금융소비자인지 전문금융소비자인지 확인해야 한다.

63

중요도 ★★★

금융소비자보호법상 적정성 원칙에 대한 설명이 적절하지 않은 것은?

① 일반사모펀드는 원칙적으로 적정성 원칙의 적용이 면제되지만 적격투자자 중 일반금융소비자가 요청할 경우에는 적정성 원칙이 적용된다.

② 적정성의 원칙은 금융상품판매업자의 계약체결의 권유가 있는 경우에만 적용된다.

③ 사채 중 주식으로 전환되거나 원리금을 상환해야 할 의무가 감면될 수 있는 사채도 적정성 원칙의 대상이 된다.

④ 적정성 원칙은 위험도가 높은 투자성 상품 또는 대출성 상품에 적용된다.

정답 및 해설

60 ③

구 분	사전안내가 불가능한 투자성상품
일반금융소비자	고난도상품, 사모펀드, 장내파생상품, 장외파생상품
전문금융소비자	장외파생상품

61 ④ 금융소비자보호법은 설명의무 위반에 따른 손해배상청구 소송 시 고의·과실 입증책임을 금융소비자에서 금융회사로 전환하여 금융소비자의 입증부담을 완화시켰다.

62 ③ 일반사모펀드 판매 시에는 원칙적으로 적합성 원칙의 적용이 면제된다. 다만, 예외적으로 적격투자자 중 일반금융소비자가가 요청할 경우에는 적합성 원칙이 적용된다.

63 ② 위험도가 높은 투자성 상품 또는 대출성 상품은 '계약체결의 권유가 없는 경우'에도 적정성 여부를 금융소비자에게 알려야 한다. 적합성 원칙은 금융상품판매업자의 계약체결의 권유가 있는 경우에만 적용되지만, 적정성 원칙은 소비자가 자발적으로 계약체결의사를 밝힌 경우에도 적용된다.

64 중요도 ★★★
금융소비자보호법상 설명의무에 대한 설명으로 가장 적절하지 않은 것은?

① 전문금융소비자에게는 금융상품판매업자의 설명의무가 면제된다.

② 본인이 아닌 대리인에게 설명하는 경우, 전문금융소비자 여부는 본인 기준으로 판단한다.

③ 본인이 아닌 대리인에게 설명하는 경우, 설명의무 이행여부는 본인 기준으로 판단한다.

④ 기존계약과 동일한 내용으로 계약을 갱신하거나 기본계약을 체결하고 계속적·반복적으로 거래를 하는 경우에는 설명서를 교부하지 않아도 된다.

65 중요도 ★★★
금융소비자보호법상 금융상품판매업자의 불공정영업행위 금지의무에 대한 설명이 잘못된 것은?

① 금융상품판매업자의 불공정영업행위 금지의무는 일반금융소비자에게만 적용된다.

② 개인의 대출과 관련하여 제3자의 연대보증을 요구하는 것도 불공정영업행위에 해당한다.

③ 대출성 계약을 체결하고 최초로 이행된 전·후 1개월 이내에 대출액의 1%를 초과하는 투자성 상품의 계약체결을 하는 행위는 금지된다.

④ 금융소비자가 같은 금융상품판매업자에 같은 유형의 금융상품에 관한 계약에 대하여 1개월 이내에 2번 이상 청약철회 의사를 표시하는 경우에는 금융상품판매업자가 그에게 불이익을 부과하더라도 불공정영업행위라고 볼 수 없다.

66 중요도 ★★
금융소비자보호법상 광고규제에 대한 설명으로 적절하지 않은 것은?

① 광고의 대상은 금융상품뿐만 아니라 금융상품판매업자가 제공하는 각종 서비스도 될 수 있다.

② 투자성 상품의 경우 금융상품판매·대리업자는 금융상품뿐만 아니라 금융상품판매업자의 업무에 관한 광고도 수행할 수 있다.

③ 광고 주체가 금융상품 등의 광고를 하는 경우에는 준법감시인(준법감시인이 없는 경우에는 감사)의 심의를 받아야 한다.

④ 금융투자협회는 금융상품판매업자의 광고규제 준수 여부를 확인하고, 그 결과에 대한 의견을 해당 금융상품판매업자에게 통보할 수 있다.

67 중요도 ★★
금융상품판매대리·중개업자에 대한 금지행위에 해당하는 것은?

⊙ 금융소비자로부터 투자금, 보험료 등 계약의 이행으로서 급부를 받는 행위
ⓒ 금융상품판매대리·중개업자가 대리·중개하는 업무를 제3자에게 하게 하거나 그러한 행위에 관하여 수수료·보수나 그 밖의 대가를 지급하는 행위
ⓒ 금융상품직접판매업자로부터 정해진 수수료 외의 금품, 그 밖의 재산상 이익을 요구하거나 받는 행위
② 금융상품직접판매업자를 대신하여 계약을 체결하는 행위
ⓜ 투자일임재산이나 신탁재산을 모아서 운용하는 것처럼 투자일임계약이나 신탁계약의 계약체결 등을 대리·중개하거나 광고하는 행위
ⓑ 금융소비자로부터 금융투자상품을 매매할 수 있는 권한을 위임받는 행위
ⓢ 투자성 상품에 관한 계약체결과 관련하여 제3자가 금융소비자에 금전을 대여하도록 대리·중개하는 행위

① ⓒ, ⓒ, ⓜ
② ⊙, ⓒ, ⓒ, ⓜ, ⓢ
③ ⓒ, ⓒ, ②, ⓜ, ⓑ, ⓢ
④ ⊙, ⓒ, ⓒ, ②, ⓜ, ⓑ, ⓢ

68 중요도 ★★
투자성 상품과 관련하여 금융상품판매대리·중개업자가 금융소비자에게 알려야 하는 고지의무의 내용으로 적절하지 않은 것은?

① 하나의 금융상품직접판매업자만을 대리하거나 중개하는 금융상품판매·중개업자인지 여부
② 금융상품판매·중개업자 자신에게 금융상품계약을 체결할 권한이 없다는 사실
③ 금융소비자의 금융상품 매매를 대신할 수 있다는 사실
④ 금융소비자보호법상 손해배상책임에 관한 사항

정답 및 해설

64 ③ 본인이 아닌 대리인에게 설명하는 경우, 설명의무 이행여부는 대리인 기준으로 판단한다.

65 ① 금융상품판매업자의 불공정영업행위 금지의무는 일반금융소비자뿐만 아니라 전문금융소비자에게도 적용된다.

66 ② 투자성 상품의 경우 금융상품판매·대리업자는 금융상품뿐만 아니라 금융상품판매업자의 업무에 관한 광고도 수행할 수 없다.

67 ④ ⊙, ⓒ, ⓒ, ②, ⓜ, ⓑ, ⓢ 모두 금융상품판매대리·중개업자에 대한 금지행위에 해당한다.

68 ③ 금융상품판매·중개업자는 금융소비자의 금융상품 매매를 대신할 수 없다.

69 중요도 ★★
금융소비자보호법상 금융소비자의 대출성 상품 청약철회권에 대한 설명으로 가장 거리가 먼 것은?

① 금융투자회사와 관련하여 청약철회의 대상은 자본시장법 제72조 1항에 따른 신용공여가 대표적이다.

② 대출성 상품에 대하여 일반금융소비자는 계약서류제공일 또는 계약체결일로부터 7일 이내에만 청약을 철회할 수 있다.

③ 담보로 제공된 증권이 자본시장법에 따라 처분된 경우에는 청약철회권을 행사할 수 없다.

④ 청약철회는 일반금융소비자가 금융상품판매업자에게 청약철회의 의사를 서면 등으로 발송하고, 금융상품판매업자에게 이미 공급받은 금전 등을 회사에 반환한 때 효력이 발생한다.

70 중요도 ★★
금융소비자보호법상 금융분쟁 조정에 대한 설명으로 가장 거리가 먼 것은?

① 금융감독원장에게 분쟁조정을 신청할 수 있으며, 분쟁의 당사자가 조정안을 수락할 경우 재판상 화해와 동일한 효과가 있다.

② 분쟁조정의 신청은 시효중단의 효과가 있다.

③ 분쟁조정 신청 전후에 소송이 제기된 경우, 법원은 조정이 있을 때까지 소송절차를 중지할 수 있고, 법원이 소송절차를 중지하지 않으면 조정위원회가 중지해야 한다.

④ 금융회사는 일반금융소비자가 신청한 소액(2천만원 이하)분쟁사건에 대하여 언제라도 소를 제기할 수 있다.

71 중요도 ★★★
금융소비자보호법상 금융상품판매업자의 손해배상책임에 대한 설명으로 잘못된 것은?

① 설명의무를 위반하여 금융소비자에게 손해를 끼친 경우에 금융상품판매업자는 손해배상책임이 부과된다.

② 금융소비자가 손해배상을 받기 위해서는 금융상품판매업자의 고의 또는 과실을 입증해야 한다.

③ 금융상품판매대리·중개업자가 판매과정에서 소비자에게 손해를 발생시킨 경우, 금융상품판매업자에게도 손해배상책임이 부과된다.

④ 금융상품직접판매업자가 금융상품판매대리·중개업자에 대한 선임과 감독에 대하여 적절한 주의를 하고 손해방지를 위해 노력한 사실을 입증하면 손해배상책임을 면할 수 있다.

72 중요도 ★★★

□ 금융소비자보호법상 금융상품판매업자에 대한 징벌적 과징금 제도에 대한 설명으로 잘못된 것은?

① 6대 판매원칙 중 4개만 적용되고, 적합성 원칙·적정성 원칙 위반은 징벌적 과징금 대상이 아니다.

② 부과대상은 금융상품직접판매업자, 금융상품판매대리·중개업자, 금융상품자문업자 등이다.

③ 투자성 상품은 투자액, 대출성 상품은 대출액 등을 기준으로 하여 거래규모가 클수록 과징금 제재강도가 높아진다.

④ 수입의 50%까지 과징금을 부과할 수 있으나 수입금액이 없거나 산정이 곤란한 경우에는 10억원 이내의 범위에서 과징금을 부과할 수 있다.

73 중요도 ★★

□ 금융소비자보호법상 금융상품판매업자에 대한 과징금과 과태료 제도에 대한 설명으로 잘못된 것은?

① 과징금이 부당이득환수를 목적으로 부과하는 반면, 과태료는 의무위반에 대하여 부과하는 것이다.

② 과징금은 금융상품판매대리·중개업자에게 부과할 수 없으나, 과태료는 관리책임이 있는 금융상품판매대리·중개업자에게 부과할 수 있다.

③ 적합성 원칙·적정성 원칙은 과징금 부과대상에 해당되나 과태료 부과대상에는 해당되지 않는다.

④ 과징금의 법정한도액은 업무정지기간(6개월 내) 동안 얻을 이익인 반면, 과태료의 법정한도액은 사유에 따라 1천만원, 3천만원, 1억원으로 구분되어 있다.

정답 및 해설

69 ② 대출성 상품에 대하여 일반소비자는 계약서류제공일 또는 계약체결일로부터 14일 이내에 청약을 철회할 수 있다.

70 ④ 금융회사는 일반금융소비자가 신청한 소액(2천만원 이하)분쟁사건에 대하여 금융분쟁조정위원회의 조정안 제시 전까지는 법원 소송을 제기할 수 없다.

71 ② 금융소비자는 금융상품판매업자의 설명의무 위반사실, 손해발생 등의 요건만 입증하면 된다. 반면 금융상품판매업자는 자신에게 고의 또는 과실이 없었음을 입증하지 못하면 손해배상책임을 져야 한다. (입증책임의 전환)

72 ② 부과대상은 금융상품직접판매업자와 금융상품자문업자이다. 금융상품판매대리·중개업자의 위반행위는 판매를 대리·중개하게 한 금융상품직접판매업자에게 과징금을 부과한다.

73 ③ 적합성 원칙·적정성 원칙은 과징금 부과대상에 해당되지 않으나 3천만원 이하의 과태료가 부과될 수 있다.

제 2 장
직무윤리 · 투자자분쟁예방

학습전략

직무윤리 · 투자자분쟁예방은 제1과목 전체 60문제 중 **총 15문제**가 출제된다.

직무윤리 관련 원칙, 본인 · 회사 · 사회에 대한 윤리, 내부통제 등이 자주 출제되는 경향이 있다. 자본시장법은 집합투자업자와 투자자 간 분쟁발생 시 이를 해결하기 위한 절차 및 제재조치를 규정하고 있다. 따라서 금융분쟁예방시스템과 조정절차 · 제재 등을 익히고 분쟁사례의 쟁점과 결과를 살펴보아야 한다.

출제예상 비중

자금세탁방지제도 **10%**

10% 직무윤리 일반

주요 분쟁사례 분석 **10%**

준수절차 및 위반 시 제재 **10%**

30% 금융투자업 직무윤리

분쟁예방 시스템 **20%**

10% 직무윤리 준수절차 및 위반 시 제재

핵심포인트

구 분	핵심포인트	중요도	페이지
직무윤리 일반 (10%)	01 직무윤리가 강조되는 이유	★★★	p. 96
	02 직무윤리 기초사상	★	p. 97
	03 직무윤리 적용대상	★	p. 98
금융투자업 직무윤리 (30%)	04 신의성실의 원칙	★★	p. 99
	05 본인에 대한 윤리	★★★	p. 107
	06 회사에 대한 윤리	★★★	p. 108
	07 사회에 대한 윤리	★★	p. 113
	08 청약철회권	★★★	p. 114
직무윤리 준수절차 및 위반 시 제재 (10%)	09 직무윤리 내부통제기준	★★	p. 115
	10 금융투자업자의 정보교류차단	★★	p. 118
	11 직무윤리 위반 시 제재	★★	p. 119
분쟁예방 시스템 (20%)	12 금융투자상품 권유 및 의무	★★★	p. 121
	13 금융투자상품 판매 관련 기준	★★	p. 123
	14 개인정보보호법	★★★	p. 124
	15 금융소비자보호	★	p. 127
준수절차 및 위반 시 제재 (10%)	16 분쟁조정제도	★★★	p. 128
주요 분쟁사례 분석 (10%)	17 금융투자상품 관련 분쟁	★★	p. 130
	18 펀드상품 주요 분쟁사례	★★	p. 131
자금세탁방지제도 (10%)	19 자금세탁방지제도의 이해	★★	p. 133
	20 자금세탁방지 주요제도 및 관련 법령	★★	p. 134
	21 자금세탁방지 내부통제제도	★★	p. 138

최근 금융투자업종사자의 직무윤리의 중요성이 강조되고 있는 이유에 대한 설명으로
잘못된 것은?

① 직무윤리준수는 상대방의 신뢰획득 및 인적 연결강화를 통해 경쟁력 확보에 도움이
된다.
② 직무윤리를 준수하게 하는 것은 외부의 부당한 요구로부터 금융투자업종사자 스스로
를 지켜주는 안전판 내지 자위수단이 된다.
③ 대면거래에 의한 거래방식의 특성으로 다른 산업에 비해 상대적으로 규제의 필요성
이 적다.
④ 투자성을 내포한 금융투자상품의 특성상 고객과의 분쟁가능성이 상존한다.

TIP 비대면거래에 의한 거래방식의 특성으로 다른 산업에 비해 상대적으로 규제의 필요성이 크다.

핵심포인트 해설   **직무윤리가 강조되는 이유**

윤리경쟁력	• 환경변화 : 미래 세계는 매우 복잡한 시스템에 의하여 운영되는 사회 • 위험과 거래비용 : 직무윤리 위반으로 인한 위험비용을 고려해야 함 • 생산성 제고를 통한 장기적 생존 목적 • 신종자본 : 직무윤리가 공공재 내지 무형의 자본(신용) 역할을 함 • 윤리인프라 구축 : 기업 생존조건, 성장원동력, 공정한 경쟁의 조건 • 생존의 조건 : 윤리경영의 목적은 가치 있는 장기생존(전문가의 2대 핵심요소 : 윤리, 능력) • 윤리의 실용성 : 기업윤리가 기업, 구성원, 사회에 모두 이익을 줌 • 비윤리적 행동은 더 큰 사회적 비용을 초래함
금융투자산업	• 금융산업 속성 : 이해상충가능성과 정보비대칭 문제를 해결해야 함 • 금융투자상품의 특성 : 투자성(원본손실 위험)을 내포하고 있음 • 금융소비자 성격의 질적 변화 : 적극적인 금융소비자보호가 중요해짐 • 안전장치 : 금융투자종사자의 대리인 문제, 도덕적 해이 문제 해결
자본시장법	• 투자자보호를 위하여 일부 직무윤리를 '법적 의무'로 제도화 • 금융투자상품의 '포괄주의' 도입으로 직무윤리가 중요해짐 • '일반투자자' 보호 강화(전문투자자에 대한 윤리적 책임까지 면제한 것은 아님) • 취급상품 및 업무영역 규제완화로 금융소비자에 대한 신뢰가 중요해짐
지배구조법	• 윤리경영 영역에 있던 지배구조를 법제화하여 준수의 강제성을 부여함 • 내부통제제도를 강화하고 독립성을 보장함으로써 윤리경영을 실천하도록 법적 강제성 부여함

정답 | ③

02

직무윤리에 대한 국내외 동향에 대한 설명 중 잘못된 것은?

① 영국의 BITC와 사회적 책임을 평가하는 CR Index가 윤리경영 평가지수로 사용된다.

② 2000년 OECD가 제정 발표한 국제 공통의 기업윤리강령은 강제규정이다.

③ 우리나라는 국제투명성기구(TI)에서 발표하는 부패인식지수(CPI)가 경제규모에 비하여 낮게 평가되고 있다.

④ 정부는 부패방지법, 공직자윤리강령을 제정하였고, 개별기업도 기업윤리강령을 제정하였다.

TIP   2000년 OECD가 발표한 국제 공통의 기업윤리강령은 강제규정은 아니나 위반 시 기업에 대한 불이익이 있다.

핵심포인트 해설　　**직무윤리의 기초사상 및 국내외 동향**

사상적 배경		• 마르크스 : 유물사관 • 칼뱅 : 금욕적 생활윤리(근검, 정직, 절제 강조) • 베버 : 프로테스탄티즘의 윤리와 자본주의 정신(금욕, 직업윤리 강조)
환 경	국제적 환경	• New Round를 통한 국제무역 규제 • 2000년 OECD는 국제 공통의 기업윤리강령 발표(강제규정은 아니나 위반 시 기업에 대한 불이익 있음) • 기업윤리의 수준과 내용은 국제적으로 통용될 수 있는 것이어야 함 • 영국의 BITC와 사회적 책임을 평가하는 CR Index가 윤리경영 평가지수로 사용됨
	국내적 환경	• 국제투명성기구(TI)에서 발표하는 부패인식지수(CPI)가 경제규모에 비하여 낮게 평가됨 • 부패방지법, 공직자윤리강령 제정 • 개별기업도 기업윤리강령 제정 • 청탁금지법(일명 김영란법) 제정
윤리경영평가 척도		• 산업정책연구원(KoBEX) • 전경련 윤리경영자율진단지표(FKI–BEX) • 서강대 윤리경영지표(SoBEX)

정답 | ②

다음 중 직무윤리의 적용대상에 대한 설명으로 잘못된 것은?

① 투자권유대행인도 직무윤리의 대상이 된다.
② 투자 관련 직무에 종사하는 자이면 회사와의 위임계약 관계 유무와는 관계없이 직무윤리를 준수해야 한다.
③ 투자 관련 직무에 종사하는 자이면 무보수로 일하는 자도 직무윤리를 지켜야 한다.
④ 아무 계약관계가 없는 잠재적 고객에게까지 직무윤리를 준수해야 하는 것은 아니다.

TIP 아무 계약관계가 없는 잠재적 고객에 대하여도 직무윤리를 준수해야 한다.

핵심포인트 해설   **직무윤리의 적용 및 성격**

(1) 직무윤리의 적용

적용대상	• 금융투자전문인력(투자권유자문인력, 투자권유대행인, 투자자산운용사, 금융투자분석사 등의 자격보유자) • 금융투자회사 임직원(계약 직원, 임시 직원 포함) • 자격보유 이전에 관련 업무에 실질적으로 종사하는 자 • 직접 또는 간접적으로 직무와 관련이 있는 자 • 투자 관련 직무에 종사하는 일체의 자
적용범위	• 위임·고용·보수 유무와 관계없이 적용 • 잠재적 고객에 대하여도 직무윤리를 준수해야 함

(2) 직무윤리의 성격
 ① 성 격
  ㉠ 자율규제 원칙(실효성을 위하여 일부 타율규제도 있음)
  ㉡ 자기단속체계(내부통제기준 제정 시행)
 ② 핵 심
  ㉠ 직무윤리의 핵심은 자신과 상대방이 이해충돌 상황에서 상대방 이익의 입장에서 자신에 대한 상대방의 신뢰를 저버리지 않는 행동을 선택하는 것
  ㉡ 핵심 2원칙 : 고객우선의 원칙, 신의성실의 원칙

정답 | ④

04

직무윤리의 기본원칙에 대한 설명 중 틀린 것은?

① 투자 직무수행에 있어서 가장 기본적인 덕목이다.
② 신의성실의 원칙은 윤리적 의무이자 법적의무이다.
③ 금융소비자보호법은 금융소비자보호 대상이 되는 상품을 금융투자상품으로 정의하였다.
④ 금융투자업종사자는 금융회사나 주주의 이익보다 금융소비자의 이익을 우선적으로 보호해야 한다.

TIP 금융소비자보호법은 금융소비자보호 대상이 되는 상품을 '금융상품'으로 정의하여, 자본시장법상 투자성 있는 금융투자상품(투자성 상품)뿐만 아니라 예금성 상품, 대출성 상품, 보장성 상품까지 확대 적용하였다.

핵심포인트 해설 **직무윤리의 기본원칙**

(1) 고객우선의 원칙
 ① 회사와 임직원은 항상 고객의 입장에서 생각하고 보다 나은 서비스를 제공하기 위해 노력해야 함
 ② 금융투자업종사자는 신임의무에 근거하여 자신(금융회사, 주주)의 이익보다 금융소비자의 이익을 우선적으로 보호해야 함
 ③ 금융소비자보호법은 금융소비자보호 대상이 되는 상품을 '금융상품'으로 정의하여, 자본시장법상 투자성 있는 금융투자상품(투자성 상품)뿐만 아니라 예금성 상품, 대출성 상품, 보장성 상품까지 확대 적용함

(2) 신의성실의 원칙(표준윤리준칙4조)
 ① 금융투자업자는 신의성실원칙에 따라 공정하게 금융투자업을 영위해야 함
 ② 계약체결 이전 단계에서 발생하는 소비자보호의무와 계약체결 이후에 발생하는 선관주의 의무에 적용되는 일반적이고 보충적인 해석원칙
 ③ 윤리적 의무이자 법적 의무

정답 | ③

금융투자업의 직무윤리 중 이해상충방지의무와 가장 거리가 먼 것은?

① 금융투자업자는 정당한 사유 없이 투자자의 이익을 해하면서 자기가 이익을 얻거나 제3자가 이익을 얻도록 해서는 안 된다.
② 과당매매는 대표적인 이해상충 사례 중 하나로 볼 수 있다.
③ 금융투자업자는 이해상충발생 가능성을 감소시키기 위해 정보교류를 허용해야 한다.
④ 금융투자업자 자신이 발행하거나 관련되어 있는 대상에 대한 조사분석자료의 공표와 제공을 원천적으로 금지하고 있다.

TIP 금융투자업자는 정보교류차단(Chinese Wall) 의무가 있다. 그 내용은 정보차단(정보제공행위 금지), 직무차단 (겸직행위 금지), 공간차단(사무공간 공동이용 금지), 전산차단(전산설비 공동이용 금지) 등이다.

핵심포인트 해설   이해상충방지의무

기본원칙 (충실의무)	• 충실의무의 의의 · 투자자의 이익을 해하면서 자기 이익 또는 제3자 이익 도모 금지 · 금융소비자를 위하여 '최선의 이익'을 추구해야 한다는 의무 • 최선의 이익 · 소극적 이익뿐만 아니라 적극적 이익도 포함 · 최선집행의무 : 최대수익률 실현이 아니라 실현 가능한 최대한의 이익 추구를 의미
이해상충 발생원인	• 금융투자업자 내부문제 : 공적 업무와 사적 업무의 정보를 이용하는 경우 • 금융투자업자와 금융소비자 간 문제 : 정보비대칭 존재 • 법률적 문제 : 복수 금융투자업 간 겸영 업무 허용으로 인한 이해상충
이해상충 방지시스템 구축의무	• 금융투자업자는 인가·등록 시부터 이해상충방지체계 구축을 의무화함 • 이해상충발생 가능성 파악 등 관리 의무 • 이해상충발생 가능성 고지 및 저감 후 거래 의무 • 이해상충발생 가능성 회피 의무 • 정보교류차단(Chinese Wall) 의무 • 금융투자업자 자신이 발행했거나 관련된 대상에 대한 조사분석자료의 공표·제공 금지 • 자기거래 금지

정답 | ③

06

다음 중 자본시장법상 이해상충방지체계에 대한 설명이 옳은 것은?

① 금융투자업자는 이해상충방지체계를 자율적으로 마련해야 한다.

② 금융투자업자는 이해상충발생 가능성을 파악·평가하고 표준투자권유준칙에 따라 관리해야 한다.

③ 이해상충발생 가능성이 있다고 인정되는 경우에 그 사실을 투자자에게 알리고, 문제가 없는 수준으로 낮춘 후 거래해야 한다.

④ 이해상충발생 가능성을 낮추기 곤란한 경우에는 투자자의 승낙을 얻어 거래해야 한다.

용어 알아두기

자기거래	금융투자회사의 임직원이 자기 또는 제3자의 이익을 위하여 투자자를 대리하여 수행하는 자기거래는 금지된다.

TIP ① 자본시장법은 금융투자업 인가·등록 시부터 이해상충방지체계를 갖추도록 의무화하였다.
② 금융투자업자는 이해상충발생 가능성을 파악·평가하고 내부통제기준에 따라 관리해야 한다.
④ 이해상충발생 가능성을 낮추기 곤란한 경우에는 그 거래를 해서는 안 된다.

핵심포인트 해설 | **자본시장법상 이해상충방지 체계**

(1) 이해상충방지 관련 규정

① 법 제37조 : 신의성실의 원칙과 자기거래·쌍방대리 금지의 원칙

② 법 제44조 : 개별적 이행상충행위 유형화, 이해상충방지시스템 구축의무, 공시·거래단념의무

③ 법 제45조 : 정보교류 차단·격리의무 → = chinese wall

④ 법 제46조 : 위반 시 손해배상책임

(2) 금융투자업자의 이해상충방지체계

① 금융투자업 인가·등록 시부터 이해상충방지체계 구축을 의무화함

② 이해상충발생 가능성을 파악·평가하고 내부통제기준에 따라 관리해야 함

③ 공시의 원칙 : 이해상충발생 가능성이 있다고 인정되는 경우에는 그 사실을 미리 투자자에게 알리고, 투자자보호에 문제가 없는 수준으로 낮춘 후 거래해야 함

④ 회피의 원칙 : 이해상충발생 가능성을 낮추는 것이 곤란하다고 판단되는 경우에는 매매, 그 밖의 거래를 하여서는 안 됨

정답 | ③

상품판매단계의 금융소비자보호 내용과 가장 거리가 먼 것은?

① 해피콜서비스
② 적합성 원칙
③ 불공정영업행위 금지
④ 계약서류 제공의무

TIP 해피콜서비스는 상품판매 이후 단계의 금융소비자보호 내용에 해당한다.

핵심포인트 해설　　**단계별 금융소비자보호의 내용**

상품개발 단계	• 사전협의, 사전협의절차 이행모니터링 • 금융상품 개발 관련 점검, 외부의견청취
상품판매 이전 단계	• 교육체계 마련 • 판매자격의 관리
상품판매 단계	• 6대 판매원칙(적합성 원칙, 적정성 원칙, 설명의무(청약철회권 포함), 불공정영업행위 금지, 부당권유 행위 금지, 광고규제 준수) • 계약서류 제공의무
상품판매 이후 단계	• 처리결과 보고의무, 기록 및 유지·관리의무 • 정보누설 및 부당이용 금지 • 해피콜서비스, 미스터리쇼핑 • 자료열람요구권, 고객의 소리제도, 위법계약해지권 • 소송중지제도, 분쟁조정 이탈금지제도, 손해배상책임

정답 | ①

08

적합성 원칙에 대한 설명으로 가장 적절하지 않은 것은?

① 금융소비자에게 투자권유 하는 경우 투자목적, 투자경험, 자금력, 위험에 대한 태도 등에 비추어 가장 적합한 투자를 권유해야 한다는 원칙이다.

② 일반금융소비자에게 투자성 상품을 권유하는 경우에는 취득·처분목적, 취득·처분경험, 재산상황 등을 파악해야 한다.

③ 일반금융소비자에게 대출성 상품을 권유하는 경우에는 재산상황, 신용 및 변제계획 등을 파악해야 한다.

④ 일반 사모집합투자기구의 경우에도 원칙적으로 적합성 원칙이 적용된다.

TIP 일반 사모집합투자기구의 집합투자증권의 경우에는 원칙적으로 적합성 원칙이 적용되지 않는다.

핵심포인트 해설 | 적합성 원칙과 적정성 원칙

(1) 적합성 원칙

KYC(고객상황파악) 순서	• 투자권유 희망여부 확인 • 일반금융소비자인지 전문금융소비자인지 확인 • 일반금융소비자인 경우 면담, 질문 등을 통해 금융소비자의 정보파악 • 금융소비자의 투자성향 분석 결과 설명 및 확인서 제공 • 투자자금 성향 파악
파악해야 하는 금융소비자의 정보	• 투자성 상품 및 수익률변동 가능한 예금성 상품 : 일반금융소비자의 해당 금융상품 취득 또는 처분의 목적·경험, 재산상황 등을 파악 • 대출성 상품 : 일반금융소비자의 재산상황, 신용 및 변제계획 등을 파악
적합성 원칙의 적용 예외	• 일반사모펀드의 경우에는 원칙적으로 적합성 원칙이 적용되지 않음 • 다만, 적격투자자 중 일반금융소비자가 대통령령이 정하는 바에 따라 요청하는 경우에는 적합성 원칙이 적용됨

(2) 적정성 원칙

투자자정보 파악의무	• 금융상품판매업자는 대통령령으로 정하는 투자성 상품, 대출성 상품, 보장성 상품에 대하여 일반금융소비자에게 계약체결을 권유하지 않고 판매계약을 체결하는 경우에는 미리 상품별 투자자 정보를 파악하여야 함
고지 및 확인의무	• 금융상품판매업자는 해당 금융상품이 일반금융소비자에게 적정하지 않다고 판단되는 경우에는 그 일반금융소비자에게 그 사실을 알리고, 서명 등의 방법으로 확인받아야 함
적합성 원칙과의 차이	• 적합성 원칙은 일반금융소비자에게 계약체결을 권유할 때 적용되는 원칙인 반면 적정성 원칙은 일반금융소비자에게 계약체결을 권유하지 않고 투자성 상품 등에 대하여 계약체결을 원하는 경우에 적용됨

정답 | ④

금융상품판매업자의 설명의무에 대한 기술이 적절하지 않은 것은?

① 금융상품판매업자의 설명의무 적용대상은 원금손실이 가능한 투자성 상품에 한한다.
② 금융소비자에게 설명을 할 때에는 사용하는 정보, 상품안내장, 약관, 광고, 홈페이지 등도 그 적정성을 갖추고 있는지 고려해야 한다.
③ 설명의무를 위반하는 경우 해당 금융상품계약으로부터 얻은 수입의 50%까지 과징금을 부과할 수 있다.
④ 설명의무를 위반하는 경우 과징금과는 별도로 1억원 이내의 과태료를 부과할 수 있다.

TIP 금융상품판매업자의 설명의무 적용대상은 투자성 상품뿐만 아니라 예금성 상품, 대출성 상품, 보장성 상품까지 확대되었다.

핵심포인트 해설	설명의무

설명의무의 의의	• 설명의무 : 금융상품판매업자는 일반금융소비자에게 계약체결을 권유하는 경우 및 일반금융소비자가 설명을 요청하는 경우에 금융상품에 관한 중요한 사항을 일반금융소비자가 이해할 수 있도록 설명해야 함 • 적용범위 : 투자성 상품, 대출성 상품, 예금성 상품, 보장성 상품
설명서 제공 및 확인의무	• 설명서 제공의무 : 계약체결 권유하는 경우 반드시 사전에 서면 등의 방법으로 금융소비자에게 해당 금융상품의 설명서를 제공해야 함 • 확인의무 : 설명의무 이행한 경우 일반금융소비자가 이해하였음을 서명 등의 방법으로 확인받고, 해당 기록을 유지·보관할 의무가 있음
위반 시 제재	• 과징금 : ㉠ 중요사항을 설명하지 않은 경우 ㉡ 설명서를 사전에 제공하지 않은 경우 ㉢ 설명하였음을 금융소비자로부터 확인받지 않은 경우 금융회사는 해당 계약으로부터 얻은 수입의 50%까지 과징금 부과 가능 • 과태료 : 설명의무 위반 시 1억원까지 부과 가능

정답 | ①

금융투자회사의 표준윤리준칙에 의한 표시의무에 대한 설명 중 잘못된 것은?

① 금융투자업자의 투자권유 시 중요한 사실에 대하여 정확하게 표시하여야 한다.
② 중요한 사실은 투자판단에 중요한 영향을 미친다고 생각되는 사실로 투자대상에 관한 중요정보뿐만 아니라 투자수익에 영향을 주는 정보도 포함된다.
③ 정확한 표시란 중요사항이 빠짐없이 표시되고 그 내용이 충분, 명료한 것을 의미한다.
④ 회사의 위법 행위 여부가 불분명한 경우 사적 화해수단으로 손실을 보상하는 행위도 금지된다.

TIP 회사의 위법 행위 여부가 불분명한 경우 사적 화해수단으로 손실을 보상하는 행위는 허용된다.

핵심포인트 해설　　**부당권유의 금지**

(1) 합리적 근거의 제공의무
　금융투자업자의 투자권유 시 정밀한 조사·분석에 기초한 자료에 의하여야 하고, 합리적이고 충분한 근거를 가져야 함

(2) 중요한 사실에 대한 정확한 표시의무
　① 중요한 사실은 투자판단에 중요한 영향을 미친다고 생각되는 사실로 투자대상에 관한 중요정보뿐만 아니라 투자수익에 영향을 주는 정보도 포함됨
　② 정확한 표시란 중요사항이 빠짐없이 표시되고 그 내용이 충분, 명료한 것을 의미
　③ 표시방법은 제한 없음(구두, 문서, 이메일 등 가능)

(3) 투자성과보장 등의 표현 금지
　① 원칙 : 사전·사후 불문하고 투자자의 손실 전부(또는 일부) 보전·투자자에 대한 이익 보장약속 금지(법 제55조), 손실부담을 약속하여 권유가 이루어진 경우 그 권유에 의한 고객의 위탁이 없어도 금지규정 위반으로 간주함
　② 예외 : 손실보상(또는 손해배상)이 가능한 경우
　　㉠ 회사의 위법 행위 여부가 불분명한 경우 사적 화해수단으로 손실을 보상하는 행위
　　㉡ 회사의 위법 행위로 회사가 손해를 배상하는 행위
　　㉢ 분쟁조정 또는 화해절차에 따라 손실보상 또는 손해배상하는 행위

정답 | ④

상품판매 이후 단계의 금융소비자보호에 대한 설명이 적절하지 않은 것은?

① 금융회사는 금융소비자로부터 자료열람을 요구받은 날로부터 10일 이내에 해당 자료를 열람할 수 있게 해야 한다.

② 금융상품판매업자는 금융소비자의 위법계약 해지요구일로부터 10일 이내에 수락여부를 결정하여 금융소비자에게 통지해야 한다.

③ 조정신청사건에 대하여 소송 진행 중일 때 법원은 소송절차를 중지할 수 있다.

④ 2천만원 이하의 소액분쟁사건에 대하여 조정절차가 개시된 경우 조사대상기관은 조정안 제시 전까지 소송을 제기할 수 없다.

TIP 금융회사는 금융소비자로부터 자료열람을 요구받은 날로부터 6영업일 이내에 해당 자료를 열람할 수 있게 해야 한다.

핵심포인트 해설 **상품판매 이후 단계의 금융소비자 보호**

처리결과 보고의무	• 매매명세 통지 : 투자매매·중개업자는 금융투자상품의 매매가 체결된 경우 지체 없이 투자자에게 통지해야 함 • 매매체결 후 다음 달 20일까지 통지 사항 : 월간 매매·손익내역, 월말잔액, 미결제약정현황 등
자료열람요구권	• 금융소비자는 분쟁조정 또는 소송수행 등 권리구제를 목적으로 금융회사가 유지 관리하는 자료의 열람을 요구할 수 있음 • 금융회사는 금융소비자로부터 자료열람을 요구받은 날로부터 6영업일 이내에 해당 자료를 열람할 수 있게 해야 함(금융소비자에게 비용청구 가능)
위법계약해지권	• 금융상품판매업자가 5대 판매원칙 위반 시 금융소비자는 일정기간 내에 계약해지 요구할 수 있음 • 금융상품판매업자는 금융소비자의 해지요구일로부터 10일 이내에 수락여부를 결정하여 금융소비자에게 통지해야 함
사후구제제도	• 법원의 소송중지제도 : 조정신청사건에 대하여 소송 진행 중일 때 법원은 소송절차 중지 가능 • 분쟁조정 이탈금지 제도 : 2천만원 이하의 소액분쟁사건에 대하여 조정절차가 개시된 경우 조사대상기관은 조정안 제시 전까지 소송제기 불가 • 손해배상의 입증책임전환 : 금융소비자 ⇨ 금융회사
기 타	• 정보누설 및 부당이용 금지 • 해피콜서비스 : 판매 후 7영업일 이내 모니터링 • 고객의 소리 : 금융소비자의 의견 청취 제도 • 미스터리쇼핑 : 외주전문업체를 통한 불완전판매행위 발생여부 확인 제도

정답 | ①

금융투자업종사자 본인에 대한 윤리의 내용과 가장 거리가 먼 것은?

① 회사와 임직원은 업무를 수행함에 있어서 관련 법령 및 제 규정을 이해하고 준수해야 한다.

② 회사와 임직원은 경영환경 변화에 유연하게 적응하기 위해 창의적 사고를 바탕으로 끊임없이 자기혁신에 힘써야 한다.

③ 임직원은 회사의 품위나 사회적 신뢰를 훼손할 수 있는 일체의 행위를 해서는 안 된다.

④ 회사와 임직원은 공정하고 자유로운 시장경제 질서를 존중하고 이를 유지하기 위하여 노력해야 한다.

TIP 공정하고 자유로운 시장경제 질서를 존중하고 이를 유지하기 위한 회사와 임직원의 노력은 사회에 대한 직무윤리에 해당한다.

핵심포인트 해설 **본인에 대한 윤리**

법규 준수	• 의의 : 회사와 임직원은 업무 수행 시 관련 법령 및 제 규정을 이해하고 준수해야 함 • 법에 대한 무지는 변명이 되지 않음(몰라도 당사자 구속력이 있음) • 적용범위 : 윤리기준, 법률과 그 하부규정, 자율단체 각종 규정, 사규, 해외에서 직무 수행 시 해외 관할구역법
자기혁신	• 의의 : 회사와 임직원은 경영환경 변화에 유연하게 적응하기 위해 창의적 사고를 바탕으로 끊임없이 자기혁신에 힘써야 함 • 자기혁신 방법 · 전문지식 배양의무 : 담당업무 이론과 실무숙지 및 전문능력 배양(세미나 및 교육프로그램 참여) · 윤리경영 실천에 대한 의지를 스스로 제고하기 위해 노력
품위유지	• 의의 : 임직원은 회사의 품위나 사회적 신뢰를 훼손할 수 있는 일체의 행위를 금지함 • 품위 유지는 신의성실의 원칙과도 연결된 직무윤리
공정성과 독립성 유지	• 직무 수행 시 '공정'한 입장에서 '독립'적이고 객관적으로 판단해야 함(특히 조사분석업무) • 상급자의 하급자에 대한 부당한 명령이나 지시 금지 • 부당한 명령이나 지시를 받은 직원은 이를 거절해야 함
사적이익 추구금지	• 부당한 금품수수 및 제공금지 : 부정청탁 및 금품수수금지법 • 직무 관련 정보를 이용한 사적 거래의 제한 : 미공개중요정보 이용 금지, 시장질서교란행위 금지 및 처벌 • 직위의 사적 이용 금지

정답 | ④

금융투자업종사자의 회사에 대한 윤리에 대한 설명으로 잘못된 것은?

① 회사재산은 오로지 회사 이익을 위해서만 사용되어야 하고, 회사의 이익이 아닌 사적 용도로 이용하는 일체의 행위가 금지된다.

② 소속 업무담당자가 타인에게 손해를 끼친 경우 경영진은 윤리적 책임은 있으나 법적 책임은 없다.

③ 임직원의 대외활동이 사전승인을 받았더라도 그 활동으로 인하여 고객, 주주 및 회사 등과 이해상충이 확대되는 경우 그 대외활동의 중단을 요구할 수 있다.

④ 특정한 정보가 비밀정보인지 불명확한 경우 그 정보를 이용하기 전에 준법감시인의 사전 확인을 받아야 한다.

TIP 소속 업무담당자가 타인에게 손해를 끼친 경우 관리·감독에 상당한 주의를 기울이지 않은 경영진은 법적 책임 도 부담해야 한다.

핵심포인트 해설　　　**회사에 대한 윤리**

상호존중	• 개인 간 관계 : 동료직원 간 및 상사와 부하 간 원활한 의사소통 및 상호 존중문화로 사내업무 효율성 제고 • 조직−개인관계 : 회사는 임직원 개인의 자율과 창의 존중 • 성희롱방지 : 상호존중 및 품의유지의무에 해당
공용재산의 사적사용· 수익금지	• 금융투자업종사자는 회사재산을 부당하게 사용하거나 정당한 사유 없이 사적용도로 사용하면 안 됨 • 회사재산은 오로지 회사 이익을 위해서만 사용되어야 하고, 회사의 이익이 아닌 사적용도로 이용하는 　일체의 행위가 금지됨
경영진의 책임	• 경영진은 직원 대상 윤리교육을 실시하는 등 올바른 윤리문화 정착을 위해 노력해야 함 • 경영진 본인의 법규 준수는 물론 소속 업무종사자가 법규에 위반되지 않도록 필요한 지도·지원해야 함 • 소속 업무담당자가 타인에게 손해를 끼친 경우 법적 책임 : 민법상 사용자책임, 자본시장법상 관리·감독책임
정보보호	• 회사 업무정보와 고객정보를 안전하게 보호하고 관리해야 함(표준윤리준칙) • 관리원칙 : 정보교류차단 원칙, 필요성에 의한 제공 원칙(표준내부통제기준)
위반행위 보고	• 임직원은 법규 등 위반사실을 발견하거나 그 가능성을 인지한 경우에 회사가 정하는 절차에 따라 즉시 　보고해야 함 • 관련 제도 : 내부제보제도
대외활동	• 회사의 공식의견이 아닌 경우 사견임을 명백히 표현할 것 • 대외활동으로 인하여 주된 업무수행에 지장을 주어서는 안 됨 • 대외활동으로 금전보상을 받는 경우 회사에 신고해야 함 • 공정시장질서를 유지하고 건전한 투자문화 조성에 노력해야 함 • 불확실한 사항의 단정적 표현, 다른 금융투자회사 비방 등 금지
고용계약 종료 후의 의무	• 회사 비밀정보 출간, 공개, 제3자가 이용하게 하는 행위 금지 • 고용 기간 종료와 동시에 기밀정보를 포함한 모든 자료는 회사에 반납 • 고용 기간 동안 본인이 생산한 지적재산물은 회사에 반환

정답 | ②

14

금융투자업종사자의 회사비밀정보 보호에 대한 설명으로 잘못된 것은?

① 미공개정보는 비밀정보에 해당하지 않는다.

② 비밀정보는 필요성이 인정되는 경우에 한하여 사전승인 절차를 거쳐야 한다.

③ 비밀정보를 제공하는 자는 제공 과정 중 권한이 없는 자에게 전달되지 않도록 성실한 주의의무를 다해야 한다.

④ 비밀정보를 제공받는 자는 비밀유지의무를 준수하고, 제공받은 목적 이외의 목적으로 사용하거나 타인에게 사용하도록 하면 안 된다.

TIP 미공개정보는 기록형태나 기록유무와 관계없이 비밀정보로 본다.

핵심포인트 해설   **금융투자업종사자의 회사비밀정보 보호**

비밀정보의 범위	⊙ 회사의 재무건전성이나 경영 등에 중대한 영향을 미칠 수 있는 정보 ⓒ 고객 또는 거래 상대방에 관한 신상정보, 매매거래내역, 계좌번호, 비밀번호 등에 관한 정보 ⓒ 회사의 경영전략이나 새로운 상품 및 비즈니스에 관한 정보 ⓔ 기타 ⊙ ~ ⓒ에 준하는 미공개정보(미공개정보는 기록형태나 기록유무와 관계없이 비밀정보로 봄)
비밀정보의 관리원칙	• 정보교류차단 원칙(Chinese Wall Policy) : 일체의 비밀정보는 차단되어야 하고, 관련 전산시스템을 포함하여 적절한 보안장치를 구축하여 관리해야 함 • 필요성에 의한 제공 원칙(Need to Know Rule) : 업무수행을 위하여 필요한 최소한의 범위 내에서 준법감시인의 사전승인을 받아 제공해야 함
비밀정보의 제공원칙	• 필요성이 인정되는 경우에 한하여 사전승인 절차를 거칠 것 • 사전승인 절차에서 포함되어야 하는 사항 · 비밀정보 제공의 승인을 요청한 자 및 비밀정보를 제공받을 자의 소속 부서 및 성명 · 비밀정보 제공의 필요성 및 사유 · 비밀정보의 제공 방법 및 절차, 제공 일시 등 • 비밀정보를 제공하는 자는 제공 과정 중 권한 없는 자에게 전달되지 않도록 성실한 주의의무를 다해야 함 • 비밀정보를 제공받는 자는 비밀유지의무를 준수하고, 제공받은 목적 이외의 목적으로 사용하거나 타인에게 사용하도록 하면 안 됨

정답 | ①

금융투자업종사자의 대외활동 시 준수사항과 가장 거리가 먼 것은?

① 대외활동 시 소속 부점장, 준법감시인 또는 대표이사의 사전승인을 받아야 한다.

② 익명성이 보장되는 경우에도 비공개를 요하는 정보나 사실과 다른 내용을 게시해서는 안 된다.

③ 정기적 정보제공이나 경미한 것은 준법감시인에게 사전보고를 하지 않아도 된다.

④ 사외대화방 참여는 Privacy 문제이므로 규제하지 않는다.

TIP 사외대화방 참여는 공중포럼으로 간주하여 언론기관 접촉 시와 같이 규제한다.

핵심포인트 해설   **금융투자업종사자의 대외활동 시 준수사항**

(1) 대외활동 시 준수사항
   ① 회사 공식의견이 아닌 경우 사견임을 명백히 표현할 것
   ② 회사의 주된 업무 수행에 지장을 주지 말 것
   ③ 금전적 보상을 받게 되는 경우 회사에 신고할 것

(2) 강연, 연설 시 준수사항
   ① 사전에 강연 내용 및 원고를 회사에 보고하고 확인받을 것
   ② 원고 등 자료가 준수 및 금지기준에 저촉하는지를 충분히 검토할 것

(3) 대외활동 시 금지사항
   ① 불확실한 사항을 단정적으로 표현하는 행위
   ② 회사가 승인하지 않은 중요자료나 홍보물 등을 배포하거나 사용하는 행위 등

(4) 전자통신활동
   ① 임직원–고객 간 이메일 : 사용 장소에 관계없이 <u>표준내부통제기준</u> 및 관계법령이 적용됨   → *금융투자협회가 제정함*
   ② 사외대화방 참여 : 공중포럼으로 간주(언론기관 접촉 시와 같이 규제)
   ③ 인터넷 게시판에 특정상품 분석·게시 : 사전에 준법감시인이 정하는 절차와 방법에 따름(단, 자료의 출처를 명시하고 그 내용을 인용하거나 기술적 분석에 따른 투자권유는 제외)

정답 | ④

16

금융투자업종사자의 대외활동에 대한 사전승인 시 고려해야 할 사항과 거리가 먼 것은?

① 회사, 주주 및 고객 등과의 이해상충 정도
② 대외활동의 대가로 지급받는 보수 또는 보상의 적절성
③ 대외활동을 하고자 하는 회사의 공신력, 사업내용, 사회적 평판
④ 대외활동 시 활동 장소 및 대상 인원 등

TIP 금융투자회사의 표준윤리준칙 제31조 2항에 의하면 대외활동 시 활동 장소 및 대상 인원 등은 사전승인 시 고려해야 할 사항에 포함되지 않는다.

핵심포인트 해설 | **금융투자업종사자의 대외활동 시 준법절차**

(1) 대외활동의 범위
　① 외부 강연, 연설, 교육, 기고 등의 활동
　② 신문, 방송 등 언론매체 접촉활동
　③ 회사가 운영하지 않는 온라인 커뮤니티, 소셜 네트워크 서비스, 웹사이트 등을 이용한 대외접촉 활동(회사내규상 활동이 금지되는 경우는 제외)

(2) 대외활동 시 허가 절차
　① 이해상충 정도 등에 따라 소속 부점장, 준법감시인, 대표이사의 사전승인을 받아야 함
　② 사전 승인할 때 고려해야 할 사항
　　㉠ 표준내부통제기준 및 관계법령 위반 여부
　　㉡ 회사에 미치는 영향
　　㉢ 회사, 주주 및 고객 등과의 이해상충 여부 및 정도
　　㉣ 대외활동의 대가로 지급받는 보수 또는 보상의 적절성
　　㉤ 대외활동을 하고자 하는 회사의 공신력, 사업내용, 사회적 평판 등
　③ 임직원이 대외활동을 성실하게 이행하지 못하거나 회사, 주주, 고객 등과의 이해상충이 확대되는 경우 회사는 임직원의 대외활동 중단을 요구할 수 있으며, 이때 임직원은 요구에 즉시 따라야 함

정답 | ④

17

금융투자업종사자의 고용 기간 종료 후 의무에 대한 설명으로 잘못된 것은?

① 금융투자업종사자가 퇴직하는 경우라도 일정 기간 회사의 이익을 해치는 행위를 해서는 안 된다.
② 회사 비밀정보의 출간·공개·제3자 이용 등이 금지된다.
③ 고용 기간이 종료되면 회사에 대한 선관주의의무도 즉시 종료된다.
④ 고용 기간이 종료되더라도 본인이 생산한 지적재산물의 이용 및 처분권한은 회사가 가지는 것이 원칙이다.

TIP 고용 기간 종료 후에도 회사에 대한 선관주의의무는 상당 기간 지속된다.

핵심포인트 해설　　　**금융투자업종사자의 고용 기간 종료 후 의무**

(1) 의 의
　　금융투자업종사자가 퇴직하는 경우에는 그에 따른 적절한 후속조치를 취해야 하고, 퇴직 이후에도 상당 기간 동안 회사의 이익을 해치는 행위를 해서는 안 됨

(2) 퇴직 시 적절한 후속조치
　　① 회사 비밀정보의 출간·공개·제3자 이용 등 금지
　　② 기밀정보를 포함한 모든 자료 회사 반납
　　③ 회사명, 상표, 로고 등의 사용 금지
　　④ 고용 기간 동안 본인이 생산한 지적재산물은 회사의 재산으로 반환해야 하고, 고용 기간 종료 후라도 지적재산물의 이용 및 처분권한은 회사가 가지는 것이 원칙임

(3) 회사에 대한 선관주의의무
　　① 고용 기간 종료 후에도 회사에 대한 선관주의의무는 상당 기간 지속됨
　　② 기간이 너무 장기간이면 합리적인 기간으로 제한됨

정답 | ③

금융투자업종사자의 사회에 대한 직무윤리에 대한 설명으로 잘못된 것은?

① 시장질서 교란행위의 규제대상자는 내부자, 준내부자, 1차 수령자뿐만 아니라 이를 전달한 자 모두를 제재의 대상으로 확대 적용하고 있다.

② 지수·주가에 영향을 줄 수 있는 정보의 유통행위에 신중을 기해야 한다.

③ 시장질서 교란행위에 해당하는 주문의 수탁을 거부해야 한다.

④ ETF 유동성 지원업무와 같이 본인의 업무수행으로 인한 매매의 경우 목적성이 없으면 시세에 부당한 영향을 주는지 사전에 확인할 필요가 없다.

TIP ETF 유동성 지원업무, 파생상품 헤지업무 등 본인의 업무수행으로 인한 매매의 경우 목적성이 없더라도 시세에 부당한 영향을 주는지 사전에 확인해야 한다.

핵심포인트 해설　　**사회에 대한 윤리**

시장질서 존중	• 의의 : 회사와 임직원은 공정하고 자유로운 시장경제 질서를 존중하고, 이를 유지하기 위하여 노력해야 함 • 대상자 범위 확대 : 내부자, 준내부자, 1차 수령자뿐만 아니라 이를 전달한 자 모두에게 적용됨 • 대상정보 : 중대한 영향을 줄 가능성이 있고, 불특정다수인에게 공개되기 전의 정보 • 준수사항 　· 지수·주가에 영향을 줄 수 있는 정보의 유통행위에 신중할 것 　· 시장질서 교란행위에 해당하는 주문의 수탁을 거부해야 함 　· ETF 유동성 지원업무, 파생상품 헤지업무 등 본인의 업무수행으로 인한 매매의 경우 목적성이 없더라도 시세에 부당한 영향을 주는지 사전에 확인해야 함
주주가치 극대화	• 주주 이익보호를 위해 탁월한 성과창출로 회사가치를 높일 것 • 투명하고 합리적인 의사결정과정과 절차를 마련하고 준수할 것 • 주주와 금융소비자에게 필요한 정보를 적시에 공정하게 제공할 것 • 효과적인 리스크 관리체계 및 내부통제시스템을 운영할 것
사회적 책임	• 회사의 임직원은 모두 시민사회의 일원임을 인식하고 사회적 책임과 역할을 다해야 함 • 합리적이고 책임경영을 통해 국가와 사회의 발전 및 시민의 삶의 질이 향상되도록 노력해야 함

정답 | ④

청약철회권을 행사할 수 있는 상품과 가장 거리가 먼 것은?

① 투자성 상품
② 예금성 상품
③ 보장성 상품
④ 금융상품자문에 관한 계약

TIP 금융상품판매업자과 투자성 상품, 대출성 상품, 보장성 상품, 금융상품자문에 관한 계약의 청약을 한 일반금융소비자는 일정기한 내에 청약을 철회할 수 있다.

핵심포인트 해설　청약철회권

청약철회권의 의의	• 금융판매업자 등과 투자성·대출성·보장성 상품, 금융상품자문계약 등을 체결한 일반금융소비자는 일정기간 내에 청약을 철회할 수 있음 • 청약철회권은 금융회사의 고의 또는 과실 등 귀책사유가 없더라도 일반금융소비자가 행사할 수 있는 법적 권리
금융소비자의 철회기간	• 투자성 상품 : 계약서류수령일 또는 계약체결일로부터 7일 이내 • 대출성 상품 : 계약서류수령일 또는 계약체결일로부터 14일 이내
철회 시 금융회사 조치	• 투자성 상품 : 철회접수일로부터 3영업일 이내에 금전 등을 반환 • 대출성 상품 : 소비자로부터 금전(대출금) 등을 반환받은 날로부터 3영업일 이내에 대출 관련하여 소비자로부터 받은 수수료 등을 반환
청약철회권의 대상	• 투자성 상품 : 고난도금융투자상품, 고난도투자일임계약, 고난도금전신탁계약, 신탁계약(자본시장법상 금전신탁은 제외) • 대출성 상품 : 자본시장법(제72조①)상 신용공여 및 금융위원회가 고시하는 대출성 상품(예 주식담보대출)을 제외한 금융상품

정답 | ②

20

다음 빈칸 안에 들어갈 말로 올바른 것은?

> 금융투자업자는 임직원이 업무수행 시 법규를 준수하고 조직운영의 효율성제고 및 재무보고의 신뢰성을 확보하기 위하여 회사의 내부에서 수행하는 모든 절차와 과정인 (　)을 정하여야 한다.

① 내부통제기준
② 투자권유준칙
③ 펀드판매매뉴얼
④ 영업행위규칙

TIP 내부통제기준에 대한 설명이다. 내부통제기준을 통하여 임직원의 선관의무, 고객우선의 원칙, 법규 준수 여부 등을 사전적·상시적으로 감독하며, 이를 제정·개정 시 이사회 결의를 요한다.

핵심포인트 해설 | **내부통제기준과 준법감시인 제도**

(1) 내부통제기준
① 금융투자업자의 임직원이 직무를 수행함에 있어서 준수해야 할 적절한 기준 및 절차
② 내부통제의 하나인 준법감시제도는 임직원의 선관의무, 고객우선의 원칙, 법규 준수 여부 등을 사전적·상시적으로 통제·감독함
③ 제정·개정 시 이사회 결의를 요함

(2) 내부통제기준의 제정 및 개정
① 내부통제기준의 제정 및 개정은 이사회 결의를 거쳐야 함
② 대표이사의 의무
　　㉠ 내부통제기준 구축, 유지, 운영, 감독
　　㉡ 내부통제기준 구축, 유지, 운영을 위한 인적·물적 자원 지원
　　㉢ 내부통제기준이 준수되도록 조직 단위별 적절한 임무와 책임 부여
③ 준법감시인의 의무
　　㉠ 내부통제기준 준수 여부 등에 대한 정기 또는 수시 점검
　　㉡ 업무 전반에 대한 접근 및 임직원에 대한 각종 자료나 정보의 제출 요구권
　　㉢ 임직원의 위법·부당행위 등과 관련하여 이사회, 대표이사, 감사에 대한 보고 및 시정 요구
　　㉣ 이사회, 감사위원회, 기타 주요 회의에 대한 참석 및 의견진술
　　㉤ 준법감시 업무의 전문성 제고를 위한 연수프로그램의 이수

정답 | ①

금융투자업자의 영업점별 준법감시제도에 대한 설명 중 잘못된 것은?

① 준법감시인은 독립성이 있기 때문에 준법감시업무의 일부를 임직원에게 위임할 수 없다.

② 회사는 영업관리자에게 업무수행결과에 따라 적절한 보상을 지급할 수 있다.

③ 사이버룸은 직원과 분리되어 위치해야 한다.

④ 영업점장은 준법감시인이 위임하는 영업관리자가 될 수 없다.

TIP 준법감시인은 준법감시업무의 일부를 임직원에게 위임할 수 있다.

핵심포인트 해설   영업점에 대한 준법감시제도

(1) 영업점에 대한 준법감시업무의 위임
  ① 준법감시인은 준법감시업무의 일부를 임직원에게 위임 가능(범위, 책임 한계 구분)
  ② 부점별 또는 수 개의 부점을 1단위로 하여 법령 준수 감독자를 지명할 수 있음

(2) 영업점별 영업관리자에 의한 준법감시
  ① 준법감시인은 영업점에 준법감시업무를 위한 영업관리자를 둘 수 있음
    ㉠ 영업관리자 요건 : 영업점에 1년 이상 근무 또는 준법감시·감사업무 1년 이상 수행, 영업점장이 아닌 책임자급일 것
    ㉡ 영업관리자 임기 : 1년 이상으로 해야 함
  ② 준법감시인은 영업관리자에 대하여 연 1회 이상 법규·윤리 관련 교육을 실시해야 함
  ③ 회사는 영업관리자에게 업무수행 결과에 따라 적절한 보상을 지급할 수 있음

(3) 고객전용공간(사이버룸) 제공 시 준수사항
  ① 당해 공간은 직원과 분리되어야 하고, 영업점장 및 영업관리자의 통제가 용이한 장소에 위치할 것
  ② 사이버룸임을 명기하고 개방형 형태로 설치할 것 → 폐쇄형 (X)
  ③ 사이버룸 사용 고객에게 명패, 명칭, 개별 직통전화 등을 제공하지 말 것
  ④ 사이버룸에서 이뤄지는 매매의 적정성을 모니터링하고, 이상매매 발견 시 지체 없이 준법감시인에게 보고할 것

정답 | ①

22

다음 중 준법감시인이 준법감시 프로그램을 운영하고 이에 따른 점검결과 및 개선계획 등을 주요 내용으로 대표이사에게 정기적으로 보고하는 것은?

① 내부통제보고서
② 발행실적보고서
③ 사업보고서
④ 증권신고서

TIP 준법감시인은 준법감시 프로그램의 점검결과 및 개선계획 등을 주요 내용으로 하는 내부통제보고서를 대표이사에게 정기적으로 보고해야 한다.

핵심포인트 해설　　**준법감시체계**

(1) 준법감시체계의 의의 및 수행업무
　① 의의 : 금융투자회사는 임직원의 업무수행의 공정성 제고 및 위법·부당한 행위의 사전 예방을 위하여 준법감시체계를 구축하고 운영하여야 함
　② 수행업무
　　㉠ 관계법령 준수 프로그램의 입안 및 관리
　　㉡ 임직원의 법령 준수 실태 모니터링 및 시정조치
　　㉢ 각종 위원회 부의사항에 대한 관계법령 준수 여부 사전 검토 및 정정 요구
　　㉣ 정관·사규 등 제정 및 개폐, 신상품 개발 등 새로운 업무 개발 시 관계법령 준수 여부 사전 검토 및 정정 요구
　　㉤ 임직원에 대한 준법 관련 교육 및 자문
　　㉥ 금융위원회, 협회, 거래소, 이사회, 경영진 및 유관부서 등에 대한 지원
(2) 준법감시체계 운영 및 의무
　① 준법감시인은 임직원의 법령 및 내부통제기준 준수 여부 점검을 위해 준법감시 프로그램을 구축·운영해야 함
　② 준법감시인은 준법감시 프로그램에 따라 임직원의 법령 및 내부통제기준 준수 여부를 점검하고 그 결과를 기록·유지해야 함
　③ 준법감시인은 점검결과 및 개선계획 등을 주요 내용으로 하는 내부통제보고서를 대표이사에게 정기적으로 보고해야 함
　　→ 감사보고서 (X)

정답 | ①

금융투자업자의 정보교류차단(Chinese Wall) 의무에 대한 설명이 적절하지 않은 것은?

① 금융투자업자가 금융투자업, 겸영업무, 부수업무 등을 영위하는 경우 미공개 중요정보 등에 대한 회사 내부의 정보교류차단 장치를 구축해야 한다.

② 금융투자업자는 계열회사를 포함한 제3자에게 정보를 제공하는 경우에도 내부통제기준을 마련하여 이해상충이 발생할 수 있는 정보를 차단해야 한다.

③ 표준내부통제기준에 의하면 상시 정보교류를 허용하는 임원을 지정하여서는 아니 된다.

④ 표준내부통제기준은 정보교류차단을 위하여 물리적 분리뿐만 아니라 비밀정보에 대한 접근권한을 통제하는 등의 방법을 규정하고 있다.

TIP 표준내부통제기준에 의하면 상시 정보교류를 허용하는 임원을 지정할 수 있다.

핵심포인트 해설   **금융투자업자의 정보교류차단(Chinese Wall) 의무**

정보교류차단벽 설치 의무	• 금융투자회사는 업무종사자가 업무수행에 필요한 최소한의 정보에만 접근할 수 있도록 영위하는 업무의 특성 및 규모, 이해상충 정도 등을 고려하여 정보교류를 차단할 수 있는 장치를 마련해야 함
정보교류차단의 대상	• 미공개 중요정보 • 투자자의 금융투자상품 매매 또는 소유현황에 관한 정보로서 불특정 다수인이 알 수 있도록 공개되기 전의 정보 • 집합투자재산·투자일임재산·신탁재산의 구성내역과 운용에 관한 정보로서 불특정 다수인이 알 수 있도록 공개되기 전의 정보 • 회사 내부의 정보교류차단뿐만 아니라 계열회사를 포함한 제3자에게 정보를 제공하는 경우에도 이해상충가능성이 있는 정보는 차단해야 함 • 회사가 이해상충 우려가 없다고 판단되는 경우 스스로 차단대상 정보에서 제외 가능(예외정보를 내부통제기준에 미리 반영하여 공시해야 함)
정보교류차단의 주요 내용	• 회사는 정보교류차단 대상 부문별로 책임자를 지정해야 함 • 회사는 정보교류의 차단 및 예외적 교류의 적정성을 감독하고, 정보교류통제 담당 조직을 설치해야 함 • 회사는 상시 정보교류가 허용되는 임원을 지정할 수 있음 • 회사는 상시적 정보교류차단벽을 설치 운영해야 함 • 회사는 요건을 모두 갖춘 경우 예외적 정보의 교류를 허용할 수 있음 • 이해상충 방지를 위해 필요하다고 인정하는 경우, 해당 법인과 관련한 금융투자상품을 거래주의 또는 거래제한 상품 목록으로 지정할 수 있음 • 회사가 고객으로부터 개인신용정보 제공의 동의를 받거나, 개인신용정보의 전송요구를 받은 경우에는 해당 정보를 계열회사 등 제3자에게 제공할 수 있음

정답 | ③

다음 중 6대 판매원칙 위반 시 과징금 부과대상이 아닌 것은?

① 적합성 원칙 위반
② 설명의무 위반
③ 부당권유행위 금지의무 위반
④ 허위·부당광고 금지의무 위반

TIP 과징금은 설명의무 위반, 불공정영업행위 금지 위반, 부당권유행위 금지의무 위반, 허위·부당광고 금지의무 위반의 경우에 부과한다.

핵심포인트 해설 　　6대 판매원칙 위반 시 책임

6대 판매원칙	위반 시 책임				
	위법계약해지	과태료	과징금	손해배상	기관/임직원 제재
적합성 원칙	○	○	×	○	○
적정성 원칙	○	○	×	○	○
설명의무	○	○	○	○	○
불공정영업행위 금지	○	○	○	○	○
부당권유행위 금지	○	○	○	○	○
허위/부당광고 금지	×	○	○	○	○

정답 | ①

25

다음 중 내부통제기준 위반 시 제재에 대한 기술이 적절하지 않은 것은?

① 벌칙으로 벌금, 과징금, 과태료 등이 부과될 수 있다.
② 업무정지기간에 업무를 한 경우 금융위원회는 그 등록을 취소할 수 있다.
③ 금융투자협회는 판매업자의 임원에 대하여 6월 이내의 업무집행정지를 요구할 수 있다.
④ 금융상품직접판매업자는 투자권유대행인이 금융소비자에게 손해를 발생시킨 경우에는 그 손해를 배상할 책임이 없다.

TIP 금융상품직접판매업자가 그 손해를 배상할 책임이 있다. 단, 선임 및 감독을 소홀하지 않은 경우 투자권유대행인에게 구상권을 청구할 수 있다.

핵심포인트 해설   **금융소비자보호법 위반 시 제재**

(1) 벌칙

벌금	5년 이하의 징역 또는 2억원 이하의 벌금 부과할 수 있음 (금융상품판매업 미등록, 허위/부정 등록, 금융상품판매대리·중개업자가 아닌 자에게 계약체결을 대리한 경우)
과징금	위반행위로 얻은 수입의 50%까지 과징금 부과할 수 있음
과태료	1억원 이하/3천만원 이하/1천만원 이하 과태료 부과할 수 있음

(2) 금융위원회에 의한 행정제재

판매업자	• 등록취소 : 거짓/부정등록, 등록요건 미유지, 업무정지기간 중 업무를 한 경우 • 처분조치 : 6월 이내 업무정지, 명령, 기관경고, 기관주의 등
임직원	• 임원 : 해임요구, 6월 이내 직무정지, 문책경고, 주의적 경고, 주의 • 직원 : 면직, 6월 이내 직무정지, 감봉, 견책, 주의 • 관리감독책임 : 관리감독 책임이 있는 임직원에 대한 조치를 함께 요구할 수 있음

(3) 금융투자협회에 의한 자율제재

회원 조치	• 회원제명 요구, 회원자격 정지, 협회가 회원에게 제공하는 업무의 일부/전부 정지, 제재금 부과, 경고, 주의
임직원 조치	• 임원 : 해임, 6월 이내 업무집행정지, 경고, 주의 • 직원 : 징계면직, 정직, 감봉, 견책, 주의

(4) 법원에 의한 민사적 제재(손해배상책임)

금융상품 판매업자	금융상품판매업자는 고의 또는 과실로 법을 위반하여 금융소비자에게 손해를 발생시킨 경우에는 그 손해를 배상할 책임이 있음
금융상품 직접판매업자	금융상품직접판매업자는 금융상품계약체결등의 업무를 대리·중개한 금융상품판매대리·중개업자가 금융소비자에게 손해를 발생시킨 경우에는 그 손해를 배상할 책임이 있음. 단, 선임 및 감독을 소홀하지 않은 경우 금융상품판매대리·중개업자에게 구상권 청구 가능

정답 | ④

다음 중 자본시장법 제55조(손실보전 등의 금지)에 근거하여 금지되는 행위와 가장 거리가 먼 것은?

① 투자자가 입을 손실의 전부를 보전하여 줄 것을 사전에 약속하는 행위
② 투자자가 입은 손실의 일부를 사후에 보전하여 주는 행위
③ 투자자에게 일정한 이익을 사후에 제공하는 행위
④ 회사의 위법행위 여부가 불분명한 경우 투자자에게 사적화해의 수단으로 손실을 보상하는 행위

TIP ④는 손실보전 등의 금지 원칙의 예외로서 허용된다.

핵심포인트 해설 **분쟁예방요령 및 손실보전 등의 금지**

분쟁예방요령		• 임직원 개인계좌로 고객자산을 입금받지 말 것 • 일정범위 내에서 허용되는 일임매매의 경우 그 범위 및 취지에 맞게 업무수행 할 것 • 임직원은 금융상품거래의 조력자임을 잊지 말 것(고객과 의견이 다를 때 고객의 의사를 확인하고 업무처리) • 어떤 형태로든 손실보전 약정은 하지 말 것 • 지나치게 단정적 판단을 제공하지 말 것 • 업무 수행 중 알게 된 정보의 취급에 신중을 기할 것
손실보전 등의 금지	원칙	• 금융투자업자(또는 임직원)는 금융투자상품의 거래와 관련하여 손실보전 또는 이익보장, 그 밖에 다음 중 어느 하나에 해당하는 행위를 금지함 · 투자자가 입을 손실의 전부 또는 일부를 보전하여 줄 것을 사전에 약속하는 행위 · 투자자가 입은 손실의 전부 또는 일부를 사후에 보전하여 주는 행위 · 투자자에게 일정한 이익을 보장할 것을 사전에 약속하는 행위 · 투자자에게 일정한 이익을 사후에 제공하는 행위
	예외	• 사전에 준법감시인에게 보고한 경우 예외적으로 아래의 행위가 허용됨 · 회사의 위법행위로 인하여 손해배상 하는 행위 · 회사의 위법행위 여부가 불분명한 경우 사적화해의 수단으로 손실을 보상하는 행위 · 분쟁조정 또는 재판상 화해절차에 따라 손실보상이나 손해배상을 하는 경우

정답 | ④

투자권유에 대한 설명 중 잘못된 것은?

① 금융투자업종사자는 고객의 승낙 또는 부득이한 사유 없이 자신의 업무를 제3자에게 위탁할 수 없다.

② 투자권유대행인은 투자권유대행업무를 제3자에게 재위탁할 수 없다.

③ 금융투자업자가 투자자로부터 투자권유의 요청을 받지 아니하고 전화를 통하여 투자권유하는 행위는 원칙적으로 허용된다.

④ 투자권유를 받은 투자자가 이를 거부하는 취지의 의사를 표시하였음에도 불구하고 투자권유를 계속하는 행위는 금지된다.

TIP 불초청 투자권유 행위는 원칙적으로 금지된다.

핵심포인트 해설　　　**재위임 및 투자권유 금지**

(1) 재위임 금지
① 금융투자업종사자는 고객의 승낙 또는 부득이한 사유 없이 자신의 업무를 제3자에게 처리하게 하면 안 됨
② 투자권유대행인은 투자권유대행업무를 제3자에게 재위탁하는 행위 금지

(2) 요청하지 않은 투자권유(불초청) 금지
① 원칙 : 금융투자업자가 투자자로부터 투자권유의 요청을 받지 아니하고 방문·전화 등 실시간 대화의 방법을 이용하는 행위는 부당권유행위에 해당되어 금지됨
② 다만, 투자권유 전에 개인정보 취득경로·금융상품 등을 사전안내하고, 고객이 투자권유 받을 의사를 표시한 경우에는 투자권유할 수 있음
③ 사전안내가 불가능한 투자성상품

일반금융소비자	고난도상품, 사모펀드, 장내파생상품, 장외파생상품
전문금융소비자	장외파생상품

(3) 재권유 금지
① 원칙 : 투자권유를 받은 투자자가 이를 거부하는 취지의 의사를 표시하였음에도 불구하고 투자권유를 계속하는 행위는 금지됨
② 예 외
　㉠ 1개월이 지난 후에 다시 투자권유를 하는 행위
　㉡ 다른 종류의 금융투자상품에 대하여 투자권유를 하는 행위

정답 | ③

28

금융투자회사 임직원이 직무수행 과정에서 알게 된 정보에 대한 설명 중 잘못된 것은?

① 고객에 대한 어떤 사항이 비밀정보인지 여부가 불명확한 경우에는 일단 비밀이 요구되는 정보로 취급해야 한다.

② 고객의 금융거래정보는 자기 또는 제3자의 이익을 위한 이용이 금지되나, 정적인 금융거래정보 이외의 동적인 정보는 예외적으로 이용할 수 있다.

③ 회사의 정보는 회사의 재산에 속하는 것이므로 오로지 회사의 이익을 위해서만 이용되어야 한다.

④ 고객 또는 회사의 정보를 법령에 따라 제공하는 경우라도 준법감시인의 사전승인을 받아 직무수행에 필요한 최소한의 범위에서 제공해야 한다.

TIP 금융투자회사 임직원은 고객의 금융거래정보를 타인에게 제공하거나 누설하지 않아야 한다. 법은 직무상 알게 된 정보로서 외부에 공개되지 않은 정보를 정당한 사유 없이 자기 또는 제3자의 이익을 위하여 이용하는 것은 금지한다고 규정함으로써 고객의 정적인 금융거래정보뿐만 아니라 고객의 매매주문 동향 등 직무와 관련하여 알게 된 정보와 같은 동적인 정보도 자기 또는 제3자를 위해 이용하는 것이 금지된다.

핵심포인트 해설	고객 및 회사정보 이용의 제한

(1) 고객정보의 이용 제한
　① 원칙 : 비밀유지의무(금융실명법 제4조)
　　㉠ 고객의 금융거래정보 누설 금지
　　㉡ 비밀정보인지 여부가 불명확한 경우에는 일단 비밀정보로 취급해야 함
　　㉢ 예외 : 법에 의하여 정보제공이 허용된 경우
　② 자기 또는 제3자의 이익을 위한 이용 금지(자본시장법 제54조)
　　㉠ 정적인 금융거래정보 이용 금지
　　㉡ 동적인 금융거래정보(고객과 관련된 직무를 수행하면서 알게 된 정보)도 이용 금지

(2) 회사정보의 이용 제한
　① 회사정보 누설·부당한 이용행위 금지(회사정보는 회사이익을 위해서만 사용 가능)
　② 비밀정보를 법령에 의하여 예외적으로 제공하는 경우의 준수사항
　　㉠ 준법감시인의 사전승인을 받을 것
　　㉡ 직무수행에 필요한 최소한의 범위 내에서 제공할 것

정답 | ②

개인정보처리자의 개인정보보호원칙과 거리가 먼 것은?

① 개인정보처리자는 그 목적에 필요한 범위 내에서 최소한의 개인정보만 적법하고 정당하게 수집하여야 한다.
② 개인정보 처리방침 등 개인정보처리에 관한 사항을 공개하고, 열람청구권 등 정보주체의 권리를 보장하여야 한다.
③ 개인정보 처리 목적 범위 내에서 개인정보의 정확성, 완전성, 최신성이 보장되도록 하여야 한다.
④ 개인정보의 익명처리가 가능한 경우라도 실명으로 처리하여야 한다.

TIP 개인정보의 익명처리가 가능한 경우에는 익명으로 처리하여야 한다.

핵심포인트 해설   개인정보처리자의 준수사항

(1) 개인정보 관련 주요 개념
① 개인정보 : 성명, 주민등록번호 및 영상 등을 통하여 개인을 알아볼 수 있는 정보
② 정보주체 : 처리되는 정보에 의하여 알아볼 수 있는 사람으로서 그 정보의 주체가 되는 사람
③ 개인정보처리자 : 업무를 목적으로 개인정보파일을 운용하기 위하여 스스로 또는 다른 사람을 통하여 개인정보를 처리하는 공공기관, 법인, 단체 및 개인 등

(2) 개인정보처리자의 준수사항
① 수집 : 목적에 필요한 범위에서 최소한의 개인정보만을 적법하게 수집해야 함
② 처리 및 활용 : 그 목적 외의 용도로 활용하는 것은 금지됨
③ 보장 : 개인정보의 정확성, 완전성 및 최신성이 보장되도록 해야 함
④ 관리 : 정보주체의 권리가 침해받을 가능성을 고려하여 안전하게 관리해야 함
⑤ 공개 : 개인정보 처리방침 등 개인정보의 처리에 관한 사항을 공개하여야 하며, 열람청구권 등 정보주체의 권리를 보장해야 함
⑥ 사생활 침해 : 정보주체의 사생활 침해를 최소화하는 방법으로 처리해야 함
⑦ 익명처리 : 개인정보의 익명처리가 가능한 경우에는 익명으로 처리함

정답 | ④

개인정보처리자의 개인정보수집 및 이용 허용 범위와 거리가 먼 것은?

① 직속상관의 허락을 받은 경우
② 정보주체의 동의를 받은 경우
③ 생명, 신체, 재산의 이익을 위하여 필요하다고 인정되는 경우
④ 명백하게 정보주체의 권리보다 우선하는 경우

TIP 직속상관의 허락을 받았다고 하여 개인정보수집 및 이용이 무조건 가능하다고 볼 수는 없다.

핵심포인트 해설 | **정보주체의 권리와 개인정보처리자의 수집 및 이용 범위**

(1) 정보주체의 권리
 ① 개인정보의 처리에 관한 정보를 제공받을 권리
 ② 개인정보의 처리에 관한 동의 여부, 동의 범위 등을 선택하고 결정할 권리
 ③ 개인정보의 처리 여부를 확인하고 개인정보에 대한 열람(사본 포함)을 요구할 권리
 ④ 개인정보의 처리 정지, 정정·삭제 및 파기를 요구할 권리
 ⑤ 개인정보의 처리로 인하여 발생한 피해를 구제받을 권리

(2) 개인정보처리자의 개인정보수집 및 이용 허용 범위
 ① 정보주체의 동의를 받은 경우
 ② 법률에 특별한 규정이 있거나 법령상 의무를 준수하기 위하여 불가피한 경우
 ③ 공공기관이 법령 등에서 정하는 소관 업무의 수행을 위하여 불가피한 경우
 ④ 정보주체와의 계약의 체결 및 이행을 위하여 불가피하게 필요한 경우
 ⑤ 명백히 정보주체 또는 제3자의 급박한 생명, 신체, 재산의 이익을 위하여 필요하다고 인정되는 경우
 ⑥ 명백하게 정보주체의 권리보다 우선하는 경우

정답 | ①

31

개인정보의 처리 및 관리에 대한 설명 중 옳은 것은?

① 개인정보에는 고유식별정보, 금융정보뿐만 아니라 민감정보도 포함된다.
② 최소한의 개인정보수집이라는 입증책임은 정보주체가 부담한다.
③ 민감정보 및 고유식별정보는 정보주체의 동의를 얻은 경우에만 처리를 허용한다.
④ 주민등록번호는 외부망의 경우에 한하여 암호화한 후 안전하게 보호하여야 한다.

용어 알아두기

특별법	특별법은 그 법의 효력이 특정한 사람이나 지역에 한하여 적용되는 법을 말하는 것으로 일반법에 우선하여 적용된다.

TIP
② 최소한의 개인정보수집이라는 입증책임은 개인정보처리자가 부담한다.
③ 민감정보 및 고유식별정보는 정보주체의 동의를 얻거나 법령에서 구체적으로 허용된 경우에 한하여 예외적으로 처리를 허용한다.
④ 주민등록번호는 내외부망의 구분 없이 암호화하여 안전하게 보호하여야 한다.

핵심포인트 해설 　**개인정보의 수집·처리 제한 및 처벌**

(1) 개인정보보호에 관한 법률
① 개인정보보호에 관한 일반법 : 개인정보보호법(개인의 존엄과 가치 구현 목적)
② 개인정보보호에 관한 특별법 : 신용정보법, 금융실명법, 전자금융거래법 등

(2) 개인정보처리자의 개인정보수집 제한
① 최소한의 개인정보수집이라는 입증책임은 개인정보처리자가 부담함
② 개인정보처리자는 정보주체의 동의를 받아 개인정보를 수집하는 경우 필요한 최소한의 정보 외의 개인정보수집에는 동의하지 아니할 수 있다는 사실을 구체적으로 알리고 개인정보를 수집하여야 함
③ 개인정보처리자는 정보주체가 필요한 최소한의 정보 외의 개인정보수집에 동의하지 아니한다는 이유로 정보주체에게 재화 또는 서비스의 제공을 거부하면 안 됨

(3) 개인정보의 처리 제한 및 처벌

제공행위	• 원칙 : 목적 외 용도로 이용하거나 제3자에게 제공하는 행위 금지 • 예외 : 정보주체의 동의·법률규정에 의하는 경우에만 제3자에게 제공 가능
고유식별번호	• 주민등록번호는 내외부망의 구분 없이 암호화하여 안전하게 보관해야 함 • 주민등록번호는 정보주체의 동의를 받았더라도 법령 근거가 없는 경우에는 원칙적으로 처리가 금지되므로 삭제해야 함
처 벌	• 징벌적 손해배상제도 : 피해액의 3배까지 손해배상액 중과 가능

정답 | ①

32

다음 중 6대 판매원칙의 기준으로 볼 때 부당권유행위와 가장 거리가 먼 것은?

① 단정적 판단을 제공하는 행위
② 투자판단에 중대한 영향을 미치는 사항을 알리지 않는 행위
③ 적합성 원칙을 회피할 목적으로 투자권유불원 확인서를 작성케 하는 행위
④ 우월적 지위를 이용하여 금융소비자의 권익을 침해하는 행위

TIP 우월적 지위를 이용하여 금융소비자의 권익을 침해하는 행위는 부당권유행위라기보다는 불공정영업행위에 해당된다. 부당권유행위에는 단정적 판단의 제공, 사실과 다르게 알리는 행위, 투자판단에 중대한 영향을 미치는 사항을 알리지 않는 행위, 객관적 근거 없이 상품의 우수성을 알리는 행위, 고객 요청 없이 실시간 대화의 방법으로 투자권유 하는 행위(불초청 투자권유), 고객거절에도 지속적인 체결권유(재권유), 적합성 원칙을 회피할 목적으로 투자권유불원 확인서 작성케 하는 행위 등이다.

핵심포인트 해설   **6대 판매원칙**

적합성 원칙	일반금융소비자의 투자자정보를 파악하고 적합하지 않은 상품을 투자권유 할 수 없다는 원칙
적정성 원칙	일반금융소비자가 계약체결의 권유를 받지 않고 자발적으로 상품계약체결을 하려는 경우, 해당 상품이 적정한지 여부를 파악하고, 부적정한 경우 금융소비자에게 알리고 확인을 받아야 한다는 원칙
설명의무	일반금융소비자에게 계약체결을 권유하는 경우 또는 일반금융소비자가 설명을 요청하는 경우, 중요사항을 금융소비자가 이해할 수 있도록 설명하고 이를 확인받아야 한다는 원칙
불공정영업행위 금지	모든 금융소비자에게 우월적 지위를 이용하여 금융소비자의 권익을 침해하는 행위는 금지한다는 원칙
부당권유행위 금지	모든 금융소비자에 대한 부당한 계약체결을 금지한다는 원칙
허위/부당광고 금지	업무 또는 금융상품에 관한 광고 시 금융소비자를 오인하게 할 수 행위를 금지한다는 원칙

정답 | ④

금융감독원의 금융분쟁조정제도에 대한 설명 중 잘못된 것은?

① 금융감독원 금융분쟁조정위원회에서 조정한다.
② 분쟁조정 신청일로부터 30일 이내 합의 불성립 시 조정위원회에 회부된다.
③ 조정위원회는 조정회부를 받을 때로부터 30일 이내에 조정안을 작성해야 한다.
④ 당사자가 조정위원회의 조정을 수락하면 재판상 화해와 동일한 효력이 있다.

용어 알아두기

임의매매	금융투자회사의 직원이 고객의 매매주문 또는 청약을 받지 않고 고객의 재산으로 금융투자상품의 매매를 하는 행위를 말한다.

TIP 조정위원회는 조정회부를 받을 때로부터 60일 이내에 조정안을 작성해야 한다. 조정 진행 중에 일방이 소송을 제기한 경우 조정처리는 중지되고, 조정위원회는 그 사항을 쌍방에게 통보하여야 한다.

핵심포인트 해설　　금융투자상품 관련 분쟁의 유형 및 처리 절차

(1) 금융투자상품 관련 분쟁

분쟁의 유형	• 임의매매, 일임매매, 착오매매 • 부당권유, 불완전판매 • 전산장애 등
분쟁의 특징	• 금융투자상품은 고위험에 노출되어 있음 • 고객의 금융투자회사 직원에 대한 의존성이 높음 • 금융투자회사 직원의 불공정거래 가능성 존재 • 원금손실가능성과 투자결과에 대한 본인(고객) 책임

(2) 금융감독원(금융분쟁조정위원회)에 의한 금융분쟁조정

조정절차	• 당사자에 대하여 분쟁내용 통지 및 합의권고 • 조정위원회 회부 : 신청일로부터 30일 이내 합의 불성립 시 • 조정안 작성 : 조정회부를 받을 때로부터 60일 이내 • 조정안 제시 및 수락권고 • 조정의 효력 : 재판상 화해와 동일한 효력
소송제기	• 조정 진행 중에 일방이 소송을 제기한 경우 조정처리는 중지되고, 그 사항을 쌍방에게 통보함

정답 | ③

34

금융투자협회의 분쟁조정제도에 대한 설명 중 잘못된 것은?

① 분쟁 당사자는 금융투자상품에 대한 전문적 지식과 경험을 갖춘 분쟁조정위원회를 이용하여 신속하고 공정한 분쟁의 해결을 기대할 수 있다.

② 분쟁조정위원회의 분쟁조정안을 수락한 경우 재판상 화해계약의 효력을 갖는다.

③ 분쟁신청 후 당사자 간 합의가 성립하지 않는 경우 조정신청서 접수일로부터 30일 이내에 분쟁조정위원회에 사건을 회부한다.

④ 분쟁조정신청의 당사자는 결과에 중대한 영향을 미치는 사실이 나타난 경우 조정결정 또는 각하결정 통지를 받은 날로부터 30일 이내에 재조정신청이 가능하다.

용어 알아두기

재판상 화해	당사자 쌍방이 조정안에 합의하여 소송이 종결되는 것으로서 재판상 화해가 되면 양 당사자 간의 합의는 확정판결과 동일한 효력이 있다.

TIP 분쟁조정위원회의 분쟁조정안을 수락한 경우 민법상 화해계약의 효력을 갖는다.

핵심포인트 해설   금융투자협회 분쟁조정절차

분쟁신청접수	본인 신청이 원칙이나 대리인이 신청하는 것도 가능(방문·우편신청)
사실조사	제출자료 검토 및 양당사자 간 대면질의 등을 통한 사실관계 확인
합의 권고	원만한 분쟁해결을 위해 합의 권고
위원회 회부 전 처리	분쟁조정신청 취하, 수사기관의 수사진행, 법원 제소, 신청내용이 허위사실인 경우 등에 해당하면 위원회 회부하지 않고 종결처리
위원회 회부	당사자 간 합의 불성립 시 조정신청서 접수일로부터 30일 이내에 조정위원회로 사건 회부함
조정의 성립	당사자가 조정결정수락서에 기명날인한 후 조정결정 통지를 받은 날로부터 20일 이내에 협회에 제출함으로써 조정이 성립(조정의 효력 : 민법상 화해계약)
재조정 신청	당사자는 조정결과에 중대한 영향을 미치는 새로운 사실이 나타난 경우 조정결정 또는 각하결정일로부터 30일 이내에 재조정 신청 가능

정답 | ②

투자매매(중개)업자는 원칙적으로 일임매매가 금지되나, 예외적으로 허용하는 경우가 있다. 다음 중 예외적으로 허용하는 경우를 모두 고르면?

A. 투자자가 매매거래일(하루에 한정)·총매매수량·총매매금액을 지정하여 일임 받은 경우
B. 투자자가 여행 등으로 일시적 부재 시 금융투자상품의 매도권한을 일임 받은 경우
C. 투자자가 결제·증거금추가예탁·의무불이행 시 매도권한을 일임 받은 경우
D. MMF를 매수 또는 매도하기로 미리 약정을 체결한 경우 그 약정에 따라 매매권한을 일임 받은 경우

① A, B
② A, B, C
③ B, C, D
④ A, B, C, D

TIP 일임매매가 예외적으로 허용되는 경우는 투자일임업자와 일임계약을 체결하고 진행하는 경우와 A, B, C, D와 같은 경우이다.

핵심포인트 해설　**금융분쟁의 유형별 쟁점**

부당권유 등 불완전판매 관련 분쟁	• 불완전판매 행위 　· 거래의 위험성에 대한 올바른 인식형성을 방해하는 행위 　· 고객투자성향에 비추어 과도하게 위험한 거래를 적극적으로 권유하는 행위 • 불완전판매 행위는 고객우선원칙·신의성실원칙·금융소비자보호의무 등을 위반한 위법행위임
주문 관련 분쟁	• 판매자는 정당한 권한을 가진 소비자로부터 주문을 받아 최선을 다해 집행하고 기록을 보관 및 유지해야 함(최선집행의무) • 정당한 권한을 가진 소비자 : 투자자 본인, 정당한 위임을 받은 임의대리인, 법정대리인
일임매매 관련 분쟁	• 일임매매는 원칙적으로 금지하나 예외적으로 일부 허용함 • 예외적으로 일임매매를 허용하는 경우 　· 투자일임업자가 일임계약을 체결하고 진행하는 경우 　· 투자중개업자가 매매주문을 처리하는 과정에서 투자판단 일임을 받을 필요가 있는 경우
임의매매 관련 분쟁	• 임의매매(정당한 권한을 가진 소비자의 주문없이 금융직원이 매매하는 행위)는 금지 • 일임매매와 임의매매의 차이점 : 일임매매는 일부 허용되지만 임의매매는 법적으로 허용되지 않음

정답 | ④

펀드상품 관련 분쟁에 대한 설명 중 잘못된 것은?

① 선물환 거래 경험이 없는 고객에게 역외펀드를 판매하였다면 부당권유 행위가 될 수 있다.

② ①의 경우 고객에게 환헤지에 대한 개략적인 설명을 하였다면 고객보호의무를 위반했다고 하기 어렵다.

③ 직원이 수익보장을 하면서 전환형펀드를 매수하게 한 후 고객의 동의 없이 채권형에서 주식형으로 전환하여 손실이 발생하였다면 부당권유에 해당한다.

④ ③의 경우 수익보장약정의 효력은 없다.

용어 알아두기

엄브렐러펀드	1개의 모펀드 아래 채권형, 주식형, 혼합형 등 여러 개의 자펀드를 두고, 환매수수료 없이 다른 유형의 자펀드로 변경할 수 있는 펀드를 말한다.

TIP 선물환 거래 경험이 없는 고객이라면 환헤지에 대한 개략적인 설명만 하는 것으로 부족하고, 역외펀드의 특성 및 구체적인 위험에 대하여 고객이 이해할 수 있도록 충분히 설명해야 한다.

핵심포인트 해설   **부당권유 사례 및 법원 판단 내용**

사례	법원 판단 내용
역외펀드 부당권유	• 선물환 거래 경험이 없는 고객에게 환헤지에 대한 개략적 설명만 하고 가입시킨 것은 부당권유 행위에 해당 • 개략적 설명으로 부족하고 선물환계약의 특성 및 구체적 위험에 대하여 이해할 수 있도록 충분히 설명해야 함 • 충분한 설명을 하지 않음으로써 고객보호의무를 위반함
엄브렐러펀드 부당권유	• 수익보장을 하면서 전환형펀드에 가입시킨 것은 고객의 올바른 인식형성을 방해한 것으로 부당권유행위에 해당함 • 수익보장약정은 효력이 없음 • 고객의 동의 없이 채권형에서 주식형으로 전환시켜 손해가 발생한 경우 부당권유행위에 해당되고 손해배상 책임이 인정됨

정답 | ②

금융투자상품의 불완전판매에 대한 설명(법원 판례 기준) **중 잘못된 것은?**

① 원금보장을 중시하는 고객에게 고위험 주가지수연계펀드를 판매하는 것은 불완전판매에 해당한다.
② 고령자에게 고위험펀드를 판매하면 모두 불완전판매에 해당한다.
③ 펀드가 손해상태이나 환매하지 않은 경우에는 펀드가 손해를 입었다거나 손해가 확정되었다고 볼 수 없다.
④ 역외펀드를 판매하는 경우 판례는 펀드위험성에 대한 설명수준을 차별화하여 손해배상책임을 인정하고 있다.

용어 알아두기

역외펀드	우리나라가 아닌 외국에서 조성된 펀드로서 조세나 금융상의 제약을 피하기 위해 이용된다.

TIP 고령자라도 고위험상품에 대한 투자지식과 경험이 있다면 모두 불완전판매라고 할 수는 없다.

핵심포인트 해설   **불완전판매 사례와 법원 판단 내용**

사 례	법원 판단 내용
안정추구형 투자자에게 고위험 ELF 투자권유	투자성향보다 과도한 위험거래를 권유한 것으로 고객보호의무 위반
충분한 설명 없이 고위험펀드 판매한 경우	고위험펀드 투자경험이 없는데도 충분하고 적합한 설명이 없었다면 불완전판매에 해당
투자설명서 교부받고 자필서명한 경우	직원이 설명·교부의무 이행한 것으로 봄
투자경험이 있는 고령투자자의 경우	고령이라도 투자경험이 많이 있으면 설명의무 및 고객보호의무를 위반했다고 볼 수 없음
펀드손해상태이나 환매하지 않은 경우	손해를 입었다거나 손해가 확정되었다고 볼 수 없음

정답 | ②

자금세탁의 단계가 적절하게 배열된 것은?

① 예치단계 ⇨ 은폐단계 ⇨ 합법화단계
② 은폐단계 ⇨ 예치단계 ⇨ 합법화단계
③ 은폐단계 ⇨ 합법화단계 ⇨ 예치단계
④ 예치단계 ⇨ 합법화단계 ⇨ 은폐단계

TIP 자금세탁의 3단계는 '예치단계 ⇨ 은폐단계 ⇨ 합법화단계'의 순으로 진행된다.

핵심포인트 해설　　**자금세탁의 절차 및 유형**

(1) 자금세탁의 3단계 절차

예치단계(배치)	불법재산을 덜 의심스런 상태로 변형하여 배치하는 것
은폐단계(반복)	복잡한 금융거래를 반복하여 자금추적을 못하게 하는 것
합법화단계(통합)	불법자금을 정상적인 경제활동에 재투입하는 단계

(2) 자금세탁의 유형

전통금융시스템 이용	차명계좌 사용, 소액분산입금, 은행어음 사용 등
수출입화물 이용	해외로 화물반출 후 여행자수표 등으로 국내 반입
수출입 이용	범죄수익을 무역거래를 통해 자금세탁
신종기법	조세피난처 이용, 비금융기관 이용

(3) 가상통화 규제(최근)

미국·캐나다·프랑스	가상통화 취급업자에 대한 자금세탁방지 의무 부과
EU집행위원회	가상통화 거래업자·지갑 서비스 제공자에게 자금세탁방지에 대한 규제 적용
우리나라	가상통화 취급업자에 대한 고객확인 및 의심거래 보고 의무 강화

정답 | ①

자금세탁방지기구 및 규범에 대한 기술 중 적절하지 않은 것은?

① FATF는 연 3회 이상 자금세탁방지활동에 협조하지 않는 국가를 비협조국가로 결정하고, 그 수준에 따라 대응조치 국가 및 위험고려 국가 등으로 구분하여 발표하고 있다.

② 위험고려 국가는 Black List 국가와 White List 국가로 분류된다.

③ 자금세탁방지 관련 업무를 주로 수행하는 기관은 FIU(금융정보분석원)이다.

④ 우리나라의 자금세탁방지 관련 대표적인 법은 특정금융거래보고법이다.

TIP 위험고려 국가는 Black List 국가와 Gray List 국가로 분류된다. Black List 국가는 자금세탁방지제도에 대한 중대한 결함이 있음에도 불구하고 충분한 개선이 없거나 이행계획을 수립하지 않는 국가로서 거래 시 특별한 주의를 기울여야 한다. 한편, Gray List 국가는 이행계획을 수립하였으나 취약점이 있는 국가로서 거래 시 어느 정도 위험이 있음을 참고하여야 한다.

핵심포인트 해설 | **자금세탁방지기구 및 규범**

구 분	관련 기구	관련 제도
국제제도	• FATF(Financial Action Task Force) · 각국의 자금세탁 이행 현황 상호평가 및 감독 · 자금세탁 국제규범 미이행국 선별 및 제재 · 자금세탁 연구 및 대응수단 개발	• FATF 40 권고사항 · 형식적 구속력은 없으나 사실상 구속력 발휘하고 있음 · 연 3회 비협조하면 비협조국가로 결정하고, 대응조치(사실상 거래중단 효과 있음) 또는 위험고려(Black List, Gray List로 분류하여 거래 시 주의 경고) 등으로 구분하여 발표
국내제도	• 금융정보분석원(KoFIU) · 금융거래 자료를 법 집행기관에 제공 · 금융기관 혐의거래 보고업무 감독 및 검사 · 외국 FIU와 협조 및 정보교류	• 특정금융거래보고법(STR, CTR, CDD) • 마약류특례법 • 범죄수익규제법 • 공중협박자금조달금지법

정답 | ②

40

특정금융거래보고법에 의한 의심거래보고제도의 내용과 거리가 먼 것은?

① 어떤 금융거래가 불법자금이라는 의심이 가거나 거래상대방이 자금세탁을 하고 있다고 의심이 갈 경우 FIU에 보고하는 제도이다.

② 금융기관 종사자의 주관적 판단에 의존한다는 특성을 가지고 있다.

③ 1백만원 이하의 소액은 보고대상에서 제외된다.

④ 허위보고하거나 보고내용을 누설하면 1년 이하의 징역 또는 500만원 이하의 벌금에 처한다.

TIP STR은 보고대상 금액제한이 없다. 과거에는 금액기준이 있었으나 2013년 이후 금액에 관계없이 의심거래에 해당하면 보고대상에 해당되도록 하였다.

핵심포인트 해설   **의심거래보고제도(STR : Suspicious Transaction Report)**

의 의	• 금융종사자의 주관적 판단에 근거하여 자금세탁의 의심이 가는 금융거래에 대하여 금융정보분석원(FIU)에 보고하도록 하는 제도 • 허위보고·보고내용 누설 : 1년 이하의 징역 또는 500만원 이하의 벌금 • 의심거래 미보고, 감독기관의 명령·지시·검사의 거부 : 건당 1천만원 이하의 과태료
보고대상	• 수수한 재산이 불법재산이라고 의심되는 합당한 근거가 있는 경우 • 금융실명법을 위반하여 불법적인 금융거래를 하는 등 자금세탁이 의심되는 합당한 근거가 있는 경우 • 범죄수익은닉규제법에 따라 금융기관 종사자가 관할 수사기관에 신고한 경우 • 고액현금거래보고(CTR)를 회피할 목적으로 금액을 분할하여 현금거래한다고 판단되는 경우 • 고객확인의무 이행을 위해 요청하는 정보에 대해 고객이 제공을 거부하는 경우 • 수집한 정보의 검토결과 고객의 금융거래가 정상적이지 못하다고 판단되는 경우

정답 | ③

의심거래보고제도(STR)의 보고대상은 의심되는 합당한 근거가 있는 경우에 한한다. 다음 중 의심되는 합당한 근거가 있는 경우라고 볼 수 없는 것은?

① 직업 및 사업내용이 명확히 파악되지 않는 고객이 다수의 타인명의 계좌를 소지하고 거액의 금융거래를 하는 경우
② 미성년자 명의의 계좌에서 거액의 금융거래가 발생하는 경우
③ 금융거래자의 요청에 의하여 현금거래로 처리하는 등 평소 금융거래와 상이한 분할거래를 하고 있다고 의심되는 경우
④ 자금유출이 빈번한 수출입기업이 불황으로 인하여 자금유출이 급격하게 줄어든 경우

TIP 자금세탁이 의심되는 합당한 근거가 있다고 볼 수 없다. 의심되는 합당한 근거가 있는 경우는 고객확인의무 이행을 통해 확인·검증된 고객의 신원사항, 실제 당사자 여부, 거래목적, 금융거래 과정에서 취득한 고객의 직업·주소·소득·평소 거래상황·사업내용 등을 감안하여 업무지식이나 전문성·경험 등을 통하여 종합적으로 판단해야 한다.

핵심포인트 해설   **의심거래의 유형**

현금 거래 유형	• 오래된 수표 및 거액의 구권 현금거래 • 합리적 이유 없는 분할거래 • 금융지식이 충분한 고객이 현금거래를 고집하는 경우
유가증권 거래 유형	• 불분명한 특정 유가증권 거래 • 대량의 주식을 입고시킨 후 현금화를 요청하는 거래 • 대리인이 주식현물을 입고 받아 담보대출 받은 후 타인에게 송금
차명계좌 관련 유형	• 본인의 자금 흐름을 숨길 목적으로 가족 명의의 차명계좌 사용 • 특별한 사유 없이 고객이 멀리 떨어진 영업점에서 거래 • 같은 날 다수의 영업점에 방문하여 현금으로 입출금
법인계좌 관련 유형	• 개인계좌에 법인명의로 거액 입금이 빈번한 거래 • 법인계좌 자금이 법인대표자 개인계좌로 지속적 출금 • 법인계좌 자금을 개인계좌로 이체하여 공모주 청약하는 경우
가상통화 관련 유형	• 가상통화 취급업소 계좌의 1천만원 이상 현금 출금 • 심야시간에 금융거래가 지속적으로 발생하는 거래 • 고객이 가상통화 취급업소로부터 자금을 송금 받아 그 자금 대부분을 현금 출금하는 거래

정답 | ④

고액현금거래보고제도(CTR : Currency Transaction Report)**의 보고대상에 해당하는 것은?**

① 원화 1천만원 이상의 현금거래
② 원화 2천만원 이상의 현금거래 및 외화 2천달러 상당액 이상의 대체거래
③ 원화 2천만원 이상의 현금거래 및 외화 1만달러 상당액 이상의 입금거래
④ 원화 2천만원 이상의 현금거래 및 외화 2만달러 상당액 이상의 출금거래

TIP CTR은 원화 1천만원 이상의 현금거래를 금융정보분석원에 의무적으로 보고하도록 한 제도이므로 외화의 현금
거래는 보고대상이 아니다.

핵심포인트 해설　　　**고액현금거래보고제도(CTR : Currency Transaction Report)**

의 의	• 원화 1천만원 이상의 현금거래를 금융정보분석원에 의무적으로 보고하도록 한 제도
보고방법	• 보고대상 : 1거래일 동안 1천만원 이상의 현금을 입금 또는 출금한 경우(또는 현금 자동입출금기를 이용하여 입출금한 경우) • 보고내용 : 거래자 신원, 거래일시, 거래금액 등 • 1천만원 산정방법 : 실질주의 방식(실지명의가 동일한 1거래일 동안의 금융기관별 지급금액, 영수금액을 각각 별도 합산하는 방식으로 산정함)
보고제외 대상	• 고객 요청에 의한 대체거래 • 다른 금융기관과의 현금 입출금 거래 • 국가, 지방자치단체, 기타 공공단체와의 현금 입출금 거래 • 100만원 이하의 무매체 입금 거래 • 수표거래, 계좌이체, 인터넷 뱅킹 등을 통한 거래

정답 | ①

다음 중 고객확인제도에 대한 설명으로 적절하지 않은 것은?

① 고객확인은 원칙적으로 금융거래가 개시되기 전에 실행해야 한다.
② CDD의 대상은 저위험고객, 저위험상품에 한한다.
③ 고객이 고객확인을 거절하면 고객과의 신규 거래를 거절해야 한다.
④ 고위험으로 평가되는 고객의 경우에는 CDD확인항목뿐만 아니라 거래목적, 자금원천
까지 파악해야 한다.

TIP CDD의 대상은 저위험·중위험고객, 저위험·중위험상품이다.

핵심포인트 해설　　**고객확인제도(CDD : Customer Due Diligence)**

의의 및 효과	• 의의 : 금융회사가 고객과 거래 시 고객 신원, 주소, 연락처, 실소유자 여부, 거래목적 등을 파악하여 고객에 대한 합당한 주의를 기울이는 제도 • 고객확인을 위한 정보제공을 거부하는 경우 금융회사는 다음을 이행해야 함 　· 고객과의 신규 거래 거절 　· 기존 거래가 있는 경우 해당 거래 종료 　· 의심거래보고 여부 검토
적용대상	• 신규계약 및 서비스 등록 : 계좌개설, 대출계약, CD발행 등 • 1회성 거래 　· 전신송금 및 가상자산 : 100만원 또는 그에 상응하는 외화 이상인 경우 　· 카지노 : 300만원 또는 그에 상응하는 외화 이상인 경우 　· 기타 : 원화 1,000만원 또는 외화 10,000달러 이상인 경우 　· 연결거래 : 1회성 거래로 100만원 초과 1,000만원 미만의 금액을 7일 동안 거래한 합산액이 기준금액 이상인 경우 • 자금세탁행위가 우려되는 경우
실행방법	• CDD(간소화된 고객확인) 　· 대상 : 저위험·중위험 고객, 저위험·중위험 상품 　· 확인항목 : 성명, 실명번호, 주소, 연락처, 실제 당사자 여부 • EDD(강화된 고객확인) 　· 대상 : 고위험 고객(비거주자, 카지노사업자, 대부업자, 환전상), 고위험 상품(양도성예금증서, 환거래계약, 비대면거래) 　· 확인항목 : CDD 확인항목 + 거래목적, 자금의 원천
고객확인절차	• 고객정보 확인 ⇨ 고객정보 검증 ⇨ 실소유자 확인 ⇨ 요주의 리스트 확인 ⇨ 고객위험 평가 ⇨ 추가 정보 수집

정답 | ②

44

다음 중 RBA(Risk Based Approach)에 대한 설명 중 적절하지 않은 것은?

① FATF는 각 국가가 자금세탁 위험을 사전에 평가하고 관리할 수 있는 RBA를 적용하여 이행할 것을 요구하고 있다.

② RBA란 위험도가 높은 분야는 강화된 조치를, 위험도가 낮은 분야는 간소화된 조치를 취하는 자금세탁 위험 관리방법이다.

③ 국가에 대하여 국가위험평가 결과 및 조직체계 정비, 국가위험평가 결과에 대한 공유체계를 마련하도록 권고하고 있다.

④ RBA는 위험을 국가위험, 회사위험, 개인위험, 시설위험으로 구분한다.

TIP RBA는 위험을 국가위험, 고객위험, 상품위험, 사업(서비스)위험으로 구분한다.

핵심포인트 해설	위험기반접근법(RBA : Risk Based Approach)

의의	• FATF는 각 국가가 자금세탁 위험을 사전에 평가하고 관리할 수 있는 RBA를 적용하여 이행할 것을 요구함 • RBA란 위험도가 높은 분야는 강화된 조치를, 위험도가 낮은 분야는 간소화된 조치를 취하는 자금세탁 위험 관리방법을 말함 • RBA는 사전에 자금세탁 및 테러자금조달 위험을 감소시키는 방법
권고사항	• 국가 : 국가위험평가 결과 및 조직체계 정비, 국가위험평가 결과 공유체계 마련 • 검사기관 : 위험 기간 검사 및 감독 실시 • 금융기관 : 전사적 위험평가 마련 및 실시, 내부통제 체계 마련 • 2019년 FATF 회원국 간 상호평가에서는 효과성 부분 새로 추가함
위험분류	• 국가위험 : 비협조 국가, 이행계획 미수립 국가 등 고위험 국가관리 • 고객위험 : UN 및 금융위원회 List, 외국의 정치적 주요 인물 관리 • 상품위험 : 신상품 개발 시 새로운 유통구조, 판매채널, 신기술 사용 등에 대한 위험관리 • 사업(서비스)위험 : 신규사업의 수행, 신규 판매채널 도입, 신규 기술 적용 시 위험관리

정답 | ④

다음 중 자금세탁방지 관련 제도와 관계가 적은 것은?

① STR
② FATCA
③ MCAA
④ FTA

TIP　FTA(Free Trade Agreement)는 자유무역협정을 의미하는 것으로 자금세탁방지제도와 거리가 멀다.

핵심포인트 해설　**자금세탁방지 관련 제도**

차명거래 금지제도	• 불법행위를 목적으로 하는 차명금융 거래 금지 • 금융기관 종사자의 불법 차명거래 알선 및 중개 금지 • 실명 확인된 계좌에 보유하고 있는 금융자산은 명의자 소유로 추정 • 금융기관 종사자는 거래자에게 불법 차명계좌는 금지된다는 사실을 설명할 것 • 금융기관 종사자가 위반 시 : 5년 이하의 징역 또는 5천만원 이하의 벌금
OECD 반부패협약	• 외국공무원의 뇌물공여행위를 형사처벌하는 법 • 민간인 간 뇌물공여행위, 뇌물수뢰행위는 처벌대상에서 제외
미국 해외부패방지법 (FCPA)	• 자국인·자국 기업뿐 아니라 외국인·외국 기업의 뇌물제공행위에 대해서도 규제를 강화함
해외금융계좌신고제도 (FBAR)	• 미국 납세의무자는 모든 해외 금융계좌 잔고의 합계액이 1만달러를 초과하는 경우 미국 재무부에 신고하게 하는 제도
해외금융계좌 납세자협력법 (FATCA)	• 미국 자국민의 역외 탈세를 방지하기 위해 해외 금융기관에게 미국 국민의 금융거래정보를 미국 국세청에 보고하도록 의무화한 제도 • 대상 : 미국 시민권자 및 영주권자, 외국인 중 세법상 미국 거주자
다자간 조세정보 자동교환 협정 (MCAA)	• OECD에서 납세의무가 있는 고객의 금융정보를 상호 교환하는 제도

정답 | ④

fn.Hackers.com

출제예상문제

01
중요도 ★

직무윤리에 대한 설명 중 적절하지 않은 것은?

① 회사와 임직원은 정직과 신뢰를 가장 중요한 가치관으로 삼아야 한다.

② 직무윤리의 2대 기본원칙은 고객우선의 원칙과 신의성실의 원칙이다.

③ 직무윤리를 법제화한 것에는 이해상충방지의무, 금융소비자 보호의무, 본인·회사·사회에 대한 윤리 등이 있다.

④ 윤리는 반드시 지켜야 하고, 어긴 사람에게는 책임을 묻는 규범으로 인간의 외면적 행위를 평가하는 것이다.

02
중요도 ★★

금융투자산업에서의 직무윤리가 다른 분야에 비하여 더욱 강조되는 이유와 가장 거리가 먼 것은?

① 이해상충 가능성

② 정보비대칭 문제

③ 금융투자상품의 투자성

④ 금융투자업종사자의 기강 확립

03
중요도 ★

직무윤리에 대한 설명 중 잘못된 것은?

① 금융투자업종사자의 경우 보수나 계약관계가 있는 경우에만 적용된다.

② 원칙적으로 자율규제 대상이다.

③ 이해상충의 상황에서 상대방의 신뢰를 깨지 않는 행동을 선택하는 것이 핵심이다.

④ 최근 자본주의의 폐단이 부각되면서 기업윤리와 기업의 사회적 책임이 강조되고 있다.

04

중요도 ★★

금융소비자에게 제공하는 정보의 요건과 가장 거리가 먼 것은?

① 정확성
② 전문성
③ 시의성
④ 접근성

05

중요도 ★★★

금융투자회사(및 임직원)의 부당한 재산상 이익의 제공 및 수령 금지의무에 대한 설명 중 잘못된 것은?

① 금융투자협회 규정은 재산상 이익의 제공 및 수령에 관한 한도규제를 시행하고 있다.
② 금융투자회사의 재산상 이익의 제공 및 수령 금액이 10억원을 초과하는 즉시 인터넷 홈페이지를 통해 공시하도록 의무화하였다.
③ 금융투자회사는 재산상 이익의 제공 시 금액 초과 여부와 상관없이 전체 건수에 대해 그 제공에 대한 적정성을 평가하고 점검해야 한다.
④ 금융투자회사는 재산상 이익의 제공 및 수령을 하는 경우 해당 사항을 기록하고 5년 이상의 기간 동안 관리하고 유지할 의무가 있다.

정답 및 해설

01 ④ 윤리가 아니라 법에 대한 설명이다.

02 ④ 금융투자산업에서의 직무윤리가 다른 분야에 비하여 더욱 강조되는 이유는 이해상충 가능성, 정보비대칭 문제, 금융투자상품의 투자성(원본손실위험), 금융투자상품의 전문화·다양화·복잡화, 금융투자업종사자의 안전장치 역할 등 때문이다.

03 ① 보수나 계약관계 유무에 상관없이 적용된다.

04 ② 금융소비자에게 제공하는 정보의 요건은 정확성, 시의성, 접근성 및 용이성, 권익침해 표시 금지 등이다.

05 ① 재산상 이익의 제공 및 수령에 관한 한도규제를 폐지하고 내부통제절차를 강화하였다.

06 중요도 ★★
고객정보의 취급에 관한 설명 중 잘못된 것은?

① 고객정보를 누설하거나 고객 아닌 자의 이익을 위하여 부당하게 이용하는 행위는 금지된다.

② 고객에 관한 어떤 사항이 비밀정보인지 여부가 불명확할 경우에는 일단 비밀이 요구되는 정보인 것으로 취급하여야 한다.

③ 임직원이 고객 또는 회사의 비밀정보를 관련 법령에 따라 제공하는 경우에는 직무수행에 필요한 최대한의 범위 내에서 제공하고 준법감시인에게 사후보고한다.

④ 고객이 동의하지 않은 상황에서 특정 고객에 대한 언급이나 확정되지 않은 기획단계의 상품 등에 대한 언급을 하여서는 안 된다.

07 중요도 ★★★
회사 업무정보 및 고객정보보호에 대한 설명 중 잘못된 것은?

① 정보교류차단벽이 설치된 부서 내에서 발생한 정보는 우선적으로 비밀정보로 간주된다.

② Chinese Wall은 부서의 물리적 분리뿐만 아니라 비밀정보에 대한 접근권한 통제절차도 규정한다.

③ 집합투자재산, 투자일임재산 및 신탁재산의 구성내역 및 운용에 관한 정보는 정보교류차단 대상에서 제외된다.

④ 금융투자회사의 경영전략은 기록형태나 기록유무와 관계없이 비밀정보로 본다.

08 중요도 ★
다음 중 준법감시인에 대한 설명이 잘못된 것은?

① 이사회 및 대표이사의 지휘를 받아 금융투자회사 전반의 내부통제업무를 수행한다.

② 임면은 이사회의 의결을 거쳐야 하고, 임면 사실을 금융감독원장에게 보고해야 한다.

③ 해임하려면 이사총수의 2/3 이상의 찬성으로 의결해야 한다.

④ 사외이사 또는 감사 중에서 준법감시인을 선임해야 하고, 임기는 1년 이상이어야 한다.

09 중요도 ★

금융투자회사의 내부통제에 대한 설명 중 잘못된 것은?

① 준법감시인을 위원장으로 하는 내부통제위원회를 두고 연 1회 이상 회의를 개최해야 한다.

② 준법감시부서는 자산운용업무, 회사의 본질적 업무 및 부수업무, 겸영업무, 위험관리업무 등의 업무를 수행해서는 안 된다.

③ 임직원의 위법·부당한 행위를 사전에 방지하기 위하여 명령휴가제도를 운영해야 한다.

④ 내부통제기준을 위반하는 경우 개인과 회사에 대하여 강제적인 조치가 취해질 수 있다.

10 중요도 ★★★

내부통제기준 위반으로 금융투자회사에 대하여 1억원 이하의 과태료를 부과할 수 있는 경우에 해당하는 것은?

① 준법감시인에 대한 별도의 보수지급 및 평가기준을 마련하지 않은 경우

② 이사회 결의를 거치지 않고 준법감시인을 임면한 경우

③ 준법감시인이 자산운용업무, 금융회사의 본질적 업무 등을 겸직하거나 겸직하게 한 경우

④ 준법감시인의 임면 사실을 금융위원회에 보고하지 않은 경우

정답 및 해설

06 ③ 준법감시인의 사전승인을 받아 직무수행에 필요한 최소한의 범위 내에서 제공하여야 한다.

07 ③ 정보교류차단 대상이 되는 정보는 불특정 다수인이 알 수 있도록 공개되기 전의 정보로서 ㉠ 회사의 금융투자상품 매매 및 소유현황에 관한 정보, ㉡ 투자자의 금융투자상품 매매 및 소유현황에 관한 정보, ㉢ 집합투자재산, 투자일임재산 및 신탁재산의 구성내역 및 운용에 관한 정보, ㉣ 기업금융업무를 하면서 알게 된 정보 등이다.

08 ④ 사내이사 또는 업무집행책임자 중에서 준법감시인을 선임해야 하고, 임기는 2년 이상이어야 한다.

09 ① 대표이사를 위원장으로 하는 내부통제위원회를 두고, 매 반기별 1회 이상 회의를 개최해야 한다.

10 ② ①③은 3천만원 이하의 과태료를 부과하는 경우, ④는 1천만원 이하의 과태료를 부과하는 경우이다. 1억원 이하의 과태료를 부과하는 경우에는 ㉠ 내부통제기준을 마련하지 않은 경우, ㉡ 준법감시인을 두지 않은 경우, ㉢ 사내이사 또는 업무집행책임자 중에서 준법감시인을 선임하지 않은 경우, ㉣ 이사회 결의를 거치지 않고 준법감시인을 임면한 경우, ㉤ 금융위원회가 위법·부당한 행위를 한 회사 또는 임직원에게 내리는 제재조치를 이행하지 않은 경우 등이 있다.

11

중요도 ★

금융소비자에게 제공하는 정보에 대한 설명 중 잘못된 것은?

① 그림이나 기호 등의 활용을 자제해야 한다.
② 가급적 글자크기는 크게 써야 한다.
③ 이해를 돕기 위해 전문용어보다는 일상적인 언어를 사용한다.
④ 향후 예상투자성과보다는 객관적인 사실에 근거해야 한다.

12

중요도 ★

일반적으로 금융투자회사와 고객과의 관계에서 이해상충이 발생할 가능성이 가장 큰 것은?

① 접속매매
② 단일가매매
③ 위탁매매
④ 과당매매

13

중요도 ★★★

자본시장법상 이해상충방지에 대한 규제내용과 거리가 먼 것은?

① 금융투자업자는 이해상충의 발생 가능성을 파악·평가하고 내부통제기준에 따라 이를 관리해야 한다.
② 금융투자업자는 이해상충이 발생할 가능성을 파악·평가한 결과 이해상충이 발생할 가능성이 있다고 인정되는 경우에는 그 사실을 미리 해당 투자자에게 알리고 투자자보호에 문제가 없는 수준으로 낮추어 거래해야 한다.
③ 과당매매는 잦은 매매로 인하여 매매수수료가 많아지므로 이해상충 가능성이 크다.
④ 투자상담업무종사자는 본인이 직접 당사자가 되는 것은 안 되지만 이해관계자의 대리인이 되는 것은 가능하다.

14 중요도 ★

□ 금융투자업종사자인 K차장은 고객에게 유리한 A상품을 추천하지 않고, 본인의 실적을 위해 B상품을 추천하였다. K차장이 위반한 직무윤리로 옳은 것은?

① KYC
② Chinese Wall
③ 설명의무
④ 부당권유금지

15 중요도 ★

□ 다음 사례에서 C금융투자회사가 위반한 의무로 옳은 것은?

> C금융투자회사는 고객을 자산규모에 따라 분류하여 예탁자산규모가 큰 고객에 대하여 외화표시상품과 파생상품이 혼합된 복잡한 금융상품에 투자하라고 권장하고 있다.

① 적합성의 원칙 위반
② 적정성의 원칙 위반
③ 신의성실의무 위반
④ 설명의무 위반

정답 및 해설

11 ① 금융소비자가 쉽게 이해할 수 있도록 가급적 그림, 기호 등의 시각적 요소를 적극 활용하는 것이 바람직하다.

12 ④ 과당매매는 잦은 매매로 인하여 매매수수료가 많아지므로 이해상충 가능성이 크다.

13 ④ 투자상담업무종사자는 본인이 직접 당사자가 되는 것도 안 되지만 이해관계자의 대리인이 되는 경우도 금지된다. 자본시장법에서는 '투자매매업자 또는 투자중개업자는 금융투자상품에 관한 같은 매매에 있어 자신이 본인이 됨과 동시에 상대방의 투자중개업자가 되어서는 안 된다'고 하여 자기계약을 금지하는 규정을 명시적으로 두고 있다.

14 ④ 권한남용금지에 해당되므로 부당권유금지의무 위반에 해당한다. 부당권유금지의무에는 합리적 근거 제시의무, 적정한 표시의무, 요청하지 않은 투자권유금지, 손실보전 등의 금지, 권한남용금지 등이 포함된다.

15 ① 예탁자산이 크다고 해서 반드시 위험감수수준이 큰 것이 아니므로 고객의 재무상황, 투자경험, 투자목적 등을 고려하여 개별적으로 고객에게 적합한 투자를 권유하여야 한다. 문제의 사례는 이를 고려하지 않았으므로 적합성의 원칙에 위반된다고 할 수 있다.

16

중요도 ★

금융투자업종사자가 증권가에 떠도는 소문을 믿고 고객에게 A기업의 장밋빛 전망을 기초로 투자를 권유했다면 어떤 의무를 가장 위반한 것인가?

① 이해상충금지 의무
② 합리적 근거 제시의무
③ 모든 고객에 대한 평등취급 의무
④ 적합성의 원칙

17

중요도 ★★★

자본시장법은 불공정행위에 대한 규제에 더하여 시장질서 교란행위에 대한 규제를 추가하였다. 다음 중 시장질서 교란행위에 대한 설명 중 잘못된 것은?

① 적용대상자가 정보의 1차 수령자뿐만 아니라 모든 수령자까지 확대되었다.
② 목적성이 없이 단순 프로그램 오류 등을 통하여 시세에 영향을 주는 행위도 모두 위반행위로 규정한다.
③ 해킹, 기망, 협박 등을 통해 취득한 정보를 전달하는 경우도 위반행위에 해당된다.
④ 타인을 거래에 끌어들이거나 부당한 이득을 얻는 경우에 한하여 시장질서 교란행위로 제재할 수 있다.

18

중요도 ★★

파생상품과 같은 위험이 큰 상품에 대하여 적용되는 원칙과 가장 거리가 먼 것은?

① 적합성의 원칙
② 적정성의 원칙
③ Know-Your-Customer-Rule
④ 자기매매금지의 원칙

19 중요도 ★

퇴직금 3억원을 주식형펀드에 가입하였다가 A는 현재 50%의 손실을 보고 있다. 판매직원은 해당 펀드에 자신도 가입하였고 안전하다며 1년만 지나면 큰 수익이 날 것이라며 가입을 권유했다. A는 판매직원의 안전하다는 말만 믿고 투자하였다. 판매직원은 무엇을 위반하였는가?

① 투자성과보장 금지의무 위반
② 설명의무 위반
③ 기록 및 증거유지의무 위반
④ 부당한 금품수수금지의무 위반

20 중요도 ★★

금융투자업자의 투자권유 시 합리적 근거와 정확한 표시의무가 있고 부당권유 및 불건전 영업행위는 금지된다. 이와 관련된 내용으로 잘못된 것은?

① 적절하고 합리적 근거가 없는 특정 상품의 매매거래, 특정한 매매전략(기법), 특정자산운용배분전략(기법)을 선택하도록 투자자에게 권유하는 행위를 할 수 없다.
② 고객에게 제공하는 투자정보는 사실과 의견을 일치시켜 제공해야 한다.
③ 금융투자업자는 중요한 사실에 대한 표시의무가 있으며, 여기에는 투자대상에 관한 중요정보뿐만 아니라 투자수익에 영향을 주는 정보도 포함하되 표시방법은 구두이건 이메일이건 제한이 없다.
④ 업무내용 및 인적사항 등에 대한 부실표시도 금지된다.

정답 및 해설

16 ② 금융투자업종사자는 합리적 근거 제시의무에 따라 고객에게 객관적 근거에 기초하여 적정하게 표시하여야 한다.

17 ④ 타인을 거래에 끌어들일 목적, 시세를 고정할 목적, 부당한 이득을 얻을 목적 등이 없어도 시세에 부당한 영향을 주는 행위가 있으면 시장질서 교란행위로 제재할 수 있다.

18 ④ 파생상품은 위험이 크므로 적정성의 원칙, 적합성의 원칙, 설명의무, Know-Your-Customer-Rule 등이 다른 금융투자상품에 비하여 더 중요하다.

19 ② 투자상담업무 담당자는 고객에게 투자상품을 권유함에 있어서 상품의 중요내용(특성, 위험 등)을 고지하고 이해할 수 있도록 설명하여야 한다. 문제의 경우는 설명의무를 위반한 것으로 투자자 A는 설명의무 위반을 근거로 손해배상을 청구할 수 있다.

20 ② 고객에게 제공하는 투자정보는 사실과 의견을 명확히 구분하여 제공해야 한다.

21

중요도 ★★

투자성과보장 등에 관한 표현의 금지에 대한 사항 중 옳은 것은?

① 사후에 투자자의 손실 일부를 보전하는 약정은 허용된다.

② 사전에 투자자의 손실 일부를 보전하는 약정은 허용된다.

③ 사전 또는 사후에 투자자의 손실보전 또는 이익을 보장하는 약정은 허용된다.

④ 회사가 자신의 위법행위 여부가 불분명한 경우 사적 화해의 수단으로 손실을 보상한 경우는 허용된다.

22

중요도 ★★

임의매매와 일임매매에 대한 설명 중 잘못된 것은?

① 임의매매는 금융소비자의 위임이 없었음에도 금융투자업종사자가 자의적으로 매매한 것으로 엄격히 금지하고 있다.

② 일임매매는 금융소비자의 위임이 있더라도 금융소비자 분쟁이 많아 자본시장법은 소비자 보호차원에서 엄격히 금지하고 있다.

③ 임의매매와 일임매매는 손해배상책임에 있어서 차이가 있다.

④ 임의매매를 한 금융투자업종사자에 대하여 5년 이하의 징역 또는 2억원 이하의 벌금에 처할 수 있다.

23

중요도 ★

금융투자상품에 대한 투자권유 중 적절한 권유로 옳은 것은?

① 중요한 사실이 아니고 오히려 그것을 설명하여 고객의 판단에 혼선을 줄 수 있는 사항은 생략하였다.

② 고객을 강하게 설득하기 위하여 투자성과가 보장된다는 취지로 설명하였다.

③ 정밀한 분석은 안했지만 자신의 주관적인 예감으로 수익성이 있다고 생각하는 상품을 권유하였다.

④ 주가에 대한 투자정보 제공 시 현재의 객관적인 사실보다 미래 전망 위주로 설명하였다.

24 ^{중요도 ★}

다음 중 과당매매 시 문제가 되는 것과 가장 관계가 깊은 것은?

① 신의성실의 의무
② 고객최선이익의 의무
③ 자기거래 금지의무
④ 주의의무

25 ^{중요도 ★★}

다음 중 과당매매 판단 시 고려사항과 거리가 먼 것은?

① 수수료 총액
② 실제 투자손실 여부
③ 일반투자자의 재산상태 및 투자목적
④ 일반투자자의 투자지식·경험에 비추어 당해 거래의 위험에 대한 이해 여부

정답 및 해설

21 ④ ① 허용된다. → 금지된다.
  ② 허용된다. → 금지된다.
  ③ 사전·사후를 불문하고 투자자의 손실 전부(또는 일부) 보전 또는 이익을 보장하는 약정은 금지된다.

22 ② 일임매매는 전부 또는 일부에 대한 금융소비자의 위임이 있는 상태에서 매매한 것으로 자본시장법은 일정한 조건하에서 제한적으로 허용하고 있다.

23 ① ② 수익보장 표현은 금지된다.
  ③ 합리적 근거 제공 및 적정한 표시의무를 위반하였다.
  ④ 투자권유는 객관적 사실에 기초해야 하고, 사실과 의견을 구분해야 한다.

24 ② 과당매매는 고객과 투자상담자와의 이해상충문제가 발생할 수 있고, 고객최선이익의 의무 위반이 될 수 있다.

25 ② 과당거래인지 여부는 수수료 총액, 일반투자자의 재산상태 및 투자목적, 일반투자자의 투자지식·경험에 비추어 당해 거래의 위험에 대한 이해 여부, 개별 매매거래 시 권유내용의 타당성 등을 감안하여 판단한다.

26 중요도 ★
금융투자업자는 성과보수와 수수료의 제한을 받는다. 이에 대한 설명 중 잘못된 것은?

① 자본시장법 시행으로 고객으로부터 성과보수 약정을 체결하거나 그에 의한 성과보수 수령은 수익의 10% 이내에서 가능하다.

② 투자자문업자 또는 투자일임업자는 계약으로 정한 수수료 외의 대가를 추가로 받는 행위는 금지된다.

③ 금융투자업자는 수수료 부과기준과 절차에 관한 사항을 금융투자협회에 통보하여야 한다.

④ 금융투자협회는 금융투자업자별로 수수료를 비교하여 공시하여야 한다.

27 중요도 ★★
금융투자회사(및 임직원)의 부당한 재산상 이익의 제공과 가장 거리가 먼 것은?

① 고객업체의 고유재산관리를 담당하는 직원에게 문화상품권을 제공하는 경우

② 고객만 참석한 여가 및 오락활동 등에 수반되는 비용을 제공하는 경우

③ 펀드운용사 직원이 펀드판매사 직원에게 백화점상품권을 제공하는 경우

④ 증권사 직원이 타사고객을 자사고객으로 변경하면서 현금을 제공하는 경우

28 중요도 ★★
금융투자업종사자의 대외활동 시 준법절차에 대한 설명 중 잘못된 것은?

① 인터넷 게시판이나 웹사이트에 기술적 분석에 따른 투자권유를 게시하고자 하는 경우에는 사전에 준법감시인이 정하는 절차와 방법에 따라야 한다.

② 회사가 운영하지 않는 온라인 커뮤니티에서 하는 활동도 대외활동에 포함되어 규제된다.

③ 회사, 주주 또는 고객과 이해상충이 발생할 수 있는 대외활동을 하고자 하는 경우에는 소속 부점장, 준법감시인 또는 대표이사의 사전승인을 받아야 한다.

④ 회사의 공식의견이 아닌 경우 사견임을 명백히 표현해야 한다.

29 중요도 ★

다음 중 내부통제위원회를 설치하지 않아도 되는 금융투자회사에 해당하는 것은?

① 최근 사업연도 말 현재 자산총액이 7천억원 미만의 상호저축은행
② 최근 사업연도 말 현재 자산총액이 6조원 미만인 종합금융회사
③ 최근 사업연도 말 현재 자산총액이 7조원 미만인 보험회사
④ 최근 사업연도 말 현재 자산총액이 8조원 미만인 여신전문회사

30 중요도 ★

금융위원회의 처분 또는 조치를 하는 경우 반드시 청문을 실시해야 하는 사항이 있다. 다음 중 반드시 청문을 실시하는 사항에 해당하지 않는 것은?

① 금융투자업에 대한 인가·등록의 취소
② 종합금융투자사업자에 대한 지정의 취소
③ 신용평가회사 임직원에 대한 면직 요구
④ 금융투자업자 임직원의 정직 요구

정답 및 해설

26 ① 고객으로부터 성과보수 약정을 체결하거나 그에 의한 성과보수 수령은 금지된다.

27 ① 사용범위가 공연, 운동경기 관람, 도서·음반구입 등 문화활동으로 한정된 상품권을 제공하는 경우에는 부당한 재산상 이익의 제공으로 보지 않는다.

28 ① 인터넷 게시판이나 웹사이트에 특정 금융투자상품에 대한 분석이나 권유와 관련된 내용을 게시하고자 하는 경우에는 사전에 준법감시인이 정하는 절차와 방법에 따라야 한다. 다만, 자료의 출처를 명시하고 그 내용을 인용하거나 기술적 분석에 따른 투자권유의 경우에는 그러하지 않다.

29 ① 금융투자회사는 원칙적으로 내부통제위원회를 두어야 하나, 예외적으로 ㉠ 자산총액 7천억원 미만의 상호저축은행, ㉡ 자산총액 5조원 미만의 금융투자업자 또는 종합금융회사, ㉢ 자산총액 5조원 미만의 보험회사·여신전문금융회사, ㉣ 그 밖에 금융위원회가 정하여 고시하는 자 등은 내부통제위원회를 두지 않을 수 있다.

30 ④ 금융투자업자 임직원의 해임 요구 또는 면직 요구는 청문사항이지만 정직 요구는 청문사항이 아니다. 청문을 실시해야 하는 사항에는 인가·등록·허가·지정 등의 취소, 금융투자업자 임직원에 대한 해임·면직 요구 등이 있다.

31

중요도 ★

직무윤리 위반 시 제재에 대한 내용이 잘못된 것은?

① 금융투자협회에 의한 자율규제 : 직무종사자의 등록 및 관리, 회원 및 임직원 제재

② 행정제재 : 감독권, 승인권, 검사권, 시정명령, 기관경고, 중지명령권 등

③ 민사책임 : 법률행위 실효, 손해배상

④ 형사책임 : 법에서 명시적으로 규정한 것만 한정하지 않음

32

중요도 ★

내부통제기준에 대한 설명 중 잘못된 것은?

① 금융투자회사는 반드시 내부통제기준을 두어야 한다.

② 준법감시인은 영업점별 영업관리자에 대하여 연간 1회 이상 법규 및 윤리 관련 교육을 실시해야 한다.

③ 회사는 영업점별 영업관리자의 임기를 3년 이상으로 하여야 한다.

④ 내부통제기준을 직접 위반한 자뿐만 아니라 이를 묵인한 자도 제재대상에 포함된다.

33

중요도 ★

위반 시 3년 이하의 징역 또는 1억원 이하의 벌금에 해당하는 사항과 거리가 먼 것은?

① 투자광고규정 위반

② 부당권유 금지조항 위반

③ 등록 전 투자권유 행위

④ 손실보전 금지조항 위반

34

중요도 ★

개인정보보호법에 대한 설명 중 옳은 것은?

① 개인정보보호법은 개인정보에 대한 특별법이다.
② 개인정보보호법은 피해액을 입증하지 못해도 일정 금액을 보상받는 법정손해배상제도를 도입하였다.
③ 개인정보보호법은 피해액의 3배까지 배상액을 중과할 수 있는 징벌적 배상제도는 아직 도입하고 있지 않다.
④ 개인정보보호법은 금융투자법인에 대한 처벌규정만 있고 개인에 대한 처벌규정은 없다.

35

중요도 ★★

정보주체의 개인정보에 대한 권리와 거리가 먼 것은?

① 개인정보처리자의 개인정보의 수집 및 이용을 원천봉쇄할 수 있는 권리
② 개인정보의 처리에 관한 동의 여부, 동의 범위 등을 선택하고 결정할 권리
③ 개인정보의 처리 여부를 확인하고 개인정보에 대하여 열람(사본발급 포함)을 요구할 권리
④ 개인정보의 처리 정지, 정정, 삭제, 파기를 요구할 수 있는 권리

정답 및 해설

31 ④ 죄형법정주의 원칙상 법에서 명시적으로 규정하고 있는 것에 한정하며, 행위자와 법인 양자 모두를 처벌하는 양벌규정을 두는 경우가 많다.

32 ③ 회사는 영업점별 영업관리자의 임기를 1년 이상으로 하여야 한다.

33 ① 직무윤리 위반 시 형사제재로 3년 이하의 징역 또는 1억원 이하의 벌금(부당권유 금지조항 위반, 등록 전 투자권유 행위, 투자권유대행인 외의 자에게 투자권유를 대행하게 한 경우, 손실보전 금지조항 위반), 1년 이하의 징역 또는 3천만원 이하의 벌금(투자광고규정 위반, 투자매매업(중개업)자 여부 밝히지 않고 주문한 경우)에 처해질 수 있다.

34 ② ① 개인정보보호법은 특별법(신용정보법·금융실명법·전자금융거래법 등)에 정함이 없는 경우에 적용되는 일반법이다.
③ 개인정보보호법은 피해액의 3배까지 배상액을 중과할 수 있는 징벌적 배상제도를 도입하였다.
④ 개인정보보호법은 개인에 대하여도 부정한 방법으로 개인정보를 취득하여 타인에게 제공하는 자에게 징역 5년 이하 또는 5천만원 이하의 벌금에 처하도록 하고 있다.

35 ① 정보주체라 하여도 법령에 근거한 개인정보처리자의 개인정보의 수집 및 이용은 원천봉쇄할 수 없다.

36 중요도 ★★
개인정보 제공 시 정보주체에게 알려야 할 사항과 거리가 먼 것은?

① 개인정보처리를 담당하는 임원 및 실무자
② 제공하는 개인정보의 항목
③ 개인정보를 제공받는 자의 개인정보의 보유 및 이용 기간
④ 동의를 거부할 권리가 있다는 사실 및 동의 거부에 따른 불이익이 있는 경우에는 그 불이익의 내용

37 중요도 ★
개인정보처리자는 개인정보를 수집하는 경우에 그 목적에 필요한 최소한의 개인정보만 수집해야 한다. 이 경우 최소한의 개인정보수집이라는 입증책임은 누구에게 있는가?

① 정보주체
② 개인정보처리자
③ 금융감독당국
④ 금융정보분석원

38 중요도 ★
개인정보보호법에 의한 개인정보유출에 대한 처벌 규정으로 잘못된 것은?

① 징벌적 손해배상
② 법정 손해배상
③ 징역 3년 이하
④ 벌금 5천만원 이하

39 중요도 ★
자금세탁제도에 대한 설명 중 잘못된 것은?

① 자금세탁이란 불법재산을 합법재산인 것처럼 은폐하거나 가장하는 것을 의미한다.
② 자금세탁의 단계는 '은폐단계 ⇨ 예치단계 ⇨ 합법화단계' 순으로 이루어진다.
③ 자금세탁방지를 위한 주요 금융제도에는 CDD, EDD, STR, CTR 등이 있다.
④ 최근에는 파생상품과 보험을 이용한 자금세탁형식도 등장하고 있다.

40

중요도 ★★★

다음 중 자금세탁방지 등을 위해 설계·운영하는 내부통제 정책에 대한 최고의 감독책임이 있는 자는?

① 이사회　　　　　　　　　　　② 경영진
③ 준법감시인　　　　　　　　　④ 감 사

41

중요도 ★★★

고객확인제도(CDD : Customer Due Diligence)**의 대상에 대한 설명 중 잘못된 것은?**

① 계좌개설에 의하지 않은 금융거래는 CDD의 대상이 되지 않는다.
② 예금계좌 개설 시 CDD의 대상이 된다.
③ 위탁매매계좌 개설 시 CDD의 대상이 된다.
④ 금융기관과 계속적 금융거래를 개시할 목적으로 계약 체결 시 CDD의 대상이 된다.

정답 및 해설

36 ① 개인정보 제공 시 정보주체에게 동의를 구하고 알려야 할 사항은 개인정보를 제공받는 자, 개인정보를 제공받는 자의 개인정보의 수집·이용 목적, 제공하는 개인정보의 항목, 개인정보를 제공받는 자의 개인정보의 보유 및 이용 기간, 동의를 거부할 권리가 있다는 사실 및 동의 거부에 따른 불이익이 있는 경우에는 그 불이익의 내용 등이다.

37 ② 최소한의 개인정보수집이라는 입증책임은 개인정보처리자가 부담한다.

38 ③ 개인정보유출에 대한 처벌에는 징벌적 손해배상, 법정 손해배상, 5년 이하의 징역 또는 5천만원 이하의 벌금 등이 있다.

39 ② 자금세탁의 단계는 '예치단계 ⇨ 은폐단계 ⇨ 합법화단계' 순으로 이루어진다.

참고 자금세탁의 단계

1단계	예치단계는 불법재산을 덜 의심스런 형태로 변형하여 경찰 등에 적발되지 않도록 금융회사에 유입시키거나 국외로 이송하는 단계
2단계	은폐단계는 여러 가지 복잡한 금융거래를 하여 자금추적을 불가능하게 만드는 단계
3단계	합법화단계는 자금출처의 추적이 불가능하게 된 불법자금을 정상적인 경제활동에 재투입하는 단계

40 ① 이사회는 자금세탁방지 등을 위해 설계·운영하는 내부통제 정책에 대한 최고의 감독책임이 있다.
- 이사회 : 경영진이 자금세탁방지를 위해 설계·운영하는 내부통제 정책에 대한 최고의 감독책임, 자금세탁 관련 경영진·감사의 평가 및 조치결과에 따른 검토와 승인
- 경영진 : 자금세탁방지 등을 위한 내부통제 정책의 설계·운영·평가, 자금세탁방지 등을 위한 내부통제 규정 승인, 내부통제 정책의 준수책임 및 취약점에 대한 개선조치 사항의 이사회 보고, 자금세탁방지 수행에 필요한 보고책임자 임명 및 그 임면사항의 금융정보분석원장 통보

41 ① 계좌개설에 의하지 않은 금융거래라도 1,000만원(1만달러) 이상의 1회성 금융거래는 CDD의 대상이 된다.

42 중요도 ★★★

고액현금거래보고제도(CTR : Currency Transaction Report)**에 대한 설명 중 잘못된 것은?**

① 1천만원 이상의 현금거래를 하는 경우 금융정보분석원에 보고해야 한다.

② 1거래일 동안 1천만원 이상의 현금을 입금하거나 출금한 경우 거래자의 신원, 거래일시, 거래금액 등을 자동으로 보고해야 한다.

③ 금액을 산정함에 있어서 실지명의가 동일한 1거래일 동안의 금융거래에 따라 지급한 금액, 영수한 금액을 각각 합산하는 실질주의 방식을 취하고 있다.

④ 1만달러 이상의 외화거래를 하는 경우 금융정보분석원에 보고해야 한다.

43 중요도 ★★★

STR(의심거래보고제도)**과 CTR**(고액현금거래보고제도)**을 비교한 내용이 잘못된 것은?**

① STR은 자금세탁행위로 의심될 경우 보고해야 하나 CTR은 자금세탁행위 여부와 관계없이 보고해야 한다.

② STR은 보고대상 기준금액이 없으나 CTR은 보고대상 기준금액이 있다.

③ STR은 객관적 기준으로 보고 여부를 판단하나 CTR은 금융종사자의 주관적 기준으로 판단한다.

④ STR은 정확도가 높으나 CTR은 정확도가 낮다.

44 중요도 ★

금융기관 등은 자금세탁방지와 관련하여 고위험 고객(또는 거래)**에 대하여 강화된 고객확인을 해야 한다. 다음 중 고위험군과 가장 거리가 먼 것은?**

① 예탁자산 10억원 이상의 고액 고객

② 환거래계약

③ 외국의 정치적 주요인물

④ FATF 비협조국가

45

중요도 ★

차명거래금지제도에 대한 설명 중 잘못된 것은?

① 모든 차명금융거래는 의심거래보고(STR)의 대상이 되며 금지된다.

② 실명이 확인된 계좌에 보유하고 있는 금융자산은 명의자 소유로 추정된다.

③ 금융종사자는 불법 차명거래의 알선 및 중개가 금지되고, 이를 위반 시 5년 이하의 징역 또는 5천만원 이하의 벌금에 처한다.

④ 차명거래금지 위반 시 의심거래보고(STR)를 해야 한다.

정답 및 해설

42 ④ CTR 보고대상은 1천만원 이상의 현금(원화)이고, 외국통화 거래는 보고대상에 포함되지 않는다.

43 ③ STR은 금융종사자의 주관적 기준으로 보고 여부를 판단하나 CTR은 객관적 기준으로 판단한다.

참고 STR과 CTR 비교

구 분	STR	CTR
관련법률	• 특정금융거래보고법	• 특정금융거래보고법
보고대상	• 자금세탁이 의심되는 거래 • 테러자금조달이 의심되는 거래 • 범죄수익·공중협박자금으로 신고한 경우	• 고액 현금의 지급·영수 거래
보고시기	• 의심거래로 판단되는 때로부터 지체 없이	• 거래발생 후 30일 이내
보고순서	• 온라인 보고 ⇨ 문서 보고	• 온라인 보고 ⇨ 문서 보고
대상금액	• 없 음	• 원화 1천만원 이상
판단기준	• 금융회사 종사자의 주관적 기준	• 금액에 따른 객관적 기준
장 점	• 금융회사 종사자의 전문성 이용 가능 • 정확도 및 활용도 높음	• 자금세탁 예방효과 있음 • 분석 자료로 참고 가능
단 점	• 금융회사 의존도 높음 • 참고유형 제시 곤란	• 정확도 낮음 • 금융회사의 추가 비용 발생

44 ① 단지 예탁자산이 많은 고액 고객이라 하여 반드시 고위험군에 속하는 것은 아니다. 대표적인 고위험군에는 환거래계약 고객, 추가정보 확인이 필요한 종합자산관리서비스 고객, 공중협박자금조달고객, 외국의 정치적 주요인물, FATF 비협조국가 등이 있다.

45 ① 불법행위를 목적으로 하는 차명금융거래는 금지되나 불법행위를 목적으로 하지 않는 합법적인 차명거래는 가능하고 STR의 보고대상도 아니다. 합법적인 차명거래에는 동창회 회비관리용 차명계좌, 문중·교회자산관리용 차명계좌, 미성년 자산보호를 위한 부모명의 차명계좌 등이 있다.

46

중요도 ★

반부패협약에 대한 설명 중 잘못된 것은?

① OECD 뇌물방지협약은 뇌물수뢰행위를 형사처벌하기 위한 것이다.

② 규제대상은 외국 공무원에 대한 뇌물에 한정된다.

③ 협약 적용은 국제상거래 과정에서 발생한 중요한 뇌물공여에 한정된다.

④ 뇌물을 제공한 자연인뿐만 아니라 법인도 처벌한다.

47

중요도 ★

해외금융계좌 납세자협력법(FATCA : Foreign Account Tax Compliance Act)**에 대한 규제 내용 중 잘못된 것은?**

① 대상계좌는 예금계좌, 수탁계좌, 지분증권 및 채무증권, 보험 및 연금계약 등이다.

② 대상자는 미국 시민권자에 한한다.

③ 개인 기존계좌는 5만달러를 초과하는 경우에만 해당된다.

④ 신규계좌의 미국인 여부 확인은 계좌개설 시에 해야 한다.

48

중요도 ★

금융소비자보호법상 내부통제체계에 대한 기술이 잘못된 것은?

① 금융회사의 금융소비자보호 내부통제체계의 구축을 의무화하였다.

② 금융소비자보호에 관한 내부통제조직은 이사회, 대표이사, 준법감시인, 영업관리자 등으로 구성된다.

③ 이사회는 금융소비자보호에 관한 최고 의사결정기구로 금융소비자보호에 관한 기본방침과 내부통제 관련 주요사항을 심의·의결한다.

④ 대표이사로부터 금융소비자보호 업무를 위임받은 총괄책임자는 매년 1회 이상 위임이행사항을 내부통제위원회에 보고해야 한다.

49 중요도 ★★
보기와 같은 권한과 의무가 있는 금융소비자보호에 관한 내부통제조직은?

☐

> ㉠ 금융소비자보호 내부통제기준 위반 방지를 위한 예방대책 마련
> ㉡ 금융소비자보호 내부통제기준 준수여부에 대한 점검
> ㉢ 금융소비자보호 내부통제기준 위반 내용에 상응하는 조치방안 및 기준 마련
> ㉣ ㉠, ㉡을 위해 필요한 물적자원의 지원
> ㉤ 준법감시인과 금융소비자보호 총괄책임자의 업무분장 및 조정

① 이사회
② 대표이사
③ 금융소비자보호 내부통제위원회
④ 금융소비자보호 총괄기관

50 중요도 ★
상품개발단계의 금융소비자보호의 내용과 가장 거리가 먼 것은?

☐

① 금융상품 개발부서, 마케팅 수립부서, 금융소비자보호 총괄기관 간에 사전협의가 있어야
한다.
② 사전협의 대상에는 고객 관련 판매촉진(이벤트, 프로모션 등)전략의 적정성도 검토되어
야 한다.
③ 이사회는 사전협의절차를 충실히 이행하고 있는지 정기적으로 점검하여야 한다.
④ 상품개발단계에서부터 외부의견(외부전문가나 금융소비자)을 청취하여 회사경영에 반영
할 수 있는 고객참여제도 등의 채널을 마련해야 한다.

정답 및 해설

46 ① OECD 뇌물방지협약은 뇌물수뢰행위가 아닌 공여행위를 형사처벌하기 위한 것이다.

47 ② 대상자는 미국 시민권자, 미국 영주권자, 외국인 중 세법상 미국 거주자 등이다.

48 ② 금융소비자보호에 관한 내부통제조직은 이사회, 대표이사, 금융소비자보호 내부통제위원회, 금융소비자보호 총괄기관 등으로
구성된다.

49 ② 금융소비자보호를 위한 대표이사의 권한과 의무에 대한 내용이다.

50 ③ '금융소비자보호 총괄기관'은 사전협의절차를 충실히 이행하고 있는지 정기적으로 점검하여야 하고, 금융소비자에게 불리한
점은 없는지 진단하기 위한 점검항목을 마련하여 상품개발부서에 제공하여야 한다.

51 중요도 ★

상품판매 이전 단계의 금융소비자보호의 내용과 가장 거리가 먼 것은?

① 금융투자회사는 교육체계를 마련하여 임직원 대상 금융상품에 관한 집합교육 또는 온라인 교육을 실시해야 한다.

② 금융투자회사는 임직원이 금융투자상품을 판매할 수 있는 자격증을 보유하고 있는지 관리해야 한다.

③ 금융투자회사는 임직원이 자격유지를 위한 보수교육을 이수하고 있는지 관리해야 한다.

④ 주식, ELB, DLB를 판매하기 위해서는 파생상품투자권유자문인력 자격을 보유해야 한다.

52 중요도 ★★

적합성 원칙에 따른 KYC(Know-Your-Customer-Rule)**를 순서대로 나열한 것은?**

> ㉠ 투자권유 하기 전에 해당 금융소비자가 투자권유를 원하는지 원치 않는지를 확인한다.
> ㉡ 해당 금융소비자가 일반금융소비자인지 전문금융소비자인지 확인한다.
> ㉢ 일반금융소비자인 경우 면담·질문 등을 통하여 해당 금융소비자의 정보를 파악한다.
> ㉣ 금융소비자 투자성향 분석 결과 설명 및 확인서 제공
> ㉤ 투자자금 성향 파악

① ㉠ → ㉡ → ㉢ → ㉣ → ㉤   ② ㉠ → ㉢ → ㉣ → ㉤ → ㉡

③ ㉡ → ㉠ → ㉢ → ㉣ → ㉤   ④ ㉡ → ㉢ → ㉣ → ㉤ → ㉠

53 중요도 ★★

적정성 원칙에 대한 설명이 적절하지 않은 것은?

① 금융상품판매업자는 해당 금융상품이 일반금융소비자에게 적정하지 않다고 판단되는 경우에 그 사실을 알리고, 서명 등의 방법으로 확인을 받아야 한다.

② 일반금융소비자가 투자성 상품을 체결하는 경우에 한하여 적용된다.

③ 일반 사모집합투자기구를 판매하는 경우에는 적용되지 않는 것이 원칙이나, 적격투자자 중 일반금융소비자가 요청하는 경우에는 적용된다.

④ 금융투자업종사자가 일반금융소비자에게 금융상품의 계약체결을 권유하지 않고, 해당 일반금융소비자가 해당 상품의 계약체결을 원하는 경우에 적용된다.

54

중요도 ★★★

금융소비자의 청약철회권의 행사에 대한 설명으로 가장 적절한 것은?

① 대출성 상품의 경우에는 일반금융소비자가 청약의 철회의사를 표시하기 위해 서면 등을 발송한 때 철회의 효력이 발생한다.

② 청약이 철회된 경우 금융상품판매업자는 일반금융소비자에 대하여 청약철회에 따른 손해배상을 청구할 수는 없으나 위약금을 청구할 수는 있다.

③ 금융소비자보호법상의 청약철회권 규정에 반하는 특약으로 일반금융소비자에게 불리한 것은 취소할 수 있다.

④ 금융소비자보호법상 청약철회권은 금융회사의 고의 또는 과실여부 등 귀책사유가 없더라도 일반금융소비자가 행사할 수 있다.

정답 및 해설

51 ④ 주식, ELB, DLB를 판매하기 위해서는 증권투자권유자문인력 자격을 보유해야 한다.

판매자격증	판매 가능상품
펀드투자권유자문인력	집합투자증권(주식형펀드, 채권형펀드, 혼합형펀드 등)
증권투자권유자문인력	주식, 채권, ELB, DLB, CP, RP, CMA 등
파생상품투자권유자문인력	선물, 옵션, ELW, ELS, DLS 등

52 ① KYC는 ㉠ → ㉡ → ㉢ → ㉣ → ㉤ 순으로 진행된다.

53 ② 적정성 원칙은 위험성이 높은 투자성 상품뿐만 아니라 대출성 상품, 보장성 상품에도 적용된다.

54 ④ ① 보장성 상품, 투자성 상품, 금융상품자문의 경우에는 일반금융소비자가 청약의 철회의사를 표시하기 위해 서면 등을 발송한 때 철회의 효력이 발생한다. 반면, 대출성 상품의 경우에는 일반금융소비자가 청약의 철회의사를 표시하기 위해 서면 등을 발송하고, 이미 공급받은 금전·재화 등을 반환한 때 철회의 효력이 발생한다.
② 청약이 철회된 경우 금융상품판매업자는 일반금융소비자에 대하여 청약철회에 따른 손해배상 또는 위약금 등 금전의 지급을 청구할 수 없다.
③ 금융소비자보호법상의 청약철회권 규정에 반하는 특약으로 일반금융소비자에게 불리한 것은 무효로 한다.

55

중요도 ★★

청약철회권 대상이 되는 상품과 가장 거리가 먼 것은?

① 자본시장법시행령에 따른 고난도금융투자상품
② 자본시장법시행령에 따른 고난도투자일임계약
③ 자본시장법에 따른 금전신탁
④ 자본시장법시행령에 따른 고난도금전신탁계약

56

중요도 ★★★

금융상품판매업자의 부당권유 금지의무와 가장 거리가 먼 것은?

① 금융상품 내용의 일부에 대하여 비교대상 및 기준을 밝히지 않거나 객관적인 근거 없이 다른 금융상품과 비교하여 해당 금융상품이 우수하거나 유리하다고 알리는 행위
② 내부통제기준에 따른 직무수행교육을 받지 않은 자로 하여금 계약체결권유 관련 업무를 하게 하는 행위
③ 일반금융소비자의 정보를 조작하여 권유하는 행위
④ 전문금융소비자에게 투자성 상품에 관한 계약체결을 권유하면서 대출성 상품을 안내하는 행위

57

중요도 ★★

금융상품판매업자에게 금융상품계약으로부터 얻은 수입의 최대 50% 이내에서 과징금을 부과하고, 별도로 최대 1억원까지 과태료를 부과할 수 있는 경우에 해당하는 것은?

㉠ 설명의무 위반	㉡ 불공정영업행위
㉢ 부당권유행위	㉣ 적합성 원칙 위반

① ㉠, ㉡
② ㉠, ㉡, ㉢
③ ㉠, ㉡, ㉣
④ ㉠, ㉡, ㉢, ㉣

58

중요도 ★★

6대 판매원칙 중 하나인 광고 관련 준수사항에 대한 설명이 잘못된 것은?

① 원칙적으로 금융상품판매업자 등만이 금융상품 또는 업무에 대한 광고가 가능하다.

② 예외적으로 업권별로 법에서 정하고 있는 협회도 금융상품 및 업무에 대한 광고가 가능하다.

③ 예외적으로 증권시장에 상장된 모든 지주회사는 금융상품 및 업무에 대한 광고가 가능하다.

④ 광고에는 계약체결 전 설명서 및 약관을 읽어볼 것을 권유하는 내용, 금융회사의 명칭과 금융상품의 내용, 상품의 위험 및 조건 등 법에서 정하고 있는 사항을 포함해야 한다.

59

중요도 ★★

금융소비자의 자료열람요구권에 대한 설명 중 잘못된 것은?

① 분쟁조정 또는 소송수행 등 권리구제를 목적으로 부여된 권리로 금융회사가 기록 및 유지·관리하는 자료에 대하여 금융소비자가 해당 자료의 열람, 제공, 청취(녹취인 경우)를 요구할 수 있는 권리이다.

② 금융회사는 금융소비자로부터 자료열람 등을 요구받은 날로부터 6영업일 이내에 해당 자료를 열람할 수 있게 하여야 한다.

③ 금융소비자의 자료열람요구에 대하여 금융회사가 무조건 승인해야 하는 것은 아니다.

④ 금융소비자가 자료열람을 요청하더라도 금융회사는 우송료 등을 금융소비자에게 비용을 청구할 수 없다.

정답 및 해설

55 ③ 청약철회권의 대상이 되는 상품에 신탁계약이 포함되나, 자본시장법상의 금전신탁은 청약철회권 대상에서 제외된다.

56 ④ 일반금융소비자에게 투자성 상품에 관한 계약체결을 권유하면서 대출성 상품을 안내하거나 관련 정보를 제공하는 행위는 금지되나, 전문금융소비자에게는 가능하다.

57 ② 적합성 원칙은 과징금 부과대상에 해당되지 않으나 과태료 부과대상에는 해당된다.

58 ③ 예외적으로 금융회사를 자회사 또는 손자회사로 둔 지주회사만 금융상품 및 업무에 대한 광고가 가능하다.

59 ④ 금융소비자가 자료열람을 요청한 경우 금융회사는 우송료 등을 금융소비자에게 청구할 수 있다. 또한 열람 승인을 한 자료의 생성 등에 추가비용이 발생한 경우에는 해당 수수료도 금융소비자에게 청구할 수 있다.

60

중요도 ★★★

금융소비자의 위법계약해지권에 대한 설명 중 옳은 것은?

① 위법계약해지권은 금융회사의 귀책사유가 없어도 행사할 수 있다.

② 위법계약해지권은 금융회사가 광고규제를 위반한 경우에도 행사할 수 있다.

③ 금융회사는 위법계약해지권 행사로 계약이 해지되는 경우 별도의 수수료, 위약금 등 해지에 따라 발생하는 비용을 금융소비자에게 부과할 수 있다.

④ 금융회사는 금융소비자의 위법계약 해지요구일로부터 10일 이내에 계약해지의 수락여부를 결정하여 금융소비자에게 통지해야 한다.

61

중요도 ★

금융소비자의 위법계약해지 요구에 대하여 금융회사는 '정당한 사유'가 있으면 금융소비자의 해지요구를 거절할 수 있다. 금융회사가 금융소비자의 위법계약해지 요구를 거절할 수 있는 '정당한 사유'를 모두 고르면?

> ㉠ 위반사실에 대한 근거를 제시하지 않거나 거짓으로 제시한 경우
> ㉡ 계약체결 당시에는 위반사항이 없었으나 금융소비자가 계약체결 이후의 사정변경에 따라 위반사항을 주장하는 경우
> ㉢ 금융소비자의 동의를 받아 위반사항을 시정한 경우
> ㉣ 금융상품판매업자가 계약해지요구를 받은 날로부터 10일 이내에 법 위반사실이 없음을 확인하는 데 필요한 객관적·합리적 근거자료를 금융소비자에게 제시한 경우
> ㉤ 법 위반사실 관련 자료 확인을 이유로 금융소비자의 동의를 받아 통지기한을 연장한 경우
> ㉥ 금융소비자가 금융상품판매업자의 행위에 법 위반사실이 있다는 것을 계약체결 전에 알았다고 볼 수 있는 명백한 사유가 있는 경우

① ㉠, ㉢, ㉤

② ㉠, ㉢, ㉣, ㉥

③ ㉠, ㉡, ㉢, ㉣, ㉥

④ ㉠, ㉡, ㉢, ㉣, ㉤, ㉥

62

중요도 ★★

금융소비자의 사후 구제를 위한 법적제도와 가장 거리가 먼 것은?

① 법원의 소송중지제도

② 적합성 원칙

③ 소액분쟁사건의 분쟁조정이탈금지제도

④ 손해배상책임 및 입증책임전환

63

중요도 ★★

다음 중 고객이 가상자산사업자인 경우에 확인해야 할 사항과 거리가 먼 것은?

① 고객을 최종적으로 지배하거나 통제하는 자연인(실소유자)에 대한 사항
② 가상자산사업자의 신고 수리에 관한 사항
③ 가상자산사업자의 최근 사업연도 당기순이익에 대한 사항
④ 예치금을 고유재산과 구분하여 관리하는지 그 이행에 관한 사항

64

중요도 ★★

다음 중 자금세탁방지 관련 특정거래금융거래법상 5년 이하의 징역 또는 5천만원 이하의 벌금에 처해질 수 있는 경우는?

① STR 및 CTR를 거짓으로 보고하는 경우
② STR 관련 사실을 누설하는 경우
③ 가상자산거래 관련 변경신고를 하지 않는 경우
④ STR 관련 정보의 제공을 요구하는 경우

정답 및 해설

60 ④ ① 위법계약해지권은 금융회사의 귀책사유가 있고 계약이 최종적으로 체결된 이후에만 행사할 수 있다.
② 금융회사의 광고규제 위반은 위법계약해지권의 적용 범위에 포함되지 않는다.
③ 별도의 수수료, 위약금 등 해지에 따라 발생하는 비용을 금융소비자에게 부과할 수 없다.

61 ④ ㉠, ㉡, ㉢, ㉣, ㉤, ㉥ 모두 금융회사가 금융소비자의 해지요구를 거절할 수 있는 '정당한 사유'에 해당한다.

62 ② 금융소비자의 사후 구제를 위한 법적제도에는 법원의 소송중지제도, 분쟁조정이탈금지제도, 손해배상책임 및 입증책임전환 등이 있다.

63 ③ 가상자산사업자의 최근 사업연도 당기순이익에 대한 사항은 확인 대상이 아니다.

64 ④ 특정거래금융거래법상 5년 이하의 징역 또는 5천만원 이하의 벌금에 처해질 수 있는 경우에는 STR 관련 정보의 제공을 요구하는 경우, 신고하지 않고 가상자산거래를 영업으로 하는 경우, 법령에 따라 제공받은 정보를 그 목적 외의 용도로 사용하는 경우 등이 있다.

제3장
펀드영업실무

학습전략

펀드영업실무는 제1과목 전체 60문제 중 **총 8문제**가 출제된다.

이 과목은 수익증권저축제도와 금융투자상품세제를 중심으로 구성되어 실제 투자권유자문인력으로서 활동하면서 알아야 할 수익증권의 운영과 고객 상담 시 세금문제에 적절히 대응할 수 있도록 공부해야 한다.

펀드투자권유자문인력이라면 전체적으로 모두 알아야 할 내용이지만 특히 수익증권의 매매방법과 집합투자기구의 세제가 자주 출제되는 경향이 있다.

출제예상 비중

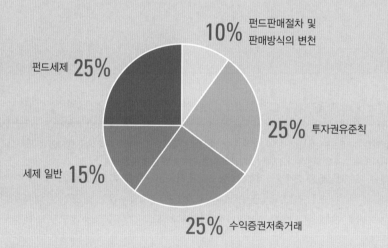

10% 펀드판매절차 및 판매방식의 변천

펀드세제 25%

25% 투자권유준칙

세제 일반 15%

25% 수익증권저축거래

핵심포인트

펀드판매절차 6단계가 가장 적절하게 연결된 것은?

> ㉠ 투자자정보 파악 ㉡ 투자자 유형 분류
>
> ㉢ 적합한 펀드 선정 ㉣ 펀드에 대한 설명
>
> ㉤ 투자자 의사 확인 ㉥ 사후관리

① ㉠ ⇨ ㉡ ⇨ ㉢ ⇨ ㉣ ⇨ ㉤ ⇨ ㉥

② ㉠ ⇨ ㉢ ⇨ ㉡ ⇨ ㉣ ⇨ ㉤ ⇨ ㉥

③ ㉢ ⇨ ㉠ ⇨ ㉡ ⇨ ㉣ ⇨ ㉤ ⇨ ㉥

④ ㉢ ⇨ ㉡ ⇨ ㉠ ⇨ ㉣ ⇨ ㉤ ⇨ ㉥

TIP 펀드판매절차는 '투자자정보 파악 ⇨ 투자자 유형 분류 ⇨ 적합한 펀드 선정 ⇨ 펀드에 대한 설명 ⇨ 투자자 의사 확인 ⇨ 사후관리' 순으로 진행된다.

핵심포인트 해설　　**펀드판매절차 6단계(표준투자권유준칙)**

1. 투자자정보 파악	• 투자자 확인 및 구분 : 전문투자자, 일반투자자 • 일반투자자에 대하여 투자목적, 재산상황, 투자경험 등 파악 • 투자자정보 파악절차 거부 시 투자자의 서명을 받고 투자자가 요구하는 펀드 판매
2. 투자자 유형 분류	• 투자자정보확인서를 통하여 투자자성향 분류 • 투자자에게 본인의 투자성향을 알려주고 그 과정과 의미 설명
3. 적합한 펀드 선정	• 투자자성향 등급에 맞는 펀드 선정 및 투자권유 • 투자자가 권유펀드 거부 시 부적합 금융투자상품 거래 확인서를 받고 판매하거나 거래 중단
4. 펀드에 대한 설명	• 투자설명서를 이용하여 펀드의 주요 내용 설명
5. 투자자 의사 확인	• 투자자가 펀드 매수를 원하면 설명확인서 징구하고 판매 진행 • 투자자가 펀드 매수를 원치 않으면 해당 펀드 투자권유 중지 • 적합성보고서 교부 · 교부대상 : 신규투자자, 고령투자자, 초고령투자자 · 적용상품 : ELS, ELF, DLS, DLF, DLT · 교부의무 : 추천사유 및 유의사항을 기재한 적합성 보고서를 계약체결 전에 투자자에게 교부해야 함
6. 사후관리	• 펀드절차 적정성 점검 • 펀드잔고 통보, 자산운용보고서 발송 등

정답 | ①

02

투자권유를 희망하지 않는 투자자에 대한 펀드 판매 시 준칙에 대한 설명 중 잘못된 것은?

① 투자자가 투자권유를 희망하지 않아 투자자정보를 제공하지 않는 경우에는 향후에도 투자권유를 할 수 없음을 알려야 한다.

② 투자자가 투자권유를 받지 않고 투자하고자 하는 경우라도 투자에 수반되는 주요 유의사항을 알려야 한다.

③ 집합투자증권의 경우에는 투자자가 투자설명서 교부를 별도로 요청하지 않은 경우 간이투자설명서 교부로 갈음할 수 있다.

④ 파생상품 등을 판매하려는 경우에는 투자권유를 하는 경우에만 면담·질문 등을 통하여 그 투자자의 투자자정보를 파악하여야 한다.

TIP 파생상품 등을 판매하려는 경우에는 투자권유를 하지 아니하더라도(= 투자권유 여부와 상관없이) 면담·질문 등을 통하여 그 투자자의 투자자정보를 파악하여야 한다. 그리고 해당 파생상품 등이 그 투자자에게 적정하지 아니하다고 판단되는 경우에 적정하지 아니하다는 사실을 투자자에게 알리고 서명 등으로 확인받아야 한다.

핵심포인트 해설   **투자권유 불원고객에 대한 펀드 판매 시 준칙(표준투자권유준칙 제6조의 3)**

(1) 투자권유 불원고객에 대한 보호의무
① 투자자가 투자권유를 희망하지 않아 투자자정보를 제공하지 않는 경우에는 향후에도 투자권유를 할 수 없음을 알려야 함 (파생상품 등 거래 희망자가 투자자정보를 제공하지 않는 경우에는 거래가 제한된다는 사실을 알려야 함)
② 투자자가 투자권유를 받지 않고 투자하고자 하는 경우라도 투자에 수반되는 주요 유의사항을 알려야 함
③ 임직원은 투자자에 대한 투자권유 여부와 상관없이 투자설명서를 교부해야 함
④ 집합투자증권의 경우에는 투자자가 투자설명서 교부를 별도로 요청하지 않은 경우 간이투자설명서 교부로 갈음할 수 있음
⑤ 자문결합계좌를 통해 투자자문결과에 따른 상품구매의사가 전달되는 경우 판매회사는 적합성 원칙, 설명의무 및 설명서 교부를 생략할 수 있음

(2) 적정성의 원칙
① 파생상품 등을 판매하려는 경우에는 투자권유를 하지 아니하더라도 면담·질문 등을 통하여 그 투자자의 투자자정보를 파악하여야 함
② 해당 파생상품 등이 그 투자자에게 적정하지 아니하다고 판단되는 경우에 적정하지 아니하다는 사실을 투자자에게 알리고 서명 등으로 확인받아야 함
③ 투자자가 스스로 적정하지 않은 파생상품 등을 투자하고자 하는 경우에는 '부적합(부적정) 금융투자상품거래 내용확인' 양식을 통해 투자자에게 적정하지 않다는 사실을 인식시켜야 함

정답 | ④

표준투자권유준칙에서 규율하는 파생상품 등에 대한 특칙의 내용과 거리가 먼 것은?

① 투자권유를 하지 않고 판매하는 경우에는 투자자정보를 파악할 필요가 없다.

② 해당 파생상품 등이 그 투자자에게 적정하지 않다고 판단되는 경우 이를 투자자에게 알려야 한다.

③ 해당 파생상품 등의 투자가 부적정하다고 판단되는 경우에는 부적정 사실 등에 대하여 투자자로부터 서명 등의 방법으로 확인받아야 한다.

④ 투자자가 부적정한 파생상품 등에 투자하고자 하는 경우에는 '부적합(부적정) 금융투자상품 거래내용 확인' 양식을 통해 투자자에게 적정하지 않다는 사실을 인식시켜야 한다.

TIP 파생상품 등을 판매하려는 경우에는 투자권유를 하지 아니하더라도 면담·질문 등을 통하여 그 투자자의 투자목적·재산상황·투자경험 등을 파악해야 한다.

핵심포인트 해설   **파생상품 등에 대한 특칙**

(1) 적정성의 원칙 적용
  ① 투자자정보 파악 : 파생상품 등을 판매하려는 경우에는 투자권유를 하지 아니하더라도 면담·질문 등을 통하여 그 투자자의 투자목적·재산상황·투자경험 등을 파악해야 함
  ② 부적정 사실 고지 : 투자자정보에 비추어 해당 파생상품 등이 그 투자자에게 적정하지 않다고 판단되는 경우 파생상품 내용, 해당 투자 시 위험 및 부적정하다는 사실을 투자자에게 알려야 함
  ③ 고객 확인 : 부적정 사실 등에 대하여 투자자로부터 서명 등의 방법으로 확인받아야 함
(2) 적정성 판단기준 및 실행방법
  ① 적정성 판단기준 : 적합성 판단기준에 따름
  ② 적정성 원칙 실행방법 : 투자자가 적정하지 않은 파생상품 등에 투자하고자 하는 경우에는 '부적합(부적정) 금융투자상품 거래내용 확인' 양식을 통해 투자자에게 적정하지 않다는 사실을 인식시켜야 함

정답 | ①

04

다음 중 투자권유를 희망하는 투자자에 대한 판매방법과 거리가 먼 것은?

① 온라인으로 펀드에 투자하는 경우 적합성 원칙이 구현될 수 있는 시스템을 구축해야 한다.

② 대리인을 통한 투자자정보 파악이 가능하다.

③ 투자자정보를 제공하지 않는 투자자에 대하여는 투자를 거부해야 한다.

④ 고령투자자에게 금융투자상품을 판매하는 경우 더 강화된 보호기준을 준수해야 한다.

TIP 투자자정보를 제공하지 않는 투자자에 대하여는 투자권유할 수 없음을 알리고 투자권유를 희망하지 않는 투자자로 간주하여 그 절차에 따라야 한다.

핵심포인트 해설 | **투자권유 희망고객에 대한 펀드 판매 시 준칙(표준투자권유준칙 제6조의 1)**

(1) 투자자 구분 등
① 방문목적 및 투자권유 희망 여부 확인
② 투자권유를 하기 전에 해당 투자자가 일반투자자인지 전문투자자인지 확인

(2) 투자자 정보 파악
① 면담·질문 등의 방법으로 '투자자정보확인서'를 통해 파악하고 서명 등의 방법으로 확인받아 유지·관리해야 함
② 온라인으로 펀드에 투자 시
   ㉠ 투자권유가 있거나 투자자가 원하는 경우 : 적합성 원칙 등 투자권유절차를 구현될 수 있는 시스템을 구축해야 함
   ㉡ 투자권유를 희망하지 않는 경우 : 투자자가 투자권유 없이 투자한다는 사실을 인지할 수 있도록 온라인 화면을 구축해야 함
③ 대리인을 통한 투자자정보 파악도 가능(실명표, 위임장 등 지참)
④ 투자권유를 희망하는 투자자라 하더라도 투자자정보를 제공하지 않는 투자자인 경우 : 투자권유를 할 수 없음을 알리고 투자권유를 희망하지 않는 투자자로 간주하여 그 절차에 따름
⑤ 판매회사가 투자자성향을 파악하는 배점기준은 자율적으로 정할 수 있음
⑥ 장외파생상품을 거래하고자 하는 경우 : 투자권유 여부와 상관없이 '장외파생상품 투자자정보확인서'를 이용하여 파악해야 함
⑦ 고령투자자에게 금융투자상품을 판매하는 경우 : 적합성 판단기준과 강화된 보호기준을 준수해야 함
⑧ 투자자정보의 유효기간의 만기가 지난 경우 : 만기 이후 최초 투자권유 시점에 투자자정보를 새롭게 파악해야 함

정답 | ③

투자자성향 분류를 위한 적합성 판단방식에 대한 설명 중 잘못된 것은?

① 점수화방식은 객관적이고 이해가 쉽다는 장점이 있다.
② 추출방식은 불완전판매 가능성을 낮출 수 있다는 장점이 있다.
③ 혼합방식은 점수화방식보다 절차가 복잡하다는 단점이 있다.
④ 상담보고서방식은 정교한 설문과 프로세스를 갖추어야 하는 단점이 있다.

TIP 상담보고서방식의 단점은 판매직원별로 질적 차이가 발생할 수 있고, 판매시간이 오래 걸린다는 점이다.

핵심포인트 해설 **투자자성향 분류 및 투자권유 가능상품**

(1) 투자자성향 분류방식 → 대부분의 금융기관이 '점수화방식'으로 투자자성향을 분류함.

구 분	판단방식	장 점	단 점
점수화방식	설문에 따른 답변을 점수화하여 투자성향을 결정하는 방식	객관적이고 이해하기 쉬움	단순 합산으로 다양한 투자자성향 판단 곤란
추출방식	설문 답변을 통해 부적합상품을 제거해 가는 방식	불완전판매 가능성을 낮출 수 있음	정교한 설문과 프로세스를 갖추어야 함
혼합방식	점수화방식과 추출방식을 혼합한 방식	점수화방식과 추출방식의 장점과 동일	점수화방식보다 절차가 복잡함
상담보고서방식	상담과정 및 결과를 보고서에 상세히 기록하여 판단	심층 상담 및 실제 투자자성향 파악에 유리	판매직원의 질적 차이 발생, 판매시간이 장시간

(2) 투자자성향별 투자권유 가능상품

투자성향 / 위험등급	안정형	안정추구형	위험중립형	적극투자형	공격투자형
초저위험	O	O	O	O	O
저위험	X	O	O	O	O
중위험	X	X	O	O	O
고위험	X	X	X	O	O
초고위험	X	X	X	X	O

정답 | ④

06

장외파생상품의 특칙에 대한 설명 중 잘못된 것은?

① 장외파생상품 매매의 상대방이 일반투자자인 경우에는 투자권유가 있는 경우에만 거래할 수 있다.

② 일반투자자가 장외파생상품 거래를 하려면 위험회피대상을 보유하고 있거나 보유할 예정일 것을 요한다.

③ 일반투자자가 장외파생상품 거래를 하려면 거래기간 중 발생할 수 있는 손익이 위험회피대상에서 발생할 수 있는 손익범위를 초과하지 않아야 한다.

④ 장외파생상품에 대한 투자권유 시 판매사가 정하는 기준에 적합하지 않은 경우 투자권유를 해서는 안 된다.

TIP 장외파생상품 매매의 상대방이 일반투자자인 경우에는 투자권유 여부와 상관없이 일정 요건을 충족해야 거래할 수 있다.

핵심포인트 해설 | **장외파생상품에 대한 특칙**

(1) 일반투자자의 장외파생상품 거래 시 규제내용
  ① 장외파생상품 매매의 상대방이 일반투자자인 경우에는 투자권유 여부와 상관없이 일정 요건을 충족해야 거래할 수 있음
    ㉠ 위험회피대상을 보유하고 있거나 보유할 예정일 것
    ㉡ 약정거래기간 중 발생할 수 있는 손익이 위험회피대상에서 발생할 수 있는 손익범위를 초과하지 않을 것
  ② 이 경우 임직원은 투자자가 장외파생상품 거래를 통해 회피하려는 위험의 종류와 금액을 확인하고 관련 자료를 보관해야 함
  ③ 장외파생상품에 대한 투자권유 시 판매사가 정하는 기준에 적합하지 않은 경우 투자권유를 해서는 안 됨

(2) 장외파생상품 투자권유 가능 여부(표준투자권유준칙)

구 분	장외파생상품 투자경험		
	1년 미만	1년 ~ 3년	3년 이상
만 65세 미만 개인	금리스왑, 통화스왑 옵션매수, 옵션매도, 선도거래	기타 위험회피목적의 모든 장외파생상품	기타 위험회피목적의 모든 장외파생상품
만 65세 이상 개인	금리스왑, 옵션매수	금리스왑, 통화스왑 옵션매수, 옵션매도, 선도거래	
상장법인	금리스왑, 통화스왑 옵션매수, 옵션매도, 선도거래	기타 위험회피목적의 모든 장외파생상품	
비상장법인 개인사업자		금리스왑, 통화스왑 옵션매수, 옵션매도, 선도거래	

정답 | ①

다음 중 적합성보고서에 대한 설명이 적절하지 않은 것은?

① 대상상품에 ELS는 해당되지만 DLS는 해당되지 않는다.
② 대상자는 신규 일반금융소비자는 해당되지만 신규 전문금융소비자는 해당되지 않는다.
③ 적합성보고서는 계약체결 전에 제공되어야 한다.
④ 적합성보고서의 주요항목은 투자정보확인서 조사결과, 투자성향, 투자상품, 투자권유 사유 및 핵심 유의사항 등이다.

TIP 적합성보고서의 대상상품에는 ELS, ELF, ELT, DLS, DLF, DLT 등이 있다.

핵심포인트 해설   **투자권유 일반원칙**

(1) 투자성향에 적합한 투자권유 할 것
  ① 투자성향에 적합하지 않은 투자권유는 금융소비자가 원하는 경우라도 금지됨
  ② 투자성향에 적합하지 않은 투자권유는 투자권유 희망 확인서 또는 투자성향 부적합 확인서를 받더라도 부당권유행위에 해당

(2) 적합성보고서 제공
  ① 대상상품 : ELS, ELF, ELT, DLS, DLF, DLT(공모, 사모 불문)
  ② 대상자 : 신규 일반금융소비자, 고령투자자(65세 이상), 초고령투자자(80세 이상)
  ③ 제공시점 : 투자정보확인서 조사결과, 투자성향, 투자상품, 투자권유 사유 및 핵심 유의사항 등이 기재된 적합성보고서를 계약체결 전에 제공할 것

(3) 고령투자자에 대한 투자권유(고령투자자 보호기준)
  ① 65세 이상 투자자에게 금융상품 판매 시 : 일반적인 적합성판단 기준뿐만 아니라 고령투자자보호기준도 준수해야 함
  ② 고령투자자에 대한 일반적 보호기준 : 전담창구 및 전담인력 지정, 가족 등 조력자의 연락처 확인, 고령투자자에 대한 마케팅 활동에 대한 내부통제 강화 등
  ③ 고령투자자에 대한 판매과정 녹취의무 & 2영업일 이상의 숙려기간 부여할 것
  ④ 고령투자자를 위한 투자권유 유의상품 지정할 것
  ⑤ 80세 이상 고령투자자는 고령투자자 보호기준 준수하는 것은 물론 투자권유유의상품 판매를 자제할 것

정답 | ①

08

금융투자업종사자가 해외자산에 투자하는 집합투자기구의 집합투자증권을 투자권유하는 경우에 설명해야 할 사항으로 잘못된 것은?

① 투자대상 국가의 경제여건 및 시장현황에 대한 위험에 대하여 설명해야 한다.

② 환헤지 여부 및 주된 환헤지 수단 및 방법에 대하여 설명하여야 하나 환헤지 비율의 최대치가 설정된 목표 환헤지 비율까지 설명해야 하는 것은 아니다.

③ 환위험 헤지가 모든 환율 변동 위험을 제거하지 못하며 투자자가 직접 환위험을 헤지하는 경우 손실이 발생할 수 있다는 사실을 설명해야 한다.

④ 환헤지 비율을 달리하여 판매할 수 있다는 사실도 설명해야 한다.

TIP 환헤지 비율의 최대치가 설정된 목표 환헤지 비율도 설명해야 한다.

핵심포인트 해설 | 일반적인 설명의무 및 외화증권 등에 대한 특칙

(1) 금융투자회사 임직원 등의 설명의무
① 투자설명사항을 투자자가 이해할 수 있도록 설명하고 확인받아야 함
② 투자자의 투자경험과 지식수준 등 투자자의 이해수준을 고려하여 설명 정도를 달리할 수 있음
③ ①, ②에 따라 설명했으나 투자자가 주요 손익구조 및 손실위험을 이해하지 못한 경우에는 투자권유를 계속하면 안 됨
④ 투자자가 추후에도 문의할 수 있도록 자신의 성명, 직책, 연락처, 콜센터 또는 상담센터 등의 이용방법을 알려야 함

(2) 외화증권 등(해외펀드)의 투자권유 시 추가로 설명해야 할 사항
① 투자대상 국가의 경제여건 및 시장현황에 대한 위험
② 환율변동 위험, 환헤지 여부, 환헤지 비율의 최대치가 설정된 목표 환헤지 비율, 환헤지 대상 통화, 주된 환헤지 수단 및 방법 등
③ 환위험 헤지가 모든 환율 변동 위험을 제거하지 못하며 투자자가 직접 환위험을 헤지하는 경우 손실이 발생할 수 있다는 사실
④ 모자형 집합투자기구의 경우 환위험 헤지 비율을 달리하여 판매할 수 있다는 사실

정답 | ②

금융투자상품의 위험도(위험등급)**에 대한 설명으로 가장 적절하지 않은 것은?**

① 판매회사는 금융소비자에 대한 위험등급 설명이 의무화되어 있다.
② 위험등급은 최소 6단계 이상으로 분류해야 한다.
③ 판매회사 위험등급과 제조회사 위험등급이 다른 경우에는 무조건 판매회사의 위험등급이 우선 적용된다.
④ 위험등급은 원칙적으로 해당 상품을 판매하는 시점에 1회 산정하나 수시로 판매/환매가 가능한 상품의 경우에는 연 1회 등급을 재산정 한다.

TIP 판매회사 위험등급과 제조회사 위험등급이 다른 경우에는 양사가 위험등급의 적정성을 협의해야 한다. 만약 협의결과 제조회사의 위험등급이 적절하다고 판단되는 경우에는 해당 위험등급을 사용할 수 있다.

핵심포인트 해설   **판매회사의 금융투자상품의 위험도**(위험등급) **분류**

위험등급 설명의무	• 판매회사는 금융소비자에 대한 위험등급 설명이 의무화되어 있고, 금융상품별로 위험등급을 산정할 수 있음
위험등급 산정 시 고려사항	• 기초자산의 변동성, 신용등급, 상품구조의 복잡성, 최대원금손실가능액, 환매/매매의 용이성, 환율변동성, 원금손실 관련 위험 등
위험등급 분류기준	• 최소 6단계(1등급 ~ 6등급) 이상으로 분류함 • 1등급을 가장 높은 위험으로 하고, 그 수가 커질수록 위험도가 낮아지는 것으로 구성함
위험등급 산정시기	• 원칙적으로 해당상품을 판매하는 시점에 1회 산정함 • 수시로 판매/환매가 가능한 상품(예 개방형펀드)의 경우에는 연 1회 등급을 재산정 함
금융투자상품위험도 분류표	• 상담창구에 비치하고 투자권유 시 활용(고객상담 시 금융투자상품의 상대적 위험수준 설명) • 금융투자상품의 위험도에 따라 3색(적색, 황색, 녹색)으로 구분하여 표시함으로써 투자자의 직관적인 이해도를 높여야 함

정답 | ③

10

수익증권저축의 저축방식에 대한 내용 중 잘못된 것은?

① 임의식은 저축기간, 저축금액, 인출요건을 정하지 않고 임의로 저축하는 방식이다.

② 거치식은 추가납입은 가능하나 일부인출이 불가능하다.

③ 정액적립식은 일부인출이 가능하나 6개월 이상 미납 시 판매회사가 해지할 수 있다.

④ 목표식은 적립식과 임의식의 장점을 혼합한 방식이다.

TIP 거치식은 일부인출은 가능하나 추가납입이 불가능하다.

핵심포인트 해설　　**수익증권저축의 개요**

(1) 수익증권의 의의 및 목적 → '펀드'를 의미하는 법률용어(수익증권 ≒ 펀드)

　① 수익증권저축은 판매회사가 저축자로부터 저축금을 받아 그 자금으로 수익증권을 매입하고 보관·관리함으로써 저축자의 편익을 도모함을 목적으로 함

　② 성립요건 : 저축자의 저축가입 신청 + 수익증권저축통장 교부(혼장임치계약)

(2) 수익증권저축의 저축방식

임의식		• 저축기간, 저축금액, 인출요건을 정하지 않고 임의로 저축하는 방식 • 추가납입 가능, 일부인출 가능, 수익금 범위 내에서의 인출 불가
목적식	거치식	• 수익금 인출식 : 추가납입 불가, 일부인출 가능 • 일정 금액 인출식 : 저축재산의 매월 인출이 가능
	적립식	• 정액적립식 : 일부인출 가능(환매수수료 징구), 6개월 이상 미납 시 판매회사가 해지 가능 • 자유적립식 : 저축기간 동안 금액 제한 없이 수시로 저축하는 방식
	목표식	• 목표금액을 정해 일정 기간 이상 수시로 저축하는 방식(적립식과 임의식의 장점을 혼합) • 목표금액 달성 시 추가입금 불가

정답 | ②

수익증권저축의 운영과 관련된 내용 중 잘못된 것은?

① 임의식은 저축기간을 약정할 필요가 없으나 목적식은 저축기간을 약정해야 한다.
② 저축기간의 연장과 단축은 예외적인 경우에만 인정한다.
③ 저축기간을 월, 연 단위로 정한 경우 만기지급일은 저축기간이 만료되는 월의 최초납
입상당일이다.
④ 환매 시 출금금액은 환매 시 평가금액에서 '환매수수료 + 세액'을 공제한 금액이다.

용어 알아두기

선입선출법	펀드에서 선입선출이란 펀드자금을 여러 번 시점을 나누어 투자한 경우, 환매 시 먼저 투자한 것을 먼저 출금한다는 것을 말한다.

TIP 저축기간의 연장은 일반적으로 인정하나, 단축은 예외적인 경우만 인정한다.

핵심포인트 해설   **수익증권저축의 운영**

저축금액	• 한도 제한 없음(단, 목적식은 저축금액을 정해야 함)
저축기간의 약정	• 임의식 : 불필요 • 목적식 : 필요 • 저축기간의 변경 가능(연장은 일반적으로 인정하나, 단축은 예외적인 경우에만 인정함)
납입방법	• 현금 또는 추심할 수 있는 증권(수표, 어음 등)
매매방법	• 1좌 단위로 매매
만기지급일	• 기간을 월, 년 단위로 정한 때 : 저축기간 만료되는 월의 최초납입상당일 • 기간을 일 단위로 정한 때 : 최초매수일로부터 계산하여 저축기간이 만료되는 날의 다음 영업일 • 투자신탁계약 해지한 때 : 해지결산 후 첫 영업일
인 출 ·	• 청구시기 : 언제든지 전부·일부인출 청구 가능(환매제한된 경우 제외) • 지급순서 : 선입선출법 • 현물요구 : 인출 시 수익증권현물 요구도 가능 • 저축기간 종료 후 인출하지 않으면 인출청구 시까지 저축기간은 계속된 것으로 봄
판매사의 해지사유	• 정액적립식 저축자가 6개월 이상 저축금을 납입하지 않는 경우 • 판매사가 해당 규약에 의하여 신탁계약을 해지하는 경우

정답 | ②

12

수익증권 사고 및 변경사항의 신고에 대한 설명 중 잘못된 것은?

① 저축자는 통장·인감 등을 분실, 멸실, 도난, 훼손 시 지체 없이 판매회사에 사고신고를 해야 한다.

② 신고의 효력은 판매사가 저축자로부터 신고 통지를 받은 때부터 발생한다.

③ 판매사는 저축자에게 신고사항 처리결과를 서면·전화 등 사전 합의방법으로 통지한다.

④ 투자자보호를 위해 저축금 및 수익증권을 양도하거나 질권을 설정할 수 없다.

TIP 판매사의 동의를 얻어 저축금 및 수익증권을 양도하거나 질권을 설정할 수 있다.

핵심포인트 해설 수익증권 사고 및 변경사항의 신고

(1) 신고의 유형
① 사고신고 : 통장·인감 등의 분실, 멸실, 도난, 훼손 시 지체 없이 판매회사에 신고
② 변경신고 : 성명, 주소, 전화번호, 인감, 비밀번호 변경 시 지체 없이 판매회사에 신고

(2) 신고의 효력
① 효력 발생 시점 : 판매사가 저축자로부터 신고 통지를 받은 때부터 효력 발생
② 저축자의 책임있는 사유로 인한 신고지연으로 발생한 손해에 대하여 판매회사의 책임 있는 사유가 없는 한 책임지지 않음

(3) 신고에 대한 처리결과 통보
① 판매사는 저축자에게 신고사항 처리결과를 서면·전화·사전 합의방법 등으로 통지함
② 저축자에 대한 통지의 효력은 도달할 때로부터 발생함

(4) 양도 및 질권 설정
① 양도 및 질권 설정 요건 : 판매사의 동의가 있을 것
② 저축금 및 수익증권을 양도하거나 질권을 설정할 수 있음

정답 | ④

수익증권 저축자가 우대조치(환매수수료 면제)**를 받는 경우와 거리가 먼 것은?**

① 목적식저축의 저축기간 종료 시

② 거치식저축의 수익금 상당액 환매 또는 일정 금액 인출 시

③ 이익분배금 재투자 시

④ 적립식펀드 6개월 이상 유지 후 해지 시

TIP 수익증권 저축자의 환매수수료 면제(우대조치)는 적립식펀드의 저축기간이 1년 이상으로 설정되어야 하고 1년
이상 유지 후 해지해야 가능하다.

핵심포인트 해설   **수익증권 저축자에 대한 우대조치 및 판매사 책임면제**

(1) 수익증권 저축자의 환매수수료 면제(우대조치)
① 목적식저축(1년 이상)의 저축기간 종료 시
② 거치식저축의 수익금 상당액 환매 또는 일정 금액 환매 시
③ 이익분배금 재투자 시
④ 소규모 투자신탁 해지 후 판매사가 정한 수익증권 매수 시
⑤ 양도 시 수익증권을 전부 환매 후 재매수하는 경우
⑥ 저축자가 세금정산을 목적으로 수익증권을 전부 환매 후 재매수하는 경우

(2) 저축자의 손해에 대하여 판매사의 책임이 없는 경우
① 제신고서에 찍힌 인영(또는 서명)과 비밀번호가 신고된 것과 일치하여 저축금을 지급하거나 기타 처리를 한 경우
② 천재지변 등 불가항력이라고 인정되는 사유에 의한 업무의 지연 또는 불능
③ 저축자의 귀책사유

정답 | ④

14

수익증권의 출금처리와 관련된 내용 중 잘못된 것은?

① 금액출금, 이익금출금, 이익분배금출금, 상환금출금, 현물출금 등의 형태가 있다.

② '출금금액 = 환매 시 평가금액 − (환매수수료 + 세액)'이다.

③ '환매 시 평가금액 = 환매좌수 × 환매 시 기준가격/1,000(원 미만 절상)'이다.

④ '환매수수료 = {환매좌수 × (환매 시 기준가격 − 전일 기준가격)/1,000} × 판매수수료율'이다.

TIP 환매수수료 = {환매좌수 × (환매 시 기준가격 − 매수 시 기준가격)/1,000}(원 미만 절사) × 환매수수료율

핵심포인트 해설 **수익증권의 입출금 거래**

(1) 입출금 거래형태
① 입금거래 형태 : 금액입금, 단체입금, 현물입금
② 출금거래 형태 : 금액출금, 이익금출금, 이익분배금출금, 상환금출금, 현물출금

(2) 펀드 매수 및 환매 시 산식

구 분	매수 시	환매 시
좌수환산	• 매수좌수 = $\dfrac{\text{저축금액}}{(\text{매수 시 기준가격}/1{,}000)}$ • 좌 미만 절상	• 환매좌수 = $\dfrac{\text{저축금액}}{(\text{환매 시 기준가격}/1{,}000)}$ • 좌 미만 절사
금액환산	• 저축금액 = 매수좌수 × $\dfrac{\text{매수 시 기준가격}}{1{,}000}$ • 원 미만 절사	• 지급금액 = 환매좌수 × $\dfrac{\text{환매 시 기준가격}}{1{,}000}$ • 원 미만 절상
평가금액	• 평가금액 = 잔고좌수 × $\dfrac{\text{평가일 기준가격}}{1{,}000}$ • 원 미만 절상	

(3) 출금금액의 계산

> 출금금액 = 환매 시 평가금액 − (환매수수료 + 세액)

정답 | ④

우리나라 조세에 대한 설명 중 잘못된 것은?

① 직접세는 납세자가 담세자이므로 조세부담의 전가가 없다.
② 증권거래세는 직접세에 속한다.
③ 조세는 세수용도에 따라 보통세와 목적세로 분류된다.
④ 교육세는 목적세에 속한다.

TIP 증권거래세는 간접세에 속한다.

핵심포인트 해설 　　　**우리나라 세법상 조세의 분류 및 체계**

(1) 조세분류

구 분	분 류	내 용
과세권자	국 세	과세권자가 국가
	지방세	과세권자가 지방자치단체
조세전가	직접세	조세부담의 전가가 없음(납세자 = 담세자)
	간접세	조세부담의 전가가 있음(납세자 ≠ 담세자)
세수용도	보통세	세수용도가 불특정(일반적인 지출에 충당)
	목적세	세수용도가 특정(특정목적 지출에 충당)
과표기준	종가세	과세표준을 가격으로 함
	종량세	과세표준을 양으로 함
세율구조	비례세	과세표준과 관계없이 일정률의 세율이 적용됨
	누진세	과세표준의 크기에 따라 세율의 차이가 있음

(2) 조세체계

구 분		세 목
국 세	직접세	법인세, 소득세, 상속세, 증여세, 종합부동산세
	간접세	부가가치세, 주세, 증권거래세, 인지세, 개별소비세
	목적세	교육세, 농어촌특별세
지방세	보통세	취득세, 등록·면허세, 담배소비세, 지방소비세, 주민세, 재산세, 자동차세
	목적세	지역자원시설세, 지방교육세

정답 | ②

16

국세기본법상 납세의무의 소멸사유에 해당하지 않는 것은?

① 부과가 취소된 때
② 납세의무자가 사망한 때
③ 국세부과의 제척기간이 끝난 때
④ 국세징수권의 소멸시효가 완성될 때

TIP 납세의무의 소멸사유에는 납부, 충당, 부과의 취소, 국세부과의 제척기간(除斥期間) 만료, 국세징수권의 소멸시효 완성 등이 있다. (국세기본법 제26조)

핵심포인트 해설 **국세기본법 주요내용**

서류송달 방법	• 교부송달 : 소속 공무원이 송달받을 자에게 서류를 교부하는 방법 • 우편송달 : 등기우편으로 송달하는 방법 • 전자송달 : 송달받을 자가 신청하는 경우에 한하여 가능한 방법 • 공시송달 : 공고한 날로부터 14일 경과하면 서류 송달로 간주함
납세의무의 성립시기	• 소득세, 법인세, 부가가치세 : 과세기간이 끝나는 때 • 원천징수하는 소득세, 법인세 : 소득(수입)금액 지급 시 • 증권거래세 : 매매거래가 확정되는 때 • 상속세 : 상속이 개시되는 때 • 증여세 : 증여에 의하여 재산을 취득하는 때 • 종합부동산세 : 과세기준일 • 가산세 : 가산할 납세의무가 성립하는 때
납세의무의 확정절차	• 신고확정 : 소득세, 법인세, 증권거래세 등 • 부과확정 : 상속세, 증여세 등 • 자동확정 : 원천징수되는 소득세·법인세, 인지세 등
납세의무의 소멸사유	• 납부·충당되거나 부과가 취소된 때 • 국세부과의 제척기간이 끝난 때 • 국세징수권의 소멸시효가 완성한 때
제2차 납세의무자	• 청산인과 잔여재산을 분배받은 자, 출자자, 법인, 사업양수인

정답 | ②

17

다음 중 납세의무에 대한 설명으로 잘못된 것은?

① 국세징수권은 5년간 행사하지 않으면 소멸시효가 완성되어 납세의무도 소멸한다.

② 제척기간은 국가가 국세를 부과할 수 있는 법정기간으로 그 기간이 만료하면 납세의무도 소멸한다.

③ 상속이 개시되면 피상속인의 납세의무는 소멸한다.

④ 법인이 합병한 경우 합병법인은 피합병법인에게 부과된 국세, 가산금과 체납처분비의 납세의무를 부담한다.

TIP 상속이 개시되면 상속인은 피상속인에게 부과된 국세, 가산금과 체납처분비의 납세의무를 상속으로 얻은 재산을 한도로 부담한다.

핵심포인트 해설 납세의무자

(1) 납세의무의 승계
　① 합병법인 : 피합병법인의 세금에 대한 납세의무 부담
　② 상속인 : 상속이 개시되면 피상속인의 세금에 대한 납세의무 부담

(2) 제2차 납세의무자
　① 청산인, 잔여재산을 분배받은 자 : 해산법인의 세금에 대한 제2차 납세의무 부담
　② 출자자 : 법인(상장법인 제외)재산으로 세금충당 후 부족금액에 대하여 무한책임사원과 과점주주가 제2차 납세의무 부담
　③ 법인 : 무한책임사원과 과점주주의 재산으로 세금 충당 후 부족금액은 당해 법인이 제2차 납세의무 부담
　④ 사업양수인 : 양도일 이전에 양도인의 납세의무가 확정된 세금에 대하여 사업양수인이 제2차 납세의무 부담

정답 | ③

18

소득세법상 소득에 관한 설명 중 잘못된 것은?

① 통상적으로 금융소득은 이자소득과 배당소득을 의미한다.

② 거주자별 연간 금융소득이 2천만원을 초과하면 종합과세한다.

③ 금융상품 양도에 따른 소득은 현행 소득세법상 금융소득으로 과세한다.

④ 이자소득은 금전의 사용대가로 받은 이자인 반면 배당소득은 지분투자에 대한 이익의 분배금으로 받은 대가를 의미한다.

TIP 금융상품 양도에 따른 소득은 광의의 금융소득이라고 할 수 있으나 현행 소득세법은 이를 별도로 분류하여 양도소득으로 과세한다.

핵심포인트 해설 　　금융투자상품에서 발생하는 소득의 과세

(1) 금융소득
　① 금융소득
　　㉠ 이자소득 : 금전사용에 대한 대가
　　㉡ 배당소득 : 지분투자에 대한 이익의 분배금
　② 금융소득종합과세제도　　→ 4천만원 (X)
　　㉠ 연간 금융소득 합계액이 2천만원 이하 : 원천징수로 납세의무 종결
　　㉡ 연간 금융소득 합계액이 2천만원 초과 : 그 초과분은 다른 소득과 합산하여 누진세율로 과세

(2) 양도소득
　① 토지, 건물 등 부동산과 그 권리에서 발생한 소득
　② 주식 등 일정한 지분증권의 양도로 발생한 소득
　③ 파생상품에서 발생한 소득
　　㉠ 주가지수 관련 파생상품에서 발생한 소득
　　㉡ ELW에서 발생한 소득
　　㉢ 기획재정부령으로 정하는 것

정답 | ③

소득세는 신고확정 세목으로 신고함으로써 과세표준과 세액이 확정된다. 다음 중 매년 5월 소득세를 신고해야 하는 자는?

① 근로소득만 있는 거주자
② 사업소득만 있는 거주자
③ 근로소득, 퇴직소득만 있는 자
④ 퇴직소득, 법정연금소득만 있는 자

TIP 사업소득이 있는 자는 5월에 소득신고를 해야 한다.

핵심포인트 해설   소득세법 (1)

(1) 납세의무자
    ① 자연인인 개인
    ② 법인격이 없는 단체 중 동창회, 종중 등은 세법상 개인으로 보아 소득세 납세의무자에 포함됨

(2) 납세의무 범위
    ① 거주자 : 국내·국외 모든 자산에 대하여 납세의무 부담
    ② 비거주자 : 국내 원천소득에 대하여만 납세의무 부담

(3) 납세의무 확정방법
    ① 신고확정
    ② 세액이 확정되면 다음 연도 5월 1일부터 5월 31일까지 관할세무서에 신고 및 납부하여야 함

(4) 5월 소득신고 면제자
    ① 근로소득만 있는 거주자
    ② 퇴직소득만 있는 거주자
    ③ 법정연금소득만 있는 자
    ④ 원천징수 연말정산하는 사업소득만 있는 자
    ⑤ 근로소득, 퇴직소득만 있는 자
    ⑥ 퇴직소득, 법정연금소득만 있는 자
    ⑦ 퇴직소득, 원천징수 연말정산하는 사업소득만 있는 자
    ⑧ 분리과세이자·배당·연금·기타소득만 있는 자
    ⑨ 위 ① ~ ⑦에 해당하는 자로서 분리과세 이자·배당·연금·기타소득이 있는 자

정답 | ②

20

거주자의 소득 유형별 과세방법으로 옳은 것은?

① 이자소득, 사업소득 : 분리과세
② 퇴직소득, 양도소득 : 분류과세
③ 기타소득, 연금소득 : 비과세
④ 양도소득, 사업소득 : 종합과세

TIP ① 이자소득, 사업소득 : 종합과세
③ 기타소득, 연금소득 : 분리과세
④ 양도소득 : 분류과세, 사업소득 : 종합과세

핵심포인트 해설 　　소득세법 (2)

(1) 거주자 소득 유형별 과세방법

대상소득		과세방법
구 분	유 형	
개인에게 귀속되는 소득 중 해마다 정상적·반복적으로 발생하는 경상소득	이자소득, 배당소득, 사업소득, 근로소득, 연금소득, 기타소득	종합과세
소득이 장기간에 걸쳐 발생되거나 비경상적으로 발생된 것으로 종합소득과 구분하여 각 소득별로 소득세를 과세하는 소득	퇴직소득, 양도소득	분류과세
종합과세 소득의 범위에 속하는 소득 중 종합소득과세표준에 합산하지 아니하는 소득	이자소득, 배당소득, 기타소득, 연금소득 중 특정소득, 일정 기준 이하의 소득 등	분리과세
소득의 성질 또는 국가정책에 따라 과세에서 제외되는 소득	비과세 소득	비과세

(2) 소득세 납세의무의 범위

① 거주자 : 국내·국외 모든 소득에 대하여 납세의무 부담
② 비거주자 : 국내 원천소득에 대하여만 납세의무 부담

정답 | ②

상속세에 대한 설명 중 잘못된 것은?

① 납세의무자는 상속인 및 유증을 받는 자이다.

② 보험금도 상속재산에 포함된다.

③ 상속세과세가액에는 생전 재산처분 및 부채부담액은 포함되지 않는다.

④ 상속세과세표준은 상속세과세가액에서 상속공제액(기초·인적·물적공제, 감정평가수수료)을 뺀 금액이다.

TIP 상속세 과세가액에는 생전 증여재산가액뿐만 아니라 생전 재산처분 및 부채부담액도 포함된다.

핵심포인트 해설　　**상속세 주요 내용**

납세의무자	• 상속인(특별연고자, 상속포기자 포함) 및 유증을 받는 자
상속재산	• 민법상 상속재산, 유증재산, 사인증여재산, 특별연고자분여재산 • 보험금, 신탁재산, 퇴직금
상속세 과세가액	상속세과세가액 = $\begin{bmatrix} 상속재산가액 \\ 생전\ 증여재산가액 \\ 생전\ 재산처분가액 \end{bmatrix}$ − $\begin{bmatrix} 공과금 \\ 장례비 \\ 채\ \ 무 \end{bmatrix}$ • 상속재산가액 : 상속재산을 상속세법 규정에 의해 평가한 금액 • 생전 증여재산가액 　· 상속개시일 전 10년 이내 상속인에게 증여한 금액 　· 상속개시일 전 5년 이내 상속인 아닌 자에게 증여한 금액 • 생전 재산처분 및 부채부담액 　· 상속개시일 전 처분액이 1년 이내 2억(2년 이내 5억) 이상인 경우 　· 상속개시일 전 부채액이 1년 이내 2억(2년 이내 5억) 이상인 경우
과세표준	• 상속세과세가액 − 상속공제액(기초·인적·물적공제, 감정평가수수료)

세 율 (증여세와 동일)	과세표준	세 율
	1억원 이하	과세표준의 100분의 10
	1억원 초과 5억원 이하	1천만원 + 1억원을 초과하는 금액의 100분의 20
	5억원 초과 10억원 이하	9천만원 + 5억원을 초과하는 금액의 100분의 30
	10억원 초과 30억원 이하	2억 4천만원 + 10억원을 초과하는 금액의 100분의 40
	30억원 초과	10억 4천만원 + 30억원을 초과하는 금액의 100분의 50
	세대를 건너뛴 상속(민법 제1001조에 따른 대습상속 제외)에 대하여 산출세액의 30%(40%) 가산	

세액공제	• 증여세액공제, 외국납부세액공제, 단기재상속세액공제, 신고세액공제

정답 | ③

22

다음 중 상속세가 비과세되는 자산에 해당하지 않는 것은?

① 사내근로복지금에 유증한 자산

② 국가, 지자체, 공공단체에 유증한 재산

③ 정당에 유증한 자산

④ 신탁재산

TIP 신탁재산은 상속재산에 포함되어 상속세가 부과된다.

핵심포인트 해설   **상속세를 내지 않아도 되는 경우**

(1) 상속세를 비과세하는 경우
   ① 국가, 지자체, 공공단체에 유증한 재산
   ② 문화재 및 보호구역 안의 토지
   ③ 제사를 주재하는 자가 승계한 금양임야와 묘토, 족보와 제구
   ④ 정당에 유증한 자산
   ⑤ 사내근로복지금에 유증한 자산
   ⑥ 이재구호금품, 치료비, 기타 이와 유사한 것
   ⑦ 상속인이 상속세 신고기한 이내에 국가·지자체·공공단체에 증여한 재산

(2) 상속세를 과세불산입하는 경우
   ① 공공법인 등에 출연한 재산
   ② 공익신탁재산

정답 | ④

증여세에 대한 설명 중 잘못된 것은?

① 납세의무자는 수증자이다.

② 신고세액공제는 산출세액에서 징수유예 및 공제·감면세액을 차감한 금액의 3%이다.

③ 증여개시일이 속하는 달의 말일 기준으로 3월 이내에 신고납부해야 한다.

④ 납부세액이 2천만원을 초과하는 경우 물납으로 할 수 있다.

TIP 상속세는 물납이 허용되나 증여세는 물납이 허용되지 않는다.

핵심포인트 해설 **증여세 주요 내용**

납세의무자	• 수증자(증여받은 자)
과세대상	• 민법상 증여재산 • 증여의제 재산 • 증여추정 재산
과세가액	• 증여재산가액 + 동일인 10년 내 1천만원 이상 수증액 − 인수채무
과세표준	• 명의신탁 증여의제 : 명의신탁재산금액 − 감정평가수수료 • 특수관계법인과의 거래를 통한 증여의제 : 증여의제이익 − 감정평가수수료 • 합산배제 증여재산 : 증여재산가액 − 3천만원 − 감정평가수수료 • 상기 이외의 경우 : 증여세과세가액 − 증여재산공제 − 재해손실공제 − 감정평가수수료 • 과세표준이 50만원 미만인 경우 증여세를 부과하지 않음
세액공제 및 가산세	• 세액공제 : 신고세액공제(산출세액에서 징수유예 및 공제·감면세액을 차감한 금액의 3%) • 가산세 : 과소신고(10%), 무신고(20%), 미납부(미납세액 × 일수 × 0.03%)
신고 및 납부기한	• 상속(증여)개시일이 속하는 달의 말일 기준으로 · 상속세 : 국내거주 6월, 국외거주 9월 이내 · 증여세 : 3월 이내
물납·분납 ·연부연납	• 물납(증여세는 불허용, 상속세는 허용) · 상속재산 중 부동산과 유가증권 가액이 상속재산가액의 1/2을 초과할 것 · 상속세 납부세액이 2천만원을 초과할 것 · 상속세 납부세액이 상속재산가액 중 금융재산가액을 초과할 것 • 분납 : 상속(증여)세액이 1천만원을 초과하는 경우 가능 • 연부연납 : 상속(증여)세액이 2천만원을 초과하는 경우 세무서의 허가를 얻어 가능

정답 | ④

24

상속세와 증여세에 동일하게 적용되는 사항에 대한 설명으로 옳은 것은?

① 세율이 10 ~ 40%이다.
② 신고세액공제제도에 의하여 산출세액의 20%를 공제받을 수 있다.
③ 세액이 1천만원 초과 시 물납이 가능하다.
④ 세액이 1천만원 초과 시 분납이 가능하다.

TIP ① 세율이 10 ~ 50%이다.
② 신고세액공제제도에 의하여 산출세액에서 징수유예 및 공제·감면세액을 차감한 금액의 3%를 공제받을 수 있다.
③ 상속세는 세액이 2천만원을 초과할 경우 물납이 가능하나, 증여세는 물납이 허용되지 않는다.

핵심포인트 해설 **상속세와 증여세 동일적용 규정**

세 율	10 ~ 50%
신고세액공제	법정신고기간 내에 신고한 경우 산출세액에서 징수유예 및 공제·감면세액을 차감한 금액의 3% 공제
가산세율	과소신고 시 10%, 무신고 시 20% 가산세율 적용
분 납	다음 요건을 모두 충족하면 분납 가능 • 세액이 1천만원을 초과할 것 (납부세액이 2천만원 이하일 때 1천만원 초과금액, 납부세액이 2천만원 초과할 때는 50% 이하 금액까지 분납 가능) • 2개월 이내에 분납할 것
연부연납	다음 요건을 모두 충족하면 연부연납 가능 • 세액이 2천만원을 초과할 것 • 세무서의 허가를 얻을 것

정답 | ④

다음 중 이자소득에 해당되는 것으로 짝지어진 것은?

① 채권의 환매조건부 매매차익, 보험차익
② 인정배당, 건설이자 배당
③ 투자신탁의 이익, 유보소득
④ 법인으로부터 받은 분배금, 인정배당

TIP ②③④는 배당소득이다.

핵심포인트 해설 　　**이자소득**

채권·증권	• 국공채, 회사채의 이자 및 할인액 • 당해 채권 등을 중도매매한 경우 보유기간의 이자상당액 • 채권 또는 증권의 환매조건부 매매차익
국내외 예·적금	• 국내외 예금·적금(예탁금·부금·우편대체 포함)의 이자 및 할인액 • 주가지수연동대출 관련 옵션결과에 따라 지급하는 보너스는 이자소득으로 보지 않고 당해 차입금에 대한 지급이자의 감액으로 처리
신용부금	• 상호저축은행의 신용계 또는 신용부금으로 인한 이익
저축성보험	• 저축성보험의 보험차익(예 10년 이상이면 비과세)
초과반환금	• 직장공제회의 초과반환금
비영업대금	• 비영업대금의 이익(대금업에 해당되지 않는 금전대여로 인하여 받은 이자)
유사 이자소득	• 기타 이자소득과 유사한 소득으로 금전사용 대가 성격이 있는 것(유형별 포괄과세주의) • 파생금융상품의 이자, 각종 공제회의 공제급여의 이자

정답 | ①

26

소득세법상 배당소득에 해당하는 것으로만 모두 묶인 것은?

> ㉠ 상법상 건설이자의 배당
> ㉡ 주가연계증권(ELS)으로부터 발생한 수익의 분배금
> ㉢ 주식워런트증권(ELW)으로부터 발생한 수익의 분배금

① ㉠ ② ㉠, ㉡
③ ㉡, ㉢ ④ ㉠, ㉡, ㉢

TIP ELW의 수익분배금은 양도소득으로 과세된다.

핵심포인트 해설　　　**배당소득**

이익배당	• 내국법인으로 받는 이익이나 잉여금의 배당 및 분배금
법인의 배당	• 법인으로 보는 단체로부터 받는 배당 또는 분배금
의제배당	• 형식상 배당은 아니지만 사실상 회사의 이익이 주주 등에게 귀속되는 경우 배당으로 간주
인정배당	• 법인세법에 의하여 배당으로 처분된 금액
집합투자기구 이익	• 국내 또는 국외에서 받은 집합투자기구의 이익
외국법인의 배당	• 외국법인으로부터 받는 이익이나 잉여금의 배당 또는 분배금 • 외국법률에 의한 건설이자의 배당 및 이와 유사한 성질의 배당
유보소득	• 국제조세조정에 관한 법률의 조세피난방지세제 규정에 따라 특정외국법인의 배당가능한 유보소득 중 내국인이 배당받는 것으로 간주되는 금액
유사 배당소득	• 기타 수익분배의 성격이 있는 소득(유형별 포괄과세주의) • ELS, DLS, ETN으로부터 받은 수익분배금 등

주가지수연계증권 ← 기타파생결합증권 → 상장지수채권

정답 | ②

세법상 집합투자기구의 요건과 거리가 먼 것은?

① 자본시장법에 의한 집합투자기구일 것
② 설정일로부터 매년 1회 이상 결산할 것
③ 금전으로 위탁받아 금전으로 환급할 것
④ 사모투자신탁이 아닐 것

TIP 자본시장법상 사모투자신탁으로 투자자가 거주자 1인이거나 거주자 1인 및 그 특수관계인으로만 이루어진 경우 또는 투자자가 사실상 자산운용에 관한 의사결정을 하고 있는 경우에 해당하지 않으면 사모투자신탁도 세법상 집합투자기구에 포함된다.

핵심포인트 해설　　**세법상 집합투자기구의 요건**

(1) 세법상 집합투자기구 충족요건
　① 자본시장법에 의한 집합투자기구일 것
　② 설정일로부터 매년 1회 이상 결산·분배
　③ 금전으로 위탁받아 금전으로 환급할 것
　④ 사모집합투자기구인 경우 ㉠, ㉡에 해당되지 않을 것(= 특정 단독 사모펀드가 아닐 것)
　　㉠ 투자자가 거주자 1인이거나 거주자 1인 및 그 특수관계인으로만 이루어진 경우
　　㉡ 투자자가 사실상 자산운용에 관한 의사결정을 하고 있는 경우

(2) 효 과

요건 충족 시 효과	요건 미충족 시 효과
• 소득세법상 적격 집합투자기구로 간주 • 환매·분배를 통한 이익 수령 시 과세 • 이익 중 일부손익은 과세제외 • 보수, 수수료 등은 과세소득 계산 시 차감	• 집합투자기구 이외의 신탁으로 간주 • 투자회사 등은 내국법인으로부터 받은 배당 및 분배금으로 보아 과세함 　· 일부손익 과세제외 규정 적용 없음 　· 위 (1)의 ② 또는 ④ 요건 미충족 시 법인세 부담

정답 | ④

현행세법상 펀드(간접투자)**의 투자대상에 따른 과세 여부가 올바른 것은?**

① 펀드가 투자하는 상장채권의 평가차익은 비과세한다.
② 펀드가 투자하는 상장주식의 매매차익은 비과세한다.
③ 펀드가 투자하는 상장주식의 배당수익은 비과세한다.
④ 펀드가 투자하는 파생상품의 매매차익은 비과세한다.

TIP ① 펀드가 투자하는 상장채권의 평가차익은 과세한다.
③ 펀드가 투자하는 상장주식의 배당수익은 과세한다.
④ 펀드가 투자하는 코스피200선물에서 발생한 소득, 코스피200옵션에서 발생한 소득, ELW에서 발생한 소득, 재정부령으로 정하는 것은 양도소득으로 과세한다.

핵심포인트 해설 │ **집합투자기구 이익에 대한 과세 특례**

(1) 일부손익 과세제외
① 상장 유가증권(단, 채권, 외국법령에 의한 외국집합투자기구의 주식·수익증권 제외)
② 증권을 대상으로 하는 장내파생상품
③ 벤처기업의 주식 또는 출자지분(벤처기업 육성에 관한 특별조치법)

(2) 보수 및 수수료의 공제
① 집합투자기구의 이익 : 각종 보수, 수수료 등이 공제됨
② 투자신탁 외의 신탁 : 수수료가 금융소득에서 공제되지 않음

(3) 과세시기(수입시기) : 투자자에게 소득분배 시(신탁재산 귀속 시 아님)
① 집합투자기구로부터 이익을 지급받은 날(신탁해지일, 상환일 또는 환매일)
② 원본에 전입한다는 특약이 있는 경우, 원본이 전입되는 날(결산일)

(4) 집합투자기구 관련 소득구분

구 분	종 류	환매·결산분배 시	양도 시
신탁형	투자신탁, 투자합자조합, 투자익명조합	배당소득	배당소득
회사형	투자회사, 투자유한회사, 투자합자회사	배당소득	배당소득

정답 | ②

출제예상문제

☑ 다시 봐야 할 문제(틀린 문제, 풀지 못한 문제, 헷갈리는 문제 등)는 문제 번호 하단의 네모박스(□)에 체크하여 반복학습하시기 바랍니다.

01
중요도 ★

투자권유준칙에 대한 설명 중 잘못된 것은?

① 투자권유 시 금융투자업자의 임직원이 준수해야 할 구체적인 기준과 절차이다.

② 파생상품 등에 대하여 투자자 등급 구분이 없는 평등한 투자권유준칙을 마련해야 한다.

③ 포트폴리오 투자란 투자위험 분산을 목적으로 둘 이상의 금융투자상품에 투자하는 것이다.

④ 투자권유란 특정 투자자를 상대로 금융투자상품의 매매 또는 투자자문·투자일임·신탁계약(관리형신탁계약 및 투자성 없는 신탁계약은 제외)의 체결을 권유하는 것이다.

02
중요도 ★★

투자권유준칙에서 적정성의 원칙이 적용되는 파생상품 등에 해당되는 금융투자상품이 아닌 것은?

① 파생상품펀드

② 인덱스펀드

③ 조건부자본증권

④ 파생결합증권에 운용하는 금전신탁계약의 수익증권

03
중요도 ★★

판매회사가 이미 알고 있는 투자자성향에 비해 위험한 금융투자상품에 투자자가 스스로 투자하고자 하는 경우의 조치로서 잘못된 것은?

① 투자자성향과 금융투자상품의 위험수준을 확인시켜주고 해당 투자가 적합하지 않을 수 있다는 사실을 알려주어야 한다.

② 투자자에게 적합하지 않다는 사실을 명확히 알리고 판매할 수 있다.

③ 판매회사가 정하는 기준에 따라 해당 거래를 중단할 수 있다.

④ 현재 투자자금성향이 일반적 투자자성향보다 위험선호도가 낮은 경우에는 위험선호도를 일반적 투자자성향만큼 높이는 것이 바람직하다.

04 투자권유 시 설명의무에 대한 설명 중 잘못된 것은?

중요도 ★

① 설명의무의 내용은 금융투자상품 내용, 투자위험, 투자성에 대한 구조와 성격, 수수료, 조기상환조건, 계약해제·해지에 관한 사항 등이다.

② 투자자의 경험, 지식 등 이해수준을 고려하여 설명의 정도를 달리할 수 있다.

③ 설명의무에 따라 설명했는데도 투자자가 주요 손익구조 및 손실위험을 이해하지 못하면 투자권유를 중지해야 한다.

④ 해외펀드를 투자권유할 경우에도 국내펀드 투자권유할 때와 동일한 설명의무를 부담하면 된다.

정답 및 해설

01 ② 파생상품 등에 대하여는 일반투자자의 투자목적, 재산상황 및 투자경험 등을 고려하여 투자자 등급별로 차등화된 투자권유준칙을 마련해야 한다.

02 ② 인덱스펀드, 금적립계좌 등은 파생상품 등에 해당되지 않는다.

> 참고 투자권유준칙상 파생상품 등에 해당하는 금융투자상품
>
> ㉠ 장내파생상품, 장외파생상품
> ㉡ 파생결합증권(단, 금적립계좌 제외)
> ㉢ 파생상품펀드
> · 파생상품 매매에 따른 위험평가액이 펀드자산총액의 10%를 초과하여 투자할 수 있는 펀드(단, 인덱스펀드는 제외되나, 레버리지·인버스 ETF는 파생상품 등에 해당)
> · 집합투자재산의 50%를 초과하여 파생결합증권에 운용하는 펀드
> ㉣ 조건부자본증권
> ㉤ 위(㉠ ~ ㉣)의 금융투자상품에 운용하는 금전신탁계약의 수익증권

03 ④ 현재 투자자금성향이 일반적 투자자성향보다 위험선호도가 낮은 경우에는 안정적인 투자가 적합하므로 위험도가 낮은 금융투자상품에 대하여만 판매하여야 한다.

04 ④ 해외펀드 투자권유 시에는 국내펀드와 같은 설명뿐만 아니라 추가설명의무가 있다.

> 참고 해외펀드 투자권유 시 추가설명사항
>
> · 투자대상국가·지역의 경제여건 및 시장현황에 대한 위험
> · 환율변동위험·환헤지 여부·목표환헤지 비율·환헤지 대상 통화·주된 환헤지 수단 및 방법
> · 환헤지가 모든 환율변동위험을 제거하지 못한다는 사실
> · 헤지비율 미조정 시 손실이 발생할 수 있다는 사실
> · 모자형집합투자기구의 경우 자펀드 간 환헤지 비율을 달리할 수 있다는 사실

05 중요도 ★★
설명의무에 대한 설명 중 잘못된 것은?

① 임직원 등은 해당 상품의 복잡성·위험도 등 상품측면과 투자자의 투자경험·인식능력 등 투자자 측면을 고려하여 설명의 정도를 달리할 수 있다.

② 임직원은 동일한 유형의 상품에 대한 투자자의 투자경험 및 해당 상품에 대한 간략한 질문 등을 통해 투자자의 이해수준을 객관적으로 파악할 필요가 있다.

③ 거래소시장에서의 장내파생상품 거래는 계속적 거래가 발생되는 단순한 구조일지라도 매 투자권유 시마다 설명의무를 이행해야 한다.

④ 설명내용을 투자자가 이해하였다는 사실은 상품가입신청서상 설명내용 고객 확인란 등을 활용하여 확인받을 수 있다.

06 중요도 ★
수익증권저축에 대한 설명 중 잘못된 것은?

① 판매회사가 저축자로부터 저축금을 받아 그 자금으로 수익증권을 매입하고 보관·관리한다.

② 임의식은 저축기간, 저축금액, 출금요건을 정하지 않고 임의로 저축하는 방식이다.

③ 거치식은 추가납입이 가능하나 일부인출은 불가능하다.

④ 목표식은 목표금액을 달성하면 추가납입이 불가능하다.

07 중요도 ★★
수익증권저축의 종류에 대한 설명 중 옳은 것은?

① 적립식은 저축금 인출요건, 저축기간, 저축금액, 목표금액 등을 정하지 않고 임의로 저축하는 방식이다.

② 목적식에는 거치식, 적립식, 목표식이 있다.

③ 거치식은 수익금 인출만 가능한 방식이다.

④ 목표식은 저축목표금액 달성 후에도 추가입금을 할 수 있다.

08 수익증권저축의 운영에 관한 설명이 잘못된 것은?

중요도 ★

① 거치식은 동일계좌에 추가납입이 가능하다.
② 적립식은 저축기간 중 일부인출이 가능하다.
③ 목표식은 저축목표금액의 증액 또는 감액이 가능하다.
④ 저축자의 요청에 따라 기존에 정한 저축기간의 종료 이후에도 저축기간을 연장할 수 있다.

09 수익증권저축의 내용에 대한 설명 중 잘못된 것은?

중요도 ★

① 저축금액의 최저·최고한도를 정하지 않음이 원칙이나 목적식저축은 정해야 한다.
② 저축금은 현금 또는 회사가 인정하는 수표, 어음 등 추심할 수 있는 증권으로 납입할 수 있다.
③ 저축기간의 연장은 가능하지만 단축은 특정조건하에 예외적으로만 인정된다.
④ 10좌 단위로 매각 또는 환매할 수 있으며 10매의 수익증권을 별도로 분할하지 않고 2명 이상의 저축자에게 수익증권의 단위 범위 이내에서 매각할 수 있다.

정답 및 해설

05 ③ 계속적 거래가 발생되는 단순한 구조의 상장증권(주식, ETF 등)과 장내파생상품(선물, 옵션 등) 등을 거래소시장에서 거래하는 경우에는 실질적으로 매 투자권유 시마다 거래의 방법 및 위험성 등을 설명하기 곤란하므로 최초 계좌개설 시 또는 투자권유 시에만 설명의무를 이행하는 것도 가능하다.

06 ③ 거치식은 추가납입이 불가능하나 일부인출은 가능하다.

07 ② ① 임의식은 저축금 인출요건, 저축기간, 저축금액, 목표금액 등을 정하지 않고 임의로 저축하는 방식이다.
③ 거치식은 수익금 인출식과 일정 금액 인출식이 있다.
④ 목표식은 저축목표금액 달성 후에는 추가입금을 할 수 없다.

08 ① 거치식은 동일계좌에 추가로 납입할 수 없다.

09 ④ 1좌 단위로 매각 또는 환매할 수 있으며 1매의 수익증권을 별도로 분할하지 않고 2명 이상의 저축자에게 수익증권의 단위 범위 이내에서 매각할 수 있다.

10 중요도 ★★
수익증권저축재산의 인출과 관련된 내용 중 잘못된 것은?

① 저축자는 언제든지 저축재산의 전부 또는 일부에 대하여 환매수수료 없이 인출을 청구할 수 있다.

② 일부인출 시 지급순서는 일반적으로 선입선출법에 의하여 지급한다.

③ 저축기간 종료 후에도 인출을 청구하지 않는 경우 인출청구 시까지 저축기간이 계속된 것으로 본다.

④ 저축자가 저축재산의 인출 시 수익증권현물을 요구하는 경우 판매회사는 특별한 사유가 없는 한 수익증권현물로 지급하여야 한다.

11 중요도 ★
판매회사가 저축계약을 해지할 수 있는 경우에 해당하는 것으로 가장 옳은 것은?

① 정액적립식 저축자가 계속하여 1개월 이상 소정의 저축금을 납입하지 않는 경우

② 정액적립식 저축자가 계속하여 2개월 이상 소정의 저축금을 납입하지 않는 경우

③ 정액적립식 저축자가 계속하여 3개월 이상 소정의 저축금을 납입하지 않는 경우

④ 정액적립식 저축자가 계속하여 6개월 이상 소정의 저축금을 납입하지 않는 경우

12 중요도 ★
수익증권의 입금처리와 관련된 내용 중 잘못된 것은?

① 입금거래의 유형에는 금액입금, 단체입금, 현물입금이 있다.

② 금액을 좌수로 환산하는 경우 좌 미만 단수는 수납 시 절상하고, 지급 시 절사한다.

③ 좌수를 금액으로 환산하는 경우 원 미만 단수는 수납 시 절상하고, 지급 시 절사한다.

④ 평가금액은 잔고좌수 $\times \dfrac{\text{평가일 기준가격}}{1,000}$ 으로 계산한다.

13 중요도 ★

저축자의 손해에 대하여 판매사의 책임이 없는 경우에 해당하지 않는 것은?

① 제신고서에 찍힌 인영(또는 서명)과 비밀번호가 신고된 것과 일치하여 저축금을 지급하거나 기타 처리를 한 경우
② 천재지변 등 불가항력이라고 인정되는 사유에 의한 업무의 지연 또는 불능
③ 저축자의 귀책사유
④ 판매직원의 귀책사유

14 중요도 ★★

투자권유 절차 1단계인 투자자정보 파악 단계에 대한 설명으로 잘못된 것은?

① 투자자가 일반투자자인지 전문투자자인지 확인해야 한다.
② 투자자정보를 대리인에 의하여 확인하는 것은 개인정보보호법상 금지된다.
③ 일반투자자가 장외파생상품거래를 하고자 할 때에는 투자권유 여부와 상관없이 투자자정보를 파악해야 한다.
④ MMF에 투자하는 투자자에 대하여는 투자자정보를 간략하게 파악할 수 있다.

정답 및 해설

10 ① 저축자는 언제든지 저축재산의 전부 또는 일부에 대하여 인출을 청구할 수 있다. 단, 저축기간 종료 이전에는 환매수수료가 부과될 수 있다.
11 ④ 판매회사가 저축계약을 해지할 수 있는 경우는 정액적립식 저축자가 6개월 이상 소정의 저축금을 납입하지 않는 경우, 판매사가 해당 규약에 의하여 신탁계약을 해지하는 경우이다.
12 ③ 좌수를 금액으로 환산하는 경우 원 미만 단수는 수납 시 절사하고, 지급 시 절상한다.
13 ④ 저축자의 손해에 대하여 판매사의 책임이 없는 경우에 해당하는 것은 ①②③뿐이다.
14 ② 투자자정보는 대리인이 그 자신과 투자자의 실명확인증표 및 위임장 등 대리권 증빙서류를 갖춘 경우 대리인으로부터 투자자 본인의 정보를 파악할 수 있다.

15

중요도 ★★★

수익증권저축의 만기일에 대한 설명 중 잘못된 것은?

① 저축기간을 월, 연단위로 정한 경우 만기지급일은 저축기간이 만료되는 월의 최초납입상당일이다.

② 저축기간을 월단위로 정한 경우 만료되는 월에 그 해당일이 없는 경우에는 그 월의 말일이 만기지급일이 된다.

③ 저축기간을 일단위로 정한 경우 만기지급일은 최초매수일로부터 계산하여 저축기간이 만료되는 날의 다음 영업일이다.

④ 투자신탁계약을 해지한 경우에 만기지급일은 신탁계약 해지일이다.

16

중요도 ★

2019. 8. 31.에 수익증권을 매수하였다고 할 경우 만기지급일이 잘못된 것은?

① 저축기간을 1년으로 정한 경우 만기지급일은 2020. 8. 31.이다.

② 저축기간을 6개월로 정한 경우 만기지급일은 2020. 3. 1.이다.

③ 저축기간을 10일로 정한 경우 만기지급일은 2019. 9. 10.이다.

④ 저축기간을 20일로 정한 경우 만기지급일은 2019. 9. 20.이다.

17

중요도 ★★

A는 1억원을 국내 주식형펀드에 투자한 후 전부환매하였다. A의 매매내역이 다음과 같은 경우, 전액 환매 시 출금금액은? (환매수수료율 : 90일 미만 시 이익금의 70%, 원천징수율 : 15.4%)

거래일자	거래구분	기준가격(원)	과표기준가격(원)
2019-02-06	입 금	1,000	1,000
2020-01-23	전액출금	1,500	1,200

① 1억 2천 692만원

② 1억 3천 692만원

③ 1억 4천 692만원

④ 1억 5천 692만원

18

중요도 ★★★

B가 1억원으로 K펀드에 가입하여 아래와 같이 거래한 경우, 그에 대한 설명이 잘못된 것은?

(환매수수료율 : 90일 미만 시 이익금의 70%, 소득세율 14%, 지방소득세율 10%)

거래일자	거래구분	매매 기준가격(원)	과표기준가격(원)
2019-05-10	입 금	1,050	1,046
2019-07-10	전액출금	1,070	1,064

① 매수좌수는 95,238,096좌이다.

② 환매 시 평가금액은 101,904,763원이다.

③ 환매수수료는 1,333,333원이다.

④ 전액 환매 시 출금금액은 101,112,770원이다.

정답 및 해설

15 ④ 투자신탁계약을 해지한 경우에 만기지급일은 해지결산 후 첫 영업일이다.

16 ② 저축기간을 6개월로 정한 경우 만기지급일은 2020. 2. 28.이다.

17 ③ 세전평가액은 1억 5천만원(= 1억원 × 1.5), 세금은 308만원(= 2천만원 × 15.4%)이므로 환매금액은 세전평가액(1억 5천만원)에서 세금(308만원)을 뺀 1억 4천 692만원이다.

18 ④ 전액 환매 시 출금금액은 100,512,770원이다.

> • 매수좌수 = 저축금액 ÷ (매수 시 기준가격/1,000) = 95,238,096좌
> • 환매 시 평가금액 = 환매좌수 × (환매 시 기준가격/1,000) = 101,904,763원
> • 환매수수료 = {환매좌수 × (환매 시 기준가격 − 매수 시 기준가격)/1,000} × 환매수수료율
>   = 1,333,333원
> • 과세소득 = {환매좌수 × (환매 시 과표기준가격 − 매수 시 과표기준가격)/1,000} − 환매수수료
>   = {95,238,096 × (1,064 − 1,046)/1,000} − 1,333,333 = 380,952원
> • 세액 = 소득세 + 지방소득세 = (380,952 × 14%) + (380,952 × 14%) × 10% = 58,660원
> • 출금금액 = 환매 시 평가금액 − 환매수수료 − 세액 = 100,512,770원

19

조세의 분류에 대한 설명 중 잘못된 것은?

① 직접세는 납세자와 담세자가 동일하지 않으나 간접세는 동일하다.

② 보통세는 세수의 용도가 불특정되어 있으나 목적세는 특정되어 있다.

③ 종가세는 가격을 과세표준으로 하나 종량세는 양을 과세표준으로 한다.

④ 비례세는 과세표준과 관계없이 일정률의 세율을 적용하나 누진세는 과세표준의 크기에 따라 세율의 차이가 있다.

20

다음 중 간접세가 아닌 것은?

① 부가가치세

② 증권거래세

③ 소득세, 상속·증여세

④ 인지세

21

세법상 서류송달 방법 중 공시송달에 대한 설명으로 잘못된 것은?

① 송달 장소가 분명하지 않은 때 서류의 요지를 공고한 날로부터 14일이 경과하면 서류송달로 간주한다.

② 주소 또는 영업소가 불분명한 경우 공시송달하게 된다.

③ 세무공무원이 1회 방문하였으나 부재중으로 송달이 곤란한 경우에 공시송달할 수 있다.

④ 서류의 송달방법에는 교부송달, 우편송달, 전자송달, 공시송달이 있다.

22 중요도 ★

납세의무의 성립시기가 잘못된 것은?

① 소득세, 법인세 : 과세기간이 종료하는 때
② 증여세 : 증여에 의하여 재산을 취득하는 때
③ 증권거래세 : 과세문서를 작성하는 때
④ 종합부동산세 : 과세기준일

23 중요도 ★

납세의무의 확정방법과 적용세목이 올바르게 연결된 것은?

① 신고확정 : 양도소득세
② 부과확정 : 원천징수하는 법인세
③ 신고확정 : 상속세
④ 부과확정 : 증여세

정답 및 해설

19 ① 직접세는 납세자와 담세자가 동일하다.

20 ③ 소득세, 상속·증여세는 직접세에 해당한다.

21 ③ 공시송달 사유

- 주소 또는 영업소가 국외에 있어 그 송달이 곤란한 경우
- 주소 또는 영업소가 분명하지 아니한 경우
- 송달할 장소가 없는 경우
- 서류를 등기우편으로 송달하였으나 수취인이 부재중인 것으로 확인되어 반송됨으로써 납부기한 내 송달이 곤란하다고 인정되는 경우
- 세무공무원이 2회 이상 납세자를 방문하여 서류를 교부하고자 하였으나 수취인이 부재 중인 것으로 확인되어 납부기한 내 송달이 곤란하다고 인정되는 경우 등

22 ③ 증권거래세는 당해 매매거래가 확정되는 때에 납세의무가 성립된다.

23 ④

구 분		신고확정	부과확정	자동확정
의 의		납세의무자의 신고에 의하여 납세액 확정	정부의 부과처분에 의하여 납세액 확정	납세의무가 성립과 동시에 납세액 확정
조세채권의 확정	주 체	납세의무자	과세권자	–
	시 기	과세표준 확정신고서 제출 시	과세권자의 결정 시	납세의무 성립 시
적용세목		소득세·법인세·부가가치세 ·증권거래세 등	양도소득세·상속세·증여세 등	원천징수하는 소득세·법인세· 인지세·중간예납 법인세

24 중요도 ★★
국세징수권의 소멸시효에 대한 설명 중 옳은 것은?

① 소멸시효는 국가가 납세의무자에게 국세를 부과할 수 있는 법정기간이다.
② 국세징수권은 5년간 행사하지 않으면 소멸시효가 완성된다.
③ 소멸시효가 완성되어도 납세의무는 소멸되지 않는다.
④ 납세고지, 독촉, 납부최고, 교부청구, 압류 중 하나가 실행되면 이미 경과한 시효기간의 효력이 부활된다.

25 중요도 ★
제2차 납세의무자에 대한 설명 중 잘못된 것은?

① 청산인과 잔여재산을 분배받은 자는 그 해산법인의 국세 등에 대하여 제2차 납세의무를 진다.
② 법인(상장법인은 제외)의 재산으로 국세 등을 충당하고 부족한 금액은 납세의무 성립일 현재의 무한책임사원과 과점주주 중 실질적 권리자 또는 사실상 지배자가 제2차 납세의 무를 진다.
③ 국세의 납부기한 현재 법인의 무한책임사원과 과점주주가 당사자의 재산으로 국세 등을 충당한 후 부족한 금액은 당해 법인이 제2차 납세의무를 진다.
④ 양도양수한 사업과 관련하여 양도일 이전에 확정된 국세 등은 사업양도인이 제2차 납세 의무를 진다.

26 중요도 ★★
소득세는 신고확정세목으로 납세자가 신고함으로써 과세표준과 세액이 확정된다. 따라서 소득금액과 세액을 계산하여 다음연도 5. 1. ~ 5. 31.까지 주소지 관할 세무서에 신고 및 납부하여야 한다. 다음 중 소득신고를 하지 않아도 되는 사람을 모두 고른 것은?

> ㉠ 근로소득만 있는 거주자
> ㉡ 퇴직소득만 있는 거주자
> ㉢ 법정연금소득만 있는 거주자
> ㉣ 원천징수 연말정산하는 사업소득만 있는자
> ㉤ 근로소득과 기타소득만 있는 자

① ㉠, ㉢, ㉤   ② ㉠, ㉡, ㉢, ㉣   ③ ㉠, ㉡, ㉣, ㉤   ④ ㉠, ㉡, ㉢, ㉣, ㉤

27

중요도 ★★

양도소득세의 과세대상에 대한 설명 중 잘못된 것은?

① 대주주 이외의 주주가 유가증권·코스닥시장 외에서 양도하는 주식은 양도소득세 과세대상이다.

② 건물에 부속된 시설물과 구축물도 양도소득세 과세대상이다.

③ 모든 파생상품에서 발생한 소득은 양도소득세 과세대상이 아니다.

④ 부동산비율이 자산총액의 80% 미만인 법인의 주식은 양도소득세 과세대상이 아니다.

28

중요도 ★

상속세의 납세의무자에 대한 설명 중 잘못된 것은?

① 상속세의 납세의무자는 상속인과 수유자(유증을 받는 자)이다.

② 상속인 및 수유자가 각자 납부해야 할 세액은 각자가 받은 상속재산비율로 안분한 금액으로 한다.

③ 납세의무자가 여러 명인 경우라도 상속세를 연대하여 납부할 의무까지 지는 것은 아니다.

④ 특별연고자 또는 수유자가 영리법인인 경우에는 당해 영리법인이 납부할 상속세를 면제한다.

정답 및 해설

24 ② ① 제척기간에 대한 설명이다. 소멸시효는 권리자가 권리를 행사할 수 있음에도 일정 기간 행사하지 않는 경우 그 권리를 소멸시키는 것이다.

③ 소멸시효가 완성되면 납세의무도 소멸한다.

④ 소멸시효 중단사유인 납세고지, 독촉, 납부최고, 교부청구, 압류 중 하나가 실행되면 이미 경과한 시효기간의 효력이 상실된다.

25 ④ 양도양수한 사업과 관련하여 양도일 이전에 확정된 국세 등은 사업양수인이 제2차 납세의무를 진다.

26 ② 근로소득과 기타소득만 있는 자는 소득신고를 해야 한다.

27 ③ 일부 파생상품에서 발생한 소득은 양도소득세의 과세대상이다.

28 ③ 납세의무자들은 상속세를 연대하여 납부할 의무를 지닌다.

29 중요도 ★★

상속세 과세가액의 범위에 대한 설명 중 잘못된 것은?

① 상속개시일 전 10년 이내에 피상속인이 상속인에게 증여한 재산도 포함된다.

② 상속개시일 전 5년 이내에 피상속인이 상속인이 아닌 자에게 증여한 재산도 포함된다.

③ 상속개시일 전 1년 이내에 3억원 이상, 2년 이내에 4억원 이상인 용도불명의 재산을 처분한 경우 피상속인의 재산에서 인출한 금액도 포함된다.

④ 상속개시일 전 1년 이내에 2억원 이상, 2년 이내에 5억원 이상을 피상속인이 부담한 용도불명의 채무 합계액도 포함된다.

30 중요도 ★★

상속세에 대한 설명 중 잘못된 것은?

① 상속재산에 가산한 증여재산에 대한 증여세액은 상속세 산출세액에서 공제한다.

② 외국에 있는 상속재산에 대하여 외국법령에 의하여 상속세를 부과받은 경우에도 상속세 산출세액에서 공제한다.

③ 상속개시 후 10년 이내에 상속인 또는 수유자의 사망으로 다시 상속이 개시되는 경우 재상속분에 대한 전의 상속세 상당액을 공제한다.

④ 상속개시일로부터 6월 이내에 상속신고서를 제출한 경우에는 상속세 산출세액의 20%를 공제한다.

31 중요도 ★

상속세에 관한 설명으로 잘못된 것은?

① 과세표준 : 상속세 과세가액 − (기초공제 + 인적공제 + 물적공제 + 감정평가수수료)

② 세율 : 10% ~ 50%

③ 세액공제 : 증여세액공제, 외국납부세액공제, 단기재상속세액공제, 신고세액공제

④ 신고 및 납부기한 : 상속개시일이 속하는 달의 말일 기준 1월 이내

32
중요도 ★

상속세의 납부에 대한 설명 중 옳은 것은?

① 연부연납 허가를 받은 경우에는 분납을 할 수 없다.

② 상속재산 중 부동산과 유가증권이 전체 재산가액의 50%를 초과하고 그 세액이 1천만원을 초과하는 경우에는 세무서의 허가를 받아 물납할 수 있다.

③ 상속세 또는 증여세액이 1천만원을 초과하는 경우에는 납부기일로부터 45일 이내에 분납할 수 있다.

④ 상속 또는 증여세액이 1천만원을 초과하는 경우에도 세무서의 허가를 얻어 연부연납할 수 있다.

33
중요도 ★★

수증자가 담세력이 없는 경우에는 증여자가 연대납세의무를 진다. 다음 중 수증자가 증여세를 납부할 능력이 없을 때 증여세를 면제하는 경우에 해당하지 않는 것은?

① 저가·고가양도에 따른 의제증여

② 불균등 증자에 따른 의제증여

③ 채무면제에 따른 의제증여

④ 금전무상대부에 따른 의제증여

정답 및 해설

29 ③ 상속개시일 전 1년 이내에 2억원 이상, 2년 이내에 5억원 이상인 용도불명의 재산을 처분한 경우 피상속인의 재산에서 인출한 금액도 포함된다.

30 ④ 상속개시일로부터 6월 이내에 상속신고서를 제출한 경우에는 상속세 산출세액에서 징수유예·감면세액을 차감한 금액의 3%를 공제한다.

31 ④ 신고 및 납부기한은 상속개시일이 속하는 달의 말일 기준으로 6월 이내(국외거주의 경우에는 9월)이다.

32 ① ② 1천만원 → 2천만원
③ 45일 → 2개월
④ 1천만원 → 2천만원

33 ② 수증자가 증여세를 납부할 능력이 없을 때 증여세를 면제하는 경우에는 저가·고가양도에 따른 증여, 채무면제에 따른 증여, 금전무상대부에 따른 증여, 부동산(토지)무상사용에 따른 증여 등이다.

34

중요도 ★★

증여세에 대한 설명 중 잘못된 것은?

① 과세범위에는 민법상 증여 재산뿐만 아니라 증여의제재산, 증여추정재산도 포함된다.

② 증여재산에 대하여 수증자에게 소득세가 부과된 때에는 증여세를 부과하지 않는다.

③ 증여세의 과세가액은 동일인으로부터 10년 이내에 받은 1천만원 이상의 증여재산에서 인수채무를 가산한 금액이다.

④ 증여세의 신고 및 납부는 증여개시일이 속하는 달의 말일 기준으로 3월 이내에 해야 한다.

35

중요도 ★★★

집합투자기구 이익에 대한 과세제외 대상 증권이 아닌 것은?

① 유가증권시장 또는 코스닥시장에 상장된 유가증권

② 채 권

③ 주식선물

④ 벤처기업의 주식

36

중요도 ★

수익증권저축에 대한 설명 중 잘못된 것은?

① 판매회사는 저축금에 대하여 저축자에게 저축금이용료를 지급해야 한다.

② 판매회사는 수익증권을 1좌 단위로 매각 또는 환매할 수 있다.

③ 판매회사는 저축자의 매매명세를 저축자에게 통지해야 한다.

④ 판매회사는 저축자가 매매명세통지를 원하지 않을 경우 별도의 조치를 하지 않아도 된다.

37

중요도 ★

집합투자기구 이익을 계산할 때 공제하는 것이 아닌 것은?

① 채권매매차익

② 집합투자회사, 수탁회사, 판매회사가 받는 모든 보수

③ 환매수수료

④ 판매수수료

38

중요도 ★★

투자신탁의 수입시기(과세시기)**가 아닌 것은?**

① 신탁해지일

② 매년 12월 31일

③ 결산일

④ 상환일

정답 및 해설

34 ③ 증여세의 과세가액은 동일인으로부터 10년 이내에 받은 1천만원 이상의 증여재산에서 인수채무를 공제한 금액이다.

35 ② 소득세법 제46조 1항에 따른 채권, 외국법령에 의한 외국 집합투자기구의 주식 또는 수익증권의 평가손익은 과세제외 대상이 아니다.

36 ④ 저축자의 매매가 있으면 판매회사와 저축자 간 미리 합의된 방법으로 매매내역을 통지해야 한다. 다만, 통지받기를 원하지 않는 경우에는 영업점에 고객이 확인할 수 있도록 마련해 두거나 인터넷 홈페이지에 접속하여 수시로 확인이 가능하게 함으로써 통지를 대신할 수 있다.

37 ① 자본시장법상 집합투자기구 이익은 각종 보수·수수료 등을 차감한 금액으로 한다.

38 ② 투자신탁의 과세시기는 집합투자기구로부터 이익을 지급받은 날(신탁해지일, 상환일 또는 환매일), 원본에 전입한다는 특약이 있는 경우, 원본이 전입되는 날(결산일)이다.

39 소득세법상 집합투자기구 이익의 과세에 대한 설명으로 가장 올바른 것은?

① 채권형펀드의 이익은 이자소득으로 과세된다.
② 주식형펀드의 이익은 배당소득으로 과세된다.
③ 부동산펀드의 이익은 부동산소득으로 과세된다.
④ 파생상품펀드의 이익은 비과세된다.

40 주가지수연동대출 관련 옵션결과에 따라 지급하는 보너스의 소득을 처리하는 방법으로 올바른 것은?

① 이자소득으로 처리한다.
② 배당소득으로 처리한다.
③ 양도소득으로 처리한다.
④ 차입금에 대한 지급이자의 감액으로 처리한다.

41 소득세법상 집합투자기구의 과세소득 계산에 대한 설명 중 올바른 것으로 모두 묶인 것은?

> ㉠ 상장주식의 매매평가손익은 과세소득에서 제외한다.
> ㉡ 상장채권의 매매평가손익은 과세소득에 포함한다.
> ㉢ 각종 보수·수수료는 과세소득에서 차감한다.

① ㉠   ② ㉠, ㉡   ③ ㉡, ㉢   ④ ㉠, ㉡, ㉢

42

중요도 ★★

집합투자기구가 부담하는 것으로 모두 묶인 것은?

⊙ 판매수수료   ⓒ 환매수수료
ⓒ 집합투자업자보수   ⓔ 판매보수

① ⊙, ⓒ   ② ⊙, ⓔ   ③ ⓒ, ⓒ   ④ ⓒ, ⓔ

43

중요도 ★

파생상품과 파생결합증권에 직접투자하는 경우, 과세에 대한 설명으로 잘못된 것은?

① 증권을 대상으로 하는 장내파생상품에 직접투자하는 경우 그 소득은 비열거소득에 해당
하여 과세제외된다.
② ETN에서 발생한 소득은 배당소득으로 과세한다.
③ ELD, ELS, DLS 등을 보유하여 발생한 소득은 이자소득으로 과세한다.
④ ELW에서 발생한 소득은 양도소득으로 과세한다.

정답 및 해설

39 ② 자본시장법상 집합투자기구 이익은 모두 배당소득으로 과세된다.

40 ④ 옵션결과에 따라 대출만기 시 또는 중도상환 시 지급받는 보너스상당액과 옵션매수금액과의 차액은 이자소득으로 보지 않고
당해 차입금에 대한 지급이자의 감액으로 처리한다.

41 ④ ⊙ⓒⓒ 모두 옳은 설명이다.

42 ④ 판매수수료와 환매수수료는 투자자가 부담한다.

43 ③ ELD(주가연계예금)은 이자소득으로 과세하고, ELS(주가연계증권)·DLS(파생결합증권)은 배당소득으로 과세한다.

44

중요도 ★★

소득세법상 집합투자기구의 세제에 대한 설명 중 잘못된 것은?

① 상장주식의 매매차익은 과세제외된다.

② 상장채권의 매매차익은 과세제외된다.

③ 주식의 배당소득은 과세된다.

④ 채권의 이자소득은 과세된다.

45

중요도 ★

펀드와 세제에 대한 설명 중 올바른 것은?

① 집합투자기구의 요건을 갖추지 않은 국외에서 설정된 신탁도 집합투자기구로 본다.

② 집합투자기구의 이익금이 0보다 적은 경우 분배를 유보할 수 없다.

③ 투자회사, 유한투자회사, 투자합자회사, 사모투자전문회사로부터의 이익은 배당 및 분배금으로서 비과세한다.

④ 투자신탁, 투자조합, 투자익명조합으로부터의 이익은 집합투자기구 외의 신탁으로 보아 비과세한다.

46

중요도 ★★★

투자신탁이 투자한 유가증권에 대한 세제 중 과세제외되는 것은?

① 외국집합투자기구의 주식

② 국내 상장주식

③ 수익증권

④ 국내 상장채권

47

중요도 ★

부동산펀드에 대한 법인세에 관하여 옳은 것은?

① 부동산투자신탁은 법인세를 과세한다.
② 부동산투자회사는 사실상 법인세 부담이 없다.
③ 부동산투자회사가 결산기에 배당가능이익의 50% 이상을 투자자에게 분배한 경우(주식배당, 현금배당 불문) 이를 각 사업연도 소득금액에서 공제한다.
④ 부동산투자회사가 법인세 혜택을 받으려면 반드시 현금배당해야 한다.

정답 및 해설

44 ② 채권 매매차익, 환차익, 장외파생상품의 매매차익 등은 모두 과세된다.

45 ① ② 없다. → 있다.
③ 비과세한다. → 과세한다.
④ 비과세한다. → 과세한다.

46 ② 집합투자기구가 직접 취득한 유가증권으로 상장 유가증권은 과세제외된다.

[참고] 일부손익 과세제외 규정

집합투자기구가 직접 취득한 유가증권으로 아래 증권 또는 장내파생상품의 거래나 평가로 인하여 발생한 손익은 과세제외함
• 상장된 유가증권(단, 채권, 외국법령에 의한 외국집합투자기구의 주식·수익증권 제외)
• 증권을 대상으로 하는 장내파생상품(지수를 대상으로 하는 장내파생상품인 코스피200선물·코스피200옵션 등은 제외)
• 벤처기업의 주식 또는 출자지분(벤처기업육성에 관한 특별조치법)

47 ② ① 법인세 과세를 하지 않는다.
③ 50% → 90%
④ 부동산투자회사가 결산기에 배당가능이익의 90% 이상을 투자자에게 분배한 경우(주식배당, 현금배당 불문) 이를 각 사업연도 소득금액에서 공제하여 과세소득을 구분하도록 하고 있어 사실상 법인세를 부담하고 있지 않다.

제4장
펀드 구성·이해

학습전략

펀드 구성·이해는 제1과목 전체 60문제 중 **총 16문제**가 출제된다.

이 과목은 전 과목 중 가장 많은 문제가 출제되므로 철저히 학습해야 한다. 2과목 파생상품펀드, 3과목 부동산펀드 등의 내용과 중복되는 부분이 많다. 집합투자기구의 유형과 종류, 특수한 형태의 집합투자기구가 출제비율이 아주 높은 편이고, 신탁상품은 이 과목에만 다루고 있으므로 펀드와 비교하면서 공부할 필요가 있다.

출제예상 비중

신탁상품 **10%**

집합투자 및
집합투자기구의 설립 **10%**

파생상품펀드·부동산펀드
·특별자산펀드 **10%**

집합투자기구의 유형 **10%**

일반적 분류에 의한
집합투자기구 **10%**

집합투자기구의 종류 **20%**

특수한 형태의
집합투자기구 **30%**

핵심포인트

다음 중 자본시장법상 집합투자기구가 아닌 것은?

① 투자신탁
② 투자회사
③ 투자합명회사
④ 투자익명조합

TIP 자본시장법상 집합투자기구의 법적 형태에 투자합명회사는 포함되지 않는다.

핵심포인트 해설　　**집합투자기구의 법적 형태**

신탁형	투자신탁	신탁계약에 의거하여 위탁자·수탁자·수익자의 3자로 구성된 집합투자기구
회사형	투자회사	투자자들의 자금을 모아 투자활동을 하는 주식회사 형태의 집합투자기구
	투자유한회사	집합투자업자가 법인이사인 상법상 유한회사 형태의 집합투자기구
	투자유한책임회사	회사의 주주들이 채권자에 대하여 자기의 투자액의 한도 내에서 법적인 책임을 부담하는 회사
	투자합자회사	무한책임사원(집합투자업자)과 유한책임사원으로 구성된 상법상 합자회사 형태의 집합투자기구
조합형	투자합자조합	조합계약에 의하여 업무집행조합원(집합투자업자) 1인과 유한책임조합원 1인으로 구성된 집합투자기구
	투자익명조합	익명조합계약에 의해 집합투자업자와 익명조합원으로 구성된 집합투자기구

정답 | ③

02

다음 중 집합투자기구의 설립에 대한 설명으로 잘못된 것은?

① 집합투자기구를 모집 또는 매출을 하기 위해서는 증권신고서를 금융위원회에 제출해야 한다.

② 집합투자기구를 설립하려면 증권신고서 제출과 동시에 집합투자기구 등록절차를 밟아야 한다.

③ 집합투자기구를 설립하려면 증권신고서와 등록신청서만 제출하면 된다.

④ 등록신청서를 증권신고서와 함께 제출한 경우 증권신고서의 효력발생일에 등록된 것으로 본다.

TIP 집합투자기구를 설립하려면 증권신고서, 등록신청서, 집합투자규약, 집합투자기구 관련 회사와의 각종 계약서 등을 동시에 제출해야 한다.

핵심포인트 해설 **집합투자 및 집합투자기구의 설립**

(1) 집합투자의 의의 및 요건
① 투자자 최소 인원 명시 : 2인 이상의 투자자로부터 금전 등을 모을 것
② 집합투자업자 운용독립성 : 투자자로부터 일상적인 운용지시를 받지 않을 것
③ 투자대상자산의 확대 : 재산적 가치가 있는 투자대상자산을 취득·처분, 그 밖의 방법으로 운용할 것
④ 투자책임 : 운용결과는 투자자에게 귀속할 것

(2) 집합투자기구의 설립절차 이원화
① 신고절차
　㉠ 증권신고서 제출
　㉡ 금융위원회에 접수(수리)
　㉢ 효력발생
　㉣ 증권발행실적보고서 제출
② 등록절차
　㉠ 등록신청서 제출
　㉡ 금융위원회에 접수
　㉢ 등록(등록신청서를 증권신고서와 함께 제출한 경우 증권신고서의 효력발생일에 등록된 것으로 봄)

정답 | ③

다음 중 증권신고서의 제출면제 대상이 되는 증권이 아닌 것은?

① 지방채 증권
② 특수채 증권
③ 지방자치단체가 원리금 지급보증을 한 채무증권
④ 은행이 원리금 지급보증을 한 채무증권

TIP 증권신고서 제출면제 대상이 되는 증권은 국채, 지방채, 특수채, 국가·지방자치단체가 지급보증을 한 채무증권, 지방공사가 발행한 채권에 한한다.

핵심포인트 해설   증권신고서

(1) 증권신고서의 제출요건
  ① 대상 : 증권의 모집 또는 매출
  ② 금액 : 10억원 이상
  ③ 적용범위 : 공모발행 시에만 적용

(2) 증권신고서의 제출면제 대상
  ① 면제증권 : 국채, 지방채, 특수채, 국가·지방자치단체가 지급보증을 한 채무증권, 지방공사가 발행한 채권
  ② 면제펀드 : 사모집합투자기구, 모집합투자기구

(3) 증권신고서의 확인의무자 및 확인사항
  ① 확인의무자 : 발행인의 대표이사, 신고업무 담당 이사
  ② 확인사항
    ㉠ 증권신고서에 중요사항에 대한 거짓기재·표시가 없고, 중요사항에 대한 기재·표시가 빠져 있지 않다는 사실
    ㉡ 중대한 오해를 일으키는 내용이 기재·표시되어 있지 않다는 사실
    ㉢ 증권신고서 기재사항에 대하여 상당한 주의를 다하여 직접 확인·검토했다는 사실
    ㉣ 외부감사법인인 경우 내부회계관리제도가 운영되고 있다는 사실

정답 | ④

04

일괄신고서에 대한 설명 중 잘못된 것은?

① 최초 신고 시 일정 기간 동안 모집·매출할 증권총액을 미리 정하지 않아도 된다.
② 개방형 집합투자기구만 허용된다.
③ 발행예정기간 중 3회 이상 발행해야 한다.
④ 최초 신고 이후 증권의 추가 발행 시 증권신고서를 추가 제출할 의무가 없다.

TIP 최초 신고 시 일정 기간 동안 모집·매출할 증권총액을 미리 정해야 한다.

핵심포인트 해설 **일괄신고서**

의 의	최초 신고 시 일정 기간 동안 모집·매출할 증권총액을 미리 정하고, 그 기간 및 금액의 범위 내에서 해당 집합투자업자가 고유권한으로 그 증권을 추가로 발행할 수 있게 하는 제도
허용대상	개방형 집합투자기구만 허용함
발행예정기간	해당 집합투자규약에서 정한 존속기간
최소 발행횟수	발행예정기간 중 3회 이상
신고서 제출 효과	최초 신고 이후 증권의 추가 발행 시 증권신고서의 추가 제출의무 없음

정답 | ①

정정신고서에 대한 설명으로 잘못된 것은?

① 정정신고서는 증권의 취득 또는 매수의 청약일 전일까지만 제출할 수 있다.

② 증권신고서의 형식을 제대로 갖추지 못한 경우 정정신고서를 제출해야 한다.

③ 발행예정기간·금액은 정정할 수 없다.

④ 일괄신고서의 정정신고서 제출 시 발행예정기간 종료 전까지 정정신고서를 제출할 수 있다.

TIP 발행예정기간·금액, 모집·매출가액 등 발행조건은 정정할 수 있고, 정정할 경우에는 정정신고서 제출이 필수적이다.

핵심포인트 해설 정정신고서

의 의	• 이미 제출한 증권신고서의 내용을 정정할 때 제출하는 신고서
제출기한	• 증권의 취득 또는 매수의 청약일 전일까지 가능
금융위원회의 정정요구 사유	• 증권신고서의 형식을 제대로 갖추지 못한 경우 • 중요사항에 대하여 거짓기재 또는 표시가 있는 경우 • 중요사항이 기재 또는 표시되지 않은 경우
정정신고서 제출 필수 사항	• 발행조건 정정(모집·매출가액, 발행예정기간·금액 등) • 인수인이 있는 경우로서 인수인의 정정 • 집합투자기구 등록사항 정정 • 모집·매출되는 증권의 취득에 따른 투자 위험요소 • 최근 결산기의 재무제표가 확정된 때 • 집합투자기구 간 합병계약이 체결된 때 • 집합투자재산 등에 중대한 영향을 미치는 소송이 제기된 때
일괄신고서의 정정신고서 제출	• 발행예정기간 종료 전까지 정정신고서를 제출할 수 있고, 발행예정기간 및 금액도 정정이 가능함
정정신고서의 효력발생	• 정정신고서가 수리된 날에 그 증권신고서가 수리된 것으로 간주되고, 수리된 날로부터 3일이 지난 후에 증권신고서의 효력이 발생함

정답 | ③

06

집합투자기구의 등록에 대한 설명으로 잘못된 것은?

① 증권의 발행인은 증권신고서 제출과 별개의 절차로 금융위원회에 등록 신청을 해야 한다.

② 증권신고서 효력이 발생할 때 집합투자기구가 금융위원회에 등록된 것으로 간주되려 면 자본금이 5천만원 이상이어야 한다.

③ 금융위원회는 등록 신청 후 20일 이내에 등록 여부를 결정해야 한다.

④ 법령에 따른 등록 사항 변경은 변경 등록이 필요 없다.

TIP 증권신고서 효력이 발생할 때 집합투자기구가 금융위원회에 등록된 것으로 간주되려면 자본금이 1억원 이상이 어야 한다. (투자신탁 제외)

핵심포인트 해설　　**집합투자기구의 등록**

의 의	• 발행인은 증권신고서 제출과 별개의 절차로 금융위원회에 등록 신청을 해야 함 • 금융위원회는 등록 신청 후 20일 이내에 등록 여부를 결정해야 함
간소화 등록요건	• 집합투자업자, 신탁업자, 투자매매·중개업자, 일반사무관리회사 등이 업무정지기간에 있지 않을 것 • 집합투자기구가 적법하게 설립되었을 것 • 집합투자규약이 법령위반 또는 투자자 이익을 침해하지 않았을 것 • 자본금(또는 출자금)이 1억원 이상일 것(단, 투자신탁은 제외)
간소화 등록효과	• 증권신고서 효력이 발생할 때 집합투자기구가 금융위원회에 등록된 것으로 간주함
변경 등록	• 등록신청서 변경이 필요한 경우 2주 이내에 변경 등록을 해야 함 • 변경 등록이 불필요한 경우 　· 법령에 따른 등록사항 변경 　· 금융위원회 명령에 따른 등록사항 변경 　· 단순한 자구수정 • 정정신고서를 제출한 경우에는 그 정정신고의 효력이 발생할 때 변경 등록된 것으로 간주함

정답 | ②

다음 중 투자설명서에 대한 설명으로 잘못된 것은?

① 발행인은 증권신고서를 제출하는 날에 투자설명서도 동시에 제출해야 한다.
② 투자설명서는 증권신고서와 다른 내용을 표시하거나 증권신고서의 기재사항을 누락하면 안 된다.
③ 변경 등록을 한 경우 변경 등록 통지를 받은 날로부터 5일 이내에 그 내용을 반영한 투자설명서를 금융위원회에 추가로 제출해야 한다.
④ 해당 발행증권의 연고자에게는 투자설명서를 교부하지 않아도 된다.

TIP 발행인은 증권신고의 효력이 발생하는 날에 금융위원회에 투자설명서를 제출해야 한다.

핵심포인트 해설   **투자설명서**

의 의	• 집합투자증권의 매수 권유 시 설명자료로 반드시 투자설명서 또는 간이투자설명서를 사용해야 함 (법적 의무사항)
제출시기	• 발행인은 증권신고서의 효력이 발생하는 날에 금융위원회에 투자설명서 및 간이투자설명서를 제출해야 함
비치장소	• 투자설명서는 본점, 금융위원회, 한국거래소, 청약사무취급장소 등에 비치해야 함
내 용	• 투자설명서는 증권신고서와 다른 내용을 표시하거나 증권신고서의 기재사항을 누락하면 안 됨
변경 및 공시	• 투자설명서는 연 1회 이상 고친 투자설명서를 금융위원회에 추가로 제출해야 함 • 변경 등록을 한 경우 변경 등록 통지를 받은 날로부터 5일 이내에 그 내용을 반영한 투자설명서를 금융위원회에 추가로 제출해야 함
투자설명서 교부 면제대상	• 전문투자자 • 전문가 : 회계법인, 감정인, 변호사, 세무사 등 공인자격증소지자 • 해당 발행 증권의 연고자 • 수령거부 의사를 서면 등으로 표시한 자 • 이미 취득한 것과 같은 집합투자증권을 계속 추가 취득하려는 자(해당 집합투자증권의 투자설명서 내용이 이전과 같은 경우만 해당)

정답 | ①

증권신고서 및 투자설명서에 문제가 있을 때 배상책임을 지는 자와 가장 거리가 먼 것은?

① 증권신고서의 신고인
② 증권신고서의 작성을 지시한 자 및 집행한 자
③ 증권신고서의 내용에 동의하고 그 내용을 확인한 자
④ 투자설명서를 교부받은 자

TIP 투자설명서를 교부받은 자는 배상책임자와 거리가 멀다.

핵심포인트 해설 **거짓기재 등으로 인한 배상책임**

배상책임 서류	• 증권신고서와 투자설명서
배상책임 사유	• 중요한 사항의 거짓기재 또는 표시가 있는 경우 • 중요한 사항이 기재 또는 표시되지 않음으로써 증권취득자가 손해를 입은 경우
배상책임자	• 증권신고서의 신고인, 신고담당 이사 • 증권신고서의 작성을 지시한 자 및 집행한 자 • 증권신고서의 내용이 정확하다고 서명한 공인회계사, 감정인, 신용평가업자 • 증권신고서의 내용에 동의하고 그 내용을 확인한 자 • 투자설명서를 작성하고 교부한 자 • 그 증권의 인수인 또는 주선인 • 매출방법에 의한 경우 매출신고 당시의 매출인
배상책임 면제사유	• 배상책임자가 상당한 주의를 하였음에도 불구하고 이를 알 수 없었음을 증명한 경우 • 증권의 취득자가 청약 시 그 사실을 안 경우

정답 | ④

증권발행인의 대표 등이 공시한 예측정보가 틀린 경우라도 일정한 요건에 부합되면 배상책임을 부담하지 않는다. 다음 중 배상책임 면제요건과 거리가 먼 것은?

① 그 기재 또는 표시가 예측정보라는 사실이 밝혀져 있을 것
② 예측 또는 전망과 관련된 가정이나 판단의 근거가 밝혀져 있을 것
③ 그 기재 또는 표시에 대해 예측치와 실제 결과치가 다를 수 있다는 주의문구가 밝혀져 있을 것
④ 증권의 취득자가 청약 시 예측정보 중 중요사항의 거짓기재가 있거나 중요사항이 표시되지 않은 사실을 인식하지 못했을 것

TIP 배상책임 면제요건과 관계가 없다.

핵심포인트 해설　　　**예측정보 오류와 책임 여부**

예측정보 대상	• 장래 사업계획 또는 경영계획 • 매출액, 영업이익, 경상손익, 당기순손익 등에 대한 전망 또는 예측 등
배상책임 면제 요건	• 그 기재 또는 표시가 예측정보라는 사실이 밝혀져 있을 것 • 예측 또는 전망과 관련된 가정이나 판단의 근거가 밝혀져 있을 것 • 그 기재 또는 표시가 합리적 근거나 가정에 기초하여 성실하게 행해졌을 것 • 그 기재 또는 표시에 대해 예측치와 실제 결과치가 다를 수 있다는 주의문구가 밝혀져 있을 것
배상책임이 있는 경우	• 증권의 취득자가 청약 시 예측정보 중 중요사항의 거짓기재가 있거나 중요사항이 표시되지 않은 사실을 인식하지 못했을 것 • 배상책임을 지는 자가 고의 또는 중과실이 있었음을 증명하였을 것

정답 | ④

10

다음 중 투자신탁에 대한 설명으로 잘못된 것은?

① 위탁자인 집합투자업자는 투자신탁의 설정·운용·해지 등의 업무를 수행한다.

② 수익자인 투자자는 의결권과 환매청구권이 있다.

③ 신탁계약을 변경하는 경우 수익자총회의 결의와 공시가 필요하다.

④ 간주의결권이 성립하려면 수익자총회의 의결권을 행사한 총좌수가 발행총좌수의 1/100 이상일 것을 요한다.

TIP 간주의결권이 성립하려면 수익자총회의 의결권을 행사한 총좌수가 발행총좌수의 1/10 이상일 것을 요한다.

핵심포인트 해설 **투자신탁의 개요**

(1) 의의 및 관련자

① 의의 : 신탁계약에 의거하여 위탁자·수탁자·수익자의 3자로 구성된 집합투자기구 → 판매사 (X)

② 관련자

ㄱ 위탁자 : 집합투자업자(펀드운용사), 투자신탁의 설정·운용·해지 등

ㄴ 수탁자 : 신탁업자(은행), 위탁자의 지시에 의한 신탁재산의 보관과 처분 등

ㄷ 수익자 : 투자자(고객), 의결권, 환매청구권 등

ㄹ 판매사 : 증권사·은행, 집합투자증권의 판매 및 환매

(2) 신탁계약의 설정 및 변경

① 투자신탁 설정 : 집합투자업자는 신탁계약서에 의하여 신탁업자와 신탁계약을 체결

② 신탁계약 변경 : 수익자총회의 결의와 공시가 요구됨

(3) 간주의결권(Shadow Voting)의 요건

① 수익자에게 의결권 행사 통지를 했으나 의결권이 행사되지 않았을 것

② 간주의결권 행사의 방법이 규약에 있을 것

③ 수익자총회의 의결권을 행사한 총좌수가 발행총좌수의 1/10 이상일 것

④ 간주의결권 행사 결과를 수익자에게 제공할 것

정답 | ④

투자신탁의 관계자에 대한 설명으로 잘못된 것은?

① 집합투자업자는 투자신탁재산의 운용 및 운용지시를 한다.
② 신탁업자는 투자신탁의 설정 및 해지를 한다.
③ 수익자는 중요 사항에 대하여 의결권이 있다.
④ 판매회사는 집합투자증권을 판매 및 환매한다.

TIP 투자신탁의 설정 및 해지는 집합투자업자의 역할이다.

핵심포인트 해설   **투자신탁의 관계자**

3당사자	집합투자업자	• 투자신탁의 설정 및 해지 • 투자신탁재산의 운용 및 운용지시
	신탁업자	• 투자신탁재산의 보관 및 관리 • 집합투자업자의 운용지시에 따른 자산 취득 및 처분 이행 • 수익증권의 환매대금 및 이익금의 지급 • 집합투자업자의 투자신탁재산 운용지시에 대한 감시 • 투자신탁재산에서 발생하는 이자·배당·수익금·임대료 등 수령 • 무상으로 발생되는 신주의 수령 • 증권 상환금의 수입, 여유자금 운용이자의 수입
	수익자	• 수익자총회 의결권 • 반대수익자의 수익증권 매수청구권
	판매회사	• 집합투자증권 판매 • 집합투자증권 환매

정답 | ②

12

투자신탁계약의 변경과 관련된 설명으로 옳은 것은?

① 신탁계약을 변경하고자 할 경우 집합투자업자는 판매회사와 변경계약을 체결해야 한다.
② 투자신탁 설정 시부터 다른 종류의 투자신탁으로 전환이 예정되어 있고 그 내용이 계약에 표시되어 있으면 투자신탁의 종류를 변경해도 수익자총회의 결의가 필요 없다.
③ 신탁업자는 신탁계약 변경 시 인터넷 홈페이지 등에 공시해야 한다.
④ 신탁계약 변경내용이 수익자총회 결의를 통한 경우에는 별도로 수익자에게 통지하지 않아도 된다.

TIP ① 집합투자업자는 신탁업자와 변경계약을 체결해야 한다.
③ 집합투자업자는 신탁계약 변경 시 인터넷 홈페이지 등에 공시해야 한다.
④ 신탁계약 변경내용이 수익자총회 결의를 통한 경우에는 공시는 물론 수익자에게 통지해야 한다.

핵심포인트 해설   **투자신탁계약의 변경**

의 의	• 신탁계약 변경 시 집합투자업자는 신탁업자와 변경계약을 체결해야 함
수익자총회 결의사항	• 보수 및 수수료의 인상 • 환매대금 지급일의 연장 • 환매금지형투자신탁으로 변경하는 경우 • 집합투자업자의 변경 • 신탁업자의 변경 • 신탁계약기간의 변경 • 주된 투자대상자산의 변경 • 투자신탁종류의 변경 • 투자대상자산에 대한 투자한도의 변경
공시의무	• 집합투자업자는 신탁계약 변경 시 인터넷 홈페이지 등에 공시해야 함
통지의무	• 신탁계약 변경내용이 수익자총회의 결의를 통한 경우에는 공시는 물론 수익자에게 통지해야 함

정답 | ②

수익자총회에 대한 설명 중 옳은 것은?

① 수익자총회는 신탁계약에서 정한 사항에 대해서만 결의할 수 있다.
② 신탁계약으로 정한 수익자총회의 결의사항은 출석한 수익자의 의결권 과반수와 발행된 수익증권 총좌수의 1/5 이상의 수로 결의할 수 있다.
③ 수익자총회는 수익자가 소집하며 자본시장법에서 정해진 사항에 대해서만 결의할 수 있다.
④ 자본시장법에서 정한 수익자총회의 결의는 출석자 과반수와 총좌수 1/5 이상의 찬성으로 결의한다.

TIP ① 수익자총회는 자본시장법 또는 신탁계약에서 정한 사항에 대하여만 결의할 수 있다.
③ 수익자총회는 자본시장법에서 정한 사항뿐만 아니라 신탁계약에서 정한 사항도 결의할 수 있다.
④ 자본시장법에서 정한 수익자총회의 결의는 출석자 과반수와 총좌수 1/4 이상의 찬성으로 결의한다.

핵심포인트 해설　　**수익자총회의 소집 및 의결권 행사**

소집권자	• 집합투자업자 • 5% 이상을 소유한 투자자 또는 신탁업자의 요구에 의하여도 소집 가능
소집통지	• 각 수익자에게 총회일 2일 전에 서면으로 총회소집을 통지해야 함 • 집합투자업자는 소집통지를 예탁결제원에 위탁해야 하고, 예탁결제원은 의결권 행사를 위한 서면을 보내 통지해야 함
의결권 행사	• 총회에 출석하여 의결권 행사 • 불출석·서면의결권 행사도 가능(총회 전날까지 집합투자업자에게 제출)
결의방법	• 자본시장법에서 정한 사항 의결 : 출석자 과반수·총좌수 1/4 이상 찬성 • 신탁계약으로 정한 사항 의결 : 출석자 과반수·총좌수 1/5 이상 찬성
간주의결권 행사요건	• 수익자에게 의결권 행사 통지가 있었으나 행사되지 않았을 것 • 간주의결권 행사 방법이 규약에 기재되어 있을 것 • 수익자총회의 의결권을 행사한 총좌수가 발행총좌수의 1/10 이상일 것 • 금융위원회가 정하는 바에 따라 그 결과를 수익자에게 제공할 것

정답 | ②

14

집합투자업자가 금융위원회의 승인 없이 투자신탁을 해지할 수 있는 경우로 옳은 것은?

① 신탁계약기간 종료
② 투자신탁 해지결의
③ 피흡수합병
④ 수익자 전원이 동의하는 경우

TIP ①②③은 법정해지 사유에 해당한다.

핵심포인트 해설 **투자신탁의 해지**

의 의	• 투자신탁의 해지란 해지권자(집합투자업자)의 일방적 의사표시로 투자신탁계약의 효력을 장래에 향하여 소멸시키는 행위임
법정해지 (= 당연해지)	• 법정해지 사유 발생 시 지체 없이 해지하고, 금융위원회에 보고해야 함 • 법정해지 사유 · 신탁계약기간 종료 · 투자신탁 해지결의 · 피흡수합병 · 등록취소 · 수익자 총수가 1인이 된 경우 · 일반 사모집합투자기구가 해지명령을 받은 경우
임의해지	• 집합투자업자는 사전에 금융위원회의 승인을 얻어 해지할 수 있음 • 금융위원회의 승인 없이 해지할 수 있는 경우 · 수익자 전원이 동의하는 경우 · 수익증권 전부에 대하여 환매청구를 하는 경우 · 공모·개방형펀드로서 설정 후 1년이 되는 날 50억원 미만인 경우 · 공모·개방형펀드를 설정하고 1년이 지난 후 1개월간 계속하여 50억원에 미달하는 경우
해지의 효과	• 집합투자업자는 수익자에게 상환금과 이익분배금을 지급해야 함 • 미수금, 미지급금이 있는 경우 집합투자업자가 공정가액으로 양수함

정답 | ④

투자회사에 대한 설명 중 옳은 것은?

① 자본시장법상 신탁 형태의 집합투자기구이다.
② 일반사무관리회사가 반드시 필요한 것은 아니다.
③ 이사회는 회사를 대표하고 투자회사 업무를 집행한다.
④ 감독이사는 집합투자업자의 업무집행을 감독하고 투자회사의 업무 및 재산상황을 감독한다.

TIP ① 상법상 주식회사 형태의 집합투자기구이다.
② 일반사무관리회사가 반드시 필요하다.
③ 법인이사는 회사를 대표하고 투자회사 업무를 집행한다.

핵심포인트 해설　　**회사형 집합투자기구(투자회사)**

의 의	• 상법상 주식회사 형태의 집합투자기구
구 성	• 법인이사(집합투자업자) + 감독이사(2인 이상)
특 징	• 일반사무관리회사가 반드시 필요함
역 할	• 법인이사 : 회사 대표, 투자회사 업무 집행, 3개월마다 1회 이상 업무집행상황 및 재산운용내역을 이사회에 보고 • 감독이사 : 집합투자업자의 업무집행을 감독, 투자회사의 업무 및 재산상황을 감독
이사회	• 구성 : 법인이사와 감독이사로 구성됨 • 소집 : 각 이사가 소집 • 의결사항 : 자본시장법에서 정하는 사항 및 정관에서 정하는 사항 • 의결방법 : 과반수 출석과 출석이사 과반수 찬성으로 의결함

정답 | ④

투자신탁과 투자회사에 대한 설명 중 잘못된 것은?

① 투자신탁은 법률행위의 주체가 될 수 있다.
② 투자신탁의 자산소유자는 신탁업자이다.
③ 투자신탁은 계약형이다.
④ 투자신탁은 수익자총회에서 중요사항을 결정한다.

용어 알아두기

PEF (Private Equity Fund)	주로 경영권을 확보하기 위하여 특정기업의 주식을 대량으로 사들여 경영에 참여하는 방식의 사모투자펀드를 말한다.

TIP 투자신탁은 실체가 없어 법률행위의 주체가 될 수 없다.

핵심포인트 해설　　**투자신탁 vs 투자회사**

구 분	투자신탁	투자회사
법적 형태	• 신탁계약 • 계약형 펀드	• 주식회사 • 회사형 펀드
주요 당사자	• 위탁자(집합투자업자) • 신탁업자(은행) • 수익자(투자자) • 판매사(투자매매·투자중개업자)	• 주 주 • 집합투자기구 • 집합투자업자, 신탁업자 • 판매사
일반사무관리회사	• 기준가격 산정 위탁 시에만 필요함	• 반드시 필요함
법률행위 주체 및 자산소유자	• 신탁업자	• 집합투자기구
의사결정기관	• 집합투자업자 • 수익자총회(법에서 정하는 범위에 한함)	• 이사회, 주주총회 • 실무적으로는 집합투자업자
투자 형태	• 주식형, 채권형, 혼합형 등 일반적인 투자상품 • MMF	• 일반적인 투자상품 • M&A투자기구 • PEF • MMF는 불가

정답 | ①

회사형 집합투자기구에 대한 설명 중 잘못된 것은?

① 회사형 집합투자기구에는 투자회사, 투자유한회사, 투자유한책임회사, 투자합자회사 등이 있다.

② 투자유한회사는 집합투자업자가 법인이사인 상법상 유한회사 형태의 집합투자기구이다.

③ 투자합자회사는 이익배당 시 무한책임사원과 유한책임사원의 배당률·배당순서를 달리 적용할 수 없다.

④ 투자유한책임회사는 파트너십에 주식회사의 장점을 보완해서 만들어진 회사 형태이다.

TIP 투자합자회사는 이익배당 시 무한책임사원과 유한책임사원의 배당률·배당순서를 달리 적용할 수 있다.

핵심포인트 해설　　　**투자회사 이외의 회사형 집합투자기구**

투자유한회사	• 집합투자업자가 법인이사인 상법상 유한회사 형태의 집합투자기구 • 감독이사가 별도로 없음 • 해산, 청산, 합병 규정은 투자회사의 규정 준용
투자합자회사	• 무한책임사원(집합투자업자)과 유한책임사원으로 구성된 상법상 합자회사 형태의 집합투자기구 • 감독이사가 별도로 없음 • 이익배당 시 무한책임사원과 유한책임사원의 배당률·배당순서를 달리 적용 가능 • 손실배분 시 무한책임사원과 유한책임사원의 배당률·배당순서를 달리 적용 불가능
투자유한책임회사	• 회사의 주주들이 채권자에 대하여 자기의 투자액의 한도 내에서 법적인 책임을 부담하는 회사 • 파트너십에 주식회사의 장점을 보완해서 만들어진 회사

정답 | ③

투자합자조합에 대한 설명 중 잘못된 것은?

① 조합계약에 의하여 업무집행조합원(집합투자업자) 1인과 유한책임조합원 1인으로 구성된 집합투자기구이다.

② 투자합자조합의 채무에 대하여 무한책임을 지는 집합투자업자인 업무집행조합원 1인과 출자액을 한도로 유한책임을 지는 유한책임조합원으로 구성된다.

③ 이익배당 시 무한책임사원과 유한책임사원의 배당률·배당순서를 달리 적용할 수 있다.

④ 손실배분 시 무한책임사원과 유한책임사원의 배당률·배당순서를 달리 적용할 수 있다.

TIP 손실배분 시 무한책임사원과 유한책임사원의 배당률·배당순서를 달리 적용할 수 없다.

핵심포인트 해설 **조합형 집합투자기구**

투자합자조합	• 조합계약에 의하여 업무집행조합원(집합투자업자) 1인과 유한책임조합원 1인으로 구성된 집합투자기구 • 투자합자조합의 채무에 대하여 무한책임을 지는 집합투자업자인 업무집행조합원 1인과 출자액을 한도로 유한책임을 지는 유한책임조합원으로 구성됨 • 이익배당 시 무한책임사원과 유한책임사원의 배당률·배당순서를 달리 적용 가능 • 손실배분 시 무한책임사원과 유한책임사원의 배당률·배당순서를 달리 적용 불가능
투자익명조합	• 익명조합계약에 의해 집합투자업자와 익명조합원으로 구성된 집합투자기구 • 투자익명조합재산은 집합투자업자인 영업자 1인이 운용함

정답 | ④

다음 중 집합투자기구를 투자대상에 따라 분류할 때 자본시장법에 규정된 집합투자기구의 종류가 아닌 것은?

① 증권집합투자기구
② 파생상품집합투자기구
③ 부동산집합투자기구
④ 특별자산집합투자기구

TIP 파생상품집합투자기구는 자본시장법에 규정된 집합투자기구의 종류에 해당하지 않는다. 투자대상을 기준으로할 때 자본시장법이 규정하고 있는 집합투자기구는 증권집합투자기구, 부동산집합투자기구, 특별자산집합투자기구, 혼합자산집합투자기구, 단기금융집합투자기구 등이다.

핵심포인트 해설 | **자본시장법상 집합투자기구의 분류**

법적 형태	신탁형 집합투자기구	투자신탁
	회사형 집합투자기구	투자회사, 투자유한회사, 투자유한책임회사, 투자합자회사
	조합형 집합투자기구	투자합자조합, 투자익명조합
투자대상	증권집합투자기구	집합투자재산의 50%를 초과하여 증권에 투자하는 집합투자기구
	부동산집합투자기구	집합투자재산의 50%를 초과하여 부동산 또는 부동산 관련 자산에 투자하는 펀드
	특별자산집합투자기구	집합투자재산의 50%를 초과하여 특별자산(증권 및 부동산 등을 제외하는 자산)에 투자하는 집합투자기구
	혼합자산집합투자기구	집합투자재산을 운용함에 있어서 증권·부동산·특별자산집합투자기구 관련 규정의 제한을 받지 아니하는 집합투자기구
	단기금융집합투자기구	집합투자재산 전부를 대통령령으로 정하는 단기금융상품에 투자하는 집합투자기구

정답 | ②

20

다음 중 증권집합투자기구의 주요 투자대상과 가장 거리가 먼 것은?

① KOSPI200에 속하는 주식
② KOSPI200에 속하는 주식을 기초자산으로 하는 파생상품
③ 선박투자회사 발행주식
④ 채무증권

TIP 선박투자회사 발행주식은 특별자산집합투자기구의 주요 투자대상이다.

핵심포인트 해설   **증권집합투자기구**

의 의	• 집합투자재산의 50%를 초과하여 증권에 투자하는 집합투자기구 • 주식형, 채권형, 혼합형, 파생주식형, 장외파생상품 투자형, 해외자산 투자형 등이 있음
주요 투자대상	• 증권(채무·지분·수익·파생결합·증권예탁·투자계약증권) • 증권을 기초자산으로 한 파생상품
주요 투자대상에서 제외되는 증권	• 부동산·부동산 관련 권리(지상권, 임차권, 분양권 등)·특별자산 등이 신탁재산, 집합투자재산 또는 유동 화자산의 50% 이상을 차지하는 경우 그 집합투자증권·유동화증권·수익증권 • 부동산·특별자산 관련 증권에 투자되는 증권 · 부동산투자회사 발행주식 · 선박투자회사 발행주식 · 사회기반시설사업 법인발행 주식·채권 · 사회기반시설사업 법인에 대출한 법인의 지분증권 · 부동산투자목적회사 발행 지분증권 • 부동산 관련 유동화자산 가액이 70% 이상인 유동화증권 • 주택저당담보부채권, 주택저당증권

정답 | ③

다음 중 부동산집합투자기구의 주요 투자대상과 가장 거리가 먼 것은?

① 지상권

② 자동차

③ 부동산 관련 유동화자산가액이 70% 이상인 유동화증권

④ 부동산을 기초자산으로 한 파생상품

TIP 자동차는 특별자산집합투자기구의 주요 투자대상이다.

핵심포인트 해설	부동산집합투자기구 및 특별자산집합투자기구의 주요 투자대상
부동산 집합투자기구	• 부동산 • 부동산을 기초자산으로 한 파생상품 • 부동산 관련 권리(지상권, 지역권, 임차권, 분양권, 부동산담보금전채권) • 부동산 관련 증권(부동산투자회사 발행주식, 부동산개발회사 발행증권, 부동산투자목적회사 발행 지분증권) • 유동화증권 중 부동산 관련 유동화자산가액이 70% 이상인 유동화증권 • 주택저당담보부채권 또는 주택저당채권
특별자산 집합투자기구	• 일반상품 : 농·수·축산물, 에너지 등 실물자산 • 공시방법을 갖추고 있는 동산 : 자동차, 선박, 항공기, 건설기계 등 • 미술품, 악기, 문화콘텐츠 상품(영화, 게임, 인터넷 콘텐츠 등) • 특별자산에 해당하는 증권 　· 특별자산이 신탁재산의 50%를 초과하는 수익증권·집합투자증권·유동화증권 　· 선박투자회사가 발행한 주식 　· 사회기반시설법인이 발행한 주식과 채권 　· 사회기반시설법인에 대출한 법인의 지분증권 • 가격 등의 산출 또는 평가가 가능한 것을 기초자산으로 한 파생상품 • 어업권, 광업권, 탄소배출권, 지적재산권, 보험금지급청구권 • 기타 증권 및 부동산을 제외한 자산으로 경제적 가치가 있는 모든 자산(포괄주의)

정답 | ②

다음 중 혼합자산집합투자기구에 대한 설명이 잘못된 것은?

① 개방형집합투자기구로 설정되어야 한다.

② 투자대상에 대한 법적 제한이 없다.

③ 투자비율에 대한 법적 제한이 없다.

④ 투자자산 운용 시 증권집합투자기구 관련 규정의 제한을 받지 않는다.

TIP 환매금지형집합투자기구로 설정되어야 한다.

핵심포인트 해설   **혼합자산집합투자기구**

의 의	• 여러 자산에 제한 없이 투자하는 집합투자기구 • 집합투자재산을 운용함에 있어서 증권·부동산·특별자산집합투자기구 관련 규정의 제한을 받지 아니하는 집합 투자기구
투자대상	• 증권, 부동산, 특별자산 모두 가능
장 점	• 투자대상 제한 없음 • 투자한도 제한 없음 • 투자비율 제한 없음
단 점	• 환매금지형집합투자기구로 설정되어야 함 • 유동성위험으로 투자손실이 클 수도 있음

정답 | ①

단기금융집합투자기구(MMF)에 대한 설명 중 잘못된 것은?

① 집합투자재산 전부를 대통령령으로 정하는 단기금융상품에 투자하는 집합투자기구이다.

② MMF의 투자대상에 잔존만기 5년 이내의 국채증권도 포함된다.

③ 잔존만기가 1년 이내라도 주권관련사채는 투자할 수 없다.

④ 투자재산의 남은 만기는 가중평균이 90일 이내여야 한다.

용어 알아두기

주권관련사채	채권으로 발행되었으나 향후 해당 주가가 올라갈 경우 주식으로 바꿀 수 있는 형태의 채권을 말하는 것으로 전환사채, 신주인수권부사채, 교환사채 등이 이에 해당한다.

TIP 투자재산의 남은 만기는 가중평균이 75일 이내여야 한다.

핵심포인트 해설   **단기금융집합투자기구(MMF)**

특 징	• 금융위원회가 고시하는 MMF에 한하여 '장부가'로 평가할 수 있음 • 익일입출금제(단, 개인MMF는 당일입출금 가능)
투자대상	• 잔존만기 6개월 이내 CD • 잔존만기 5년 이내 국채증권 • 잔존만기 1년 이내 지방채·특수채·사채(단, 주권관련사채 및 사모사채는 제외) 및 기업어음 • 잔존만기 1년 이내의 금융기관이 발행·할인·매매·중개·인수·보증하는 어음 • 단기대출, 만기 6개월 이내인 금융기관 또는 체신관서 예치, 다른 단기금융집합투자기구의 집합투자증권, 전자단기사채 • 외화가입국가(OECD국가, 싱가포르, 홍콩, 중국)의 통화로 표시된 단기금융상품
운용제한	• 증권 대여 및 차입금지 • 5% 제한(잔존만기 1년 이상인 국채증권에는 투자재산의 5% 이내에서 운용, 환매조건부매도는 보유증권 총액의 5% 이내일 것) • 투자재산 남은 만기의 가중평균이 75일 이내일 것(법인 MMF의 경우, 가중평균만기를 120일 또는 60일로 차등 적용) • 자산이 증권지수에 따라 변동하거나 특정 신용사건에 따라 확대·축소되는 것에 대한 투자운용 금지 • 원리금, 거래금액 및 기간, 만기 등이 미확정된 자산에 대한 투자금지 • 재산의 40% 이상을 채무증권(단, RP는 제외)에 운용할 것 • 신용평가등급이 상위 2개 등급 이내인 채무증권에 투자할 것

정답 | ④

24

환매금지형집합투자기구에 대한 설명 중 옳은 것은?

① 신탁기간 중에 일정 금액 이상의 환매준비금을 유지해야 한다.
② 환매금지형집합투자기구는 발행일로부터 60일 이내에 상장해야 한다.
③ 환매금지형펀드는 이익분배금 범위 내에서 추가 발행이 허용된다.
④ 펀드자산총액의 10%를 초과하여 시장성 없는 자산에 투자하는 펀드는 환매금지형 펀드로 설정해야 한다.

TIP ① 신탁기간 중에 환매와 관계없이 신탁금을 운용할 수 있고 환매준비금을 유지할 필요가 없다.
② 환금성 확보를 위해 환매금지형집합투자기구는 발행일로부터 90일 이내에 상장해야 한다.
④ 펀드자산총액의 20%를 초과하여 시장성 없는 자산에 투자하는 펀드는 환매금지형펀드로 설정해야 한다.

핵심포인트 해설 **환매금지형집합투자기구**

(1) 의 의
① 신탁기간 중에 환매를 청구할 수 없는 집합투자기구(폐쇄형펀드)
② 장점(운용사 입장) : 신탁기간 중에 환매와 관계없이 신탁금을 운용할 수 있고 환매준비금을 유지할 필요가 없음
③ 단점(투자자 입장) : 환금성 제약이 있음(환금성 확보를 위해 환매금지형집합투자기구는 발행일로부터 90일 이내에 상장하 도록 함)

(2) 환매금지형펀드로 반드시 설정해야 하는 경우
① 부동산펀드
② 특별자산펀드
③ 혼합자산펀드
④ 펀드자산총액의 20%를 초과하여 시장성 없는 자산에 투자하는 펀드
⑤ 일반투자자를 대상으로 하는 펀드로서 자산총액의 50%를 초과하여 금융위원회가 정하여 고시하는 자산에 투자하는 펀드

(3) 환매금지형펀드를 추가로 발행할 수 있는 경우
① 이익분배금 범위 내에서 추가 발행하는 경우
② 기존 투자자의 이익을 해할 우려가 없다고 신탁업자로부터 확인을 받은 경우
③ 기존 투자자 전원의 동의를 받은 경우
④ 기존 투자자에게 집합투자증권의 보유비율에 따라 추가로 발행되는 집합투자증권의 우선매수 기회를 부여하는 경우

정답 | ③

25

종류형집합투자기구에 대한 설명 중 잘못된 것은?

① 판매회사의 판매보수나 판매수수료를 클래스별로 차별화한 집합투자기구이다.
② 종류형집합투자기구 내의 여러 집합투자증권 간 전환 시에는 환매수수료를 부담해야
   하는 단점이 있다.
③ 집합투자자총회의 결의가 필요한 경우 특정 종류의 집합투자증권 투자자에 대해서만
   이해관계가 있는 경우에는 그 종류의 투자자만으로 총회를 개최할 수 있다.
④ 기존에 설정된 비종류형펀드도 종류형펀드로 전환할 수 있다.

TIP 종류형집합투자기구 내의 여러 집합투자증권 간 전환 시 환매수수료가 없다.

핵심포인트 해설 　 종류형집합투자기구

의 의	• 판매회사의 판매보수나 판매수수료를 클래스별로 차별화한 것(집합투자업자 및 신탁업자의 보수는 차별화하지 못함) • 여러 클래스에 투자된 자산을 합쳐서 운용할 수 있는 규모의 경제를 달성할 수 있는 대안이 되는 집합투자기구
운 영	• 집합투자자총회 : 집합투자자총회의 결의가 필요한 경우 특정 종류의 집합투자증권 투자자에 대해서만 이해관계가 있는 경우에는 그 종류의 투자자만으로 총회를 개최할 수 있음 • 전환 : 종류형집합투자기구 내의 여러 집합투자증권 간 전환 시에는 환매수수료 없음(전환하는 경우 그 전환가격은 각 종류의 집합투자증권의 기준가격으로 해야 함)　↳ 환매수수료 있음 (X) • 종류의 수 : 클래스(종류)의 수에는 제한이 없고, 기존 설정된 비종류형집합투자기구도 종류형집합투자기구로 전환 가능 • 이연판매보수제도 : 최근 동일한 펀드 내에서도 종류 간 전환을 가능하게 함(C1 ⇨ C2 ⇨ C3 ⇨ C4)

정답 | ②

전환형집합투자기구에 대한 설명 중 잘못된 것은?

① 다른 집합투자기구의 집합투자증권으로 전환할 수 있는 권리를 투자자에게 부여한다.

② 복수의 집합투자기구 간에 공통으로 적용되는 집합투자규약이 있어야 한다.

③ 집합투자규약에 법적유형이 다른 집합투자기구 간의 전환이 금지되어 있어야 한다.

④ 전환형펀드는 일정 수익이 달성되면 전환 신청이 없어도 안전한 펀드로 전환된다.

TIP 전환형펀드는 투자자에게 다른 펀드로 전환시킬 수 있는 권리가 부여된 펀드일 뿐, 일정 수익이 달성된다고 하여 전환 신청도 없이 안전한 펀드로 전환되는 것은 아니다.

핵심포인트 해설 | **전환형집합투자기구**

(1) 의 의
　복수의 집합투자기구 간에 각 집합투자기구의 투자자가 소유하고 있는 집합투자증권을 다른 집합투자기구의 집합투자증권으로 전환할 수 있는 권리를 투자자에게 부여하는 구조의 집합투자기구

(2) 요 건
　① 복수의 집합투자기구 간에 공통으로 적용되는 집합투자규약이 있을 것
　② 법적유형이 다른 집합투자기구 또는 기관 전용 사모펀드 간의 전환이 금지되어 있을 것

(3) 타 펀드와의 차이

종류형펀드	종류형펀드는 전환 시 기존 포트폴리오에 변화가 없고 환매수수료 적용대상이 아니나, 전환형펀드는 기존 포트폴리오에 변화가 있고 환매수수료 적용대상임(다만, 적용을 유예함)
목표달성형펀드	목표달성형펀드는 펀드에서 일정 수익이 달성되면 펀드 해지 또는 안정적인 자산으로 투자대상을 변경시키는 것이나, 전환형펀드는 투자자에게 다른 펀드로 전환시킬 수 있는 권리가 부여된 펀드임

정답 | ④

모자형집합투자기구에 대한 설명 중 잘못된 것은?

① 자펀드가 발행하는 집합투자증권을 모펀드가 취득하는 구조이다.
② 자펀드가 모펀드의 집합투자증권 외의 다른 집합투자증권을 취득할 수 없다.
③ 자펀드의 집합투자업자와 모펀드의 집합투자업자는 같다.
④ 자펀드 외의 자가 모펀드의 집합투자증권을 취득할 수 없다.

용어 알아두기

재간접펀드	운용사가 투자 위험을 줄이기 위해 펀드자산을 다른 펀드가 발행한 집합투자증권에 투자하는 형태의 펀드를 말한다.

TIP 모펀드가 발행하는 집합투자증권을 자펀드가 취득하는 구조이다.

핵심포인트 해설 · **모자형집합투자기구**

(1) 의 의
　① 다른 집합투자기구(모펀드)가 발행하는 집합투자증권을 취득하는 구조의 집합투자기구(자펀드)
　② 자펀드(하위 펀드)의 집합투자증권을 투자자에게 판매하고, 그 자금을 모펀드(상위 펀드)에 대부분 투자하는 구조

(2) 요 건
　① 자펀드가 모펀드의 집합투자증권 외의 다른 집합투자증권을 취득하는 것을 허용하지 않음
　② 자펀드 외의 자가 모펀드의 집합투자증권을 취득하는 것을 허용하지 않음
　③ 자펀드와 모펀드의 집합투자재산을 운용하는 집합투자업자가 동일할 것

(3) 재간접펀드(Fund of Funds)와의 차이

구 분	모자형펀드	재간접펀드
도입취지	집합투자업자의 운용 효율성	운용회사의 운용능력 아웃소싱
투자방법	투자자는 하위투자기구에 투자	투자자는 투자기구 자체에 투자
집합투자업자 동일성	모펀드와 자펀드의 집합투자업자가 동일함	해당 투자기구와 투자대상투자기구의 집합투자업자가 동일하지 않음

정답 | ①

28

다음 중 상장지수집합투자기구(ETF)의 설정 형태와 거리가 먼 것은?

① 인덱스형
② 추가형
③ 상장형
④ 단위형

TIP 상장지수집합투자기구(ETF)는 단위형으로 설정되지 않는다.

핵심포인트 해설　　**상장지수집합투자기구(ETF : Exchange Traded Funds)**

의 의	• 특정 주가지수와 연동되도록 설계된 지수연동형 펀드 • 특 징 　· 인덱스형, 추가형, 상장형, 증권 실물로 설정해지 [가능] 불가능 (X) 　· 증권시장에 상장되어 주식처럼 투자 가능 　· 주식과 인덱스펀드의 장점을 모두 가짐
요 건	• 기초자산의 가격 또는 기초자산의 종류에 따라 다수 종목의 가격수준을 종합적으로 표시하는 지수의 변화에 연동하여 운용하는 것을 목표로 할 것 • 수익증권 또는 투자회사 주식의 환매가 허용될 것 • 수익증권 또는 투자회사 주식이 해당 투자신탁의 설정일 또는 투자회사의 설립일부터 30일 이내에 증권시장에 상장될 것
적용배재 규정	• 대주주와의 거래제한 규정 • 의결권 행사 규정(ETF는 Shadow Voting만 가능) • 자산운용보고서 제공의무, 내부자 단기매매차익 반환의무, 임원 등 소유상황 보고의무, 주식대량보유 보고의무 • 환매청구 및 방법, 환매가격 및 수수료, 환매연기, 금전납입원칙 등의 규정이 적용되지 않음

정답 | ④

다음 중 ETF에 대한 설명으로 잘못된 것은?

① ETF는 일반집합투자기구와 달리 발행시장과 유통시장이 동시에 존재한다.
② ETF는 펀드자산액의 30%까지 동일종목의 증권에 운용할 수 있다.
③ ETF는 이해관계인 간 거래가 금지된다.
④ ETF가 상장폐지 되면 폐지일로부터 10일 이내에 펀드를 해지해야 한다.

TIP ETF는 이해관계인 간 거래가 허용된다.

핵심포인트 해설   ETF의 운영

(1) ETF 시장

발행시장	• Primary Market(1차 시장) • 지정참가회사를 통하여 ETF가 설정·해지되는 시장
유통시장	• Secondary Market(2차 시장) • 이미 발행된 ETF가 증권시장을 통해 주식같이 매매되는 시장 • 일반투자자들과 지정참가회사가 ETF를 매매함

(2) ETF 운용상 특례

① 펀드재산총액의 30%까지 동일종목의 증권에 운용할 수 있음
② 펀드재산총액으로 동일법인 등이 발행한 지분증권 총수의 20%까지 운용할 수 있음
③ 이해관계인 간 거래 제한의 배제

(3) ETF의 상장폐지

① 상장폐지일로부터 10일 이내에 펀드를 해지해야 함
② 해지일로부터 7일 이내에 금융위원회에 보고해야 함

정답 | ③

30

사모집합투자기구는 공모집합투자기구에 적용되는 규정이 배제되는 특례가 있다. 다음 중 사모집합투자기구에는 그 적용이 배제되는 사항을 고르면?

㉠ 펀드등록 전 판매 및 광고금지
㉡ 자산운용보고서 작성·제공의무
㉢ 기준가격 매일 공고 및 게시의무
㉣ 자산보관·관리보고서 작성 및 제공의무

① ㉠, ㉡
② ㉢, ㉣
③ ㉡, ㉢, ㉣
④ ㉠, ㉡, ㉢, ㉣

TIP ㉠, ㉡, ㉢, ㉣ 모두 사모집합투자기구에는 그 적용이 배제된다.

핵심포인트 해설 **사모집합투자기구**

의 의	• 의의 : 공모에 의하지 아니하고 해당 집합투자기구의 집합투자증권을 매각하여 투자기구를 설정하는 것 • 투자자 수 : 100인 이하
유 형	• 일반 사모집합투자기구 : 헤지펀드 • 기관전용 사모집합투자기구 : PEF
적용배제 특례	공모펀드에는 적용되나, 사모펀드에는 적용을 배제하는 사항 • 펀드등록 전 판매 및 광고금지, 판매보수·수수료 제한 • 자산운용제한, 자기집합투자증권 취득 제한, 금전차입 제한 • 자산운용보고서 작성·제공의무, 수시공시의무, 집합재산에 관한 의무, 인터넷 공시의무 • 파생상품 운용특례, 부동산운용특례 • 집합투자기구 등록 및 등록취소, 명칭, 종류 • 신탁계약 변경과 수익자총회 사항 • 좌수에 따라 균등한 상환 • 환매금지형 집합투자기구, 환매청구 방법, 환매연기 • 기준가격 매일 공고 및 게시의무 • 결산서류 작성·비치·보존·교부의무 • 집합투자재산의 외부회계 감사 수감의무 • 회계감사인의 손해배상책임의무 • 신탁업자의 집합투자재산 운용 관련 운용행위 감시의무 • 자산보관·관리보고서 작성 및 제공의무

정답 | ④

다음 중 펀드의 유형별 특징에 대한 설명이 잘못된 것은?

① 주식투자 비중에 따라 주식형, 채권형, 혼합형으로 구분된다.
② 투자금의 추가불입 여부에 따라 추가형, 단위형으로 구분된다.
③ 대부분의 펀드는 매출식으로 설정된다.
④ 장외파생상품에 투자되는 펀드는 레버리지 위험뿐만 아니라 거래상대방 위험도 있다.

TIP 대부분의 펀드는 모집식으로 설정된다.

핵심포인트 해설　　**펀드의 일반적 분류**

주식투자 비중	주식형	• 주식에 펀드재산의 60% 이상 투자
	채권형	• 채권에 펀드재산의 60% 이상 투자
	혼합형	• 채권혼합형 : 주식에 펀드재산의 50% 미만 투자 • 주식혼합형 : 주식에 펀드재산의 50% 이상 투자(50 ~ 60%정도)
중도환매 여부	개방형	• 계약기간 중도에 환매가 가능한 펀드 • 장외파생상품에 투자하는 펀드의 경우 높은 환매수수료 적용
	폐쇄형	• 계약기간 중도에 환매가 불가능한 펀드 • 주로 부동산펀드, 선박펀드(공모의 경우 증권시장에 상장해야 함)
추가불입 여부	추가형	• 최초 모집기간 종료 이후에도 추가불입이 가능한 펀드
	단위형	• 최초 모집기간 종료 이후에는 추가불입이 불가능한 펀드
설정방법	모집식	• 펀드 설정 전에 펀드 청약대금 확보 후에 펀드를 설정하는 방식 • 현재 모집식펀드가 대부분(펀드판매사의 자금부담이 없음)
	매출식	• 펀드판매사의 보유자금으로 펀드설정 후 고객의 펀드청약이 있을 때 판매사가 보유 중인 펀드를 매각하는 방식
파생상품 투자 여부	증권형	• 파생상품에 투자할 수 없는 펀드
	파생형	• 파생상품에 투자할 수 있는 펀드 • 장내파생상품 투자 펀드 : 레버리지 리스크(거래상대방 위험 없음) • 장외파생상품 투자 펀드 : 레버리지 리스크 + 거래상대방 위험 + α

정답 | ③

주식형펀드에 대한 설명 중 잘못된 것은?

① 보통 섹터펀드나 스타일펀드는 시장 전체에 투자하는 펀드보다 가격변동성이 크다.

② 대주주 지분이 많은 주식은 유동성 부족으로 인한 손실 가능성이 있다.

③ 국내 경기가 회복되고 주식시장이 안정될 때 미래성장성을 바탕으로 한 성장주펀드가 최적의 펀드이다.

④ 가치주펀드는 주로 현재가치에 비해 미래수익이 클 것으로 기대되는 주식에 투자한다.

TIP 성장주펀드는 주로 현재가치에 비해 미래수익이 클 것으로 기대되는 주식에 투자한다.

핵심포인트 해설	주식형펀드

의 의	• 펀드재산의 60% 이상을 주식 또는 주식 관련 파생상품에 투자하는 펀드 • 최근에는 저금리 영향으로 주식형펀드 비중이 높아지는 추세
위 험	• 시장위험 : 섹터펀드, 스타일펀드, 중·소형주펀드 등은 시장 전체에 투자하는 펀드에 비해 위험수준이 높음 • 개별위험 : 주식 발행 기업의 재무상태, 영업·경쟁상황 등으로 인하여 주가가 변동할 가능성이 높음 • 유동성위험 : 중소형주, 대주주 지분이 많은 주식, 비상장주식 등은 유동성 부족으로 인한 손실 가능성이 있음
유 형	• 성장주펀드 : 주로 성장주(미래성장에 대한 기대감으로 현재 기업가치보다 주가가 높게 형성된 주식)에 투자하는 펀드 • 가치주펀드 : 주로 가치주(기업가치에 비해 저평가된 기업)에 투자하는 펀드 • 배당주펀드 : 주로 배당주(배당수익률이 높은 종목)에 집중 투자하는 펀드

정답 | ④

투자전략에 따른 펀드 분류에 대한 설명 중 잘못된 것은?

① Bottom-up Approach는 거시경제·금융변수 등에 대한 예측을 하지 않고 투자대상 종목의 저평가 여부만을 투자기준으로 판단하는 방식이다.
② Top-down Approach는 저평가된 종목의 발굴로 인한 성과보다 주식·채권 간 투자 비율, 업종 간 투자비율을 더 중요시한다.
③ 대표적인 액티브운용전략 펀드는 인덱스펀드이다.
④ 패시브운용전략 펀드는 초과위험을 최소화하는 것을 목표로 한다.

TIP 인덱스펀드는 대표적인 패시브운용전략 펀드이다.

핵심포인트 해설 **투자전략에 따른 펀드 분류**

(1) 액티브운용전략 펀드
 ① Bottom-up Approach(상향식 접근방식)
  ㉠ 거시경제·금융변수 등에 대한 예측을 하지 않고 투자대상종목의 저평가 여부만을 투자기준으로 판단하는 방식
  ㉡ 주식운용 : 유사업종 종목과 비교하여 저평가된 종목에 투자
  ㉢ 채권운용 : 현재 저평가된 채권, 신용등급 상승 가능성이 있는 채권에 투자
 ② Top-down Approach(하향식 접근방식)
  ㉠ 거시경제 분석을 통해 유망산업을 선정하고, 그 다음에 기본적 분석을 통해 개별기업을 찾아내어 투자하는 방식
  ㉡ 주식운용 : 개별종목의 성과보다 주식·채권 간 투자비율, 업종 간 투자비율을 더 중요시함
  ㉢ 채권운용 : 경제전망을 기초로 한 듀레이션 조정, 만기 구간별 투자비중조절, 국채·회사채 비중조절 등을 통해 비교대상 지수보다 높은 수익 추구
(2) 패시브운용전략 펀드
 ① 의의 : 체계적인 거래기법에 의하여 운용되는 시스템펀드
 ② 유형 : 인덱스형, 포트폴리오 보험형, 차익거래형, 롱숏형, 시스템트레이딩형
 ③ 목표 : 인덱스 수익률과 유사한 수익을 추구하며 초과위험을 최소화시키는 것
 ④ 특징 : 종목변경이 빈번하지 않고, 액티브운용전략 펀드보다 보수가 저렴함

정답 | ③

34

인덱스펀드에 대한 설명으로 가장 거리가 먼 것은?

① 인덱스펀드는 액티브펀드보다 비용이 저렴하여 장기투자 시 액티브펀드에 비하여 우월한 수익을 실현할 수 있다.

② 인덱스펀드 운용 시 추적오차가 발생하지 않는다는 점이 장점이다.

③ 인덱스펀드는 추적대상지수의 가격 움직임이 인덱스펀드의 수익률과 연동되므로 펀드의 수익률 예상을 명쾌하게 할 수 있다.

④ 주식 개별종목의 리스크를 피하기 위해 인덱스펀드가 유리하다.

TIP 인덱스펀드 운용 시 추적오차가 발생한다.

핵심포인트 해설　　　**인덱스펀드**

(1) 인덱스펀드의 의의 및 특징

① 의의 : 인덱스지수(시장·섹터·스타일 인덱스 등)의 수익 수준을 추구하는 지수 추종형 펀드(대표적인 패시브운용전략 펀드)

② 특징 : 낮은 보수, 투명한 운용, 장기투자 시 액티브펀드보다 높은 수익 가능

③ 투자포인트 : 장기투자 시 유리하고, 개별종목 위험을 피하는 방법으로 적합함

(2) 인덱스펀드 운용 시 추적오차 발생원인

① 보수 등 펀드비용

② 포트폴리오 구축을 위한 거래비용

③ 인덱스펀드 포트폴리오와 추적대상지수 포트폴리오의 차이

④ 포트폴리오 구축 시 적용되는 가격과 실제 매매가격과의 차이

(3) 추적오차를 최소화하기 위한 방법

① 상장지수펀드(ETF)에 투자하는 방법

② 완전복제법에 의하여 운용되는 인덱스펀드에 투자하는 방법

정답 | ②

인핸스드 인덱스펀드에 대한 설명 중 옳은 것은?

① 추적대상지수 수익률 정도의 수익률을 목표로 하는 펀드이다.
② 정통 인덱스펀드보다 추적오차가 작다.
③ 알파 추구 전략은 포트폴리오만으로는 추적대상지수보다 높은 수익을 올릴 수 없다고 보는 전략이다.
④ 차익거래전략은 투자대상자산과 파생상품 간의 가격차이를 이용하여 제한된 위험 하에 추가수익을 올리려는 전략이다.

TIP ① 추적대상지수 수익률을 초과하는 수익률을 목표로 하는 펀드이다.
② 정통 인덱스펀드보다 추적오차가 크다.
③ 알파 추구 전략은 잘 구성된 포트폴리오만으로 추적대상지수보다 높은 수익을 올리려는 전략이다.

핵심포인트 해설   **인핸스드 인덱스펀드**

(1) 의의 및 특징
　① 의의 : 추적대상지수 수익률을 초과하는 수익률을 목표로 하는 펀드
　② 특 징
　　㉠ 액티브펀드보다는 제한적 위험(또는 수익)을 추구함
　　㉡ 인핸스드 인덱스펀드의 추적오차는 정통 인덱스펀드의 추적오차보다 큼
　　㉢ 대표적인 전략은 알파 추구 전략과 차익거래전략이 있음

(2) 알파 추구 전략
　① 인덱스펀드의 포트폴리오를 잘 구성해서 그 포트폴리오만으로 추적대상지수보다 높은 수익을 올리려는 전략
　② 알파를 추구하는 계량적 모델 사용

(3) 차익거래전략
　① 투자대상자산과 파생상품 간의 가격차이를 이용하여 제한된 위험(이론상 무위험)하에 추가수익을 올리려는 전략
　② 이론가격보다 낮은 자산을 매수하고, 이론가격보다 높은 가격을 매도하는 전략

정답 | ④

36

금융투자상품의 요건과 거리가 먼 것은?

① 이익을 얻거나 손실을 회피할 목적일 것
② 현재 또는 장래 특정시점에 금전 등을 지급하기로 약정하여 취득하는 권리일 것
③ 투자성이 있을 것
④ 원본손실 가능성은 있으나 원본초과손실 가능성은 없을 것

TIP 금융투자상품 중 파생상품은 원본초과손실도 가능한 상품에 해당한다.

핵심포인트 해설	금융투자상품

(1) 의의 및 요건
　① 이익을 얻거나 손실을 회피할 목적일 것
　② 현재 또는 장래 특정시점에 금전 등을 지급하기로 약정하여 취득하는 권리일 것
　③ 그 권리의 취득을 위하여 지급하였거나 지급해야 할 금전 등의 총액이 그 권리로부터 회수하였거나, 회수할 수 있는 금전 등
　　의 총액을 초과하게 될 위험(투자성)을 가질 것

(2) 투자성 판단 시 투자원본 및 회수금액 산정기준
　① 투자원본 산정 시 제외되는 것 : 판매수수료, 보험계약 사업비 및 위험보험료 등
　② 회수금액 산정 시 포함되는 것 : 환매·해지수수료, 세금, 거래 상대방의 채무불이행으로 인한 미지급액

(3) 금융투자상품에서 제외되는 것
　① 원화표시 양도성예금증서(CD)
　② 관리형신탁의 수익권
　③ 주식매수선택권(Stock Option)

정답 | ④

자본시장법상 파생상품펀드에 대한 설명으로 잘못된 것은?

① 자본시장법상 펀드는 증권펀드, 파생상품펀드, 부동산펀드, 특별자산펀드, 혼합자산
펀드로 구분된다.
② 자본시장법상 파생결합증권은 파생상품이 아니라 증권이다.
③ 원금보존추구형 파생상품펀드는 대부분 자산으로 이자자산을 매입하고, 일부 자산
으로 워런트를 매입하는 구조이다.
④ 원금비보존형 파생상품펀드는 옵션 매도 프리미엄을 이용한다.

용어 알아두기

금융공학펀드	일정한 조건을 설정해 놓고 그 조건에 따라 주식을 매매하도록 하는 시스템을 만들어 그 시스템에 따라 펀드가 운용되도록 하는 펀드를 말한다.

TIP 자본시장법상 펀드는 증권펀드, 부동산펀드, 특별자산펀드, 혼합자산펀드, 단기금융펀드(MMF)로 구분된다.

핵심포인트 해설 **파생상품펀드의 개요**

(1) 자본시장법상 파생상품펀드
① 자본시장법상 펀드 : 증권펀드, 부동산펀드, 특별자산펀드, 혼합자산펀드, MMF
② 자본시장법은 파생상품펀드를 다른 펀드와 구분되는 독립된 하나의 펀드로 인정하는 규정이 없음

(2) 실무상 파생상품펀드의 정의
① 펀드재산의 50%를 초과하여 파생결합증권에 운용하는 펀드
② 파생상품 매매에 따른 위험평가액이 펀드자산총액의 10%를 초과하여 투자할 수 있는 펀드

(3) 파생상품펀드의 주요 투자수단
① 파생상품 : 선물, 선도, 옵션, 스왑
② 파생결합증권 : ELS, DLS, ETN

(4) 파생상품펀드의 종류
① 장내파생상품을 이용하는 파생상품펀드 : 금융공학펀드(델타펀드)
② 장외파생상품을 이용하는 파생상품펀드 : 원금보존추구형, 원금비보존형

정답 | ①

주가연계상품에 대한 설명으로 잘못된 것은?

① ELD는 원금을 보장하지만 ELS와 ELF는 원금을 보장하지 않는다.

② ELD는 예금 형태, ELS는 파생결합증권 형태, ELF는 수익증권(펀드) 형태이다.

③ ELD는 중도해지가 가능하나 ELS와 ELF는 불가능하다.

④ ELD와 ELS는 사전 확정수익을 지급하나 ELF는 운용성과에 따라 실적배당한다.

TIP ELD, ELS, ELF 모두 중도해지가 가능하다.

핵심포인트 해설　　**주가연계상품**

구 분	ELD (Equity Linked Deposit)	ELS (Equity Linked Security)	ELF (Equity Linked Fund)
상품명	주가연동예금	주가연계증권	구조화펀드
발행사	은 행	증권사	자산운용사
판매사	은 행	은행, 증권사	은행, 증권사
상품형태	예 금	파생결합증권	수익증권(펀드)
원금보장 여부	보 장	비보장	비보장
중도해지	가 능	가 능	가 능
수익확정 여부	사전 확정수익 지급	사전 확정수익 지급	운용성과에 따라 지급
과세범위	이자소득 과세	배당소득 과세	배당소득 과세

정답 | ③

원금비보존형 파생상품펀드의 쿠폰(수익률)에 영향을 주는 요인에 대한 설명으로 잘못된 것은?

① 변동성이 클수록 쿠폰이 상승한다.
② 행사가격이 낮으면 상환가능성이 상승하여 투자자에게 유리해지므로 쿠폰이 낮아진다.
③ 원금손실 가능성과 연계되는 KI(Knock-In)조건이 낮을수록 쿠폰이 높아진다.
④ 두 종목의 상관관계가 낮을수록 쿠폰이 높아진다.

TIP 원금손실 가능성과 연계되는 KI(Knock-In)조건이 낮을수록 투자자에게 안정성이 높고 손실위험이 감소하므로 쿠폰이 낮아진다.

핵심포인트 해설   원금비보존형 파생상품펀드의 수익률(쿠폰)에 영향을 주는 요인

1. 변동성	변동성이 클수록 수익률(쿠폰) 상승	
2. 상환조건(행사가격)	상환조건이 높을수록 수익률(쿠폰) 상승	비례관계
3. KI조건 낙인 (knock-In)	KI조건이 높을수록 수익률(쿠폰) 상승	
4. KO조건 낙아웃 (knock-Out)	KO조건이 높을수록 수익률(쿠폰) 상승	
5. 상관관계	상관관계가 높을수록 수익률(쿠폰) 하락	반비례관계

정답 | ③

부동산펀드의 주요 운용대상과 거리가 먼 것은?

① PF
② 부동산개발, 관리 및 개량
③ 금융기관이 지급보증한 주택저당채권담보부채권
④ 사회기반시설사업을 시행할 목적으로 하는 법인이 발행한 주식·채권

TIP 특별자산펀드의 주요 운용대상이다.

핵심포인트 해설　　부동산펀드의 주요 운용대상

(1) 부동산펀드의 운용대상별 투자비중
　① 부동산 및 부동산 관련 자산 : 펀드재산의 50%를 초과하여 투자 가능
　② 증권 및 특별자산 : 부동산 및 부동산 관련 자산 투자 후 그 나머지를 증권 및 특별자산에 투자 가능

(2) 부동산, 부동산 관련 자산, 부동산 관련 투자행위
　① 부동산 : 민법상 토지와 그 정착물
　② 부동산과 관련된 자산
　　㉠ 부동산과 관련된 권리
　　　- 지역권·지상권·전세권·임차권·분양권 등의 부동산 관련 권리
　　　- 채권금융기관이 채권자인 부동산 담보 금전채권
　　㉡ 부동산과 관련된 증권
　　　- 신탁재산의 50% 이상을 차지하는 경우의 수익증권, 펀드재산의 50% 이상을 차지하는 경우의 집합투자증권, 유동화자
　　　　산의 50% 이상을 차지하는 유동화증권
　　　- 부동산투자회사가 발행한 주식
　　　- 부동산개발회사가 발행한 증권
　　　- 부동산담보부채권을 기초로 발행된 유동화증권
　　　- 주택저당채권담보부채권 또는 주택저당증권
　　　- 부동산투자목적회사가 발행한 지분증권
　　㉢ 부동산을 기초자산으로 하는 파생상품
　③ 부동산과 관련된 투자행위 : 부동산개발 관련 법인에 대한 대출

정답 | ④

공모·사모부동산펀드가 동일하게 제한되는 사항에 대한 설명으로 잘못된 것은?

① 국내 부동산은 3년 이내에 처분이 금지된다.
② 건축물, 기타 공작물이 없는 토지에 대하여 부동산개발사업 시행 전 해당 토지에 대한 처분이 금지된다.
③ 대통령령으로 정한 적격요건을 갖추지 못한 자와 장외파생상품을 매매하는 행위는 금지된다.
④ 파생상품 매매에 따른 위험평가액이 대통령령으로 정하는 기준을 초과하는 투자행위는 금지된다.

TIP 국내 부동산은 1년 이내에 처분이 금지된다.

핵심포인트 해설　　**공모·사모부동산펀드의 운용제한**

(1) 부동산 취득 후 처분제한 → 3년 (X)
　① 원칙 : 국내 부동산 [1년 이내] 처분금지
　② 예외 : 부동산개발사업에 따라 조성하거나 설치한 토지·건축물을 분양하는 경우, 투자자보호를 위하여 부동산펀드가 합병·해지 또는 해산되는 경우에는 처분 가능

(2) 개발사업 시행 전 토지 처분제한
　① 원칙 : 건축물, 기타 공작물이 없는 토지에 대한 부동산개발사업 시행 전 해당 토지에 대한 처분 금지
　② 예외 : 부동산펀드가 합병·해지 또는 해산되는 경우, 기타 그 토지의 처분이 불가피한 경우 처분 가능

(3) 장외파생상품 매매 시 거래상대방 제한
　공모·사모부동산펀드 모두 대통령령으로 정한 적격요건을 갖추지 못한 자와 장외파생상품을 매매하는 행위 금지

(4) 파생상품 매매 시 위험평가액 제한
　공모·사모부동산펀드 모두 파생상품 매매에 따른 위험평가액이 대통령령으로 정하는 기준을 초과하는 투자행위 금지(다만, 초과기준은 공모와 사모에 차이가 있음)

정답 | ①

42

부동산펀드의 유형에 대한 설명 중 잘못된 것은?

① 대출형펀드는 펀드재산의 50%를 초과하여 부동산개발과 관련된 법인에 대출하는 형태로 투자하는 펀드이다.

② 실물형펀드는 매매형펀드, 권리형펀드, 증권형펀드로 구분된다.

③ 권리형펀드는 펀드재산의 50%를 초과하여 지상권·지역권 등 부동산 관련 권리를 취득하여 운용하는 펀드이다.

④ 증권형펀드는 펀드재산의 50%를 초과하여 부동산 관련 증권에 투자하는 펀드이다.

TIP 실물형펀드는 매매형, 임대형, 경공매형, 개발형, 개량형펀드로 구분된다.

핵심포인트 해설   **부동산펀드의 유형**

대출형	• 펀드재산의 50%를 초과하여 부동산개발과 관련된 법인에 대출하는 형태로 투자하는 펀드 • 부동산 관련 대출로 운용하는 PF형 부동산펀드
실물형	• 매매형 : 부동산 취득 후 매각하는 방식으로 운용 • 임대형 : 부동산 취득 ⇨ 임대 ⇨ 매각함으로써 임대수익 및 매매차익 추구 • 경공매형 : 경공매부동산 취득 후 매매·임대·개량 등의 방식으로 운용 • 개발형 : 부동산 개발하여 분양 ⇨ 매각 또는 임대 후 매각하는 방식 • 개량형 : 부동산 취득 ⇨ 개량 ⇨ (임대) ⇨ 매각하는 방식으로 운용
권리형	• 펀드재산의 50%를 초과하여 지상권·지역권 등 부동산 관련 권리를 취득하여 운용하는 펀드 • 펀드재산의 50%를 초과하여 채권금융기관이 채권자인 금전채권을 취득하여 운용하는 펀드
증권형	• 펀드재산의 50%를 초과하여 부동산 관련 증권에 투자하는 펀드
파생상품형	• 펀드재산의 50%를 초과하여 부동산 관련 선물·옵션에 투자하는 펀드

정답 | ②

다음 중 특별자산펀드의 종류와 거리가 먼 것은?

① 선박투자회사가 발행한 주식에 투자하는 펀드
② 사회기반시설사업의 시행을 목적으로 법인이 발행한 주식과 채권에 투자하는 펀드
③ 채권금융기관이 채권자인 부동산 담보 금전채권에 투자하는 펀드
④ 보험금지급청구권에 투자하는 펀드

TIP 채권금융기관이 채권자인 부동산 담보 금전채권에 투자하는 펀드는 부동산펀드에 해당한다.

핵심포인트 해설 　특별자산펀드의 종류

일반상품	• 농·수·축산물, 임산물, 에너지 등에 투자하는 특별자산펀드
동 산	• 공시방법을 갖춘 동산(선박, 항공기, 기계, 자동차 등)에 투자하는 특별자산펀드
미술품 등	• 그림 또는 악기에 투자하는 특별자산펀드
문화콘텐츠 상품	• 영화, 드라마, 음반, 게임, 출판물 등에 투자하는 특별자산펀드
증 권	• 특별자산이 신탁재산의 50% 이상을 차지하는 수익증권·집합투자증권·유동화증권에 투자하는 특별자산펀드 • 선박투자회사가 발행한 주식에 투자하는 특별자산펀드 • 사회기반시설사업의 시행을 목적으로 법인이 발행한 주식과 채권에 투자하는 특별자산펀드 • 사회기반시설사업의 시행을 목적으로 법인이 발행한 주식과 채권을 취득하거나 그 법인에 대한 대출채권을 취득하는 방식으로 투자하는 것을 목적으로 하는 법인의 지분증권에 투자하는 특별자산펀드
파생상품	• 통화, 일반상품, 신용위험, 그 밖의 자연적·환경적·경제적 현상에 대한 위험 등을 기초자산으로 하는 파생상품에 투자하는 특별자산펀드
권 리	• 어업권, 광업권, 탄소배출권, 지적재산권, 보험금지급청구권 등 권리에 투자하는 특별자산펀드

정답 | ③

다음 중 특별자산펀드의 내용에 대한 설명으로 잘못된 것은?

① 자본시장법은 특별자산의 범위에 대하여 포괄주의를 취하고 있다.

② 특별자산펀드는 환매금지형펀드로 설정해야 한다.

③ 특별자산펀드는 발행일로부터 90일 이내에 증권시장에 상장해야 한다.

④ 특별자산 투자신탁의 설립주체는 발기인이다.

TIP 특별자산 투자신탁의 설립주체는 집합투자업자이다.

핵심포인트 해설   **특별자산펀드의 의의 및 법적 형태**

(1) 의의

① 집합투자재산의 50%를 초과하여 증권 및 부동산을 제외한 특별자산(증권 및 부동산 등을 제외하는 자산)에 투자하는 펀드
(특별자산의 범위 : 열거주의에서 포괄주의로 변경됨)

② 자본시장법은 특별자산펀드는 환매금지형펀드로 설정하도록 의무화하고 있으며, 발행일로부터 90일 이내에 증권시장에
상장하도록 함

(2) 법적 형태·설정주체·규약

법적 형태	법적 근거	설정주체	집합투자규약
특별자산 투자신탁	신탁계약	집합투자업자	신탁계약서
특별자산 투자회사	상 법	발기인	정 관
특별자산 투자유한회사	상 법	집합투자업자	정 관
특별자산 투자유한책임회사	상 법	집합투자업자	정 관
특별자산 투자합자회사	상 법	집합투자업자	정 관
특별자산 투자합자조합	민 법	집합투자업자	조합계약
특별자산 투자익명조합	상 법	집합투자업자	익명조합계약

정답 | ④

특별자산펀드에 대한 규제내용으로 잘못된 것은?

① 특별자산펀드는 자본시장법상 의무적으로 환매금지형펀드로 설정해야 한다.
② 특별자산펀드는 최초 발행일로부터 90일 이내에 증권시장에 상장해야 한다.
③ 사회기반시설사업을 시행할 목적으로 하는 법인이 발행한 주식·채권은 펀드자산총액의 최대 50%까지 투자할 수 있다.
④ 특별자산의 평가방법은 원칙적으로 시가에 의하고, 신뢰할만한 시가가 없는 경우에는 공정가액에 의한다.

TIP   최대 100%까지 투자할 수 있다.

핵심포인트 해설   **특별자산펀드의 운용상 특례**

(1) 원 칙
　일반적인 공모펀드는 동일종목에 펀드자산총액의 10%까지만 투자할 수 있음
(2) 특별자산펀드의 운용상 특례(동일종목에 100%까지 투자 가능한 종목)
　① 사회기반시설사업을 시행할 목적으로 하는 법인이 발행한 주식·채권
　② 사회기반시설사업을 시행할 목적으로 하는 법인이 발행한 대출채권
　③ ① 또는 ②를 취득하는 것을 목적으로 하는 법인의 지분증권
　④ 특별자산 투자목적회사가 발행한 지분증권
　⑤ 사업수익권(특정사업으로 발생하는 수익을 분배받을 수 있는 계약상의 출자지분 또는 권리)

정답 | ③

46

자본시장법상 특별자산펀드에 대한 설명 중 잘못된 것은?

① 특별자산펀드는 폐쇄형펀드로 설정해야 한다.
② 특별자산이란 증권 및 부동산을 제외한 경제적 가치가 있는 모든 자산이다.
③ 자본시장법은 공모선박투자회사를 특별자산펀드의 하나로 인정하고 있다.
④ 금융기관이 지급보증을 한 주택저당증권은 특별자산펀드의 주요 투자대상이다.

TIP 금융기관이 지급보증을 한 주택저당증권은 부동산펀드의 주요 투자대상이다.

핵심포인트 해설   **특별자산펀드의 의의 및 투자대상**

(1) 특별자산펀드의 의의
　① 펀드재산의 50%를 초과하여 특별자산에 투자하는 펀드
　② 특별자산 : 증권 및 부동산을 제외한 경제적 가치가 있는 모든 자산(포괄주의)
　③ 자본시장법은 공모선박투자회사를 특별자산펀드의 하나로 인정하고 있음

(2) 특별자산펀드의 주요 투자대상

일반상품	• 농·수·축산물, 임산물, 광산물, 물품 등 경제적 가치가 있는 실물
공시되는 동산	• 선박, 항공기, 자동차, 건설기계 등 등기·등록되는 동산
미술품·악기	• 그림, 조각, 공예, 사진, 예술작품, 바이올린, 피아노 등 명품악기
문화콘텐츠 상품	• 영화, 드라마, 만화, 음반, 연극, 게임 등 콘텐츠 성격의 상품
특별자산에 해당하는 증권	• 특별재산이 신탁재산의 50% 이상을 차지하는 증권 • 선박투자회사가 발행한 주식 • 사회기반시설사업 시행을 목적으로 하는 법인이 발행한 주식·채권 • 사회기반시설사업 시행을 목적으로 하는 법인에 대한 대출채권을 취득하는 방식으로 투자하는 　법인의 지분증권 • 해외자원개발 전담회사와 특별자산에 대한 투자만을 목적으로 하는 법인이 발행한 지분증권· 　채무증권
특별자산 관련 파생상품	• 통화, 일반상품, 신용위험 등을 기초자산으로 하는 파생상품
특별자산 관련 권리	• 지적재산권, 보험금지급청구권, 어업권, 광업권, 탄소배출권 등
기 타	• 증권 및 부동산을 제외한 경제적 가치가 있는 모든 자산(포괄주의)

정답 | ④

신탁에 대한 설명 중 잘못된 것은?

① 신탁은 위탁자가 수탁자에게 신탁재산을 맡기고 운용하게 한 후 그 이익을 수익자에게 주는 법률관계이다.
② 수익자는 위탁자 본인만 가능하다.
③ 신탁은 신탁계약, 유언, 신탁선언 등을 원인으로 하여 설정된다.
④ 신탁이 설정되면 신탁재산의 소유자는 위탁자에서 수탁자로 변경된다.

TIP 수익자는 위탁자 본인이 될 수도 있고, 위탁자가 지정하는 제3자가 될 수도 있다.

핵심포인트 해설　　**신탁의 개요**

의 의	• 위탁자와 수탁자 간의 신임관계에 기하여 위탁자가 수탁자에게 특정재산을 맡기고 수탁자로 하여금 수익자의 이익을 위해 그 재산을 관리, 처분, 운용, 개발, 그 밖에 신탁 목적의 달성을 위하여 필요한 행위를 하게 하는 법률관계
신탁관계인	• 위탁자 : 특정재산을 맡기는 자 • 수탁자 : 특정재산을 관리·운용하는 자 • 수익자 : 특정재산에서 발생하는 이익을 받는 자(위탁자 본인 또는 위탁자가 지정하는 제3자)로 수탁자의 감시·감독권이 있음
법률관계	• 신탁의 설정 근거 : 신탁계약, 유언, 신탁선언 • 신탁 설정 후 신탁재산의 소유자 변경 : 위탁자 ⇨ 수탁자 • 신탁재산의 이익 귀속 : 수익자
신탁재산의 특징	• 신탁재산은 강제집행, 담보권 실행을 위한 경매, 보전처분, 체납처분 등이 금지됨 • 신탁재산은 수탁자가 사망·파산해도 상속재산·파산재단에 포함되지 않음

정답 | ②

48

주요 신탁상품에 대한 내용으로 거리가 먼 것은?

① 특정금전신탁은 위탁자가 신탁재산을 운용지시하는 형태이다.

② 특정금전신탁은 일반적으로 합동운용 상품이다.

③ 우리나라에서 판매되고 있는 유일한 불특정금전신탁은 연금신탁이다.

④ 부동산신탁의 유형에는 담보신탁, 관리신탁, 처분신탁, 개발신탁 등이 있다.

TIP 특정금전신탁은 일반적으로 고객별로 운용하는 단독운용 상품이다.

핵심포인트 해설 | **신탁재산의 종류에 따른 신탁상품의 종류**

금전신탁	• 신탁재산이 금전인 신탁상품 • 유 형 · 특정금전신탁 : 위탁자가 신탁재산을 운용지시하는 형태 · 불특정금전신탁 : 위탁자의 운용지시 없이 수탁자가 신탁재산을 운용하는 형태
재산신탁 (금전 외 신탁)	• 신탁재산이 금전이 아닌 재산인 신탁상품 • 유 형 · 금전채권신탁 · 증권신탁 · 부동산신탁 · 부동산권리신탁 · 동산신탁 · 무체재산권신탁
종합재산신탁	• 금전신탁과 재산신탁을 하나의 계약으로 하는 신탁상품 • 기대효과 : 고객니즈에 부응한 종합금융서비스 제공
담보부사채신탁	• 사채를 발행하는 회사가 그 사채상환에 대하여 재산을 담보로 제공하는 신탁상품 • 사채의 안정성을 담보하기 위해 사채권자를 수익자로 함

정답 | ②

신탁상품의 종류 및 주요내용 ★★

특정금전신탁에 대한 설명으로 거리가 먼 것은?

① 고객이 금전을 신탁하고, 신탁회사는 신탁재산을 위탁자의 운용지시에 따라 운용한 후 실적배당하는 상품이다.
② 특정금전신탁은 대표적인 합동운용 신탁상품이다.
③ ELT, MMT는 특정금전신탁의 유형 중 하나이다.
④ 해지할 때 현금지급이 곤란한 경우 신탁재산을 현금화하지 않고 교부할 수 있다.

TIP 고객별로 운용하는 단독운용 신탁상품이다.

핵심포인트 해설　　　**특정금전신탁**

가입자격 가입금액·기간	• 제한 없음 • 단독운용 상품이라 최저가입금액이 다른 상품에 비하여 높은 편임
운용방법	• 위탁자의 운용지시에 의하여 운용(신탁회사에게 운용 위임 가능) • 신탁재산을 보험상품으로 운용하는 것은 금지됨(자본시장법)
수익자	• 위탁자 본인 또는 위탁자가 지정한 제3자 • 제3자를 수익자로 지정한 경우 수익에 대하여 증여세가 부과됨
수익지급방법	• 신탁이익은 신탁해지일 또는 계약으로 정한 이익지급일에 지급 • 운용결과에 대한 실적배당상품이므로 손익은 수익자에게 귀속됨 • 손실이 발생하더라도 신탁회사의 원금보전의무 없음
신탁·수익보수	• 신탁보수 : 신탁회사(수탁자)는 계약에서 정한 신탁보수 취득 가능 • 수익보수 : 일정수익을 초과하는 수익의 일정부분 취득 가능
해지방법	• 해지시점은 계약에서 정한 만기일에 하는 것이 원칙(중도해지 가능) • 현금지급이 곤란한 경우 신탁재산을 현금화하지 않고 교부 가능 • 신탁금액의 일부 해지도 가능

정답 | ②

268　합격의 기준, 해커스금융　fn.Hackers.com

연금신탁에 대한 설명 중 잘못된 것은?

① 연금신탁은 위탁자의 운용지시에 따라 운용해야 한다.

② 연금신탁은 2018년부터 신규판매가 중지되었다.

③ 연금신탁은 일정 기간 납입하고 만 55세 이후 연금으로 수령할 수 있다.

④ 연금신탁의 유형에는 주식형과 채권형이 있다.

TIP 연금신탁은 위탁자의 운용지시 없이 수탁자가 신탁재산을 운용한다.

핵심포인트 해설   **연금신탁(연금저축신탁)**

가입대상	• 국내거주자(연령제한 없음), 2018년부터 신규판매 중지됨
가입금액	• 연간 1,800만원(전 금융기관 합산·퇴직연금 근로자 납입분 합산) 이내
적립기간	• 5년 이상 연 단위로 정해야 함 • 만 55세 이후가 되는 때까지로 정해야 함
연금 수령기간	• 가입일로부터 5년 경과·만 55세 이후부터 가능 • 10년 이상 연 단위로 정할 수 있음
연금 지급주기	• 월 단위는 물론 필요 시 3개월, 6개월, 1년 단위로도 가능함
중도해지	• 연금개시 전 : 기타소득세 부과 • 연금개시 후 : 연금소득세(연금수령한도 내) + 기타소득세(연금수령한도 외)
종합소득 신고대상	• 연금소득금액이 연간 1,500만원을 초과하는 경우 • 중도해지 등으로 기타소득금액이 연간 300만원을 초과하는 경우
혜 택	• 세액공제 : 연간납입액(600만원 한도)의 12%(지방세 포함 13.2%) 세액공제 • 저율과세 : 연금수령 시 연금소득세 3.3 ~ 5.5% 저율과세 • 원금보장 : 신탁업자(은행)가 적립한 원본 보장

정답 | ①

신탁회사의 신탁상품 및 운용자산의 설명사항 중 특정금전신탁인 경우 추가적인 설명사항으로 거리가 먼 것은?

① 신탁의 중도해지 방법, 중도해지 제한, 중도해지수수료에 관한 사항
② 위탁자가 신탁재산인 금전의 운용방법을 지정하고, 신탁회사는 지정된 운용방법에 따라 신탁재산을 운용한다는 사실
③ 위탁자는 운용방법을 변경지정하거나 계약을 해지할 수 있으며, 특별한 사유가 없는 한 신탁회사는 이에 응할 의무가 있다는 사실
④ 특정금전신탁의 운용내역 및 자산의 평가가액을 위탁자가 조회할 수 있다는 사실

TIP 특정금전신탁인 경우에 적용되는 추가적인 설명사항이 아니라 모든 신탁상품에 대한 일반적인 설명사항이다.

핵심포인트 해설　　　**신탁회사의 설명의무**

(1) 신탁상품의 일반적인 설명사항
　① 신탁상품의 명칭 및 종류
　② 신탁재산의 운용방법, 운용제한에 관한 사항
　③ 신탁의 중도해지 방법, 중도해지 제한, 중도해지수수료에 관한 사항
　④ 신탁보수, 투자소득의 과세에 관한 사항
　⑤ 투자원금이 보장되지 않는다는 사실 등 투자위험에 관한 사항
　⑥ 기타 법령에서 정한 사항

(2) 특정금전신탁인 경우 추가적인 설명사항
　① 위탁자가 신탁재산인 금전의 운용방법을 지정하고, 신탁회사는 지정된 운용방법에 따라 신탁재산을 운용한다는 사실
　② 위탁자는 운용방법을 변경지정하거나 계약을 해지할 수 있으며, 특별한 사유가 없는 한 신탁회사는 이에 응할 의무가 있다는 사실
　③ 위탁자는 자기의 재무상태, 투자목적 등에 대하여 신탁회사의 임직원에게 상담을 요청할 수 있으며, 신탁회사의 임직원은 이에 응할 준비가 되어 있다는 사실
　④ 특정금전신탁의 운용내역 및 자산의 평가가액을 위탁자가 조회할 수 있다는 사실

정답 | ①

52

신탁상품의 투자권유에 대한 설명으로 잘못된 것은?

① 분기 1회 이상 자산운용보고서를 작성하고 이를 고객에게 제공해야 한다.

② 비지정형특정금전신탁 및 불특정금전신탁의 경우 반드시 투자자정보를 확인해야 하며 투자권유 불원 또는 투자정보 미제공 시 신탁계약을 체결할 수 없다.

③ 자신의 정보를 제공하지 않는 고객은 그 거부의사를 서면으로 확인하고 투자자보호 절차를 생략할 수 있다.

④ 비지정형특정금전신탁은 위탁자(고객)의 투자성향보다 위험도가 높은 신탁상품에 투자하고자 할 경우에는 고객의 확인을 받은 후에 계약을 체결할 수 있다.

TIP 비지정형특정금전신탁은 위탁자(고객)의 투자성향보다 위험도가 높은 신탁상품에 투자하고자 할 경우에는 고객의 확인을 받더라도 계약을 체결할 수 없다.

핵심포인트 해설 · 신탁상품 판매 6단계

1. 투자자 정보파악	• 비지정형특정금전신탁 및 불특정금전신탁의 경우에는 반드시 투자자정보를 확인해야 하며 투자권유 불원 또는 투자정보 미제공 시 신탁계약을 체결할 수 없음 • 투자자정보를 제공하지 않은 고객은 신탁을 통한 파생상품 등의 거래도 할 수 없음
2. 투자자 유형분류	• 위탁자정보를 통하여 위탁자의 투자성향 및 위험등급에 따라 일정 유형으로 분류
3. 적합한 상품선정	• 비지정형특정금전신탁은 위탁자의 투자성향보다 위험도가 높은 신탁상품에 투자하고자 할 경우에는 고객의 확인을 받더라도 계약을 체결할 수 없음
4. 상품에 대한 설명	• 신탁상품의 상품설명서를 교부하고 일반투자자가 이해할 수 있도록 설명해야 함
5. 위탁자 의사확인	• 고객의 상품가입 의사를 확인하고 계약을 체결해야 함 • 고객이 전문투자자인 경우 2 ~ 4단계의 일부 생략이 가능함 • 고객이 전문투자자라 할지라도 상품설명서 및 상담확인서는 징구해야 함
6. 사후관리	• 자산운용보고서 작성 및 제공 : 분기 1회 이상 • 비지정형신탁상품의 경우 분기 1회 이상 재무상태 등의 변경 여부 확인 및 운용 시 반영할 것

정답 | ④

파생상품이 포함된 신탁상품에 대한 설명으로 잘못된 것은?

① 투자자의 투자성향 및 투자상품의 위험도를 고려하여 적합한 투자권유를 해야 한다.
② 투자자의 연령과 파생상품의 투자경험 등을 고려하여 적정하지 않으면 완벽하게 이해할 때까지 설명의무를 다해야 한다.
③ 일반투자자를 상대방으로 하여 장외파생상품 거래를 하는 경우에는 위험회피목적의 경우에만 가능하다.
④ 금융투자회사의 임직원은 고객이 장외파생상품거래를 통해 회피할 위험의 종류와 금액을 확인하고 관련 자료를 보관해야 한다.

TIP 투자자의 연령과 파생상품의 투자경험 등을 고려하여 적정하지 않으면 투자권유를 하지 말아야 한다.

핵심포인트 해설   **파생상품 등이 포함된 신탁상품의 투자권유에 대한 특칙**

(1) 장외파생상품 이외의 파생상품 등이 포함된 신탁계약에 대한 특칙
　① 적합성 원칙 준수 : 투자자의 투자성향 및 투자상품의 위험도를 고려하여 적합한 투자권유가 되어야 함
　② 적정성 원칙 준수 : 투자자의 연령과 파생상품 등의 투자경험 등을 고려하여 적정하지 않으면 투자권유를 하지 말아야 함

(2) 장외파생상품이 포함된 신탁상품에 대한 특칙
　① 일반투자자를 상대방으로 하여 장외파생상품 거래를 하는 경우에는 위험회피목적(손실감소 목적)의 경우에만 가능
　② 금융투자회사 임직원의 적정성 원칙 준수
　　㉠ 고객이 장외파생상품거래를 통해 회피할 위험의 종류와 금액을 확인하고 관련 자료를 보관해야 함
　　㉡ 고객의 연령과 투자경험을 고려하여 회사의 기준에 적합하지 않다고 판단되면 투자권유를 하지 말아야 함

정답 | ②

비지정형 금전신탁상품에 대한 임직원의 설명의무 준수사항과 거리가 먼 것은?

① 세부자산배분유형 간 구분 기준, 차이점 및 예상 위험수준에 관한 사항
② 분산투자규정이 없을 수 있어 수익률의 변동성이 펀드 등에 비하여 더 클 수 있다는 사실
③ 투자자유형별 위험도를 초과하여 신탁재산의 운용에 대해 투자자가 개입할 수 있다는 사실
④ 성과보수를 수취하는 경우 그 수취요건 및 성과보수로 인한 잠재 위험에 관한 사항

TIP 투자자유형별 위험도를 초과하지 않는 범위 내에서만 신탁재산의 운용에 대해 투자자가 개입할 수 있다는 사실을 설명해야 한다.

핵심포인트 해설　　**비지정형 금전신탁상품 투자권유에 대한 특칙**

(1) 투자권유 방법
　① 신탁회사의 임직원은 투자자정보를 파악하여 투자자를 유형화하고, 고객 서명 등의 방법으로 확인 후 이를 지체 없이 고객에게 제공해야 함
　② 신탁회사는 1개 이상의 자산배분유형군을 마련해야 하며, 1개의 자산배분유형군은 2개 이상의 세부자산배분유형으로 구분해야 함
　③ 신탁회사는 투자자 유형에 적합한 세부자산배분유형을 정하고 신탁계약을 체결해야 함

(2) 신탁회사 임직원의 설명의무 준수
　① 세부자산배분유형 간 구분 기준, 차이점 및 예상 위험수준에 관한 사항
　② 분산투자규정이 없을 수 있어 수익률의 변동성이 펀드 등에 비하여 더 클 수 있다는 사실
　③ 투자자유형별 위험도를 초과하지 않는 범위 내에서만 신탁재산의 운용에 대해 투자자가 개입할 수 있다는 사실
　④ 성과보수를 수취하는 경우 그 수취요건 및 성과보수로 인한 잠재 위험에 관한 사항

정답 | ③

신탁상품의 수익률 공시기준 준수의무에 대한 설명으로 잘못된 것은?

① 매일의 배당률 또는 기준가격을 영업장에 비치할 것
② 장래의 배당률 또는 기준가격이 변동될 수 있다는 사실을 기재할 것
③ 하나의 배당률로 표시하는 경우에는 1년간 평균배당률로 기재할 것
④ 하나 이상의 배당률로 표시하는 경우에는 최근 배당률부터 순차적으로 기재할 것

TIP 하나의 배당률로 표시하는 경우에는 전월 평균배당률로 기재해야 한다.

핵심포인트 해설 | **신탁상품 판매 시 영업행위 규제**

(1) 집합운용 규제
 ① 원칙 : 신탁재산을 집합하여 운용하는 행위는 금지됨
 ② 집합운용과 관련하여 신탁상품 판매 시 금지되는 사항
  ㉠ 집합운용한다는 내용으로 투자권유 또는 투자광고를 하는 행위
  ㉡ 투자광고 시 특정 신탁계좌의 수익률 또는 여러 신탁계좌의 평균수익률을 제시하는 행위
  ㉢ 투자자를 유형화하여 운용할 경우 각 유형별 가중평균수익률과 최고·최저수익률을 함께 제시하지 않는 행위
(2) 기타 규제
 ① 특정금전신탁 계약 시 주요사항 사전고지의무 있음
 ② 성과보수를 수취하는 경우 그 기준지표의 요건
  ㉠ 증권·파생시장에서 널리 공인된 지수를 사용할 것
  ㉡ 성과를 공정하고 명확하게 보여줄 수 있는 지수를 사용할 것
  ㉢ 검증가능하고 조작할 수 없을 것
 ③ 신탁재산의 운용내역 통보의무 : 분기 1회 이상(수령거절 의사표시 고객, 수탁고 10만원 이하 고객은 제외)
(3) 실적배당신탁의 수익률 공시기준
 ① 매일의 배당률 또는 기준가격을 영업장에 게시할 것
 ② 배당률 또는 기준가격이 변동될 수 있다는 사실을 기재할 것
 ③ 하나의 배당률로 표시하는 경우에는 전월 평균배당률로 기재할 것
 ④ 하나 이상의 배당률로 표시하는 경우에는 최근 배당률부터 순차적으로 기재할 것

정답 | ③

fn.Hackers.com

☑ 다시 봐야 할 문제(틀린 문제, 풀지 못한 문제, 헷갈리는 문제 등)는 문제 번호 하단의 네모박스(□)에 체크하여 반복학습하시기 바랍니다.

01 중요도 ★★
증권신고서 및 일괄신고서에 대한 설명으로 가장 거리가 먼 것은?

① 집합투자증권을 공모로 발행하고자 하는 경우 증권신고서를 제출해야 하며, 사모집합투자기구에는 적용되지 않는다.

② 증권의 모집 또는 매출의 총액이 10억원 이상인 경우, 증권신고서를 제출해야 한다.

③ 증권신고서는 금융위원회에 접수를 시키면 효력이 발생한다.

④ 개방형집합투자기구를 설정·설립하고자 하는 경우 일괄신고서를 제출할 수 있으며, 일괄신고서를 제출한 집합투자업자는 발행예정기간 중 3회 이상 증권을 발행해야 한다.

02 중요도 ★★
다음 중 판매회사 등이 투자설명서를 제공하지 않아도 되는 자는?

① 해당 발행증권의 연고자

② 상장법인 10년 이상 근무자

③ 전자문서에 의한 제공을 희망하는 자

④ 금융회사 퇴직자

03 중요도 ★
투자신탁 및 투자회사를 비교한 내용으로 잘못된 것은?

① 투자신탁은 계약관계이다.

② 투자회사는 회사형태이다.

③ 투자신탁은 이사회 및 주주총회에서 의사결정을 한다.

④ 투자회사의 경우 투자자보호를 위하여 MMF를 제외한 일반적 상품, M&A, 부동산 및 선박펀드 등에 투자를 한다.

04 중요도 ★★
다음 중 집합투자업자의 업무에 해당하지 않는 것은?

① 투자신탁의 설정·해지
② 투자신탁재산의 운용
③ 여유자금 운용이자의 수입
④ 수익자총회의 소집

05 중요도 ★★
다음 중 투자신탁의 신탁업자가 해야 할 업무로 가장 거리가 먼 것은?

① 투자신탁재산의 보관 및 관리
② 집합투자업자의 투자신탁재산 운용지시에 따른 자산의 처분 이행
③ 집합투자업자의 투자신탁재산 운용지시 등에 대한 감시
④ 투자신탁의 해지

정답 및 해설

01 ③ 증권신고서는 효력발생기간이 경과해야 효력이 발생한다. 신고서의 효력은 상장된 환매금지형은 10일, 비상장된 환매금지형은 7일, 기타는 15일이 경과해야 한다.

02 ① 투자설명서 교부의무가 면제되는 자에는 해당 발행증권의 연고자, 투자설명서 받기를 거부한다는 의사를 서면으로 표시한 자, 회계법인, 신용평가업자, 발행인에게 자문 등의 용역을 제공하는 공인회계사·변호사·변리사·세무사 등이 있다.

03 ③ 투자회사가 이사회 및 주주총회에서 의사결정을 한다.

04 ③ 여유자금 운용이자의 수입은 신탁업자의 업무에 해당한다.

05 ④ 투자신탁의 설정 및 해지는 집합투자업자의 업무에 해당한다.

06

중요도 ★

다음 중 증권집합투자기구의 주요 투자대상과 거리가 먼 것은?

① 주 식
② 채 권
③ 파생결합증권
④ 선박투자회사 발행주식

07

중요도 ★★

자본시장법상 금 가격을 기초자산으로 하는 파생결합증권에 집합투자재산의 50%를 초과하여 투자하는 집합투자기구의 유형으로 옳은 것은?

① 증권집합투자기구
② 실물집합투자기구
③ 특별자산집합투자기구
④ 파생상품집합투자기구

08

중요도 ★★

단기금융집합투자기구에서 투자하는 단기금융상품과 거리가 먼 것은?

① 잔존만기 6개월 이내 CD
② 잔존만기 1년 이내 CB
③ 잔존만기 5년 이내 국채증권
④ 단기대출

09

중요도 ★

자본시장법상 일반 사모집합투자기구에 대한 설명으로 가장 거리가 먼 것은?

① 적격투자자만 투자할 수 있다.
② 전문투자자를 대상으로 하므로 어떤 경우에도 적합성의 원칙과 적정성의 원칙을 적용할 수 없다.
③ 자본시장법 제81조부터 제83조에서 정하는 펀드 운용관련 제한 규정이 적용되지 않는다.
④ 설정한 날로부터 2주일 이내에 금융위원회에 보고해야 한다.

10 중요도 ★★★

환매금지형집합투자기구에 대한 설명으로 가장 올바른 것은?

① 신탁계약기간을 정하지 않은 집합투자기구는 환매금지형으로 설정이 가능하다.

② 집합투자증권을 최초로 발행한 날부터 60일 이내에 증권시장에 상장해야 한다.

③ 기존 투자자의 이익을 해할 우려가 없다고 집합투자업자가 확인을 하는 경우, 추가 발행이 가능하다.

④ 집합투자기구 자산총액의 20%를 초과하여 시장성 없는 자산에 투자하는 경우, 환매금지형으로 설정해야 한다.

11 중요도 ★★★

종류형집합투자기구에 대한 설명으로 잘못된 것은?

① 동일한 투자기구에 부과되는 판매보수나 수수료 차이로 인하여 기준가격이나 판매수수료가 다른 여러 종류의 집합투자기구를 말한다.

② 클래스(종류)의 수에는 제한이 없으나 기존에 설정된 비종류형집합투자기구를 종류형집합투자기구로 전환할 수는 없다.

③ 종류형집합투자기구 내의 여러 집합투자증권 간 전환 시에는 환매수수료가 없다.

④ 집합투자자총회의 결의가 필요한 경우 특정 종류의 집합투자증권의 투자자에 대해서만 이해관계가 있는 경우에는 그 종류의 투자자만으로 총회를 개최할 수 있다.

정답 및 해설

06 ④ 선박투자회사 발행주식은 특별자산집합투자기구의 투자대상에 해당한다.

07 ① 파생결합증권은 증권으로 분류되므로 증권집합투자기구에 해당된다.

08 ② 단기금융집합투자기구의 투자대상으로 잔존만기 1년 이내 지방채·특수채·사채 등이 가능하나 주권관련사채, 사모사채는 제외된다.

09 ② 일반 사모집합투자기구는 적합성의 원칙과 적정성의 원칙이 적용되지 않지만, 적격투자자 중 자본시장법상 시행령이 정하는 일반투자자가 요청하는 경우에는 적합성의 원칙과 적정성의 원칙이 적용된다.

10 ④ ① 신탁계약기간을 정하지 않은 집합투자기구는 환매금지형으로 설정이 불가능하다.
② 집합투자증권을 최초로 발행한 날부터 90일 이내에 증권시장에 상장해야 한다.
③ 기존 투자자의 이익을 해할 우려가 없다고 신탁업자가 확인을 하는 경우, 추가 발행이 가능하다.

11 ② 클래스(종류)의 수에는 제한이 없고, 기존에 설정된 비종류형집합투자기구도 종류형집합투자기구로 전환할 수 있다.

12 중요도 ★★★

모자형집합투자기구에 대한 설명 중 잘못된 것은?

① 자투자기구(하위투자기구)의 집합투자증권을 투자자에게 판매하고, 그 자금을 모투자기구(상위투자기구)에 대부분 투자하는 구조이다.

② 자투자기구가 모투자기구의 집합투자증권 외의 다른 집합투자증권을 취득할 수 없다.

③ 자투자기구 외의 자가 모투자기구의 집합투자증권을 취득할 수 있다.

④ 자투자기구와 모투자기구의 집합투자재산을 운용하는 집합투자업자가 동일하다.

13 중요도 ★★

다음 중 전환형집합투자기구의 요건을 모두 고른 것은?

㉠ 복수의 집합투자기구 간에 공통으로 적용되는 집합투자규약이 있을 것
㉡ 집합투자규약에 법적유형이 다른 집합투자기구 간의 전환이 금지되어 있을 것
㉢ 일정 수익이 달성되면 펀드 해지 또는 안정적인 자산으로 투자대상을 변경시킬 것
㉣ 전환 시 기존 포트폴리오에 변화가 없을 것

① ㉠, ㉡   ② ㉡, ㉢   ③ ㉠, ㉡, ㉢   ④ ㉠, ㉡, ㉢, ㉣

14 중요도 ★★★

상장지수집합투자기구(ETF)에 대한 설명으로 가장 거리가 먼 것은?

① 증권 실물로는 투자기구의 설정 및 해지를 할 수 없다.

② 회계결산시점과 무관하게 신탁분배금을 분배할 수 있다.

③ 자산총액의 30%까지만 동일종목의 증권에 운용할 수 있다.

④ 자산운용보고서 제공의무가 없다.

15 중요도 ★★★

일반 공모집합투자기구에 적용되는 법령 중 ETF에는 적용이 배제되는 사항으로 가장 거리가 먼 것은?

① 자산운용보고서 제공의무가 없다.

② 환매청구 및 방법, 환매가격 및 수수료, 환매 연기, 금전납입원칙 등의 규정이 배제된다.

③ ETF는 중립투표가 불가능하다.

④ 대주주와의 거래제한 규정이 배제된다.

16 중요도 ★

파생결합증권의 발행사에 대한 설명으로 가장 거리가 먼 것은?

① 파생결합증권을 발행하는 주체는 집합투자업자이다.

② 파생결합증권의 상환시점에서 사전에 제시한 구조에 따라 지급의무를 부담한다.

③ 시장에서 기초자산을 매매하거나 또 다른 거래를 통하여 포지션을 헤지한다.

④ 발행사의 전체 포지션에 따라 파생결합증권의 가격이 변동될 수 있다.

정답 및 해설

12 ③ 자투자기구 외의 자가 모투자기구의 집합투자증권을 취득할 수 없다.

13 ① 종류형펀드는 전환 시 기존 포트폴리오에 변화가 없고 환매수수료 적용대상이 아니나, 전환형펀드는 기존 포트폴리오에 변화가 있고 환매수수료 적용대상이다. (다만, 적용을 유예함) 목표달성형펀드는 펀드에서 일정 수익이 달성되면 펀드 해지 또는 안정적인 자산으로 투자대상을 변경시키는 것이나, 전환형펀드는 투자자에게 다른 펀드로 전환시킬 수 있는 권리가 부여된 펀드이다.

14 ① ETF는 증권 실물로 투자기구의 설정 및 해지가 가능한 펀드이다.

15 ③ ETF는 일반 집합투자기구에 적용되는 법령 중 대주주와의 거래제한 규정, 의결권 행사 규정(ETF는 Shadow Voting만 가능), 자산운용보고서 제공의무·내부자 단기매매차익 반환의무·임원 등 소유상황 보고의무·주식대량보유 보고의무, 환매청구 및 방법·환매가격 및 수수료·환매연기·금전납입원칙 등의 규정이 적용되지 않는다.

16 ① 파생결합증권을 발행하는 주체는 장외파생상품 인가를 받은 금융투자업자, 즉 투자매매·중개업자이다.

17 중요도 ★★

자본시장법에서 정하고 있는 금융투자상품에 관한 설명으로 잘못된 것은?

① 원본초과손실 발생 가능성이 있는지를 기준으로 증권과 파생상품을 구분한다.

② 파생결합증권은 원본초과손실 가능성이 있는 금융투자상품이다.

③ 거래소시장 거래 여부에 따라 장내파생상품과 장외파생상품으로 나눈다.

④ 금융투자상품은 투자성이라고 하는 경제적 기능을 수행하는 상품을 말한다.

18 중요도 ★

자본시장법상 부동산펀드에서 부동산에 투자하는 방법으로 가장 거리가 먼 것은?

① 부동산의 관리

② 부동산의 임대

③ 부동산의 개발

④ 부동산의 중개

19 중요도 ★★

특별자산펀드에 대한 설명으로 가장 거리가 먼 것은?

① 집합투자업자가 공모특별자산펀드를 설정하는 경우에는 환매금지형펀드로 설정해야 한다.

② 특별자산투자회사는 집합투자업자가 설립하고 정관에 의해 운영된다.

③ 집합투자업자는 특별자산펀드에서 투자하는 특별자산을 시가로 평가하되, 시가가 없는 경우에는 공정가액으로 평가해야 한다.

④ 통화, 일반상품, 신용위험 등 적정한 방법에 의해 평가 가능한 자산을 기초자산으로 하는 파생상품에 펀드재산의 50%를 초과하여 투자할 수 있다.

20 중요도 ★★★

자본시장법상 집합투자의 개념에 대한 설명 중 잘못된 것은?

① 집합투자는 투자자의 수가 1인 이상이어야 한다.

② 자본시장법은 투자재산을 운용함에 있어서 그 대상자산을 특정하지 않아 신규로 발생하는 자산에 대한 투자도 가능하게 되었다.

③ 투자자로부터 일상적인 투자지시를 받지 않는다.

④ 특별법에 의해 사모로 운용하는 경우와 자산유동화 계획에 따라 금전 등을 모아 운용 배분하는 경우에는 집합투자기구로 보지 않는다.

21 중요도 ★★

증권신고서는 증권을 모집 또는 매출하고자 하는 발행인이 그 모집·매출의 내용 및 당해 법인의 내용을 일반투자자들에게 공시하고 투자자들은 그 공시 내용을 투자 판단자료로 활용하여 응모할 수 있도록 하기 위한 공시제도이다. 다음 중 증권신고서에 대한 설명으로 잘못된 것은?

① 일괄신고서를 제출한 경우에는 추가발행 시 증권신고서를 추가로 제출할 의무가 없다.

② 증권의 모집 또는 매출총액이 10억원 미만인 경우에는 신고서 제출의무가 없다.

③ 사모투자신탁이나 모투자신탁의 경우에는 증권신고서의 대상에서 제외된다.

④ 개방형 집합투자증권에 대해 일괄신고서를 제출한 경우 해당 규약에서 정한 존속기간을 발행예정기간으로 하고 그 기간 중 2회 이상 증권을 발행해야 한다.

정답 및 해설

17 ② 파생결합증권은 파생상품이 아니라 증권에 해당하므로 원본초과손실 가능성이 없다.

18 ④ 부동산중개업무는 부동산 투자방법과 거리가 멀다.

19 ② 특별자산투자회사는 발기인이 설립한다.

20 ① 집합투자는 투자자의 수가 2인 이상이 되어야 한다.

21 ④ 개방형 집합투자증권에 대해 일괄신고서를 제출한 경우 해당 규약에서 정한 존속기간을 발행예정기간으로 하고 그 기간 중 3회 이상 증권을 발행해야 한다.

22

정정신고서에 대한 내용으로 잘못된 것은?

① 금융위원회는 증권신고서의 형식 미비, 거짓기재, 중요사항 미기재 시 기존 증권신고서의
   내용을 정정할 것을 요구할 수 있다.

② 정정신고서는 기재된 증권의 취득 또는 매수의 청약일 전일까지 그 이유를 제시해야 한다.

③ 개방형집합투자증권의 경우 발행예정기간 종료 전까지 정정신고서 제출이 가능하나 발행
   예정금액 및 기간의 정정은 불가능하다.

④ 집합투자기구의 등록사항 정정 시 정정신고서를 반드시 제출해야 한다.

23

자본시장법은 증권신고서 관계인(대표이사, 신고담당이사)**의 확인의무와 해당 업무를 게을
리하여 발생하는 사항에 대해 책임을 명시하여 관련자료의 정확성을 높이려는 방안을 마
련하고 있다. 증권신고서의 기재내용에 대한 확인의무의 내용에 해당하는 것을 모두 고
른 것은?**

> ㉠ 중요사항에 관하여 거짓기재(또는 표시)가 없고, 중요사항에 대한 기재(또는 표시)가 빠져
>   있지 않다는 사실
> ㉡ 중대한 오해를 일으키는 내용이 기재(또는 표시)되어 있지 않다는 사실
> ㉢ 기재사항에 대하여 상당한 주의를 다하여 직접 확인·검토 하였다는 사실

① ㉠   ② ㉠, ㉡   ③ ㉠, ㉢   ④ ㉠, ㉡, ㉢

24

다음 중 반드시 정정신고서를 제출해야 하는 경우와 거리가 먼 것은?

① 모집가액 또는 매출가액, 발행예정기간, 발행예정금액 등 발행조건의 정정

② 판매사의 정정

③ 인수인의 정정

④ 집합투자기구 등록사항의 정정

25 중요도 ★

□ 증권신고서와 투자설명서의 중요한 사항에 대한 거짓기재(표시) 또는 중요한 사항에 대한 기재(표시) 미비 등으로 인하여 증권의 취득자가 손해를 본 경우 배상책임을 져야 하는 자와 가장 관계가 적은 사람은?

① 증권신고서의 신고인
② 신고 당시 발행인의 이사
③ 발행인의 직원
④ 투자설명서를 작성하거나 교부한 자

26 중요도 ★★

□ 집합투자기구의 설정·설립에 대한 설명으로 가장 올바른 것은?

① 집합투자증권을 사모로 발행하고자 하는 경우, 증권신고서를 제출해야 한다.
② 개방형집합투자기구를 설정·설립하고자 하는 경우, 일괄신고서를 제출할 수 있다.
③ 증권의 모집 또는 매출의 총액이 5억원 이상인 경우, 증권신고서를 제출해야 한다.
④ 증권신고서는 제출 즉시 효력이 발생한다.

정답 및 해설

22 ③ 개방형집합투자증권의 경우 발행예정기간 종료 전까지 정정신고서 제출이 가능하며, 발행예정금액 및 기간의 정정도 가능하다.

23 ④ 증권신고서 제출 시 대표이사, 신고담당이사는 ㉠㉡㉢ 모두에 대하여 확인·검토하고 각각 서명해야 한다.

24 ② 정정신고서 제출이 필수인 경우에는 모집가액 또는 매출가액, 발행예정기간, 발행예정금액 등 발행조건의 정정, 인수인의 정정, 집합투자기구 등록사항의 정정, 투자 위험요소, 최근 재무제표가 확정된 때, 집합투자기구 간 합병계약이 체결된 때, 집합투자재산에 중대한 영향을 미치는 소송이 제기된 때 등이다.

25 ③ 증권신고서와 투자설명서의 중요한 사항에 대한 거짓기재(표시) 또는 중요한 사항에 대한 기재(표시) 미비 등으로 인하여 증권의 취득자가 손해를 본 경우 배상책임을 져야 하는 자는 증권신고서의 신고인, 신고 당시 발행인의 이사, 증권신고서의 작성을 지시 및 집행한 자, 증권신고서의 기재사항이 정확하다고 서명한 공인회계사·감정인·신용평가업자, 증권신고서의 내용에 대해 동의하고 그 내용을 확인한 자, 증권의 인수계약을 체결한 자, 투자설명서를 작성하거나 교부한 자 등이다.

26 ② ① 집합투자증권을 공모로 발행하고자 하는 경우, 증권신고서를 제출해야 한다.
③ 증권의 모집 또는 매출의 총액이 10억원 이상인 경우, 증권신고서를 제출해야 한다.
④ 증권신고서는 효력발생기간이 경과해야 효력이 발생한다.

27

투자설명서에 대한 설명으로 가장 올바른 것은?

① 증권신고서의 효력발생일부터 7일 이내에 금융위원회에 제출해야 한다.

② 증권신고서에 기재된 내용과 다른 내용을 표시할 수 있다.

③ 증권신고서의 효력이 발생한 후에는 예비투자설명서를 사용한다.

④ 개방형 집합투자증권의 경우, 연 1회 이상 다시 고친 투자설명서를 금융위원회에 제출해야 한다.

28

펀드를 판매하는 자는 투자설명서에 대하여 투자자에게 이해할 수 있도록 설명해야 한다. 다음 중 투자설명서에 대한 설명으로 잘못된 것은?

① 일반사무관리회사는 투자설명서의 내용이 법령에 부합하는지 확인해야 한다.

② 투자설명서는 증권신고서에 기재된 내용과 다른 내용을 표시하거나 그 기재사항을 누락해서는 안 된다.

③ 집합투자업자는 연 1회 이상 다시 고친 투자설명서를 금융위원회에 추가로 제출해야 하며, 변경 등록 통지를 받은 날로부터 5일 이내에 그 내용을 반영한 투자설명서를 금융위원회에 추가로 제출해야 한다.

④ 투자설명서는 증권신고의 효력이 발생하는 날에 금융위원회에 투자설명서를 제출하고 발행인의 본점, 금융위원회, 한국거래소, 청약사무취급장소 등에 비치해야 한다.

29

투자설명서를 직접 교부하지 않고 전자문서의 방법을 활용하여 제공이 가능한 경우로 거리가 먼 것은?

① 전자문서에 의해 투자설명서를 받는 것을 투자자가 동의할 것

② 전자문서수신자가 전자문서를 받을 전자전달매체의 종류와 장소를 지정할 것

③ 전자문서의 내용이 서명에 의한 투자설명서의 내용과 동일할 것

④ 전자문서수신자가 그 전자문서를 받은 사실 확인 여부는 불문할 것

30 중요도 ★★

□ 증권신고서는 금융위원회에 제출되어 수리된 날로부터 일정 기간이 경과한 다음에 효력이 발생한다. 증권신고서가 수리된 후 효력이 발생하기 위한 기간으로 올바른 것은?

① 일반적인 환매금지형집합투자기구 : 7일
② 상장된 환매금지형집합투자기구 : 7일
③ 기타 집합투자기구 : 5일
④ 정정신고서를 제출한 경우 : 5일

31 중요도 ★★

□ 증권신고서 또는 투자설명서에 예측정보가 기재된 경우 관련자의 면책 요건과 거리가 먼 것은?

① 그 기재 또는 표시가 예측정보라는 사실이 밝혀져 있을 것
② 그 기재 또는 표시에 대하여 예측치와 실제 결과치가 동일할 것이라는 문구가 밝혀져 있을 것
③ 예측 또는 전망과 관련된 가정이나 판단의 근거가 밝혀져 있을 것
④ 책임이 있는 자의 고의 또는 중과실이 없을 것

정답 및 해설

27 ④ ① 증권신고서의 효력발생일에 금융위원회에 제출해야 한다.
② 증권신고서에 기재된 내용과 다른 내용을 표시할 수 없다.
③ 예비투자설명서는 증권신고서의 효력이 발생하기 전에 사용한다.

28 ① 신탁업자는 투자설명서의 내용이 법령, 규약, 신고서의 내용에 부합하는지 확인해야 한다.

29 ④ 전자문서수신자가 그 전자문서를 받은 사실이 확인될 경우 투자설명서를 전자문서의 방법으로 제공할 수 있다.

30 ① ② 상장된 환매금지형집합투자기구 : 10일
③ 기타 집합투자기구 : 15일
④ 해당 집합투자기구의 등록사항을 변경하기 위해 정정신고서를 제출하는 경우, 그 정정신고서가 수리된 날 증권신고서의 효력이 발생하고 모집가액, 매출가액, 발행이자율 및 이와 관련된 사항의 변경으로 인하여 정정신고서를 제출한 경우 정정신고서가 수리된 날로부터 3일 경과 후 증권신고서의 효력이 발생한다.

31 ② 그 기재 또는 표시에 대하여 예측치와 실제 결과치가 다를 수 있다는 주의문구가 밝혀져 있을 경우 관련자는 손실에 대하여 책임을 지지 않는다.

32 중요도 ★★
신탁업자의 업무와 거리가 먼 것은?

① 투자신탁의 설정 및 해지
② 투자신탁재산의 보관 및 관리
③ 증권의 상환금 수입
④ 자산의 취득 및 처분의 이행

33 중요도 ★★★
투자신탁의 기관인 수익자총회의 결의가 필요한 신탁계약의 변경 내용으로 거리가 먼 것은?

① 신탁업자 변경
② 보수 또는 수수료 인상
③ 판매사의 추가등록
④ 환매금지형투자신탁이 아닌 투자신탁의 환매금지형투자신탁으로 변경

34 중요도 ★★★
투자신탁의 신탁계약 해지 사유와 거리가 먼 것은?

① 수익자총회의 투자신탁 해지결의
② 사모펀드가 아닌 것으로 설정 후 1년이 되는 날 원본액이 100억원 미만인 경우
③ 투자신탁의 피흡수합병
④ 수익자 전원이 동의한 경우

35 중요도 ★★★
투자회사, 투자합자회사, 투자유한회사 등의 등록 시 필요한 최소 자본금으로 옳은 것은?

① 1억원
② 3억원
③ 5억원
④ 10억원

36 중요도 ★★

집합투자업자가 법인이사인 상법상 유한회사형태의 집합투자기구로 옳은 것은?

☐

① 투자신탁 ② 투자회사

③ 투자합자회사 ④ 유한투자회사

37 중요도 ★

무한책임사원(집합투자업자)과 유한책임사원으로 구성된 집합투자기구로 옳은 것은?

☐

① 투자신탁 ② 투자회사

③ 투자합자회사 ④ 유한투자회사

정답 및 해설

32 ① 집합투자업자의 업무에 해당한다.

참고 신탁업자의 업무

• 투자신탁재산의 보관 및 관리	• 무상으로 발생되는 신주의 수령
• 운용지시에 따른 자산의 취득 및 처분	• 증권의 상환금 수입
• 환매대금 및 이익금의 지급	• 여유자금 운용이자의 수입
• 운용지시 등에 대한 감시	• 투자신탁재산에서 발생하는 이자·배당·수익금·임대료 등의 수령

33 ③ 수익자총회의 결의가 필요한 신탁계약의 변경 내용에는 보수·수수료 인상, 환매금지형투자신탁이 아닌 투자신탁의 환매금지형투자신탁으로 변경, 환매대금지급일의 연장, 신탁업자 변경, 신탁계약기간 변경, 투자신탁 종류의 변경, 주된 투자대상자산의 변경, 집합투자업자의 변경 등이 있다.

34 ② 사모펀드가 아닌 것으로 설정 후 1년이 되는 날 원본액이 50억원 미만인 경우에 해지할 수 있다.

35 ① 투자회사, 투자합자회사, 투자유한회사 등의 등록을 위한 최소 자본금은 1억원이다.

36 ④ 유한투자회사는 집합투자업자가 법인이사인 상법상 유한회사형태의 집합투자기구이다.

37 ③ 투자합자회사는 무한책임사원(집합투자업자)과 유한책임사원으로 구성된 상법상 합자회사 형태의 집합투자기구이다.

38

중요도 ★

투자합자조합에 대한 설명으로 잘못된 것은?

① 신탁계약에 의하여 무한책임사원 1인과 유한책임조합원 2인 이상으로 구성된 집합투자기구이다.

② 투자합자조합의 채무에 대하여 집합투자업자인 업무집행조합원 1인은 무한책임을 진다.

③ 집합투자업자는 투자조합을 설립하는 경우 법정사항을 기재한 조합계약을 작성하여 업무집행조합원 1인과 유한책임조합원 1인이 기명날인 또는 서명해야 한다.

④ 감독이사가 별도로 없다.

39

중요도 ★

투자익명조합에 대한 설명으로 잘못된 것은?

① 익명조합계약에 의하여 집합투자업자와 익명조합원으로 구성된 집합투자기구이다.

② 익명조합계약을 작성하여 영업자 1인과 익명조합원 1인이 기명날인해야 한다.

③ 투자익명조합재산은 익명조합원이 운용한다.

④ 민법상 조합과 상법상 익명조합은 구별된다.

40

중요도 ★★

기관전용 사모집합투자기구(PEF)에 대한 설명 중 잘못된 것은?

① 타법인의 경영권 지배를 목적으로 한다.

② 무한책임사원은 펀드설립을 주도하고 운용에 대한 실질적 책임을 가지면서 운용보수를 취득할 수 있다.

③ 유한책임사원은 펀드투자자의 역할을 한다.

④ 상법상 주식회사의 형태이다.

41

사모집합투자기구는 공모집합투자기구에 적용되는 규정이 배제되는 경우가 많다. 다음 중 사모집합투자기구에 대한 적용 배제 규정과 가장 거리가 먼 것은?

① 손실보전 금지 규정
② 투자광고에 대한 규정
③ 동일종목 증권에 대한 투자제한 규정
④ 수시공시의무 규정

42

중요도 ★

집합투자기구에 대한 설명 중 잘못된 것은?

① 증권집합투자기구는 집합투자재산의 50%를 초과하여 증권에 투자하는 것으로 부동산개발회사가 발행한 증권에 투자하는 경우 증권집합투자기구에 속한다.
② 부동산집합투자기구는 부동산을 담보로 한 금전채권에도 투자할 수 있다.
③ 특별자산집합투자기구의 투자대상인 특별자산에는 증권과 부동산이 제외된다.
④ 혼합자산집합투자기구는 투자대상자산의 제한을 받지 않는다.

정답 및 해설

38 ① 투자합자조합은 조합계약에 의하여 업무집행조합원(집합투자업자) 1인과 유한책임조합원 1인으로 구성된 집합투자기구이다.

39 ③ 투자익명조합재산은 집합투자업자인 영업자 1인이 운용한다.

40 ④ 기관전용 사모집합투자기구(PEF)는 상법상 합자회사의 형태이다.

41 ① 손실보전 금지 규정은 사모집합투자기구에도 적용된다.

42 ① 부동산개발회사가 발행한 증권에 투자하는 경우 부동산집합투자기구에 속한다.

43

중요도 ★★

부동산집합투자기구의 주요 투자대상에 해당하지 않는 것은?

① 주택저당채권

② 증권예탁증권

③ 부동산투자회사 발행주식

④ 유동화증권 중 부동산 관련 유동화자산가액이 70% 이상인 유동화증권

44

중요도 ★

집합투자재산을 운용함에 있어서 증권·부동산·특별자산집합투자기구 관련 규정의 제한을 받지 않는 것은?

① 단기금융집합투자기구

② 증권집합투자기구

③ 특별자산집합투자기구

④ 혼합자산집합투자기구

45

중요도 ★

다음 자산을 해당 펀드에 50%를 초과하여 투자한다고 할 경우 부동산집합투자기구로 분류할 수 없는 것은?

① 주택저당담보부채권

② 부동산투자목적회사 발행 지분증권

③ 부동산이 자산의 대부분을 차지하는 상장회사의 지분

④ 지역권

46 중요도 ★

단기금융집합투자기구(MMF)는 그 특성 및 투자자보호를 위해 운용 시 규제를 두고 있다. 이에 해당하는 내용으로 거리가 먼 것은?

① 증권 대여 및 차입금지

② 잔존만기 1년 이상인 국채증권에는 투자재산의 5% 이내에서 운용할 것

③ 환매조건부매도는 보유증권 총액의 10% 이내일 것

④ 재산의 40% 이상을 채무증권(RP를 제외한 국채, 지방채, 특수채, 사채, CP에 한함)으로 운용할 것

47 중요도 ★★★

단기금융집합투자기구(MMF)에 대한 설명으로 가장 거리가 먼 것은?

① 투자할 양도성 예금증서의 잔존만기는 6개월 이내여야 한다.

② 남은 만기가 1년 이상인 국채증권에는 집합투자재산의 5% 이내만 투자할 수 있다.

③ 집합투자재산의 남은 만기의 가중평균이 75일 이내로 제한된다.

④ 다른 MMF의 집합투자증권에 투자할 수 없다.

정답 및 해설

43 ② 증권예탁증권은 증권집합투자기구의 투자대상이다.

44 ④ 혼합자산집합투자기구는 집합투자재산을 운용함에 있어서 증권·부동산·특별자산집합투자기구 관련 규정의 제한을 받지 않는 집합투자기구이다. 투자대상, 투자한도 등의 법적 제한이 없으나 투자손실이 클 수 있고 환매금지형집합투자기구로 설정되어야 한다.

45 ③ 부동산 자산이 대부분을 차지한다 하더라도 상장회사의 지분은 주권에 해당하고, 주권에 집합투자자산의 대부분을 투자하는 것은 증권집합투자기구로 분류해야 한다.

46 ③ 환매조건부매도는 보유증권 총액의 5% 이내여야 한다.

47 ④ 다른 MMF의 집합투자증권에 투자할 수 있다.

48

중요도 ★

다음 중 파생상품, 부동산, 특별자산에 투자할 수 있는 펀드에 해당하지 않는 것은?

① 증권펀드
② 부동산펀드
③ 특별자산펀드
④ MMF

49

중요도 ★

특수한 형태의 집합투자기구에 대한 설명 중 잘못된 것은?

① 환매금지형, 전환형, 종류형, 모자형, ETF 등이 이에 속한다.
② 전환형은 통상 엄브렐러펀드라고 하며 전환 시 환매수수료를 징구하지 않는다.
③ 종류형은 멀티클래스펀드라고 하며 보수나 수수료의 차이로 인하여 기준가격이 다른 수종의 집합투자증권을 발행하는 유형의 펀드이다.
④ 모자형의 경우 자펀드는 모펀드 외의 다른 펀드에 10%를 초과하여 투자할 수 없다.

50

중요도 ★★★

환매금지형집합투자기구에 대한 설명으로 잘못된 것은?

① 폐쇄형펀드도 기준가격에 대한 규정이 적용된다.
② 최초발행일로부터 90일 이내에 증권시장에 상장해야 한다.
③ 존속기간을 정한 집합투자기구에 한하여 폐쇄형으로 만들 수 있다.
④ 폐쇄형펀드는 예외적으로 집합투자증권을 추가 발행할 수 있다.

51 중요도 ★★

환매금지형집합투자기구가 집합투자증권을 추가로 발행할 수 있는 경우에 해당하지 않는 것은?

① 환매금지형집합투자기구로부터 이익분배금 범위 내에서 그 집합투자기구의 집합투자증권을 추가로 발행하는 경우

② 집합투자업자가 벤치마크보다 높은 수익을 달성한 경우

③ 기존 투자자 전원의 동의를 받은 경우

④ 기존 투자자의 이익을 해할 우려가 없다고 신탁업자의 확인을 받은 경우

52 중요도 ★★

다음 중 반드시 환매금지형집합투자기구로 설정·설립해야 하는 경우가 아닌 것은?

① 증권집합투자기구

② 부동산집합투자기구

③ 특별자산집합투자기구

④ 혼합자산집합투자기구

정답 및 해설

48 ④ MMF의 경우 증권에는 투자할 수 있으나 파생상품, 부동산, 특별자산에는 투자할 수 없다.

49 ④ 모자형펀드(Master-Freeder Fund)는 동일한 투자대상과 전략을 가지는 다수의 펀드(자펀드) 자산을 하나의 펀드(모펀드)에 모아 통합운용하는 펀드로 자펀드가 모펀드 외의 다른 펀드에 투자하지 말 것, 자펀드와 모펀드의 집합투자업자가 동일할 것, 자펀드 외의 자가 모펀드에 투자하지 말 것 등과 같은 규제가 있다.

50 ① 폐쇄형펀드는 집합투자증권을 계속적으로 발행·환매하지 않기 때문에 기준가격에 대한 규정이 적용되지 않는다.

51 ② 환매금지형집합투자기구가 집합투자증권을 추가로 발행할 수 있는 경우는 환매금지형집합투자기구로부터 이익분배금 범위 내에서 그 집합투자기구의 집합투자증권을 추가로 발행하는 경우, 기존 투자자의 이익을 해할 우려가 없다고 신탁업자의 확인을 받은 경우, 기존 투자자 전원의 동의를 받은 경우, 기존 투자자에게 우선 매수기회를 부여하는 경우 등이다.

52 ① 부동산집합투자기구, 특별자산집합투자기구, 혼합자산집합투자기구는 반드시 환매금지형집합투자기구로 설정·설립해야 하며 부동산펀드, 특별자산펀드, 혼합자산펀드, 펀드자산총액의 20%를 초과하여 시장성 없는 자산(부동산, 특별자산)에 투자하는 펀드인 경우에도 반드시 환매금지형집합투자기구(폐쇄형펀드)로 설립해야 한다.

53 중요도 ★★★

종류형집합투자기구에 대한 설명으로 가장 거리가 먼 것은?

① 동일한 집합투자기구 내에서 다양한 수수료·보수 구조를 가진 클래스를 만들어 집합투자기구의 소규모화를 억제할 수 있다.

② 집합투자업자보수는 클래스별로 차별화할 수 없다.

③ 이미 만들어진 비종류형집합투자기구는 종류형집합투자기구로 전환할 수 없다.

④ 종류(Class)의 수에는 제한이 없다.

54 중요도 ★★★

모자형집합투자기구와 관련된 설명으로 가장 거리가 먼 것은?

① 자집합투자기구와 모집합투자기구의 집합투자재산을 운용하는 집합투자업자가 다를 수 있다.

② 기존 집합투자기구를 모자형집합투자기구로 변경하는 것도 가능하다.

③ 자집합투자기구 외의 자가 모집합투자기구의 집합투자증권을 취득하는 것이 허용되지 않는다.

④ 자집합투자기구가 모집합투자기구의 집합투자증권 외의 다른 집합투자증권을 취득하는 것은 허용되지 않는다.

55 중요도 ★★

모자형집합투자기구에 대한 설명 중 잘못된 것은?

① 모자형집합투자기구는 운용의 효율성을 위하여 도입되었다.

② 모자형집합투자기구는 투자자가 하위투자기구에 투자한다.

③ 모자형집합투자기구는 상위 및 하위의 집합투자업자가 같다.

④ 모자형집합투자기구는 해당 투자기구와 투자대상투자기구의 집합투자업자가 동일하지 않다.

56 중요도 ★★★

상장지수집합투자기구(ETF : Exchange Traded Funds)**에 대한 설명 중 잘못된 것은?**

① 투자자들은 거래소나 코스닥시장에 상장되는 이 증권을 주식처럼 매매한다.

② 수익증권 또는 투자회사 주식을 해당 투자신탁의 설정일 또는 투자회사의 설립일부터 60일 이내에 증권시장에 상장해야 한다.

③ 인덱스형, 추가형, 상장형투자기구이다.

④ 주가지수와 연동되는 수익률을 얻을 수 있도록 설계된 지수연동형집합투자기구이다.

57 중요도 ★★

ETF에 대한 설명으로 가장 거리가 먼 것은?

① 회계결산시점과 무관하게 신탁분배금을 지급할 수 있다.

② 단위형집합투자기구이다.

③ 지정참가회사(AP)는 차익거래자이면서 유동성 공급자의 역할을 담당한다.

④ 증권 실물로 집합투자기구의 설정 및 해지를 할 수 있다.

정답 및 해설

53 ③ 비종류형집합투자기구를 종류형집합투자기구로 전환할 수 있다.

54 ① 모자형펀드는 모펀드와 자펀드의 운용사가 같아야 하며, 모자형펀드에서 모펀드는 모집대상이 아니므로 증권신고서 신고대상이 아니다.

55 ④ 재간접펀드(Fund of Funds)에 대한 설명이다. 모자형집합투자기구는 모투자기구와 자투자기구의 집합투자업자가 동일하다.

56 ② ETF의 요건

> • 기초자산의 가격 또는 기초자산의 종류에 따라 다수 종목의 가격수준을 종합적으로 표시하는 지수의 변화에 연동하여 운용하는 것을 목표로 할 것
> • 수익증권 또는 투자회사 주식의 환매가 허용될 것
> • 수익증권 또는 투자회사 주식이 해당 투자신탁의 설정일 또는 투자회사의 설립일부터 30일 이내에 증권시장에 상장될 것

57 ② ETF는 추가형, 개방형, 상장형 인덱스펀드이다.

58 중요도 ★

인덱스펀드와 관련하여 추적오차의 발생 원인으로 가장 거리가 먼 것은?

① 다른 인덱스펀드와의 상관관계

② 포트폴리오를 구축하기 위한 거래비용

③ 인덱스펀드와 추적대상지수의 포트폴리오 차이

④ 포트폴리오 구축 시 적용되는 가격과 실제 매매 가격과의 차이

59 중요도 ★★

ETF에 대한 설명 중 잘못된 것은?

① 이해관계인 간의 거래제한이 적용된다.

② 투자의사결정과 실제투자 간의 시간적 차이로 인한 인덱스펀드의 단점을 제거하였다.

③ 자산총액의 30%까지 동일종목의 증권에 운용하는 것이 가능하다.

④ 자산총액으로 동일법인 등이 발행한 지분증권 총수의 20%까지 운용이 가능하다.

60 중요도 ★★

ETF의 운영에 대한 설명으로 잘못된 것은?

① 국내 주식형 ETF는 ETF 매매차익은 비과세, 이자·배당소득은 과세한다.

② 국내 채권형 ETF, 해외 주식형 ETF, 원자재 ETF는 보유기간 과세방식으로 처분이익과 보유기간 중 발생한 배당소득 과표상승분 중 적은 금액을 과표로 하여 과세한다.

③ 일반투자기구와 달리 증권실물로 투자기구의 설정 및 해지가 가능하다.

④ 추적오차율이 5%를 초과하여 1개월 이상 지속되는 경우에는 상장폐지된다.

61

중요도 ★★

ETF는 인덱스펀드의 일종으로 법령에서 ETF가 추적할 수 있는 인덱스의 요건을 규정하고 있다. 이 요건과 거리가 먼 것은?

① 거래소 등에서 거래되는 종목의 가격 또는 다수 종목의 가격수준을 종합적으로 표시하는 지수일 것

② 가격 또는 지수가 시장을 통해 투자자에게 적절하게 공표될 수 있을 것

③ 지수를 구성하는 종목이 20종목 이상이고 최상위 종목의 시가비중이 지수에서 차지하는 비율이 20%를 초과하지 않을 것

④ 지수가 거래소 등에서 공정하게 형성되고 매일 신뢰가능한 가격으로 발표될 것

62

중요도 ★

상장지수집합투자기구(ETF)에 대한 설명 중 잘못된 것은?

① ETF는 자산총액의 50%까지 동일종목의 증권에 운용할 수 있다.

② ETF는 집합투자기구의 설립·설정일로부터 30일 이내에 상장되어야 한다.

③ 지정참가회사가 투자자로부터 현금 또는 증권을 납입받아 집합투자업자에게 설립·설정을 요청하면 집합투자업자가 ETF를 설립·설정하게 된다.

④ 전통적인 인덱스펀드의 단점을 보완한 특수한 형태의 인덱스펀드 일종이다.

정답 및 해설

58 ① 다른 인덱스펀드와의 상관관계는 추적오차의 발생 원인과 거리가 멀다.

59 ① 이해관계인 간의 거래제한 적용이 배제된다.

60 ④ ETF의 상장폐지 사유에는 추적오차율이 10%를 초과하여 3개월 이상 지속되는 경우, 지수를 산정할 수 없는 경우, 지수를 이용할 수 없게 된 경우 등이 있다.

61 ③ 지수를 구성하는 종목이 10종목 이상이고 최상위 종목의 시가비중이 지수에서 차지하는 비율이 30%를 초과하지 않아야 하며, 시가 상위 85% 종목의 3개월 평균 시가총액이 150억원 이상이고 거래금액이 1억원 이상이어야 한다.

62 ① ETF는 자산총액의 30%까지 동일종목의 증권에 운용할 수 있다.

63 중요도 ★★★

상장지수펀드(ETF)는 운용규제에 대한 특례가 있다. 이에 대한 설명으로 거리가 먼 것은?

① 이해관계인과의 거래제한 규정에도 불구하고 ETF 설정 목적으로 이해관계인과의 거래를 할 수 있다.

② 각 ETF에서 동일법인 등이 발행한 지분증권 총수의 10%까지 투자할 수 있다.

③ ETF는 자산총액의 30%까지 동일종목의 증권에 운용할 수 있다.

④ ETF는 자본시장법 규정 중 집합투자증권 환매, 중립투표의무, 자산운용보고서 등에 관한 규정이 적용되지 않는다.

64 중요도 ★

펀드는 그 기준에 따라 다양하게 분류된다. 이에 대한 설명으로 거리가 먼 것은?

① 단위형은 신탁계약기간이 정해져 있고 추가투자는 할 수 없다.

② 폐쇄형은 환매를 요구할 수 없다.

③ 주식형(채권형)펀드는 주식(채권)에 펀드재산의 60% 이상을 투자하는 펀드이다.

④ 패시브펀드는 비교지수의 수익률을 초과하는 것을 목적으로 하는 펀드이다.

65 중요도 ★

투자전략에 따른 펀드의 분류에 대한 설명으로 잘못된 것은?

① 패시브펀드는 사전에 정해진 룰에 따라 펀드의 재산을 투자하는 펀드이다.

② 패시브펀드에는 SRI펀드, Water펀드, 지배구조개선펀드 등이 있다.

③ 액티브펀드는 비교대상지수의 수익률을 초과하는 것을 목적으로 하는 펀드이다.

④ 액티브펀드에는 정통형, 스타일투자형, 테마투자형 등이 있다.

66 중요도 ★

인덱스펀드(Index Fund)는 특정지수(예 KOSPI200)의 수익률과 동일하거나 유사한 수익률 달성을 목표로 하는 펀드를 말한다. 인덱스펀드에 대한 설명 중 잘못된 것은?

① 다른 펀드에 비하여 비용이 저렴하고, 운용이 투명하다는 점이 장점이다.

② 10년 이상 장기투자를 할 경우 동일한 수준의 수익률을 실현하는 액티브펀드보다 높은 수익률을 내는 경우가 많다.

③ 인핸스드 인덱스펀드는 추적대상지수 수익률을 초과하는 수익률을 목표로 하는 인덱스펀드로 알파 추구 전략 또는 차익거래를 이용한다.

④ 인핸스드 인덱스펀드는 액티브펀드와 같이 위험을 제한 없이 부담하면서 추가수익전략을 수행한다.

67 중요도 ★

다음 중 부동산펀드에 대한 설명 중 잘못된 것은?

① 신탁계약서가 작성되는 부동산펀드는 부동산투자신탁이다.

② 투자자의 환금성 보장 등을 별도로 정하지 않은 경우 상장시켜야 하는 부동산펀드는 부동산투자회사이다.

③ 부동산펀드에서 부동산과 관련하여 투자하는 방법에는 부동산관리, 부동산개량, 부동산임대, 부동산중개 등이 있다.

④ 부동산펀드에서 투자가능한 부동산과 관련된 권리에는 지역권, 임차권, 분양권 등은 포함되나 저당권은 포함되지 않는다.

정답 및 해설

63 ② 각 ETF에서 동일법인 등이 발행한 지분증권 총수의 20%까지 투자할 수 있다.

64 ④ 액티브펀드에 대한 설명이다. 패시브펀드는 미리 정해진 시스템에 따라 운용되도록 한 펀드이다.

65 ② 패시브펀드에는 인덱스펀드, 포트폴리오 보험전략펀드 등이 있다.

66 ④ 인핸스드 인덱스펀드는 액티브펀드와 달리 위험을 제한하면서 추가수익전략을 수행한다.

67 ③ 부동산펀드에서 부동산과 관련하여 투자하는 방법에는 부동산관리, 부동산개량, 부동산임대 등이 있고 부동산중개는 포함되지 않는다.

68 중요도 ★

자본시장법상 부동산펀드에서 펀드재산으로 부동산을 취득하는 경우, 해당 부동산펀드의 계산으로 금전을 차입할 수 있는 기관을 모두 고른 것은?

| ㉠ 보험회사 | ㉡ 상호저축은행 |
| ㉢ 다른 부동산펀드 | ㉣ 국가재정법에 따른 기금 |

① ㉠   ② ㉠, ㉡   ③ ㉠, ㉡, ㉢   ④ ㉠, ㉡, ㉢, ㉣

69 중요도 ★★

자본시장법상 특별자산펀드에 대한 설명으로 가장 거리가 먼 것은?

① 특별자산펀드는 증권 및 부동산에도 투자할 수 있다.
② 특별자산은 시가에 따라 평가하는 것이 원칙이다.
③ 특별자산펀드는 선박에 직접 투자할 수 없다.
④ 공모특별자산펀드의 경우에도 사회기반시설사업의 시행을 목적으로 하는 법인이 발행한 주식에 자산총액의 100%까지 투자할 수 있다.

70 중요도 ★★

특별자산펀드에 대한 설명 중 잘못된 것은?

① 집합투자재산의 50%를 초과하여 특별자산에 투자하는 펀드이다.
② 문화콘텐츠 상품도 특별자산에 속한다.
③ 발행일로부터 30일 이내에 증권시장에 상장해야 한다.
④ 자본시장법은 특별자산펀드를 반드시 환매금지형펀드로 설정하도록 의무화하고 있다.

71 중요도 ★

공모특별자산펀드의 운용특례로 각 펀드자산총액의 100%까지 동일종목에 투자할 수 있는 경우에 해당하는 것을 모두 고른 것은?

> ㉠ 사회기반시설사업 법인이 발행한 주식과 채권
> ㉡ 사회기반시설사업 법인에 대한 대출채권
> ㉢ 사회기반시설사업 법인에 투자하는 것을 목적으로 하는 법인의 지분증권
> ㉣ 특별자산이 신탁재산의 50%를 초과하는 수익증권·집합투자증권·유동화증권
> ㉤ 선박투자회사 발행 주식

① ㉠, ㉡　　　　　　　　　　　　　② ㉠, ㉡, ㉢
③ ㉠, ㉡, ㉢, ㉣　　　　　　　　　④ ㉠, ㉡, ㉢, ㉣, ㉤

72 중요도 ★

신탁상품에 대한 설명 중 잘못된 것은?

① 신탁설정 방법은 유언으로 하는 경우가 일반적이다.
② 신탁재산의 독립성 보장을 위해 강제집행, 상계 등이 금지된다.
③ 신탁을 통한 집합투자는 원칙적으로 금지된다.
④ 특정금전신탁의 경우 일정기준 수익을 초과하게 되면 수익 보수를 취득할 수 있다.

정답 및 해설

68 ④ ㉠㉡㉢㉣ 모두 해당된다.

69 ③ 특별자산펀드는 선박, 항공기, 건설기계, 자동차 등 공시방법을 갖춘 동산에 투자 가능하다.

70 ③ 발행일로부터 90일 이내에 증권시장에 상장해야 한다.

71 ② 각 펀드자산총액의 100%까지 동일종목에 투자할 수 있는 경우에는 사회기반시설사업 법인이 발행한 주식과 채권, 사회기반시설사업 법인에 대한 대출채권, 사회기반시설사업 법인에 투자하는 것을 목적으로 하는 법인의 지분증권 등이 있다.

72 ① 신탁설정 방법에는 신탁계약, 신탁선언, 유언 등이 있다. 일반적으로는 신탁계약으로 신탁이 설정된다.

73

중요도 ★

자본시장법상 특별자산펀드에 대한 설명으로 잘못된 것은?

① 투자대상 중 일반상품에 해당하는 것에는 농수축산물, 광산물, 에너지 등이 있다.

② 간접투자법하에서는 일반상품에 직접 투자하는 실물펀드의 개발이 활성화되어 있었다.

③ 선박투자법에 따른 공모선박투자회사는 자본시장상 특별자산투자상품의 하나로 인정될 수 있다.

④ 일반상품에 투자하는 특별자산펀드는 주식이나 채권과 함께 투자하는 경우 인플레이션 헤지 역할을 할 수 있다.

74

중요도 ★★★

다음의 자산에 50%를 초과하여 투자할 경우 특별자산펀드에 해당하지 않는 것은?

① 특별자산이 신탁재산의 50%를 초과하는 수익증권·집합투자증권·유동화증권에 투자하는 펀드

② 미술품, 악기에 투자하는 펀드

③ 사회기반시설 법인에 대출한 법인의 지분증권에 투자하는 펀드

④ 농산물을 생산하는 회사의 지분증권에 투자하는 펀드

75

중요도 ★★

파생상품의 정의에 대한 설명으로 잘못된 것은?

① 선물은 기초자산을 장래의 특정시점에 인도할 것을 약정하는 계약이다.

② 선도는 기초자산의 변동과 연계하여 수익률이 결정되는 권리가 표시된 것이다.

③ 옵션은 기초자산을 수수하는 거래를 성립시킬 수 있는 권리를 부여하는 것을 약정하는 계약이다.

④ 스왑은 장래 일정 기간 동안 기초자산에 의해 산출된 금전 등을 교환할 것을 약정하는 계약이다.

76 중요도 ★
파생상품펀드의 구조 및 전략에 대한 설명 중 옳은 것은?

① 금융공학펀드(델타펀드)는 장외파생상품을 이용하는 대표적인 펀드이다.

② 리버스컨버터블 전략은 풋옵션 매도포지션을 복제하는 전략이다.

③ 포트폴리오 전략은 풋옵션 매수포지션을 복제하는 전략이다.

④ ELF는 장외옵션을 복제하고, 델타펀드는 장외옵션을 매입한다.

77 중요도 ★
자본시장법상 부동산펀드에 대한 설명 중 잘못된 것은?

① 펀드재산의 50%를 초과하여 부동산과 부동산 관련 자산에 투자하는 펀드이다.

② 환매금지형으로 설정해야 한다.

③ 최초 발행일로부터 90일 이내에 상장해야 한다.

④ 부동산펀드의 투자대상은 부동산으로 제한된다.

정답 및 해설

73 ② 일반상품을 기초자산으로 하는 특별자산펀드는 간접투자법하에서는 보관, 운송, 유동성의 측면을 충족시키기 힘들어서 거의 개발되지 못하였다.

74 ④ 일반상품은 특별자산으로 특별자산펀드의 투자대상이나 일반상품 관련 사업을 하는 회사의 지분증권은 증권이므로 농산물과 같은 일반상품 관련 사업을 하는 회사의 지분증권에 투자하는 펀드는 증권펀드에 해당한다.

75 ② 파생결합증권에 대한 설명이다. 자본시장법상 파생결합증권은 기초자산의 가격·이자율·지표·단위 또는 이를 기초로 하는 지수 등의 변동과 연계하여 미리 정해진 방법에 따라 지급금액 또는 회수금액이 결정되는 권리가 표시된 것이다.

76 ② ① 금융공학펀드(델타펀드)는 장내파생상품을 이용하는 대표적인 펀드이다.
③ 포트폴리오 전략은 콜옵션 매수포지션을 복제하는 전략이다.
④ ELF는 장외옵션을 매입하고, 델타펀드는 장외옵션을 복제한다.

77 ④ 자본시장법은 부동산펀드의 투자대상을 부동산뿐만 아니라 부동산 관련 자산으로 확대하였다.

78 중요도 ★
신탁상품 판매 시 영업행위 규제에 대한 설명으로 잘못된 것은?

① 원칙적으로 신탁재산을 집합하여 운용하는 행위는 금지된다.

② 특정금전신탁 안내 및 홍보는 금지된다.

③ 수탁고가 10만원 이하인 고객은 신탁재산의 운용내역 통보의무가 없다.

④ 신탁상품의 수익률 공시는 매달 1회 해야 한다.

79 중요도 ★
자본시장법상 금융투자상품에 대한 설명으로 잘못된 것은?

① 원본손실 가능성을 기준으로 비금융투자상품과 금융투자상품으로 구분한다.

② 원본초과손실 가능성을 기준으로 증권과 파생상품으로 구분한다.

③ 파생결합증권은 파생상품으로 분류된다.

④ 선물, 선도, 옵션, 스왑 등은 원본초과손실 가능성이 있는 금융투자상품이다.

80 중요도 ★
기초자산의 가격·이자율·지표·단위 또는 이를 기초로 하는 지수 등의 변동과 연계하여 미리 정해진 방법에 따라 지급금액 또는 회수금액이 결정되는 권리가 표시된 것은?

① 선 물

② 옵 션

③ 스 왑

④ 파생결합증권

81

중요도 ★

파생결합증권의 구성요소에 대한 설명으로 잘못된 것은?

① 발행사는 파생결합증권을 발행하는 주체이며 상환시점에 제시한 구조에 따라 지급의무를 부담한다.

② 기초자산은 파생결합증권의 수익에 영향을 주는 자산으로 몇 가지 자산을 동시에 투자하는 멀티에셋도 가능하다.

③ 파생결합증권은 기초자산이 주식인 경우에도 만기가 있다.

④ 만기 전 환매가 가능하며 별도의 환매수수료를 부과하지 않는다.

82

중요도 ★

주가연계 파생상품펀드에 대한 설명으로 옳은 것은?

① 주가연계증권(ELS)은 발행사의 자체 신용으로 원금보장 구조로 발행할 수 없다.

② 구조화펀드(ELF)도 원금보장 수익구조로 설정되면 원금보장이라는 표현을 쓸 수 있다.

③ 원금비보존형 파생상품펀드의 경우 원금손실 가능성과 연계되는 KI(Knock-In)조건이 낮을수록 쿠폰이 낮아진다.

④ 구조화펀드(ELF)는 채권이자 및 배당소득에 대하여만 과세한다.

정답 및 해설

78 ④ 신탁상품은 매일의 배당률 또는 기준가격을 영업장에 비치해야 한다.

참고 신탁상품 수익률 공시기준 준수의무

- 매일의 배당률 또는 기준가격을 영업장에 비치할 것
- 장래의 배당률 또는 기준가격이 변동될 수 있다는 사실을 기재할 것
- 하나의 배당률로 표시하는 경우에는 전월 평균배당률로 기재하고, 하나 이상의 배당률로 표시하는 경우에는 최근 배당률부터 순차적으로 기재할 것

79 ③ 파생결합증권은 원본초과손실 가능성이 없는 증권으로 분류된다.

80 ④ 자본시장법 제4조 7항에서 파생결합증권을 정의한 내용이다. 자본시장법은 파생결합증권의 기초자산을 금융투자상품, 통화, 일반상품, 신용위험 등으로 확대하였다.

- 선물 및 선도 : 장래 특정시점에 기초자산을 인도할 것을 약정하는 파생상품
- 옵션 : 장래 특정시점에서 거래를 성립시키는 권리를 부여하는 것을 약정하는 파생상품
- 스왑 : 장래 일정기간 동안 교환할 것을 약정하는 파생상품

81 ④ 만기 전 환매가 가능하나 일반적으로 높은 중도환매수수료(5% 내외)를 부담해야 한다.

82 ③ ① 주가연동예금(ELD)과 주가연계증권(ELS)은 발행사의 자체 신용으로 원금보장 구조로 발행할 수 있다. 다만 ELD는 발행사(은행)가 파산해도 원금보장(5천만원 한도)이 가능하나 ELS는 발행사(증권사)가 파산 시 원금을 보장하지 않는다.

② 구조화펀드(ELF)는 실적배당상품이므로 원금보장이라는 표현을 쓸 수 없고 원금보존 추구형으로 표현되어 판매된다.

④ 구조화펀드(ELF)는 확정수익 전체에 대하여 배당소득으로 과세한다.

83

중요도 ★

부동산펀드의 주요 투자대상과 거리가 먼 것은?

① 부동산

② 부동산과 관련된 권리

③ 부동산과 관련 있는 투자행위

④ 사회기반시설사업 시행을 목적으로 하는 법인이 발행한 증권

84

중요도 ★★

부동산펀드에 대한 설명 중 잘못된 것은?

① 부동산펀드는 펀드재산의 30%를 초과하여 부동산, 부동산 관련 자산 등에 투자해야 한다.

② 부동산펀드는 부동산 취득 후 1년 이내에 처분하는 행위는 금지된다.

③ 부동산펀드는 토지를 취득한 경우 부동산개발사업 시행 전에 처분하는 행위는 금지된다.

④ 부동산 관련 대출로 운용하는 PF형 부동산펀드는 대출형부동산펀드에 해당한다.

85

중요도 ★

부동산펀드의 투자대상에 따른 유형과 가장 거리가 먼 것은?

① 대출형   ② 실물형

③ 권리형   ④ 리츠형

86

중요도 ★

실물형부동산펀드의 종류와 거리가 먼 것은?

① 대출형부동산펀드

② 매매형부동산펀드

③ 임대형부동산펀드

④ 개량형부동산펀드

87

중요도 ★

일반적인 공모펀드는 동일종목에 펀드재산의 10%까지만 투자할 수 있다. 그런데 공모특별자산펀드는 예외적으로 펀드재산의 100%까지 동일종목에 투자할 수 있는 경우가 있다. 이에 해당되는 것을 모두 고른 것은?

> ㉠ 사회기반시설사업을 시행할 목적으로 하는 법인이 발행한 주식·채권
>
> ㉡ 사회기반시설사업을 시행할 목적으로 하는 법인이 발행한 대출채권
>
> ㉢ ㉠ 또는 ㉡을 취득하는 것을 목적으로 하는 법인의 지분증권
>
> ㉣ 특별자산 투자목적회사가 발행한 지분증권
>
> ㉤ 사업수익권(특정사업으로 발생하는 수익을 분배받을 수 있는 계약상의 출자지분 또는 권리)

① ㉠, ㉡

② ㉠, ㉡, ㉢

③ ㉠, ㉡, ㉢, ㉣

④ ㉠, ㉡, ㉢, ㉣, ㉤

정답 및 해설

83 ④ 특별자산펀드의 투자대상이다.

84 ① 부동산펀드는 펀드재산의 50%를 초과하여 부동산, 부동산 관련 자산 등에 투자해야 한다.

85 ④ 부동산펀드는 투자대상에 따라 대출형, 실물형, 권리형, 증권형, 파생상품형 등으로 구분된다.

86 ① 실물형부동산펀드의 종류에는 매매형, 임대형, 경공매형, 개발형, 개량형 등이 있다.

87 ④ 공모특별자산펀드는 규약에 ㉠㉡㉢㉣㉤을 정한 경우 예외적으로 동일종목에 펀드재산의 100%까지 투자할 수 있다.

88

중요도 ★

다음 중 특별자산펀드와 가장 거리가 먼 것은?

① 특별자산이 신탁재산의 40%를 차지하는 수익증권에 투자하는 펀드
② 특별자산이 펀드재산의 50%를 차지하는 집합투자증권에 투자하는 펀드
③ 특별자산이 유동화자산의 60%를 차지하는 유동화증권에 투자하는 펀드
④ 보험금지급청구권에 펀드재산의 70%를 투자하는 펀드

89

중요도 ★

신탁의 기본 구조에 대한 설명 중 옳은 것은?

① 대부분의 신탁은 위탁자와 수탁자 간 신탁계약에 의하여 설정된다.
② 신탁이 설정되면 그 신탁재산의 소유자 및 권리자는 위탁자에서 수익자로 변경된다.
③ 수탁자는 위탁자를 위하여 신탁재산을 소유하는 것일 뿐이며, 신탁원본과 이익은 모두 위탁자에게 귀속된다.
④ 위탁자는 수탁자가 신탁계약에서 정한대로 신탁사무를 잘 처리하고 있는지를 감시하고 감독할 권한이 있다.

90

중요도 ★

신탁재산의 법적 특성에 대한 설명 중 거리가 먼 것은?

① 위탁자·채권자·수익자의 채권자라 할지라도 신탁재산을 강제집행, 경매, 보전처분, 체납처분 등을 할 수 없다.
② 수탁자가 사망하거나 파산하더라도 신탁재산은 상속재산이나 파산재단에 포함되지 않는다.
③ 신탁재산의 독립성을 활용하여 종업원의 퇴직연금 수급권을 보장할 수 있다.
④ 부동산개발사업이나 부동산을 선분양하는 경우에는 신탁이 이용되지 않는다.

91

중요도 ★★

신탁제도에 대한 설명 중 잘못된 것은?

□

① 수탁자에게 선관주의의무뿐만 아니라 충실의무도 부여하고 있다.

② 수탁자는 자신의 고유한 재산과 신탁재산을 구분하여 관리해야 한다.

③ 수탁자가 여러 개의 신탁을 관리하고 있는 경우 통합 관리해야 한다.

④ 신탁상품은 실적배당상품으로 원금보장이 안 되는 것이 원칙이지만, 연금신탁은 예외적으로 신탁회사가 원금을 보존해주도록 하고 있다.

92

중요도 ★

신탁상품에 대한 설명으로 잘못된 것은?

□

① 금전신탁은 금전으로 신탁을 설정하고 신탁 종료 시 금전 또는 운용현상을 그대로 수익자에게 교부하는 신탁이다.

② 재산신탁은 금전 외의 재산으로 신탁을 설정하고 위탁자의 지시 또는 신탁계약에서 정한 바에 따라 관리·운용·처분하여 신탁 종료 시 운용현상을 수익자에게 교부하는 신탁이다.

③ 종합재산신탁은 금전 및 금전 외 재산을 하나의 계약으로 포괄적으로 설정하는 신탁이다.

④ 담보부사채신탁은 사채를 발행하는 회사가 사채상환을 담보하기 위하여 수탁자를 수익자로 하여 자기재산으로 신탁을 설정한 것이다.

정답 및 해설

88 ① 특별자산이 신탁재산의 50% 이상을 차지하는 수익증권에 투자하는 펀드여야 특별자산펀드에 해당된다.

89 ① ② 신탁이 설정되면 그 신탁재산의 소유자 및 권리자는 위탁자에서 수탁자로 변경된다.
③ 수탁자는 수익자를 위하여 신탁재산을 소유하는 것일 뿐이며, 신탁원본과 이익은 모두 수익자에게 귀속된다.
④ 수익자는 수탁자가 신탁계약에서 정한대로 신탁사무를 잘 처리하고 있는지를 감시하고 감독할 권한이 있다.

90 ④ 부동산개발사업이나 부동산을 선분양하는 경우에 투자자나 피분양자를 보호하기 위하여 신탁이 이용되며, 부동산 담보물건의 관리에도 신탁이 활용되고 있다.

91 ③ 수탁자가 여러 개의 신탁을 관리하고 있는 경우 신탁 건별로 각 신탁의 신탁재산을 다른 신탁재산과 구분하여 관리해야 한다.

92 ④ 담보부사채신탁은 사채를 발행하는 회사가 사채상환을 담보하기 위하여 사채권자를 수익자로 하여 자기재산으로 신탁을 설정한 것이다.

93

중요도 ★

금전신탁에 대한 설명으로 잘못된 것은?

① 금전신탁은 위탁자의 운용지시 여부에 따라 특정금전신탁과 불특정금전신탁으로 구분된다.

② 현재 신탁상품 중 가장 많이 차지하고 있는 것은 불특정금전신탁이다.

③ 불특정금전신탁은 집합투자기구와 같은 성격이므로 연금신탁을 제외한 불특정금전신탁의 신규 수탁이 금지되었다.

④ 부동산신탁의 종류에는 담보신탁, 관리신탁, 처분신탁, 개발신탁, 관리형개발신탁, 분양관리신탁 등이 있다.

94

중요도 ★★

특정금전신탁에 대한 내용과 거리가 먼 것은?

① 신탁재산을 보험상품으로 운용하는 것도 가능하다.

② 단독운용상품이라 최저가입금액이 다른 상품에 비하여 높은 편이다.

③ 특정금전신탁상품의 유형에는 확정금리형상품, 주식형상품, 자문형상품, 자사주신탁, 해외투자형상품, 구조화상품(ELT), 단기자금상품(MMT), 분리과세형상품 등이 있다.

④ 제3자를 수익자로 지정한 경우 수익에 대하여 증여세가 부과된다.

95

중요도 ★★

신탁상품 판매 관련 불건전 영업행위와 거리가 먼 것은?

① 집합하여 운용한다는 내용으로 투자권유 또는 광고하는 행위

② 불특정 다수의 투자자에게 홍보하는 행위

③ 투자자를 유형화하여 운용할 경우 유형별 가중평균수익률과 최고·최저수익률을 함께 제시하지 않는 행위

④ 투자광고 시 특정신탁계좌의 수익률을 제시하지 않는 행위

96

중요도 ★★

신탁상품의 투자권유에 대한 설명 중 잘못된 것은?

① 투자정보를 제공하지 않은 고객은 신탁을 통한 파생상품 등의 거래를 할 수 없다.

② 신탁회사가 이미 투자자정보를 알고 있는 경우에는 기존 투자자 성향을 위탁자에게 알리고 투자권유를 해야 한다.

③ 비지정특정금전신탁은 위탁자(고객)의 투자성향보다 위험도가 높은 신탁상품에 투자하고자 할 경우 고객의 확인을 받더라도 계약을 체결할 수 없다.

④ 고객이 전문투자자인 경우 상품설명서 및 상담확인서는 징구하지 않아도 된다.

97

중요도 ★★★

신탁상품 투자권유에 대한 특칙에 대한 설명으로 잘못된 것은?

① 장내파생상품이 포함된 신탁계약은 투자자의 투자성향 및 투자상품의 위험도를 고려하여 적합한 투자권유가 되어야 한다.

② 장내파생상품이 포함된 신탁계약은 투자자의 연령과 파생상품 등의 투자경험 등을 고려하여 적정하지 않으면 투자권유를 하지 말아야 한다.

③ 일반투자자를 상대방으로 하여 장외파생상품 거래를 하는 경우에는 수익증가 목적의 경우에만 가능하다.

④ 일반투자자가 장외파생상품이 포함된 신탁계약을 할 경우, 금융투자회사의 임직원은 고객이 장외파생상품거래를 통해 회피할 위험의 종류와 금액을 확인하고 관련 자료를 보관해야 한다.

정답 및 해설

93 ② 2018년 9월 말 신탁상품의 잔액기준 규모로 볼 때 특정금전신탁이 가장 많다.
특정금전신탁(48.1%) > 부동산신탁(28.6%) > 금전채권신탁(20.7%) > 불특정금전신탁(1.9%)

94 ① 자본시장법상 신탁재산을 보험상품으로 운용하는 것은 금지된다.

95 ④ 투자광고 시 특정신탁계좌의 수익률을 제시하지 않아야 하므로 ④는 불건전 영업행위와 거리가 멀다.

96 ④ 고객이 전문투자자라 할지라도 상품설명서 및 상담확인서는 징구해야 한다.

97 ③ 일반투자자가 장외파생상품 거래를 하는 경우에는 위험회피대상 자산에 대한 손실을 감소시키는 거래(위험회피목적 거래)만 가능하다. 이 경우 금융투자회사의 임직원은 일반투자자가 장외파생상품거래를 통해 회피하려는 위험의 종류와 금액을 확인하고 관련 자료를 보관해야 하며, 연령과 투자경험을 고려한 회사의 기준에 적합하지 않다고 인정되는 경우에는 투자권유를 해서는 안 된다.

98   중요도 ★★
다음 중 신탁상품을 운용할 때 허용되는 것은?

① 집합운용한다는 내용으로 투자권유 또는 투자광고를 하는 행위
② 불특정금전신탁의 경우 위탁자의 운용지시 없이 수탁자가 신탁재산을 운용하는 행위
③ 투자광고 시 특정신탁계좌의 수익률 또는 여러 신탁계좌의 평균수익률을 제시하는 행위
④ 투자자를 유형화하여 운용할 경우 각 유형별 가중평균수익률과 최고·최저수익률을 함께 제시하지 않는 행위

99   중요도 ★★
신탁상품 판매 관련 불건전 영업행위에 대한 설명 중 잘못된 것은?

① 신탁업을 겸영하는 투자중개업자는 자산관리계좌 운용 시 신탁보수 외에 위탁매매수수료 등 다른 수수료를 부과할 수 있다.
② 신탁회사는 매 분기 1회 이상 주기적으로 자산운용보고서를 작성하여 제공해야 한다.
③ 비지정형신탁상품의 경우에는 매 분기 1회 이상 재무상태 등의 변경 여부를 확인한 후 변경사항이 있으면 신탁재산운용에 반영해야 한다.
④ 성과보수를 수취하는 경우 금융위원회에서 정하는 요건을 충족하는 기준지표에 연동하여 산정되어야 한다.

100   중요도 ★
자본시장법상 집합투자기구 중 투자합자회사에 대한 설명으로 잘못된 것은?

① 무한책임사원(집합투자업자)과 유한책임사원으로 구성된 상법상 합자회사 형태의 집합투자기구이다.
② 투자합자회사는 감독이사가 별도로 존재하지 않는다.
③ 이익배당 시 무한책임사원과 유한책임사원의 배당률·배당순서를 달리 적용할 수 있다.
④ 손실배분 시 무한책임사원과 유한책임사원의 배당률·배당순서를 달리 적용할 수 있다.

101

중요도 ★★

증권신고서에 대한 설명으로 잘못된 것은?

① 증권의 모집 또는 매출총액이 10억원 이상인 공모의 경우에는 반드시 신고서를 금융위원회에 제출해야 한다.

② 사모투자신탁은 증권신고서 대상에서 제외되지만 모투자신탁의 경우에는 증권신고서의 대상이다.

③ 일괄신고서를 제출한 경우 집합투자업자는 최초 신고 이후 해당 집합투자기구의 증권이 추가로 발행된다 해도 그 증권신고서를 추가로 제출할 의무가 없다.

④ 개방형 집합투자증권에 대해 일괄신고서를 제출한 경우 해당 규약에서 정한 존속기간을 발행예정기간으로 하고 그 기간 중 3회 이상 증권을 발행해야 한다.

102

중요도 ★★

증권신고서는 금융위원회에 제출되어 수리된 날로부터 일정 기간이 경과한 다음에 효력이 발생한다. 수리 후 효력이 발생하기 위한 일정 기간으로 잘못된 것은?

① 일반적인 환매금지형집합투자기구 : 7일

② 상장된 환매금지형집합투자기구 : 10일

③ 기타 집합투자기구 : 15일

④ 정정신고서를 제출한 경우 : 5일

정답 및 해설

98 ② 불특정금전신탁의 경우 집합투자기구와 같은 성격을 가지고 있어 위탁자의 운용지시 없이 수탁자가 신탁재산을 운용하는 것이 허용된다.

99 ① 신탁업을 겸영하는 투자중개업자는 자산관리계좌 운용 시 신탁보수 외에 위탁매매수수료 등 다른 수수료를 부과하는 행위가 금지된다.

100 ④ 손실배분 시 무한책임사원과 유한책임사원의 배당률·배당순서를 달리 적용할 수 없다.

101 ② 사모투자신탁이나 모투자신탁의 경우에는 증권신고서의 대상에서 제외된다.

102 ④ 해당 집합투자기구의 등록사항을 변경하기 위해 정정신고서를 제출하는 경우에는 그 정정신고서가 수리된 날 증권신고서의 효력이 발생하고 모집가액, 매출가액, 발행이자율 및 이와 관련된 사항의 변경으로 인하여 정정신고서를 제출한 경우 정정신고서가 수리된 날로부터 3일 경과 후 증권신고서의 효력이 발생한다.

103

중요도 ★★

투자설명서에 대한 설명 중 잘못된 것은?

① 투자설명서는 법에서 정하고 있는 투자권유문서이다.

② 투자설명서는 증권신고의 효력이 발생하는 날에 금융위원회에 투자설명서를 제출하고 발행인의 본점, 금융위원회, 한국거래소, 청약사무취급장소 등에 비치해야 한다.

③ 집합투자업자는 연 2회 이상 다시 고친 투자설명서를 금융위원회에 추가로 제출해야 한다.

④ 투자설명서는 증권신고서에 기재된 내용과 다른 내용을 표시하거나 그 기재사항을 누락해서는 안 된다.

104

중요도 ★

증권신고서와 투자설명서의 중요한 사항에 대한 거짓기재(표시) 또는 중요한 사항에 대한 기재(표시) 미비 등으로 인하여 증권의 취득자가 손해를 본 경우 배상책임을 져야 하는 자와 가장 거리가 먼 것은?

① 증권신고서의 신고인, 신고 당시 발행인의 이사

② 증권신고서의 작성을 지시한 자 및 집행한 자

③ 발행인의 직원

④ 증권의 인수계약을 체결한 자

105

중요도 ★★★

신탁계약을 변경할 경우 수익자총회의 결의가 필요하다. 다음 중 수익자총회의 결의가 필요한 신탁계약의 변경에 해당하는 것은?

① 보수·수수료 인하

② 환매금지형투자신탁에서 개방형투자신탁으로 변경하는 경우

③ 투자신탁 종류의 변경

④ 환매대금 지급일의 단축

106

중요도 ★★★

투자신탁과 투자회사를 비교한 설명 중 잘못된 것은?

① 투자신탁은 법률행위의 주체가 될 수 있으나 투자회사는 법률행위의 주체가 될 수 없다.

② 투자신탁의 자산소유자는 신탁업자이나 투자회사의 자산소유자는 투자기구이다.

③ 투자신탁은 계약형이고 투자회사는 회사형이다.

④ 투자신탁은 수익자총회에서 중요사항을 결정하고, 투자회사는 이사회와 주주총회에서 결정한다.

정답 및 해설

103 ③ 집합투자업자는 연 1회 이상 다시 고친 투자설명서를 금융위원회에 추가로 제출해야 하며, 변경 등록 통지를 받은 날로부터 5일 이내에 그 내용을 반영한 투자설명서를 금융위원회에 추가로 제출해야 한다.

104 ③ 증권신고서와 투자설명서의 중요한 사항에 대한 거짓기재(표시) 또는 중요한 사항에 대한 기재(표시) 미비 등으로 인하여 증권의 취득자가 손해를 본 경우 배상책임을 져야 하는 자에는 증권신고서의 신고인, 신고 당시 발행인의 이사, 증권신고서의 작성을 지시한 자 및 집행한 자, 증권신고서의 기재사항이 정확하다고 서명한 공인회계사·감정인·신용평가업자, 증권신고서의 내용에 대해 동의하고 그 내용을 확인한 자, 증권의 인수계약을 체결한 자, 투자설명서를 작성하거나 교부한 자, 매출의 방법에 의한 경우 매출신고 당시 그 매출되는 증권의 소유자 등이 있다.

105 ③ 수익자총회의 결의가 필요한 신탁계약의 변경 내용에는 보수·수수료 인상, 신탁업자 변경, 신탁계약기간 변경, 투자신탁 종류의 변경, 주된 투자대상자산의 변경, 집합투자업자의 변경, 환매금지형투자신탁이 아닌 투자신탁에서 환매금지형투자신탁으로의 변경, 환매대금 지급일의 연장 등이 있다.

106 ① 투자신탁은 실체가 없어 법률행위의 주체가 될 수 없으나 투자회사는 법률행위의 주체가 될 수 있다. 투자신탁은 신탁업자가 법률행위의 주체 역할을 하며, 투자회사는 투자기구 자체로 법률행위의 주체가 될 수 있다.

제 5 장
펀드운용

학습전략

펀드운용은 제1과목 전체 60문제 중 **총 4문제**가 출제된다.

펀드운용의 경우 난이도는 높지 않으나 모든 투자에 있어 전통적 금융상품인 주식과 채권이 기초가 되기 때문에 반복적으로 출제된다. 따라서 채권과 주식의 기본적인 이해가 선행되어야 한다. 이외에도 펀드운용과정 및 펀드운용전략, 리스크관리가 할애되어 있으나, 출제비중은 그리 높지 않다.

출제예상 비중

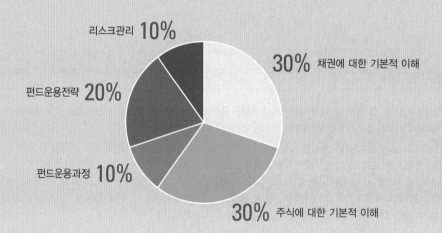

리스크관리 10%

30% 채권에 대한 기본적 이해

펀드운용전략 20%

펀드운용과정 10%

30% 주식에 대한 기본적 이해

핵심포인트

구 분	핵심포인트	중요도	페이지
채권에 대한 기본적 이해 (30%)	01 채권 개요	★★★	p. 320
	02 채권수익률과 채권가격	★★	p. 322
	03 채권수익률곡선과 듀레이션	★★	p. 324
	04 채권투자위험	★★★	p. 327
	05 금리예측	★★	p. 328
주식에 대한 기본적 이해 (30%)	06 경제분석	★★★	p. 329
	07 산업분석	★	p. 330
	08 기업가치분석	★★★	p. 331
	09 기술적 분석	★★★	p. 333
펀드운용과정 (10%)	10 펀드운용의 3단계	★★	p. 335
펀드운용전략 (20%)	11 펀드운용전략	★★★	p. 336
리스크관리 (10%)	12 금융기관의 리스크관리	★★	p. 339
	13 ESG 투자	★★	p. 341

다음 중 채권에 대한 설명으로 올바른 것은?

① 원리금 지급방법에 따라 국채, 지방채, 은행채, 회사채 등으로 분류한다.
② 발행주체에 따라 이표채, 할인채, 복리채 등으로 분류한다.
③ 채권발행자가 이자와 원금의 상환조건을 미리 정한 지분증권이다.
④ 이자와 원금의 규모 및 상환일정이 미리 정해져 있기 때문에 Fixed Income이라고도 부른다.

TIP ① 발행주체에 따라 국채, 지방채, 은행채, 회사채 등으로 분류한다.
② 원리금 지급방법에 따라 이표채, 할인채, 복리채 등으로 분류한다.
③ 채권발행자가 이자와 원금의 상환조건을 미리 정한 채무증서이다.

핵심포인트 해설   채권 개요

(1) 채 권

① 이자와 원금의 상환조건을 미리 정한 채무증서 〔Fixed Income〕 → 채권은 고정금리가 지급되므로 현금흐름의 예측과 전략 수립이 가능

② 종 류
  ㉠ 발행주체에 따라 : 국채, 지방채, 은행채, 회사채 등
  ㉡ 원리금 지급방법에 따라 : 이표채, 할인채, 복리채 등

(2) 채권수익률

만기수익률 (Yield to Maturity)	채권수익률, 할인율, 채권금리를 지칭하며 채권의 현재가격과 미래 현금흐름을 일치시키도록 할인하는 한 개의 수익률, 내부수익률(Internal Rate of Return)
현물이자율 (Spot Rate)	가장 단순한 형태의 채권인 할인채(Discount Bond) 또는 무이표채(Zero Coupon Bond)의 만기수익률, 중간에 현금흐름이 없는 채권의 수익률
내재이자율 (Implied Forward Rate)	현재의 채권금리에 내포되어 있는 미래의 일정기간에 대한 금리, 현재시점에서 요구되는 미래기간에 대한 이자율

(3) 채권수익률곡선(Yield Curve)

① 신용위험이 동일한 채권의 잔존만기 차이에 따른 이자율의 관계를 나타내는 시장 지표, 신용도가 동일한 무이표채권의 만기수익률과 만기와의 관계를 표시한 곡선

② 상승형(Upward Sloping), 하락형(Downward Sloping), 굴곡형(Humped), 수평형(Flat) 등의 대표적인 4가지 형태를 갖고 있는데, 상승형의 수익률곡선이 일반적임

③ 수익률곡선의 기울기
  ㉠ 가파른(Steep) 경우 : 향후 금리가 상승할 가능성이 높음
  ㉡ 평평한(Flat) 경우 : 향후 금리가 하락할 가능성이 높음

정답 | ④

02

만기 이전에 이자를 지급하지 않고 만기금액을 기간 이자율로 할인하여 발행하는 채권으로 옳은 것은?

① 이표채(Coupon Bond)
② 할인채(Discount Bond)
③ 복리채(Compound Bond)
④ 후순위채(Subordinated Debt)

TIP   만기 이전에 이자를 지급하지 않고 만기금액을 기간 이자율로 할인해서 발행하는 채권은 할인채(Discount Bond)이다.

핵심포인트 해설   **원리금 지급방법에 따른 채권의 종류**

이표채 (Coupon Bond)	채권 실물 발행 시 쿠폰이 함께 붙어 있고 이자지급일에 쿠폰과 이자를 교환하는 것으로, 현재는 채권 실물 발행이 없는 등록발행이 대부분이며 실제 쿠폰과 이자를 교환하는 경우는 거의 없음
할인채 (Discount Bond)	만기 이전에 이자를 지급하지 않고, 만기금액을 기간 이자율로 할인해서 발행
복리채 (Compound Bond)	이자지급기간 동안 이자를 복리로 재투자하여 만기 상환 시에 원금과 이자를 동시에 지급

정답 | ②

채권의 수익률 변동이 채권가격에 미치는 영향에 대한 설명으로 가장 올바른 것은?

① 동일한 수익률 변화에 따른 채권가격의 하락폭이 상승폭보다 크게 나타난다.
② 채권수익률이 상승하면 채권가격이 상승하고, 채권수익률이 하락하면 채권가격은 하락한다.
③ 다른 조건이 같을 때, 표면이율이 높은 채권이 낮은 채권에 비하여 가격 변동성이 낮다.
④ 다른 조건이 같을 때, 채권의 잔존만기가 길수록 채권가격 변동성은 감소한다.

TIP ① 동일한 수익률 변화에 따른 채권가격의 하락폭이 상승폭보다 작게 나타난다.
② 채권수익률이 상승하면 채권가격이 하락하고, 채권수익률이 하락하면 채권가격은 상승한다.
④ 다른 조건이 같을 때, 채권의 잔존만기가 길수록 채권가격 변동성은 증가한다.

핵심포인트 해설 　　말킬(B. G. Malkiel)의 채권가격정리(Bond Pricing Theorem)

① 채권가격과 채권수익률은 반비례 관계
② 장기채가 단기채보다 일정한 수익률 변동에 대한 가격 변동폭이 큼
③ 이자율 변동에 따른 채권가격 변동폭은 만기가 길수록 증가하나 증가율은 체감
④ 수익률 하락으로 인한 가격 상승폭이 수익률 상승으로 인한 가격 하락폭보다 큼
⑤ 표면이율이 낮은 채권이 표면이율이 높은 채권보다 가격 변동률이 큼
　　↳ 표면이율과 채권수익률은 완전히 다른 개념이므로 주의!

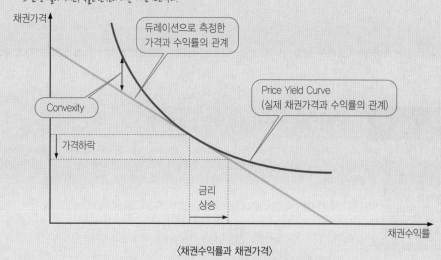

〈채권수익률과 채권가격〉

정답 | ③

1년 만기채 할인율이 6%이고, 3년 만기채 할인율이 6.5%일 경우 내재이자율로 옳은 것은?

① 6.20%

② 6.53%

③ 6.75%

④ 6.90%

TIP 3년 후 원리금 = 원금 × (1 + 0.06) × (1 + 내재이자율)²
3년 후 원리금 = 원금 × (1 + 0.065) × (1 + 0.065) × (1 + 0.065)
∴ 내재이자율 = $\sqrt{(1.065)^3/1.06} - 1 = 6.75\%$

핵심포인트 해설   **내재이자율**

현재의 채권금리에 내포되어 있는 미래의 일정 기간에 대한 금리, 현재시점에서 요구되는 미래기간에 대한 이자율

예) 1년 만기채 할인율이 6%이고, 3년 만기채 할인율이 6.5%일 경우의 내재이자율 → 상대적으로 짧은 만기와 긴 만기 이자율의 관계 속에 내재되어 있다고 해서 내재이자율이라고 함

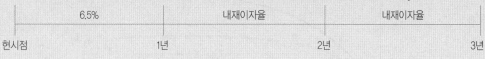

⇨ 3년 후 원리금 = 원금 × (1 + 0.06) × (1 + 내재이자율)²

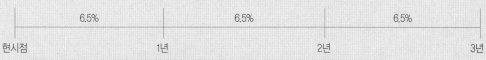

⇨ 3년 후 원리금 = 원금 × (1 + 0.065) × (1 + 0.065) × (1 + 0.065)
∴ 내재이자율 = $\sqrt{(1.065)^3/1.06} - 1 = \sqrt{(1 + 0.0675)^2} - 1 = 6.75\%$

정답 | ③

다음 중 채권수익률곡선(Yield Curve)에 대한 설명으로 잘못된 것은?

① 신용위험이 동일한 채권의 잔존만기 차이에 따른 이자율의 관계를 나타내는 시장지표이다.

② 만기의 차이에 따른 이자율구조를 통칭하여 이자율 기간구조(Term Structure of Interest Rates)라고 한다.

③ 채권의 가격 정보를 효율적으로 제공해준다.

④ Shoulder Effect(2 ~ 3년), Rolling Effect(5년 이상) 활용전략 등은 우하향하는 수익률곡선을 활용한 대표적인 채권운용전략이다.

용어 알아두기

채권수익률곡선	다른 조건은 동일하고 만기만 다른 채권들의 수익률을 마치 사진을 찍은 듯 그래프에 점으로 찍어 연결해놓은 선이다.

TIP 우상향하는 수익률곡선을 활용한 대표적인 채권운용전략이다.

핵심포인트 해설　　**채권수익률곡선(Yield Curve)**

① 신용위험이 동일한 채권의 잔존만기 차이에 따른 이자율의 관계를 나타내는 시장지표
② 이자율 기간구조(Term Structure of Interest Rates)라고도 함

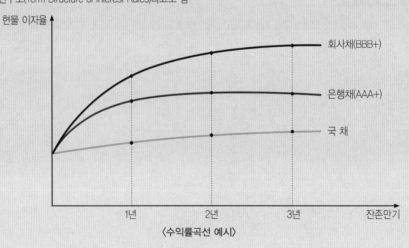

〈수익률곡선 예시〉

정답 | ④

06

듀레이션 2, 컨벡시티 40인 은행채의 경우 채권수익률이 1% 상승하면 채권가격은 몇 % 변화하는가?

① 1.6% 하락 ② 1.6% 상승
③ 1.9% 하락 ④ 1.9% 상승

TIP 채권가격 변동률 = (−) × 듀레이션 × dY + 컨벡시티 × (dY)²

$\dfrac{dP}{P}$ = (−) × 2 × 0.01 + 40 × (0.01)² = (−)0.02 + 0.004 = −0.016

∴ 채권가격은 1.6% 하락한다.

핵심포인트 해설   **듀레이션과 컨벡시티**

(1) 듀레이션(Duration)의 개념

① 채권금리(할인율)변화에 따른 채권가격의 변동성
② 현재가치로 환산된 가중평균의 상환기간
③ 채권금리변화에 대한 채권가격 변동의 민감도

> 표면이자율 증가 ⇨ 듀레이션 감소 ⇨ 가격변동위험 감소
> 표면이자율 감소 ⇨ 듀레이션 증가 ⇨ 가격변동위험 증가

④ 할인채와 복리채의 잔존만기 = 듀레이션 → 듀레이션은 진짜 만기가 아니라 만기형태로 표현되는 채권의 위험지표라는 것을 명심할 것!

(2) 채권의 컨벡시티(Convexity, 볼록성)

의 의	• 채권가격의 수익률곡선은 원점에 대해 볼록(비선형)하며, 듀레이션에 의해 설명될 수 없는 가격변동은 볼록성에 의해 설명됨
특 징	• 듀레이션만 사용할 경우 실제 채권가격의 움직임을 정확하게 계산할 수 없음 • 컨벡시티는 듀레이션을 미분한 값 → 컨벡시티가 크면 금리 하락 시의 이익이 크고 금리 상승 시의 손실이 작아지기 때문에 투자자 입장에서 컨벡시티가 큰 것을 좋은 것으로 봄 • 듀레이션과 컨벡시티를 동시에 사용하여 채권가격 변동을 거의 정확하게 계산 · 표면이율이 낮아질수록 볼록성은 커짐 · 잔존기간이 길어질수록 볼록성은 커짐 · 만기수익률이 낮아질수록 볼록성은 커짐

> 채권가격 변동률 = (−) × 듀레이션 × dY + 컨벡시티 × (dY)²
>
> 컨벡시티 = $\dfrac{V^- + V^+ - 2V}{2V(dV)^2}$

정답 | ①

채권투자성과를 이자수익과 자본손익으로 구분하여 측정하고자 한다. 2년 만기 은행채를 6%에 매입하여 1년간 보유한 후 5.5%에 매도할 때의 투자수익률로 옳은 것은? (단, 매도 시의 듀레이션은 2로 가정)

① 연 5.5%   ② 연 6.0%

③ 연 6.5%   ④ 연 7.0%

용어 알아두기

채권투자성과	채권을 투자해서 얻은 성과라는 의미이다.

TIP 채권투자성과 = 이자수익 + 자본손익
이자수익 = 매입금리 = 6%
자본손익 = (−) × 매도 시의 듀레이션 × 금리변동 × 연율화 = (−) × 2 × −0.5 × 1 = 1%
∴ 투자수익률은 연 7%이다.

핵심포인트 해설   금리민감도분석(Sensitivity Analysis)

먼저 보유기간 동안 이자를 받았고 처분 시 금리가 하락했다면 자본이익이 있음

채권투자성과 = 이자수익 + 자본손익
이자수익 = 매입금리(연 %)
자본손익 = (−) × 매도 시의 듀레이션 × 금리변동 × 연율화

① 매도 시의 듀레이션은 투자기간 종료시점의 채권 듀레이션
② 금리변동은 매입금리와 매도금리의 차이
③ 연율화는 연수익률로 계산하는 것

정답 | ④

08

다음 중 채권투자위험과 가장 거리가 먼 것은?

① 가격변동위험(Price Risk) ② 유동성위험(Liquidity Risk)

③ 신용위험(Credit Risk) ④ 풋위험(Put Risk)

용어 알아두기

가격변동위험	시가의 변동(Market Fluctuation)에 의해서 입는 위험이며 시장손해를 일으키는 위험을 말한다.

TIP 투자자의 풋옵션행사는 투자자입장에서 권리를 행사하는 것이므로 채권투자위험과 가장 거리가 멀다.

핵심포인트 해설 | 채권투자위험과 신용평가 등급표

(1) 채권투자위험의 종류

가격변동위험(Price Risk)	• 채권투자 후 만기수익률이 상승하면 채권가격은 하락하고, 만기수익률이 하락하면 채권가격이 상승하는 위험
신용위험(Credit Risk)	• 부도위험(Default Risk) • 신용등급 하향위험(Downgrade Risk) • 신용스프레드 확대위험(Credit Spread Risk) • 청구권(Priority of Claims) • 신용평가(Credit Assessment)
유동성위험(Liquidity Risk)	• 투자유가증권을 현금화하는 데 어려운 위험

(2) 신용채권의 신용평가 등급표

회사채등급(3년 이상)	기업어음등급(1년 이하)	등 급
AAA	A1	투자적격
AA(+, 0, −)		
A(+, 0, −)	A2(+, 0, −)	
BBB(+, 0, −)	A3(+, 0, −)	
BB(+, 0, −)	B(+, 0, −)	투 기
B(+, 0, −)		
CCC		
CC	C	
C		
D	D	부 도

정답 | ④

금리예측에 관한 설명으로 잘못된 것은?

① 채권수요가 채권공급보다 많으면 채권가격은 떨어진다.
② 소비자 물가가 상승하면 소비자들의 구매력이 감소한다.
③ 환율 상승은 금리 상승요인이 될 수 있다.
④ 정책금리가 인상되면 채권금리도 상승한다.

TIP 자금시장의 상황, 채권수익률과 다른 자산(정기예금, 주식, 부동산) 기대수익률의 차이 등에 따라 채권수요와
공급불일치가 나타난다. 채권수요가 채권공급보다 많으면 채권가격은 올라간다. (채권금리는 낮아짐)

핵심포인트 해설 **경제변수와 금리와의 관계**

경제 성장률	$Y = C + I + G + (X - M)$ (Y : 국민총생산(Yield), C : 민간소비(Consumption), I : 투자(Investment), G : 정부지출(Government Expenditure), X : 수출(Export), M : 수입(Import))
물 가	• 물가 상승은 금리 상승요인
채권수요와 공급	• 채권수요가 채권공급보다 많으면 채권가격 상승
통화정책	• 정책금리 인상 ⇨ 단기 차입금리 상승 ⇨ 채권금리 상승 • 정책금리 인하 ⇨ 단기 차입금리 하락 ⇨ 채권금리 하락
환 율	• 환율 상승은 금리 상승요인, 하락은 금리 하락요인 • 선물환율(원/달러) = 현물환율(원/달러) × (1 + 한국금리)/(1 + 미국금리)
소 비	• 소비 증가는 금리 상승요인, 소비 감소는 금리 하락요인
투 자	• 투자 증가는 금리 상승요인, 투자 감소는 금리 하락요인
정부 지출	• 정부지출 증가는 금리 상승요인(단, 구축효과에 따라 민간지출 감소 시 중립)
순수출	• 순수출(상품수지) 흑자는 금리 상승요인

정답 | ①

10

다음 중 경제변수와 주가의 관계에 대한 설명으로 올바른 것은?

① 국내총생산(GDP)이 하락하면 주가는 상승할 가능성이 높다.
② 이자율(할인율)이 하락하면 주가도 하락할 가능성이 높다.
③ 급격하게 물가가 상승하면 주가는 하락할 가능성이 높다.
④ 환율 하락은 수출기업의 주가에 긍정적인 영향을 미친다.

TIP ① 국내총생산(GDP)이 상승하면 주가도 상승할 가능성이 높다.
② 이자율(할인율)이 상승하면 주가는 하락할 가능성이 높다.
④ 환율 상승은 수출기업의 주가에 긍정적인 영향을 미친다.

핵심포인트 해설   경제변수와 주가

국내총생산	• 주가 상승률 = 명목 GDP 성장률 = 실질 GDP 성장률 + 물가 상승률
이자율	• 이자율 상승 ⇨ 증권가격 하락, 이자율 하락 ⇨ 증권가격 상승
인플레이션	• 완만한 물가 상승 ⇨ 기업판매이윤 증가 ⇨ 주가 상승 • 급격한 물가 상승 ⇨ 제조비용 증가 ⇨ 실질구매력 감소 ⇨ 기업수지 악화 ⇨ 주가 하락
환 율	• 원화가치 절하 시(환율 상승) ⇨ 수출경쟁력 증대 ⇨ 주가 상승(단, 외채가 큰 기업은 환차손)
재정정책	• 적자예산 편성, 세출 증가, 세율 인하 ⇨ 수요 진작 (반면 재정적자는 민간부문의 차입기회를 감소(Crowd Out)시킴 ⇨ 이자율 상승)
금융정책	• 한국은행은 기준금리 수준의 결정, 시중은행들의 지급준비율 결정, 통안채 발행량 조정의 세 가지 방법을 통하여 시중 통화량을 조절
인구통계적 변화	• 인구증가율, 연령분포, 저출산과 고령화, 지역별 분포, 소득과 연령분포의 변화 등
경기순환	• '회복 ⇨ 활황 ⇨ 후퇴 ⇨ 침체'의 4개 국면 • 주가는 경기변동이 있기 수개월 전부터 이를 반영하는 것으로 알려짐

정답 | ③

다음 중 포터(M. E. Poter)의 산업 경쟁강도를 결정짓는 구조적 요인에 대한 설명으로 옳은 것은?

① 진입장벽은 낮을수록 좋다.
② 대체가능성은 낮을수록 좋다.
③ 기존 경쟁업체 간의 경쟁 치열도는 높을수록 유리하다.
④ 구매자 및 공급자의 입장에서는 낮은 교섭력이 있을수록 좋다.

용어 알아두기

진입장벽	독과점 기업이 지배하는 시장에 새로운 경쟁자가 자유로이 들어오는 데 어려움을 주는 요소를 말한다.

TIP 포터(M. E. Poter)의 산업 경쟁구조 분석에 따르면 경쟁구조 진입장벽은 높을수록 좋고, 대체가능성은 낮을수록 좋으며, 기존 경쟁업체 간의 경쟁 치열도는 낮을수록 유리하다. 또한 구매자 및 공급자의 입장에서는 높은 교섭력이 있을수록 좋다.

핵심포인트 해설   **산업분석**

(1) 산업의 경쟁구조분석
　① 포터(M. E. Poter)는 진입장벽, 대체 가능성, 기존 경쟁업체 간의 경쟁 치열도, 구매자 및 공급자의 교섭력을 산업의 경쟁구조로 봄
　② 진입장벽은 높을수록, 대체 가능성은 낮을수록, 기존 경쟁업체 간의 경쟁 치열도는 낮을수록, 구매자 및 공급자의 입장에서는 교섭력이 높을수록 좋음

(2) 제품수명주기(Life Cycle)에 의한 산업분석
　① 분석대상기업의 산업이 어느 단계에 있는지를 확인하여 유망성을 평가
　② 도입기, 성장기, 성숙기, 쇠퇴기 등 4단계

단 계	상 황	수익성	위 험
도입기	신제품 출하, 매출 저조, 광고비용 과다	손실 또는 낮은 수익성	높 음
성장기	시장규모 증대, 매출 증가	높 음	낮 음
성숙기	시장수요의 포화상태, 기업 간 경쟁 확대	체감적 증가	증가 시작
쇠퇴기	구매자 외면에 의한 수요 감소, 대체품 출현	손실 또는 낮은 수준	높 음

정답 | ②

12

다음에 알맞은 기업가치분석 방법인 것은?

> • PER   • PBR   • PSR   • EV / EBITDA

① 주가배수를 활용한 상대가치 평가방법
② 자산가치에 근거한 보통주 평가방법
③ 수익가치에 근거한 보통주 평가방법
④ 잉여현금흐름(FCF)모형

용어 알아두기

잉여현금흐름	기업에 현금이 얼마나 들어왔는지를 나타내는 지표를 말한다.

TIP 모두 주가배수를 활용한 상대가치 평가방법이다.

핵심포인트 해설   **기업가치분석**

(1) 수익가치에 근거한 보통주 평가방법

배당평가모형	• 주식투자의 미래수익인 배당과 매도시점의 처분가격을 투자자의 요구수익률로 할인 • 현재가치를 추정한 내재가치를 구함 • 미래배당에 대한 가정을 기준으로 정률성장모형, 성장 없이 현상 유지하는 제로성장모형, 몇 단계로 구분되어 변화한다는 다단계성장모형이 있음
이익평가모형	• 주당이익을 기초로 하여 내재가치를 구하는 방법 • 배당이 없거나, 극히 적은 기업의 주식을 평가할 때 유용함
잉여현금흐름 (FCF)모형	• 기업가치를 결정짓는 현금유입은 영업현금흐름으로, 현금유출은 신규 총투자액으로 측정 • 기업가치에 영향을 주는 현금유출입을 추정할 때 핵심경영활동, 즉 생산, 판매, 관리의 주된 영업활동과 연관된 현금흐름을 중심으로 추정 • 미래 가치 창출에 필요한 신규투자액까지 차감한 금액으로 추정 • 잉여현금흐름(FCF) = 세후영업이익 − 투하자본증가액

(2) 자산가치에 근거한 보통주 평가방법

① 주주들에게 귀속되는 자산가치에 근거하여 평가하는 자산가치 평가모형을 이용
② 대차대조표로부터 보통주 주주에게 귀속될 자산가치를 추정
③ 기업의 청산을 전제로 한 청산가치에 근거

(3) 주가배수를 활용한 상대가치 평가방법

① 주가수익비율(PER : Price Earning Ratio) 평가모형
② 주가순자산비율(PBR : Price to Book value Ratio) 평가모형
③ 주당매출액비율(PSR : Price Sales Ratio) 평가모형
④ EV / EBITDA 모형

정답 | ①

13

다음 내용을 근거로 당해 기업의 주가수익비율(PER : Price Earning Ratio)**을 산출한 것은?**

- 주가 : 20,000원
- 배당금 : 25억원
- 당기순이익 : 50억원
- 발행주식 : 10,000,000주

① 10
② 20
③ 30
④ 40

TIP $PER = \dfrac{주가}{주당순이익(당기순이익 \div 발행주식 \; 수)} = \dfrac{20,000}{500} = 40$

핵심포인트 해설	주가배수를 활용한 상대가치 평가방법

주가수익비율(PER) $\left(= \dfrac{주가}{주당순이익}\right)$	• 경기순환에 취약한 기업, 매우 적은 이익을 낸 기업의 PER은 변동성이 커 신뢰성이 저하됨 • 회계처리방법에 따라 회계이익이 달라지므로 PER의 신뢰성이 저하됨
주가순자산비율(PBR) $\left(= \dfrac{주가}{주당순자산}\right)$	• 부(-)의 EPS기업에도 적용이 가능하다는 장점 • 대차대조표에 포함되지 않은 자산항목이 주당순자산에 미반영 • 회계처리방법에 따라 자산의 크기에 미치는 영향이 크다는 단점
주가매출액비율(PSR) $\left(= \dfrac{주가}{주당매출액}\right)$	• 회계처리방법에 영향이 적고, 왜곡이나 조작 가능성이 상대적으로 낮음 • 성숙기업, 부(-)의 이익을 낸 기업, 경기순환기업, 적자기업의 평가에 적절 • 주당이익이나 현금흐름이 불량하더라도 매출액이 높은 기업의 평가가 곤란함 • 기술주의 경우는 초기에 외형성장이나 빠른 시장 점유 확보가 장기적 이익창출로 이어진다는 가정에서 주당매출액을 중시
EV / EBITDA $\left(= \dfrac{기업가치}{이자, 세금, 감가상각비\\차감 전 이익}\right)$	• 기업가치(EV : Enterprise Value)를 EBITDA(Earning Before Interest, Tax, Depreciation & Amortization)로 나눈 것 • EV : 벌어들이는 현금흐름 + 주식 시가총액 + 우선주 시장가치 + 순차입금 • EBITDA : 세전영업이익 수준 + 비현금성비용 항목인 감가상각비(세전영업 현금흐름) • 부(-)의 EBITDA 기업이 별로 없고, 자본구조에 차이가 있는 기업을 서로 비교 가능 • 감가상각방법 등 회계처리방법과 영업 외적 요인에 의해 영향을 받지 않으면서, 철강업 등 자본집약산업에 유용성이 높은 방법

정답 | ④

14

다음 중 기술적 분석에 대한 설명으로 잘못된 것은?

① 기술적 분석의 관심은 주식의 내재가치를 파악하는 것이다.
② 주가흐름 또는 거래량 등을 도표화하여 패턴이나 추세를 알아낸다.
③ 패턴을 이용하여 주가변동을 예측한다.
④ 주식의 선택은 물론 매매의 시기를 판단하는 기법이다.

TIP 기술적 분석에서는 주식의 내재가치를 크게 중시하지 않는다.

핵심포인트 해설 **기술적 분석의 개요**

→ 기술적 분석가들은 도표를 중시하여,
스스로 차티스트(chartist)라고도 함

개 념	• 주식의 내재가치와는 관계없이 주가흐름 또는 거래량 등을 [도표화] • 과거의 일정한 패턴이나 추세를 알아내고, 이 패턴을 이용하여 주가변동을 예측 • 주식의 선택은 물론 매매의 시기를 판단하는 기법
장 점	• 주가와 거래량에 모든 정보가 반영된다는 가정에 바탕을 둠 • 주가변동의 패턴을 관찰하여 그 변동을 미리 예측 • 차트(Chart)를 통하여 누구나 쉽고 짧은 시간에 이해할 수 있음 • 한꺼번에 여러 주식의 가격변동 상황을 분석·예측할 수 있음
단 점	• 과거 주가변동의 패턴이 미래에 그대로 반복되지는 않음 • 차트 해석이 분석자에 따라 다르며, 추세의 기간을 명확하게 구분하지 않음 • 과거 주가의 동일한 양상을 놓고 해석이 각각 다를 수 있음 • 주가변동이 주식의 수급이 아닌 다른 요인으로 발생된 경우에는 설명이 어려움 • 시장의 변동에만 집착하며, 시장의 변화요인을 정확히 분석할 수 없음 • 이론적인 검증이 어려움

정답 | ①

다음 중 추세 반전을 미리 예상하여 최고점에서 매도하고 최저점에서 매수 포인트를 잡아 가는 전략으로 옳은 것은?

① 추세순응전략

② 역 추세순응전략

③ 패턴분석전략

④ 지표분석전략

용어 알아두기

추 세	장기간에 걸친 성장·정체·후퇴 등 변동경향을 나타내는 움직임을 나타낸다.

TIP 추세 반전을 미리 예상하여 최고점에서 매도하고 최저점에서 매수 포인트를 잡아가는 전략은 역 추세순응전략으로, 예측이 정확하면 큰 수익을 얻게 되지만 정보력이나 분석력이 약한 대부분의 투자자들에게는 위험이 높은 전략이다.

핵심포인트 해설   **기술적 분석의 종류**

추세분석		• 주가는 상당기간 동일한 방향성을 지속하려는 경향이 있다는 특성을 이용 • 추세순응전략(Trend Following) • 역 추세순응전략(Counter-Trend Following)
패턴분석	반전형	• 헤드앤숄더형(Head and Shoulder), 이중삼중 천정(바닥)형, 원형반전형, V자 패턴형 등
	지속형	• 삼각형, 이등변삼각형, 깃발형, 패넌트형, 쐐기형, 직사각형 등
	기 타	• 확대형, 다이아몬드형, 갭(보통갭, 돌파갭, 급진갭, 소멸갭, 섬꼴반전갭)
지표분석		• 과거의 성향추세가 앞으로도 반복될 가능성이 있음을 통계적으로 수치화하여 주가를 예측하는 기법

정답 | ②

투자자의 투자기간 중 기본적인 가정이 변하지 않는 한 포트폴리오의 자산구성을 변화시키지 않는 장기적 관점의 투자전략으로 옳은 것은?

① 전략적 자산배분전략
② 전술적 자산배분전략
③ 적극적 운용전략
④ 포트폴리오 보험전략

TIP 전략적 자산배분전략은 과거 통계자료와 시장예측을 바탕으로 기대수익률과 투자위험을 고려하여 장기적으로 적합한 자산별 투자비율을 결정하며, 투자자의 투자기간 중 기본적인 가정이 변하지 않는 한 포트폴리오의 자산구성을 변화시키지 않는 장기적 관점의 투자의사결정 전략이다.

핵심포인트 해설 | **펀드운용의 3단계**

[1단계] 계획	• '투자목적과 제약요인 파악 ⇨ 투자방침 설정 ⇨ 투자자산의 위험 및 수익률 계산 ⇨ 전략적 자산배분 결정' 순으로 진행됨 • 자산배분전략	
	전략적 자산배분 (SAA)	· 과거 통계자료와 시장예측을 바탕으로 기대수익률과 투자위험을 고려하여 장기적으로 적합한 자산별 투자비율을 결정 · 투자자의 투자기간 중 기본적인 가정이 변하지 않는 한 포트폴리오의 자산구성을 변화시키지 않는 장기적 관점의 투자의사결정
	전술적 자산배분 (TAA)	· 시장의 변화 방향을 예상하여 단기적인 관점에서 사전적으로 자산구성을 변화시키는 전략 · 저평가 자산 매수, 고평가 자산 매도, 펀드의 투자성과를 높이고자 하는 전략
	포트폴리오 보험전략(PI)	· 미리 설정한 최소의 투자수익을 달성하면서 동시에 주가 상승에 따른 이익에도 참여할 수 있도록 위험자산의 투자비율을 변동시켜 나가는 전략
[2단계] 실행	• 자산배분전략에 기초한 포트폴리오 구성 • 투자종목과 비중 결정 ⇨ 매매를 통해 포트폴리오 완성 • 거래비용 최소화에 노력	
[3단계] 성과평가	• 성과측정 : 벤치마크, 위험조정수익률 등을 활용 • 성과배분 : 마켓타이밍, 종목선정 등으로 구분하여 전략별 성과 배분 • 시장 모니터링과 포트폴리오 재조정 필수	

정답 | ①

17

다음 중 적극적 주식운용전략으로 잘못된 것은?

① 가치주(Value) 투자전략
② 인덱싱(Indexing)전략
③ 중·소형주(Small-Cap) 투자전략
④ 성장주(Growth) 투자전략

TIP 적극적 주식운용전략에는 가치주(Value) 투자전략, 성장주(Growth) 투자전략, 시장(Market-Oriented) 투자전략, 중·소형주(Small-Cap) 투자전략이 있다. 인덱싱(Indexing)전략은 소극적 주식운용전략에 해당된다.

핵심포인트 해설　　**적극적(Active) 주식운용전략과 소극적(Passive) 주식운용전략**

(1) 적극적(Active) 주식운용전략

가치주(Value) 투자전략	• 저PER주에 초점 • 장부가 대비 주가가 낮으며, 배당수익률은 높은 것이 일반적임(저PBR, 고배당)
성장주(Growth) 투자전략	• 기업의 이익성장성에 초점 • 성장주의 특징은 고PER, 고PBR, 저배당 등
시장(Market-Oriented) 투자전략	• 가치주, 성장주 등에 치우치지 않고 시장 평균수준의 포트폴리오를 구성하는 전략 • 가치주 또는 성장주 등에 소폭 가중치를 높이거나, 적정PER 수준에서 성장성이 높은 주식에 투자하여 수익률을 제고하려는 전략
중·소형주(Small-Cap) 투자전략	• 배당수익률이 낮고, 시장보다 변동성이 크고(High Beta), 개별기업 고유의 위험이 크고, 기관투자자들이 분석하지 않는 종목이라는 특성이 있음

(2) 소극적(Passive) 주식운용전략

① 인덱싱(Indexing)전략은 대표적인 소극적 주식운용전략
② 시장평균 수익을 추구하며 추적오차(Tracking Error)를 최소화하는 것이 목표

정답 | ②

18

다음 중 적극적 채권운용전략으로 옳은 것은?

① 채권인덱싱(Indexing)전략
② 현금흐름일치전략
③ 채권면역전략
④ 듀레이션조절전략

TIP 적극적 채권운용전략에는 듀레이션조절전략(금리예측전략), 수익률곡선타기전략(Yield Curve Riding Strategy), 바벨(Barbell)형 채권운용전략, 탄환(Bullet)형 채권운용전략, 크레딧(Credit)형 채권운용전략이 있다.

핵심포인트 해설 | **적극적(Active) 채권운용전략**

듀레이션조절전략 (금리예측전략)	• 펀드의 듀레이션을 조절하여 펀드수익률을 높이는 전략 • 금리 하락이 예상되면 펀드의 듀레이션을 늘리고, 금리 상승이 예상되면 펀드의 듀레이션을 줄임 • 현물채권을 사거나 파는 방법 외에 국채선물, 금리스왑을 활용할 수 있음 • 채권금리가 예상과 달리 움직일 경우에 자본손실 또는 기회손실이 발생함
수익률곡선타기전략	• 수익률곡선이 우상향의 기울기를 가진 경우에 사용할 수 있는 채권투자기법 • 롤링효과(Rolling Effect)와 숄더효과(Shoulder Effect)가 있음 · 롤링효과 : 잔존만기가 5년 이상인 장기채에서 발생 · 숄더효과 : 잔존만기가 2 ~ 3년인 단기채에서 발생
바벨(Barbell)형 채권운용전략	• 단기채권(유동성 확보)과 장기채권(수익성 확보)만 보유하고 중기채권은 보유하지 않는 전략 • 단기금리가 상승하고, 장기금리가 떨어진다고 예상될 때 유효한 전략 • 만기가 짧은 쪽에는 회사채, 만기가 긴 쪽에는 국·공채 위주로 운용
탄환(Bullet)형 채권운용전략	• 중기채 중심의 채권으로 포트폴리오를 구성 • 향후 금리의 상승 또는 하락 예측이 어려운 경우에 유용 • 탄환(Bullet)형 채권운용전략은 바벨(Barbell)형보다 컨벡시티(Convexity)가 낮음
크레딧(Credit)형 채권운용전략	• 크레딧물과 국고채 또는 우량등급과 비우량등급 채권을 시장상황에 맞게 운용함으로써 시장대비 초과수익을 달성하려는 전략 • 경기침체기에 국고채 등 안전자산의 비중을 늘리고, 경기회복기에 국고채 등 안전자산을 매도하고 회사채 투자를 늘림으로써 시장대비 초과수익을 거둘 수 있음

정답 | ④

목표투자기간과 채권 포트폴리오의 듀레이션을 일치시켜 시장수익률의 변동에 관계없이 채권매입 당시에 설정하였던 최선의 수익률이 목표기간 말에 차질 없이 실현되도록 하는 기법으로 옳은 것은?

① 사다리형 만기전략
② 채권면역전략
③ 현금흐름일치전략
④ 채권인덱싱(Indexing)전략

TIP 채권면역전략에 대한 설명이다.

핵심포인트 해설　　　**소극적(Passive) 채권운용전략**

만기보유전략	• 투자시점에서 미리 투자수익을 확정하는 전략 • 미래에 대한 금리 예측이 필요 없음
사다리형 만기전략	• 채권별 보유량을 각 잔존기간마다 동일하게 유지 • 시세변동의 위험을 평준화시키고 수익성도 적정수준으로 확보하려는 전략 • 보유채권이 만기상환되면 다시 장기 채권에 투자하여 수익률 평준화를 가져옴
채권면역전략	• 시장수익률의 변동에 관계없이 채권매입 당시에 설정하였던 최선의 수익률을 목표기간 말에 차질 없이 실현하도록 하는 기법 • 채권수익률 상승은 채권가격의 하락과 이자의 재투자수익 증가를 초래함 • 채권가격변동에 의한 매매손익과 재투자수익의 상충적 성격을 이용 • 목표투자기간과 채권포트폴리오의 듀레이션을 일치시킴
현금흐름일치전략	• 현금유입액이 향후 예상되는 현금유출과 일치하도록 포트폴리오를 구성한 전략 • 부채상환을 보장하고, 이자율 변동위험을 제거한 전략
채권인덱싱 (Indexing)전략	• 채권시장 전체의 흐름을 그대로 따르는 포트폴리오를 구성하여 채권시장 전체의 수익률을 달성하려는 전략

정답 | ②

20

시장 리스크(Market Risk)의 측정에 대한 설명으로 잘못된 것은?

① 표준방법의 리스크 측정 대상은 이자율, 주가, 외환, 상품 및 옵션으로 분류된다.

② 표준방법은 각 범주의 변동성을 일률적으로 재단하고, 리스크 요인별 분산투자를 감안하고 있지 않다.

③ 내부 모형법의 경우 감독당국의 승인은 필수사항이다.

④ 옵션의 시장 리스크 측정방법 중 간편법은 옵션 매도포지션을 보유한 은행이 선택할 수 있는 방법이다.

TIP 간편법은 옵션 매수포지션만 보유한 은행이 선택할 수 있는 방법이다.

핵심포인트 해설 금융기관의 리스크관리

(1) 시장 리스크(Market Risk)
① 시장가격의 변화로부터 발생할 수 있는 리스크
② 시가평가가 가능한 금융투자상품의 보유 시 발생
③ 시장 리스크의 측정
  ㉠ 표준방법 : 모든 시장성 있는 자산을 다섯 가지 범주(이자율, 주가, 외환, 상품, 옵션)의 리스크로 나누고 미리 정해진 가이드 라인에 따라 리스크의 양을 부과하는 방법
  ㉡ 내부 모형법 : VaR(Value at Risk)로 알려진 측정방법. 일정한 질적 조건을 충족하고 검증절차(Backtesting)를 거친 후 감독당국의 승인을 얻어 시장 리스크 측정방식으로 사용
④ 한도관리 : 리스크 한도를 배분하고 모니터링, 분석, 피드백 등의 업무를 수행하며 한도 배분 시 리스크조정 성과측정 (RAPM : Risk Adjusted Performance Measurement)기법을 활용

(2) 신용 리스크(Credit Risk)
① 신용 리스크의 측정
  ㉠ 표준방법 : 외부 신용평가기관에서 부여하는 신용등급을 기준으로 각 신용등급별로 리스크의 가중치를 달리하는 방식
  ㉡ 내부 등급법 : 내부에서 책정하는 신용등급과 부도 확률 등의 일부 변수들을 입력하여 리스크의 양을 측정하는 방식
② 장외파생상품 : 장외파생상품을 위험가중자산화하는 방식은 (+)인 '시가평가액 + 잠재적 익스포저'로 계산

(3) 운영 리스크(Operational Risk)
① 내부절차의 불완전성, 인력, 시스템, 외부사건 등으로 손실을 입을 리스크
② 기초지표법, 운영표준방법, 고급측정법 중에서 택일하게 되어 있음
③ VaR처럼 통계적 모형을 시도하고 있음

(4) 유동성 리스크(Liquidity Risk)
① 자금 유동성 리스크(Funding Liquidity Risk) : 지급의무를 충족하지 못하는 리스크로 유동성 갭 분석 등을 통해 관리
② 상품 유동성 리스크(Product Liquidity Risk) : 현재의 포지션을 정상적인 가격으로 처분할 수 없는 리스크

정답 | ④

다음 중 옵션의 시장 리스크 측정방법 중 포지션의 델타(Delta)는 물론 감마(Gamma) 및 베가(Vega) 등을 주어진 공식에 따라 산출하여 리스크의 양을 부과하는 방법으로 옳은 것은?

① 간편법(Simplified Approach)
② 델타 플러스법(Delta Plus Method)
③ 시나리오법(Scenario Approach)
④ 표준방법(Standard Method)

용어 알아두기

시장 리스크	투자자산의 시장가격과 예상변화율이 기대했던 방향과 반대로 움직일 때 발생하는 리스크를 말한다.

TIP 옵션 매도 포지션을 보유한 은행이 선택할 수 있는 방법으로 델타 플러스법(Delta Plus Method)에 대한 설명이다.

핵심포인트 해설　　　옵션의 시장 리스크 측정방법

간편법 (Simplified Approach)	• 옵션 매수 포지션만 가진 은행이 선택할 수 있는 방법 • 표준 가이드 라인에 의해 리스크의 양을 부과
델타 플러스법 (Delta Plus Method)	• 옵션 매도 포지션을 보유한 은행이 선택할 수 있는 방법 • 옵션 포지션의 델타(Delta)는 물론 감마(Gamma) 및 베가(Vega) 등을 주어진 공식에 따라 산출하여 리스크의 양을 부과
시나리오법 (Scenario Approach)	• 복잡하고 정교한 옵션포지션을 보유한 은행이 선택할 수 있는 방법 • 옵션 포지션의 기초자산 가격과 변동성을 두 축으로 하는 Scenario Matrix Analysis를 통해 리스크의 양을 부과한다.

정답 | ②

22

ESG 투자와 관련된 설명으로 가장 거리가 먼 것은?

① ESG는 기존 재무정보에 포함되어 있던 환경, 사회, 지배구조를 체계화하여 평가하는 Tool이다.

② ESG 요소를 반영한 투자를 책임투자 또는 지속가능투자로 부른다.

③ 2014년 주요국 기관투자자 연합이 결성한 GSIA가 ESG의 투자방식을 7가지로 정의하였다.

④ 우리나라의 경우 책임투자의 시작은 2006년 국민연금 책임투자형 위탁펀드 운용이라 볼 수 있다.

TIP ESG는 기존 재무정보에 포함되지 않고 있었던 기업의 중장기 지속가능성에 영향을 미칠 수 있는 요인이다.

핵심포인트 해설   ESG(Environmental, Social, Governance)와 책임투자의 기본 이해

(1) ESG의 기본 개념과 대두 배경

① 기존 재무정보에 포함되지 않으나 기업의 중장기 지속가능성에 영향을 미칠 수 있는 요인들을 환경, 사회, 지배구조로 나누어 체계화하여 평가하는 Tool

② 자본시장에서 기업을 평가하는 새로운 프레임워크로 발전

③ 금융기관 중심, 유럽중심으로 발전, 2006년 금융기관 이니셔티브인 PRI결성

④ 금융위기와 COVID-19를 겪으며 ESG가 회복탄력성의 중요한 요소로 강조됨

⑤ 환경을 중심으로 ESG에 대한 중요성이 점차 확대될 전망

(2) ESG 투자방식과 시장규모

① ESG 요소를 반영한 투자를 책임투자 또는 지속가능투자로 일컬음

② 2014년 주요국 기관투자자 연합이 결성한 GSIA가 ESG의 투자방식을 7가지로 정의함

③ 7가지 중 하나 이상의 투자기준을 적용하고 있는 펀드를 책임투자로 정의

④ ESG의 분류체계 수립 및 금융기관의 ESG상품에 대한 공시의 강화가 예상

⑤ 한국의 경우 책임투자의 시작은 2006년 9월 국민연금 책임투자형 위탁펀드 운용이라 볼 수 있음

⑥ 2018년 이후 국민연금의 ESG 투자확대를 위한 정책 및 제도 정비가 빠르게 진행되고 있음

⑦ 국내주식 액티브형에 한정되어 온 ESG 거래를 국내주식 패시브형, 해외주식과 채권자산 등으로 확대하고 있음

⑧ 국민연금은 책임투자 활성화를 위한 방안으로 책임투자 대상 자산군 확대, 책임투자 추진전략 수립, 위탁운용의 책임투자 내실화, 책임투자 활성화 기반 조성을 제시하고 있음

⑨ 책임투자의 적용을 위해서는 전담조직, 외부리소스 활용 등 자원의 투자가 필요하다는 점에서 국내 ESG 펀드의 ESG 반영방식은 아직 매우 기초적인 수준일 것으로 추정

정답 | ①

금융기관 대상 상품과 정책에 대한 포괄적인 공시기준은?

① SFDR
② TCFD
③ GSIA
④ ISSB

TIP 유럽을 중심으로 한 지속가능 금융공시 규제이며, 일정규모 이상 금융기관은 주체단위, 상품단위의 ESG 정보를 공시해야 한다.

핵심포인트 해설   ESG 정보 공시

(1) ESG 공시제도
① 마케팅 목적 중심의 ESG워싱(그린워싱)이 확대되고 있어 주의가 필요
② 국내 금융기관의 ESG 투자 및 상품관련 정보 공시 제도화에 관한 논의는 미진함
③ 앞으로 기업 및 금융기관의 ESG 정보 공시 확대가 예상됨

(2) SFDR(SUSTAINABLE FINANCE DISCLOSURE REGULATION)
① (유럽)금융기관 대상 상품과 정책에 대한 포괄적인 공시기준, 지속가능 금융공시 규제
② 일정규모 이상 금융기관은 주체단위, 상품단위의 ESG 정보를 공시해야 함
③ 주체단위 : 지속가능성 리스크정책, 주요 부정적인 지속가능성 영향, 보수정책
④ 상품단위 : ESG 투자무관 상품, 라이트 그린 펀드, 다크 그린 펀드
⑤ 주요 공시 지표 : 온실가스 배출량 및 집약도, 에너지 사용량, 화석연료 노출 등
⑥ 인권, 이사회의 성별 다양성, 논란성 무기에 대한 노출도 등 사회지표도 포함

(3) TCFD(TASK FORCE ON CLIMATE-RELATED FINANCIAL DISCLOSURE)
① 파리협약 목표 이행 요구와 금융시장 참여자들로부터 기후관련 정보 수요가 증가함에 따라 2015년 설립된 이니셔티브
② 기후 공시 표준화 프레임 워크 역할
③ 지배구조, 경영전략, 리스크 관리, 지표 및 목표의 4가지 구분에 따른 정보공개 지침 제시
④ 금융의 4개 산업 및 비금융 4개 산업에 대해서는 보충지침 발표
⑤ 기후공시 주요지표 : 탄소배출량, 전환위험, 물리적 위험, 기후관련 기회, 자본배치, 내부 탄소 가격, 보상
⑥ 자산운용사는 포트폴리오 부합성, 자금배출지표 등 정보공시 내용 및 수준이 심화됨

정답 | ①

fn.Hackers.com

☑ 다시 봐야 할 문제(틀린 문제, 풀지 못한 문제, 헷갈리는 문제 등)는 문제 번호 하단의 네모박스(□)에 체크하여 반복학습하시기 바랍니다.

01 중요도 ★★
이표채(Coupon Bond)에 관한 설명으로 잘못된 것은?

① 이자지급일에 쿠폰과 이자를 교환하였기 때문에 붙여진 이름이다.
② 현재는 채권실물 발행이 없는 등록발행이 대부분이다.
③ 발행회사의 부도 등의 경우에 선순위채를 모두 상환하고 남은 재산에 대하여 청구권이 있다.
④ 국채를 제외하고는 3개월 이표채가 대부분이다.

02 중요도 ★★
만기 2년 액면 10,000원, 연 5% 복리채의 1년째 지급액(A) 및 만기 시 지급액(B)의 현금흐름으로 옳은 것은?

	1년째 지급액(A)	만기 시 지급액(B)
①	500원	10,500원
②	500원	10,525원
③	0원	11,000원
④	0원	11,025원

03 중요도 ★
회사채에 관한 설명으로 잘못된 것은?

① 상법상의 주식회사가 발행한다.
② 대부분 보증채로 발행된다.
③ 발행하는 기업의 신용에 따라서 금리차이가 다양하다.
④ 발행기업의 신용평가등급이 채권가격 결정에 중요한 역할을 한다.

04 중요도 ★★
만기수익률(Yield to Maturity)**에 대한 설명으로 잘못된 것은?**

① 현금흐름에 대한 할인율 적용에 있어서 만기까지의 복수수익률을 적용한다.

② 채권수익률, 할인율, 채권금리를 지칭하는 것이다.

③ 채권의 현재가격과 미래의 현금흐름을 일치시키도록 할인하는 수익률이다.

④ 현재가치와 미래의 현금흐름을 일치시키는 내부수익률(Internal Rate of Return)이다.

05 중요도 ★★★
채권투자성과를 이자수익과 자본손익으로 구분하여 측정하고자 한다. 3년 만기 회사채를 5%에 매입하여 1년간 보유한 후 5.5%에 매도할 때의 투자수익률로 옳은 것은?
(단, 매도 시 듀레이션은 2로 가정)

① 연 3.5%

② 연 4.0%

③ 연 4.5%

④ 연 5.0%

정답 및 해설

01 ③ 발행회사의 부도 등의 경우에 선순위채를 모두 상환하고 남은 재산에 대하여 청구권이 있는 것은 후순위채이다.

02 ④ 복리채는 만기 시에만 현금흐름이 존재하는 채권이다.
따라서 1년째 지급액은 0원이고 만기 시 지급액은 $10,000 \times (1 + 0.05)^2 = 11,025$원이다.

03 ② 회사채는 대부분 무보증채로 발행된다.

04 ① 현금흐름에 대한 할인율 적용에 있어서 만기까지의 단일수익률을 적용한다.

05 ② • 채권투자성과 = 이자수익 + 자본손익
• 이자수익 = 매입금리 = 5%
• 자본손익 = (−) × 매도 시 듀레이션 × 금리변동 × 연율화 = (−) × 2 × 0.5 × 1 = −1%
∴ 투자수익률은 연 4.0%이다.

06 중요도 ★★★
다음 중 말킬(B. G. Malkiel)의 **채권가격정리**(Bond Pricing Theorem)**의 내용으로 잘못된 것은?**

① 채권가격과 채권수익률은 반비례의 관계에 있다.

② 만기가 일정할 때 수익률 하락으로 인한 가격 상승폭이 같은 폭의 수익률 상승으로 인한 가격 하락폭보다 작다.

③ 이자율 변동에 따른 채권가격 변동폭은 만기가 길수록 증가하나 그 증가율은 체감한다.

④ 장기채가 단기채보다 일정한 수익률 변동에 대한 가격 변동폭이 크다.

07 중요도 ★★
듀레이션(Duration)**에 대한 설명으로 잘못된 것은?**

① 채권금리변화에 따른 채권가격의 변동성을 의미한다.

② 현재가치로 환산된 가중평균 상환기간의 개념이다.

③ 표면이자율이 높으면 듀레이션이 길어지고, 표면이자율이 낮으면 듀레이션이 짧아진다.

④ 표면이자율이 낮다는 것은 만기 이전에 지급하는 금액이 적다는 것이다.

08 중요도 ★★
채권의 컨벡시티(Convexity)**에 대한 설명으로 가장 거리가 먼 것은?**

① 듀레이션으로 측정한 채권가격과 실제 채권가격과의 오차를 말한다.

② 채권가격과 채권수익률과의 관계로서 볼록성의 정도를 의미한다.

③ 채권수익률의 변화에 따른 듀레이션의 변화율을 의미한다.

④ 컨벡시티는 항상 음(−)이다.

09 중요도 ★★★
듀레이션 2, 컨벡시티 30인 은행채의 경우 채권수익률이 2% 상승하면 채권가격은 몇 % 하락하는가?

① 1.8%

② 2.4%

③ 2.8%

④ 3.4%

10 중요도 ★★★

채권투자 시 가격변동위험(Price Risk)에 대한 설명으로 잘못된 것은?

① 채권금리가 상승할 때 채권가격이 하락하는 위험이다.

② 채권발행사(또는 보증사)가 이미 정해진 원리금을 지급하지 않을 위험이다.

③ 채권금리(할인율)의 상승에 따른 위험은 사전예측이 가능하다.

④ 채권금리가 상승할 가능성이 매우 높을 경우 보유채권 또는 국채선물을 매도한다.

11 중요도 ★★

채권투자위험 중 채권금리가 상승하게 되면 채권가격이 하락하는 위험으로 옳은 것은?

① 가격변동위험   ② 부도위험
③ 신용등급 하향위험   ④ 유동성위험

정답 및 해설

06 ② 만기가 일정할 때 수익률 하락으로 인한 가격 상승폭이 같은 폭의 수익률 상승으로 인한 가격 하락폭보다 크다.

07 ③ 표면이자율이 높으면 듀레이션이 짧아지고, 표면이자율이 낮으면 듀레이션이 길어진다.

08 ④ 컨벡시티는 항상 양(+)이다.

09 ③ 채권가격 변동률 = (−) × 듀레이션 × dY + 컨벡시티 × (dY)^2

$\dfrac{dP}{P} = (-) \times 2 \times 0.02 + 30 \times (0.02)^2 = -0.04 + 0.012 = -0.028$

∴ 채권가격은 2.8% 하락한다.

10 ② 채권발행사(또는 보증사)가 이미 정해진 원리금을 지급하지 않을 위험은 신용위험(Credit Risk) 중 부도위험(Default Risk)이다.

11 ① 가격변동위험에 대한 설명이다. 채권투자위험에는 대표적으로 가격변동위험, 신용위험, 유동성위험이 있다.

12 중요도 ★★★

채권을 매도할 때, 그 채권에 대한 매수세가 부족해서 제값을 받지 못할 위험으로 옳은 것은?

① 가격변동위험
② 부도위험
③ 신용등급하향위험
④ 유동성위험

13 중요도 ★

채권금리에 영향을 주는 주요 변수에 대한 연결이 옳은 것은?

① 물가 상승 – 금리 하락요인
② 소비 증가 – 금리 상승요인
③ 투자 증가 – 금리 하락요인
④ 순수출(상품수지) 적자 – 금리 상승요인

14 중요도 ★★

다음 중 채권투자의 신용위험에 해당하는 것을 모두 고른 것은?

> ㉠ 신용스프레드 축소위험 ㉡ 신용등급 하향위험
> ㉢ 채무불이행위험 ㉣ 수의상환위험

① ㉠, ㉡
② ㉡, ㉢
③ ㉠, ㉡, ㉢
④ ㉡, ㉢, ㉣

15 중요도 ★★★

기업의 이익흐름에 영향을 주는 원천적 요인들과 그 요소들의 연결이 잘못된 것은?

① 국민경제적 요인 – 인플레이션
② 국민경제적 요인 – 이자율 수준
③ 산업적 요인 – 시장규모
④ 기업적 요인 – 정부의 지원

16 중요도 ★★★

□ 기업이 단위기간에 벌어들인 주당순이익으로 투자금액을 회수하는 데까지 몇 년이 걸리는지를 나타내는 지표로 옳은 것은?

① PER(Price Earnings Ratio)
② PBR(Price to Book value Ratio)
③ PSR(Price Sales Ratio)
④ EV/EBITDA

17 중요도 ★★

□ 기업가치분석방법 중 기업가치를 이자, 세금, 감가상각비 차감 전 이익으로 나누어 평가하는 모형으로 옳은 것은?

① PBR
② PSR
③ EV/EBITDA
④ PER

정답 및 해설

12 ④ 유동성위험에 대한 설명이다. 매수 - 매도 호가 간격이 좁으면 유동성위험이 낮고, 매수 - 매도 호가 간격이 넓으면 유동성위험이 크다고 할 수 있다.

13 ② ① 물가 상승은 금리 상승요인이다.
③ 투자 증가는 금리 상승요인, 투자 감소는 금리 하락요인이다.
④ 순수출(상품수지) 적자는 금리 하락요인이다.

14 ② 신용위험에는 채무불이행(부도)위험, 신용스프레드 확대위험, 신용등급 하향위험 등이 있다.

15 ④ 정부의 지원은 산업적 요인에 해당한다.

참고 기업의 이익흐름에 영향을 주는 원천적 요인

• 국민경제적 요인 : GDP 성장률, 1인당 국민소득, 환율, 인플레이션, 이자율 수준
• 산업적 요인 : 산업의 수요성장률, 시장규모, 경쟁구조, 비용구조, 정부의 지원, 노사관계
• 기업적 요인 : 기업의 경쟁력, 생산성, 자산이용의 효율성, 재무효율성

16 ① PER은 주가를 주당순이익으로 나눈 것으로 기업이 단위기간에 벌어들인 주당순이익으로 투자금액을 회수하는 데까지 몇 년이 걸리는지를 나타내는 지표이다.

17 ③ 기업가치를 이자, 세금, 감가상각비 차감 전 이익으로 나누어 평가하는 모형은 EV/EBITDA이며, 일명 에비타 비율이라고 한다.

18 중요도 ★★★

기업가치분석방법과 그 근거가 적절하게 연결된 것은?

① 잉여현금흐름모형 – 자산가치에 근거
② 배당평가모형 – 수익가치에 근거
③ PER – 수익가치에 근거
④ 주당 순자산 – 주가배수를 활용한 상대가치 평가방법

19 중요도 ★

수익가치에 근거한 보통주 평가방법으로 가장 거리가 먼 것은?

① 이익평가모형
② FCF모형
③ 배당평가모형
④ PSR평가모형

20 중요도 ★★

수익가치평가모형 중 잉여현금흐름(FCF)모형에 대한 설명으로 가장 올바른 것은?

① 배당이나 이익흐름에 근거하여 주식가치를 추정하는 전통적인 주식평가방법이다.
② 잉여현금흐름은 세후영업이익에서 신규투자액을 차감하여 계산한다.
③ 생산, 판매, 관리의 주된 영업활동 및 재무활동으로 인한 현금흐름을 포함하여 추정한다.
④ 기업의 특정 부문이나 특정 사업부의 가치를 부문별로 추정할 수 없다.

21 중요도 ★★★

주가배수를 활용한 상대가치 평가방법 중 현금흐름의 크기를 중시한 기업가치 측정방법으로 옳은 것은?

① PER평가모형
② PBR평가모형
③ PSR평가모형
④ EV / EBITDA모형

22 중요도 ★★
산업의 경쟁구조와 관련한 내용으로 옳은 것은?

① 업체 간 경쟁이 치열할수록 기존 기업은 유리하다.

② 대체가능성이 높을수록 기존 기업은 불리하다.

③ 진입장벽이 높을수록 기존 기업은 불리하다.

④ 제품구매와 관련하여 교섭력이 높을수록 기존 기업은 불리하다.

23 중요도 ★
기술적 분석의 장점으로 옳은 것은?

① 과거 주가변동의 패턴이 미래에 그대로 반복되지 않는 경우가 많다.

② 주가변동의 패턴을 관찰하여 그 변동을 미리 예측할 수 있다.

③ 과거 주가의 동일한 양상을 놓고 어느 시점이 주가변화의 시발점인가에 관한 해석이 각각 다를 수 있다.

④ 주가변동이 주식의 수급이 아닌 다른 요인으로 발생된 경우에는 이를 설명하기 어렵다.

정답 및 해설

18 ② ① 잉여현금흐름모형은 수익가치에 근거한 보통주 평가방법(현금흐름할인법)이다.

③ PER은 주가배수를 활용한 상대가치 평가방법이다.

④ 주당 순자산은 자산가치에 근거한 보통주 평가방법이다.

참고 기업가치분석방법

- 수익가치에 근거한 보통주 평가방법(현금흐름할인법) : 배당평가모형, 이익평가모형, 잉여현금흐름모형
- 자산가치에 근거한 보통주 평가방법 : 주당 순자산
- 주가배수를 활용한 상대가치 평가방법 : PER, PBR, PSR

19 ④ PSR평가모형은 주가배수를 활용한 평가방법이다.

20 ② ① 배당이나 이익흐름에 근거한 배당평가모형과 이익평가모형의 한계점을 줄이는 평가모형이다.

③ 영업활동으로 인한 현금흐름만을 포함하여 추정한다.

④ 기업의 특정 부문이나 특정 사업부의 가치를 부문별로 추정할 수 있는 유연성이 있다.

21 ④ 현금흐름의 크기를 중시한 기업가치 측정방법으로 가장 적합한 모형은 EV/EBITDA모형이다.

22 ② 산업의 경쟁구조에서 진입장벽은 높을수록, 대체가능성은 낮을수록, 기존 경쟁업체 간의 경쟁치열도는 낮을수록, 구매자 및 공급자의 입장에서는 교섭력이 높을수록 유리하다.

23 ② 주가흐름 또는 거래량 등을 도표화하여 패턴이나 추세를 알아내는 것은 기술적 분석의 장점이다.

24
중요도 ★★★

기술적 분석방법에 대한 설명으로 잘못된 것은?

① 주식의 내재가치를 찾는 것이 핵심이다.

② 주가 흐름 또는 거래량 등을 도표화 한다.

③ 과거의 일정한 패턴이나 추세를 알아내어 주가 변동을 예측한다.

④ 주식의 선택과 매매시기를 판단하는 기법이다.

25
중요도 ★★

가치변화로부터 투자이익을 획득하기 위하여 일정 기간별(분기, 월간, 주간)로 자산구성을 변경하는 적극적인 투자전략으로 옳은 것은?

① 전략적 자산배분전략

② 전술적 자산배분전략

③ 적극적 운용전략

④ 포트폴리오 보험전략

26
중요도 ★★★

미리 설정한 최소의 투자수익을 달성하면서 동시에 주가 상승에 따른 이익에도 참여할 수 있도록 위험자산의 투자비율을 변동시키는 자산배분전략으로 옳은 것은?

① 전략적 자산배분전략

② Credit운용전략

③ 현금흐름일치전략

④ 포트폴리오 보험전략

27
중요도 ★★

가치주 투자전략에서 가치주의 특징으로 가장 거리가 먼 것은?

① 고성장

② 저PER

③ 고배당수익률

④ 저PBR

28 중요도 ★★
다음 중 소극적 채권운용전략에 해당하는 것은?

① 사다리형 만기전략   ② 수익률곡선타기전략

③ 바벨(Barbell)형 채권운용전략   ④ 탄환(Bullet)형 채권운용전략

29 중요도 ★
펀드운용전략에 대한 설명으로 가장 올바른 것은?

① 적극적 운용전략은 시장의 효율성을 전제로 한다.

② 숄더효과를 이용한 수익률곡선타기전략은 소극적 채권운용전략이다.

③ Bullet형 채권운용전략은 중기채를 중심으로 포트폴리오를 구성하며, 금리의 방향 예측이 어려운 경우에 유용하다.

④ 가치주 투자전략은 저PER주의 투자에 초점을 둔 소극적인 주식운용이다.

정답 및 해설

24 ① 기술적 분석방법은 주식의 내재가치와는 관계없는 투자분석기법이다.

25 ② 전술적 자산배분전략은 시장의 변화 방향을 예상하여 단기적인 관점에서 사전적으로 자산구성을 변화시키는 전략으로, 저평가된 자산을 매수하고 고평가된 자산을 매도함으로써 펀드의 투자성과를 높이고자 하는 전략이다.

26 ④ 포트폴리오 보험전략에 대한 설명이다.
    ① 전략적 자산배분전략은 투자비율을 결정하는 전략이다.
    ② Credit운용전략은 적극적 채권투자전략이다.
    ③ 현금흐름일치전략은 소극적 채권투자전략이다.

27 ① 고성장은 성장주의 특징이다.

28 ① 소극적 채권운용전략에는 만기보유전략, 사다리형 만기전략, 채권면역전략, 현금흐름일치전략, 채권인덱싱(Indexing)전략이 해당된다.

29 ③ ① 적극적 운용전략은 시장의 비효율성을 전제로 한다.
    ② 숄더효과를 이용한 수익률곡선타기전략은 적극적 채권운용전략이다.
    ④ 가치주 투자전략은 저PER주의 투자에 초점을 둔 적극적인 주식운용이다.

30
중요도 ★
다음 중 채권인덱싱(Indexing)전략의 장점에 대한 설명으로 잘못된 것은?

① 투자자가 불확실한 미래에 대한 예측을 할 필요가 없고 시장평균적 투자성과를 확보할 수 있다.

② 적극적 투자전략에 비하여 자문료 등의 비용이 절약된다.

③ 실적평가의 객관성을 높일 수 있다.

④ 채권지수의 투자성과가 최적의 투자성과를 의미한다.

31
중요도 ★★★
시장이 비효율적이라고 가정하고 투자분석에 의해 포트폴리오의 위험 허용치에 대응하는 수익률을 상회하는 초과수익을 실현하려는 운용전략으로 옳은 것은?

① 전략적 자산배분전략　　　　② 전술적 자산배분전략

③ 적극적 운용전략　　　　　　④ 포트폴리오 보험전략

32
중요도 ★★
자산배분전략에 대한 설명으로 가장 올바른 것은?

① 전략적 자산배분전략은 단기적인 관점에서 기대수익률과 투자위험을 고려한다.

② 포트폴리오 보험전략은 사전에 정한 최소의 투자수익을 달성하면서 주가 상승 시에 투자수익에도 참여가 가능하도록 설계한다.

③ 전술적 자산배분전략은 과거 통계자료와 시장예측을 바탕으로 장기적으로 적합한 자산별 투자비율을 정한다.

④ 전략적 자산배분전략은 시장의 변화방향을 예상하여 단기적인 관점에서 사전적으로 자산구성을 변화시킨다.

33
중요도 ★★
적극적 채권운용전략으로 가장 거리가 먼 것은?

① 듀레이션조절전략　　　　　② 수익률곡선타기전략

③ 현금흐름일치전략　　　　　④ Credit운용전략

34
중요도 ★★

다음 중 채권투자위험으로 볼 수 없는 것은?

① 채권발행사의 신용등급 하락　　② 채권발행사의 콜옵션행사

③ 채권투자자의 풋옵션행사　　④ 채권발행사의 원리금지급거절

35
중요도 ★★★

펀드운용의 단계에 관한 설명으로 잘못된 것은?

① 펀드운용의 3단계는 계획단계, 실행단계, 성과평가단계로 이루어진다.

② 계획단계는 '투자방침 설정 ⇨ 투자자의 투자목적과 제약요인 파악 ⇨ 투자대상 자산의 위험 및 기대수익률 계산 ⇨ 전략적 자산배분 결정' 순으로 구성된다.

③ 실행단계에서는 정해진 자산배분전략의 가이드라인에 따라서 포트폴리오를 구성한다.

④ 성과평가단계에서는 성과측정과 성과요인분석을 실행한다.

정답 및 해설

30 ④ 채권인덱싱(Indexing)에 있어서 투자성과는 채권지수를 쫓도록 설계되어 있다. 그러나 채권지수의 투자성과가 기준이 된다는 것이지 최적의 투자성과를 의미하는 것은 아니다.

참고 채권인덱싱(Indexing)전략의 장·단점

장 점	• 투자자가 불확실한 미래에 대한 예측을 할 필요가 없고 시장평균적 투자성과를 확보할 수 있음 • 적극적 투자전략에 비해 자문료 등의 비용이 절약됨 • 실적평가의 객관성을 높일 수 있음
단 점	• 채권지수의 투자성과가 최적의 투자성과를 의미하지는 않음 • 투자자의 부채구조를 고려한 유동성 및 위험 등의 관리에 적합하지 않음 • 포트폴리오 구성방법이 매우 기계적이어서 펀드매니저는 좋은 투자기회가 있어도 이를 포기해야 함

31 ③ 적극적 운용전략은 시장이 비효율적이라고 가정하고 투자분석에 의하여 포트폴리오의 위험 허용치에 대응하는 수익률을 상회하는 초과수익을 실현하려는 운용전략이다.

32 ② ① 전략적 자산배분전략은 장기적인 관점에서 기대수익률과 투자위험을 고려한다.
③ 전략적 자산배분전략이 과거 통계자료와 시장예측을 바탕으로 장기적으로 적합한 자산별 투자비율을 정한다.
④ 전술적 자산배분전략이 시장의 변화방향을 예상하여 단기적인 관점에서 사전적으로 자산구성을 변화시킨다.

33 ③ 현금흐름일치전략은 소극적 채권운용전략이다.

34 ③ 채권투자자의 풋옵션행사는 채권투자자 자신의 이익을 추구하거나 손실을 회피하려는 차원에서 권리를 행사하는 것으로, 채권투자위험으로 볼 수 없다.

35 ② 계획단계는 '투자자의 투자목적(수익, 위험)과 제약요인 파악 ⇨ 투자방침 설정 ⇨ 투자대상 자산의 위험 및 기대수익률 계산 ⇨ 전략적 자산배분 결정' 순으로 구성된다.

36

중요도 ★

신용 리스크(Credit Risk)에 대한 설명으로 잘못된 것은?

① 거래 상대방의 채무불이행으로부터 발생할 수 있는 리스크로 장외파생상품에 따른 거래 상대방의 신용 리스크는 포함되지 않는다.

② 신용 리스크 측정 시 감독당국의 승인을 얻고 내부등급법을 활용할 수 있게 되었다.

③ 장외파생상품의 신용 리스크는 (+)인 시가평가액에 잠재적 익스포져(Exposure)를 합한 금액으로 한다.

④ 잠재적 익스포져(Exposure)는 명목금액에 기초자산과 잔존만기별로 정해진 일정한 값을 곱하여 산정한다.

37

중요도 ★★★

시장 리스크(Market Risk)의 측정에 대한 설명으로 거리가 먼 것은?

① 내부 모형법의 경우 일정한 검증 절차(Back-testing)를 거치면 감독당국의 승인 후 시장 리스크 측정방식으로 사용할 수 있다.

② 옵션의 시장 리스크 측정방법 중 간편법은 옵션 매수포지션만 보유한 은행이 선택할 수 있는 방법이다.

③ 표준방법의 리스크 측정대상은 이자율, 주가, 외환, 상품 및 옵션으로 분류된다.

④ 표준방법은 각 범주의 변동성을 일률적으로 재단하고 리스크 요인별 분산투자를 감안하고 있다.

38

중요도 ★★★

옵션의 시장 리스크 측정방법 중 복잡하고 정교한 옵션 포지션을 보유한 은행이 선택할 수 있는 방법으로 옳은 것은?

① 간편법(Simplified Approach) ② 델타 플러스법(Delta Plus Method)

③ 시나리오법(Scenario Approach) ④ 표준방법(Standard Method)

39

중요도 ★★

ESG 투자방식과 시장규모에 관한 설명으로 옳지 않은 것은?

① 국민연금의 ESG 투자확대를 위한 정책 및 제도 정비가 빠르게 진행되고 있다.

② ESG 요소를 반영한 투자를 책임투자 또는 지속가능투자로 일컫고 있다.

③ 국내 책임투자의 시작은 2005년 사학연금 책임투자형 직접펀드 운용이라고 볼 수 있다.

④ ESG 분류체계 수립 및 금융기관의 ESG상품에 대한 공시의 강화가 예상되고 있다.

40

중요도 ★★

TCFD(Task Force on Climate-Related Financial Disclosure)에 관한 설명으로 옳지 않은 것은?

① 기후 공시 표준화 프레임 워크 역할을 하고 있다.

② 지배구조, 경영전략, 리스크 관리, 지표 및 목표의 4가지 구분에 따른 정보공개 지침을 제시한다.

③ 자산운용사는 포트폴리오 부합성, 자금배출지표 등 정보공시 내용 및 수준이 심화된다.

④ 인권, 이사회의 성별 다양성, 논란성 무기에 대한 노출도 등 사회지표도 포함된다.

정답 및 해설

36 ① 장외파생상품에 따른 거래 상대방의 신용 리스크도 포함된다.

37 ④ 표준방법은 각 범주의 변동성을 일률적으로 재단하고, 리스크 요인별 분산투자를 감안하지 않고 있다는 점에서 비판을 받고 있다.

38 ③ 시나리오법(Scenario Approach)은 좀 더 복잡하고 정교한 옵션포지션을 보유한 은행이 선택할 수 있는 방법으로, 옵션포지션의 기초자산 가격과 변동성을 두 축으로 하는 Scenario Matrix Analysis를 통해 리스크의 양을 부과한다.

39 ③ 한국의 경우 책임투자의 시작은 2006년 9월 국민연금 책임투자형 위탁펀드 운용이라 볼 수 있다.

40 ④ SFDR(Sustainable Finance Disclosure Regulation)에 따른 사회지표이다.

제 6 장
펀드평가

학습전략

펀드평가는 제1과목 전체 60문제 중 **총 4문제**가 출제된다.

펀드평가의 경우 좋은 펀드를 고르는 기준은 무엇인지, 모든 투자에서 준거가 되는 위험과 수익률을 어떻게 측정하는지에 대한 지식수준을 평가하는 것이 기본이다. 특히 위험척도의 종류와 수익률의 종류를 이해하는 것이 중요하며 위험조정성과 평가는 빠지지 않고 출제되는 영역이다.

출제예상 비중

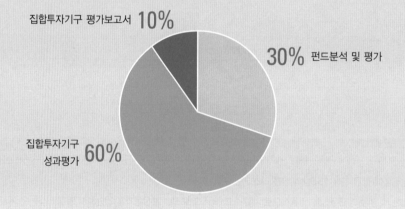

집합투자기구 평가보고서 10%

30% 펀드분석 및 평가

집합투자기구 성과평가 60%

핵심포인트

다음 중 양호한 집합투자기구가 아닌 것은?

① 수익률이 절대적·상대적으로 높은 집합투자기구
② 위험이 절대적·상대적으로 낮은 집합투자기구
③ 위험조정성과가 절대적·상대적으로 낮은 집합투자기구
④ 평가등급(Rating)이 높은 집합투자기구

용어 알아두기

평가등급 (Rating)	일관된 기준하에 벤치마크와 비교분석 등 다양한 방법을 통해 펀드에 부여하는 서열을 의미한다.

TIP 양호한 집합투자기구는 위험조정성과 절대적·상대적으로 높은 집합투자기구이다.

핵심포인트 해설 **펀드 분석·평가의 목적 및 대상 개관**

(1) 목적

펀드선정	• 양적(정량적) 성과평가 : 절대적·상대적으로 수익률, 위험조정성과, 평가등급이 높고 위험이 낮은 펀드가 양호한 펀드임 • 질적(정성적) 성과평가 : 성과요인 분석, 포트폴리오 분석, 운용사의 질적 평가 등을 파악하여 펀드를 선택하여야 함
펀드 모니터링	• 펀드성과(수익률, 위험, 위험조정성과, 평가등급) 점검 • 펀드 보유자산 및 매매현황 점검 • 펀드 운용자 및 운용회사 점검 • 펀드의 자금흐름 점검
펀드운용결과 분석	• 투자자는 펀드운용결과(성패)에 대한 책임이 있으나 운용 간섭 불가 • 운용결과분석의 목적은 환매·재투자 여부에 대한 결정 때문임

(2) 펀드 분석·평가 대상
펀드 가격정보, 포트폴리오 정보, 운용자 및 운용회사에 대한 정보

정답 | ③

집합투자기구의 운용결과 분석에 관한 설명으로 잘못된 것은?

① 계획 대비 성패 여부를 판단하고 개선할 수 있는 방법을 찾기 위함이다.

② 운용결과를 분석함에 있어 장기 운용의 성공 여부를 파악하여야 한다.

③ 운용결과를 분석하는 궁극적인 이유는 환매 여부 또는 재투자 여부를 결정하기 위함이다.

④ 집합투자기구의 운용결과 성패에 대한 책임은 운용자가 부담한다.

TIP 집합투자기구의 운용에 대한 결과는 궁극적으로 투자자에게 귀속되며, 그 책임도 투자자에게 있다.

핵심포인트 해설   **집합투자기구의 운용결과 분석**

① 집합투자기구의 운용결과를 분석하는 궁극적인 이유는 (일부)환매 여부 또는 재투자 여부를 결정하기 위함
② 단기 운용의 성공과 실패를 분석하는 차원에서 나아가 장기 운용의 성공과 실패로 연결될지의 여부를 파악
③ 일차적으로 집합투자기구의 성과(수익률, 위험, 위험조정성과, 평가등급)가 절대적·상대적으로 양호하였는지를 판단
④ 성과가 나타난 원인(성과요인, 포트폴리오 구성, 운용사·운용자 특성 등)이 무엇인지를 판단
⑤ 해당 성과가 지속될지 여부를 판단

정답 | ④

다음 중 집합투자기구의 성과에 해당하지 않는 것은?

① 평 판   ② 위 험
③ 위험조정성과   ④ 평가등급

용어 알아두기

위 험 (Risk)	투자에 있어서 위험이란 실제수익률이 기대수익률 또는 예상한 수익률과 같지 않을 가능성을 의미한다.

TIP   집합투자기구의 성과에는 수익률, 위험, 위험조정성과, 평가등급이 있다.

핵심포인트 해설   **펀드의 분석 및 평가 대상**

(1) 수 익
  ① 투자에 있어 가장 중요한 요소
  ② 펀드평가의 일차적인 관점은 투자자가 투자했거나 향후 투자할 펀드가 주는 수익
(2) 위 험
  ① 수익을 실현하지 못할 가능성
  ② 일반적으로 수익이 크면 위험도 크며, 위험이 작으면 수익도 작음
(3) 대 상
  ① 수익과 위험을 측정하기 위해서는 펀드의 가격정보(기준가격, 설정좌수, 분배율 등)가 필요하며, 분석 및 평가의 첫 번째 대상임
  ② 펀드가 투자한 자산명세, 즉 포트폴리오(Portfolio)를 분석함으로써 펀드의 다양한 특징을 파악할 수 있음
  ③ 펀드의 운용자·운용회사를 대상으로 분석 및 평가를 수행

정답 | ①

집합투자기구 평가의 프로세스를 올바르게 나열한 것은?

> ㉠ 성과의 우열 가리기   ㉡ 성과의 질적 특성 파악하기   ㉢ 성과평가의 기준

① ㉠ ⇨ ㉡ ⇨ ㉢   ② ㉠ ⇨ ㉢ ⇨ ㉡
③ ㉢ ⇨ ㉠ ⇨ ㉡   ④ ㉢ ⇨ ㉡ ⇨ ㉠

TIP 집합투자기구 평가의 프로세스는 '성과평가의 기준 ⇨ 성과의 우열 가리기 ⇨ 성과의 질적 특성 파악하기' 순이다.

핵심포인트 해설　　**펀드(집합투자기구) 평가 프로세스**

성과평가의 기준	펀드 유형분류	벤치마크 설정		
성과의 우열 판단	수익률 측정	위험 측정	위험조정 성과 측정	평가등급 (Rating) 부여
성과의 질적 특성 파악	성과요인 분석	포트폴리오 분석	운용회사· 운용자 정성평가	

정답 | ③

다음 중 집합투자기구의 투자과정에서 투자자가 양호한 성과를 달성하는 데 영향을 주는 요소가 아닌 것은?

① 투자대상 유형별 자산배분의 선택
② 투자목표가 성공적으로 달성되고 있는지 평가
③ 시장예측을 통한 투자시점의 결정
④ 투자한 집합투자기구의 운용수익률

용어 알아두기

집합투자기구	펀드의 법률(자본시장법)적 표현이다.

TIP 투자자의 투자목표가 성공적으로 달성되고 있는지 평가하는 것은 투자자 관점의 성과평가 내용이다.

핵심포인트 해설　　**투자 프로세스와 성과평가의 종류**

(1) 투자 프로세스와 투자성과 요인
　① 투자대상 유형별 자산배분의 선택
　② 시장예측을 통한 투자시점의 결정
　③ 투자한 집합투자기구의 운용수익률

(2) 관점에 따른 성과평가의 종류

투자자	• 투자자가 재무목표를 효과적으로 달성하였는지를 판단하도록 함 • 잘못된 계획이나 잘못된 투자실행으로 인해 발생한 위험을 효율적으로 관리할 수 있도록 함
펀 드	• 집합투자기구의 운용결과가 양호했는지 여부에 초점을 맞춤 • 집합투자기구 운용자와 운용회사의 운용능력을 평가하기 위한 것 • 투자자가 해당 집합투자기구에 일시불로 투자한 경우 투자자 관점의 성과평가 결과와 동일

(3) 결과 분석
　집합투자기구 운용결과의 성공 및 실패 여부를 분석하고 재투자 여부를 판단하기 위함

정답 | ②

06

다음 중 집합투자기구의 유형(Fund Category)**에 관한 설명으로 옳은 것은?**

① 집합투자기구의 성과를 상대적으로 비교·측정하기 위하여 유사한 집합투자기구들끼리 묶어 놓은 동일집단(Peer Group)이다.

② 혼합자산집합투자기구는 채권형집합투자기구, 주식형집합투자기구, (주식·채권)혼합형집합투자기구로 세분화된다.

③ 채권형집합투자기구는 성장·가치 여부에 따라 대·중·소형주로 분류된다.

④ 주식형집합투자기구는 듀레이션에 따라 장·중·단기로, 신용등급에 따라 고·중·저로 분류된다.

TIP ② 증권형집합투자기구가 채권형집합투자기구, 주식형집합투자기구, (주식·채권)혼합형집합투자기구로 세분화된다.
③ 채권형집합투자기구는 채권의 듀레이션에 따라 장·중·단기로, 신용등급에 따라 고·중·저로 분류된다.
④ 주식형집합투자기구는 성장·가치 여부에 따라 대·중·소형주로 분류된다.

핵심포인트 해설 　　펀드 유형(Fund Category) 분류

(1) 의 미
펀드의 성과를 상대적으로 비교·측정하기 위하여 펀드의 투자목적, 투자자산, 투자전략, 투자스타일, 특징 등이 유사한 펀드들끼리 묶어 놓은 동일집단(Peer Group)

(2) 내 용
① 증권펀드 : 채권형펀드, 주식형펀드, (주식·채권)혼합형펀드로 세분화됨
② 수익·위험 구조와 벤치마크가 유형 분류의 기준
③ 유형 분류는 객관적인 평가를 위하여 필요한 요소이자 투자자의 자산배분의 기초단위
④ 투자자가 펀드의 유형을 명확하게 인지할 수 있도록 함

(3) 채권형펀드
① 듀레이션 : 장·중·단기
② 신용등급 : 고·중·저로 분류

(4) 주식형펀드
① 성장·가치 여부에 따라 분류
② 대·중·소형주로 분류

(5) 지 역
해외펀드, 국내펀드

정답 | ①

다음 중 펀드의 벤치마크가 가져야 할 특성으로 옳은 것은?

① 투자자의 미래 투자견해를 반영하여야 한다.
② 특정 기간마다 벤치마크의 수익률을 확인하거나 계산할 수 있어야 한다.
③ 벤치마크를 구성하는 종목과 비중, 구성방법 등이 정확히 표시되어야 한다.
④ 평가 기간이 시작된 후에 정의되어야 한다.

용어 알아두기

벤치마크	주식시장에서 벤치마크란 펀드의 수익률을 비교하는 기준 수익률로, 펀드매니저의 운용능력을 평가하는 잣대를 말한다.

TIP ① 투자자의 현재 투자견해를 반영하여야 한다.
② 원하는 기간마다 벤치마크의 수익률을 확인하거나 계산할 수 있어야 한다.
④ 평가 기간이 시작되기 전에 정의되어야 한다.

핵심포인트 해설   **벤치마크의 개념과 속성**

(1) 개 념
① 사전적인 의미로 기준 또는 잣대라는 뜻
② 집합투자기구의 운용목표와 전략을 가장 잘 나타내는 지표
③ 운용지침(Guideline) 역할
④ 투자자가 집합투자기구에 투자할지를 사전에 판단할 수 있는 투자지침 역할
⑤ 성과평가(Fund Performance Evaluation)의 기준 역할

(2) 속 성

명확성(Unambiguous)	종목과 비중, 구성방법 등이 정확히 표시되어야 함
투자가능성(Investable)	구성종목에 투자할 수 있어야 함
측정가능성(Measurable)	원하는 기간마다 벤치마크의 수익률을 확인하거나 계산할 수 있어야 함
적합성(Appropriate)	운용스타일 또는 전략에 부합하여야 함
현재의 투자견해를 반영 (Reflective of Current Investment Opinions)	투자자의 현재 투자견해를 반영하여야 함
사전에 정의(Specified in Advance)	평가 기간이 시작되기 전에 정의되어야 함

정답 | ③

8 벤치마크 설정 ★

다음 중 자산유형에 소속된 모든 대상 종목을 포함한 것으로 가장 넓은 대상을 포함하는 벤치마크로 옳은 것은?

① 시장지수(Market Index) ② 섹터지수(Sector Index)
③ 합성지수(Synthesized Index) ④ 정상포트폴리오(Normal Portfolio)

TIP 시장지수(Market Index)에 대한 설명이다. 시장지수는 운용에 특이한 제약조건이 없는 경우에 적합하다.

핵심포인트 해설 **벤치마크의 종류**

시장지수 (Market Index)	• 자산유형에 소속된 모든 대상 종목을 포함한 것으로 가장 넓은 대상을 포함 • 운용에 특이한 제약조건이 없는 경우에 적합함 [예] 종합주가지수, 종합채권지수
섹터/스타일 지수 (Sector Index)	• 자산유형 중 특정한 분야나 특정한 성격을 지니는 대상만을 포함 • 특정 분야에 집중투자하는 경우에 적합함 [예] 중소형주, 가치주, 성장주, 국공채, 회사채
합성지수 (Synthesized Index)	• 2개 이상의 시장지수나 섹터지수를 합성하여 별도로 계산 • 복수의 자산 유형에 투자하는 경우에 적합함 [예] 혼합형 집합투자기구를 위한 벤치마크
정상포트폴리오 (Normal Portfolio)	• 투자 가능한 종목만으로 포트폴리오 구성 • 채권형 벤치마크(BM)로 많이 활용함 [예] KOBI120, KOBI30
맞춤포트폴리오 (Customized Portfolio)	• 특정 집합투자기구 운용과 평가를 위한 포트폴리오 • 일반성이 적은 집합투자기구를 평가하기 위함 [예] 동결포트폴리오, 포트폴리오 보험전략 집합투자기구 평가

정답 | ①

운용회사·펀드유형 그룹수익률을 산출하는 이유로 잘못된 것은?

① 대표계정(Representative Accounts)의 오류를 제거하기 위해
② 생존계정의 오류(Survivorship Biases)를 제거하기 위해
③ 투자결과의 이전가능성(Portability of Investment Results) 문제를 해결하기 위해
④ 유형(Peer Group)평균수익률과 펀드수익률을 비교하여 절대적 운용성과를 판단하기 위해

TIP 벤치마크수익률이 집합투자기구가 절대적으로 운용을 잘했는지 여부를 판단하기 위해 중요하다면, 유형(Peer Group)평균수익률과 집합투자기구의 수익률을 비교하는 것은 집합투자기구가 상대적으로 운용을 잘했는지를 판단하기 위해 중요하다.

핵심포인트 해설　　**수익률 계산**

① 개별 펀드의 수익률 측정 : 시간가중수익률 방식
② 펀드유형의 수익률 측정 : 그룹수익률 측정방식
③ 그룹수익률 산출이유 : 대표계정·생존계정 오류제거, 객관적인 성과 비교
　　㉠ 대표계정(Representative Accounts)의 오류 : 일부 집합투자기구들만으로 성과를 측정하여 비교할 경우 전체성과를 정확히 나타내지 못하고 집합투자기구별 성과의 차이가 큰 운용회사가 상대적으로 유리하게 되는 오류
　　㉡ 생존계정의 오류(Survivorship Biases) : 성과가 나빠 운용이 중단된 집합투자기구 등을 제외하고 현재 시점에서 존재하는 집합투자기구만을 대상으로 평가함으로써 부실한 운용으로 고객이탈이 많은 운용회사의 성과가 상대적으로 높게 표시되는 오류
④ 벤치마크수익률 : 펀드의 절대적 성과 판단
⑤ 유형평균수익률 : 펀드의 상대적 성과 판단

정답 | ④

10

다음 중 절대적 위험(Absolute Risk)의 척도로 옳은 것은?

① 공분산(Covariance)　　　　　　② 베타(β : Beta)
③ 상대 VaR(Relative VaR)　　　　④ VaR(Value-at-Risk)

용어 알아두기

척 도	사물이나 사람의 특성을 수량화하기 위해 체계적인 단위를 가지고 그 특성에 숫자를 부여한 것이다.
VaR (Value-at-Risk)	발생 가능한 최대손실금액이라는 의미로 금융기관의 시장위험 예측 지표를 말하며, 의도한 투자가 실패한 경우 현재 자산의 하루 평균 손실액수를 확률적으로 나타낸 값이다.

TIP　①②③은 모두 상대적 위험(Relative Risk)의 척도이다.

핵심포인트 해설　　　**위험과 위험지표**

(1) 위험과 지배원리

위 험 (Risk)	• 실제수익률이 기대수익률 또는 예상한 수익률과 같지 않을 가능성 • 실제수익률과 예상수익률이 같지 않을 가능성이 높으면 위험이 높고, 반대로 그 가능성이 낮으면 위험도 낮음 • 위험을 많이 부담할수록 높은 수익률로 보상을 받아야 함
지배원리	• 동일한 기대 수익률을 가진 두 가지 투자안이 있다면 합리적인 투자자들의 경우 위험이 낮은 투자안을 선택 • 위험이 같다면 기대수익률이 높은 투자안을 선택 • 투자자는 수익률 – 위험 간의 관계를 고려하여 투자하게 되므로 위험은 투자안 선택에 큰 영향을 줌

(2) 위험지표의 종류

종 류	척 도	사용 용도
절대적 위험 (Absolute Risk)	• 표준편차 • VaR(Value-at-Risk)	• 수익률의 안정성을 중시하는 전략에 적합
상대적 위험 (Relative Risk)	• 공분산(Covariance) • 초과수익률(Excess Return) • 베타(β : Beta) • 상대 VaR(Relative VaR)	• 사전에 자산배분이 정해지고, 실제운용단계에서 벤치마크를 추구하는 경우에 적합

정답 | ④

다음 내용이 설명하는 위험척도로 옳은 것은?

- 펀드의 위험을 나타내는 가장 일반적인 지표이다.
- 수익률의 변동성을 나타낸다.

① VaR(Value-at-Risk) ② 표준편차(Standard Deviation)
③ 초과수익률(Excess Return) ④ 공분산(Covariance)

TIP 펀드의 위험을 나타내는 가장 일반적인 지표로, 수익률의 변동성을 나타내는 위험척도는 표준편차이다.

핵심포인트 해설 **표준편차와 베타**

(1) 표준편차(절대적 위험)

일정 기간의 수익률이 동일 기간의 평균수익률과 대비하여 변동한 범위를 측정한 것

$$표준편차 = \sqrt{\frac{\Sigma(펀드주간수익률 - 평균수익률)^2}{표본수 - 1}}$$

(2) 베타(상대적 위험)

① 집합투자기구의 수익률이 벤치마크수익률의 변동에 대하여 어느 정도 민감도를 가지고 있는가를 나타냄
② 벤치마크수익률에 영향을 주는 거시적인 사건이 발생할 때, 특정 집합투자기구가 얼마나 민감하게 반응하는가를 계량적으로 측정한 것
③ 베타 > 1: 공격적으로 운용한 집합투자기구
④ 베타 < 1: 방어적으로 운용한 집합투자기구

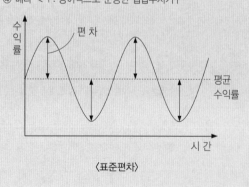

〈표준편차〉

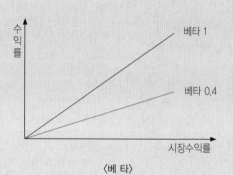

〈베 타〉

정답 | ②

12

다음 설명에 해당하는 위험척도로 옳은 것은?

- 적극적 투자활동의 결과로 발생한 초과수익률과 집합투자기구의 초과수익률에 대한 추적오차(Tracking Error)의 비율이다.
- 일반적으로 이 비율이 높으면 집합투자기구 운용자의 능력이 탁월하다는 것을 의미한다.

① 샤프비율(Sharpe Ratio)　　　　② 젠센의 알파(Jensen's Alpha)
③ 정보비율(Information Ratio)　　④ VaR(Value-at-Risk)

용어 알아두기

추적오차	펀드의 가격변동과 벤치마크의 가격변동 간의 의도하지 않은 차이이다.

TIP　정보비율(Information Ratio)에 대한 설명이다.

핵심포인트 해설　　위험조정지표의 종류

샤프비율	• 위험을 고려하여 펀드운용 성과를 측정하는 대표적 지표 • 펀드가 부담한 위험 1단위당 초과수익률의 정도를 비율로 나타낸 것 • 포트폴리오(집합투자기구) 수익률에서 무위험이자율을 차감한 초과수익률(Excess Return)을 포트폴리오(집합투자기구)의 표준편차(총위험)로 나누어서 측정 $$\text{샤프비율} = \frac{\text{포트폴리오의 평균수익률} - \text{무위험이자율}}{\text{포트폴리오 수익률의 표준편차}}$$
젠센의 알파	• 실제수익률이 시장균형을 가정한 경우의 기대수익률보다 얼마나 높은지 측정하는 지표 • 집합투자기구 실제수익률에서 균형하에서의 기대수익률을 차감한 값을 의미 $$\sigma_p = (R_p - R_f) - \beta_p \times (R_m - R_f)$$ (단, R_p : 집합투자기구의 수익률, R_f : 무위험수익률, β_p : 집합투자기구의 베타, R_m : 시장수익률)
트래킹 에러	• 일정 기간의 펀드수익률과 벤치마크수익률의 차이를 측정하는 지표이며 추적오차를 의미 • 트래킹 에러가 크다는 것은 펀드가 투자한 종목의 구성이나 편입비가 벤치마크와 상이하다는 것을 의미
정보비율	• 적극적 투자활동의 결과로 발생한 초과수익률과 집합투자기구의 초과수익률에 대한 표준편차의 비율 • 일반적으로 높은 정보비율은 집합투자기구 운용자의 능력이 탁월하다는 것을 의미

정답 | ③

펀드 성과의 질적 특성 파악에 관한 설명으로 잘못된 것은?

① 성과요인 분석에서 시장예측능력, 종목선정능력 등을 분석한다.
② 운용사의 질적 평가에서 안정성, 조직 및 인력 등을 평가한다.
③ 성과요인 분석방법에는 벤치마크를 이용한 수리모형법이 있다.
④ 스타일 분석을 통해 사전적으로 펀드성과의 원인을 설명할 수 있다.

TIP 스타일 분석은 사전적으로는 좋은 수익률을 보일 펀드를 고르는 판단요소가 되며, 사후적으로는 과거 펀드성과의 원인을 적절하게 설명해주는 역할을 한다.

핵심포인트 해설   성과의 질적 특성 파악

(1) 성과요인 분석
    ① 성과요인 : 시장예측능력, 종목선정능력
    ② 분석방법 : 벤치마크를 이용한 수리모형법, 가상포트폴리오를 이용하는 방법
(2) 포트폴리오 분석
    ① 자산별 배분비율과 추이분석, 개별종목 비중 분석, 평균 신용등급·자산 매매회전율 등 포트폴리오 내 자산의 특성 분석
    ② 스타일 분석 : 사전적으로 좋은 펀드의 선택기준, 사후적으로 펀드성과의 원인 설명, 효과적인 분산투자 방안이 됨
(3) 운용사 질적 평가
    ① 운용사의 안정성, 조직 및 인력, 운용프로세스, 위험관리능력, 운용규모, 고객지원서비스 등 평가
    ② 이를 통해 운용성과가 실력인지 운(運)인지를 판단함

정답 | ④

14

펀드 평가보고서에 대한 설명으로 잘못된 것은?

① 사전적 투자판단을 위한 정보만을 제공한다.
② 개별 펀드의 수익률, 위험 등을 평가한다.
③ 개별 펀드의 투자스타일을 판단한다.
④ 개별 펀드의 성과요인을 판단한다.

TIP 펀드 평가보고서는 투자자가 사전적 또는 사후적으로 투자의사결정을 하는 데 유용한 정보를 제공하기 위한 것이다.

핵심포인트 해설 　 펀드 평가보고서

(1) 개요

　개별 펀드의 수익률, 위험 등을 평가하고, 투자스타일 및 성과요인을 판단하기 위해 포트폴리오를 분석한 보고서로서 투자자에게 사전적·사후적 투자판단을 위한 정보를 제공

(2) 내용

펀드유형 구분	• 펀드의 성과는 동일한 유형끼리 비교해야 함
펀드의 등급	• 수익률과 위험을 동시에 고려하여 평가(위험조정성과)
기간누적수익률	• 최근 6개월, 1년, 3년, 5년 등의 누적수익률을 분석 • 벤치마크수익률, 유형평균수익률, 운용사의 유형평균수익률과도 비교하여 판단해야 함 • % 순위 : 전체 펀드를 100개로 가정할 경우의 상대적 순위
위험지표	• 표준편차 : 일정 기간 동안 평균수익률 대비 변동정도를 측정 • 베타 : 기준수익률(시장수익률) 변동에 대한 민감도를 측정
위험조정성과	• 샤프비율 : 위험 1단위당 초과수익률 정도를 측정 • 젠센의 알파 : 펀드수익률이 기대수익률을 얼마나 초과했는지 측정
스타일 분석	• 성과에 가장 큰 영향을 주는 변수를 기준으로 한 분석방법 • 주식형 : 주식규모(대·중·소형주)와 특성(가치주, 성장주) 분석 • 채권형 : 평균신용등급, 평균만기(듀레이션) 분석
포트폴리오 분석	• 주식, 채권, 유동성 자금 등 주요자산별 비중과 추이 분석 • 과거 성과원인과 시장에 대한 운용전략 파악

정답 | ①

출제예상문제

☑ 다시 봐야 할 문제(틀린 문제, 풀지 못한 문제, 헷갈리는 문제 등)는 문제 번호 하단의 네모박스(□)에 체크하여 반복학습하시기 바랍니다.

01 중요도 ★★
□ 집합투자기구평가회사가 집합투자기구의 가격정보를 활용하여 수행하는 평가업무로 가장 거리가 먼 것은?

① 벤치마크 설정　　　　　　　　　② 수익률 측정
③ 위험 측정　　　　　　　　　　　④ 위험조정성과 추정

02 중요도 ★
□ 펀드의 벤치마크에 대한 설명으로 가장 거리가 먼 것은?

① 펀드의 운용목표와 운용전략을 잘 나타내는 지표이다.
② 벤치마크를 추종하여 운용하면 시장수익률을 크게 초과하는 성과를 달성하게 된다.
③ 투자자가 해당 펀드에 대한 투자 여부를 사전에 판단할 수 있는 투자지침 역할을 한다.
④ 펀드의 성과평가 기준 역할을 한다.

03 중요도 ★★
□ 집합투자기구 운용결과 분석에 관한 설명으로 잘못된 것은?

① 집합투자기구의 운용결과를 분석하는 궁극적인 이유는 (일부)환매 여부 또는 재투자 여부를 결정하기 위함이다.
② 장기 운용의 성공과 실패를 분석하는 차원에서 나아가 단기 운용의 성공 여부를 파악하기 위함이다.
③ 일차적으로 집합투자기구의 성과(수익률·위험·위험조정성과·평가등급)가 절대적·상대적으로 양호하였는지를 판단한다.
④ 성과가 나타난 원인(성과요인, 포트폴리오 구성, 운용사·운용자 특성 등)이 무엇인지를 판단한다.

04 중요도 ★★★

집합투자기구의 벤치마크에 대한 설명 중 올바른 것으로 모두 묶인 것은?

☐

> ㉠ 집합투자기구의 벤치마크는 평가기간이 시작되기 전에 결의되어야 하는 것이 원칙이다.
> ㉡ 벤치마크는 운용전략 등 개별 집합투자기구의 특성보다는 시장 전반적인 특성을 반영하여 선택하는 것이 바람직하다.
> ㉢ 벤치마크는 투자자의 투자목표와 기준을 바탕으로 집합투자기구의 운용자와 투자자가 협의하여 정해야 한다.

① ㉠   ② ㉠, ㉡

③ ㉠, ㉢   ④ ㉠, ㉡, ㉢

05 중요도 ★★★

성과평가 시 사용하는 벤치마크수익률에 대한 설명으로 잘못된 것은?

☐

① 벤치마크수익률이란 평가의 기준이 되는 수익률을 의미한다.
② 벤치마크는 반드시 시장수익률을 사용하여야 한다.
③ 투자 운용스타일이나 전략은 벤치마크를 결정하는 기준이 될 수 있다.
④ 벤치마크는 반드시 운용이 시작되기 전에 결정되어야 한다.

정답 및 해설

01 ① 벤치마크 설정은 집합투자기구의 가격정보를 활용하기 이전에 이루어진다.

02 ② 벤치마크를 추종한다 하여 시장수익률을 초과달성할 수는 없다.

03 ② 단기 운용의 성공과 실패를 분석하는 차원에서 나아가 장기 운용의 성공 여부를 파악하기 위함이다.

04 ① ㉡ 벤치마크는 운용전략 등 개별 집합투자기구의 특성을 반영하여 선택하는 것이 바람직하다.
㉢ 벤치마크는 집합투자기구의 운용자가 단독으로 정한다.

05 ② 벤치마크는 시장수익률과 동일한 경우가 많지만, 펀드투자에 있어서 제약이 가해지는 경우 시장수익률을 사용할 수 없는 경우도 많이 발생한다.

06 중요도 ★

투자 가능한 종목만으로 포트폴리오를 구성하여 채권형 기준지표로 많이 활용되는 기준지표의 유형으로 옳은 것은?

① 정상 포트폴리오
② 섹터·스타일 지수
③ 시장지수
④ 맞춤 포트폴리오

07 중요도 ★★★

대표계정(Representative Accounts)의 오류가 의미하는 것은?

① 일부 펀드들만으로 성과를 측정하여 비교할 경우 전체성과를 정확히 나타내지 못하는 오류
② 현재시점에서 존재하는 펀드만을 대상으로 평가함으로써 나타나는 오류
③ 부실한 운용으로 고객이탈이 많은 운용회사의 성과가 상대적으로 높게 표시되는 오류
④ 성과가 나빠 운용이 중단된 펀드 등을 제외함으로써 나타나는 오류

08 중요도 ★★★

다음 중 일정 기간 동안의 수익률이 동일 기간의 평균수익률과 대비하여 변동한 범위를 측정한 것은?

① 공분산(Covariance)
② 표준편차(Standard Deviation)
③ 초과수익률(Excess Return)
④ 상대 VaR(Relative VaR)

09 중요도 ★★
투자 위험에 대한 설명으로 잘못된 것은?

① 투자에 있어서 위험이란 실제수익률이 기대수익률 또는 예상한 수익률과 같지 않을 가능성을 의미한다.

② 절대적 위험지표에는 공분산, 초과수익률, 베타 등이 있다.

③ 수익률의 안정성을 중시하는 전략에 적합하다.

④ 상대적 위험지표는 사전에 자산배분이 정해지고, 실제운용단계에서는 벤치마크를 추구하는 경우에 적합하다.

10 중요도 ★★
운용회사의 통합성과 측정 시 주의사항으로 옳은 것은?

① 운용회사별 대표성을 지니고 있는 주요 펀드들을 비교하는 것이 바람직하다.

② 충분히 긴 기간에 비교하는 등 특정 운용회사에 유리하지 않게 비교 기간을 정한다.

③ 현재 존재하는 펀드를 대상으로 통합성과를 측정하여 비교하는 것이 바람직하다.

④ 특정펀드에 지나치게 큰 영향이 없고 평가 대상 펀드들의 규모에 상관없이 산술평균수익률로 측정한다.

정답 및 해설

06 ① 현실적으로 투자가 불가능한 종목을 제거하고 투자 가능한 종목만으로 포트폴리오를 구성하여 채권형 기준지표로 많이 활용되는 기준지표의 유형은 정상 포트폴리오이다.

07 ① 대표계정(Representative Accounts)의 오류는 운용회사가 운용하는 일부 펀드들만으로 성과를 측정하여 비교할 경우 전체성과를 정확히 나타내지 못하고, 펀드별 성과의 차이가 큰 운용회사가 상대적으로 유리하게 됨으로써 나타나는 오류이다.
②③④는 모두 생존계정의 오류(Survivorship Biases)에 대한 설명이다.

08 ② 표준편차(Standard Deviation)는 펀드의 위험을 나타내는 가장 일반적인 지표로서 펀드수익률의 변동성을 의미한다.

09 ② 절대적 위험지표는 표준편차, VaR(Value-at-Risk) 등이 있다. 공분산, 초과수익률, 베타, 상대 VaR는 상대적 위험지표이다.

10 ② ① 운용회사별 대표성을 갖는 펀드들을 비교하는 것은 바람직하지 못하다.
③ 통합성과를 측정하여 비교하면 성과가 나쁜 펀드는 사라지고 성과가 좋은 펀드만 남게 되므로 바람직하지 못하다.
④ 펀드의 규모별로 비교하고 가중평균하여 측정한다.

11

중요도 ★★

집합투자기구의 위험에 대한 설명으로 가장 올바른 것은?

① 예상한 수익률보다 높거나 낮게 나올 모든 가능성을 위험으로 보는 관점을 전체위험이라고 하며, 반편차와 베타가 대표적이다.

② 예상한 수익률보다 하락할 가능성만을 위험으로 보는 관점을 하락위험이라고 하며, 표준편차와 적자위험이 대표적이다.

③ 다른 집합투자기구에 비하여 베타가 크다는 것은 변동성이 큰 종목을 편입하였거나 편입비율을 높여 운용하였음을 의미한다.

④ 동일한 기대수익률을 가진 집합투자기구가 있다면 합리적인 투자자는 베타가 큰 집합투자기구를 선택하여야 한다.

12 중요도 ★★

펀드위험에 관한 설명으로 잘못된 것은?

① 만약 펀드운용의 목표를 특정 수준의 절대수익률로 정했다면 이에 미달하는 초과수익률을 위험으로 간주할 수 있다.

② 표준편차로 측정되는 수익률의 변동성은 위험수준을 나타내는 상대적 위험척도인 반면 특성선의 기울기로 측정되는 베타는 가장 대표적인 절대적 위험척도라고 할 수 있다.

③ VaR는 일정 기간에 특정 확률수준(95% 또는 99%)에서 발생할 수 있는 최대의 손실금액을 의미한다.

④ 일반적으로 포트폴리오 성과는 위험과 수익률(Risk and Return)의 차원에서 평가되어야 한다.

13 중요도 ★

펀드의 위험평가지표에 대한 설명으로 잘못된 것은?

① 표준편차는 대표적인 절대위험지표 중 하나로 수익률의 변동성을 나타낸다.

② 베타가 1 이상인 펀드는 시장 상승 시 예상보다 높은 수익이 기대되나, 하락 시에는 펀드수익률이 예상보다 더 하락할 수 있다.

③ 샤프비율은 펀드가 무위험수익률 이상을 달성하는 것이 좋다는 개념으로, 클수록 우수한 펀드이다.

④ 젠센의 알파는 위험조정 성과지표 중 하나로 위험 한 단위당 수익의 크기로 해석할 수 있다.

14

위험조정성과에 대한 설명으로 잘못된 것은?

① 젠센의 알파는 펀드의 실제수익률이 시장균형 기대수익률보다 얼마나 낮은지를 측정한 값이다.

② 샤프비율은 수익률을 위험으로 나누어 위험 한 단위당 수익률을 구하는 것이다.

③ 추적오차는 일정 기간 펀드의 수익률이 벤치마크수익률에 비해 어느 정도의 차이를 보이는가를 측정하는 지표이다.

④ 정보비율은 초과수익률과 추적오차의 비율을 의미한다.

15

빈칸에 들어갈 용어로 가장 올바른 것은?

> 위험조정 성과지표로서 (　　)은/는 수익률을 위험으로 나누어서 위험 한 단위당 수익률을 산출하는 것이며, 구체적으로 포트폴리오(집합투자기구) 수익률에서 무위험이자율을 차감한 초과수익률을 포트폴리오(집합투자기구)의 표준편차(총위험)로 나누어서 측정한다.

① 젠센의 알파　　　　　　　　　② 샤프비율

③ 정보비율　　　　　　　　　　　④ 베 타

정답 및 해설

11 ③ ① 전체위험은 표준편차와 베타가 대표적이다.

　　② 하락위험은 반편차와 적자위험이 대표적이다.

　　④ 동일한 기대수익률을 가진 집합투자기구가 있다면 합리적인 투자자는 베타가 작은 집합투자기구를 선택하여야 한다.

12 ② 표준편차는 절대적 위험척도이며, 측정기준수익률과 포트폴리오 수익률 간의 상대적인 관계로 파악되는 베타는 상대적 위험척도이다.

13 ④ 젠센의 알파는 증권시장선(SML)에 기초한 적정 수익률을 초과 달성한 크기를 의미한다.

14 ① 젠센의 알파는 펀드의 실제수익률이 시장균형을 가정한 경우의 기대수익률보다 얼마나 높은지를 측정한 값이다.

15 ② 샤프비율에 대한 설명이다.

16

빈칸에 들어갈 말을 순서대로 나열한 것은?

- ( )은/는 일정 기간 총위험 한 단위당 무위험이자율을 초과 달성한 포트폴리오 수익률의 정도를 나타내며 수치가 높으면 성과가 좋은 것이고, 수치가 낮으면 성과가 부진함을 의미한다.
- ( )은/는 특정 집합투자기구가 취한 위험(베타)하에 요구되는 기대수익률을 집합투자기구 수익률이 얼마나 초과했는지를 보여주는 지표로, 수치가 높으면 집합투자기구의 성과가 양호했음을 의미한다.

① 샤프비율, 젠센의 알파
② 트래킹 에러, 샤프비율
③ 젠센의 알파, 정보비율
④ 정보비율, 트래킹 에러

17

A펀드의 위험조정 성과가 다음 표와 같을 때, A펀드의 수익률로 옳은 것은?

A펀드			무위험수익률	벤치마크수익률
베 타	표준편차	젠센의 알파		
1.2	8%	0.8%	4%	10%

① 8%
② 10%
③ 12%
④ 15%

18

위험조정 성과지표 중 위험 차감 성과가 아닌 단위 위험당 성과를 나타내는 지표로만 묶인 것은?

- ㉠ 샤프비율
- ㉡ 트래킹 에러
- ㉢ 정보비율
- ㉣ 젠센의 알파

① ㉠
② ㉠, ㉡
③ ㉠, ㉡, ㉢
④ ㉠, ㉡, ㉢, ㉣

19

중요도 ★★

다음 중 가장 좋은 평가를 받았을 펀드로 옳은 것은?

① 벤치마크수익률을 초과하였고 샤프값이 작은 펀드

② 유형평균수익률을 초과하였고 알파값이 작은 펀드

③ 유형평균수익률을 하회하였고 베타값이 큰 펀드

④ 벤치마크수익률을 초과하였고 표준편차값이 작은 펀드

정답 및 해설

16 ① 첫 번째는 샤프비율, 두 번째는 젠센의 알파에 대한 설명이다.

> 참고 샤프비율(Sharpe Ratio)

- 총위험 한 단위당 수익률을 구하는 것
- 포트폴리오(집합투자기구)수익률에서 무위험이자율을 차감한 초과수익률(Excess Return)을 포트폴리오(집합투자기구)의 표준편차(총위험)로 나누어서 측정

> 참고 젠센의 알파(Jensen's Alpha)

- 실제수익률이 시장균형을 가정한 경우의 기대수익률보다 얼마나 높은지를 측정
- 펀드수익률에서 시장이 균형 상태라면 얻을 수 있는 기대수익률을 뺀 값

17 ③ • 증권시장선수익률 = 무위험수익률 + {시장(벤치마크)수익률 − 무위험수익률} × 베타

$$= 0.04 + (0.1 - 0.04) \times 1.2$$

$$= 0.112 = 11.2\%$$

• 젠센의 알파 = 펀드수익률 − 증권시장선수익률

0.008 = 펀드수익률 − 0.112

∴ 펀드수익률은 12%이다.

18 ③ ㉣ 젠센의 알파는 위험 차감 성과지표이다.

19 ④ 벤치마크수익률을 초과하였으면 성과가 좋다는 것을 의미하고, 표준편차값이 작으면 위험도 작다는 것을 의미하므로 가장 좋은 평가를 받았을 것이다.

20

다음 성과평가지표 중 위험조정성과를 측정하는 지표로 모두 묶인 것은?

> ㉠ 베 타   ㉡ 샤프비율
> ㉢ 정보비율   ㉣ 표준편차
> ㉤ 젠센의 알파

① ㉠, ㉡, ㉢   ② ㉡, ㉢, ㉣

③ ㉡, ㉢, ㉤   ④ ㉢, ㉣, ㉤

21

다음 중 위험 1단위당 성과가 가장 높은 펀드로 옳은 것은? (단, 무위험수익률은 5%, 펀드의 유형 등 다른 조건은 동일하다고 가정)

구 분	A펀드	B펀드	C펀드	D펀드
평균수익률	17%	19%	11%	26%
표준편차	9%	10%	4%	15%

① A펀드   ② B펀드

③ C펀드   ④ D펀드

22

다음 중 투자성과 척도에 대한 설명으로 잘못된 것은?

① 젠센의 알파란 증권 선택 능력을 나타내는 척도이다.

② 샤프비율은 자본시장선(CML)에 기초한 평가기준이다.

③ 젠센의 알파는 증권시장선(SML)을 사용한다.

④ 젠센의 알파와 샤프비율은 항상 동일한 평가 순위를 도출한다.

23

중요도 ★★

성과요인 분석에 대한 설명으로 잘못된 것은?

① 성과요인 분석은 성과의 원인을 파악하는 일련의 계량분석과정이다.

② 일반적으로 시장예측능력과 종목선정능력으로 구분한다.

③ 시장예측이란 시장을 예측하여 저점에 매도하고 고점에 매수하는 전략이다.

④ 종목선정은 시장의 흐름과 무관하게 벤치마크보다 높은 성과를 보일 종목을 선택함으로써 성과를 올리려는 운용방법이다.

24

중요도 ★★★

펀드 평가보고서에 대한 내용으로 잘못된 것은?

① 펀드가 투자한 위험자산을 분석한 보고서이다.

② 개별 펀드의 수익률, 위험, 위험조정성과 등을 내용으로 한다.

③ 펀드의 성과를 상대적 또는 절대적 관점에서 평가한다.

④ 펀드의 투자스타일이나 성과요인을 판단하기 위해 작성한다.

정답 및 해설

20 ③ 베타는 상대적인 위험척도이고, 표준편차는 절대적인 위험척도이다.

21 ③ 샤프비율에 의한 평가 시 초과수익률(= 평균수익률 – 무위험수익률)을 표준편차로 나누었을 때의 비율이 높을수록 우수한 펀드이다. 샤프비율을 계산해 보면 A펀드 1.33, B펀드 1.4, C펀드 1.5, D펀드 1.4이므로, 이 중 1.5로 비율이 가장 큰 C펀드가 가장 우수한 펀드이다.

22 ④ 젠센의 알파와 샤프비율은 위험측정 방법이 상이하므로 평가 순위 역시 상이하게 도출될 가능성이 높다.

23 ③ 시장예측이란 시장의 흐름을 예측하여 저점에 매수하고 고점에 매도하는 전략이다.

24 ① 위험자산과 무위험자산을 포함하여 펀드가 투자한 포트폴리오를 분석한 보고서이다.

금융·자격증 전문 교육기관 **해커스금융**
fn.Hackers.com

제 2 과목
파생상품펀드

[총 25문항]

제1장
파생상품펀드 법규

학습전략

파생상품펀드 법규는 제2과목 전체 25문제 중 **총 7문제**가 출제된다.

파생상품펀드 법규는 공부할 분량이 많지 않고 내용도 어렵지 않아 조금만 신경 써서 공부하면 고득점이 가능한 과목이다. 하지만 출제비중이 적고 분량이 적다고 자칫 소홀히 하면 대량 실점을 할 수도 있다는 점을 유념해야 한다.

출제예상 비중

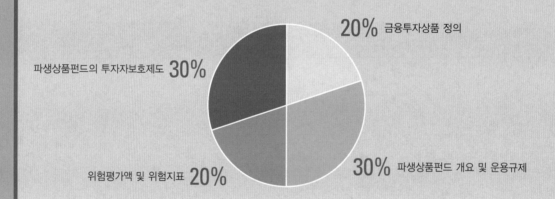

파생상품펀드의 투자자보호제도 30%

20% 금융투자상품 정의

30% 파생상품펀드 개요 및 운용규제

위험평가액 및 위험지표 20%

핵심포인트

자본시장법상 파생결합증권과 파생상품의 구분 기준으로 옳은 것은?

① 원본손실 가능성
② 원본초과손실 가능성
③ 상 장
④ 감 독

TIP 양자 모두 손실이 가능하다는 점에서는 같으나 손실의 범위가 원본초과손실 가능성 유무(= 추가지급의무 유무)에 따라 양자는 구분된다. 파생결합증권은 손실의 범위가 원본을 초과할 수 없는 상품(= 추가지급의무가 없는 상품)인 반면, 파생상품은 손실의 범위가 원본을 초과할 수 있는 상품(= 추가지급의무가 있는 상품)이다.

핵심포인트 해설 　자본시장법상 금융투자상품의 요건 및 분류

(1) 금융투자상품의 요건
　① 이익을 얻거나 손실을 회피하기 위한 목적일 것
　② 금전 등을 지급하기로 약정함으로써 취득하는 권리일 것
　③ 투자성(취득금액 > 회수금액)이 있을 것
　　　　↳ '원금손실 가능성'을 의미함
(2) 금융투자상품의 분류
　① 증 권
　　㉠ 의의 : 원본손실 가능성은 있으나 원본을 초과한 손실 가능성이 없는(= 추가지급의무가 없는) 금융투자상품
　　㉡ 종류 : 채무증권, 지분증권, 수익증권, 투자계약증권, 증권예탁증권, 파생결합증권
　② 파생상품
　　㉠ 의의 : 원본을 초과하는 손실가능성이 있는(= 추가지급의무가 있는) 금융투자상품
　　㉡ 종류 : 장내파생상품(선물, 옵션), 장외파생상품(선도, 스왑)
(3) 비금융투자상품 – 원본손실 가능성(투자성)이 없는 금융상품
　① 예금, 적금 등 원금손실 가능성이 없는 상품
　② 금융투자상품 배제상품 : 원화표시 CD, 관리형신탁 수익권, 주식매수선택권

정답 | ②

02

자본시장법상 금융투자상품 중 증권에 해당하는 것은?

① 선 물
② 파생결합증권
③ 옵 션
④ 스 왑

TIP 파생결합증권은 증권에 해당하고 선물, 옵션, 스왑은 파생상품에 해당한다.

핵심포인트 해설 **자본시장법상 금융투자상품**

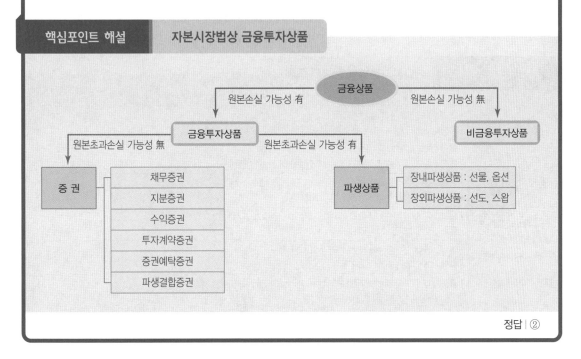

다음 중 자본시장법상 증권에 대한 설명으로 잘못된 것은?

① 채무증권은 국채, 지방채, 특수채, 사채, 기업어음 그 밖의 지급청구권이 표시된 것이다.

② 증권예탁증권은 ELS, DLS, ELW, ETN 등 기초자산 변동에 따라 손익이 결정되는 권리가 표시된 것이다.

③ 지분증권은 주권, 출자증권, 출자지분, 신주인수권이 표시된 것이다.

④ 투자계약증권은 공동사업 결과에 따른 손익을 귀속시키는 계약상의 권리가 표시된 것이다.

TIP ELS, DLS, ELW, ETN 등 기초자산 변동에 따라 손익이 결정되는 권리가 표시된 것은 파생결합증권이다.

핵심포인트 해설　　**자본시장법상 증권의 종류**

채무증권	• 의의 : 지급청구권이 표시된 것 • 유형 : 채권(국채, 지방채, 특수채, 사채), 기업어음
지분증권	• 의의 : 지분이 표시된 것 • 유형 : 주권, 출자증권, 출자지분, 신주인수권이 표시된 증권
수익증권	• 의의 : 수익권이 표시된 것 • 유형 : 투자신탁, 신탁의 수익권이 표시된 증권
파생결합증권	• 의의 : 기초자산 변동에 따라 손익이 결정되는 권리가 표시된 것 • 유형 : ELS, DLS, ELW, ETN 등
증권예탁증권	• 의의 : 예탁받은 증권에 대한 권리가 표시된 것 • 유형 : DR, KDR, ADR, GDR 등
투자계약증권	• 공동사업 결과에 따른 손익을 귀속받는 계약상의 권리가 표시된 것

정답 | ②

04

자본시장법상 파생상품에 대한 설명 중 잘못된 것은?

① 선물(Futures)은 장내시장에서 기초자산에 의해 산출된 금전 등을 장래 특정 시점에 인도할 것을 약정하는 계약이다.

② 선도(Forward)는 장외시장에서 기초자산에 의해 산출된 금전 등을 장래 특정 시점에 인도할 것을 약정하는 계약이다.

③ 파생결합증권은 기초자산에 의해 산출된 금전 등을 거래시킬 수 있는 권리를 부여하는 것을 약정하는 계약이다.

④ 스왑은 기초자산에 의해 산출된 금전 등을 일정 기간 동안 교환할 것을 약정하는 계약이다.

TIP 옵션은 기초자산에 의해 산출된 금전 등을 거래시킬 수 있는 권리를 부여하는 것을 약정하는 계약이다.

핵심포인트 해설 　　**파생상품의 개념**

선 물	장내에서 기초자산에 의해 산출된 금전 등을 장래 특정 시점에 인도할 것을 약정하는 계약
선 도	장외에서 기초자산에 의해 산출된 금전 등을 장래 특정 시점에 인도할 것을 약정하는 계약
옵 션	기초자산에 의해 산출된 금전 등을 거래시킬 수 있는 권리를 부여하는 것을 약정하는 계약
스 왑	기초자산에 의해 산출된 금전 등을 일정 기간 동안 교환할 것을 약정하는 계약

정답 | ③

다음 중 장내파생상품 거래와 거리가 먼 것은?

① 주식선물 거래
② 스왑 거래
③ KOSPI200 옵션 거래
④ 런던 금속거래소 규정에 따라 장외에서 이루어지는 금속거래

TIP 스왑 거래는 장외파생상품 거래이다.

핵심포인트 해설　거래장소에 따른 파생상품의 구분

(1) 장내파생상품
　① 국내 파생상품시장에서 거래되는 파생상품
　　㉠ 주식선물, 주가지수선물
　　㉡ 주식옵션, 주가지수옵션
　　㉢ 금리선물, 통화선물, 금선물, 돈육선물 등
　② 해외 파생상품시장에서 거래되는 파생상품
　　㉠ 런던 금속거래소 규정에 따라 장외에서 이루어지는 금속거래
　　㉡ 런던 귀금속시장협회 규정에 따라 이루어지는 귀금속거래
　　㉢ 미국 선물협회 규정에 따라 장외에서 이루어지는 외국환거래
　　㉣ 일본 상품거래소법에 따라 장외에서 이루어지는 외국환거래
　　㉤ 선박운임선도거래업자협회 규정에 따라 이루어지는 선박운임거래
　　㉥ 대륙 간 거래소 규정에 따라 장외에서 이루어지는 에너지거래 등
(2) 장외파생상품
　① 장외(국내 파생상품시장 또는 해외 파생상품시장 외)에서 거래되는 파생상품
　② 선도, 스왑 등

정답 | ②

06

파생결합증권 및 파생상품에 적용되는 기초자산을 모두 고른 것은?

> ⊙ 국내통화　　　　　　　　　ⓒ 외국통화
> ⓒ 축산물　　　　　　　　　　ⓔ 신용위험

① ⊙, ⓒ

② ⊙, ⓒ, ⓔ

③ ⊙, ⓒ, ⓔ

④ ⊙, ⓒ, ⓒ, ⓔ

TIP 모두 파생결합증권 및 파생상품에 적용되는 기초자산에 해당된다.

핵심포인트 해설　　**파생결합증권 및 파생상품의 기초자산**

금융투자상품	증권, 파생상품(장내파생상품, 장외파생상품)
통 화	국내통화, 외국통화
일반상품	농·수·축산물, 임산물 및 기타 이와 유사한 것
신용위험	당사자 또는 제3자의 신용등급 변동 등으로 인한 신용의 변동
기타(포괄규정)	자연적·환경적·경제적 현상 등에 속하는 위험으로 합리적이고 적정한 방법에 의하여 가격·이자율·지표·단위의 산출이나 평가가 가능한 것

정답 | ④

파생상품펀드의 개념에 대한 설명 중 잘못된 것은?

① 파생상품펀드는 자본시장법이 명시적으로 규정하고 있는 펀드 유형이다.

② 자본시장법은 펀드를 투자대상에 따라 증권펀드, 부동산펀드, 특별자산펀드, 혼합자산펀드, 단기금융펀드(MMF) 5개로 분류한다.

③ 펀드재산의 50%를 초과하여 파생결합증권에 운용하는 펀드는 파생상품펀드에 해당한다.

④ 파생상품매매에 따른 위험평가액이 펀드자산총액의 10%를 초과하여 투자할 수 있는 펀드는 파생상품펀드에 해당한다.

TIP 자본시장법에는 파생상품펀드를 독립된 펀드로 인정하는 규정이 없다.

핵심포인트 해설　　**파생상품펀드의 개요**

(1) 자본시장법상 펀드 유형
　　① 펀드 유형 : 증권펀드, 부동산펀드, 특별자산펀드, 혼합자산펀드, 단기금융펀드(MMF)
　　② 자본시장법에는 파생상품펀드를 독립된 펀드로 인정하는 규정이 없음
(2) 실무상 파생상품펀드
　　① 펀드재산의 50%를 초과하여 파생결합증권에 운용하는 펀드
　　② 파생상품매매에 따른 위험평가액이 펀드자산총액의 10%를 초과하여 투자할 수 있는 펀드

정답 | ①

자본시장법상 증권펀드의 요건을 충족시키기 위해 50%를 초과하여 투자해야 하는 증권에서 제외되는 것은?

① 주택저당채권담보부채권
② 지분증권
③ 지분증권을 기초자산으로 하는 파생상품
④ DR

용어 알아두기

유동화증권	유동성이 없는 부동산·매출채권·주택저당채권 등의 자산을 신용평가기관의 평가를 거쳐 증권화하여 시중에 유통시키는 것을 '유동화'라고 하며, 이와 관련된 증권을 '유동화증권'이라고 한다.

TIP 주택저당채권담보부채권은 부동산펀드의 주요 운용대상이 되는 증권으로 증권펀드의 요건을 충족시키기 위해 50%를 초과하여 투자해야 하는 증권에서 제외된다.

핵심포인트 해설   증권펀드 요건인 50%를 초과 투자해야 하는 증권에서 제외되는 증권

① 부동산·부동산 관련 권리(지상권, 임차권, 분양권 등)·특별자산 등에 펀드재산의 50% 이상을 차지하는 경우 그 집합투자증권·유동화증권·수익증권
② 부동산·특별자산 관련 증권에 투자되는 증권
  ⊙ 부동산투자회사 발행 주식, 부동산개발회사가 발행한 증권
  ⓒ 선박투자회사 발행 주식
  ⓒ 사회기반시설사업 법인이 발행한 주식·채권
  ⓔ 사회기반시설사업 법인에 대출한 법인의 지분증권
  ⓜ 부동산투자목적회사 발행 지분증권
③ 유동화증권 중 부동산 관련 유동화자산 가액이 70% 이상인 유동화증권
④ 주택저당채권담보부채권, 금융기관이 보증한 주택저당증권
⑤ 해외자원개발 전담회사와 특별자산에 대한 투자만을 목적으로 하는 법인이 발행한 지분증권 및 채무증권

정답 | ①

공모파생상품펀드에 대한 운용규제의 설명으로 잘못된 것은?

① 자본시장법 시행령은 파생결합증권에 자산총액의 30%까지 투자할 수 있도록 하였다.
② 파생상품매매로 인한 위험평가액은 각 펀드의 순자산총액(자산총액 − 부채총액)의 400%를 초과하여 투자할 수 없다.
③ 동일법인이 발행한 증권의 위험평가액이 각 펀드자산총액의 10%를 초과하여 투자할 수 없다.
④ 같은 거래 상대방과 장외파생상품 매매에 따른 거래 상대방 위험평가액이 펀드자산총액의 10%를 초과하여 투자할 수 없다.

TIP 공모파생상품펀드의 경우에는 각 펀드의 순자산총액(자산총액에서 부채총액을 뺀 가액)의 100%를 초과할 수 없고, 사모파생상품펀드의 경우에는 자산총액에서 부채총액을 뺀 가액의 400%를 초과할 수 없다.

핵심포인트 해설　　**파생상품펀드에 대한 운용규제**

(1) 파생결합증권 투자에 대한 비율규제 완화
 ① 원칙적으로 동일증권에 각 펀드자산총액의 10%를 초과하여 투자할 수 없음
 ② 예외적으로 시행령(법 제81조 제1항 제2호)은 파생결합증권에 대한 투자는 각 펀드자산총액의 30%까지 투자를 허용하고 있으며, 사모펀드의 경우에는 100%까지 투자를 허용함

(2) 공모와 사모의 규제 비교

장외파생 거래 상대방	대통령령으로 정하는 적격요건을 갖추지 못한 자와 장외파생상품 매매를 할 수 없음
파생상품매매로 인한 위험평가액	각 펀드의 순자산총액(자산총액에서 부채총액을 뺀 가액)의 100%를 초과하여 투자할 수 없음
동일증권 투자한도	동일법인이 발행한 증권의 위험평가액이 각 펀드자산총액의 10%를 초과하여 투자할 수 없음
거래 상대방 위험수준	같은 거래 상대방과 장외파생상품 매매에 따른 거래 상대방 위험평가액이 각 펀드자산총액의 10%를 초과하여 투자할 수 없음

정답 | ②

10

다음 중 장외파생상품 매매상대방 적격요건을 충족하는 경우로 옳은 것은?

① 신용평가회사에서 투자부적격등급 이상으로 평가받은 보증인을 둔 경우
② 전문투자자로서 담보물을 제공한 경우
③ 외부감사를 받는 법인의 경우
④ 벤처기업에 등록된 경우

TIP 전문투자자로서 담보물을 제공하면 장외파생상품 매매상대방 적격요건을 충족한다.

핵심포인트 해설 **장외파생상품 매매상대방의 규제**

(1) 장외파생상품 매매상대방 규제
펀드재산으로 장외파생상품의 매매를 하는 경우 적격요건을 갖추지 못한 자와 매매가 금지됨

(2) 장외파생상품 매매상대방 적격요건
① 일반투자자로 전환청구를 할 수 없는 전문투자자일 것
② 아래 요건 중 하나에 해당할 것
  ㉠ 신용평가회사에 의하여 투자적격등급 이상으로 평가받은 경우
  ㉡ 신용평가회사에 의하여 투자적격등급 이상으로 평가받은 보증인을 둔 경우
  ㉢ 담보물을 제공한 경우

정답 | ②

파생상품별 위험평가액은 파생상품 거래에 따른 명목계약금액으로 한다. 파생상품거래의 위험평가액 산정으로 잘못된 것은?

① 선물·선도 위험평가액 : 기초자산 가격 × 거래량(계약 수) × 승수
② 옵션매도 위험평가액 : 옵션가격(프리미엄) × 계약 수
③ 옵션매수 위험평가액 : 기초자산 가격 × 계약 수 × 승수 × 델타
④ 금전만 교환하는 스왑거래 위험평가액 : 만기 시 지급할 금전총액

TIP 옵션매도의 위험평가액은 '델타위험액 + 감마위험액 + 베가위험액'이다.

핵심포인트 해설 **파생상품매매에 따른 위험평가액 산정방법**

선도·선물	• 기초자산 가격 × 거래량(계약 수) × 승수
옵 션	• 옵션매수 : 기초자산 가격 × 계약 수 × 승수 × 델타 = 델타위험액 • 옵션매도 : 델타위험액 + 감마위험액 + 베가위험액
스 왑	• 통화스왑 : 지급하기로 한 통화의 명목원금 • 금리스왑 : 고정금리지급의 경우 만기지급 금전총액, 변동금리지급의 경우 만기지급이 예상되는 금전총액의 시가평가금액 • 신용부도스왑 : 보장매수자의 경우 지급하기로 한 금전총액, 보장매도자의 경우 신용사건 발생 시 지급하기로 한 명목금액 • 총수익스왑 : 수취하기로 한 금전총액이 (−)인 경우 지급 금전총액과 수취 금전총액의 절대값을 더한 금액, 수취하기로 한 금전총액이 (+)인 경우 지급하기로 한 금전총액 • 금전교환 및 기초자산교환을 하기로 한 거래 : 기초자산 가격 + 만기 시 지급할 금전총액 • 금전만 교환하기로 한 거래 : 만기 시 지급할 금전총액
기 타	• 선도·선물, 옵션, 스왑이 혼합된 거래는 선도·선물, 옵션, 스왑 각각의 방법을 준용 • 합성거래일 경우 최대손실금액을 명목계약금액으로 할 수 있음
장외파생상품 특례	• 상기 각각의 방법에도 불구하고 장외파생상품거래를 하는 경우에는 기초자산의 가격변화를 감안하여 당사자 간 거래체결 시 합의하는 명목원금으로 산정할 수 있음

정답 | ②

12

위험평가액을 감액하기 위해 금융감독원장이 지정한 거래의 요건이 아닌 것은?

① 기초자산이 동일하고 가격의 변화방향이 반대인 거래

② 입증 가능한 위험 감소가 있는 거래

③ 수익창출 목적의 거래가 아닌 거래

④ 파생상품과 관련된 위험이 상쇄되는 거래

TIP   기초자산이 동일하고 가격의 변화방향이 반대인 거래는 위험평가액을 감액하기 위해 금융감독원장이 지정한
거래의 요건이 아니며, 각각의 위험평가액을 기준으로 상계한 후 잔여 명목금액을 위험평가액으로 산정한다.

핵심포인트 해설 **명목계약금액 산정의 예외적 방법**

(1) 「주식회사의 외부감사에 관한 법률」상 위험회피 회계의 적용대상이 되는 거래 : 명목계약금액에서 제외

(2) 파생상품 거래가 다음의 요건을 충족한다고 금융감독원장이 지정한 거래 : 금융감독원장이 정하는 조정값을 반영하여 위험
평가액을 감액하는 방법

① 입증 가능한 위험 감소가 있을 것

② 동일 기초자산군과 관련될 것

③ 정상적이지 않은 시장 상황에서도 유효하게 적용될 것

④ 수익창출 목적의 거래가 아닐 것

⑤ 파생상품과 관련된 위험이 상쇄될 것

(3) 기초자산이 동일하고 가격의 변화방향이 반대인 거래 : 각각의 위험평가액을 기준으로 상계한 후 잔여 명목금액을 위험평가
액으로 산정

정답 | ①

파생상품 투자 시 위험지표에 대한 설명 중 잘못된 것은?

① 위험지표를 인터넷에 공시하고, 투자설명서에 위험지표의 개요와 지표가 공시된다는 사실을 기재해야 한다.
② 계약금액은 매수, 매도, 순포지션으로 구분하여 명목계약금액의 총액을 기재해야 한다.
③ 만기 시 손익구조는 이익발생구간, 손익이 없는 구간, 손실발생구간으로 구분하여 도표와 함께 서술식으로 기재해야 한다.
④ 시장상황변동에 따른 손익구조 변동은 파생상품 거래 후 익일까지 공시해야 한다.

TIP 위험지표 중 계약금액과 만기시점의 손익구조변동은 파생상품 거래 후 그 다음 날까지 공시해야 하며, 시장상황변동에 따른 손익구조 변동과 최대손실예상금액(VaR)은 매일 공시해야 한다. 집합투자업자는 펀드재산으로 장외파생상품에 투자하는 경우 장외파생상품 운용에 따른 위험관리방법을 작성하여 그 펀드재산을 보관 및 관리하는 신탁업자의 확인을 받아 금융위원회에 신고해야 한다.

핵심포인트 해설   파생상품 투자 시 위험지표

(1) 위험지표

계약금액	파생상품 유형별로 매수, 매도 및 순포지션으로 나누어 산정된 명목계약금액의 총액을 산정하여 기재함
만기시점 손익구조	기초자산변동에 따라 펀드이익발생구간, 손실발생구간, 손익이 없는 구간으로 나누어 도표로 나타내고, 서술식으로 요약하여 기재해야 함
시장상황변동에 따른 손익구조 변동	시나리오법에 의하여 산정하고 구체적인 내용은 금융감독원장이 정함 ⇨ 옵션위험액은 손익구조변동으로 보고, 옵션 관련된 기초자산 포지션은 파생상품으로 봄
최대손실예상금액 (VaR)	보유포지션의 시장가치 × 신뢰구간에 따른 표준편차의 배수 × 포지션의 변동성(표준편차) × $\sqrt{보유기간}$
기 타	투자판단의 중요지표로 금융위원회가 정하여 고시하는 위험지표

(2) 공시 및 신고
① 계약금액, 만기 손익구조변동 : 파생상품 거래 후 그 다음 날까지 공시
② 시장상황변동에 따른 손익구조 변동, 최대손실예상금액 : 매일 공시

정답 | ④

14

파생상품펀드 투자자보호에 대한 설명 중 잘못된 것은?

① 투자자 구분, 적합성 원칙, 설명의무, 부당권유 규제, 광고 규제 등은 타 금융투자상품과 동일하게 적용된다.
② 자본시장법상 주권상장법인은 장외파생상품 거래 시 전문투자자로 취급한다.
③ 투자자등급별로 차등화된 투자권유준칙을 적용하도록 하고 있다.
④ 파생상품펀드 투자권유 시 적정성 원칙을 적용하도록 하였다.

TIP 자본시장법은 장외파생상품 거래 시에는 주권상장법인도 일반투자자로 취급하여 투자자보호를 강화하고 있다. 다만, 주권상장법인이 전문투자자 대우를 받겠다는 의사를 서면으로 통지한 경우에는 전문투자자로 인정된다.

핵심포인트 해설   투자자보호제도

(1) 일반적인 투자자보호제도

투자자 구분	투자자를 전문투자자와 일반투자자로 구분하여 차등 구분
신임의무	충실의무, 주의의무
이해상충금지	투자자와 이익이 상충되는 일체의 행위는 금지됨
적합성 원칙	투자자 구분, 투자자정보 확인, 부적합한 투자권유 중지
설명의무	중요한 내용에 대하여 투자자가 이해할 수 있도록 설명할 것
부당권유 규제	불초청 투자권유 금지
광고 규제	금융투자회사가 아닌 자의 투자광고 금지

(2) 파생상품펀드 투자자를 위한 강화된 투자자보호규정

적정성 원칙	파생상품펀드의 내용·위험·투자자정보 등에 비추어 적정하지 않으면 투자권유를 중지해야 함
차등화된 투자권유준칙	금융투자업자는 파생펀드에 대하여 일반투자자의 투자목적·재산상황·투자경험 등을 고려하여 투자자 등급별로 차등화된 투자권유준칙을 마련해야 함
투자권유 위탁 제한	파생상품펀드는 투자권유대행인에게 투자권유를 위탁할 수 없음

정답 | ②

고난도 금융투자상품 제도에 대한 내용으로 옳지 않은 것은?

① 파생결합증권 및 파생상품에 운용하는 비중이 펀드자산총액의 20%를 초과하면 고난도 펀드이다.

② 펀드에 편입된 자산에서 발생하는 최대 원금손실 가능금액이 펀드자산총액의 10%를 초과하면 고난도 펀드이다.

③ 고난도 펀드는 운용자산의 가격결정의 방식, 손익의 구조 및 그에 따른 위험을 투자자가 이해하기 어렵다고 인정된다.

④ 고난도 펀드는 금융위원회가 정하여 고시한다.

TIP 펀드에 편입된 파생결합증권 및 파생상품으로부터 발생하는 '최대 원금손실 가능금액'이 펀드자산총액의 20%를 초과하면 고난도 펀드이다.

핵심포인트 해설　　　**고난도 금융투자상품 제도**

고난도 펀드 제도	• 운용자산의 가격결정의 방식, 손익의 구조 및 그에 따른 위험을 투자자가 이해하기 어렵다고 인정되는 것으로서 금융위원회가 정하여 고시하는 집합투자증권 • 집합투자재산 중 파생결합증권에 운용하는 비중과 파생상품 매매에 따른 위험평가액이 펀드 자산총액에서 차지하는 비중의 합계가 20%를 초과하는 펀드 • 실무적으로는 파생결합증권, 파생상품, 타 고난도 펀드의 최대 원금손실 가능금액의 합계액이 펀드자산총액의 20%를 초과할 경우
고난도 펀드 요건	• 복잡성 : 파생결합증권 및 파생상품에 '운용하는 비중'이 펀드자산총액의 20%를 초과 • 손실위험성 : 펀드에 편입된 파생결합증권 및 파생상품으로부터 발생하는 '최대 원금손실 가능금액'이 펀드자산총액의 20%를 초과

정답 | ②

fn.Hackers.com

☑ 다시 봐야 할 문제(틀린 문제, 풀지 못한 문제, 헷갈리는 문제 등)는 문제 번호 하단의 네모박스(□)에 체크하여 반복학습하시기 바랍니다.

01
중요도 ★★
다음 중 금융투자상품의 요건과 거리가 먼 것은?

① 이익을 얻거나 손실을 회피하기 위한 목적일 것
② 현재 또는 장래 특정 시점에 금전 등을 지급하기로 약정함으로써 취득하는 권리일 것
③ 투자성이 있을 것
④ 만기가 확정되어 있을 것

02
중요도 ★
다음 중 금융투자상품에 대한 설명으로 옳은 것은?

① 증권은 추가지급의무가 있는 금융투자상품이다.
② 증권은 최대손실이 투자원금으로 한정되는 금융투자상품이다.
③ 파생상품은 원본초과손실 가능성이 없는 금융투자상품이다.
④ 장외파생상품은 거래소에 상장되어 집단경쟁매매 방식으로 거래된다.

03
중요도 ★★
파생결합증권 및 파생상품에 대한 설명으로 거리가 먼 것은?

① 선물(Futures)은 장래의 특정 시점에 인도할 것을 약정하는 계약이다.
② 선도(Forward)는 미리 정한 가격으로 산출된 금전 등을 교환하는 것을 약정하는 계약이다.
③ 파생결합증권은 기초자산의 가격, 이자율, 지표, 단위 또는 이를 기초로 하는 지수 등의 변동과 연계하여 미리 정해진 방법에 따라 지급금액 또는 회수금액이 결정되는 권리가 표시된 것이다.
④ 옵션(Option)은 당사자 어느 한쪽의 의사표시에 의해 산출된 금전 등을 수수하는 거래를 성립시킬 수 있는 권리를 부여하는 것을 약정하는 계약이다.

04 중요도 ★
자본시장법상 금융투자상품의 체계적 지위에 대한 설명 중 잘못된 것은?

① 자본시장법상 모든 펀드는 파생결합증권 및 파생상품을 일반적인 운용대상으로 인정한다.
② 자본시장법은 간접투자법하에서의 파생상품펀드를 승계한 별도의 파생상품펀드를 규정하고 있지 않다.
③ 자본시장법은 파생상품펀드를 다른 펀드와 구분되는 독립된 하나의 펀드로 인정하지 않는다.
④ 증권·부동산·특별자산펀드는 50%까지의 제한이 있으나 혼합자산펀드는 투자비율의 제한 없이 파생상품 및 파생결합증권에 투자가 가능하다.

05 중요도 ★★★
자본시장법상 금융투자상품에 대한 설명 중 잘못된 것은?

① 펀드를 운용대상에 따라 증권펀드, 부동산펀드, 특별자산펀드, 혼합자산펀드, 단기금융펀드로 구분한다.
② 단기금융펀드를 제외한 4개의 펀드는 모두 파생상품 및 파생결합증권에 투자할 수 있다.
③ 단기금융펀드를 제외한 4개의 펀드는 위험회피목적뿐 아니라 위험회피 외의 목적으로도 파생상품 및 파생결합증권에 투자할 수 있다.
④ 혼합자산펀드는 위험회피 외의 목적으로 펀드재산의 10%를 초과하여 파생상품 및 파생결합증권에 투자할 수 없다.

정답 및 해설

01 ④ 금융투자상품 중에는 주식과 같이 만기가 없는 상품도 있으므로 금융투자상품의 만기가 확정되어 있어야 한다는 요건은 없다.

02 ② ① 증권은 추가지급의무가 없는 금융상품이다.
③ 파생상품은 원본초과손실 가능성이 있는 금융투자상품이다.
④ 장외파생상품은 거래소에 상장되어 거래되는 것이 아니라 거래자 간 1:1 방식으로 상대매매된다.

03 ② 미리 정한 가격으로 산출된 금전 등을 교환하는 것을 약정하는 계약은 스왑이다.

04 ① 단기금융펀드를 제외한 모든 펀드는 파생결합증권 및 파생상품을 운용대상으로 할 수 있다. 단기금융펀드는 증권에만 투자할 수 있고, 파생상품·부동산·특별자산에는 투자할 수 없다.

05 ④ 증권·부동산·특별자산펀드는 50%까지의 제한이 있으나, 혼합자산펀드는 파생상품 및 파생결합증권에 대한 투자비율을 제한받지 않고 투자할 수 있다.

06 중요도 ★★★
자본시장법상 파생상품에 포함되지 않는 것은?

① 파생결합증권   ② 선도·선물   ③ 옵 션   ④ 스 왑

07 중요도 ★★
다음 중 파생결합증권이 아닌 것은?

① ELS   ② DLS   ③ CDS   ④ ETN

08 중요도 ★★★
자본시장법상 금융투자상품에서 명시적으로 배제한 상품을 모두 묶은 것은?

① 원화표시 양도성 예금증서, 관리신탁의 수익권

② 기업어음, 양도성 예금증서

③ 변액보험, 양도성 예금증서

④ 파생결합증권, 기업어음

09 중요도 ★
파생상품펀드와 관련된 규정에 대한 설명 중 잘못된 것은?

① 파생결합증권은 원본초과손실 가능성이 없는 금융투자상품이다.

② 파생상품은 원본초과손실 가능성이 있는 금융투자상품이다.

③ 자본시장법은 단기금융펀드를 제외한 모든 펀드에 대하여 파생결합증권 및 파생상품을 운용대상으로 인정하고 있다.

④ 자본시장법은 파생상품펀드를 다른 펀드와 구분되는 독립된 하나의 펀드로 규정하고 있다.

10

중요도 ★★★

파생결합증권 및 파생상품에 대한 설명 중 옳은 것은?

① 파생결합증권은 기초자산의 가격·이자율·지표·단위 또는 이를 기초로 하는 지수 등의 변동과 연계하여 미리 정해진 방법에 따라 지급금액(회수금액)이 결정되는 권리가 표시된 것을 말한다.

② 옵션은 기초자산이나 기초자산의 가격·이자율·지표·단위 또는 이를 기초로 하는 지수 등에 의하여 산출된 금전 등을 장래의 특정 시점에 인도할 것을 약정하는 계약이다.

③ 선물은 장래의 일정 기간 동안 미리 정한 가격으로 기초자산이나 기초자산의 가격·이자율·지표·단위 또는 이를 기초로 한 지수 등에 의하여 산출된 금전 등을 교환할 것을 약정하는 계약이다.

④ 스왑은 당사자 어느 한쪽이 의사표시에 의하여 기초자산이나 기초자산의 가격·이자율·지표·단위 또는 이를 기초로 한 지수 등에 의하여 산출된 금전 등을 수수하는 거래를 성립시킬 수 있는 권리를 부여하는 것을 약정하는 계약이다.

정답 및 해설

06 ① 파생결합증권은 파생상품이 아니라 증권에 속한다.

07 ③ CDS는 장외파생상품 중 스왑에 해당한다. 주식 관련 파생결합증권에는 ELS·DLS·ELW·ETN 등이 있고, 채권 관련 파생결합증권에는 역변동금리채권·이중지표금리채권·장기금리연동채권·통화연계채권·신용연계채권·합성CDO 등이 있다.

08 ① 투자성을 띠고 있지만 자본시장법에서 명시적으로 금융투자상품에서 제외시킨 상품에는 원화표시 양도성 예금증서, 관리신탁의 수익권, 주식매수선택권(Stock Option) 등이 있다.

09 ④ 자본시장법은 파생상품펀드를 다른 펀드와 구분되는 독립된 하나의 펀드로 인정하지 않고, 단기금융펀드를 제외한 모든 펀드의 일반적인 운용대상으로 인정하고 있다. 즉, 자본시장법에는 독립된 파생상품펀드가 없는 대신 4개의 펀드(증권·부동산·특별자산·혼합자산펀드)가 해당 집합투자규약에서 펀드재산으로 파생결합증권 및 파생상품에 투자할 수 있는 것으로 규정하고 있다.

10 ① ② 선도(Forward)에 대한 설명이다.
　　　 ③ 스왑(Swap)에 대한 설명이다.
　　　 ④ 옵션(Option)에 대한 설명이다.

중요도 ★
파생상품펀드에 대한 설명 중 잘못된 것은?

① 자본시장법은 파생상품펀드를 명문으로 규정하고 있지 않다.

② 파생결합증권 및 파생상품에 투자할 수 있는 펀드는 모두 파생상품펀드라고 할 수 있다.

③ 파생상품펀드의 유형에는 파생상품형 증권펀드, 파생상품형 부동산펀드, 파생상품형 특별 자산펀드, 파생상품형 혼합자산펀드 등이 있다.

④ 파생상품형 혼합자산펀드는 복수의 투자대상을 선정하여 비중을 탄력적으로 조정할 수 있으므로 최적의 운용성과를 기대할 수 있다.

12
중요도 ★
파생상품펀드는 파생상품 매매에 따른 위험평가액이 펀드자산총액의 (   )를 초과하는 펀드 및 펀드재산의 (   )를 초과하여 파생결합증권에 운용하는 펀드를 의미한다. 빈칸에 들어갈 숫자를 순서대로 나열한 것은?

① 10%, 50%   ② 20%, 20%   ③ 30%, 50%   ④ 40%, 60%

13
중요도 ★
해외파생상품시장에서 거래되는 파생상품으로 대통령령으로 정하여 고시하는 거래와 관계가 적은 것은?

① 런던 금속거래소 규정에 따라 장외에서 이루어지는 금속거래

② 미국 선물협회 규정에 따라 이루어지는 외국환거래

③ 일본의 상품거래소법에 따라 장외에서 이루어지는 외국환거래

④ 홍콩거래소 규정에 따라 장외에서 이루어지는 비금속거래

14 ^{중요도 ★}
펀드의 유형 중 파생상품과 파생결합상품에 투자할 수 없는 것은?

☐　① 단기금융펀드　　② 혼합자산펀드　　③ 특별자산펀드　　④ 부동산펀드

15 ^{중요도 ★}
파생결합증권 및 파생상품의 기초자산에 대한 연결이 옳은 것은?

☐　① 금융투자상품 – 증권, 파생상품(단, 장외파생상품은 제외)
　② 통화 – 국내통화(외국통화 제외)
　③ 일반상품 – 농수축산물, 임산물, 광산물, 에너지, 기타 이와 유사한 것
　④ 신용위험 – 당사자(제3자 제외)의 신용등급 변동, 파산 또는 채무재조정으로 인한 신용변동

정답 및 해설

11 ② 파생결합증권 및 파생상품에 투자할 수 있는 펀드 중에서 파생상품 매매금액 및 위험평가액이 펀드자산총액의 10%를 초과할 수 있는 펀드만 파생상품펀드라고 할 수 있고, 10%를 초과할 수 없는 펀드에는 증권·부동산·특별자산·혼합자산펀드가 해당된다.

12 ① 파생상품펀드는 자본시장법상 명문 규정은 없으나 파생상품 매매에 따른 위험평가액이 펀드자산총액의 10%를 초과하여 투자할 수 있는 펀드 및 펀드재산의 50%를 초과하여 파생결합증권에 운용하는 펀드를 의미한다.

13 ④ 대통령령으로 정하는 장내 해외파생상품 거래에 해당하는 거래에는 런던 금속거래소 규정에 따라 장외에서 이루어지는 금속거래, 런던 귀금속시장협회 규정에 따라 이루어지는 귀금속거래, 미국 선물협회 규정에 따라 이루어지는 외국환거래, 일본의 상품거래소법에 따라 장외에서 이루어지는 외국환거래, 선박운임선도거래업자협회 규정에 따라 이루어지는 선박운임거래, 그 밖에 금융위원회가 정하여 고시하는 거래(대륙 간 거래소 규정에 따라 장외에서 이루어지는 에너지거래) 등이 있다.

14 ① 증권·부동산·특별자산펀드는 50%까지 파생상품 및 파생결합증권에 투자할 수 있고, 혼합자산펀드는 투자비율의 제한 없이 투자가 가능하다. 그러나 단기금융펀드는 파생상품과 파생결합증권에 투자할 수 없다.

15 ③ 파생결합증권 및 파생상품의 기초자산에는 금융투자상품, 통화(외국통화 포함), 일반상품, 신용위험, 그 밖의 자연적·환경적·경제적 현상 등에 속하는 위험 등이 있다. 또한, 장외파생상품, 외국통화, 제3자도 파생결합증권 및 파생상품 기초자산에 포함된다.

16
중요도 ★★★
파생상품펀드의 운용제한에 대한 설명으로 잘못된 것은?

① 자본시장법상 원칙적으로 동일증권에 각 펀드자산총액의 10%를 초과하여 투자할 수 없다.

② 파생결합증권에 대한 투자는 자산총액의 30%까지 투자를 허용한다.

③ 파생상품펀드(사모펀드 포함)는 동일증권 투자 한도에 대한 제한이 있다.

④ 파생상품펀드(사모펀드 포함)는 대통령령으로 정하는 적격요건을 갖추지 못한 자와 장외 파생상품 매매를 할 수 없다.

17
중요도 ★★
파생상품별 명목계약금액(위험평가액)**에 대한 설명 중 잘못된 것은?**

① 선도·선물거래의 명목계약금액은 '기초자산 가격 × 계약 수 × 승수'로 한다.

② 옵션매수의 위험평가액은 '옵션가격 × 계약 수'로 한다.

③ 명목계약금액 산정 시 기초자산, 만기 등이 동일하고 가격의 변화방향만 반대인 파생상품 거래는 상계 후 잔여 명목계약금액을 위험평가액으로 산정할 수 있다.

④ 장외파생상품 거래 시 위험평가액은 기초자산의 가격변화를 감안하여 당사자 간 체결 시 합의하는 명목원금으로 산정할 수 있다.

18
중요도 ★
명목계약금액 산정에 대한 설명으로 옳은 것은?

① 명목계약금액 산정 시 기업회계기준상 위험회피회계의 적용대상이 되는 거래는 명목계약 금액 산정대상에서 제외할 수 없다.

② 기초자산이 동일하고 가격의 변화방향이 동일한 거래는 명목금액을 위험평가액으로 산정 한다.

③ 옵션매수의 위험평가액은 '행사가격 × 계약 수 × 승수'로 한다.

④ 금전과 기초자산의 교환을 포함하는 스왑거래의 명목계약금액은 '기초자산 가격 + 거래 상대방에게 만기까지 지급하기로 한 금전총액'으로 한다.

19 중요도 ★
□ 펀드재산을 파생상품에 운용하는 경우 투자자에게 공시해야 하는 위험지표와 관계가 적은 것은?

① 펀드 수수료　　　　② 만기 손익구조　　　　③ VaR　　　　④ 계약금액

20 중요도 ★
□ 펀드자산총액의 10%를 초과하여 파생상품에 운용하는 경우, 공시해야 하는 위험지표 및 공시 시기가 바르게 연결된 것은?

① 계약금액 – 매일
② 만기 손익구조 – 매일
③ 시장상황변동에 따른 펀드 손익구조변동 – 익일
④ 최대손실예상금액 – 매일

정답 및 해설

16 ③ 공모파생상품펀드는 동일법인이 발행한 증권의 위험평가액이 각 펀드자산총액의 10%를 초과하여 투자할 수 없다. 그러나 사모파생상품펀드는 동일증권 투자 한도에 대한 제한이 없다.

17 ② 옵션매수 위험평가액은 '기초자산 가격 × 계약 수 × 승수 × 델타'로 한다.

18 ④ ① 제외할 수 없다. → 제외할 수 있다.
② 기초자산이 동일하고 가격의 변화방향이 반대인 거래는 각각의 위험평가액을 기준으로 상계한 후 잔여 명목금액을 위험평가액으로 산정한다.
③ 옵션매수의 위험평가액은 '기초자산 가격 × 계약 수 × 승수 × 델타'로 한다.

19 ① 펀드자산총액의 10%를 초과하여 파생상품에 운용하는 경우 계약금액, 만기 손익구조, 시장상황 변동에 의한 펀드손익구조변동, 최대손실예상금액(VaR), 기타 투자판단에 중요한 기준이 되는 지표로서 금융위원회가 정하여 고시하는 위험지표 등을 인터넷에 공시하고, 펀드투자설명서에 해당위험에 관한 지표의 개요와 위험에 대한 지표가 공시된다는 사실을 기재하여야 한다.

20 ④ ① 계약금액 – 파생상품 거래 후 그 다음 날
② 만기 손익구조 – 파생상품 거래 후 그 다음 날
③ 시장상황변동에 따른 펀드 손익구조변동 – 매일

21 중요도 ★★★

자본시장법상 사모파생상품펀드의 특례에 대한 설명으로 잘못된 것은?

① 원칙적으로 그 집합투자증권을 분할하는 방법으로 타인에게 양도할 수 없다.

② 펀드에 금전뿐 아니라 일정한 방법에 따라 금전 외의 자산으로도 납입할 수 있다.

③ 투자광고에 대한 규제가 적용되지 않는다.

④ 펀드투자재산의 운용제한 규제는 공모펀드와 같다.

22 중요도 ★★★

파생상품펀드 투자자를 위하여 특별히 강화된 투자자보호규정과 가장 거리가 먼 것은?

① 설명의무 규정

② 주권상장법인이 장외파생상품 거래 시 일반투자자로 간주한다는 규정

③ 투자권유 시 적정성의 원칙이 적용된다는 규정

④ 투자자 등급별로 차등화된 투자권유준칙을 적용한다는 규정

23 중요도 ★

다음 중 파생상품펀드에 대한 설명으로 옳은 것은?

① 공모파생상품펀드는 투자신탁 또는 투자회사의 형태만 가능하다.

② 파생상품펀드는 반드시 환매금지형펀드로 설정해야 한다.

③ 자본시장법상 주된 투자대상에 따른 5가지 펀드 유형에 속하지 않는다.

④ 위험평가액이 펀드자산총액의 5%를 초과하면 파생상품펀드에 해당한다.

24

중요도 ★

다음 중 파생상품 매매에 따른 위험지표의 공시에 대한 설명으로 잘못된 것은?

① 공모펀드에만 적용되고 사모펀드에는 적용되지 않는다.

② 만기 손익구조변동은 공시대상 위험지표에 포함되나 계약금액은 포함되지 않는다.

③ 인터넷 홈페이지를 통하여 공시해야 한다.

④ 펀드재산의 50%를 초과하여 파생결합증권에 운용하는 펀드에 적용된다.

정답 및 해설

21 ④ 공모펀드에 대하여 적용되는 펀드투자재산의 운용제한 규제가 대부분 배제된다.

22 ① 투자자 구분, 적합성 원칙, 설명의무, 손해배상책임, 부당권유 규제, 광고 규제 등은 파생상품펀드가 아니더라도 일반적인 투자자보호규정으로 당연히 적용된다. 파생상품 등에 투자자를 위해서 자본시장법은 일반적인 투자자보호규정뿐 아니라 이보다 더 강화된 투자자보호규정을 두고 있다.

참고 파생상품펀드 투자자를 위한 강화된 투자자보호규정 내용

- 주권상장법인이 장외파생상품 거래 시 일반투자자로 간주함
- 파생상품펀드는 투자권유대행인에게 투자권유를 위탁할 수 없음
- 투자권유 시 적정성의 원칙 적용
- 투자자 등급별로 투자권유가 가능한 파생상품을 정함(차등화된 투자권유준칙 적용)

23 ③ ① 공모펀드와 사모펀드는 투자신탁, 투자회사의 형태뿐만 아니라 투자유한회사, 투자유한책임회사, 투자합자회사, 투자합자조합, 투자익명조합 등의 형태도 가능하다.
② 파생상품펀드는 반드시 환매금지형펀드로 설정하지 않아도 된다.
④ 파생상품 매매에 따른 위험평가액이 펀드자산총액의 10%를 초과하면 파생상품펀드에 해당한다.

24 ② 공시대상 위험지표에는 계약금액, 만기 손익구조변동, 시나리오에 따른 손익구조변동, 최대손실예상금액(VaR) 등이 있다.

25

중요도 ★

공모파생상품펀드에 적용되는 규제에 대한 설명 중 잘못된 것은?

① 장외파생상품 거래는 적격요건을 갖춘 자와만 거래해야 한다.

② 파생상품 매매에 따른 위험평가액이 펀드 순자산총액의 10%를 초과할 수 없다.

③ 기초자산 중 동일법인 등이 발행한 증권의 가격변동으로 인한 위험평가액이 각 펀드자산 총액의 10%를 초과할 수 없다.

④ 장외파생상품 매매 시 동일한 거래 상대방 위험평가액이 각 펀드자산총액의 10%를 초과할 수 없다.

26

중요도 ★

펀드재산으로 장외파생상품 매매를 하는 경우 적격요건을 갖추지 못한 자와의 매매는 금지된다. 다음 중 장외파생상품 매매의 적격요건과 거리가 먼 것은?

① 신용평가회사에서 투자적격등급 이상으로 평가받은 경우

② 신용평가회사에 의하여 투자적격등급 이상으로 평가받은 보증인을 둔 경우

③ 주권상장법인인 경우

④ 담보물을 제공한 경우

27

중요도 ★

다음 중 파생상품펀드에 대한 설명이 잘못된 것은?

① 파생상품펀드는 자본시장법상 펀드재산의 운용대상에 따른 펀드의 종류가 아니다.

② 사모파생상품펀드는 광고 규제 등 공모펀드에 적용되는 규정 중 상당부분이 적용되지 않는다.

③ 사모펀드인 경우에는 환매금지형으로 설정되어도 상장의무가 없다.

④ 파생상품 매매 시 위험평가액은 총위험평가액으로 한다.

28 중요도 ★

파생결합증권에 투자하는 경우 파생결합증권의 투자한도는 펀드자산총액의 어느 정도까지 가능한가?

① 공모펀드의 경우 10%, 사모펀드의 경우 50%까지 가능하다.

② 공모펀드의 경우 20%, 사모펀드의 경우 80%까지 가능하다.

③ 공모펀드의 경우 30%, 사모펀드의 경우 100%까지 가능하다.

④ 공모펀드와 사모펀드 모두 30%까지 가능하다.

29 중요도 ★

집합투자업자가 파생상품펀드의 펀드재산으로 장외파생상품에 투자하는 경우에 대한 설명으로 잘못된 것은?

① 집합투자업자는 반드시 금융투자회사와 장외파생상품 거래를 해야 한다.

② 집합투자업자는 장외파생상품 운용에 따른 위험관리방법을 작성해야 한다.

③ 집합투자업자는 위험관리방법을 신탁업자의 확인을 받아야 한다.

④ 집합투자업자는 위험관리방법을 금융위원회에 신고해야 한다.

정답 및 해설

25 ② 파생상품 매매에 따른 위험평가액이 펀드 순자산총액의 100%를 초과할 수 없다.

26 ③ 주권상장법인이라고 하더라도 투자적격등급이 아니면 적격요건을 갖춘 자라고 할 수 없다.

27 ④ 파생상품 운용제한과 관련하여 가장 중요한 것은 위험평가액이며, 이는 장내·장외파생상품 거래에 따른 명목계약금액 (총위험평가액 방식이 폐지됨)으로 한다.

28 ③ 파생상품펀드에서 파생결합증권에 투자하는 경우 파생결합증권의 투자한도는 공모펀드의 경우 펀드자산총액의 30%까지, 사모펀드의 경우 100%까지 가능하다.

29 ① 집합투자업자가 반드시 금융투자회사와 거래해야 하는 것은 아니며, 투자적격등급 이상의 자와 거래를 하면 된다.

제2장
파생상품펀드 영업

학습전략

파생상품펀드 영업은 제2과목 전체 25문제 중 **총 8문제**가 출제된다.

파생상품펀드 영업의 경우 파생상품펀드의 종류 및 투자기법, 특성, 활용 전략 그리고 펀드고객상담관리에 대한 내용으로 이루어져 있다. 이 중 파생상품펀드의 종류 및 투자기법을 중심으로 학습하는 것이 좋으며 선물, 옵션, 스왑이 기술된 제3장 파생상품펀드 투자 1을 먼저 학습하는 것도 좋은 방법이다.

출제예상 비중

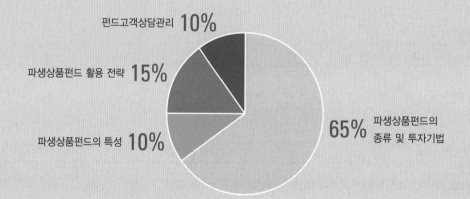

펀드고객상담관리 **10%**

파생상품펀드 활용 전략 **15%**

파생상품펀드의 특성 **10%**

65% 파생상품펀드의 종류 및 투자기법

핵심포인트

구 분	핵심포인트	중요도	페이지
파생상품펀드의 종류 및 투자기법 (65%)	01 파생상품펀드의 개요	★★★	p. 418
	02 주가연계 파생상품펀드	★★★	p. 419
	03 금리연계 파생상품펀드	★★★	p. 430
	04 환율연계 파생상품펀드	★★	p. 432
	05 상품연계 파생상품펀드	★★	p. 433
	06 멀티에셋 파생상품펀드	★★	p. 435
	07 기타 파생상품펀드	★	p. 436
	08 파생형 인덱스펀드	★★★	p. 437
	09 포트폴리오 보험형 펀드	★★★	p. 438
	10 시장 중립형 펀드	★★★	p. 440
	11 구조화형 펀드	★★★	p. 441
	12 시스템 운용형 펀드	★★★	p. 443
파생상품펀드의 특성 (10%)	13 파생상품펀드의 특성	★★★	p. 444
파생상품펀드 활용 전략 (15%)	14 파생상품펀드 활용 전략	★★★	p. 446
펀드고객상담관리 (10%)	15 수익구조 및 기초자산	★★★	p. 448
	16 운용전략	★★	p. 449
	17 환리스크 헤지	★★	p. 450
	18 투자자보호제도	★★	p. 451

다음 중 파생상품펀드에 관한 설명으로 거리가 먼 것은?

① 파생상품펀드는 파생상품 및 파생결합증권을 일정 비율 이하로 편입한 펀드이다.
② 파생상품펀드 투자 시 관찰해야 할 사항으로는 기초자산, 수익구조, 만기, 중도상환 여부 등이 있다.
③ 장내파생상품에 투자하는 펀드로는 포트폴리오 보험형 펀드 등이 있다.
④ 장외파생상품에 투자하는 펀드의 경우 거래 상대방, 평가일 및 평가주기 등에 대한 사항도 주의하여야 한다.

용어 알아두기

장 내	주식이나 채권 따위의 유가증권이 거래되는 한국거래소이다.
장 외	한국거래소 이외의 장소이다.

TIP 파생상품펀드는 파생상품 및 파생결합증권을 일정 비율 이상으로 편입한 펀드이다.

핵심포인트 해설 **파생상품펀드의 개요**

(1) 의 의
  ① 파생상품(Derivatives) : 기초자산(Underlying Asset)에서 파생(Derive)된 새로운 투자상품
  ② 파생상품펀드 : 파생상품 및 파생결합증권을 일정 비율 이상으로 편입한 펀드
(2) 유의사항
  ① 파생상품펀드에 투자 시 관찰해야 할 사항 : 기초자산, 수익구조, 만기, 중도상환 여부 등
  ② 장외파생상품에 투자하는 펀드의 경우 거래 상대방, 평가일 및 평가주기 등에 대한 사항도 주의하여야 함
(3) 주요 유형

기초자산에 따른 분류	주가연계형, 금리연계형, 환율연계형, 상품연계형
수익구조에 따른 분류	상승형, 하락형, 양방향형
원금보존에 따른 분류	원금보존 추구형, 원금비보존형

정답 | ①

02

다음 중 주가연계 파생상품펀드의 특성을 비교한 내용으로 잘못된 것은?

	구 분	주가연동예금(ELD)	주가연계증권(ELS)	주가연계펀드(ELF)
①	발행회사	집합투자업자	투자매매업자	은 행
②	형 태	정기예금	증 권	증권(수익증권)
③	수익지급	약속된 수익률	약속된 수익률	운용실적 배당
④	소득과세	이자소득 과세	배당소득 과세	배당소득 과세

TIP 주가연동예금(ELD)은 은행에서 발행하고 주가연계펀드(ELF)는 집합투자업자가 발행한다.

핵심포인트 해설   **주가연계 파생상품의 비교**

구 분	주가연동예금(ELD)	주가연계증권(ELS)	주가연계펀드(ELF)
발행회사	은 행	투자매매업자	집합투자업자
판매회사	은 행	투자매매업자	투자매매업자 및 은행
자산운용	고유계정과 혼합	고유계정과 혼합	펀드(신탁)로 별도 운용
형 태	정기예금	증 권	증권(수익증권)
투자방법	정기예금 가입	증권 매입	수익증권 매입
수익지급	약속된 수익률	약속된 수익률	운용실적 배당
원금보장	100% 보장	보장/비보장	보존추구/비보존
예금자보호	보호(5천만원까지)	없 음	없 음
소득과세	이자소득 과세	배당소득 과세	배당소득 과세

정답 | ①

기초자산이 1년 이내에 30% 이상 상승하지 않으면 참여율이 100%인 콜옵션 구조이지만, 한 번이라도 30% 이상 상승하면 그 이후의 주가 움직임에 상관없이 콜옵션이 없어지는 워런트 투자구조로 옳은 것은?

① 스프레드(Spread) ② 레인지(Range)
③ 낙아웃(Knock-Out) ④ 디지털(Digital)

용어 알아두기

워런트 (Warrant)	일정 수의 주식을 일정 가격에 살 수 있는 권한을 의미한다.

TIP 낙아웃(Knock-Out)은 기초자산 가격이 일정 수준(Barrier)에 도달하면 기존의 손익구조가 사라지는 구조이다.

핵심포인트 해설　　**워런트 투자형**

① '신주인수권'에서 시작되었지만 최근에는 '옵션'과 유사한 용어로 이해함
② 다양한 비선형구조의 수익구조 추구가 가능함 → 지렛대를 의미하며, 레버리지 효과는 '지렛대 효과'라는 표현과 같음
③ 레버리지 효과 : 적은 자본을 투자하여 큰 자본을 투자하는 효과를 얻을 수 있음
④ 펀드 자산의 대부분을 채권(혹은 유동성)에 투자하고, 이자금액만큼 워런트를 매입하면 기초자산 가격의 변동에 따른 수익을 얻으면서도 원금보존 추구형이 가능
⑤ 가격위험과 신용위험에 동시에 노출

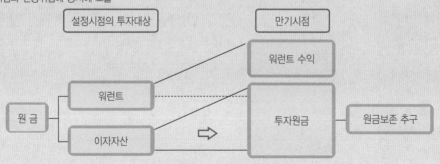

기초자산이 특정 구간에 있으면 수익이 상승하고 특정 구간을 벗어나면 일정한 수익만 받는 구조로서 고수익을 포기하고 손실위험을 줄이는 안정적·보수적 전략은?

① 스프레드(Spread)
② 레인지(Range)
③ 낙아웃(Knock-Out)
④ 디지털(Digital)

TIP 일반적으로 옵션은 높은 레버리지로 위험이 크다고 생각하지만 스프레드(Spread) 거래는 안정적이며 보수적인 투자전략이다.

| 핵심포인트 해설 | 워런트 투자형의 주요 내용 |

기본구조	• 콜(Call) : 기초자산 가격이 상승할 때 수익이 나는 상승형 구조 • 풋(Put) : 기초자산 가격이 하락할 때 수익이 나는 하락형 구조 • 디지털(Digital) : 상승형이든 하락형이든 일정한 쿠폰(제시수익률)을 받거나 혹은 받지 못하는 구조
평가일	• 유럽형 : 워런트 수익을 만기에 한 번만 평가하여 확정하는 유형 • 미국형 : 워런트 수익을 만기 전 어느 때라도 평가·확정할 수 있는 유형 • 아시아형 : 워런트 수익을 만기 전(만기 포함) 특정 평가일을 정해놓고 수익률들을 결정한 후 최종적으로 평균하여 수익률을 결정하는 유형
KI·KO	• 낙인(KI : Knock-In) : 기초자산 가격이 일정 수준에 도달하면 새로운 손익구조가 생기는 형태 • 낙아웃(KO : Knock-Out) : 기초자산 가격이 일정 수준에 도달하면 기존의 손익구조가 사라지는 형태 • 리베이트(보상수익) : 낙아웃 구조에서 수익구조가 사라졌을 때 보장해주는 일정 수익
참여율	• 기초자산 가격의 상승률(또는 하락률) 대비 워런트 수익의 비율로 투자자금과 옵션가격의 차이 때문에 존재
레인지	• 기초자산이 특정 구간에 있는 경우에만 수익이 나고, 이를 벗어나면 수익이 없는 구조 • 시장의 등락 폭이 적고 제한적 범위 내에서 움직일 것으로 예상될 때 유리한 구조
스프레드	• 기초자산이 특정 구간에 있으면 수익이 상승하고 특정 구간을 벗어나면 일정한 수익만 받는 구조 • 유형 : 강세 스프레드(상승예상 시), 약세 스프레드(하락예상 시) • 고수익을 포기하고 손실위험을 줄이는 구조로 안정적·보수적 전략
중도상환 여부	• 중도상환이 없는 워런트가 일반적이나 워런트 편입펀드가 중도상환을 추가한 경우에는 상환 시점 결제금액에 금리변동위험을 반영해야 함

정답 | ①

수익구조에 대한 용어로서 상승형이든 하락형이든 일정한 쿠폰(제시수익률)을 받거나 혹은 받지 못하는 구조로 옳은 것은?

① 디지털(Digital)
② 낙인(Knock-In)
③ 스프레드(Spread)
④ 레인지(Range)

TIP ② 낙인(Knock-In)은 기초자산 가격이 일정 수준(Barrier)에 도달하면 새로운 손익 구조가 생기는 것이다.
③ 스프레드(Spread)는 기초자산이 특정 구간에 있을 때는 지속적으로 수익이 상승하지만 특정 구간을 넘어서면 일정한 수익만을 받는 구조이다. 상승형을 강세 스프레드(Bull Spread), 하락형을 약세 스프레드(Bear Spread)라고 한다. 투자자가 큰 폭의 이익을 포기하고 손실 위험을 줄일 수 있는 구조이다.
④ 레인지(Range)는 기초자산이 특정 구간에 있을 때만 일정한 수익을 받고 그 외의 구간에서는 수익이 없는 구조이다.

핵심포인트 해설　　방향성 투자

① 지수가 상승할 것으로 예상하는 투자자는 상승형을 매입
② 주가가 하락할 것으로 예상하는 투자자는 하락형에 투자
③ 상승 혹은 하락 방향으로 크게 움직일 것으로 예상하는 투자자는 양방향형을 선택

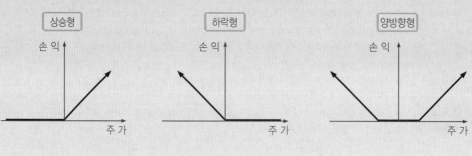

정답 | ①

다음 중 워런트에 관련된 용어에 대한 설명으로 잘못된 것은?

① 스프레드(Spread) : 기초자산이 특정 구간에 있을 때는 지속적으로 수익이 상승하지만, 특정 구간을 넘어서면 일정한 수익만을 받는 구조
② 낙인(Knock-In) : 기초자산이 일정 수준(Barrier)에 도달하면 기존의 손익구조가 사라지는 구조
③ 디지털(Digital) : 일정한 쿠폰을 받거나 받지 못하는 구조
④ 레인지(Range) : 기초자산이 특정 구간에 있을 때만 일정한 수익을 받고 그 외의 구간에서는 수익이 없는 구조

용어 알아두기

스프레드 (Spread)	스프레드의 원래 뜻은 '넓어지다', '늘어나다'이지만, 금융 용어로는 대개 상품의 가격차이를 의미한다.
일정 수준 (Barrier)	경로의존형옵션 중 장애옵션은 기초자산 가격을 미리 정해 놓고 그것을 건드리면 기존의 옵션이 없어지거나(낙아웃), 새로운 옵션이 생기는(낙인) 기준으로 삼고 있다. 이때의 가격을 배리어(Barrier)가격 또는 촉발(Trigger)가격이라고 한다.

TIP 낙인(Knock-In)은 기초자산 가격이 일정 수준(Barrier)에 도달하면 새로운 손익구조가 생기는 구조이다.

핵심포인트 해설   **콜·풋·디지털과 낙아웃·낙인**

(1) 콜(Call)·풋(Put)·디지털(Digital)
상승형은 콜, 하락형은 풋, 상승형이든 하락형이든 일정한 쿠폰(제시수익률)을 받거나 혹은 받지 못하는 구조는 디지털

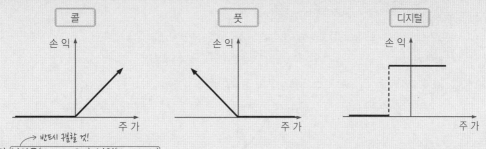

(2) 낙아웃(Knock-Out)·낙인(Knock-In)
기초자산 가격이 일정 수준에 도달하면 기존의 손익구조가 사라지는 것은 낙아웃(KO), 새로운 손익구조가 생기는 것은 낙인(KI)

정답 | ②

다음 중 기초자산이 특정 구간에 있을 때만 일정한 수익을 받고 그 외의 구간에서는 수익이 없는 워런트 투자구조로 옳은 것은?

① 스프레드(Spread)
② 디지털(Digital)
③ 낙아웃(Knock-Out)
④ 레인지(Range)

TIP 레인지(Range)는 기초자산이 특정 구간에 있을 때만 일정한 수익을 받고 그 외의 구간에서는 수익이 없는 구조이다.

핵심포인트 해설 　스프레드와 레인지

(1) 스프레드(Spread)

　기초자산이 특정 구간에 있을 때는 지속적으로 수익이 상승하지만 특정 구간을 넘어서면 일정한 수익만을 받는 구조
　① 상승형 : 강세 스프레드(Bull Spread)
　② 하락형 : 약세 스프레드(Bear Spread)

(2) 레인지(Range) → 레인지(Range)는 범위라는 뜻이 있다는 것을 명심할 것!

　기초자산이 특정 구간에 있을 때만 일정한 수익을 받고 그 외의 구간에서는 수익이 없는 구조

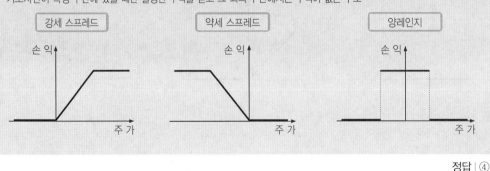

정답 | ④

08

파생결합증권 편입형 혹은 장외파생상품 계약형 펀드에서 원금보존 추구형에 관한 설명으로 옳은 것은?

① 원금보존 여부는 기초자산 가격의 움직임 혹은 금리, 환율 등 시장 변동에 따라 달라진다.

② 거래 상대방의 부도위험은 내재되어 있지 않다.

③ 시중금리가 낮을 때는 펀드의 구조 및 수익률이 좋아지는 반면, 시중금리가 높을 때는 펀드의 구조 및 수익률이 악화된다.

④ 원금보존 추구형 구조에서 펀드의 수익률은 기초자산의 가격 변동과 투자한 채권의 운용 결과로 결정된다.

용어 알아두기

파생결합증권	기초자산의 가치 변동과 연계한 증권으로서 파생상품이 결합되어 있다.

TIP ① 기초자산 가격의 움직임 혹은 금리, 환율 등 기타 시장의 변동과 관계없이 원금보존을 추구하는 펀드를 말한다.
② 거래 상대방의 부도위험은 내재되어 있다.
③ 시중금리가 높을 때는 펀드의 구조 및 수익률이 좋아지는 반면, 시중금리가 낮을 때는 펀드의 구조 및 수익률이 악화된다.

핵심포인트 해설 | **주가연계 파생상품펀드의 유형**

(1) 워런트(Warrant) 투자형
비선형의 수익구조 가능, 원금보존 추구형 가능, 레버리지 효과, 가격위험과 신용위험의 동시 노출

(2) 파생결합증권 편입형 또는 장외파생상품 계약형
① 파생결합증권을 편입하거나 장외파생상품 거래를 통하여 특정 수익구조가 만들어진 파생상품펀드
② 유 형

원금보존 추구형	기초자산, 금리, 환율 등 기타 시장변동과 상관없이 원금보존을 추구하는 펀드로 원금보존을 추구할 뿐 원금을 보장하는 것은 아님
원금비보존형	투자 시점에서는 높은 확률로 안정적 수익이 기대되는 기초자산과 구조를 이용하되 특별한 조건에 해당되면 원금손실도 가능한 상품(옵션 매도 프리미엄을 이용)

(3) 장내파생상품 운용형
파생상품 시장에서 주가지수선물, 주가지수옵션 등을 활용하여 운용하는 파생상품펀드를 의미하는 것으로 금융공학펀드, 델타펀드 등이 이에 해당됨

정답 | ④

다음 중 중도상환이 가능한 상승형의 원금비보존형 구조에서 쿠폰에 영향을 주는 요인에 대한 설명으로 잘못된 것은?

① 변동성이 20% 수준과 45% 수준인 기초자산 중 45% 수준인 기초자산으로 만든 상품이 20% 수준인 상품보다 쿠폰이 높다.

② 상환조건이 90%인 구조가 85%인 구조보다 쿠폰이 낮다.

③ KI(Knock-In)가 50%인 구조는 60%인 구조보다 쿠폰이 낮다.

④ KO(Knock-Out)가 110%인 구조가 115%인 구조보다 쿠폰(제시수익률)이 낮다.

용어 알아두기

변동성	상품의 가격이 변동하는 정도로, 금융상품의 위험척도를 의미한다.

TIP 상환조건, 즉 행사가격이 낮으면 상환 가능성이 상승하므로 발행자 입장에서는 불리하기 때문에 투자자에게 낮은 쿠폰을 제시한다.

핵심포인트 해설　　**원금보존 추구형 펀드와 원금비보존형 펀드**

(1) 원금보존 추구형 펀드
　① 기초자산의 가격움직임 혹은 금리, 환율 등 기타 시장 변동과 관계없이 원금보존을 추구하는 펀드
　② 거래 상대방의 부도위험은 내재
　③ 중도상환 조건이 없는 펀드들은 워런트를 투자하는 경우와 유사
　④ 원금보존 추구형 구조에서 펀드의 수익률은 기초자산의 가격 변동과 투자한 채권의 운용 결과로 결정

(2) 원금비보존형 펀드
　① 국내시장에서 가장 대표적인 구조화 상품
　② 투자시점에서는 상당히 높은 확률로 안정적 수익을 얻을 것으로 예상되는 기초자산과 구조를 이용하되, 특별한 경우에는 원금손실도 가능
　③ 중도상환이 가능한 상승형의 원금비보존형 구조에서 쿠폰(제시수익률)이 높은 경우
　　㉠ 기초자산의 변동성이 높을수록 쿠폰이 높음
　　㉡ 상환조건(행사가격)이 높을수록 쿠폰이 높음
　　㉢ KI(Knock-In)가 높을수록 쿠폰이 높음
　　㉣ KO(Knock-Out)가 높을수록 쿠폰이 높음
　　㉤ 상관관계가 낮을수록 쿠폰이 높음

정답 | ②

다음 중 장내파생상품을 운용하는 펀드로서 다음과 같은 전략을 추구하는 파생상품펀드와 거리가 먼 것은?

> 인덱스에 연동된 수익률을 추구하거나, 옵션의 수익구조를 복제하거나 차익거래와 같은 기법으로 절대수익을 추구하는 전략을 주로 사용한다.

① 금융공학펀드　　　　　　　　② 인덱스펀드

③ 리버스 컨버터블 펀드　　　　④ 포트폴리오 보험형 펀드

용어 알아두기

인덱스펀드	특정 지수의 움직임을 추종하도록 만든 펀드이다. 여기에서 인덱스란 사전적으로는 색인, 차례라는 뜻이 있지만 금융영역에 있어 인덱스는 주가 등의 지표를 의미하며 KOSPI, 다우 지수 등이 있다.

TIP 인덱스펀드가 아니라 인덱스펀드 중 추종하는 지수의 선물이나 옵션이 상장된 경우 이를 활용하는 펀드이다. 즉, 베이시스 수준에 따라 현물과 선물(혹은 옵션)의 편입비를 적극적으로 조정하여 초과수익을 추구하기도 한다.

핵심포인트 해설　　**장내파생상품 운용형**

개 요	• 금융공학펀드가 대표적 • 인덱스에 연동된 수익률을 추구하거나, 옵션의 수익구조를 복제하거나 차익거래와 같은 기법으로 절대수익을 추구하는 전략을 주로 사용 • 리버스 컨버터블(Reverse Convertible)전략도 많이 이용 • 포트폴리오 보험(Portfolio Insurance)전략도 있음
인덱스 연동	• 리버스 인덱스 : 인덱스의 반대방향 수익 • 레버리지 인덱스 : 인덱스의 일정 배수 수익
옵션 복제	• 리버스 컨버터블(풋매도 성과 복제) 전략, 포트폴리오 보험 전략(콜매수 성과 복제)
절대수익 추구	• 현물, 선물, 옵션 간 차익거래를 통해 수익을 추구하거나 시스템 매매 전략을 활용함

정답 | ②

다음 중 리버스(Reverse) 인덱스펀드에 대한 설명으로 옳은 것은?

① 지수의 움직임을 추종하는 펀드이다.
② 일반적으로 파생상품을 활용하여 운용된다.
③ 지수가 상승하면 이익이 발생하고, 지수가 하락하면 손실이 발생하는 펀드이다.
④ 단기투자보다는 장기투자에 적합하다.

용어 알아두기

리버스 인덱스펀드	'리버스'라는 단어가 '거꾸로'를 의미하듯 지수가 하락할 때 반대로 수익을 내도록 구조화한 상품으로 하락장에서 유용한 대안이다.

TIP ① 지수의 움직임과 반대의 수익률을 추구한다.
③ 지수가 상승하면 손실이 발생하고, 지수가 하락하면 이익이 발생한다.
④ 장기투자보다는 단기투자에 적합하다.

핵심포인트 해설   리버스 인덱스펀드(인버스펀드, Inverse Fund)

① 지수의 움직임과 반대의 수익률을 추구하는 펀드
② 지수가 상승하면 손실이 발생하며, 지수가 하락하면 이익이 발생하는 펀드
③ 주식시장에서 약세장을 뜻하는 '베어(Bear)'라는 단어를 사용하기도 함
④ 운용방식은 기초지수의 움직임과 반대의 손익구조를 추구하여야 하기 때문에 필수적으로 파생상품을 활용
⑤ 장내파생상품인 주가지수선물 매도포지션을 항상 보유하게 되며, 이를 통하여 지수와 반대의 수익률을 추구
⑥ 리버스펀드의 수익률은 일일 지수 수익률의 반대일 뿐이며, 특정한 구간 수익률과 정확하게 반비례해서 움직이지는 않는다는 점을 유의할 것

정답 | ②

델타복제펀드에 대한 설명으로 잘못된 것은?

① 개별 종목, 복수 종목, 주식 바스켓 혹은 인덱스 선물의 풋옵션 매도 포지션의 델타를 참조하여 운용한다.

② 델타복제펀드는 설정 이후 변동성이 감소하거나, 시장이 큰 폭의 상승이 없는 경우에 수익이 발생할 가능성이 크다.

③ 상장된 주식이나 선물의 매매이익에 대해 비과세된다는 장점이 있어서 투자자들의 관심이 많다.

④ 개별 펀드별로 운용을 해야 하는 어려움이 있고, 변동성이 감소하거나 바스켓의 성과가 부진한 경우, 시장이 큰 폭으로 하락하는 경우에는 투자 손실이 발생할 수 있다.

용어 알아두기

델 타	기초자산의 가격 변동에 대한 옵션가격의 민감도를 의미한다.

TIP 델타복제펀드는 설정 이후 변동성이 증가하거나, 시장이 큰 폭의 하락이 없는 경우에 수익이 발생할 가능성이 크다.

핵심포인트 해설   **델타복제펀드**

(1) 델타복제펀드
① 개별 종목, 복수 종목, 주식 바스켓, 인덱스 선물의 옵션 매도포지션의 델타를 참조하여 운용
② 설정 이후 변동성이 증가하거나 시장이 큰 폭의 하락이 없는 경우 수익이 발생할 가능성이 큼

(2) 파생결합증권 편입펀드와 델타복제펀드의 비교

구 분	파생결합증권 편입펀드	델타복제펀드
상품 성격	• 장외옵션 외부 매입	• 옵션 수익구조 복제
중도환매	• 중도환매 가능(높은 중도환매수수료)	• 중도환매 가능(낮은 또는 수수료 없이 환매 가능)
운용전략 수정	• 불 가	• 가 능
소득과세	• 확정수익 전체	• 채권이자 및 배당소득에 한정(종합과세대상개인 고객에게 유리)
장 점	• 사실상 확정실적(유동성 자금에서의 이자 등으로 미세한 차이가 있음)	• 펀드운용성과에 따른 추가수익 가능 • 중도환매가 자유로워 펀드 만기에 대한 부담 경감
단 점	• 조기상환이 안 될 경우 높은 중도환매수수료로 인해 자금 인출에 대한 부담 증가 • 발행사의 신용위험에 노출	• 수익률 변동 가능성(실적배당)

정답 | ②

다음 중 금리 관련 펀드에 대한 설명으로 올바른 것은?

① 일반적으로 금리연계 파생상품은 만기가 길고 발행자의 중도상환 권리가 내재되어 있다.

② 투기적인 수요가 많아 가격위험을 헤지할 목적으로 사용하는 것이 보편적이다.

③ 변동성이 낮고 제시된 가격조건의 유지가 어려워 공모형 펀드로 만들기 쉽다.

④ 금리상품이 보편화되려면 투자에 대한 기대수익률이 높아지거나 금리변동성이 축소되어야 한다.

TIP ② 투기적인 수요는 적다.
③ 공모형 펀드로 만들기 힘들다.
④ 기대수익률이 낮아지거나 금리변동성이 확대되어야 한다.

핵심포인트 해설　　**금리연계 파생상품펀드**

(1) 특 징

　→ 투기적인 수요가 많으려면 변동성이 커야 하는데, 이자율은 주식처럼 크게 등락하는 자산이 아니기에 변동성이 적음

① 주가연계 상품과는 달리 투기적인 수요가 매우 적음

② 이자율 위험에 노출된 투자자가 헤지 목적으로 사용하는 것이 보다 보편적임

③ 변동성이 낮고 가격 조건의 유지(Price Holding)가 어려워 공모형 펀드로 만들기 어려움

④ 금리상품이 보편화되기 위해서는 기대수익률이 낮아지거나 금리변동성이 확대되어야 함

⑤ 만기가 길고 발행사의 중도상환 권리가 내재

⑥ 최근 들어 금리하락으로 금리연계 파생상품펀드에 대한 수요 증가 ⇨ 다양한 상품 출시

⑦ 사모펀드의 경우 만기가 단기인 상품도 등장

(2) 유 형

Range Accrual형	금리가 일정 범위 안에 머물러 있는 경우 쿠폰이 발생되는 구조로, 금리가 급등락하지 않고 예상하는 범위에 있을 때만 수익을 확보 예 CD 91일물 Range Accrual
스프레드형	만기 또는 신용도가 다른 두 종목의 금리차를 이용하는 상품 예 IRS 금리스프레드

정답 | ①

14

두 개의 기초자산이 각각 해당 조건에 만족하는 비율을 산출하고, 두 값을 곱하여 수익률 (쿠폰)을 계산하는 금리연계 파생상품펀드로 옳은 것은?

① 델타복제펀드
② 레인지 어크루얼(Range Accrual)
③ 스프레드(Spread)
④ 복수 기초자산 상품

TIP 복수 기초자산 상품은 복수의 금리 연계 기초자산을 이용한 상품이다. 기초자산이 두 개이며 각각의 기초자산 별로 쿠폰이 발생하는 조건이 있다.

핵심포인트 해설　　**레인지 어크루얼(Range Accrual)**

① 금리가 일정 범위 안에 머문 날짜를 계산하여 쿠폰이 결정되는 구조
② 금리가 예상하는 범위에 머물 때 수익을 확보할 수 있는 대표적 상품

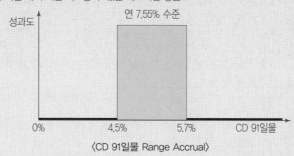

〈CD 91일물 Range Accrual〉

정답 | ④

환율연계 파생상품펀드에 대한 설명으로 잘못된 것은?

① 환율변동에 따라 손익이 결정되는 파생상품펀드이다.
② IMF 외환위기 이후 환율이 큰 폭으로 변동하면서 다양한 형태가 출현하고 있다.
③ 환율은 주가나 금리보다 방향성 및 변동성 예측이 상대적으로 쉽다.
④ 환율은 국가 간의 경제상황 등 가격변동 요인이 많고 복합적인 영향을 받는다.

TIP 주가, 금리 이상으로 방향성이나 변동성에 대한 예측이 어려운 것이 환율이다. 두 국가 간의 경제상황, 정치상황 등 환율 가격변동 요인이 많고 그 영향 또한 복합적이기 때문이다.

핵심포인트 해설 　　**환율연계 파생상품펀드**

(1) 의 의
　① 환율변동에 따라 손익이 결정되는 파생상품펀드
　② IMF 외환위기 이전에는 환율의 변동이 크지 않아 Range 상품이 유행하였으나 IMF 외환위기, 미국발 신용위기 등으로 환율
　　이 큰 폭으로 변동하면서 다양한 형태 출현
(2) 특 징
　① 국가 간의 경제상황, 정치상황 등 가격변동 요인이 많고 복합적인 영향을 받음
　② 주가나 금리보다 방향성 및 변동성 예측이 어려움
(3) 주요 수익구조

디지털옵션	• 환율이 일정 수준 이상이면 일정 수준의 쿠폰을 지급하고 이에 미달하면 원금보존만 추구하는 구조 • 일정 수준 이상 환율 상승 시 확정된 수익을 확보할 수 있고 하락해도 손실은 제한되는 장점이 있으나, 환율이 아무리 많이 상승해도 수익 또한 제한된다는 점이 단점
양방향 낙아웃옵션	• 환율이 상승하든 하락하든 그 상승률 또는 하락률에 비례하여 쿠폰을 지급하되, 일정 수준 이상 상승 또는 하락하면 원금보존만 추구하는 구조 • 환율이 올라갈지 내려갈지 알 수 없을 때 유리하나 큰 폭으로 상승 또는 하락하면 수익이 적게 되는 단점이 있음
상승형(하락형) 낙아웃옵션	• 환율이 상승(하락)하는 것에 비례하여 쿠폰을 지급하되, 일정 수준 이상 상승(하락)하면 미리 정해진 리베이트만 지급하는 구조 • 환율이 상승(하락)하면 할수록 더 많은 수익을 낼 수 있으나 일정 수준 이상 상승(하락)하면 수익률이 떨어지는 단점이 있음

정답 | ③

상품(Commodity)연계 파생상품펀드에 대한 설명으로 옳은 것은?

① 상품은 현물가격이 기초자산인 경우가 많다.

② 다른 자산과의 높은 상관관계로 분산투자 효과가 있다.

③ 상품 투자는 인플레이션 헤지 기능이 거의 없다.

④ 직접 투자하는 경우 선물·월물 간의 롤오버에 따라 손익이 변동한다.

용어 알아두기

상관관계	두 자산 중 어느 한 자산가격이 상승할 때 다른 자산가격이 함께 상승하면 양의 상관관계, 하락하면 음의 상관관계라고 한다.

TIP ① 상품은 선물가격이 기초자산인 경우가 많다.
② 다른 자산과의 낮은 상관관계로 분산투자 효과가 있다.
③ 상품 투자는 인플레이션 헤지 기능이 있으므로 상품이나 부동산의 화폐가치 하락을 방어한다.

핵심포인트 해설 　　**상품(Commodity)연계 파생상품펀드**

(1) 특 징
　① 상품(원자재)연계 파생상품펀드는 실물자산(원자재)의 가격변동에 따라 손익이 결정되는 펀드
　② 상품(원자재)에 대한 투자는 다른 투자대상(주식, 채권 등)과 상관관계가 낮아 분산 포트폴리오를 구성하는 효율적인 수단이 되고 인플레이션 헤지 기능이 있음
　③ 상품(원자재)의 거래방식은 주로 선물을 기준으로 함 ⇨ 롤오버 영향을 고려하여야 함
　④ 원자재 관련 워런트는 기초자산의 특성상 일반적으로 가격이 높음
　⑤ 추가적인 이자수익이 가능함

(2) 유 형

인덱스형 상품	• 여러 가지 품목들을 모아서 지수화시킨 상품 관련 섹터 인덱스나 상품시장 인덱스들에 투자하는 것 • 인덱스들은 저마다 고유한 특성을 가지고 있으며 성과도 달리 나올 수 있음 참고 대표적인 인덱스형 상품 : DJ-UBSCI, S&P GSCI, RICI, RJ CRB 등
파생결합증권 편입형 혹은 장외파생상품 계약형	• 원자재 관련 워런트는 가격이 높은 편 • 같은 조건이라면 유럽형보다는 아시아형 및 강세 스프레드 구조가 적합

정답 | ④

상품연계 파생상품펀드에 대한 설명으로 가장 거리가 먼 것은?

① 선물거래를 이용하여 투자할 경우 만기이월은 투자성과에 영향을 미치지 않는다.
② 상품투자는 인플레이션에 대한 헤지 효과를 기대할 수 있다.
③ 상품은 주식·채권 등 다른 자산과의 낮은 상관관계로 인한 분산투자효과를 기대할 수 있다.
④ 상품은 가격에 대한 예측이 어렵고 변동성이 매우 크다.

용어 알아두기

| 만기이월 | 선물계약의 만기를 연장하는 것으로 롤오버라고도 하는데 만기이월 과정에서 이익이나 손실이 발생할 수 있다. |

TIP 만기이월(Roll-Over)은 상품투자성과에 매우 큰 영향을 미치게 된다.

핵심포인트 해설　　상품선물의 롤오버 개념

① 채권이나 계약 등에 대해 당사자 간의 합의에 의해 만기를 연장하는 것을 의미
② 선물계약과 연계하여 차익거래 등의 포지션을 청산하지 않고 다음 만기일로 이월하는 것
③ 선물시장에서 롤오버란 매수차익거래잔고를 차근월물로 자동이전(이월)하는 것

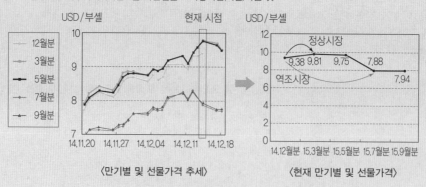

〈만기별 및 선물가격 추세〉　　　〈현재 만기별 및 선물가격〉

정답 | ①

18

멀티에셋 파생상품펀드에 대한 설명으로 가장 거리가 먼 것은?

① 최초 투자시점에 자산 배분의 원칙을 정하고 그 원칙대로 운용한다.

② 적은 투자금액으로 다양한 자산에 분산투자할 수 있다.

③ 고수익을 추구하는 투자자나 처음 펀드를 투자하는 투자자에게 적합하다.

④ 최근에는 투자자산군을 균등비율로 투자하는 글로벌 자산배분펀드 등이 인기를 끌고 있다.

용어 알아두기

CDO	2008년 금융위기 시 CDS와 더불어 주범으로 몰렸던 상품 중 하나이다.

TIP 자동적으로 자산배분이 이루어지기 때문에, 안정성을 중시하는 투자자나 처음 펀드를 투자하는 투자자에게 적합하다.

핵심포인트 해설 | **멀티에셋(Multi-Asset) 파생상품펀드**

① 적은 금액으로 다양한 자산에 분산투자하는 자산배분펀드를 의미하는 펀드로 효율적인 분산투자를 용이하게 할 수 있음

② 예컨대 한국주식 20%, 일본주식 20%, 중국부동산 20%, 에너지 20%, 농산물 20% 등 3가지(주식, 부동산, 상품) 자산군에 투자비중을 분산하여 그 자산배분원칙에 따라 투자하는 형태임

③ 멀티에셋 펀드의 포트폴리오는 시장상황이나 투자성향에 따라 자산군의 비중을 달리하여 공격적, 균형적, 방어적 포트폴리오 등으로 구성할 수 있음

④ 다양한 자산에 투자하여 구조가 복잡하지만 자산배분을 통한 안정적인 수익을 추구함

정답 | ③

파생상품펀드에 관한 설명 중 옳은 것은?

① 포트폴리오 보험(Portfolio Insurance)은 풋옵션 매수의 성과도를 복제하는 전략이다.
② 풋옵션 매도를 복제하는 펀드는 시장에서 큰 폭의 하락이 있다면 수익률이 하락할 수 있다.
③ 변동성이 높은 위험한 기초자산을 기준으로 하는 원금비보존형 투스타(Two Star)는 쿠폰이 낮다.
④ KI(Knock-In)와 행사가격이 낮을수록 안정적인 구조이므로 쿠폰이 높다.

TIP ① 포트폴리오 보험(Portfolio Insurance)은 콜옵션 매수의 성과도를 복제하는 전략이다.
③ 변동성이 높은 위험한 기초자산을 기준으로 하는 원금비보존형 투스타(Two Star)는 쿠폰이 높다.
④ KI(Knock-In)와 행사가격이 낮을수록 안정적인 구조이므로 쿠폰이 낮다.

핵심포인트 해설　　기타 파생상품펀드

(1) 파생상품펀드의 종류

금융공학형 펀드	기초자산(주식, 채권, 원자재 등)의 움직임을 금융공학적인 모델과 접목하여 시장변화에 따른 리스크를 관리하면서 미리 정해 놓은 수익구조의 달성을 추구하는 펀드
리버스 인덱스펀드	지수의 움직임과 반대의 수익률을 추구함. 즉, 지수가 상승하면 손실이 발생하고, 지수가 하락하면 이익이 발생하는 펀드
시스템 운용형 펀드	펀드매니저의 주관을 배제한 채 시스템에서 보내주는 매매 신호에 따라 기계적으로 파생상품을 거래하는 펀드
시장 중립형 펀드	시장의 움직임과 무관하게 사전에 정해진 목표수익률을 추구하는 절대수익(Absolute Return) 추구형 펀드

(2) 기타 파생상품펀드
① 투자대상자산의 범위가 크게 확대되고 있음
② 기업의 부도 위험을 따로 분리해서 오직 부도 사건에 관해서만 거래하는 신용 파생시장은 매년 폭발적으로 증가
③ 유럽 및 미국에서는 기업의 탄소 배출권에 대해서 선물시장이 형성
④ 미국 시카고 옵션거래소(CBOE)는 VIX(Volatility Index, 변동성지수)에 대해 지난 2004년 3월부터 VIX선물을 상장·거래하고 있고 2006년 2월부터는 VIX옵션거래도 시작
⑤ 기후, 날씨 관련 파생상품 등 지금까지 거래 대상이 아니었던 상품들에 대한 거래가 새롭게 이루어짐

정답 | ②

20

인덱스펀드에 대한 설명 중 잘못된 것은?

① 운용목표에 따라 순수(Pure)와 알파추구형(Enhanced)으로 나눌 수 있다.

② 펀드 간 편차가 액티브펀드에 비하여 매우 크다.

③ 추종지수의 정배수(2배, 3배 등)의 수익률을 추구하는 레버리지(Leverage) 인덱스펀드도 있다.

④ 주식형 인덱스펀드 외에 채권, 상품 등 다양한 기초자산도 가능하다.

용어 알아두기

알파추구형	기본수익률에 '플러스 알파'를 추구하는 형태의 펀드이다.
액티브펀드	적극적인 운용전략을 펴는 펀드이다.

TIP 펀드 간 편차가 액티브펀드에 비하여 크지 않다.

핵심포인트 해설 　**파생형 인덱스펀드**

특 성	• 특정 지수의 움직임을 쫓아가도록 만든 패시브(Passive)펀드 • 시장을 추종하는 수동적 투자전략 • 시장수익률을 추구하기 때문에 액티브펀드 대비 상대적으로 낮은 위험		
운용기법	• 지수를 구성하는 종목을 직접 활용하는 방법 • 지수를 기초자산으로 하는 장내파생상품(선물 혹은 옵션)을 활용하는 방법 • 지수의 수익률을 받기로 약속한 장외파생상품 계약을 활용하는 방법		
투자기법	• 주식시장이 오르면 인덱스펀드에 가입하고, 하락할 것 같으면 해지함 • 상위 펀드와 하위 펀드 간의 편차가 액티브펀드에 비해 크지 않음		
종 류	운용목표에 따른 분류	• 순수(Pure), 알파추구형(Enhanced)	
	추종지수에 따른 분류	• 주식형, 채권지수를 추종하는 유형, 상품지수를 추종하는 유형 등	
	운용방식에 따른 분류	• 일반, 리버스(Reverse) 혹은 인버스(Inverse), 레버리지(Leverage)	

정답 | ②

포트폴리오 보험형(Portfolio Insurance) 펀드에 관한 설명 중 잘못된 것은?

① 보유하고 있는 포트폴리오 가치의 하락위험을 일정 수준으로 제한한다.
② 주가 상승 국면에서 가치 상승의 일정 부분을 확보하는 효율적 위험관리 기법이다.
③ 일정 수준의 원금보존 추구가 가능하고, 주식시장 상승 시 시세차익을 획득한다.
④ 전체적으로 풋옵션의 성과를 복제하고자 하는 기법이다.

용어 알아두기

포트폴리오 보험	시장가격이 불리할 때 포트폴리오 가치가 일정 수준 아래로 하락하는 것을 방지하고, 시장가격이 유리할 때 포트폴리오 가치도 동반 상승하도록 하는 투자전략을 통칭한다.

TIP 콜옵션의 성과를 복제하고자 하는 기법이다.

핵심포인트 해설   포트폴리오 보험형(Portfolio Insurance) 펀드

특 성	• 보유하고 있는 포트폴리오 가치의 하락위험을 일정 수준으로 제한하면서 주가 상승 국면에서 가치 상승의 일정 부분을 확보하는 효율적 위험관리기법 • 방어적 투자전략 • 일정 수준의 원금보존 추구가 가능하고, 주식시장 상승 시 시세차익을 획득 • 시장 상황의 변화에 따라 포트폴리오 내의 자산비율을 동적으로 변화시킴 • 전체적으로 콜옵션의 성과를 복제하고자 하는 기법
운용방법	• 보장치(Floor) : 포트폴리오의 최저가치 • 완충치(Cushion) : 포트폴리오 현재가치 − 보장치 • 승수(Multiplier) : 위험자산 투자를 위한 배수 • 노출치(Exposure) : 위험자산 투자금액 = 완충치 × 승수
투자기법	**방어적 풋전략** • 주식 매입 + 풋옵션 매입
	이자추출전략 • 채권 매수, 콜옵션 매수, 콜옵션 프리미엄으로 손실 제한
	옵션 복제 전략 • 채권 매수, 주식 매수, 주식이나 선물 이용, 옵션수익구조 복제 • 일정 비율 보험전략(Constant Proportion Portfolio Insurance) • 시간 불변 포트폴리오 보존전략(Time Invariant Portfolio Protection)

정답 | ④

22

다음 중 포트폴리오 보험과 관련된 용어에 대한 설명으로 옳은 것은?

① 보장치(Floor) : 포트폴리오의 최대가치
② 완충치(Cushion) : 위험자산 투자를 위한 승수
③ 승수(Multiplier) : 포트폴리오의 현재가치 − 보장치
④ 노출치(Exposure) : 완충치 × 승수

용어 알아두기

노출치 (Exposure)	리스크에 노출되어 있는 금액이다.

TIP ① 보장치(Floor) : 포트폴리오의 최저가치
② 완충치(Cushion) : 포트폴리오 현재가치 − 보장치(Floor)
③ 승수(Multiplier) : 위험자산 투자를 위한 배수

핵심포인트 해설 시간 불변 포트폴리오 보존전략과 일정 비율 보험전략 비교

구 분	시간 불변 포트폴리오 보존전략(TIPP)	일정 비율 보험전략(CPPI)
성과의 특징	• 횡보장에서 성과 저조 • 추세장세에서 뛰어난 성과 시현 • Path Dependent	
보장치 Touch(Lock-In) 가능성	• TIPP > CPPI	
보장치 추구에 대한 목적	• 현재의 NAV 기준	• 설정 원금 기준
상승장에서의 성과	• TIPP < CPPI	
하락장에서의 성과	• TIPP > CPPI	
횡보장에서의 성과	• TIPP > CPPI	
재조정에 따른 시장 충격	• 상대적으로 적음	• TIPP에 비해 재조정으로 인한 시장 충격 비용이 큼
원금보존 추구 설계	• 불가능	• 가 능

정답 | ④

시장 중립형(Market Neutral) 펀드에서 차익거래에 관한 설명으로 잘못된 것은?

① 선물가격이 고평가되어 이를 매도하고 주식을 매수하는 것을 매도 차익거래라고 한다.
② 선물가격이 일시적으로 고평가되었을 때 선물을 매도하고, 상대적으로 저평가된 주식 등을 매수한다.
③ 비정상적인 가격의 괴리만큼을 이익으로 얻을 수 있다.
④ 시장 혹은 상품 간의 가격이 균형을 벗어난 경우 이익을 얻는 거래를 말한다.

용어 알아두기

시장 중립형 펀드	시장의 흐름과 상관없이 실세금리 이상의 수익을 추구하는 펀드로, 상대적으로 고평가된 자산을 매도하고 저평가된 자산을 매수한다.

TIP 선물가격이 고평가되어 이를 매도하고 헤지를 위해 주식을 매수하는 것을 '매수 차익거래'라고 하며, 반대의 경우를 '매도 차익거래'라고 한다.

핵심포인트 해설 | **시장 중립형(Market Neutral) 펀드의 개요**

개 념	• 시장의 움직임과 무관하게 사전에 정해진 목표수익률을 추구하는 절대수익(Absolute Return) 추구형 펀드 • 주로 차익거래(Arbitrage)를 통해 절대수익을 추구하는 유형 • 채권투자에 가깝다고 볼 수 있음 • 보수적인 투자자가 선호하는 유형의 펀드
투자기법	• 저위험·저수익 유형에 속하는 펀드로 보수적인 개인투자자나 기관투자자에게 적합 • '무위험이자율 + 초과성과'를 목표로 하는 투자자에게 안정적인 수익추구를 위해 활용됨 • 차익거래 기회가 제한적이어서 목표수익률 달성이 어렵고, 준차익거래, 스프레드거래 등을 통해 무위험수익률 이하의 수익률 실현 가능성이 있으므로 주의
운용기법	• 두 개 이상의 시장 또는 상품을 이용하여 이론적으로 두 시장 또는 상품 간의 가격이 균형을 벗어난 경우 이익을 얻는 차익거래 • 매수 차익거래 : 선물가격이 고평가되어 선물을 매도하고, 헤지를 위해 주식을 매수 • 매도 차익거래 : 주식가격이 고평가되어 주식을 매도하고, 헤지를 위해 선물을 매수 • 차익거래는 선물가격이 이론가격에다 거래비용을 가감한 가격을 벗어날 때만 발생
종 류	• 주식형 : 저평가된 주식을 매수하고, 주가지수선물을 매도하는 전략 • 인덱스(Index) 차익거래 : 현물 포트폴리오, 선물, 옵션 간의 가격차이를 이용하여 수익추구 • 합병(Merger) 차익거래 • 전환사채(Convertible Bond) 차익거래

정답 | ①

다음 내용이 설명하는 펀드로 올바른 것은?

> 기초자산(주식, 채권, 원자재 등)의 움직임을 모델과 접목하여 시장 변화에 따른 리스크를 관리하면서 미리 정해 놓은 수익구조의 달성을 추구하는 펀드

① 금융공학형(Financial Engineering) 펀드
② 리버스 인덱스(Reverse Index) 펀드
③ 시스템 운용형(Managed Futures) 펀드
④ 시장 중립형(Market Neutral) 펀드

용어 알아두기

금융공학	금융(Finance)과 공학(Engineering)의 합성어로, 금융 및 경제 현상에서 일어나는 여러 문제들을 수학 및 통계이론의 접목을 통해 해결하고자 하는 첨단학문이다.

TIP 금융공학형(Financial Engineering) 펀드에 관한 설명이다.

핵심포인트 해설　　　**구조화형 펀드(금융공학형 펀드)**

개 념	• 시뮬레이션 등을 통해 산출된 목표수익구조를 사전에 제시하고 금융공학기법으로 운용하는 펀드 • 기초자산과 파생상품을 어떤 식으로 조합하느냐에 따라 다양한 수준의 위험과 기대수익률을 갖춘 상품을 고안 • 채권 + 초과성과를 추구하기 위해 접근하는 유형 • 장내파생상품 혹은 주식을 활용한 델타헤징(Delta Hedging)기법을 이용함 • 특정한 옵션 구조를 복제해 '채권 + 알파' 수익률을 추구
투자기법	• 지수의 등락이 반복되는 불확실성 장세에도 꾸준한 수익달성 • 변동성이 클수록 기대수익률이 높아지는 구조이므로 변동성이 낮은 선진국시장 등에 불리함
운용기법	• 리버스 컨버터블 : 기초자산 가격 하락 시 추가 매수, 가격 상승 시 매도하여 차익 획득 • 델타헤징기법 : 델타 값이 올라가면 주식 편입 비율을 높이고, 델타값이 떨어지면 주식을 처분하여 차익을 실현하는 과정을 반복하면서 수익을 쌓아가는 기법
종 류	• 특정한 옵션구조를 복제해 '채권 + 알파' 수익률을 추구 • 장내파생상품을 활용하는 유형과 장외파생상품을 활용하는 유형으로 구분 • 원금보존 여부에 따라 원금보존 추구형과 원금비보존형으로 구분

정답 | ①

구조화형 펀드(델타헤징형)에 대한 설명으로 잘못된 것은?

① ELF 대비 세금면에서 불리하다.
② 만기 시 손익은 운용성과에 따라 변동 가능하다.
③ 중도환매 시 ELF 대비 상대적으로 낮은 환매수수료가 부과된다.
④ 원본추구가 가능하다.

델타헤징	대상자산의 가격이 변동하더라도 관리하는 포트폴리오의 가치가 변하지 않도록 하는 헤징 전략, 즉 면역(Immunization)이 되도록 하는 전략이다.

TIP ELF 대비 세금면에서 유리하다.

핵심포인트 해설   ELS(ELF)와 구조화형 펀드의 비교

구 분	ELS(ELF)	구조화형 펀드
유사점	• 구조화된 상품으로 특정 구간에서 수익이 결정되며, 일부 원금보존 구간이 존재함	
중도환매	• 중도환매 가능(높은 해지수수료)	• 중도환매 가능 ⇨ 높은 유동성
장 점	• (준)확정수익률 • 일정 수준 원금보존 성격을 갖고 있음 • 다양한 수익구조	• 매매정보 및 헤지수단의 공개 • 운용전략의 수정이 가능 • 일정 수준 원금보존 성격을 갖고 있음 • 운용성과에 따른 추가수익을 목표로 함 • 주식, 파생상품의 자본이득이 비과세(세금만 유리)
단 점	• Warrant 매입 수수료 발생 • 수익발생 시 수익의 전체가 과세 대상 • 매매정보 및 헤지수단의 비공개	• 수익구조가 단순 • 실적배당 • 운용실패 가능성(추가손실)

정답 | ①

시스템 운용형(Managed Futures) 펀드에 대한 설명으로 옳은 것은?

① 시뮬레이션 등을 통하여 산출된 목표수익구조를 사전에 제시하고 금융공학기법으로 운용하는 펀드이다.

② 펀드매니저의 주관을 배제한 채 시스템에서 보내주는 매매 신호에 따라 기계적으로 파생상품을 거래한다.

③ 지수 등락이 반복되는 불확실성 장세에서 꾸준한 수익을 낸다.

④ 특정한 옵션구조를 복제하여 '채권 + 알파' 수익률을 추구한다.

용어 알아두기

시스템 운용형 펀드	컴퓨터에 시장상황을 미리 예상하여 시뮬레이션을 해놓고 전개되는 상황에 따라 '매수' 또는 '매도' 신호를 컴퓨터가 보내주면 펀드매니저는 무조건 따르는 방식으로 운용되는 펀드이다.

TIP 시스템 운용형(Managed Futures) 펀드의 특징은 아래와 같다.
- 펀드매니저의 주관을 배제한 채 시스템에서 보내주는 매매 신호에 따라 기계적으로 파생상품을 거래한다.
- 투자대상상품은 주가지수선물, 옵션 등으로 매우 다양하다.

핵심포인트 해설 　　**시스템 운용형(Managed Futures) 펀드**

개 념	• 펀드매니저의 주관을 배제한 채 시스템에서 보내주는 매매 신호에 따라 기계적으로 파생상품을 거래 • 투자하는 대상 상품은 주가지수선물, 옵션 등으로 매우 다양함 • 시장이 추세를 보이는 구간에서는 성과가 양호할 수 있으나, 시장이 등락을 반복하거나 하락구간에서는 일반적으로 성과가 부진할 가능성이 있음
운용기법	• 자산배분전략을 사용 • 방향성 투자(Directional Trading) · 모멘텀(Momentum)전략 : 상대적으로 가격이 오르는 품목을 선정하여 가격 상승의 흐름에 동참하여 추세 추종을 하는 전략 · 역발상(Contrarian)전략 : 상대적으로 가격이 덜 오른 품목을 정하여 상대적으로 가격이 낮은 품목을 사는 전략 • 변동성 관리 : 상대적으로 변동성이 낮은 선물 품목을 매수하고, 변동성이 높은 선물 품목을 매도
투자기법	• 국내 자산배분형(Local Asset Allocation) : 국내시장에 상장된 선물 등을 활용하여 수익을 추구 • 글로벌 자산배분형(Global Asset Allocation) : 금융선물 및 비금융선물에 대한 롱숏포지션을 취하여 수익을 추구

정답 | ②

27

다음 중 파생상품펀드의 특성으로 거리가 먼 것은?

① 일방향 투자
② 다양한 수익원
③ 다양한 수익구조
④ 금융시장의 발전

TIP 파생상품의 등장으로 양방향 투자 및 시장 중립(Market Neutral) 투자가 가능해졌다.

핵심포인트 해설　　**파생상품펀드의 특성**

다양한 수익구조	• 파생상품 이전 : 주로 가격 상승 시 수익을 얻는 매수 투자전략만 가능 • 선물 : 양방향 투자 및 시장 중립 투자 가능 • 옵션 : 이익 향유 + 손실폭 제한할 수 있는 다양한 수익구조 구성 가능 • 장외파생상품으로 다양한 이색옵션이 본격적으로 등장 　· Worst Performer : 기초자산이 두 개 이상일 때 기초자산 중 수익률이 낮은 자산을 기준으로 상품의 수익 　　을 결정
다양한 수익원	• 대개 투자자들은 가격(Price)의 위험만을 인식하는 것이 일반적임 • 파생상품 : 가격위험 이외에도 베이시스 위험, 변동성 위험 등이 존재
다양한 위험요인	• 베이시스 위험 : 선물과 현물의 가격차이인 베이시스의 확대 또는 축소로 인해 손익 발생 • 변동성 위험 : 기초자산의 변화가 아닌 등락 정도가 수익에 영향을 줌 • 신용 위험 : 장외파생상품을 편입하는 경우 거래 상대방의 채무불이행위험 존재
역 할	• 금융시장의 거래 규모를 증대 • 새로운 상품이 생겨나고, 투자전략이 만들어지고, 금융서비스업 확대 • 시장의 효율성, 가격의 효율성 및 안정성 확대 • 시장의 불확실성 축소

정답 | ①

옵션 매수 전략만을 이용하여 펀드의 최대손실을 이자수준 이내에서 제한하는 펀드는?

① 시장 중립형(Market Neutral) 펀드
② 시스템 운용형 펀드
③ 원금보존 추구형 펀드
④ 레버리지형 펀드

TIP 옵션 매수 전략만을 이용하여 펀드의 최대손실을 이자수준 이내에서 제한하는 펀드는 원금보존 추구형이다.

핵심포인트 해설　　**파생상품펀드 현황**

① 주식, 채권, 상품, 외환 등의 기초자산과 관련한 다양한 파생상품을 활용함
② 파생상품을 펀드의 일부만 활용하여 운용하는 경우도 있고, 자산의 대부분을 파생상품을 활용하여 투자하는 경우도 있음
③ 사 례

인덱스(Index)형 펀드	시장의 움직임을 추종하기 위하여 장내 주가지수선물을 매매
주식형 펀드	헤지 목적으로 장내 주가지수선물과 장내 주가지수옵션을 활용
ETF(Exchange Traded Funds, 상장지수펀드)	지수 추종을 위해 파생상품에 대해 자산의 일부분을 투자하기도 하고, 자산의 대부분을 장내 혹은 장외파생상품에 투자하기도 함
포트폴리오 보험형 (Portfolio Insurance) 펀드	사전에 정한 운용기법에 의하여 운용
구조화형 펀드	델타헤징(Delta Hedging)기법을 활용
시장 중립형(Market Neutral) 펀드	목표수익을 사전에 정하고 시장의 방향성 위험을 최소화하여 절대수익을 추구
시스템 운용형 펀드	사전에 정한 규칙에 따라 주로 선물을 활용하여 방향성(Directional) 투자기법 혹은 모멘텀(Momentum) 투자기법 등을 활용하여 시스템 매매
원금보존 추구형 펀드	옵션 매수 전략만을 이용하여 펀드의 최대손실을 이자수준 이내에서 제한함
레버리지형 펀드	파생상품의 레버리지(Leverage)를 이용하여 지수 수익률의 정배수(1.5배, 2배 등)의 수익률을 추구

정답 | ③

다음 중 파생상품펀드에 대한 설명으로 옳은 것은?

① 파생상품에 투자한다고 해서 변동성, 상관관계에 대한 위험을 보상받을 수 있는 것은 아니다.
② 파생상품을 활용하면 다양한 구조의 원금보장형 펀드 설정이 가능하다.
③ 파생상품에 투자하면 투자효율선이 우하향으로 개선 가능하다.
④ 파생상품은 어렵고 복잡하나 다양한 펀드가 설정되어 있다.

용어 알아두기

투자효율선	2개 이상의 자산을 결합한 포트폴리오를 위험과 수익률의 직각좌표평면에 배열했을 때, 수익률은 동일하지만 위험이 가장 작고, 위험은 동일하나 수익률이 가장 높은 효율적 포트폴리오를 선으로 연결한 것이다.

TIP ① 변동성, 상관관계에 대한 위험도 보상받을 수 있다.
② 원금보존 추구형 펀드 설정이 가능하다.
③ 투자효율선이 좌상향으로 개선 가능하다.

핵심포인트 해설　　**파생상품펀드 활용 전략**

(1) 개 요
① 투자자의 시장전망이나 위험과 수익에 대한 성향을 감안한다면, 다른 펀드보다 훨씬 보수적이고 안정적으로 운용할 수도 있음
② 파생상품펀드는 포트폴리오 차원에서 접근하는 것이 효율적임
③ 파생상품펀드가 비선형적인 수익구조를 가지고 있어서, 선형 수익구조만을 가진 상품에 투자하는 경우보다 위험을 경감할 수 있음

(2) 효율적 투자선 개선
① 파생상품에 내재된 기법은 보다 효율적 투자를 가능하게 함
② 기초자산의 가격뿐 아니라, 변동성 및 상관관계 등 다른 시장변수에도 보상
③ 파생상품 포함 시 효율적 투자선이 좌상향으로 이동하여 개선

정답 | ④

30

파생상품펀드를 활용한 투자에 대한 설명으로 잘못된 것은?

① 파생상품은 시장상승을 예상하는 일방향 투자(Long Only)만이 아니라 다양한 투자가 가능하다.
② 파생상품펀드는 가급적 복잡한 구조로 투자자 입장에서 결정하는 것이 좋다.
③ 투자자가 부담할 수 있는 위험과 수익의 관계에 가장 적합한 상품을 제공할 수 있다.
④ 파생상품의 기초자산은 투자자의 이해도와 예측가능성을 중심으로 선택하여야 한다.

TIP 파생상품펀드는 파생상품의 다양성을 감안하되, 투자자와의 의사소통 및 투자자의 이해 등을 감안하여 가급적 단순한 구조로 투자자 입장에서 결정하는 것이 좋다.

핵심포인트 해설	펀드 포트폴리오 구성

파생상품펀드의 비중	• 시장 상승을 예상하는 일방향 투자(Long Only)뿐만 아니라 다양한 투자가 가능 • 투자자가 부담할 수 있는 위험과 수익관계에 가장 적합한 상품을 제공할 수 있음
기초자산의 선택	• 시장 전망 가능성 • 과거 가격의 흐름
투자기간	• 투자기간은 고객의 자금흐름을 우선하여 판단
원금보존 여부	• 투자자성향과 원금보존 요구 정도를 감안하여 비중을 결정해야 함. 원금보존 추구형은 수익률이 낮고, 상환기간이 길어질 수 있다는 단점이 있음 • 원금손실 부담이 큰 예금 대체, 연금생활자 등은 원금보존 추구형이 바람직함
수익구조 선택	• 투자자와의 의사소통 및 투자자의 이해 등을 감안하여 가급적 단순한 구조로 투자자 입장에서 결정

정답 | ②

투자자의 펀드 포트폴리오를 구성하기 전에 펀드 판매자가 고려하여야 하는 사항이 아닌 것은?

① 경기상황과 미래 시장 전망
② 파생상품펀드가 차지하는 비중
③ 원금손실위험 감수 여부
④ 신탁업자

용어 알아두기

포트폴리오	다양한 대상에 분산투자한 결과로 얻어진 자산의 목록이다.

TIP 펀드 포트폴리오를 구성하기 전 고려하여야 하는 사항은 아래와 같다.
- 현재의 경기상황, 미래 시장 전망
- 전체 자산에서 파생상품펀드가 차지하는 비중
- 투자대상자산 선택과 투자기준
- 투자만기와 분포
- 원금보존 추구 또는 원금손실위험 감수 여부
- 투자가능 상품의 구조, 시장상황에 적합한 상품구조

핵심포인트 해설 **수익구조 및 기초자산**

주가연계 파생결합증권	기초자산의 변동성	• 제시수익률에 영향을 많이 주는 요인 • 기초자산의 변동성이 높은 경우, 투자자에게 유리하게 작용하는 것으로 보이나 손실 발생 가능성도 높은 상품
	기초자산 간의 상관관계	• 기초자산 간의 상관관계가 낮다면 투자자에게는 유리하게 작용하는 것으로 보이나 그만큼 손실발생 가능성도 높은 상품
	상환조건	• 상환조건이 낮을수록 상환가능성은 높아지나 투자자에게 제시할 수 있는 수익률은 낮아짐
	원금손실 가능수준	• 원금손실 가능수준이 낮을수록 투자자에게 안정성이 높고 손실위험이 감소함
이자율연계 파생결합증권의 수익구조		• 기초자산의 변동성이 낮을 뿐더러 유동성이 떨어져 수익구조를 창출하기 어려움 • 일반인 대상의 공모펀드에 편입할 수 있는 파생결합증권을 발행하기 어려움
상품 (Commodity)		• 에너지, 금속 및 농수산물 등 상품에 투자하거나 인덱스에 투자함 • 현물 아닌 선물거래가 일반적, 베이시스, 롤오버에 따른 비용 발생 • 수요·공급, 계절적 요인 등 다양한 원인으로 인해 변동성이 크므로 아시안옵션이 활용됨
멀티에셋 (Multi-Asset)		• 주식, 채권, 상품은 물론 지수 등 다양한 자산에 투자가 가능 • 자산에 대한 정보와 수익구조에 대한 이해가 필수
신용파생상품		• First to Default CLN : 발행사의 신용 리스크가 아닌 다른 여러 회사들의 신용 리스크 및 그 상관관계에 대한 설명이 필요 • 합성 CDO(Collateralized Debt Obligation) : 발행사가 아닌 각 CDS의 리스크 및 그 CDS 간의 상관관계에 대한 설명이 필요

정답 | ④

32

파생상품펀드의 투자상담 시 별도로 설명하여야 할 사항이 아닌 것은?

① 수익구조

② 기초자산

③ 투자자 유형

④ 운용전략

TIP 투자상담 시 별도로 설명하여야 할 사항은 수익구조, 기초자산, 운용전략이다.

핵심포인트 해설 **파생상품펀드 운용전략**

효율적 포트폴리오 관리	• 인덱스 유형과 채권형 펀드에서 운용목표는 벤치마크 + 알파(초과수익) • 주요 수익원 : 효율적인 포트폴리오를 구성하는 것 • 추가수익 : 현물 간, 현물과 파생상품 간 그리고 파생상품 간의 상대가격을 활용하는 매매기법 • 추가수익을 올리기 위해 매매비용이 발생하며 때로는 비용이 수익을 초과할 수도 있다는 점도 주지시켜야 함
시스템 펀드	• 시장 중립형 펀드 등의 경우 절대수익률을 추구하면서 파생상품의 활용이 펀드의 주요 수익원 • 투자자에게는 일반 증권펀드에 비해 보유 기간을 길게 잡도록 조언
Unfunded Swap 유형	• 스왑거래는 본질적으로 거래 상대방 상호 간의 신용 리스크가 발생 • 발행사 혹은 장외파생상품거래 상대방의 신용 리스크는 경감할 수 있으나 펀드운용사의 운영 리스크를 증폭시킨다는 점을 유의

정답 | ③

환리스크 헤지에 관한 설명으로 올바른 것은?

① 과다헤지가 되지 않는 범위 내에서 헤지비율을 정하는 경우가 많다.
② 채권 등과 같은 기초자산이라면 투자원금의 50 ~ 70% 수준을 많이 선택한다.
③ 주식이나 상품에 투자하였을 경우에는 투자원금에 대해서 전액 헤지하는 경우가 많다.
④ 채권 등과 같은 기초자산이라면 전통적으로 과소헤지(Underhedge) 방법을 활용한다.

용어 알아두기

환리스크	환율 변동으로 타국의 통화를 사용할 때 발생하는 위험이다.

TIP ② 주식이나 상품 등과 같은 기초자산이라면 투자원금의 50 ~ 70% 수준을 많이 선택한다.
③ 채권이나 채권형 펀드에 투자하였을 경우에 투자원금에 대해서 전액 헤지하는 경우가 많다.
④ 주식이나 상품 등과 같은 기초자산이라면 전통적으로 과소헤지(Underhedge) 방법을 활용한다.

핵심포인트 해설 **환리스크 헤지**

헤지비율		• 과다헤지가 되지 않는 범위 내에서 헤지비율을 정하는 경우가 많음 • 주식 등은 전통적으로 과소헤지(Underhedge) 방법을 활용(대개 50 ~ 70%) • 채권, 채권형 펀드는 투자원금에 대하여 전액 헤지 • 세계적으로 잘 분산된 펀드의 경우 일정한 외환 리스크 헤지 기능을 가지므로 별도의 환헤지는 필요 없음
헤지방법	FX Swap	• '현물환 매입 + 선물환 매도' 전략 • 펀드 만기와 선물환 만기가 불일치할 경우 만기이월을 위한 추가비용 발생 가능 • 선물환은 초기비용이 발생하지 않으나, 의무사항이기 때문에 만기에 불리한 상황이라도 현물인도 또는 차익결제를 하여야 한다는 것이 단점
	Block Deal	• '현물환 매입 + 선물 매도' 전략 • 장내거래이므로 신용 리스크 없이 환리스크 헤지가 가능 • 통화선물의 유동성이 선물환계약에 비해 현저히 떨어짐 • 달러, 엔, 유로, 위안화가 아닌 통화일 경우 통화선물 거래를 두 번 해야 하는 번거로움이 있음
	통화옵션	• 초기에 프리미엄 발생, 새로운 기회이익 창출 가능 • KIKO 등 불필요한 포지션 발생에 따른 과도한 손실 발생 가능

정답 | ①

34

투자자보호제도에 관한 설명으로 잘못된 것은?

① 장외파생상품을 투자권유할 때에는 별도의 적합성 기준과 위험도 분류를 하여 더욱 강하게 투자권유준칙을 적용한다.

② 판매사 임직원은 파생상품 등이 투자자에게 적정하지 않다고 판단되는 경우, 투자자에게 알리고 직접 서명하는 방법으로만 확인받아야 한다.

③ 장외파생상품 거래 시 투자에 적합하지 않다고 인정되는 투자자에게는 투자권유를 하지 못하도록 하고 있다.

④ 투자자는 파생상품 등을 거래하고자 하는 경우 반드시 투자자정보를 제공하여야 한다.

TIP 판매사 임직원은 파악한 투자자정보에 비추어 해당 파생상품 등이 그 투자자에게 적정하지 않다고 판단되는 경우에는 해당 파생상품 등의 내용, 해당 투자에 따르는 위험 및 해당 투자가 투자자정보에 비추어 적정하지 않다는 사실을 투자자에게 알리고 투자자로부터 서명(전자서명법 제2조 제2호에 따른 전자서명을 포함), 기명날인, 녹취, 전자우편, 전자우편과 유사한 전자통신, 우편 또는 전화자동응답시스템의 방법으로 확인받아야 한다.

핵심포인트 해설 **투자자보호제도**

① 파생상품 등을 투자권유할 때에는 일반펀드보다 강화된 투자권유준칙을 적용

② 특히, 장외파생상품을 투자권유할 때에는 별도의 적합성 기준과 위험도 분류를 하여 더욱 강하게 투자권유준칙을 적용

③ 투자자는 파생상품 등을 거래하고자 하는 경우 반드시 투자자정보를 제공하여야 함

④ 판매사 임직원은 투자자에게 파생상품 등을 판매하려는 경우에는 투자권유를 하지 않더라도 면담·질문 등을 통하여 그 투자자의 투자목적·재산상황 및 투자경험 등의 정보를 파악하여야 함

⑤ 판매사 임직원은 파악한 투자자정보에 비추어 해당 파생상품 등이 그 투자자에게 적정하지 않다고 판단되는 경우에는 관련 사실을 투자자에게 알리고 서명, 기명날인, 녹취, 전자우편, 전자우편과 유사한 전자통신, 우편 또는 전화자동응답시스템의 방법으로 확인받아야 함

⑥ 장외파생상품 거래 시에는 더욱 세분화되고 강화된 투자경험이나 연령 등의 요소를 고려

⑦ 장외파생상품의 위험도를 '주의, 경고, 위험' 등 3단계로 분류

⑧ 장외파생상품 투자에 적합하지 않다고 인정되는 투자자에게는 투자권유를 하지 못함

정답 | ②

☑ 다시 봐야 할 문제(틀린 문제, 풀지 못한 문제, 헷갈리는 문제 등)는 문제 번호 하단의 네모박스(□)에 체크하여 반복학습하시기 바랍니다.

01 중요도 ★★
□ **파생상품펀드 투자 시 일반적으로 가장 중요하게 관찰해야 할 사항과 거리가 먼 것은?**

① 워런트(Warrant)   ② 기초자산
③ 수익구조   ④ 만 기

02 중요도 ★★
□ **파생상품의 특징 중 다양한 수익구조에 대한 설명으로 잘못된 것은?**

① 선물매도 시 하락장에서도 수익을 낼 수 있다.
② 시장의 방향성에 대한 전망이 틀린 경우에도 옵션을 이용하면 손실을 제한할 수 있다.
③ 풋옵션을 매도하여 지수가 상승하면 프리미엄만큼 이익을 낼 수 있고, 지수가 하락하면 프리미엄만큼 손실이 난다.
④ Worst Performer란 두 종목 중 성과가 나쁜 것을 기준으로 수익을 계산하는 것을 말한다.

03 중요도 ★★★
□ **파생상품펀드에 대한 설명으로 가장 거리가 먼 것은?**

① 금리연계 파생상품펀드는 일반적으로 만기가 짧다.
② 주가연계 파생상품펀드의 기초자산은 개별 종목 주식 또는 주가지수 모두 가능하다.
③ 시스템 운용형 펀드는 펀드매니저의 주관을 배제하고 시스템에서 보내주는 매매 신호에 따라 기계적으로 파생상품을 거래한다.
④ 멀티에셋 파생상품펀드는 여러 자산의 분산투자를 통해 안정성을 중시하는 투자자에게 적합하다.

04 중요도 ★
파생상품펀드에 관한 설명으로 잘못된 것은?

① 장내파생상품에 투자하는 펀드는 옵션의 성과를 복제하는 것도 있고, 기초자산의 등락을 이용하여 투자하는 펀드도 있다.
② 장내파생상품에 투자하는 펀드는 선물이나 옵션 혹은 워런트에 투자하는 것도 가능하다.
③ 장내파생상품은 거래당사자 간에 거래하는 파생상품으로 구조화상품이라고도 한다.
④ 구조화상품에 투자하는 펀드는 수익구조가 분명하고 사전에 제시한 상환조건을 달성하면 상환되기 때문에 투자성과의 투명성을 갖춘 펀드라고 할 수 있다.

05 중요도 ★★
주가연계 금융상품에 대한 설명으로 가장 거리가 먼 것은?

① ELD(주가연동예금)에서 발생한 소득은 이자소득으로 과세한다.
② ELS(주가연계증권)는 원금보장 구조만 가능하고, 원금비보장 구조는 불가능하다.
③ ELF(주가연계펀드)는 운용실적에 따른 수익이 지급된다.
④ ELS(주가연계증권)에서 발생한 소득은 배당소득으로 과세한다.

정답 및 해설

01 ① 파생상품펀드의 수익 여부는 기초자산, 수익구조, 만기, 평가일 및 평가주기, 중도상환 여부 등에 따라 크게 달라질 수 있으므로 반드시 이를 확인하고 투자하는 것이 중요하다.
02 ③ 풋옵션을 매도하여 지수가 상승하면 프리미엄만큼 이익을 낼 수 있지만, 지수가 하락할수록 손실은 점점 커진다. 다시 말해 수익은 제한적이나 손실은 무제한적이다.
03 ① 금리연계 파생상품펀드는 일반적으로 만기가 길다.
04 ③ 장외파생상품은 거래당사자 간에 거래하는 파생상품으로 구조화상품이라고도 한다.
05 ② ELS는 원금보장 구조 및 원금비보장 구조 모두 가능하다.

06 중요도 ★★
다음 중 주가연계 파생상품펀드의 특성으로 잘못된 것은?

① 파생상품의 수익이 주가에 연계되어 결정되는 파생상품이다.

② 기초자산으로 개별 종목 주식이 가능하고, 주가지수 역시 기초자산이 될 수 있다.

③ 은행은 워런트를 예금에 편입하여 주가에 연동시킨 주가연계펀드(ELF)를 제공한다.

④ 투자매매업자는 직접 고객들에게 주가연계증권(ELS)을 발행한다.

07 중요도 ★
주가연동예금(ELD)에 대한 설명으로 잘못된 것은?

① 사전에 계산된 방식에 따라 수익이 지급된다.

② 중도해지는 불가능하다.

③ 정기예금의 형태로 원금보장 및 예금자보호법의 보호를 받는다.

④ 발행사와 판매사가 모두 은행이다.

08 중요도 ★★★
주가연계 파생상품펀드에 대한 설명으로 가장 거리가 먼 것은?

① 기초자산은 주가지수가 아닌 개별 종목으로만 가능하다.

② 워런트를 예금에 편입하여 원금보장형으로 설계할 수 있다.

③ 파생결합증권이나 장외파생상품, 장내파생상품에 투자가 가능하다.

④ ELD, ELS는 원금보장 구조로 발행이 가능하다.

09 중요도 ★★★
다음 중 파생상품펀드에 대한 설명으로 올바른 것은?

① 자본시장법에서는 장외파생상품에 투자한 펀드를 별도의 집합투자기구의 종류로 구분하지 않는다.

② 스프레드(Spread)란 낙아웃 구조에서 수익구조가 사라졌을 때 보장해주는 일정 수익이다.

③ 은행은 개인투자자들에게 주가연계증권(ELS)을 발행한다.

④ 증권사는 워런트에 투자한 주가연동예금(ELD)을 발행한다.

10 중요도 ★★★

☐ 중도상환이 가능한 상승형의 원금비보존형 구조에서 쿠폰(제시수익률)에 영향을 주는 요인에 대한 설명으로 잘못된 것은?

① KI(Knock-In)가 높을수록 쿠폰이 높다.

② KO(Knock-Out)가 높을수록 쿠폰이 높다.

③ 기초자산의 변동성이 낮을수록 쿠폰이 높다.

④ 상환조건(행사가격)이 낮을수록 쿠폰이 낮다.

11 중요도 ★

☐ 워런트 투자형 파생상품펀드에 대한 설명으로 가장 거리가 먼 것은?

① 장외파생상품인 워런트를 편입할 경우 신용위험에 노출된다.

② 다양한 비선형구조의 수익추구가 가능하다.

③ 원금보존 추구형 구조에서 다른 조건이 같다면 채권금리가 낮을수록 높은 수익구조로 설계할 수 있다.

④ 워런트 투자를 통해 레버리지(Leverage) 효과를 얻을 수 있다.

정답 및 해설

06 ③ 은행은 워런트를 예금에 편입하여 주가에 연동시킨 주가연동예금(ELD)을 제공한다.

07 ② 주가연동예금(ELD) 역시 중도해지가 가능하지만 해지수수료가 높아 원금손실이 발생할 가능성이 있다.

08 ① 주가연계 파생상품펀드의 기초자산은 개별 종목뿐만 아니라 주가지수도 가능하다.

09 ① ② 스프레드(Spread)가 아니라 리베이트(보상수익)에 대한 설명이다.
③ 증권사는 개인투자자들에게 주가연계증권(ELS)을 발행한다.
④ 은행은 워런트에 투자한 주가연동예금(ELD)을 발행한다.

10 ③ 기초자산의 변동성이 높을수록 쿠폰이 높다.

11 ③ 원금보존 추구형 구조에서 다른 조건이 같다면 채권금리가 낮을수록 낮은 수익구조로 설계된다.

12 중요도 ★★

워런트 투자는 참여율에 따라서 수익률이 달라진다. 만약 기초자산이 KOSPI200 지수이고 참여율이 50%인 유럽형 콜옵션에 투자했는데, 만기에 기초자산인 KOSPI200 지수가 20% 상승하였다면 워런트의 수익률은 얼마인가?

① 10%　　　　　　② 20%　　　　　　③ 40%　　　　　　④ 50%

13 중요도 ★★

다음 중 워런트 구조와 관련된 예가 잘못된 것은?

① 스프레드(Spread) : KOSPI200 지수가 160 ~ 180pt 사이에서 변화하면 수익이 상승하는 구조
② 낙인(Knock-In) : 기초자산이 30% 하락하면 행사가격 100% 풋옵션이 생기는 구조
③ 디지털(Digital) : A회사 주식이 10%에 이르면 행사가격 100% 콜옵션이 생기는 구조
④ 레인지(Range) : KOSPI200 지수가 160 ~ 180pt 사이에 있을 경우 10%의 수익을 받는 구조

14 중요도 ★

워런트 투자형 파생상품펀드에 대한 설명으로 가장 거리가 먼 것은?

① 워런트 투자를 통하더라도 레버리지(Leverage) 효과를 얻을 수 없다.
② 다양한 비선형 형태의 수익구조가 가능하다.
③ 장외파생상품인 워런트를 편입할 경우 가격위험 및 신용위험에 노출된다.
④ 워런트 투자를 통해 다양한 방향성 투자가 가능하다.

15 중요도 ★★★

일정 기간을 두고 기초자산에 대한 특정 조건을 만족하는 일수를 계산하여 수익을 결정하는 구조로 옳은 것은?

① 스프레드(Spread)　　　　　　② 레인지 어크루얼(Range Accrual)
③ 참여율(Participation Rate)　　　　④ 낙인(Knock-In)

16 중요도 ★★

낙아웃 구조의 경우 특정 조건이 만족되면 기존의 수익구조는 사라지게 되는데, 이때 일정 정도의 수익을 보상해주는 것은?

① 스프레드(Spread)
② 디지털(Digital)
③ 참여율(PR : Participation Rate)
④ 리베이트(Rebate)

17 중요도 ★★★

워런트의 용어 중 기초자산이 특정 구간에 있을 때에는 지속적으로 수익이 상승하지만, 특정 구간을 넘어서면 일정한 수익만을 받는 구조로 옳은 것은?

① 레인지(Range)
② 낙아웃(Knock-Out)
③ 낙인(Knock-In)
④ 스프레드(Spread)

18 중요도 ★

다음 중 만기가 다른 두 종목 혹은 신용도가 다른 두 종목의 금리 차를 이용하는 구조는?

① 스프레드(Spread)
② 레인지(Range)
③ 레인지 어크루얼(Range Accrual)
④ 디지털(Digital)

정답 및 해설

12 ① KOSPI200 지수가 20% 상승하였고 참여율이 50%이므로 워런트의 수익률은 0.2 × 0.5 = 0.1(10%)이다.

13 ③ 디지털은 상승형이든 하락형이든 일정한 쿠폰(제시수익률)을 받거나 혹은 받지 못하는 구조이다.

14 ① 워런트 투자는 레버리지(Leverage) 효과를 얻을 수 있다.

15 ② 일정 기간을 두고 기초자산에 대한 특정 조건을 만족하는 일수를 계산하여 수익을 결정하는 구조는 레인지 어크루얼(Range Accrual)이다.

16 ④ 낙아웃 구조에서 특정 조건이 만족되면 기존의 수익구조가 사라지는데, 이 경우 일정 정도의 수익을 보상해주는 것을 리베이트(Rebate)라고 한다.

17 ④ 스프레드(Spread)는 기초자산이 특정 구간에 있을 때 지속적으로 수익이 상승하지만 특정 구간을 넘어서면 일정한 수익만을 받는 구조이다.

18 ① 만기가 다른 두 종목이나 신용도가 다른 두 종목의 금리 차를 이용하는 구조는 스프레드(Spread)이다.

19 중요도 ★★
다음과 같은 조건의 유럽형 디지털 콜 워런트의 만기 쿠폰은? (단, 1년은 360일로 산정)

> • 만기 : 1년　　　　• 행사가격 : 110%　　　　• 쿠폰 : 10%
> • 만기까지 기초자산 가격의 움직임 : 1년 중 180일은 110% 이상의 가격에서 유지되었으나 만기일에는 104% 가격으로 종료됨

① 0%　　　　　② 4%　　　　　③ 5%　　　　　④ 10%

20 중요도 ★★★
워런트의 용어에 대한 설명으로 가장 거리가 먼 것은?

① 유럽형은 워런트의 수익을 결정함에 있어 만기시점에 한 번만 관찰하여 결정하는 방식이다.
② 스프레드 구조는 기초자산이 특정 구간에 있을 때에만 수익을 받고 그 외의 구간에서는 수익이 없다.
③ 참여율은 기초자산 가격의 상승률 또는 하락률에 대하여 워런트의 수익이 어떤 비율로 참여하는가를 나타내는 비율이다.
④ 리베이트는 낙아웃 구조에서 기존의 수익구조가 사라질 때, 일정한 수익을 보상하여 주는 것이다.

21 중요도 ★
워런트의 투자구조에 대한 설명으로 잘못된 것은?

① 주가연계상품의 가장 간단한 방법인 워런트는 보통 펀드자산의 3 ~ 5%를 투자한다.
② 워런트를 이용한 주가연계상품은 워런트 발행사의 신용위험에는 노출되지 않으나 이자자산의 신용위험에 노출된다.
③ 워런트 투자자는 시장이 예상과 다르게 움직여도 손실을 최소화할 수 있다.
④ 펀드자산의 대부분으로 이자자산을 매입하고 이자규모로 워런트를 매입하면 원금보존 추구형 파생상품을 만들 수 있다.

22 중요도 ★★

'향후 6개월간 A회사의 주가가 20% 이상 하락하지 않으면 연 10%의 수익을 지급한다.'는 금융공학형 펀드를 만들었다고 가정하였을 때, 펀드운용 시 활용하는 전략으로 적합한 것은?

① 풋옵션 매수전략　　　　　　　　② 포트폴리오 보험전략
③ 콜·풋 양매도전략　　　　　　　　④ 리버스 컨버터블전략

23 중요도 ★★★

장내파생상품 운용형 펀드에 대한 설명으로 옳은 것은?

① 금융공학펀드가 대표적 펀드이다.
② 선물의 수익구조를 복제하기도 한다.
③ 콜옵션 매도의 성과를 복제하는 포트폴리오 보험형 상품도 있다.
④ 투기거래와 같은 기법을 주로 사용한다.

정답 및 해설

19 ① 만기일에 외가격(OTM) 콜이 되었으므로 수익은 0%가 된다.

20 ② 스프레드(Spread) 구조가 아닌 레인지(Range) 구조에 대한 설명이다.

21 ② 워런트 발행사가 파산하면 수익의 전액 또는 일부분을 회수할 수 없게 될 가능성이 있으므로 워런트를 이용한 주가연계 파생상품은 워런트 발행사의 신용위험과 편입하는 이자자산의 신용위험이 있다.

22 ④ 리버스 컨버터블(Reverse Convertible)전략은 파생상품을 활용하여 기초자산이 큰 폭의 하락이 없다면 안정적인 수익을 얻을 수 있는 전략이다.

23 ① ② 인덱스에 연동된 수익률을 추구하거나, 옵션의 수익구조를 복제하기도 한다.
　　　③ 콜옵션 매수의 성과를 복제하는 포트폴리오 보험형(Portfolio Insurance) 상품도 있다.
　　　④ 차익거래와 같은 기법으로 절대수익을 추구하는 전략을 주로 사용한다.

24

중요도 ★★

금융공학(Financial Engineering)**펀드에 대한 설명으로 잘못된 것은?**

① 시장 변화에 따른 리스크를 관리하면서 미리 정해 놓은 수익 구조의 달성을 추구하는 펀드 유형을 모두 포함한다.

② 인덱스의 반대방향이나 일정 배수를 추구하는 펀드도 존재한다.

③ 옵션의 수익구조를 복제하는 펀드 중에는 콜매도의 성과를 복제하는 것이 일반적인 형태이다.

④ 인덱스형, 델타복제 구조화형, 시장 중립형, 시스템 운용형, 포트폴리오 보험형 등이 있다.

25

중요도 ★★

환율연계 파생상품펀드에 대한 설명 중 옳은 것은?

① 환율은 어느 순간 급변하는 경우가 많기 때문에 원금손실이 가능한 구조로 투자할 때 매우 주의하여야 한다.

② 주가, 금리 이상으로 방향성이나 변동성에 대한 예측은 어려우나 가격변동 요인은 적다.

③ KIKO 상품은 환율이 일정 범위를 넘어서면 수익이 발생하는 구조이다.

④ 국내시장 도입 초기에는 스프레드(Spread) 상품이 유행하였다.

26

중요도 ★★★

다음에서 설명하는 파생상품펀드로 올바른 것은?

> 뛰어난 인플레이션 헤지효과 및 타 자산과의 낮은 상관관계로 인한 분산투자효과를 기대할 수 있다는 장점이 있으나, 가격에 대한 예측이 어렵고 변동성 및 변동폭이 매우 크다는 단점을 지니고 있다.

① 환율연계 파생상품펀드　　　　② 주가연계 파생상품펀드

③ 금리연계 파생상품펀드　　　　④ 상품연계 파생상품펀드

27

중요도 ★★★

다음에서 설명하는 펀드로 올바른 것은?

- KOSPI200 지수종목으로 바스켓을 구성하여 펀드매니저의 자의적인 판단을 최소화하고 금융공학공식을 이용하여 운용한다.
- 주식시장이 상승하면 주식편입비중을 늘리고, 하락하면 줄인다.
- 선물옵션을 이용하여 주가변동에 따른 위험을 최소화한다.
- KOSPI200 지수가 주식운용개시일 대비 운용 기간에 40% 이하로 하락한 적이 없으면 원금보존이 가능하다.
- 만기시점의 KOSPI200 지수가 −20%에서 0% 등락률 수준에서는 0%에서 10% 수준의 수익을, 0%에서 10% 등락률 수준에서는 0%에서 20% 수준의 수익을, 20% 이상 상승 시에는 20% 수준의 수익을 추구하도록 운용된다.

① 델타펀드 ② 인덱스펀드
③ ETF ④ ELS

정답 및 해설

24 ③ 옵션의 수익구조를 복제하는 펀드 중에는 풋매도의 성과를 복제하는 것이 일반적인 형태이다.

25 ① ② 주가, 금리 이상으로 방향성이나 변동성에 대한 예측이 어렵고 가격변동 요인이 많다.
③ KIKO(Knock-In, Knock-Out) 상품은 환율이 일정 범위에 머물면 수익이 발생하는 구조이다.
④ 국내시장 도입 초기에는 레인지(Range) 상품이 유행하였다.

26 ④ 상품연계 파생상품펀드에 관한 설명이다.

27 ① 델타펀드는 개별 종목, 복수 종목, 주식바스켓 또는 선물옵션 포지션의 델타를 참조하여 운용하는 펀드로 주식 및 선물옵션 매매차익에 대하여 비과세된다는 장점이 있다.

28 중요도 ★★
다음 중 구조화형 펀드운용과 관련된 설명으로 잘못된 것은?

① 발행사의 대표적인 복제방법은 델타헤징(Delta Hedging)이다.
② 구조화형 펀드는 각각 반대포지션을 취하기 때문에 고객이 이익을 보면 발행사는 손실을 본다.
③ 발행사는 델타복제 결과가 구조화형 펀드의 쿠폰보다 높으면 이익을 보고, 낮으면 손실을 본다.
④ 델타값이 주가의 등락에 따라 달라지므로 발행사는 주가등락에 따른 수익의 영향을 받는다.

29 중요도 ★★
금융공학형 펀드(델타펀드)**에 대한 설명으로 가장 거리가 먼 것은?**

① 주식과 장내파생상품을 이용하여 옵션 수익구조를 복제한다.
② 콜옵션 매도 포지션과 낙아웃 콜옵션(워런트)의 수익구조를 복제한다.
③ 옵션구조를 직접 복제하는 것이다.
④ 주식 및 장내선물의 매매차익은 비과세이며 수익률의 변동 가능성이 있다.

30 중요도 ★★
다음 중 상품(Commodity)**연계 파생상품펀드에 대한 설명으로 올바른 것은?**

① 가격예측이 어렵고 변동성이 낮다.
② 개별적인 원자재는 가능하나 금속, 에너지, 농산물 등에 대한 섹터투자는 어렵다.
③ 인플레이션 헤징효과가 있다.
④ 다른 자산과의 상관관계가 높아 분산투자 효과가 있다.

31

중요도 ★

파생형 인덱스펀드에 대한 설명으로 가장 거리가 먼 것은?

① 추종지수와 반대방향의 수익률을 추구하는 인버스(Inverse) 인덱스펀드도 가능하다.

② 거래비용과 관리비용 측면에서 완전복제법이 부분복제법보다 유리하다.

③ 지수선물을 활용할 경우 선물과 지수의 괴리에 따른 추적오차 위험이 존재한다.

④ 장외파생상품 계약을 활용하여 지수를 추종할 수 있다.

32

중요도 ★★★

앞으로 국내 주식시장의 움직임에 대하여 불확실한 전망을 하고 있는 투자자가 있다. 다음 중 전체 시장보다는 뛰어난 성과를 보일 것으로 예상되는 A기업을 발견한 투자자는 어떤 선택을 하는 것이 유리한가?

① A기업 주식 매수, 주가지수선물 매수

② A기업 주식 매도, 주가지수선물 매수

③ A기업 주식 매수, 주가지수선물 매도

④ A기업 주식 매도, 주가지수선물 매도

정답 및 해설

28 ② 구조화형 펀드는 발행사와 고객이 서로 반대 포지션에 의하여 손익이 결정되는 것이 아니라 투자자의 손익은 기초자산의 가격수준에 따라 결정되고, 발행사의 손익은 기초자산의 변동성에 따라 결정된다.

29 ② 금융공학형 펀드(델타펀드)는 풋옵션 매도 포지션과 낙아웃 풋옵션(워런트)의 수익구조를 복제한다.

30 ③ ① 가격예측이 어렵고 변동성이 높다.

　② 개별적인 원자재뿐만 아니라 금속, 에너지, 농산물 등에 대한 섹터투자도 가능하다.

　④ 다른 자산과의 상관관계가 낮아 분산투자 효과가 있다.

31 ② 파생형 인덱스펀드는 거래비용과 관리비용 측면에서 부분복제법이 완전복제법보다 유리하다.

32 ③ 저평가된 주식을 매수하고, 주가지수선물을 매도하는 전략을 취한다. 이는 시장상황과 관계없이 절대수익이 발생하는 구조이다.

33 중요도 ★
시장 중립형 펀드에 대한 설명으로 가장 거리가 먼 것은?

① 시장의 등락과는 무관하게 절대수익률을 추구한다.
② 저평가된 주식을 매수하고 주가지수선물을 매도하는 전략을 활용할 수 있다.
③ 차익거래전략으로 인덱스차익거래, 합병차익거래를 활용할 수 있다.
④ 전환사채차익거래 시 해당 주식의 변동성과 이자율에 따른 위험이 존재하나, 신용등급변경에 따른 위험은 존재하지 않는다.

34 중요도 ★★★
다음 중 포트폴리오 보험형 펀드에 관한 용어와 의미의 연결이 올바른 것은?

A. 보장치(Floor)	B. 완충치(Cushion)
C. 승수(Multiplier)	D. 노출치(Exposure)
가. 위험자산 투자를 위한 배수	나. 포트폴리오 현재가치 – 보장치(Floor)
다. 포트폴리오의 최저가치	라. 위험자산 투자금액(완충치 × 승수)

① A-가, B-나, C-다, D-라
② A-가, B-다, C-라, D-나
③ A-다, B-나, C-가, D-라
④ A-다, B-라, C-가, D-나

35 중요도 ★
파생상품펀드에 대한 설명으로 가장 올바른 것은?

① 금리연계 파생상품펀드는 기초자산인 금리의 높은 변동성으로 인하여 레버리지(Leverage)를 이용할 필요가 없다.
② 환율연계 파생상품펀드는 기초자산인 환율에 대한 방향성과 변동성 예측이 다른 자산에 비하여 쉽다.
③ 멀티에셋 파생상품펀드는 여러 자산의 분산투자를 통하여 안정성을 중시하는 투자자에게 적합하다.
④ 델타헤징 구조화형 펀드는 주가연계펀드(ELF)와 비교 시 세금 측면에서 불리하다.

36
중요도 ★★★

인덱스펀드에 대한 설명으로 가장 거리가 먼 것은?

① 완전복제법으로 운용할 경우 포트폴리오 구성에 따른 거래비용이 감소하고 관리비용이 적다는 장점이 있다.

② 운용목표에 따라 순수 인덱스펀드와 알파추구형 인덱스펀드로 나눌 수 있다.

③ 추종지수는 한 개 또는 여러 개의 종목으로 구성할 수 있다.

④ 추종지수와 반대방향의 수익률을 추구하는 리버스(Reverse) 인덱스펀드의 운용도 가능하다.

37
중요도 ★

인덱스펀드에 대한 설명으로 가장 거리가 먼 것은?

① 펀드 간의 편차가 액티브펀드 간의 편차에 비하여 상대적으로 크지 않다.

② 완전복제법으로 지수구성 종목을 복제할 경우 거래비용과 관리비용이 증가한다.

③ 주식, 채권 등 추종하는 지수의 종류가 다양하다.

④ 지수선물이나 옵션이 활용될 수 있으며, 장외파생상품 계약은 활용되지 않는다.

정답 및 해설

33 ④ 시장 중립형 펀드는 해당 주식의 변동성, 이자율, 신용등급 변경에 따른 위험이 모두 존재한다.

34 ③ A. 보장치(Floor) : 포트폴리오의 최저가치
　　B. 완충치(Cushion) : 포트폴리오 현재가치 − 보장치(Floor)
　　C. 승수(Multiplier) : 위험자산 투자를 위한 배수
　　D. 노출치(Exposure) : 위험자산 투자금액(완충치 × 승수)

35 ③ ① 금리연계 파생상품펀드는 기초자산인 금리의 낮은 변동성으로 인하여 레버리지(Leverage)를 이용하지 않고는 안정적이고 높은 수익을 기대하기 어렵다.
　　② 환율연계 파생상품펀드는 환율에 대한 방향성과 변동성 예측이 다른 자산(주식, 금리)보다 어렵다.
　　④ 델타헤징 구조화형 펀드는 채권이자 및 배당소득에 한정하여 과세하므로 ELF와 비교 시 세금 측면에서 유리하다.

36 ① 완전복제법은 포트폴리오 구성에 따른 거래비용 증가와 종목 수 증가에 따른 관리비용 증가의 문제가 있다.

37 ④ 인덱스펀드는 지수선물이나 옵션은 물론 장외파생상품 계약도 활용된다.

38

중요도 ★★★

다음 포트폴리오 보험형 펀드의 노출치(Exposure)는?

> • 포트폴리오 현재가치 : 300억원   • 보장치 : 270억원   • 승수 : 3

① 30억원   ② 90억원
③ 120억원   ④ 150억원

39

중요도 ★★

포트폴리오 보험형 펀드에 대한 설명으로 가장 거리가 먼 것은?

① 방어적 풋전략은 포트폴리오 보험형 펀드의 투자기법으로 활용할 수 있다.
② 포트폴리오 가치의 하락위험을 일정 수준으로 제한하면서 주가 상승 국면에서 가치 상승의 일정 부분을 확보하고자 하는 전략이다.
③ 노출치는 포트폴리오의 현재가치에서 보장치를 뺀 수치이다.
④ 보장치는 포트폴리오의 최저가치를 말한다.

40

중요도 ★

시장 중립형 펀드에 대한 설명으로 가장 거리가 먼 것은?

① 위험 – 수익측면에서 저위험 – 고수익유형에 속하는 펀드로서 공격적인 투자자에게 적합한 상품이다.
② 시장의 방향성과 무관하게 사전에 정해진 목표수익률을 추구하는 절대수익 추구형 펀드이다.
③ 기업인수합병 시 매수청구가격이 현 시세보다 높은 경우 시장에서 주식을 매입하여 매수청구에 응하는 차익거래도 가능하다.
④ 주가지수선물 및 옵션을 활용한 차익거래도 가능하다.

41 중요도 ★★

파생상품펀드에 관한 설명으로 옳은 것은?

① 주가연계 파생상품펀드는 레인지 어크루얼(Range Accrual) 상품, 스프레드(Spread) 상품 등이 있다.

② 금리연계 파생상품은 이자율 위험에 노출된 투자자가 노출된 위험을 조절하기 위해 헤지 목적으로 사용하는 것이 보다 보편적이다.

③ 환율연계 파생상품펀드는 뛰어난 인플레이션 헤지 효과 및 타 자산과의 낮은 상관관계로 인한 분산투자 효과를 기대할 수 있는 장점이 있다.

④ 상품(Commodity)연계 파생상품펀드는 변동성 및 변동폭이 매우 낮기 때문에 원금손실이 가능한 구조로 투자할 때는 매우 주의하여야 한다.

42 중요도 ★★★

파생상품펀드 종류와 특성에 관한 설명으로 잘못된 것은?

① 주가연계 파생상품이란 파생상품의 수익이 주가에 연계되어 결정되는 파생상품이다.

② 멀티에셋(Multi-Asset) 파생상품펀드는 두 개 이상의 자산군에 분산투자한다.

③ 인덱스펀드는 특정 지수의 움직임을 추종하도록 만든다.

④ 포트폴리오 보험형 상품은 가치의 상승 이익을 일부 포기하면서 주가하락 국면에서 일정 부분의 수익을 확보하는 전략을 취한다.

정답 및 해설

38 ② 노출치(Expousure) = (포트폴리오 현재가치 − 보장치) × 승수
= (300억원 − 270억원) × 3 = 90억원

39 ③ 포트폴리오의 현재가치에서 보장치를 뺀 수치는 완충치이다.

40 ① 위험−수익측면에서 저위험−저수익유형에 속하는 펀드로서 보수적인 투자자에게 적합한 상품이다.

41 ② ① 주가연계 파생상품펀드에는 워런트(Warrant) 투자형, 파생결합증권 편입형, 장외파생상품 계약형, 장내파생상품 운용형 등이 있다. 레인지 어크루얼(Range Accrual) 상품, 스프레드(Spread) 상품은 금리연계 파생상품이다.
③ 환율연계 파생상품펀드는 환율이 어느 순간 급변하는 경우가 많기 때문에 원금손실이 가능한 구조로 투자할 때는 매우 주의하여야 한다.
④ 상품(Commodity)연계 파생상품펀드는 뛰어난 인플레이션 헤지 효과 및 타 자산과의 낮은 상관관계로 인한 분산투자 효과를 기대할 수 있는 장점이 있으나, 가격에 대한 예측이 어렵고 변동성 및 변동폭이 매우 크다는 단점을 지니고 있다.

42 ④ 포트폴리오 보험형 상품은 가치의 하락위험을 일정 수준으로 제한하면서 주가 상승 국면에서 일정 부분의 가치 상승을 확보하는 전략을 취한다.

43

중요도 ★

각각의 파생상품펀드와 그 설계에 대한 설명으로 잘못된 것은?

① 파생형 인덱스펀드 : 특정 지수의 움직임을 추종하도록 만든 액티브(Active) 펀드

② 절대수익(Absolute Return) 추구형 펀드 : 시장의 방향성과 무관하게 사전에 정해진 목표수익률을 추구

③ 구조화형 펀드 : 시뮬레이션 등을 통해 산출된 목표수익구조를 사전에 제시하고 금융공학 기법으로 운용

④ 시스템 운용형 펀드 : 펀드매니저의 주관을 배제한 채 시스템에서 보내주는 매매 신호에 따라 기계적으로 파생상품을 거래

44

중요도 ★★

ETF(Exchange Traded Funds, 상장지수펀드)**에 대한 설명으로 옳은 것은?**

① 지수 추종을 위해 파생상품에 대해 자산의 일부분을 투자하기도 하고, 자산의 대부분을 장내 혹은 장외파생상품에 투자하기도 한다.

② 사전에 정한 운용기법에 의하여 운용한다.

③ 델타헤징(Delta Hedging)기법을 활용한다.

④ 목표수익을 사전에 정하고 시장의 방향성 위험을 최소화하여 절대수익을 추구한다.

45

중요도 ★★★

파생상품펀드의 특성에 대한 설명으로 잘못된 것은?

① 다양한 수익구조　　　　　　② 다양한 수익원

③ 다양한 투자자　　　　　　　④ 다양한 위험요인

46 중요도 ★★
파생상품을 활용한 매매의 직접적인 수익원과 관계가 없는 것은?

① 거래량의 변화   ② 베이시스의 확대 혹은 축소
③ 변동성의 변화   ④ 가격의 등락

47 중요도 ★★
금융시장의 발전과 파생상품의 역할에 관한 설명으로 거리가 먼 것은?

① 금융시장의 거래 규모를 증대시켰다.
② 새로운 금융지표의 등장으로 시장의 불확실성이 확대되었다.
③ 시장의 효율성, 가격의 효율성 및 안정성이 확대되었다.
④ 파생상품의 등장으로 새로운 상품, 투자전략, 금융서비스업이 확대되었다.

정답 및 해설

43 ① 인덱스펀드는 패시브(Passive) 펀드라고도 부른다. 즉, 운용기법이 특정 지수의 움직임을 쫓아가도록 만든 펀드이므로, 시장을 추종하는 수동적 투자전략이다.

44 ① ② 포트폴리오 보험(Portfolio Insurance)형 펀드에 대한 설명이다.
③ 구조화형 펀드에 대한 설명이다.
④ 시장 중립형(Market Neutral) 펀드에 대한 설명이다.

45 ③ 파생상품의 등장으로 다양한 수익구조, 다양한 수익원, 다양한 위험요인이 발생됨으로써 금융시장이 더욱 발전하게 되었다.

참고 파생상품펀드의 특성

- 다양한 수익구조 : 기초자산이 두 개 이상일 때 기초자산 중 수익률이 낮은 자산을 기준으로 상품의 수익을 결정
- 다양한 수익원
- 다양한 위험요인
- 금융시장의 발전과 파생상품의 역할
  · 금융시장의 거래 규모를 증대
  · 새로운 상품이 생겨나고, 전략이 만들어지면서 금융서비스업을 확대함
  · 시장의 효율성, 가격의 효율성 및 안정성 확대
  · 시장의 불확실성 축소

46 ① 거래량의 변화는 파생상품 매매의 직접적인 수익원이 아니다.

47 ② 새로운 금융지표의 등장으로 시장의 불확실성이 축소되었다.

48 중요도 ★★

펀드고객상담관리 중 주가연계 파생결합증권에 관한 설명으로 잘못된 것은?

① 상환조건이 제시수익률에 가장 큰 영향을 주는 요인이다.

② 기초자산의 변동성이 높은 경우 투자자에게 유리하게 작용하는 것으로 보이나, 손실발생 가능성도 높은 상품이다.

③ 기초자산 간의 상관관계가 낮은 것은 투자자에게 유리하게 작용하는 것으로 보이나, 그만 큼 손실발생 가능성도 높은 상품이다.

④ 상환조건이 낮을수록 상환가능성은 높아지나, 투자자에게 제시할 수 있는 수익률은 낮아 진다.

49 중요도 ★

파생상품펀드를 활용하여 펀드 포트폴리오를 구성할 때 고려하여야 할 사항으로 가장 거리가 먼 것은?

① 투자자의 투자성향 등을 고려하여 수익구조를 선택하여야 한다.

② 파생상품펀드의 비중을 결정할 때 투자자가 부담할 수 있는 위험과 수익의 관계를 고려하 여 결정한다.

③ 투자기간 결정 시 고객의 자금흐름과 중도상환이 가능한지 여부, 중도상환 시 수수료 구 조를 확인하여야 한다.

④ 기초자산을 선택할 때 투자자의 이해도와 예측가능성보다는 수익가능성을 우선으로 결정 하여야 한다.

50 중요도 ★

파생상품펀드의 활용 전략에 대한 설명으로 가장 거리가 먼 것은?

① 기초자산의 가격뿐만 아니라 변동성, 상관관계 등 다른 시장변수에 대해서도 보상이 가능 하다.

② 정적자산배분전략은 포트폴리오 자산을 투자 초기에 정해진 비율대로 위험자산과 무위험 자산에 배분한 후 만기까지 그대로 유지하는 전략이다.

③ 핵심 – 주변부전략에서 공격적 투자자는 주변부 포트폴리오의 비중이 보수적 투자자에 비 하여 상대적으로 낮다.

④ 파생상품을 이용한 펀드 포트폴리오를 구성하기 전에 투자자의 자산내역, 위험선호도 및 현금흐름 등을 파악하여야 한다.

51

중요도 ★★★

파생상품펀드를 활용하여 펀드 포트폴리오를 구성할 때 고려해야 할 사항으로 가장 거리가 먼 것은?

① 투자자의 위험선호를 감안하여 파생상품펀드의 비중을 결정한다.

② 예측가능성 및 투자자의 이해도를 중심으로 기초자산을 선택한다.

③ 고객의 자금흐름을 고려하여 중도상환 가능 여부 및 중도상환수수료를 확인하여야 한다.

④ 다양한 수익구조를 최대한 활용하기 위하여 가급적 복잡한 구조의 상품을 선택한다.

52

중요도 ★★

파생상품펀드 포트폴리오의 구성요소와 거리가 먼 것은?

① 파생상품펀드의 비중

② 기초자산의 선택과 투자 기간 판단

③ 원금보존 여부

④ 운용자의 운용능력

정답 및 해설

48 ① 기초자산의 변동성이 제시수익률에 가장 큰 영향을 주는 요인이다.

49 ④ 기초자산을 선택할 때 수익가능성보다는 투자자의 이해도와 예측가능성을 우선으로 결정하여야 한다.

50 ③ 공격적 투자자는 초과수익을 추구하는 주변부 포트폴리오의 비중이 보수적 투자자에 비하여 상대적으로 높아지게 된다.

51 ④ 다양한 수익구조를 최대한 활용하기 위하여 가급적 단순한 구조의 상품을 선택한다.

52 ④ 파생상품펀드 포트폴리오의 구성요소에는 파생상품펀드의 비중, 기초자산의 선택, 투자 기간 판단, 원금보존 여부, 수익구조 선택, 기타 고객투자성향 및 고지의무 등이 있다.

제 3 장
파생상품펀드 투자 1

학습전략

파생상품펀드 투자 1 및 2는 제2과목 전체 25문제 중 **총 3~4문제** 정도 출제된다.

파생상품펀드 투자 1의 경우 선도거래(선물거래)의 경제적 기능, 선물의 균형가격에 대하여 파악하고 있어야 하며, 옵션의 만기손익구조에 대하여 이해할 수 있어야 한다. 가장 기본이 되는 콜옵션과 풋옵션의 매수·매도는 반드시 알아야 하는 개념이다.

출제예상 비중

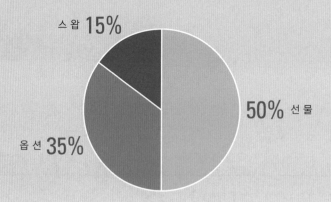

스왑 15%
50% 선물
옵션 35%

핵심포인트

다음 중 선물거래의 경제적 기능으로 가장 거리가 먼 것은?

① 가격 발견 기능 ② 리스크 전가 기능

③ 레버리지 효과 ④ 거래비용 절약 기능

용어 알아두기

선물거래	미래의 특정 시점(만기일)에 수량·규격이 표준화된 상품이나 금융 자산(외환, CD, 국채 등)을 특정 가격에 인수 혹은 인도할 것을 약정하는 거래이다.
레버리지 효과	타인자본(차입금)을 이용하여 자기자본수익률을 높이는 것으로 지렛대 효과라고도 한다.

TIP 레버리지 효과 자체를 선물거래의 경제적 기능이라고 보기는 어렵다.

핵심포인트 해설 **선물거래의 매커니즘**

선물거래의 경제적 기능	• 가격 발견 기능 : 미래의 자산 혹은 상품가격에 대한 정보 제공의 기능을 함 • 리스크 전가 기능 : 미래자산가격의 불확실성을 토대로 위험이 거래됨 • 효율성 증대 기능 : 차익거래를 통해 가격균형을 찾아감 • 거래비용 절약 기능 : 적은 비용으로 주가지수를 구성하는 모든 종목에 투자한 것과 동일한 효과를 나타냄
선물거래	• 계약의 만기 시점에 기초자산을 정해진 가격에 매수하거나 매도하기로 하는 계약 • 표준화된 거래소(한국거래소)에서 표준화된 방식에 의해 거래 • 신용위험을 없애기 위해 증거금, 일일정산제도가 도입 • 증거금 : 개시증거금, 유지증거금, 추가증거금
선도거래	• 일대일 상대매매를 제외하고는 기본적으로 선물거래와 동일 • 선물환 거래(Forward Exchange) : 환위험관리에 활용되는 전통적인 선도거래의 일종

정답 | ③

개시증거금 수준이 100, 유지증거금 수준이 65라 하고 일일정산을 한 후, 증거금 수준이 55까지 내려갔다고 하였을 때, 투자자가 추가로 납부하여야 하는 증거금은?

① 10
② 35
③ 45
④ 65

용어 알아두기

증거금	증권시장에서 고객이 어떤 자산을 매매할 경우 약정대금의 일정 비율에 해당하는 금액을 미리 예탁해야 하는 보증금을 의미한다.

TIP 유지증거금 수준(65)이 하향한 경우, 개시증거금 수준(100)으로 회복하여야 한다.

핵심포인트 해설 **증거금과 일일정산제도**

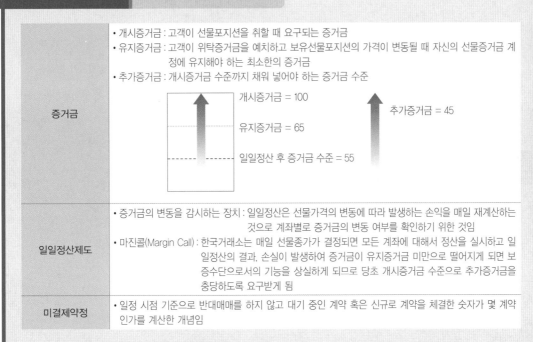

증거금	• 개시증거금 : 고객이 선물포지션을 취할 때 요구되는 증거금 • 유지증거금 : 고객이 위탁증거금을 예치하고 보유선물포지션의 가격이 변동될 때 자신의 선물증거금 계정에 유지해야 하는 최소한의 증거금 • 추가증거금 : 개시증거금 수준까지 채워 넣어야 하는 증거금 수준 개시증거금 = 100 추가증거금 = 45 유지증거금 = 65 일일정산 후 증거금 수준 = 55
일일정산제도	• 증거금의 변동을 감시하는 장치 : 일일정산은 선물가격의 변동에 따라 발생하는 손익을 매일 재계산하는 것으로 계좌별로 증거금의 변동 여부를 확인하기 위한 것임 • 마진콜(Margin Call) : 한국거래소는 매일 선물종가가 결정되면 모든 계좌에 대해서 정산을 실시하고 일일정산의 결과, 손실이 발생하여 증거금이 유지증거금 미만으로 떨어지게 되면 보증수단으로서의 기능을 상실하게 되므로 당초 개시증거금 수준으로 추가증거금을 충당하도록 요구받게 됨
미결제약정	• 일정 시점 기준으로 반대매매를 하지 않고 대기 중인 계약 혹은 신규로 계약을 체결한 숫자가 몇 계약인가를 계산한 개념임

정답 | ③

선도거래의 일반적인 특징으로 올바른 것은?

① 앞으로 얼마가 될지 모르는 가격을 미리 정하는 거래이다.
② 기초자산의 가격이 폭락해도 파산위험은 존재하지 않는다.
③ 현물시세가 나온 후 이 거래를 평가하므로 사전적 제로섬 게임이 된다.
④ 손해를 본 당사자가 계약을 제대로 이행하지 않을 가능성은 없다.

TIP ② 가격이 폭락할 경우 기업의 파산위험이 존재한다.
③ 현물시세가 나온 후 이 거래를 평가하는 경우 사후적 제로섬 게임이 되어 거래의 한쪽 당사자가 손실을 볼
가능성이 있다는 점에서 주의해야 한다.
④ 사후적 제로섬 게임의 특징은 손해를 본 당사자가 계약을 제대로 이행하지 않을 가능성, 즉 계약불이행위험
(Default Risk)이 존재한다는 것이다.

핵심포인트 해설 　　　선도거래

개 념	• 현재 정해진 가격으로 특정한 미래 날짜에 상품을 사거나 파는 거래
선물환 거래 (Forward Exchange)	• 고객과 금융기관 사이의 일대일 계약 • 선도거래의 일종이면서 환위험관리에 유용하게 쓰이는 계약 • 계약 시점과 집행 시점의 두 시점에 걸쳐 거래가 이루어지는 전통적인 선도거래
특 징	• 위험회피효과를 거둘 수 있음 • 기업의 파산위험을 줄여주는 효과 • 사후적 제로섬 게임이 되어 거래의 한쪽 당사자가 손실을 볼 가능성이 있음 • 계약불이행위험(Default Risk)이 존재함

정답 | ①

주가지수의 가격이 100, 시장의 이자율이 10%, 잔존만기가 1년인 주가지수선물의 균형 가격은 얼마인가?

① 98.00
② 100.00
③ 101.00
④ 110.00

용어 알아두기

균형가격	수요와 공급이 만나는 점에서 형성되는 가격이다.

TIP $F_T = S_t + S_t \times (r - d) \times \dfrac{t}{365} = 100 + 100 \times (0.1 - 0) \times \dfrac{365}{365} = 110$

(단, S_t : 주가지수, r : 시장금리, d : 배당수익률, t : 잔존만기)

핵심포인트 해설   **선물의 균형가격**

(1) 공 식

$$F_T = S_t + S_t \times (r - d) \times \frac{t}{365}$$

(F_T : 균형(이론)선물가격, F_M : 시장선물가격, S_t : t시점의 현물가격, r : 시장금리, d : 배당수익률(채권선물의 경우는 표면이율), t : 잔존만기)

(2) 선물시장가격이 균형선물가격에서 이탈하면 차익거래기회 발생

① 매수차익거래 : 선물환 매도 + 현물환 매수

$$F_M > F_T = S + S \times (r - d) \times \frac{t}{365}$$

② 매도차익거래 : 선물환 매수 + 현물환 매도

$$F_M < F_T = S + S \times (r - d) \times \frac{t}{365}$$

정답 | ④

다음 중 시장선물가격이 균형선물가격보다 높은 경우에 차익거래를 얻기 위한 전략으로 옳은 것은?

① 현물 매수 + 선물 매도
② 현물 매도 + 선물 매수
③ 현물 매수 + 선물 매수
④ 현물 매도 + 선물 매도

TIP '현물 매수 + 선물 매도'를 하면 매수차익거래가 가능하다.

핵심포인트 해설　차익거래의 이해

① 주가지수 차익거래는 현물지수와 선물가격의 차이가 이론적인 수준을 벗어날 경우 현물지수와 선물가격의 차이만큼을 이익으로 취하는 거래
② 구체적으로는 현물 매수 + 선물 매도 혹은 현물 매도 + 선물 매수 포지션을 취하게 되며 전자를 매수차익거래, 후자를 매도차익거래라고 함
　↳ 차익거래의 경우 한쪽이 선물이면 다른 쪽은 무조건 현물이며, 한쪽이 매수이면 다른 쪽은 무조건 매도더야 함

현물시장	선물시장	차익거래	조 건
매 수	매 도	매수차익거래(Cash and Carry)	$F_M > F_T = S + S \times (r - d) \times \dfrac{t}{365}$
매 도	매 수	매도차익거래(Reverse Cash and Carry)	$F_M < F_T = S + S \times (r - d) \times \dfrac{t}{365}$

③ 차익거래는 주문을 한꺼번에 체결시키는 기술이 필요(프로그램 매매)
④ 프로그램 매매는 미리 주문을 입력해 놓은 상태에서 시장가격이 차익거래 혹은 기타 전략에 적절한 가격으로 형성될 경우 지체 없이 프로그램을 실행하여 미리 짜놓은 포트폴리오에 대한 주문이 실행되도록 하는 방법
⑤ 심각한 추적오차가 발생하게 되는 경우 차익거래전략에 차질이 생기게 되므로 조심스러운 접근이 필요

정답 | ①

다음 중 선물헤지에 대한 설명으로 잘못된 것은?

① 매도헤지 : 선물환 매도계약을 통하여 환위험을 헤지하는 경우를 매도헤지라고 한다.

② 매수헤지 : 수입기업이 환리스크를 헤지하기 위해 매수헤지를 한다.

③ 베이시스 : 임의의 거래일에 있어서 만기가 다른 두 선물 간 가격의 차이를 의미한다.

④ 제로베이시스헤지 : 헤지를 할 경우 보유현물과 선물포지션을 선물 만기시점까지 가서 청산하는 경우를 의미한다.

용어 알아두기

헤지거래	투자자가 현재 보유한 현물 포지션 혹은 향후 보유하게 될 현물 포지션의 가격이 변화될 가능성에 대비하여 행하는 거래이다. 여기에는 매수헤지와 매도헤지가 있다.
매도헤지	헤지는 반드시 선물을 기준으로 매도·매수헤지를 결정하며, 예를 들어 선물 매수이면 매수헤지, 선물 매도이면 매도헤지이다.

TIP 베이시스(Basis)란 임의의 거래일에 있어서 현물가격과 선물가격의 차이를 의미하는 용어이다.

핵심포인트 해설   **헤 징**

매도헤지	• 선물환 매도계약을 통해 현물환의 가격 하락위험을 헤지
매수헤지	• 선물환 매수계약을 통해 현물환의 가격 상승위험을 헤지
베이시스(Basis) 및 보유비용	• 베이시스(Basis) : 임의의 거래일에 있어서 현물가격과 선물가격의 차이 • 시장베이시스 : B(베이시스) = F(선물가격) − S(현물가격) • 보유비용 : 현물을 보유한 채 만기일까지 보유하였다가 매도계약을 이행할 경우 만기일까지 부담해야 하는 비용
랜덤베이시스헤지	• 선물 만기시점 이전에 보유현물과 선물포지션을 청산하는 경우(청산 시점의 베이시스를 알 수 없음, 베이시스 위험 존재)
제로베이시스헤지	• 보유현물과 선물포지션을 선물 만기시점까지 가서 청산하는 경우(만기시점 베이시스 = 0, 베이시스 위험 소멸)

헤지비율
↳ 절차 확인
(Risk Transfer)
	• 헤지비율 : 현물 포지션의 크기에 대한 선물 포지션의 크기의 비율
	• 포지션의 크기
	예 시가 100억원 주식 포트폴리오, 주가지수선물가격 100point, 헤지비율 1.5, 주가지수선물의 승수 25만원
	     · $\dfrac{100억원}{25만원 \times 100point} = 400계약$
	     · 헤지를 위한 매도계약 수 = 400계약 × 헤지비율(1.5) = 600계약 매도

정답 | ③

현재 KOSPI200 주가지수가 100pt이고, 만기가 6개월 남은 KOSPI200 주가지수선물이 112pt라고 하면, 6개월 후 만기시점의 시장베이시스는 얼마가 되겠는가?

① 0pt
② 12pt
③ 20pt
④ 120pt

용어 알아두기

시장베이시스	베이시스는 이론베이시스도 있고 시장베이시스도 있으며, 시장베이시스는 시장선물가격과 현물가격의 차이이다.

TIP 만기시점의 시장베이시스는 0pt가 된다. 왜냐하면 만기에는 선물이 곧 현물이 되기 때문이다. 이를 베이시스의 수렴이라고 한다.

핵심포인트 해설   **선물시장의 전략 유형**

투기적 거래	• 저가매수 후 고가매도 전략(Buy Low and Sell High Strategy) • 현물자산은 오를 때까지 원하는 만큼 기다릴 수 있으나, 선물은 만기가 있어 예상한 방향대로 움직일 때까지 기다릴 수 없음		
헤지거래	• 매도헤지 • 제로베이시스헤지	• 매수헤지 • 랜덤베이시스헤지	
스프레드 거래	• 만기 또는 종목이 서로 다른 두 개의 선물계약을 대상으로 한쪽 계약을 매수하는 동시에 다른 쪽 계약은 매도하는 전략		
	시간 스프레드 (Calendar Spread)	• 동일한 품목 내에서 만기가 서로 다른 두 선물계약에 대해 각각 매수와 매도의 포지션을 동시에 취하는 전략 • 강세 스프레드(Bull Spread) : 근월물 매입 + 원월물 매도 • 약세 스프레드(Bear Spread) : 근월물 매도 + 원월물 매입	
	상품 간 스프레드 (Inter-Commodity Spread)	• 기초자산이 서로 다른데도 두 가격이 서로 밀접하게 연관되어 움직이는 경우에 가능한 스프레드 거래	
차익거래	• 매수차익거래 : 이론선물가격 < 시장선물가격(선물 고평가) ⇨ 현물 매수 + 선물 매도 • 매도차익거래 : 이론선물가격 > 시장선물가격(선물 저평가) ⇨ 현물 매도 + 선물 매수		

정답 | ①

행사가격이 50인 콜옵션을 프리미엄 1에 2계약을 매수하였다. 만기시점에 기초자산 가격이 55가 되었다면 비용을 감안한 순손익은?

① 0

② 5

③ 8

④ 10

TIP 1계약당 5(= 55 − 50)의 이익을 보았으므로 총 10의 이익이 발생하였다. 그런데 최초에 프리미엄으로 2(2계약)만큼 지불하였으므로, 순손익은 8이 된다.

핵심포인트 해설 | 옵션의 개념

정 의	• 주어진 자산[기초자산(Underlying Asset)]을 • 미래의 일정 시점[만기(Maturity)]에 • 미리 정한 가격[행사가격(Strike / Exercise Price)]으로 • 매수(매도)할 수 있는 권리[콜(풋)옵션]
콜옵션	$$y = Max[0,\ S_T - X]$$ $(y : 옵션가치,\ S_T : 기초자산 가격,\ X : 행사가격)$ • 만기 시 주가가 X보다 상승하면 행사가격대비 상승분만큼 이익 • 만기 시 주가가 X보다 하락하면 상승분이 음수가 되면서 수익은 0이 되는 구조
풋옵션	$$y = Max[0,\ X - S_T]$$ $(y : 옵션가치,\ S_T : 기초자산 가격,\ X : 행사가격)$ • 만기 시 주가가 X보다 하락하면 행사가격대비 하락분만큼 이익 • 만기 시 주가가 X보다 상승하면 하락분이 음수가 되면서 수익은 0이 되는 구조

정답 | ③

만기일 옵션가치에 대한 설명으로 잘못된 것은?

① 만기일에 기초자산 가격이 행사가격보다 큰 콜옵션은 내가격(ITM)이므로 권리행사가 가능하다.

② 만기일에 기초자산 가격이 행사가격보다 작은 콜옵션은 외가격(OTM)이므로 권리를 포기한다.

③ 만기일에 기초자산 가격이 행사가격보다 큰 풋옵션은 내가격(ITM)이므로 권리행사가 가능하다.

④ 만기일에 기초자산 가격과 행사가격이 같으면 등가격(ATM)이므로 권리행사 실익이 없다.

TIP 만기일에 기초자산 가격이 행사가격보다 큰 풋옵션은 외가격(OTM)이므로 권리를 포기한다.

핵심포인트 해설 **콜옵션 매수·매도와 풋옵션 매수·매도의 기본적 구조**

발행과 매수	• 옵션 매수자 : 돈을 내고 복권을 매수(옵션프리미엄)한 후 당첨되면 당첨금(만기 손익)을 받고, 낙첨되면 수익이 0이 되면서 복권을 살 때 낸 돈(옵션프리미엄)만큼 손실을 보게 됨 • 옵션 매도자(발행자) : 일단 돈(옵션프리미엄)을 받고 옵션을 발행하게 되고 이 경우 옵션이 당첨되면 당첨금을 지급해야 할 의무가 생기면서 손실을 보게 됨 • 지급불능 사태 방지를 위해 옵션발행자에 한해 증거금제도를 운영함
종 류	• 콜옵션(Call Option) : 행사가격보다 오른 만큼 이익, $y = Max(0, S_T - X)$ • 풋옵션(Put Option) : 행사가격보다 내린 만큼 이익, $y = Max(0, X - S_T)$
만기일 이전의 옵션거래	• 옵션의 가격(프리미엄) = 행사가치(본질가치) + 시간가치 • 등가격(ATM : At-The-Money) : 행사가격과 기초자산의 현재가격이 동일 • 내가격(ITM : In-The-Money) : 당첨 상태 • 외가격(OTM : Out-of-The-Money) : 낙첨 상태

정답 | ③

10

다음 중 행사가격이 80인 풋옵션을 매수하고, 행사가격이 85인 풋옵션을 매도하는 전략은?

① 스트래들
② 풋레이쇼 버티컬 스프레드
③ 풋 약세 스프레드
④ 풋 강세 스프레드

TIP 풋 강세 스프레드에 대한 설명이다.

핵심포인트 해설 옵션 스프레드 전략

종 류	• 수평 스프레드 : 만기가 서로 다른 두 개의 옵션에 대해 스프레드 포지션 • 수직 스프레드 : 행사가격이 서로 다른 두 개 이상의 옵션에 대해 스프레드 포지션 • 대각 스프레드 : 만기, 행사가격이 다른 두 개 이상의 옵션에 대해 스프레드 포지션
강세 스프레드 (Bull Spread)	• 기초자산 가격 상승 시 이익을 보는 포지션 · 콜 강세 스프레드 : 행사가 낮은 Call 매수 + 행사가 높은 Call 매도 · 풋 강세 스프레드 : 행사가 낮은 Put 매수 + 행사가 높은 Put 매도
약세 스프레드 (Bear Spread)	• 기초자산 가격 하락 시 이익을 보는 포지션 · 콜 약세 스프레드 : 행사가 낮은 Call 매도 + 행사가 높은 Call 매수 · 풋 약세 스프레드 : 행사가 낮은 Put 매도 + 행사가 높은 Put 매수
레이쇼 버티컬 스프레드	• 1 대 2 또는 1 대 3 등 매수·매도 비율을 높인 것 · 콜레이쇼 버티컬 스프레드 : 횡보 또는 하락이 예상될 때 유용 · 풋레이쇼 버티컬 스프레드 : 횡보 또는 상승이 예상될 때 유용
스트래들	• 만기와 행사가격이 동일한 Call 매수(매도) + Put 매수(매도)
스트랭글	• 높은 행사가격 Call 매수(매도) + 낮은 행사가격 Put 매수(매도)

스트래들이나 스트랭글은 매수와 매도포지션이 동일해야 하므로 양매수 또는 양매도하야 함
만약 한쪽이 매수이고 다른 쪽이 매도포지션이라면 이것은 매수·매도가 섞였기 때문에 일반 스트래들이나 스트랭글이 아님

정답 | ④

다음 중 동일한 만기와 동일한 행사가격을 가지는 콜과 풋옵션을 동시에 매수하는 전략은?

① 스트래들(Straddle) ② 스트랭글(Strangle)
③ 콜 매수(Long Call) ④ 스프레드(Spread)

TIP 동일한 만기와 동일한 행사가격을 가지는 두 개의 옵션, 즉 콜과 풋옵션을 동시에 매수함으로써 구성되는 포지
션은 스트래들(Straddle)이다.

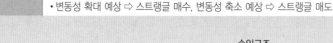

핵심포인트 해설 스트래들과 스트랭글

스트래들	• 만기와 행사가격이 동일한 두 개의 옵션, 콜과 풋을 동시에 매수·매도함으로써 만드는 포지션 • 변동성 확대 예상 ⇨ 스트래들 매수, 변동성 축소 예상 ⇨ 스트래들 매도
스트랭글	• 스트래들과 유사, 다만 매수·매도의 대상이 되는 콜옵션과 풋옵션의 행사가격이 다름 • 초기 투자비용은 스트래들보다 작음 • 변동성 확대 예상 ⇨ 스트랭글 매수, 변동성 축소 예상 ⇨ 스트랭글 매도

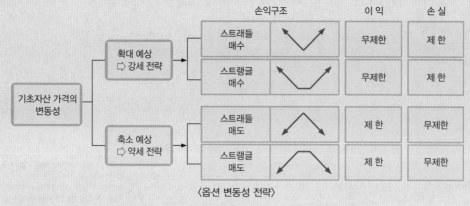

〈옵션 변동성 전략〉

정답 | ①

12

시간의 변화에 따른 옵션프리미엄의 민감도를 나타내는 지표로 옳은 것은?

① 델타(Δ) ② 로(ρ)

③ 세타(θ) ④ 베가(Λ)

용어 알아두기

민감도	원인이 되는 변수가 변할 때 결과치가 얼마나 변하는가를 측정한 값이다.

TIP 시간의 변화에 따른 옵션프리미엄의 민감도를 나타내는 지표는 세타(θ)이다.

핵심포인트 해설 | **옵션 민감도 분석**

델타(Δ) $\frac{\partial c}{\partial S}$	• 델타 = 옵션가격의 변화분 / 기초자산 가격의 변화분 • 콜옵션의 델타는 0에서 1사이의 값을 가지게 됨 • 풋옵션의 경우 −1에서 0까지의 값을 가지게 됨 • 등가격 상태(ATM) 옵션의 델타는 ±0.5 • 델타헤지 : 델타가 0인 중립 포지션, 기초자산 가격 변화에 무관한 완전헤지 상태
감마(Γ) $\frac{\partial \Delta}{\partial S}$	• 감마 = 델타의 변화분 / 기초자산 가격의 변화분 • 옵션프리미엄의 기초자산 가격에 대한 이차 미분치 • 볼록할 경우 감마값은 양수(콜옵션, 풋옵션 모두 볼록하므로 감마값은 양수) • 옵션이 ATM인 경우가 가장 옵션의 볼록도(감마값)가 커지는 점
세타(θ) $\frac{\partial c}{\partial t}$	• 세타 = (−)옵션가격의 변화분 / 시간의 변화분 • 콜옵션이나 풋옵션을 보유한 투자자는 큰 변화가 없이 시간만 경과할 경우 두 옵션의 시간가치가 감소함에 따라 손실 발생($\theta \leq 0$)
베가(λ) $\frac{\partial c}{\partial \sigma}$	• 베가 = 옵션가격의 변화분 / 변동성의 변화분 ← 가끔 '세타'와 혼동되니 주의할 것! • 대상 자산의 변동성이 증가하면 옵션의 가치는 커지므로 콜옵션 및 풋옵션 모두 양의 베가값을 가짐($\lambda \geq 0$)
로(ρ) $\frac{\partial c}{\partial \gamma}$	• 로 = 옵션가격의 변화분 / 금리의 변화분 • 만기 전 금리 상승은 콜옵션에는 호재, 풋옵션에는 악재이므로, 일반적으로 콜옵션의 로값은 양수이고, 풋옵션의 로값은 음수

정답 | ③

금리선도계약(FRA)에 대한 설명으로 잘못된 것은?

① 자금조달금리 내지는 자금운용금리를 미리 고정시켜 놓는 계약이다.

② NDF(현금결제 선물환) 결제방식을 채택하고 있다.

③ FRA 매수자는 자금조달자(차입자), FRA 매도자는 자금운용자(대여자)로 볼 수 있다.

④ 3개월 후에 발표되는 3개월 금리에 대한 FRA계약을 3×3 FRA라 한다.

용어 알아두기

금리선도계약	미래의 정해진 기일에 이자율을 교환하기로 약정하는 장외금리상품이다.

TIP 3개월 후에 발표되는 3개월 금리에 대한 FRA계약을 3 × 6 FRA라 한다.

핵심포인트 해설   금리선도계약(FRA : Forward Rate Agreement)

개요	• 미래의 일정 시점에서 필요한 자금을 조달이나 운용에 있어서 자금조달금리 내지는 자금운용금리를 미리 고정시켜 놓는 계약 • FRA 매수 = 자금조달자, FRA 매도 = 자금운용자
차액 결제	• NDF(현금결제 선물환 : Non-Deliverable Forward)결제방식 ↳ NDF(현금결제 선물환)은 역외선물환, 차액결제 선물환 등으로 다양하게 표현함
표시 방식	• 3 × 6 FRA : 3개월 후에 발표되는 3개월 금리에 대한 FRA • 1 × 4 FRA : 1개월 후에 발표되는 3개월 금리에 대한 FRA
FRA 매입자 (자금 차입자)	• 금리 상승 시 : '실제금리 – 약정금리'만큼 매도자로부터 수취 • 금리 하락 시 : '약정금리 – 실제금리'만큼 매도자에게 지불 • 고정금리로 자금을 빌리는 입장, 금리 상승이 예상되면 투기수단 • 변동금리 차입자는 헤지수단으로 선도금리 매도계약 이용
FRA 매도자 (자금 대여자)	• 고정금리로 자금을 빌려주는 입장, 금리 하락이 예상되면 투기수단 • 변동금리 대출자는 헤지수단으로 선도금리 매도계약 이용

정답 | ④

14

다음 중 스왑의 특징에 대한 설명으로 옳은 것은?

① 임의의 기업이 국제금융시장에서 실제로 스왑을 할 경우 자신의 자금 선호와 반대의 기업을 찾아야 한다는 번거로움이 있다.

② Warehouse Bank는 자체 포지션의 관리를 목적으로 상호 직접적인 거래와 중개기관과의 중개거래를 통하여 시장에 참여하는 기관이다.

③ 시장조성자(Market Maker)의 역할은 스왑계약의 상대방을 찾아주는 역할에 국한되며, 자신이 직접 스왑거래의 상대방이 되는 역할을 해서는 안 된다.

④ 스왑은 주로 은행 간 거래가 주를 이루며, 개인 또는 기업이 거래를 하는 경우는 매우 드물다.

용어 알아두기

스왑(Swap)	두 개의 서로 다른 현금흐름(Cash Flow)을 일정 기간에 서로 교환하는 거래이다.
Warehouse Bank	자체 스왑포트폴리오를 가지고 적극적으로 시장에 참여하는 은행이다.

TIP ① 다수의 은행 혹은 투자은행이 시장조성자 역할을 하므로 일일이 거래 상대방을 찾을 필요가 없다.
② Warehouse Bank는 스왑시장의 시장조성자(Market Maker) 역할을 수행하고 자체 포지션(Book Swap)을 운용하는 기관이다.
③ 시장조성자 역할이란 단순하게 스왑계약의 상대방을 찾아주는 역할(Brokerage)만이 아니라 자신이 직접 스왑거래의 상대방이 되는 역할(Warehousing)까지를 포함한 개념이다.

핵심포인트 해설　　　**스왑시장의 특징과 금리스왑의 개요**

(1) 스왑시장의 특징
① 시장조성자 역할이란 단순하게 스왑계약의 상대방을 찾아주는 역할(Brokerage)만이 아니라 자신이 직접 스왑거래의 상대방이 되는 역할(Warehousing)까지를 포함
② 시장조성자가 변동금리의 수취금액이 변동금리의 지급금액보다 항상 높은 포지션을 유지해 그 차익만큼 수수료를 받는 구조 유지

(2) 금리스왑의 개요
① 고정금리 지불(Payer Swap) : Long Swap, 고정금리 지급, 변동금리 수취
② 고정금리 수취(Receiver Swap) : Short Swap, 고정금리 수취, 변동금리 지급

정답 | ④

15

다음 중 통화스왑의 계약 및 거래 이행단계로 잘못된 것은?

① 자금의 최초 교환
② 자금의 운용과 이자지급
③ 거래 상대방에 프리미엄 지급
④ 원금 재교환을 통한 원상복귀

용어 알아두기

통화스왑	계약일에 약정된 환율에 따라 해당 통화를 일정 시점에 상호 교환하는 외환거래이다.

TIP 통화스왑은 프리미엄과는 상관없다.

핵심포인트 해설　　**통화스왑의 3단계**

① 최초자금교환 : 금리스왑과 달리 실제 원금이 교환됨(1단계)

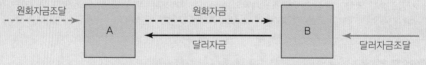

② 이자교환(이자 서로 내주기) : 자기가 운용하는 자금에 대한 이자를 상대방에게 대신 내줌(2단계)

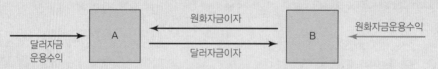

③ 원금의 재교환(제자리 돌려놓기) : 원금 재교환으로 원상복귀됨(3단계)

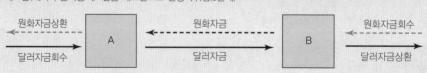

정답 | ③

16

신용부도스왑(Credit Default Swap)**의 프리미엄에 영향을 미치는 요소로 가장 거리가 먼 것은?**

① 거래의 규모
② 채무불이행의 가능성
③ CDS 거래 상대방의 신용등급
④ 준거자산의 회수율

용어 알아두기

| 신용부도스왑 | 신용위험을 전가하는 파생금융상품이다. |

TIP 거래의 규모가 신용부도스왑의 프리미엄에 미치는 영향을 명확히 규명하기는 어렵다.

핵심포인트 해설 **신용부도스왑(CDS)**

① 자금을 공여한 대주(A)가 차주(B)의 신용을 염려하여, 일정한 프리미엄을 지급하고 제3자(C)로부터 신용사건 발생 시 원금보장을 받는 거래
② 제3자(C)의 신용도가 중요함
③ 프리미엄 결정요인
  ㉠ 거래의 만기
  ㉡ 채무불이행(Default) 가능성 → CDS 거래 상대방은 보장매도자를 의미! 절대 보장매입자가 아니므로 주의!
  ㉢ CDS 거래 상대방(Counterparty)의 신용등급
  ㉣ 준거자산 신용과 거래 상대방 신용 간의 상관관계
  ㉤ 준거자산의 회수율(Recovery Rate) → 준거기업이 파산했다고 해서 한 푼도 못 받는 것은 아니며, 때에 따라서 투자한 자금의 일부라도 회수할 수 있는데, 만일 회수율이 높다면 CDS 프리미엄은 다소 싸질 수 있음

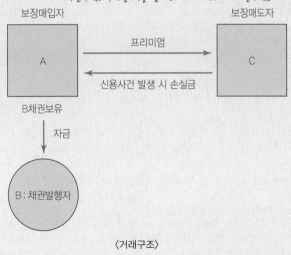

〈거래구조〉

정답 | ①

다음 중 신용부도스왑(CDS)과 신용연계증권(CLN)에 대한 설명으로 옳은 것은?

① CDS 계약과 CLN 모두 원금이 최초에 지불된다.
② CDS 계약에서는 보장매도자가 우수한 신용도를 가진 기관이어야 하지만, CLN의 보장매도자는 반드시 높은 신용도를 요구하지는 않는다.
③ CLN의 발행주체는 보장매도자가 설립한 특수목적회사(SPV)이다.
④ CLN은 준거자산에서 발생하는 모든 총수익을 일정한 현금흐름과 교환하는 계약이다.

TIP ① CDS는 프리미엄만 오가지만, CLN에서는 원금이 최초에 지불된다.
③ 보장매입자가 설립한 특수목적회사이다.
④ 준거자산에서 발생하는 모든 총수익을 일정한 현금흐름과 교환하는 계약은 총수익스왑(TRS)이다.

핵심포인트 해설   신용부도스왑과 기타 신용파생상품

CDS	• 신용부도스왑(CDS : Credit Default Swap) • 보장매입자가 준거기업의 신용위험을 피하기 위해 제3자로부터 준거기업의 발행 채권에 대해 원금보장을 받는 거래 • 준거기업 신용사건 발생 시 보장매입자는 보장매도자에게 손실금을 정산받음 • 보장매도자가 책임지는 금액은 채무원금에서 잔여회수가치를 뺀 금액임
CLN	• 신용연계증권(CLN : Credit Linked Note) → CDS가 프리미엄만 오가는 데 반해 CLN은 원금이 지불되는 것이 다름 • 채무자가 파산하지 않을 경우 보장매도자는 원금에 이자와 프리미엄을 합산한 금액을 지급받고, 파산할 경우 지불한 CLN 대금과 파산에 따른 손실액의 차액을 CLN 투자자에게 지급
TRS	• 총수익스왑(TRS : Total Return Swap) • 준거자산에서 발생하는 모든 총수익을 일정한 현금흐름과 교환하는 계약 • 특 징 　· 준거자산을 매각하기 곤란한 은행에게 적합 　· TRS 지급자 : 준거자산을 매각하지 않고도 사실상 매각한 것과 동일한 효과 　· TRS 수취자 : 직접 대출채권에 투자하기 힘든 경우 투자를 가능하게 하는 효과

정답 | ②

fn.Hackers.com

출제예상문제

☑ 다시 봐야 할 문제(틀린 문제, 풀지 못한 문제, 헷갈리는 문제 등)는 문제 번호 하단의 네모박스(□)에 체크하여 반복학습하시기 바랍니다.

01
중요도 ★★
선물시장의 경제적 기능과 거리가 먼 것은?

① 가격변동위험 관리기능
② 미래가격 확정기능
③ 시장효율성 제고
④ 자본형성의 촉진

02
중요도 ★★★
다음 중 선물거래의 경제적 기능에 대한 설명으로 잘못된 것은?

① 경제주체들에게 미래의 자산 혹은 상품가격에 대한 귀중한 정보를 제공하게 된다.
② 투기적 거래는 선물의 경제적 기능 중 리스크 전가 기능에 방해가 되는 거래 중 하나이다.
③ 차익거래(Arbitrage Trading)를 통하여 효율성 증대 효과가 나타난다.
④ 개별주식으로 주가지수를 구성하는 것보다 선물을 이용하면 비용절감 효과가 있다.

03
중요도 ★★
다음 중 선도거래를 선물거래로 표준화할 경우 기대할 수 있는 현상은?

① 투자활동의 위축
② 신용위험의 증가
③ 유동성의 증가
④ 투자위험의 증가

04
중요도 ★★
선물거래와 선도거래의 비교 내용으로 잘못된 것은?

① 선물거래는 장내(한국거래소)거래이고, 선도거래는 장외거래이다.
② 선물거래는 거래조건이 표준화되어 있으나 선도거래는 당사자의 협의로 결정한다.
③ 선물거래는 증거금이 있으나 선도거래는 증거금이 없다.
④ 선물거래는 결제소의 이행보증이 없지만, 선도거래는 결제소의 이행보증이 있다.

05 중요도 ★

선물거래와 옵션거래의 차이점으로 거리가 먼 것은?

① 선물거래의 대상은 기초자산 그 자체에 대한 매매계약인 반면 옵션계약의 대상은 기초자산 매매에 대한 권리이다.

② 선물거래의 대가는 '대상자산가격 × 승수'이나 옵션거래의 대가는 없다.

③ 선물거래의 포지션은 반대매매 또는 실물인수도로 청산할 수 있고, 옵션거래의 포지션은 반대매매 또는 옵션 행사로 청산할 수 있다.

④ 선물거래는 매수자와 매도자 모두에게 선물계약이행에 대한 권리와 의무가 있지만, 옵션거래는 매수자에게 권리만 있고 매도자에게는 의무만 부담한다.

06 중요도 ★

현물보유 없이 선물만 이용하여 가격상승 예상 시 선물매수 포지션, 가격하락 예상 시 선물매도 포지션을 취하는 전략은?

① 투기적 거래   ② 헤 징

③ 차익거래   ④ 스프레드 거래

정답 및 해설

01 ② 선물시장은 미래가격을 예시하는 기능이 있는 것이지, 미래가격을 확정하는 기능이 있는 것은 아니다.

02 ② 위험회피수요와 이를 토대로 수익을 올리려는 투기적 거래가 결합되어 리스크 전가 기능이 실현되는 것이다.

> 참고 선물거래
> - 계약의 만기시점에 정해진 가격에 기초자산을 매수하거나 매도하기로 하는 계약
> - 표준화된 거래소(한국거래소)에서 표준화된 방식에 의하여 거래
> - 신용위험을 없애기 위하여 증거금, 일일정산제도 도입
> - 증거금 : 개시증거금, 유지증거금, 추가증거금

03 ③ 표준화된 시장에서 불특정 다수를 상대로 매매가 일어나므로 유동성이 증가한다.

04 ④ 선물거래는 결제소의 이행보증이 있으나 선도거래는 그 이행이 당사자의 신용에 달려 있다.

05 ② 선물의 가치는 0이므로 거래의 대가가 없지만, 옵션의 가치는 옵션프리미엄을 지불하는 거래의 대가가 있다.

06 ① '저가매수 후 고가매도 전략(Buy Low and Sell High Strategy)'과 같이 자산가격이 미래에 상승할 것이라는 기대를 토대로 먼저 일정한 자금을 투입하여 자산을 매수한 후 자산가격이 예상대로 상승하면 이를 매도하는 전략을 통해서 이익을 획득하는 거래형태를 투기적 거래라고 한다.

07 중요도 ★★★
선물시장의 거래자 중 현물 포지션의 가격변동으로 인한 손실을 최소화할 목적으로 현물과 반대 포지션의 선물거래를 하는 투자자로 옳은 것은?

① 헤저(Hedger)　　　　　　　　　　② 투기자(Speculator)
③ 차익거래자(Arbitrageur)　　　　　④ 데이트레이더(Daytrader)

08 중요도 ★★
다음 중 빈칸에 들어갈 내용으로 옳은 것은?

> 증거금 수준이 유지증거금 이하로 하락하는 경우, 증거금 수준을 개시증거금 수준으로 회복시켜야 하는데, 이때 추가로 납부하여야 하는 금액을 (　　)이라 부른다.

① 매매증거금　　　　　　　　　　　② 개시증거금
③ 유지증거금　　　　　　　　　　　④ 추가증거금

09 중요도 ★★
시장선물가격이 균형선물가격보다 높은 경우에 가장 바람직한 투자전략으로 옳은 것은?

① 매도헤지　　　　　　　　　　　　② 매수헤지
③ 매수차익거래　　　　　　　　　　④ 매도차익거래

10 중요도 ★★
다음 중 선물시장이 백워데이션 상태이고 앞으로 콘탱고 상태로 돌아온다고 가정할 때, 거래전략으로 옳은 것은?

① 현물 매수 + 선물 매도　　　　　② 현물 매도 + 선물 매수
③ 현물 매수 + 선물 매수　　　　　④ 현물 매도 + 선물 매도

11

중요도 ★

선물거래의 헤지와 관련된 설명으로 잘못된 것은?

① 매수헤지는 미래 현물가격의 상승으로 인한 손실을 방지하기 위하여 선물을 매수하는 것이다.

② 매도헤지는 미래 현물가격의 하락으로 인한 손실을 방지하기 위하여 선물을 매도하는 것이다.

③ 베이시스가 예상보다 확대될 경우에는 매도헤지가 유리하다.

④ 현물가격과 선물가격의 차이를 베이시스라고 하는데 베이시스위험이 헤지포지션에 영향을 미친다.

12

중요도 ★★★

다음 중 수입기업의 환율 상승위험에 대한 헤지방법으로 가장 올바른 것은?

① 선물환 매입

② 선물환 매도

③ 현물환 매입

④ 현물환 매도

정답 및 해설

07 ① 선물시장의 거래자 중 현물 포지션의 가격변동으로 인한 손실을 최소화할 목적으로 현물과 반대 포지션의 선물거래를 하는 투자자를 헤저(Hedger)라고 한다.

08 ④ 개시증거금 수준까지 채워 넣어야 하는 증거금은 추가증거금이다.

09 ③ 시장선물가격이 균형선물가격보다 높은 경우에 가장 바람직한 투자전략은 매수차익거래이다.

10 ② 백워데이션은 현물가격이 선물가격보다 높은(고평가된) 상태이다. 따라서 콘탱고 상태로 복귀할 경우, 현물가격은 떨어지고 선물가격은 상승하게 될 것이다.

참고 콘탱고와 백워데이션

- 콘탱고(Contango) : 선물 매도 + 주식 매수
- 백워데이션(Backwardation) : 선물 매수 + 주식 매도

11 ③ 베이시스가 예상보다 확대될 경우(강세 베이시스)에는 매수헤지가 유리하다.

12 ① 수입기업의 환율 상승위험을 헤지하기 위해서 선물환을 매입하면 환율변동위험을 헤지할 수 있다.

13 중요도 ★★

현재 KOSPI200 주가지수가 100pt이고, 연 배당수익률이 2%라고 할 때, 만기가 6개월 남은 KOSPI200 주가지수선물의 균형가격은 얼마인가? (단, 91일물 CD의 국·공채의 시장 수익률은 5%)

① 98.00

② 100.00

③ 101.50

④ 110.05

14 중요도 ★★★

현재 KOSPI200 주가지수가 100pt이고 KOSPI200 주가지수선물이 112pt라고 하면, 균형선물가격이 120pt일 때 시장베이시스는 얼마인가?

① 0pt

② 12pt

③ 20pt

④ 120pt

15 중요도 ★★

주가지수선물거래의 유형별 특징에 대한 설명으로 잘못된 것은?

① 헤지거래는 체계적 위험과 비체계적 위험을 동시에 제거한다.

② 투기거래는 현물시장과 관계없이 선물의 미래가격변화를 예측하여 시세차익을 목적으로 하는 거래이다.

③ 차익거래는 현물과 선물의 가격불균형을 이용하여 무위험수익을 얻으려는 전략이다.

④ 스프레드 거래는 두 종류의 선물포지션을 통해 한정된 위험만 감수하면서 가격차이로 인한 수익을 얻고자 하는 거래이다.

16

중요도 ★★

옵션의 가치에 대한 설명 중 거리가 먼 것은?

① 콜옵션의 가치는 결코 0보다 작을 수 없다.

② 콜옵션 매입자의 손실은 옵션매입가격에 한정되므로 이때 콜옵션은 유한책임증권이다.

③ 풋옵션은 주가가 행사가격보다 낮을 때 가치가 있다.

④ 풋옵션은 향후 주가가 행사가격보다 높을 가능성이 있을 때 매입한다.

17

중요도 ★★★

행사가격이 10pt인 콜옵션을 매도하였는데, 만기에 기초자산 가격이 20pt가 되었다면 콜옵션 매도자의 손익은 얼마인가? (단, 콜옵션 매도 프리미엄은 3이라고 가정)

① 이익 3pt

② 손실 7pt

③ 손실 10pt

④ 손실 13pt

정답 및 해설

13 ③ $F_T = S + S \times (r - d) \times \dfrac{t}{365}$

$= 100 + 100 \times (0.05 - 0.02) \times \dfrac{6}{12} = 101.50$

14 ② 시장베이시스 = 선물가격 − 현물가격

$= 112pt - 100pt = 12pt$

15 ① 비체계적 위험은 개별 위험을 말하는 것으로 분산투자를 통하여 제거할 수 있고, 체계적 위험은 시장위험을 말하는 것으로 헤지거래를 통하여 제거할 수 있다.

16 ④ 콜옵션은 향후 주가가 행사가격보다 높을 가능성이 있을 때 매입하고, 풋옵션은 향후 주가가 행사가격보다 낮을 가능성이 있을 때 매입한다.

17 ② 기초자산 가격이 행사가격보다 크므로 콜옵션 매수자는 권리를 행사할 것이다. 따라서 옵션 매도자는 행사가격에서 기초자산가격 20을 뺀 10만큼의 손실을 입게 되는데, 최초에 옵션 발행의 대가로 프리미엄 3을 수취하였으므로 7만큼 손실을 보게 된다.

18 중요도 ★
다음 중 행사가격이 80인 콜옵션 C(80)와 85인 콜옵션 C(85)를 각각 매수, 매도하는 전략으로 옳은 것은?

① 강세 콜 스프레드(Bull Call Spread)
② 약세 콜 스프레드(Bear Call Spread)
③ 스트래들 매수(Long Straddle)
④ 스트랭글 매도(Short Strangle)

19 중요도 ★
옵션 스프레드 전략에 대한 설명으로 옳은 것은?

① 수직 스프레드는 행사가격이 서로 다른 두 개 이상의 옵션에 대해 매수 및 매도를 동시에 취하는 전략을 말한다.
② 강세 스프레드는 수평 스프레드의 가장 대표적인 사례이다.
③ 수평 스프레드는 만기도 다르고 행사가격도 다른 두 개 이상의 옵션을 가지고 스프레드 포지션을 구축한 경우이다.
④ 콜 강세 스프레드는 기초자산 가격이 상승할 것을, 풋 강세 스프레드는 기초자산 가격이 하락할 것을 전망하는 투자자에게 적합한 전략이다.

20 중요도 ★★★
옵션가치의 민감도에 대한 내용이 잘못된 것은?

① 델타 : 기초자산의 가격변화에 대한 옵션가격의 변화
② 감마 : 옵션델타의 변화에 대한 옵션가격의 변화
③ 세타 : 잔존만기 감소에 대한 옵션가격의 변화
④ 베가 : 기초자산의 변동성 변화에 대한 옵션가격의 변화

21 중요도 ★★★
다음 중 기초자산의 가격변화에 대한 옵션프리미엄의 민감도를 보여주는 지표는?

☐

① 베가(Λ)

② 감마(Γ)

③ 세타(θ)

④ 델타(Δ)

22 중요도 ★★
다음 중 옵션의 민감도와 포지션의 연결이 잘못된 것은? (단, 매수포지션을 가정)

☐

	구 분	콜옵션	풋옵션
①	델타(Δ)	+	−
②	감마(Γ)	+	+
③	세타(θ)	−	−
④	베가(Λ)	+	−

정답 및 해설

18 ① 강세 콜 스프레드(Bull Call Spread)전략이다.

19 ① ② 강세 스프레드는 대표적인 수직 스프레드이다.
③ 만기도 다르고 행사가격도 다른 두 개 이상의 옵션에 대한 스프레드 포지션은 대각 스프레드이다.
④ 콜 강세 스프레드와 풋 강세 스프레드 모두 주식의 가격이 상승할 것을 전망하는 경우에 적합한 전략이다.

[참고] 옵션 스프레드 전략

- 수평 스프레드 : 만기가 서로 다른 두 개의 옵션에 대해 매수 및 매도가 동시에 취해지는 경우
- 수직 스프레드 : 행사가격이 서로 다른 두 개 이상의 옵션에 대해 매수 및 매도를 동시에 취하는 경우
- 대각 스프레드 : 만기도 다르고 행사가격도 다른 두 개 이상의 옵션을 가지고 스프레드 포지션을 구축한 경우

20 ② 감마 : 기초자산의 가격변화에 대한 옵션델타의 변화이다.

21 ④ 델타는 기초자산의 가격변화에 대한 옵션프리미엄의 민감도를 보여주는 지표이다.

[참고] 옵션프리미엄이 기초자산의 변화를 반영하는 속도

- 기초자산가치 변화에 따른 옵션프리미엄의 변화비율
- 콜옵션의 델타는 Deep-OTM은 0에, Deep-ITM은 1에 근접(0 < CallΔ < 1)
- 풋옵션의 델타는 Deep-ITM은 −1에, Deep-OTM은 0에 근접(−1 < PutΔ < 0)

22 ④ 베가(Λ)는 변동성 계수의 증가에 따른 옵션프리미엄의 증가분을 나타낸다. 콜옵션, 풋옵션 모두 변동성이 증가하면 옵션의 가치는 상승하므로 콜옵션, 풋옵션 모두 +가 되어야 한다.

[참고] 옵션의 민감도 종합(매수 포지션을 나타낸 것이며, 매도 포지션인 경우 부호는 반대임)

구 분	델타(Δ)	감마(Γ)	세타(θ)	베가(Λ)	로(ρ)
콜옵션	+	+	−	+	+
풋옵션	−	+	−	+	−

23 중요도 ★

스왑거래에 대한 내용으로 잘못된 것은?

① 유리한 조건을 위하여 옵션을 추가하는 경우도 있다.

② 금리스왑에서는 원금이 교환된다.

③ 스왑거래는 신용위험, 시장위험, 현금불일치위험, 베이시스위험, 결제위험 등이 있다.

④ 쿠폰스왑은 한 당사자의 고정금리 지불의무와 다른 당사자의 변동금리 지불의무가 서로 교환되는 것이다.

24 중요도 ★

다음 중 금리스왑과 통화스왑의 가장 큰 차이점으로 옳은 것은?

① 통화스왑은 차액만 교환한다.

② 금리스왑은 신용 스프레드를 이용한 차익거래가 가능하다.

③ 통화스왑은 장내거래, 금리스왑은 장외계약이라는 차이점이 있다.

④ 통화스왑은 원금이 교환된다.

25 중요도 ★

동일한 통화의 일정한 현금흐름을 미리 정한 조건에 따라 미래의 특정 기간에 다른 형태의 현금흐름과 교환하는 거래로 옳은 것은?

① 이자율스왑　　　　　　　　　② 통화스왑

③ 상품스왑　　　　　　　　　　④ 주식스왑

26 중요도 ★★★

이자율스왑(IRS : Interest Rate Swap)**에 대한 설명으로 잘못된 것은?**

① 통화스왑은 원금교환이 발생하나 이자율스왑은 원금교환이 발생하지 않는다.

② 일반적으로 고정금리와 변동금리를 교환하는 것으로 현재 장외파생상품 거래 중 가장 많은 비중을 차지하고 있다.

③ 고정금리를 지급하고 변동금리를 수취하는 것을 수취 포지션이라고 한다.

④ 고정금리는 'IRS금리'라고 부르며, 변동금리는 일반적으로 'CD 91일물'을 사용한다.

27 중요도 ★★

금리스왑에서 변동금리(Libor)와 교환되는 고정금리로 옳은 것은?

① Swap금리   ② CRS금리

③ Libor금리   ④ CDS금리

28 중요도 ★

금리스왑 체결시점(t_0시점)에 4%로 금리스왑계약을 체결하였다. 계약체결 당시 변동금리(Libor)가 3%이었던 것이 금리지급일(t_1시점)에 6%로 상승하였다면, 결제 시 지급의무는 누구에게 있는가?

① 고정수취자(Receive-Fixed)

② 고정지불자(Pay-Fixed)

③ 고정지불자(Pay-Fixed)와 고정수취자(Receive-Fixed) 모두 상호 지불

④ 알 수 없다.

정답 및 해설

23 ② 금리스왑에서는 원금이 교환되지 않는다.

24 ④ 통화스왑은 금리스왑과 달리 실제 원금이 교환된다.

25 ① 이자율스왑(IRS : Interest Rate Swap)은 동일한 통화의 일정한 현금흐름을 미리 정한 조건에 따라 미래의 특정 기간에 다른 형태의 현금흐름과 교환하는 거래이다.

26 ③ 수취 포지션은 고정금리를 수취하고 변동금리를 지급하는 것이고, 지급 포지션은 고정금리를 지급하고 변동금리를 수취하는 것이다.

27 ① 금리스왑에서 변동금리와 교환되는 고정금리를 Swap금리라고 한다.

28 ② 변동금리는 t_0시점에 결정되어 다음 지급일에 지급된다. 따라서 t_0시점을 기준으로 고정금리(4%)가 변동금리(3%)보다 높으므로, 고정지불자의 지급의무가 발생한다.

29 중요도 ★

금리스왑의 원금이 100만 달러, 결제주기는 1년, 스왑 고정금리는 7%이다. 변동금리가 4%가 되었다면 고정지불자(Pay-fixed)가 해당 결제일에 행하여야 하는 것은?

① 고정지불자가 고정수취자에게 3만 달러 지급

② 고정지불자가 고정수취자에게 7만 달러 수취

③ 고정지불자가 고정수취자에게 3만 달러 지급 후 7만 달러 수취

④ 고정지불자가 고정수취자에게 4만 달러 지급 후 7만 달러 수취

30 중요도 ★

다음과 같은 조건의 두 기업이 있다고 가정할 경우, 어떤 거래를 하면 금리비용을 최소화할 수 있는가?

구 분	A기업	B기업	Credit Spread
변동금리시장	Libor	Libor + 2%	2%p
고정금리시장	6%	10%	4%p

① 금리스왑 : A기업 고정수취자, B기업 고정지불자

② 금리스왑 : A기업 고정지불자, B기업 고정수취자

③ 총수익스왑 : A기업 고정지불자, B기업 고정수취자

④ 변동금리와 고정금리 모두 A기업이 유리하므로, A기업은 B와 거래할 필요가 없다.

31 중요도 ★★

A와 B기업의 환율이 1,000원/달러일 때 두 당사자 사이에 통화스왑계약을 체결하여 초기자금 교환 액수가 1,000억원과 1억달러였다. 만일 통화스왑 만기에 가서 환율이 1,200원/달러가 되었다면 두 당사자가 재교환하는 자금의 액수는?

① 1,200억원과 1억달러

② 1,000억원과 8,333만달러

③ 1,000억원과 1억달러

④ 1,200억원과 1.2억달러

32

중요도 ★

보장매입자가 수수료를 지급하는 대가로 보장매도자가 기초자산의 신용위험을 부담하는 거래로서, 기초자산의 부도 및 지급불능 시 보장매도자가 손실의 전부 또는 일부를 보전해주는 신용파생상품은?

① 부채담보증권(CDO) ② 신용부도스왑(CDS)

③ 자산담보증권(ABS) ④ 주택저당증권(MBS)

33

중요도 ★★★

신용부도스왑(CDS)에 대한 설명 중 잘못된 것은?

① 보장매입자가 지불하는 수수료를 CDS 프리미엄이라고 한다.

② CDS 스프레드 추이를 통하여 대상기업의 파산가능성에 대한 시장참여자들의 예상을 파악할 수 있다.

③ 채무불이행(Default)의 가능성이 높아질수록 프리미엄이 높아진다.

④ 준거자산의 신용사건이 발생하면 보장매입자의 포지션 가치는 하락한다.

정답 및 해설

29 ① 금리스왑은 차액결제이므로, 고정지불자가 차액인 3만 달러에 대하여만 결제한다.

30 ① A기업은 고정금리시장에 비교우위가 있고 B기업은 변동금리시장에 비교우위가 있다. 따라서 A기업은 고정금리로 차입하고, B기업은 변동금리로 차입한 후 서로 스왑계약을 하면 금리비용을 최소화할 수 있다.

참고 비교우위론

- 각 경제주체들이 상대적으로 더 유리한 산업에 집중하고, 다른 경제주체와 무역을 하는 것이 양 경제주체 모두에게 유리하다는 이론
- 두 경제주체 중 특정 재화 생산의 기회비용이 상대적으로 낮은 경제주체가 비교우위를 지닌다는 것
- 예를 들어 A라는 경제주체가 비교우위에 있는 반도체를 특화하고, B라는 경제주체는 자동차를 특화하여 무역으로 교환하면 두 경제주체 모두에게 유리함

31 ③ 환율의 변동에 상관없이 원래 교환한 액수를 재교환하는 것이다.

32 ② 신용부도스왑(CDS : Credit Default Swap)은 기업의 부도위험 등 신용을 사고 팔 수 있는 신용파생상품이다.

33 ④ 준거자산의 신용사건이 발생하면 보장매입자의 포지션 가치는 상승하고, 보장매도자의 포지션 가치는 하락한다.

제 4 장
파생상품펀드 투자 2

학습전략

파생상품펀드 투자 1 및 2는 제2과목 전체 25문제 중 총 3~4문제 정도 출제된다.
파생상품펀드 투자 2의 경우 파생상품펀드의 투자대상 중 가장 많이 차지하는 파생결합증권에 대한 전반적인 이해가 매우 중요하다. 파생결합증권은 주로 채권에 이색옵션을 더하는 방식으로 구성되므로 이색옵션에 대한 내용이 본 단원의 대부분을 차지하고 있다.

출제예상 비중

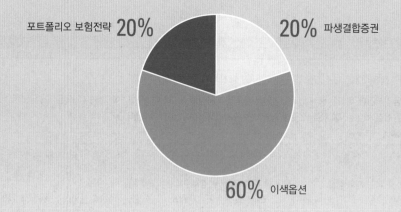

포트폴리오 보험전략 **20%**   **20%** 파생결합증권

60% 이색옵션

핵심포인트

다음 중 파생결합증권과 거리가 먼 것은?

① 채권 + 옵션 결합구조
② 이자추출전략
③ 주가연계증권(ELS)
④ 스왑(Swap)

용어 알아두기

이자추출전략	고객이 맡긴 대부분의 돈은 안전한 자산에 투자하여 원금을 지키고 이자부분만 공격적인 투자를 통해 추가수익을 의도하는 전략이다.

TIP 파생결합증권은 파생상품이 섞여 있기는 하나, 기본적으로 원본을 초과하는 지급이 발생하지 않으므로 증권의 일종이다. 스왑(Swap)은 순수한 파생상품이므로 파생결합증권과 거리가 있다.

핵심포인트 해설 **낙아웃·풋옵션을 이용한 파생결합증권**

개 요	· 일반적으로 '채권 + 옵션'(주로 장외옵션, 이색옵션이 대부분)의 구조를 가지고 있는 복합상품 · 시장 움직임에 포지션을 취하라, 원금을 회복시키는 구조(시장의 수익성 + 안정성(원금회복)의 기대구조) · 기본적으로 증권회사가 발행하는 증권상품 · 포트폴리오 보험전략을 기초로 함 · 옵션은 주로 장외옵션이며 주로 이색옵션을 부가함 · 채권에 옵션을 매수하는 경우가 대부분이나, 옵션을 매도하는 경우도 있음(리버스 컨버터블)
낙아웃·풋 옵션을 이용한 파생결합증권 구조	· 미리 만기 이전에 기초자산의 가격이 미리 설정된 경계수준(Barrier)을 건드리면 옵션이 무효가 되도록 짜여진 옵션 · 채권을 사들이는 동시에 옵션을 매도 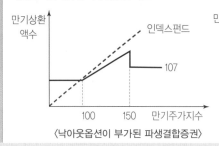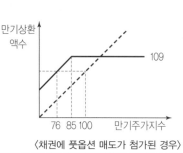 〈낙아웃옵션이 부가된 파생결합증권〉　　〈채권에 풋옵션 매도가 첨가된 경우〉

정답 | ④

02

다음 중 이색옵션에 대한 설명과 거리가 먼 것은?

① 파생결합증권에 사용되는 옵션은 이색옵션(Exotic Option)이 대부분이다.
② 경로의존형 옵션의 최종 수익은 옵션 만기시점의 기초자산 가격수준에 의하여 결정된다.
③ 배리어옵션(Barrier Option)에는 통상적인 행사가격 외에 배리어가격(Barrier Price) 또는 트리거가격(Trigger Price)으로 불리는 가격수준이 하나 더 설정된다.
④ 무효화옵션은 낙아웃옵션(Knock-Out Option)이라고 하며, 유효화옵션은 낙인옵션(Knock-In Option)이라고 한다.

TIP 일반적으로 경로의존형 옵션은 옵션의 최종 수익이 옵션 만기시점의 기초자산 가격수준에 의하여 결정되는 것이 아니라, 현재시점부터 만기시점까지의 가격이 어떤 경로를 거쳤느냐에 의존하는 경우를 말한다.

핵심포인트 해설　　**이색옵션**

(1) 개념
① 일반적인 옵션과는 달리 다양한 구조와 투자목적에 사용할 수 있는 옵션
② 구조의 특성상 당연히 장외에서 거래되는 장외옵션의 형태를 가짐
③ 경로의존형, 첨점 수익구조형, 시간의존형, 다중변수의존형, 옵션에 대한 옵션형, 레버리지형

(2) 종류

경로의존형	• 경계옵션(배리어옵션 = 낙아웃옵션 또는 낙인옵션)			
	구 분	DOWN	UP	옵 션
	OUT	Down and Out	Up and Out	⇨ Knock-Out Option
	IN	Down and In	Up and In	⇨ Knock-In Option
	• 룩백옵션, 래더옵션, 평균기초자산옵션, 평균행사가격옵션			
첨점 수익구조형	• 조건부 프리미엄옵션, 디지털옵션, 디지털 배리어옵션			
시간의존형	• 미국식옵션, 버뮤다옵션, 선택옵션, 행사가격결정유예옵션			
다중변수의존형	• 무지개옵션, 포트폴리오옵션, 스프레드옵션, 바스켓옵션, 퀀토옵션			
복합옵션	• 옵션에 대한 옵션			

정답 | ②

다음 중 이색옵션에 관한 설명으로 잘못된 것은?

① 배리어옵션(Barrier Option)에는 통상적인 행사가격 이외에 배리어가격(Barrier Price) 또는 트리거가격(Trigger Price)으로 불리우는 가격수준이 하나 더 설정이 된다.

② 무효화옵션은 건드리면(Knock) 무효화(Out)된다는 면에서 낙아웃옵션이라고 하고, 유효화옵션은 건드리면(Knock) 유효화(In)된다는 면에서 낙인옵션이라고 한다.

③ 룩백옵션(Lookback Option)은 옵션 만기일까지의 기초자산 가격 중 옵션 매도자에게 가장 유리한 가격으로 행사가격이 결정된다.

④ 평균기초자산옵션(Average Rate Option)은 일정 기간 동안 기초자산의 평균가격이 옵션의 수익구조를 결정한다는 특징을 가지고 있다.

TIP 룩백옵션(Lookback Option)은 만기시점에서 행사가격을 결정하는 옵션이다. 룩백옵션은 옵션 만기일까지의 기초자산 가격 중 옵션 매입자에게 가장 유리한 가격으로 행사가격이 결정된다.

핵심포인트 해설 ｜ **경로의존형 옵션(Path Dependent Option)**

경로의존형 옵션은 현재시점부터 만기시점까지 가격이 어떤 경로를 거쳤느냐에 의존하는 옵션을 말함

경계옵션 (배리어옵션 = 낙아웃옵션 또는 낙인옵션)	• Knock-In : 배리어가격(Barrier Price)을 건드리면 유효화(In) • Knock-Out : 배리어가격(Barrier Price)을 건드리면 무효화(Out) • Up : 배리어가 행사가격보다 위 • Down : 배리어가 행사가격보다 아래
룩백옵션	• 만기시점에서 행사가격을 결정하는 옵션 • 만기일 당일에 외가격 상태가 되는 경우가 없음 • 룩백 콜옵션의 경우에는 만기까지의 최저가격이, 룩백 풋옵션의 경우에는 최고가격이 행사가격이 됨 • 미국식옵션보다 훨씬 유리함
래더옵션	• 룩백옵션의 응용된 형태 • 미리 설정된 일련의 가격수준(= 래더) 중에서 기간 내에 어디까지 도달했는가를 행사가격으로 하여 수익구조를 결정하는 옵션
평균옵션	• 평균기초자산옵션 및 평균행사가격옵션 • 일정 기간 동안 기초자산의 평균가격이 옵션의 수익구조를 결정함

정답 | ③

04

룩백 풋옵션(Lookback Put Option)을 매수한 투자자가 있을 때, 다음 중 만기시점에 정해지는 행사가격으로 옳은 것은?

① 만기까지의 최저가격
② 만기까지의 최고가격
③ 만기까지의 평균가격
④ 만기까지의 최고·최저가격의 중간값

용어 알아두기

룩백옵션	회고옵션이라고도 하며, 옵션의 매수자가 과거가격을 돌아보고 가장 유리한 가격을 선택한다.
풋옵션	기초자산을 일정한 가격에 '팔 권리'를 말한다.

TIP 룩백 풋옵션(Lookback Put Option)은 '해당 기간 내 최고치'에 기초자산을 매도할 수 있는 권리를 의미한다.

핵심포인트 해설   **룩백옵션(Lookback Option)**

① 만기시점에서 기초자산 가격 중 가장 유리한 가격으로 행사가격을 결정하는 옵션
② 룩백 콜옵션 행사가격 : 만기까지의 최저가격
③ 룩백 풋옵션 행사가격 : 만기까지의 최고가격
④ 가능한 최선의 가격으로 행사가 이루어짐
⑤ 만기일 당일에 외가격상태가 되는 경우가 없음
⑥ 룩백옵션은 현실에서는 찾아보기 어려움 → 미국식옵션보다 훨씬 유리하므로

정답 | ②

다음 중 경로의존형 이색옵션에 해당되지 않는 것은?

① 경계옵션
② 룩백옵션
③ 샤우트옵션
④ 디지털옵션

TIP 디지털옵션은 첨점 수익구조형 옵션이다.

핵심포인트 해설   첨점 수익구조형 옵션(Singular Payoff Option)

불연속점(Singular Point)을 가지는 경우를 의미함 ⇨ 수익구조가 기초자산의 상태에 따라 일관성 있게 증가하거나 감소하는 형태가 아니라 불쑥 발생하거나 사라지는 구조

조건부 프리미엄옵션	• 옵션이 내가격이어야 프리미엄을 지불하는 옵션 • 조건부 프리미엄옵션 + 디지털옵션 = 표준옵션 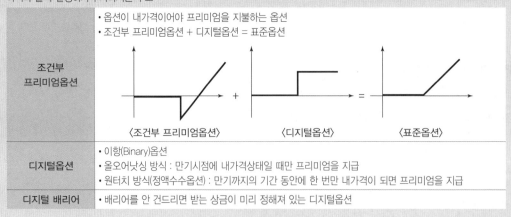
디지털옵션	• 이항(Binary)옵션 • 올오어낫싱 방식 : 만기시점에 내가격상태일 때만 프리미엄을 지급 • 원터치 방식(정액수수옵션) : 만기까지의 기간 동안에 한 번만 내가격이 되면 프리미엄을 지급
디지털 배리어	• 배리어를 안 건드리면 받는 상금이 미리 정해져 있는 디지털옵션

정답 | ④

06

다음 중 첨점 수익구조형 옵션이 아닌 것은?

① 조건부 프리미엄옵션(Contingent Premium Option)
② 올오어낫싱옵션(All or Nothing Option)
③ 디지털 배리어옵션(Digital Barrier Option)
④ 선택옵션(Chooser Option)

용어 알아두기

선택옵션	미래 일정 시점에 콜인지 풋인지를 선택할 수 있는 옵션이다.

TIP 선택옵션(Chooser Option)은 만기일 이전에 미래의 특정 시점에서 이 옵션이 풋인지 콜인지의 여부를 선택할 수 있는 권리를 가진 옵션으로 시간의존형 옵션이다.
① 조건부 프리미엄옵션(Contingent Premium Option)은 옵션이 내가격(ITM)이어야 프리미엄을 지불하는 옵션으로 첨점 수익구조형 옵션이다.
② 올오어낫싱옵션(All or Nothing Option)은 디지털옵션으로 첨점 수익구조형 옵션이다.
③ 디지털 배리어옵션(Digital Barrier Option)은 정해진 수준에 닿거나 수준을 초과할 때는 무효이고 수준 이하일 경우에만 수익금이 지급되는 옵션으로서 첨점 수익구조형 옵션이다.

핵심포인트 해설　　**시간의존형 옵션**

미국식옵션	• 만기 이전에 아무 때나 한 번 옵션을 행사할 수 있는 구조
버뮤다옵션	• 유럽식옵션과 미국식옵션의 중간 형태 • 미리 정한 특정 일자들 중에서 한 번 행사가 가능
선택옵션	• 만기일 이전 미래의 특정 시점에서 이 옵션이 풋인지 콜인지 여부를 선택할 수 있는 권리를 가진 옵션 • 스트래들 매수와 비슷하지만, 일단 선택을 하면 스트래들보다는 불리함
행사가격결정 유예옵션	• 매입자는 미래 특정 시점에서 당일의 기초자산 가격과 같도록 행사가격이 설정된 또 다른 옵션을 획득하는 권리

정답 | ④

다음 경우에 옵션을 가진 투자자가 얻을 수 있는 수익의 크기로 옳은 것은?

> 처음 행사가격이 100이고, 샤우트옵션 소유자가 114에서 샤우트하였다. 이후 114까지 갔던 기초자산이 다시 100으로 내려갔다.

① 0

② 14 이익

③ 14 손실

④ 아직 만기가 도래하지 않았으므로 수익이 실현되지 않았다.

TIP 처음 행사가격이 100이고 소유자가 114에서 샤우트한다면, 14가 실현되어 이 액수만큼의 지급이 보장되고 행사가격은 즉시 114로 재조정된다. 따라서 14의 이익이 확보되었다.

핵심포인트 해설   기타 이색옵션

(1) 다중변수옵션

둘 또는 그 이상 기초자산의 가격수준에 의해서 결정되는 경우를 말함

무지개 콜옵션	• 수익 : 둘 이상의 기초자산의 가격 중 가장 높은 가격에 의해서 결정됨
바스켓옵션	• 무지개옵션의 변형 • 수익 : 기초자산 가격들의 가중평균에 의해서 결정됨
포트폴리오옵션	• 바스켓옵션과 거의 동일 • 단, 수익구조를 나타내는 공식에서 기초자산의 실제 개수가 들어감(차이점)
스프레드옵션	• 수익 : 두 기초자산 가격 차이에 의해서 결정됨

(2) 복합옵션(Nested or Compound Option)

① 기초자산이 일반적인 자산이 아니라 또 하나의 옵션(기초옵션)인 옵션

② Call on Call, Call on Put, Put on Call, Put on Put

③ 위험에 노출이 될지 안 될지 자체가 불확실한 상황에서 현실적으로 사용 가능한 위험대비책이 됨

④ 기초옵션을 직접 매입하는 것보다 비용이 적게 듦

정답 | ②

08

다음 중 포트폴리오 보험전략이 아닌 것은?

① 방어적 풋전략(Protective Put) ② 수직 스프레드전략
③ 이자추출전략(Cash Extraction) ④ 동적자산배분전략

용어 알아두기

포트폴리오 보험전략	시장가격이 불리할 경우 포트폴리오 가치가 일정 수준 아래로 하락하는 것을 방지하며, 시장가격이 유리할 때는 포트폴리오 가치도 동반하여 상승하도록 하는 투자전략을 통칭한 말이다.

TIP 포트폴리오 보험전략으로는 방어적 풋전략(Protective Put), 이자추출전략(Cash Extraction), 동적자산배분전략이 있다.

핵심포인트 해설 **포트폴리오 보험전략의 구조**

개 요	• 파생결합증권의 가장 기본이 되는 구조임(원금회복 구조) • 포트폴리오 A : 유럽식 풋옵션과 주식(= 기초자산) • 포트폴리오 D : 유럽식 콜옵션과 채권 • 포트폴리오 A와 D는 만기시점 가치가 동일해지고 두 포트폴리오가 모두 만기시점 수익이 $Max[S_T, X]$가 됨
풋-콜 패리티 조건	• $p_t + S_t = c_t + B_t$(풋옵션가치 + 주식가치 = 콜옵션가치 + 채권가치)
포트폴리오 A	• 방어적 풋전략(Protective Put) : 풋옵션 매수 + 주식 매수(기초자산) • 장점 : 보험효과가 확실함 • 단점 : 풋옵션을 매입하는 데 따른 프리미엄 지출 규모가 매우 큼
포트폴리오 D	• 이자추출전략(Cash Extraction) : 콜옵션 매수 + 채권 매수 • 투자대상은 콜옵션뿐만 아니라 풋옵션이나 선물 및 혹은 기타 높은 레버리지 투자형 상품도 될 수 있음
동적자산 배분전략	• 협의의 포트폴리오 보험전략 • 동적자산배분전략 : 주식(50%) + 채권(50%) • 주가의 움직임에 따라 편입비율을 변화시켜 나가는 것 • 특 징 · 프리미엄을 따로 지불할 필요가 없음 · 편입비율을 상황에 따라 계속해서 조정함 · 자산비율 조정간격의 문제가 있음 · 동적자산배분전략은 콜옵션복제전략에 해당됨

정답 | ②

다음 중 포트폴리오 구성방법이 잘못 짝지어진 것은?

① 리버스 컨버터블(Reverse Convertible) : 채권 매수 + 풋옵션 매도
② 방어적 풋전략(Protective Put) : 주식 매수 + 풋옵션 매수
③ 동적자산배분전략 : 주식 매수 + 채권 매수
④ 이자추출전략(Cash Extraction) : 채권 매수 + 콜옵션 매도

용어 알아두기

리버스 컨버터블	주가가 미리 정해놓은 하락폭 이하로만 하락하지 않으면 주가지수가 일정 부분 하락해도 약속한 금리를 지급하는 상품이다.
방어적 풋전략	주어진 원금의 일부로 보험에 가입하듯 풋옵션을 사고 나머지 돈으로 주식을 매입한다. 이 때 풋옵션은 주가가 떨어지면 떨어진 만큼 보상을 해주는 보험 역할을 한다.

TIP 이자추출전략(Cash Extraction)은 '채권 매수 + 콜옵션 매수'이다.

핵심포인트 해설 　　**포트폴리오 A와 포트폴리오 D**

(1) **포트폴리오 A : 방어적 풋전략(Protective Put)**
　① 주식 매입 + 풋옵션 매수
　② 주식 상승 시 이익, 주식 하락 시 풋옵션에서 이익으로 손실을 방어(Protect)

(2) **포트폴리오 D : 이자추출전략(Cash Extraction)**
　① 채권 매수 + 콜옵션 매수
　② 이자를 미리 계산하여 원금을 보장할 수준의 금액을 채권에 투자하여 원금을 확보하고, 이자에 상당하는 부분을 콜옵션에 투자하여 수익을 추구하는 구조
　　예 원금 100에 대하여 95를 채권에 투자하고 5를 콜옵션에 투자함. 만기 시 95에서 이자가 붙어서 100이 되고 콜옵션이 실패하더라도 원금을 보장

정답 | ④

fn.Hackers.com

☑ 다시 봐야 할 문제(틀린 문제, 풀지 못한 문제, 헷갈리는 문제 등)는 문제 번호 하단의 네모박스(□)에 체크하여 반복학습하시기 바랍니다.

01 중요도 ★★
기초자산의 가격·이자율·지표·단위 또는 이를 기초로 하는 지수 등의 변동과 연계하여
미리 정해진 방법에 따라 지급금액 또는 회수금액이 결정되는 권리가 표시된 것은?

① 선 물
② 옵 션
③ 파생결합증권
④ 스 왑

02 중요도 ★★★
파생결합증권에 관한 설명으로 잘못된 것은?

① 리버스 컨버터블(Reverse Convertible)의 경우 채권 매수에 풋옵션을 매도하는 방법이다.
② 파생결합증권에 사용되는 옵션은 주로 장외옵션이다.
③ 낙아웃옵션(Knock-Out Option)은 만기 이전에 기초자산 가격이 미리 설정된 경계 수준
(Barrier)을 건드리면 옵션이 무효가 되도록 짜인 옵션이다.
④ 채권 투입 부분은 다 똑같지만 옵션의 경우 옵션의 매도포지션을 부가하는 것이 대부분이다.

03 중요도 ★★
파생결합증권을 이용함으로써 기대할 수 있는 효과로 가장 거리가 먼 것은?

① 주식, 금리, 환율 및 상품 등 다양한 기초자산을 활용한다.
② 기초자산의 방향성 예측에 대한 정확성이 제고된다.
③ Step Up, Step Down, Range Accrual 등 다양한 수익구조를 제공한다.
④ 가격, 변동성, 상관관계 등 다양한 수익원을 제공한다.

04 중요도 ★★★
유형별 옵션의 종류가 잘못된 것은?

① 경로의존형 옵션 - 경계옵션, 룩백옵션

② 시간의존형 옵션 - 미국식옵션, 버뮤다옵션

③ 첨점 수익구조형 옵션 - 무지개옵션, 바스켓옵션

④ 다중변수형 옵션 - 포트폴리오옵션, 스프레드옵션

05 중요도 ★★★
경계옵션(Barrier Option)에 대한 설명 중 잘못된 것은?

① 경계옵션은 계약기간에 기초자산 가격이 일정한 가격(촉발가격)까지 도달한 적이 있는 경우 옵션이 소멸되거나 발효되는 옵션을 말한다.

② 기초자산 가격이 촉발가격(Trigger Price)에 도달하면 옵션이 소멸되는 낙아웃(Knock-Out)옵션과 발효되는 낙인(Knock-In)옵션으로 구분된다.

③ 낙아웃옵션의 가격은 현물가격이 촉발가격에 도달하지 않는 한 표준옵션과 동일하다.

④ 옵션이 낙아웃되면 옵션 자체가 무효가 되므로 현금 보상이 이루어지는 경우가 없다.

정답 및 해설

01 ③ 자본시장법 제4조 제7항에 의한 파생결합증권의 정의에 대한 설명이다.

02 ④ 옵션의 매수포지션을 부가하는 것이 대부분이지만 몇몇 특수한 경우에는 옵션의 매도포지션을 부가하는 경우도 있다.

03 ② 파생결합증권을 이용한다고 기초자산의 방향성 예측에 대한 정확성이 높아지는 것은 아니다.

04 ③ 무지개옵션, 바스켓옵션은 다중변수의존형 옵션에 해당한다.

[참고] 경로의존형 옵션(Path Dependent Option)

- 경계옵션(배리어옵션) : 배리어(촉발가격)가격을 건드리면 옵션이 무효화(Knock-Out)되거나 유효화(Knock-In)되는 옵션
- 룩백옵션 : 만기시점에 만기일까지의 기초자산 가격 중에서 가장 유리한 가격(Call옵션 : 최저가, Put옵션 : 최고가)으로 행사가격을 정할 수 있는 옵션
- 래더옵션 : 룩백옵션의 응용으로, 미리 정해진 가격대(Ladder) 중 기간 내에 어디까지 도달하였는지에 따라서 행사가격을 결정하는 옵션
- 클리켓옵션(래칫옵션) : 행사가격 재조정 시점을 정해놓고 행사가격 재조정 시점마다 수익을 지급하고 행사가격을 재설정하는 옵션
- 샤우트옵션 : 행사가격을 아무 때나 유리하다고 생각하는 시기에 '샤우트'해서 행사가격을 정하는 옵션
- 평균기초자산옵션 : 만기 시의 기초자산 가격 대신에 만기 시까지의 기초자산 가격을 평균하여 수익구조를 결정하는 옵션
- 평균행사가격옵션 : 행사가격을 만기까지의 기초자산 가격의 평균으로 정하는 옵션

05 ④ 옵션이 낙아웃되면 옵션 자체가 무효가 되어 아무런 대가가 없거나 혹은 약간의 리베이트(현금 보상)가 이루어지는 경우도 있다.

06 중요도 ★★
첨점 수익구조형 옵션에 대한 설명 중 잘못된 것은?

① 첨점 수익구조란 옵션의 수익구조가 일정한 점프, 즉 불연속점을 가지는 경우를 말한다.
② 후불콜옵션의 경우 만기에 기초자산 가격이 하락하면 매수자는 프리미엄을 지불하지 않는다.
③ 디지털옵션의 경우 만기일에 기초자산 가격이 오르면 오를수록 수익이 점점 커진다.
④ 디지털옵션의 경우 옵션 만기일에 내가격상태이면 사전에 약정한 금액이 지급된다.

07 중요도 ★★★
경계옵션에 대한 설명으로 가장 거리가 먼 것은?

① 행사가격 외에 트리거가격이 설정된다.
② 만기가 되기 전에 기초자산 가격이 배리어가격에 도달하면 옵션이 무효화 또는 유효화된다.
③ 경계조건 외의 조건이 동일한 표준형옵션에 비하여 프리미엄이 비싸다.
④ 낙아웃옵션은 기초자산 가격이 트리거가격에 도달하면 무효화된다.

08 중요도 ★
행사가격이 사전에 정해진 시점마다 새로이 재조정되는 이색옵션은?

① 클리켓옵션
② 낙아웃옵션
③ 룩백옵션
④ 샤우트옵션

09

중요도 ★★

만기일 이전에 미래의 특정 시점에서 매입자가 매입한 옵션이 콜옵션인지 풋옵션인지의 여부를 선택할 수 있는 옵션은?

① 경계옵션
② 룩백옵션
③ 래더옵션
④ 선택옵션

10

중요도 ★★

두 기초자산 가격 차이에 의해서 수익이 결정되는 옵션은?

① 바스켓옵션
② 스프레드옵션
③ 버뮤다옵션
④ 무지개옵션

정답 및 해설

06 ③ 디지털옵션의 손익은 옵션만기일에 내가격상태이면 사전에 약정한 금액이 지급되고, 그렇지 않으면 전혀 지급되지 않는다. 따라서 디지털옵션은 만기일에 얼마만큼 내가격상태에 있느냐는 의미가 없고 단지 내가격상태의 여부가 중요하다.

07 ③ 경계옵션은 표준형옵션에 비하여 프리미엄이 싸다.

08 ① 행사가격이 사전에 정해진 시점마다 새로이 재조정되는 옵션은 클리켓옵션이다.

09 ④ 만기일 이전에 미래의 특정 시점에서 매입한 옵션이 풋인지 콜인지의 여부를 선택할 수 있는 옵션은 선택옵션이다.

10 ② 스프레드옵션(Spread Option)의 수익금은 두 기초자산 가격 차이에 의해서 결정된다. 예를 들어 6개월 만기 영국금리(파운드 금리)와 독일금리(마르크금리)의 차이를 지급하는 옵션이 있다면 바로 이것이 스프레드옵션이다.

11

중요도 ★★★

다음 중 이색옵션에 대한 설명으로 빈칸에 들어갈 말을 순서대로 올바르게 나열한 것은?

> (   )은 만기시점에서 행사가격을 결정하는 옵션으로서 미국식옵션보다 훨씬 유리하다. 한편, (   )의 수익은 둘 이상의 기초자산의 가격 중에서 가장 높은 가격에 의하여 결정된다.

① 룩백옵션, 무지개 콜옵션
② 디지털옵션, 무지개 풋옵션
③ 래더옵션, 룩백옵션
④ 래더옵션, 평균기초자산옵션

12

중요도 ★★

다음의 포트폴리오 보험전략 중 파생결합증권과 가장 밀접한 관계를 가지는 전략은?

① 방어적 풋전략(Protective Put)
② 이자추출전략(Cash Extraction)
③ 동적자산배분전략
④ 리버스 컨버터블전략(Reverse Convertible)

13

중요도 ★★★

다음 중 방어적 풋전략(Protective Put)의 구조로 옳은 것은?

① 주식 매입, 풋옵션 매도
② 주식 매도, 콜옵션 매도
③ 주식 매입, 풋옵션 매입
④ 주식 매도, 풋옵션 매입

14 중요도 ★★
자금으로 채권을 사서 만기에 원금을 보장하면서 약간 여유가 남는 자금으로 콜옵션을 매입하는 전략에 해당하는 것은?

① 방어적 풋전략
② 이자추출전략
③ 동적자산배분전략
④ 동적 헤지전략

15 중요도 ★★
동적자산배분전략의 특징으로 잘못된 것은?

① 프리미엄을 따로 지불할 필요가 없다.
② 편입비율을 상황에 따라 계속해서 조정한다.
③ 자산비율 조정간격의 문제가 있다.
④ 동적자산배분전략은 풋옵션복제전략에 해당한다.

정답 및 해설

11 ① 룩백옵션은 만기시점에서 행사가격을 결정하는 옵션으로 미국식옵션보다 훨씬 유리하다. 한편, 무지개 콜옵션의 수익은 둘 이상의 기초자산의 가격 중에서 가장 높은 가격에 의하여 결정된다.

12 ② 파생결합증권의 근간을 형성하는 구조로 이자추출전략(Cash Extraction)이 가장 널리 쓰이고 있다.

13 ③ 방어적 풋전략(Protective Put)의 구조는 '주식 매입(매수) + 풋옵션 매입(매수)'이다.

14 ② 자금으로 채권을 사서 만기에 원금을 보장하면서 약간 여유가 남는 자금으로 콜옵션을 매입하는 전략은 이자추출전략이다.

15 ④ 풋-콜 패리티 조건에서의 주식편입비율은 콜옵션의 델타값에 해당하는 숫자이므로 동적자산배분전략은 콜옵션복제전략에 해당한다고 볼 수 있다.

제5장
파생상품펀드 리스크관리

학습전략

파생상품펀드 리스크관리는 제2과목 전체 25문제 중 **총 3~4문제** 정도 출제된다.

파생상품펀드 리스크관리의 경우 파생상품펀드 대부분 파생결합증권에 투자하여 투자자가 원하는 수익구조를 구성하게 되므로 파생결합증권과 발행사의 리스크관리, 운용사의 리스크관리, 판매사의 리스크관리를 집중적으로 다루게 된다.

출제예상 비중

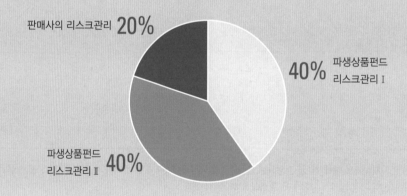

핵심포인트

파생상품펀드의 위험 중 신용위험에 관한 설명으로 잘못된 것은?

① Unfunded Swap방식으로 거래하면 신용위험을 완전히 제거할 수 있다.
② 구조화된 펀드에서는 수익구조뿐만 아니라 장외파생상품 발행사의 신용도도 중요하다.
③ 신용등급이 높을수록 지급불이행위험은 낮은 것으로 판단된다.
④ 장외파생상품 발행사의 신용위험은 지급불이행에 대한 위험이다.

용어 알아두기

신용위험	채무자가 채무조건을 이행하지 못해 발생하는 위험이다.

TIP Unfunded Swap방식으로 거래하면 발행사의 신용위험을 감소시킬 수는 있으나 완전히 없앨 수는 없다.

핵심포인트 해설   펀드에서의 파생상품 활용

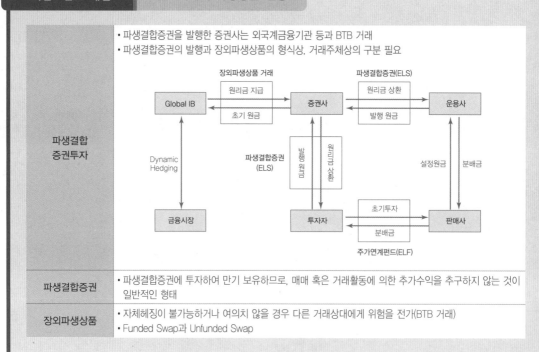

파생결합 증권투자	• 파생결합증권을 발행한 증권사는 외국계금융기관 등과 BTB 거래 • 파생결합증권의 발행과 장외파생상품의 형식상, 거래주체상의 구분 필요
파생결합증권	• 파생결합증권에 투자하여 만기 보유하므로, 매매 혹은 거래활동에 의한 추가수익을 추구하지 않는 것이 일반적인 형태
장외파생상품	• 자체헤징이 불가능하거나 여의치 않을 경우 다른 거래상대에게 위험을 전가(BTB 거래) • Funded Swap과 Unfunded Swap

정답 | ①

다음 중 발행사의 리스크관리에 관한 설명으로 거리가 먼 것은?

① 파생상품시장에서의 전형적인 상품 유동성 리스크에 직면할 수 있다.

② 자체헤징방법에 따라서 신용 리스크가 발생할 수 있다.

③ 자체헤징을 할 경우에도 법률적 리스크는 BTB 거래와 동일하다.

④ BTB 거래는 상품 유동성에는 문제가 없으나 전형적인 자금 유동성 리스크에 직면할 수 있다.

용어 알아두기

BTB 거래	파생결합증권과 동일한 수익구조를 가진 상품거래를 반대포지션으로 하는 것으로 거래상대방은 대개 글로벌 IB이다.

TIP BTB 거래에서 자금 유동성 리스크에는 문제가 없으나 전형적인 상품 유동성 리스크에 직면할 수 있다.

핵심포인트 해설　　**백투백 거래와 자체헤지 비교**

구 분	백투백(BTB) 거래	자체헤지(Dynamic Hedge)
개 념	• 파생결합증권과 동일한 수익구조를 가진 장외파생상품거래를 제3자와 반대포지션으로 거래	• 다양한 거래를 통해서 발행사가 시장 리스크를 직접 조절하는 방법
시장 리스크	• 완벽제거	• 시장 리스크 존재(위험, 기회)
신용 리스크	• 발행사는 신용 리스크가 없음 • 장외파생상품 거래 상대방의 채무불이행 위험이 존재 ⇨ Unfunded Swap, 담보제공계약	• 장외파생상품이 없으므로 신용 리스크가 없음 • 자체헤징 투자방법에 따라 신용 리스크가 있을 수 있음
법률적 리스크	• 법무부서와 긴밀한 협조	• 법무부서와 긴밀한 협조
유동성 리스크	• 자금 유동성 리스크에는 문제가 없으나 전형적인 상품 유동성 리스크에 직면할 수 있음	• 장외파생상품에 운용하는 경우 유동성 문제가 생김

정답 | ④

다음 중 파생결합증권과 발행사의 리스크관리에 관한 설명으로 거리가 먼 것은?

① 발행사의 역할은 BTB 거래의 중개자 역할에 한정되지 않고 자체헤징을 수행하기도 한다.
② 파생상품거래 시 시장 리스크를 완벽하게 제거하는 방법이 BTB 거래이다.
③ BTB 거래 시 발행사는 파생결합증권을 발행하였으므로 발행 증권에 대한 신용 리스크가 발생한다.
④ BTB 거래 시 파생결합증권을 매입한 운용사의 펀드는 발행 증권사의 신용 리스크를 가지고 있다.

용어 알아두기

자체헤지	발행사가 직접 파생결합증권에 부합하는 거래를 시장에서 체결하는 것이다.

TIP 발행사는 발행 증권에 대한 신용 리스크가 없다.

핵심포인트 해설 **백투백(BTB) 거래**

백투백(BTB) 거래의 흐름	대체상품 유동성 리스크 ↑ Global IB ←장외파생상품 거래→ 발행사 ←파생결합증권(ELS) 매매→ 운용사 ↓　　　　　↓　　　　　　　　　　　　　↓ 거래 상대방　거래 계약서　　　　　거래 계약서와 신용 리스크　법률 리스크　　　발행내용의 불일치 리스크
시장 리스크	• 파생상품 거래 시 시장 리스크를 완벽하게 제거하는 방법(BTB 거래) • 발행사의 입장에서는 시장 리스크가 없다고 봄
신용 리스크	• Unfunded Swap • 담보제공계약
법률적 리스크	• 파생결합증권의 경우는 정해진 표준양식에 의해 거래내용을 충분히 반영 • 장외파생상품거래 계약서는 유가증권발행신고서와 상충되지 않도록 법무부서와 긴밀한 협조
유동성 리스크	• BTB 거래에서 자금 유동성 리스크에는 문제가 없음 • 파생상품시장에서의 전형적인 상품 유동성 리스크에 직면할 수 있음

정답 | ③

파생결합증권 발행사가 자체헤징을 하는 경우 리스크관리에 관한 설명으로 올바른 것은?

① 자체헤징방법에 따라 장외파생상품을 활용할 수 있어 그에 따른 신용 리스크가 발생할 수 없다.

② 신용 리스크는 파생결합증권의 이자 혹은 만기원금지급 시의 현금흐름을 자체헤징의 결과로 충족시킬 수 없을 경우에 발생한다.

③ 장외파생상품거래에 따른 특정상품 유동성 리스크에 노출될 가능성이 크다.

④ 자체헤징할 경우에는 장외파생상품거래에 따른 계약서 관련 리스크에 노출될 수 없다.

TIP ① 신용 리스크가 발생할 수 있다.
② 자금 유동성 리스크는 파생결합증권의 이자 혹은 만기원금지급 시의 현금흐름을 자체헤징의 결과로 충족시킬 수 없을 경우에 발생한다.
④ 자체헤징할 경우에도 계약서 관련 리스크에 노출될 수 있다.

핵심포인트 해설 　　자체헤지

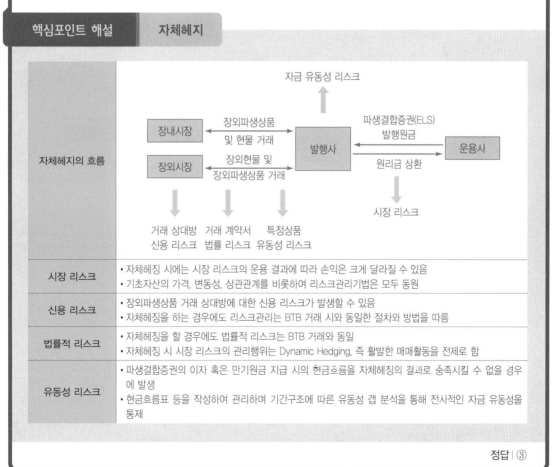

시장 리스크	• 자체헤징 시에는 시장 리스크의 운용 결과에 따라 손익은 크게 달라질 수 있음 • 기초자산의 가격, 변동성, 상관관계를 비롯하여 리스크관리기법은 모두 동원
신용 리스크	• 장외파생상품 거래 상대방에 대한 신용 리스크가 발생할 수 있음 • 자체헤징을 하는 경우에도 리스크관리는 BTB 거래 시와 동일한 절차와 방법을 따름
법률적 리스크	• 자체헤징을 할 경우에도 법률적 리스크는 BTB 거래와 동일 • 자체헤징 시 시장 리스크의 관리행위는 Dynamic Hedging, 즉 활발한 매매활동을 전제로 함
유동성 리스크	• 파생결합증권의 이자 혹은 만기원금 지급 시의 현금흐름을 자체헤징의 결과로 충족시킬 수 없을 경우에 발생 • 현금흐름표 등을 작성하여 관리하며 기간구조에 따른 유동성 갭 분석을 통해 전사적인 자금 유동성을 통제

정답 | ③

05

자본시장법상 공모파생상품펀드에서 파생결합증권에만 투자하는 경우, 최소한 몇 개 이상
의 발행사가 발행한 파생결합증권에 투자해야 하는가?

① 1개　　　　　　　　　　　　② 2개
③ 3개　　　　　　　　　　　　④ 4개

TIP　동일한 파생결합증권에 30%까지만 투자가 가능하므로 발행사는 최소한 4개 이상이어야 한다.

핵심포인트 해설　　**파생결합증권과 운용사의 리스크관리**

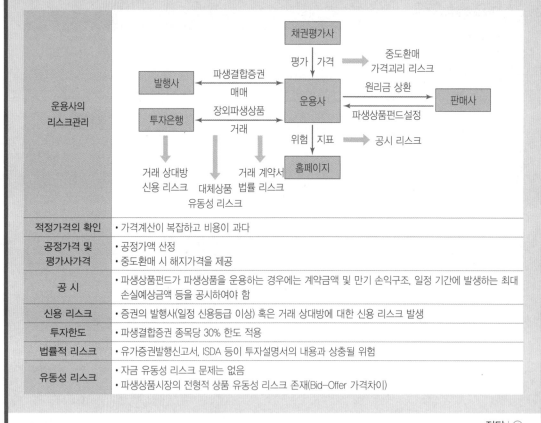

적정가격의 확인	• 가격계산이 복잡하고 비용이 과다
공정가격 및 평가사가격	• 공정가액 산정 • 중도환매 시 해지가격을 제공
공 시	• 파생상품펀드가 파생상품을 운용하는 경우에는 계약금액 및 만기 손익구조, 일정 기간에 발생하는 최대 손실예상금액 등을 공시하여야 함
신용 리스크	• 증권의 발행사(일정 신용등급 이상) 혹은 거래 상대방에 대한 신용 리스크 발생
투자한도	• 파생결합증권 종목당 30% 한도 적용
법률적 리스크	• 유가증권발행신고서, ISDA 등이 투자설명서의 내용과 상충될 위험
유동성 리스크	• 자금 유동성 리스크 문제는 없음 • 파생상품시장의 전형적 상품 유동성 리스크 존재(Bid-Offer 가격차이)

정답 | ④

06

인덱스 추종형 펀드의 효과적 포트폴리오 구성에 관한 설명 중 잘못된 것은?

① 현물 포트폴리오 대신 파생상품을 편입하거나, 파생상품 편입비를 수시로 조절한다.
② 이론적으로 백워데이션(Backwardation) 상태일 때 주가지수선물을 매도하고 주식 포트폴리오를 매입한다.
③ 부가적으로 주식 포트폴리오 매도대금으로는 증거금을 제외하고 단기 금융상품에 투자하여 이자수익도 기대할 수 있다.
④ 합성선물의 가격이 주가지수선물보다 저렴할 수 있어 경우에 따라서는 주가지수선물 대신 합성선물을 활용한다.

TIP 이론적으로 백워데이션(Backwardation) 상태일 때 주가지수선물을 매입하고 주식 포트폴리오를 매도하며, 콘탱고(Contango) 상태일 때 주가지수선물을 매도하고 주식 포트폴리오를 매입하게 된다. 그 결과 인덱스인 주가지수를 추종하면서 현·선물 가격의 괴리(Basis)의 변동을 이용한 추가수익을 추구한다.

핵심포인트 해설 | **효율적인 포트폴리오 관리**

효율적인 포트폴리오 관리	• 파생상품이 현물의 대체수단으로 더 효율적인 포트폴리오 관리가 가능 　예 '파생결합증권'이 아닌 '파생상품' 거래를 통한 효율적인 포트폴리오 관리 • 인덱스펀드 : 파생상품을 편입하여 인덱스 대비 초과성과를 내는 펀드 　· 콘탱고·백워데이션 : 콘탱고(선물 매도 + 주식 매입), 백워데이션(선물 매입 + 주식 매도) 　· 풋-콜 패리티 : 콜 매입 + 풋 매도 = 합성선물 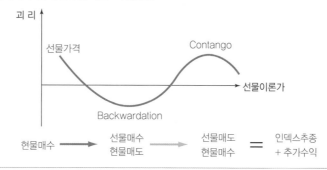
리스크관리	• 장기간의 성과평가를 통해 성장형(Active형) 및 순수 인덱스펀드와의 비교우위를 판단 • 벤치마크 대비 초과수익률을 추적오차로 나눈 정보비율(Information Ratio)로 펀드들의 비교우위를 검토해 보는 것도 리스크관리의 한 방법

정답 | ②

다음 중 시장 중립형 펀드(Market Neutral Fund)에 대한 설명으로 거리가 먼 것은?

① 기본적으로 주식시장에서 매입포지션과 매도포지션의 양을 조절하여 시장변동과 무관한 절대수익을 추구한다.

② 현물 바스켓만큼 주가지수선물을 매도하여 시장중립적인 추가수익을 구현하려는 것이다.

③ 실제 거래에 있어서는 상당한 손실이 발생하기도 한다.

④ 신용도나 만기구조의 조정에 의한 방향성 매매와는 달리, 변동성 매매라고도 불린다.

용어 알아두기

시장 중립형 펀드	대개 차익거래를 통하여 무위험 절대수익을 추구하는 펀드이다.

TIP 변동성 매매는 상대가치투자에 해당하는 내용이다.

핵심포인트 해설   **효율적인 포트폴리오 관리**

(1) 시장 중립형 펀드(Market Neutral Fund)
　① 매입포지션과 매도포지션의 양을 조절하여 시장변동과 무관한 절대수익을 추구함
　② 현물 바스켓만큼 주가지수선물을 매도하여 시장중립적인 추가수익을 구현함
　③ 매입·매도포지션의 양을 다르게 하여 바스켓을 구성함
　④ 현실에서는 좋은 성과를 내지 못함(2008년 금융위기 당시 업계 평균 20% 손실)

(2) 특정 위험의 회피 전략

채권형 펀드의 리스크관리	• 신용도와 만기의 매트릭스 구조에 따라 활용방식에 차이 • 채권형 펀드의 경우 편입물의 구성은 국고채 등 무위험등급부터 은행채 등 • 현물로서 포트폴리오 듀레이션을 조정 • 국채선물, 혹은 이자율 스왑으로 듀레이션을 조정
상대가치투자 (Relative Value Trading)	• 신용도 및 만기구조에 따른 리스크관리 방식으로 파생상품활용에서 파생상품 간의 가격괴리 혹은 현물과 파생상품 간의 가격괴리를 활용한 운용방식 • 신용도나 만기구조의 조정에 의한 방향성 매매와는 달리 변동성 매매라고도 불림
특정 위험회피	• 주식형 펀드 : 주식비중 유지 • 채권형 펀드 : 듀레이션 조절 • 환리스크 : 외환 관련 파생상품의 거래 상대방 채무불이행 위험에 대한 심사강화, KIKO 사태 등 과다 헤지로 인한 손실로 실효성에 대한 문제 제기, 통화선물은 시장의 유동성 문제가 존재하고, 선물환 거래는 의무이행에 대한 부담 고려

정답 | ④

파생상품펀드의 매매와 관련하여 공시하여야 하는 위험지표가 아닌 것은?

① 계약금액
② 파생상품 거래에 따른 만기시점의 손익구조
③ 투자한도
④ 최대손실예상금액

용어 알아두기

최대손실 예상금액	발생 가능한 최대손실금액이라는 의미로, 금융기관의 시장 위험 예측지표로 사용한다.

TIP 투자한도는 공시하여야 하는 위험지표가 아니다.

핵심포인트 해설 | **파생상품과 운용사의 리스크관리**

위험평가액	• 산정대상 제외 규정 • 기업회계기준상 위험회피회계의 적용대상이 되는 거래(헤지비율 80 ~ 125%) • 대상자산의 델타를 중립으로 하는 위험회피 거래
평가가격 및 공정가격	• 장내파생상품이나 유동성이 풍부한 장외파생상품은 시장가격이나 공정하게 산출한 가격이 있기 때문에 평가가격과의 괴리가 미미한 수준 • 채권평가사 제공가격을 사용해 가격 오류 시 가격 재산정 등 운영 리스크 상존
공 시	• 만기시점의 손익구조는 거래할 때마다 위험지표를 공시 • 시나리오법에 따른 옵션위험액 및 최대손실예상금액(VaR)도 매일 공시
신용 리스크	• 장외파생상품 거래를 할 경우 거래 상대방에 대한 신용 리스크는 투자자 부담
법률 리스크	• 표준계약서와 관련된 법률 리스크는 물론 담보제공계약으로 신용보강을 한다면 담보관리에 따른 운영 리스크도 증가함
투자한도	• 같은 거래 상대방과의 장외파생상품 매매에 따른 위험평가액이 각 펀드 자산총액의 10%를 초과하여 투자하는 행위 금지(사모펀드는 제한을 받지 않음)

정답 | ③

파생결합증권의 조기종결 사유로 거리가 먼 것은?

① 관련 법령의 제정 및 개정 등으로 거래가 위법하게 된 경우
② 판매사의 자본 증자가 발생하는 경우
③ 추가적인 조세부담이 발생하는 경우
④ 발행사의 채무불이행 사유 발생

TIP 판매사의 자본 증자가 발생하는 것은 조기종결 사유가 될 수 없다.

핵심포인트 해설   판매사의 리스크관리

투자자성향 파악	• 투자자의 성향 파악이 파생상품펀드 판매행위의 출발점 • 투자자성향에 적합한 상품유형을 제시할 수 있어야 함
수익구조 다각화	• 파생결합증권의 편입 : 투자자는 방향성에 의한 수익이 아닌 특정 수익구조 기대 • 투자자의 위험선호도에 맞게 지속적인 상품개발이 필요 • 다양한 수익구조 제시와 이에 대한 리스크관리는 물론, 변동성과 상관관계 리스크를 최소화하면서 수익을 추구
효율적인 펀드운용	• 파생상품의 거래를 통해 펀드의 위험·수익관계를 바꾸게 됨
중도환매	• 환매수수료 : 상환 이전에 환매를 요청하는 경우 부분환매가 이루어지며 환매금액의 3 ~ 7%에 이르는 환매수수료 부담 • 평가가격 : 투자자가 인지하고 있는 수준과 차이가 날 수 있고, 중간평가일 또는 만기 시점의 수익구조에 대해 명쾌하게 주지시키는 것이 필요
계약변경	• 기초자산, 발행사 또는 시장에 문제가 발생하는 경우 계약조건의 변경이나 조기종결이 가능하며, 펀드 투자설명서에 충분하고 정확한 언급과 설명 필요 • 관련 법령의 제정 및 개정 등으로 거래가 위법하게 된 경우, 추가적인 조세부담이 발생하는 경우, 발행사의 채무불이행 사유 발생 시에는 조기종결
평판 리스크	• 운용사의 리스크관리 정책에 따라 위험과 수익이 다르기 때문에 운용사의 평판을 고려해야 하며, 중도 상환비율을 비교하는 방법도 좋은 리스크관리의 방안임 • 발행사와 장외파생상품 거래 상대방의 선택은 운용사의 몫이나 그 신용 리스크는 투자자의 몫이므로 신용 리스크가 있음을 알려야 함

정답 | ②

fn.Hackers.com

출제예상문제

☑ 다시 봐야 할 문제(틀린 문제, 풀지 못한 문제, 헷갈리는 문제 등)는 문제 번호 하단의 네모박스(□)에 체크하여 반복학습하시기 바랍니다.

01
중요도 ★★

펀드에서의 파생상품 활용에 관한 다음 설명 중 잘못된 것은?

① 통상적으로 파생상품펀드라 하면 파생결합증권을 펀드에 편입시켜 파생결합증권의 수익구조에 따라 펀드의 수익구조가 정해지는 경우를 말한다.

② 파생결합증권은 사채의 발행, 장외파생상품은 파생상품자산·부채 등으로 기표함이 올바른 계정과목이다.

③ 자본시장법하에서 활용할 수 있는 파생상품의 기초자산의 종류에는 제한이 없다.

④ Funded Swap은 파생결합증권에 내재된 파생상품부분만 따로 떼어내서 거래를 체결하는 방식을 말한다.

02
중요도 ★★

파생상품펀드의 위험 중 주가 관련 위험과 거리가 먼 것은?

① 파생상품펀드는 그 기초자산인 주가지수 또는 주가의 변동 위험에 노출되어 있다.

② 투자대상자산이 유사한 움직임을 보이면 분산투자 효과는 감소한다.

③ 장외파생상품에서 손실이 나는 가장 큰 이유는 주가전망보다 상품구조가 어렵기 때문이다.

④ 구조화상품은 투자기간 중 40% 이상 하락이 없는 경우 등과 같이 전망을 포괄적으로 하는 경우가 많다.

03
중요도 ★★★

상품에 따라 가격, 베이시스, 변동성, 상관관계 등이 위험의 원천이 되는데, 다음 중 기초자산가격의 변화에 따른 수익의 불확실성으로 일반적으로 헤지되지 않은 포지션 위험은?

① 가격 위험

② 베이시스 위험

③ 변동성 위험

④ 상관관계 위험

04 중요도 ★

발행사의 신용 위험에 대한 설명으로 거리가 먼 것은?

① 투자자가 부담하여야 하는 신용 위험은 발행사의 지급불이행 가능성이다.

② 장외파생상품 발행사가 자기자본규제비율을 충족하지 못하면 그 조건이 충족될 때까지 새로운 장외파생상품 거래를 중지하고 신규발행이 중지된다.

③ 자기자본규제비율을 충족하지 못하면 위험회피와 관련된 업무를 수행할 수 없다.

④ CDS 스프레드가 확대되면 해당 발행사의 신용 위험이 증가하는 것을 의미한다.

05 중요도 ★★★

파생상품펀드의 변동성 위험에 대한 설명 중 옳은 것은?

① 투스타(Two Star) 구조에서 변동성이 크면 쿠폰이 낮다.

② 파생결합증권의 발행사·운용사는 가격에 대한 리스크는 물론 변동성, 상관관계 리스크를 최소화하면서 수익을 추구한다.

③ 변동성이 크면 기초자산의 하락가능성과 KI(Knock-In) 가능성이 적다.

④ 변동성이 클수록 경제주체의 미래에 대한 예상에 차이가 나게 되고 이것은 위험의 크기가 작아지게 됨을 의미한다.

정답 및 해설

01 ④ Unfunded Swap은 파생결합증권에 내재된 파생상품부분만 따로 떼어내서 거래를 체결하는 방식을 말한다.

02 ③ 상품구조에 대한 무지보다 주가전망이 예상과 반대로 움직여서 장외파생상품에서 손실이 발생하는 경우가 많다.

03 ① 가격 위험은 기초자산가격의 변화에 따른 수익의 불확실성으로 일반적으로 헤지되지 않은 포지션 위험을 말한다.

04 ③ 발행사가 자기자본규제비율을 충족하지 못하게 된 경우에도 미종결 거래의 정리 또는 위험회피에 관련된 업무를 수행할 수 있다.

05 ② ① 투스타(Two Star) 구조에서 변동성이 크면 쿠폰이 높다.

③ 변동성이 크면 기초자산의 하락가능성과 KI(Knock-In) 가능성이 크다.

④ 변동성이 클수록 경제주체의 미래에 대한 예상에 차이가 나게 되고 이러한 예상의 차이는 결국 위험의 크기가 커지게 됨을 의미한다.

06 두 종목의 상관관계가 다음과 같고 이를 이용하여 투스타(Two Star) 스텝다운 구조의 구조화상품을 만든다고 가정하였을 때, 쿠폰을 가장 높일 수 있는 기초자산 결합은 어느 것인가?

상관관계	A종목	B종목	C종목
甲종목	−1	−0.5	0.4
乙종목	0.5	−0.1	0.3
丙종목	0.9	0.8	0.4
丁종목	1.0	0.5	0.1

① A종목 + 甲종목   ② A종목 + 丁종목
③ B종목 + 乙종목   ④ C종목 + 丁종목

07

중요도 ★★

백투백 거래를 하는 파생결합증권 발행사의 리스크관리에 관한 설명 중 잘못된 것은?

① 표준적인 담보제공계약서(Credit Support Annex/Deed)는 담보물의 성격에 대한 문제가 있어 법률적 자문이 필요하다.
② 신용 리스크의 관리방안으로는 Unfunded Swap의 활용 및 담보제공계약 등이 있다.
③ 장외파생상품의 계약서는 가능하면 ISDA Master Agreement, Schedule, Confirmation으로 이뤄지는 표준계약방식을 활용하는 것이 좋다.
④ 파생결합증권과 완전히 동일한 수익구조의 장외파생상품 거래를 하지는 않기에 시장 리스크가 존재한다.

08

중요도 ★★★

백투백 거래에 대한 설명으로 잘못된 것은?

① 발행사가 파생결합증권을 발행하고 해당 증권의 수익구조와 동일한 구조의 장외파생상품 거래를 하는 방식이다.
② 시장과 법률 리스크는 파생상품 거래 시 완벽하게 제거된다.
③ 발행사는 파생결합증권을 발행하였으므로 발행 증권에 대한 신용 리스크는 없다.
④ 자금 유동성에는 문제가 없으나 파생상품시장에서의 전형적인 상품 유동성 리스크에 노출될 수는 있다.

09 중요도 ★★

자체헤지 거래에 관한 설명으로 옳은 것은?

① 파생결합증권에 내재된 모든 시장 리스크에 노출되지 않는다.

② 장외파생상품 거래를 할 수도 있으나 신용 리스크에 노출될 수는 없다.

③ 자체헤징은 활발한 매매활동을 전제로 하므로 법률적 리스크에 노출될 수 있다.

④ 백투백 거래와 같이 자금의 유출입이 일치하기 때문에 자금 유동성 리스크는 없다.

10 중요도 ★★

자체헤징을 하는 파생결합증권 발행사의 리스크관리에 관한 설명 중 잘못된 것은?

① 상품 유동성 리스크는 파생결합증권의 이자 혹은 만기원금 지급 시의 현금흐름을 자체헤징의 결과로 충족시킬 수 없을 경우에 발생한다.

② 장외파생상품 거래에 따른 특정상품 유동성 리스크에 노출될 가능성이 크다.

③ 자체헤징 방법에 따라 장외파생상품을 활용할 수 있어 그에 따른 신용 리스크가 발생할 수 있다.

④ 자체헤징을 할 경우에도 장외파생상품 거래에 따른 계약서 관련 리스크에 노출될 수 있다.

정답 및 해설

06 ① 두 종목의 상관관계가 낮을수록 쿠폰은 높아지고 중도상환조건은 낮아지는 반면, 상관관계가 높을수록 쿠폰은 낮아지고 중도상환조건은 높아진다.

07 ④ 파생결합증권과 동일한 수익구조의 장외파생상품 거래를 하기 때문에 시장 리스크는 발생하지 않는다.

08 ② 시장 리스크는 없으나 법률적 리스크는 있다. 그러므로 법률적 리스크관리를 위하여 파생결합증권과 장외파생상품거래 계약서 내용의 일관성을 검토해야 한다.

09 ③ ① 파생결합증권에 내재된 모든 시장 리스크에 노출되며, 이를 통해 수익을 창출한다.

　② 백투백 거래를 하지 않으므로 거래 상대방에 대한 채무불이행 위험이 없다고 볼 수 있으나, 자체헤징방법에 따라서는 장외파생상품 거래를 할 수도 있으므로 신용 리스크에 노출될 수 있다.

　④ 백투백 거래와 같이 자금의 유출입이 일치하지는 않기 때문에, 자금 유동성 리스크관리 시스템 및 규정 등의 구비에 만전을 기해야 한다.

10 ① 자금 유동성 리스크는 파생결합증권의 이자 혹은 만기원금 지급 시의 현금흐름을 자체헤징의 결과로 충족시킬 수 없을 경우에 발생한다.

11

중요도 ★★★

파생결합증권에 내재된 파생상품부분만 따로 떼어내서 거래를 체결하는 방식은?

① Dynamic Hedging
② 백투백(BTB) 거래
③ Funded Swap
④ Unfunded Swap

12

중요도 ★★

인덱스펀드의 효율적 관리에 대한 설명으로 잘못된 것은?

① 인덱스펀드는 펀드를 효율적으로 운용하기 위하여 파생상품을 활용한다.
② 백워데이션일 때 주가지수선물 매도·주식 매입 포지션을 취한다.
③ 합성선물의 가격이 주가지수선물보다 저렴한 경우 주가지수선물 대신 합성선물을 활용한다.
④ 인덱스인 주가지수를 추종하면서 현·선물 가격의 괴리의 변동을 이용한 추가수익을 추구한다.

13

중요도 ★★★

파생상품펀드의 위험지표 공시대상이 아닌 것은?

① 만기시점의 손익구조
② 시나리오법에 따른 옵션위험액
③ 신용 리스크
④ 최대손실예상금액(VaR)

14

중요도 ★★★

파생상품거래에 따른 위험평가액에 관한 설명으로 잘못된 것은?

① 위험회피회계의 적용대상이 되기 위해서는 위험회피수단으로 지정해야 하며 이에 대한 각종 증빙서류를 구비해야 한다.
② 위험회피효과, 즉 헤지비율은 80 ~ 125%를 충족하여야 한다.
③ 위험평가액 산정대상에서 제외되는 경우는 기업회계기준상 위험회피회계의 적용대상이 되는 거래만 허용된다.
④ 델타의 중립이란 용어를 불문하고 실질적으로 델타중립과 동일한 효과가 있는 것을 포함한다.

15 중요도 ★★★
파생결합증권의 계약조건 변경 혹은 조기종결과 관련된 설명으로 거리가 먼 것은?

① 발행사의 채무불이행 사유(Event of Default) 발생 시 조기종결 사유에 해당한다.
② 외국계투자은행과 직접 장외파생상품 거래를 한 경우 외환시장의 붕괴는 구조변경의 사유가 될 뿐이다.
③ 기초자산과 관련된 선물, 옵션의 거래가 제한되거나 지연되는 경우 조기종결 혹은 구조변경 사유가 될 수 있다.
④ 기초자산의 가격에 중요한 영향을 줄 수 있는 사건이 발생하면 발행조건이 변경되거나 조기종결을 하게 된다.

16 중요도 ★★
파생상품펀드가 투자자에게 제공하는 투자유인이 아닌 것은?

① 수익구조의 다각화   ② 리스크의 헤지
③ 기초자산 범위의 확대   ④ 효율적인 펀드운용

17 중요도 ★
파생상품펀드의 위험과 그 내용이 잘못된 것은?

① 신용 위험 : 권한 밖의 일을 처리하는 위험
② 유동성 위험 : 현금화 불가능 위험
③ 법적 위험 : 실거래와 법규와의 괴리에 따른 위험
④ 가격 위험 : 금리·주가·환율 등 시장변수의 변동으로 인한 시장가격 하락 위험

정답 및 해설

11 ④ 2008년 이후 장외파생상품 거래의 상대방이었던 주요 투자은행들의 신용도가 추락하면서, 장외파생상품 거래 상대방의 신용 리스크가 급증하여 파생결합증권에 내재된 파생상품부분만 따로 떼어내서 거래를 체결하는 방식을 Unfunded Swap이라고 한다.
12 ② 백워데이션일 때 주가지수선물 매입·주식 매도, 콘탱고일 때 주가지수선물 매도·주식 매입 포지션을 취한다.
13 ③ 신용 리스크는 파생상품펀드의 위험지표 공시대상이 아니다.
14 ③ 위험평가액 산정대상에서 제외되는 경우는 기업회계기준상 위험회피회계의 적용대상이 되는 거래와 대상자산의 델타를 중립으로 하는 위험회피 거래이다.
15 ② 외국계투자은행과 직접 장외파생상품 거래를 한 경우 외환시장의 붕괴는 조기종결의 사유가 되기도 한다.
16 ② 리스크의 헤지는 투자유인이 아니다.
17 ① 신용 위험은 채무불이행 위험과 결제불이행 위험을 말하고, 권한 밖의 일을 처리하는 위험은 운영 위험을 의미한다.

제 3 과목
부동산펀드

[총 15문항]

제1장
부동산펀드 법규

학습전략

부동산펀드 법규는 제3과목 전체 15문제 중 **총 5문제**가 출제된다.
부동산펀드 법규는 부동산펀드의 법적 형태와 부동산펀드의 운용제한 내용을 중심으로 공부해야 하고,
특히 부동산펀드에만 적용되는 운용특례는 출제빈도가 아주 높으므로 반드시 암기해야 한다.

출제예상 비중

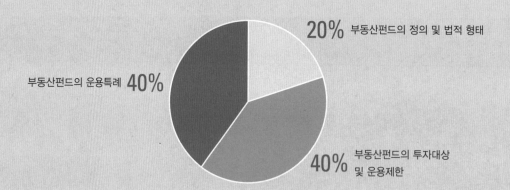

20% 부동산펀드의 정의 및 법적 형태

부동산펀드의 운용특례 **40%**

40% 부동산펀드의 투자대상 및 운용제한

핵심포인트

구 분	핵심포인트	중요도	페이지
부동산펀드의 정의 및 법적 형태 (20%)	01 부동산펀드의 정의 02 부동산펀드의 법적 형태 03 환매금지형부동산펀드	★★ ★★ ★★★	p. 544 p. 545 p. 547
부동산펀드의 투자대상 및 운용제한 (40%)	04 부동산펀드의 투자대상 05 부동산펀드의 운용제한	★★★ ★★★	p. 548 p. 549
부동산펀드의 운용특례 (40%)	06 부동산펀드의 운용특례	★★★	p. 551

다음 중 부동산펀드의 개념에 대한 설명으로 잘못된 것은?

① 자본시장법에 의하면 부동산펀드는 펀드재산의 40% 이상을 부동산 등에 투자한다.

② 구체적인 투자비율은 대통령령인 시행령으로 결정되는데 현재는 50% 초과이다.

③ 부동산 관련 금전채권·증권·파생상품 등에 투자하는 경우도 가능하다.

④ 자본시장법 시행 이후 부동산펀드의 투자 범위는 종전보다 축소되었다.

TIP 자본시장법 시행 이후 부동산펀드의 투자대상은 대폭 확대되었으며 여러 형태의 펀드가 모색되고 있다.

핵심포인트 해설 **부동산펀드의 개념**

(1) 부동산펀드의 의의
　① 자본시장법상 부동산펀드는 펀드재산의 40% 이상으로서 대통령령이 정하는 비율을 초과하여 부동산 등에 투자하는 집합
　　투자기구
　② 자본시장법 시행령(대통령령)으로 투자비율 및 범위가 달라짐(자본시장법 시행령 제240조 3항에 의해 투자비율은 50% 초
　　과로 정함)

(2) 자본시장법상 부동산펀드의 투자 범위(종전보다 확대됨)
　① 부동산취득
　② 부동산관리·개량·개발·임대·운영
　③ 부동산 관련 권리에 투자
　④ 부동산개발과 관련된 법인에 대한 대출
　⑤ 부동산 관련 금전채권·증권·파생상품 등에 투자하는 경우도 가능

(3) 공모 REITs
　투자자로부터 공모방식으로 설립되는 공모부동산투자회사(공모 REITs)도 자본시장법의 적용을 받는 펀드임

정답 | ④

자본시장법상 부동산펀드의 법적 형태와 거리가 먼 것은?

① 부동산투자유한회사
② 부동산투자합자회사
③ 부동산투자합명회사
④ 부동산투자익명조합

TIP 자본시장법상 부동산펀드는 부동산투자신탁, 부동산투자회사, 부동산투자유한회사, 부동산투자유한책임회사, 부동산투자합자회자, 부동산투자합자조합, 부동산투자익명조합 등 총 7가지이다.

핵심포인트 해설 **자본시장법상 부동산펀드의 형태**

법적 형태	집합투자규약	설정·설립 주체	발행증권 형태
부동산투자신탁	신탁계약서	집합투자업자	수익증권
부동산투자회사	정 관	발기인	주 식
부동산투자유한회사	정 관	집합투자업자	지분증권
부동산투자유한책임회사	정 관	집합투자업자	지분증권
부동산투자합자회사	정 관	집합투자업자	지분증권
부동산투자합자조합	조합계약	집합투자업자	출자증권
부동산투자익명조합	익명조합계약	집합투자업자	출자증권

정답 | ③

다음 중 부동산펀드가 투자할 수 있는 증권의 유형을 모두 고른 것은?

> ㉠ 사 채   ㉡ 주 식
> ㉢ 펀 드   ㉣ 투자계약증권
> ㉤ ELS   ㉥ DR

① ㉠, ㉡, ㉢   ② ㉠, ㉡, ㉢, ㉣

③ ㉠, ㉡, ㉢, ㉣, ㉤   ④ ㉠, ㉡, ㉢, ㉣, ㉤, ㉥

TIP 자본시장법상 부동산펀드가 투자할 수 있는 증권은 채무증권, 지분증권, 수익증권, 투자계약증권, 파생결합증권, 증권예탁증권 6종이다.

핵심포인트 해설　　**부동산펀드가 투자할 수 있는 증권**

채무증권	• 국채, 지방채, 특수채, 사채, 기업어음증권 등 • 기타 이와 유사한 것으로 지급청구권이 표시된 것
지분증권	• 주권(주식), 신주인수권, 출자증권, 출자지분 등 • 기타 이와 유사한 것으로 출자지분이 표시된 것
수익증권	• 금전신탁계약에 의한 수익권이 표시된 수익증권(신탁업자 발행) • 수익권을 균등분할 표시한 펀드(집합투자업자 발행) • 기타 이와 유사한 것으로 신탁의 수익권이 표시된 것
투자계약증권	• 특정 투자자가 그 투자자와 타인 간의 공동사업에 금전 등을 투자하고 주로 타인이 수행한 공동사업의 결과에 따른 손익을 귀속 받는 계약상의 권리가 표시된 것
파생결합증권	• 기초자산의 가격, 이자율, 지표, 단위 또는 이를 기초로 하는 지수 등의 변동과 연계하여 미리 정해진 방법에 따라 지급금액 또는 회수금액이 결정되는 권리가 표시된 것(ELS, DLS, ELW, ETN 등)
증권예탁증권	• 채무증권, 지분증권, 수익증권, 투자계약증권, 파생결합증권을 예탁받은 자가 그 증권이 발행된 국가 외의 국가에서 발행한 것으로서 그 예탁받은 증권과 관련된 권리가 표시된 것(DR, KDR, EDR, GDR 등)

정답 | ④

04

다음 중 상장 의무가 있는 펀드로 옳은 것은?

① 부동산투자회사
② 부동산투자조합
③ 부동산투자유한회사
④ 사모부동산펀드

TIP 공모부동산투자신탁이나 공모부동산투자회사만 상장 의무가 있다.

핵심포인트 해설　　**부동산펀드 환매금지 및 상장 의무**

(1) 환매금지형부동산펀드
　① 자본시장법은 집합투자업자가 부동산펀드를 설정하는 경우에는 당해 부동산을 환매금지형펀드로 설정하도록 의무화
　　(단, 조기에 현금화가 가능한 부동산펀드는 예외)
　② 공모부동산투자신탁이나 공모부동산투자회사는 투자자의 환금성 보장을 위하여 펀드 발행일로부터 90일 이내에 해당 부동
　　산펀드를 증권시장에 상장하여야 함

(2) 부동산펀드와 상장 의무

구 분	상장 의무가 있는 형태	상장 의무가 없는 형태
공모부동산펀드	• 부동산투자신탁 • 부동산투자회사	• 부동산투자유한회사 • 부동산투자유한책임회사 • 부동산투자합자회사 • 부동산투자합자조합 • 부동산투자익명조합
사모부동산펀드	• 사모인 경우에는 어떤 형태이든 상장 의무 없음	

정답 | ①

부동산펀드

제 3 과목

해커스 **펀드투자자유증자문인력** 최종핵심정리문제집

증권형 부동산펀드의 주요 운용대상과 거리가 먼 것은?

① 부동산투자회사(REITs)가 발행한 주식
② 프로젝트 파이낸싱(PF)
③ 부동산개발회사가 발행한 증권
④ 주택저당채권담보부채권

TIP 부동산개발과 관련된 법인에 대한 대출(PF)은 대출형 부동산펀드의 주요 운용대상이다.

핵심포인트 해설 **자본시장법상 운용대상에 따른 부동산펀드**

(1) 부동산펀드의 운용대상별 투자비중

① 부동산 및 부동산 관련 자산 : 펀드재산의 50%를 초과하여 투자 가능
② 증권 및 특별자산 : 위의 ①에 투자 후 그 나머지를 증권 및 특별자산에 투자 가능

(2) 부동산펀드의 주요 운용대상 : 부동산 및 부동산 관련 자산

부동산펀드 투자대상	관련 부동산펀드
부동산 : 민법상 토지와 그 정착물	부동산펀드
부동산개발과 관련된 법인에 대한 대출(PF)	대출형 부동산펀드
대통령령으로 정하는 방법으로 부동산에의 투자 • 부동산개발, 관리 및 개량	개발형 부동산펀드
• 부동산임대 및 운영의 방법	임대형 부동산펀드
• 부동산 관련 권리(지상권·지역권·전세권 등)	권리형 부동산펀드
대통령령으로 정하는 방법으로 증권에의 투자 • 부동산 및 부동산 관련 권리가 펀드재산의 50% 이상인 증권 • 부동산투자회사(REITs)가 발행한 주식 • 부동산개발회사가 발행한 증권 • 부동산담보부채권을 기초로 발행된 유동화증권 • 주택저당채권담보부채권 또는 주택저당증권 • 부동산투자목적회사가 발행한 지분증권	증권형 부동산펀드
부동산을 기초자산으로 한 파생상품	파생상품형 부동산펀드

정답 | ②

공모·사모부동산펀드에 동일하게 적용되는 규제내용에 대한 설명 중 잘못된 것은?

① 국내 부동산 취득 시 1년 이내에 그 부동산의 처분이 금지된다.
② 건축물, 기타 공작물이 없는 토지로서 그 토지에 대하여 3년 이내에 해당 토지를 처분하는 것은 금지된다.
③ 공모·사모부동산펀드 모두 대통령령으로 정한 적격요건을 갖추지 못한 자와 장외파 생상품을 매매하는 행위를 할 수 없다.
④ 공모·사모부동산펀드 모두 파생상품 매매에 따른 위험평가액이 대통령령으로 정하는 기준을 초과하는 투자행위를 할 수 없다.

TIP 건축물, 기타 공작물이 없는 토지로서 그 토지에 대하여 부동산개발사업 시행 전에 해당 토지를 처분하는 것은 금지된다.

핵심포인트 해설   공모·사모부동산펀드에 동일하게 적용되는 규제

(1) 부동산 취득 후 처분제한

원 칙	• 국내 부동산 : 1년 이내 처분금지 • 국외 부동산 : 집합투자규약에서 정한 기간 이내에 처분금지
예 외	• 부동산개발사업에 따라 조성하거나 설치한 토지·건축물을 분양하는 경우 • 투자자보호를 위하여 부동산펀드가 합병·해지 또는 해산되는 경우

(2) 개발사업 시행 전 토지 처분금지

원 칙	• 건축물, 기타 공작물이 없는 토지로서 그 토지에 대하여 부동산개발사업 시행 전 해당 토지에 대한 처분금지
예 외	• 부동산펀드가 합병·해지 또는 해산되는 경우 • 그 토지의 처분이 불가피한 경우

(3) 파생상품 매매 관련 규제
① 공모·사모부동산펀드 모두 대통령령으로 정한 적격요건을 갖추지 못한 자와 장외파생상품을 매매하는 행위를 할 수 없음
② 공모·사모부동산펀드 모두 파생상품 매매에 따른 위험평가액이 대통령령으로 정하는 기준을 초과하는 투자행위 불가
  다만, 초과기준은 공모와 사모에 차이가 있음(공모펀드는 '펀드순자산액(자산총액 – 부채총액)'의 100%, 사모펀드는 400% 초과 금지)

정답 | ②

공모부동산펀드의 파생상품 운용제한에 대한 설명 중 잘못된 것은?

① 사모인 경우에도 대통령령으로 정하는 적격요건을 갖추지 못한 자와 장외파생상품 매매를 할 수 없다.

② 사모인 경우에도 위험평가액이 대통령령으로 정하는 기준을 초과하여 투자할 수 없다.

③ 동일법인이 발행한 증권의 위험평가액이 펀드자산총액의 10%를 초과하는 투자는 할 수 없다.

④ 같은 거래 상대방과의 장외파생상품 매매에 따른 거래 상대방 위험평가액이 펀드자산 총액의 20%를 초과하는 투자는 할 수 없다. (사모인 경우에도 적용됨)

TIP 같은 거래 상대방과의 장외파생상품 매매에 따른 거래 상대방 위험평가액이 펀드자산총액의 10%를 초과하는 투자는 할 수 없다. (사모인 경우는 적용 안 됨)

핵심포인트 해설　　공모·사모부동산펀드의 파생상품 운용제한

구 분	공모부동산펀드	사모부동산펀드
적격요건	대통령령으로 정하는 적격요건을 갖추지 못한 자와 장외파생상품 매매 불가함	좌 동
위험평가액 기준	파생상품 매매에 따른 위험평가액 한도가 있음(한도 : 순자산총액의 100%)	좌동(한도 : 순자산총액의 400%)
동일증권 투자 한도	동일법인이 발행한 증권의 위험평가액이 펀드자산총액의 10%를 초과하여 투자할 수 없음	제한 없음
거래 상대방 위험 수준	같은 거래 상대방과의 장외파생상품 매매에 따른 거래 상대방 위험평가액이 펀드자산총액의 10%를 초과하여 투자할 수 없음	

정답 | ④

부동산펀드의 운용특례에 대한 설명 중 잘못된 것은?

① 집합투자업자는 펀드재산으로 부동산을 취득 또는 처분 시 실사보고서를 작성·비치해야 한다.

② 일반적으로 펀드는 금전차입이 금지되나 부동산펀드는 예외적으로 부동산 취득 시 금전차입이 허용된다.

③ 부동산펀드 차입금의 한도는 순자산의 200%까지이다.

④ 부동산펀드를 차입하는 경우에 차입기관의 범위에 다른 부동산펀드는 포함되지 않는다.

TIP 부동산펀드를 차입하는 경우에 차입기관의 범위에 다른 부동산펀드도 포함된다.

핵심포인트 해설   **부동산펀드 운용 시 금전차입 특례**

(1) 펀드의 금전차입 가능 여부
  ① 원칙 : 자본시장법상 펀드재산 운용 시 금전차입 불가
  ② 예외 : 부동산펀드는 예외적으로 부동산 취득 시 금전차입 허용

(2) 부동산펀드의 금전차입 허용요건 및 한도

허용요건	차입금 한도
• 차입기관이 적격일 것(은행, 보험사, 기금, 다른 부동산펀드, 기타 이에 준하는 외국 금융기관) • 해당 차입기관에 부동산을 담보로 제공하거나 금융위원회가 정하여 고시하는 방법으로 금전을 차입할 것 • 금전차입 시 집합투자자총회에서 위의 두 가지 방법과 다르게 의결한 경우 그 의결에 따라 금전차입 가능	• 펀드순자산액의 200%

참고 부동산펀드가 아닌 펀드(증권펀드·특별자산펀드·혼합자산펀드)에서 부동산을 취득함에 있어서 금전을 차입하는 경우 차입금 한도는 해당 펀드가 속하는 부동산가액의 70%까지 가능함

정답 | ④

부동산펀드의 금전대여에 대한 설명 중 잘못된 것은?

① 자본시장법상 펀드재산 운용 시 금전대여는 원칙적으로 금지된다.
② 부동산펀드는 펀드재산으로 부동산개발사업을 영위하는 법인이 요건 충족 시 금전대여를 할 수 있다.
③ 금전대여금의 한도는 펀드순자산액의 200%까지 가능하다.
④ 부동산펀드의 금전대여가 가능하려면 집합투자규약에서 금전대여에 관한 사항을 정하고 있어야 한다.

TIP 금전대여금의 한도는 펀드순자산액(자산총액 − 부채총액)의 100%까지 가능하다.

핵심포인트 해설   부동산펀드 금전대여의 요건 및 한도

(1) 펀드의 금전대여 가능 여부
  ① 원칙 : 자본시장법상 펀드재산 운용 시 금전대여 불가
  ② 예외 : 부동산펀드는 펀드재산으로 부동산개발사업을 영위하는 법인(부동산신탁업자, 부동산투자회사, 다른 펀드 등)이 요건 충족 시 금전대여 가능

(2) 부동산펀드 금전대여 허용 요건 및 한도

허용 요건	대여금 한도
• 집합투자규약에서 금전대여에 관한 사항을 정했을 것 • 집합투자업자가 부동산에 대하여 담보권을 설정하거나 시공사 등으로부터 지급보증을 받는 등 대여금 회수를 위한 적절한 수단을 확보할 것(단, 사모부동산펀드는 요건을 충족하지 않아도 됨)	• 펀드순자산액의 100%

정답 | ③

집합투자업자가 펀드재산을 운용하는 경우 법적 규제에 대한 설명 중 잘못된 것은?

① 집합투자업자가 펀드재산으로 부동산개발사업에 투자하고자 하는 경우에는 사업계획서를 작성해야 한다.
② 집합투자업자는 작성한 사업계획서를 감정평가업자로부터 그 사업계획서의 적정 여부를 확인받아야 한다.
③ 집합투자업자는 본질적 업무에 대하여는 제3자에게 위탁할 수 없다.
④ 부동산펀드의 집합투자업자는 부동산개발 및 부수업무의 일부에 대하여 제3자에게 위탁할 수 없다.

TIP 부동산펀드의 집합투자업자는 부동산개발 및 부수업무의 일부에 대하여 제3자에게 위탁할 수 있다.

핵심포인트 해설 **부동산펀드의 부동산개발사업 및 업무위탁**

(1) 부동산펀드의 부동산개발사업
　① 사업계획서 작성의무 : 집합투자업자가 펀드재산으로 부동산개발사업에 투자하고자 하는 경우에는 부동산개발사업 추진일정, 추진방법, 건축계획 등이 포함된 사업계획에 관한 사항, 자금조달·투자 및 회수에 관한 사항, 추정손익, 사업위험, 외부용역, 기타 금융위원회가 고시하는 사항 등이 포함된 사업계획서를 작성해야 함
　② 확인 및 공시의무 : 집합투자업자는 사업계획서를 작성하여 감정평가업자로부터 그 사업계획서의 적정 여부를 확인받아야 하며, 이를 인터넷 홈페이지 등에 공시해야 함

(2) 부동산펀드의 제3자 업무위탁
　① 원칙 : 집합투자업자는 본질적 업무(신탁계약 체결·해지, 투자유한회사 등의 설립, 펀드재산의 운용·운용지시, 펀드재산 평가 등)에 대하여 제3자에게 위탁 불가함
　② 예외 : 부동산펀드의 집합투자업자는 부동산개발 및 부수업무, 부동산의 관리·개량 및 부수업무, 부동산임대·운영 및 부수업무 등과 같은 업무의 일부를 제3자에게 위탁 가능함

정답 | ④

출제예상문제

☑ 다시 봐야 할 문제(틀린 문제, 풀지 못한 문제, 헷갈리는 문제 등)는 문제 번호 하단의 네모박스(□)에 체크하여 반복학습하시기 바랍니다.

01 중요도 ★
다음 중 자본시장법의 적용을 받는 것은?

□
① 공모REITs   ② 사모REITs   ③ 예 금   ④ 보 험

02 중요도 ★
부동산펀드의 범위에 대한 설명 중 잘못된 것은?

□
① 종전의 간접투자법에서는 펀드 유형 중 부동산펀드만 부동산투자가 가능하였고, 그 외의 펀드는 부동산투자가 불가능하였다.
② 현행 자본시장법은 부동산투자의 최저비율이 없고, 부동산의 범위가 축소되었다.
③ 증권펀드도 부동산투자가 가능하다.
④ 단기금융펀드는 부동산투자가 불가능하다.

03 중요도 ★
다음 중 설립주체가 다른 부동산펀드로 옳은 것은?

□
① 부동산투자신탁   ② 부동산투자회사
③ 부동산투자유한회사   ④ 부동산투자익명조합

04 중요도 ★
다음 중 부동산펀드와 집합투자규약이 잘못 연결된 것은?

□
① 부동산투자신탁 – 신탁계약서   ② 부동산투자회사 – 정관
③ 부동산투자유한회사 – 정관   ④ 부동산투자합자조합 – 정관

05

부동산펀드의 설정·설립 시 설립등기를 요하지 않는 것은?

① 부동산투자신탁   ② 부동산투자회사

③ 부동산투자유한회사   ④ 부동산투자합자회사

06
중요도 ★★

부동산펀드의 특징에 대한 설명 중 잘못된 것은?

① 공모부동산펀드는 금전으로 납입해야 한다.

② 사모부동산펀드는 금전납입도 가능하고 부동산으로 납입하는 것도 가능하다.

③ 부동산투자합자회사(또는 부동산투자합자조합)는 이익배당 시 무한책임사원과 유한책임사원의 배당률 또는 배당순서 등을 달리 정할 수 있다.

④ 부동산투자합자회사(또는 부동산투자합자조합)는 손실배분 시 무한책임사원과 유한책임사원의 배분율 또는 배분순서 등을 달리 정할 수 있다.

정답 및 해설

01 ① 투자자로부터 공모방식으로 설립되는 공모부동산투자회사(공모REITs)는 자본시장법의 적용을 받는 펀드이다.

02 ② 현행 자본시장법은 부동산투자의 최저비율(50% 초과)이 있고, 펀드재산으로 투자할 수 있는 부동산의 범위가 확대되었다.

03 ② 부동산투자회사의 설립주체는 발기인이고, 나머지 부동산펀드의 설립주체는 집합투자업자이다.

04 ④ 부동산투자합자조합의 집합투자규약은 조합계약이다.

05 ① 부동산펀드의 설정·설립 시 부동산투자회사, 부동산투자유한회사, 부동산투자합자회사는 설립등기를 해야 한다.

06 ④ 부동산투자합자회사(또는 부동산투자합자조합)는 손실배분 시 무한책임사원과 유한책임사원의 배분율 또는 배분순서 등을 달리 정하면 안 된다.

07 중요도 ★

사모부동산펀드는 금전(현금) 또는 부동산으로 납입할 수 있다. 다만, 부동산으로 납입하는 경우에는 다른 투자자 (   )의 동의를 받아야 하고, 부동산의 시가 또는 (   )에 기초하여 납부하여야 한다. 빈칸 안에 들어갈 말을 순서대로 나열한 것은?

① 2/3 이상, 공정가액
② 2/3 이상, 감정가액
③ 전원, 공정가액
④ 전원, 감정가액

08 중요도 ★

부동산펀드의 주요 운용대상인 부동산 및 부동산 관련 자산에 해당하지 않는 것은?

① 민법상 토지와 그 정착물
② 부동산을 기초자산으로 한 파생상품
③ 부동산개발과 관련된 법인에 대한 대출
④ 선박, 항공기, 미술품

09 중요도 ★★

부동산펀드의 운용대상으로 대통령령으로 정한 부동산 관련 증권과 거리가 먼 것은?

① 부동산 관련 자산이 신탁재산의 50% 이상을 차지하는 수익증권
② 부동산 관련 자산이 펀드재산의 50% 이상을 차지하는 집합투자증권
③ 부동산 관련 자산이 신탁재산의 50% 이상을 차지하는 유동화증권
④ 부동산투자회사법에 따른 부동산투자회사가 발행한 채권

10 중요도 ★★

부동산펀드의 운용대상인 특별자산에 해당하지 않는 것은?

① 일반상품(농·수·축산물, 임산물, 광산물, 에너지 및 이와 유사한 것)
② 파생결합증권
③ 선박투자회사가 발행한 주식
④ 보험금 지급청구권

11

중요도 ★★

공모부동산펀드와 사모부동산펀드에 동일하게 적용되는 규정에 대한 설명 중 잘못된 것은?

① 국내 부동산은 부동산 취득 후 1년 이내에 처분할 수 없다.

② 국외 부동산은 부동산 취득 후 3년 이내에 처분할 수 없다.

③ 부동산개발사업에 따라 조성하거나 설치한 토지·건축물을 분양하는 경우에는 부동산 취득 후 처분이 원칙적인 기한의 제한 없이 가능하다.

④ 건축물, 기타 공작물이 없는 토지로서 그 토지에 대하여 부동산개발사업 시행 전 해당 토지에 대한 처분이 금지된다.

12

중요도 ★★

공모부동산펀드와 사모부동산펀드에 동일하게 적용되는 규정에 대한 설명 중 잘못된 것은?

① 대통령령으로 정하는 적격요건을 갖추지 못한 자와 장외파생상품 매매를 할 수 없다.

② 파생상품 매매 시 위험평가액이 대통령령으로 정하는 기준을 초과하여 투자할 수 없다.

③ 집합투자증권 투자 시 각 펀드의 자산총액 70%를 초과하여 같은 집합투자업자가 운용하는 펀드의 집합투자증권에 투자할 수 없다.

④ 집합투자증권 투자 시 각 펀드의 자산총액 20%를 초과하여 같은 펀드의 집합투자증권에 투자하는 것이 금지된다.

정답 및 해설

07 ③ 부동산으로 납입하는 경우에는 다른 투자자 전원의 동의를 받아야 하고, 부동산의 시가 또는 공정가액에 기초하여 납부하여야 한다.

08 ④ 선박, 항공기, 미술품도 부동산펀드의 운용대상이나 이는 부동산 관련 자산이 아니라 특별자산에 해당된다.

09 ④ 부동산투자회사가 발행한 채권은 대통령령으로 정한 부동산 관련 증권에 해당되지 않으나 부동산투자회사가 발행한 주식은 이에 해당된다.

10 ② 파생결합증권도 부동산펀드의 운용대상이기는 하나 이는 특별자산에 포함되는 것이 아니라 증권에 포함된다.

11 ② 국외 부동산은 집합투자규약에서 정한 기간 이내에 처분을 금지하며, 법에서 명시적으로 특정 기한을 두고 있지는 않다.

12 ③ 집합투자증권 투자 시 각 펀드의 자산총액 50%를 초과하여 같은 집합투자업자가 운용하는 펀드(외국펀드 포함)의 집합투자증권에 투자할 수 없다.

13 중요도 ★
다음 빈칸에 들어갈 내용으로 올바른 것은?

> 집합투자업자는 펀드재산으로 부동산을 취득 또는 처분 시 부동산 현황, 거래가격, 거래비용, 부동산 관련 재무자료, 부동산 수익에 영향을 미치는 요소, 기타 금융위원회 고시사항 등이 포함된 (   )를 작성·비치해야 한다.

① 실사보고서
② 사업계획서
③ 부동산현황표
④ 투자보고서

14 중요도 ★
다음 빈칸에 들어갈 내용으로 올바른 것은?

> 집합투자업자가 펀드재산으로 부동산개발사업에 투자하고자 하는 경우에는 부동산개발사업 추진일정, 추진방법, 자금조달·투자 및 회수에 관한 사항, 추정손익, 사업위험, 외부용역, 기타 금융위원회가 고시하는 사항 등이 포함된 (   )를 작성해야 한다.

① 사업계획서
② 실사보고서
③ 손익계산서
④ 위험관리보고서

15 중요도 ★★
부동산펀드에서 부동산 취득 시 금전차입을 할 수 있는 차입기관에 해당하는 것을 모두 고른 것은?

> ㉠ 한국수출입은행
> ㉡ 증권금융회사
> ㉢ 상호저축은행
> ㉣ 다른 부동산펀드
> ㉤ 투자중개업자

① ㉠, ㉡
② ㉠, ㉡, ㉢
③ ㉠, ㉡, ㉢, ㉤
④ ㉠, ㉡, ㉢, ㉣, ㉤

16
중요도 ★★

원칙상 부동산펀드의 집합투자업자는 본질적 업무에 대하여 제3자에게 위탁할 수 없지만, 예외적으로 제3자에게 업무를 위탁할 수 있는 경우에 해당되지 않는 것은?

① 펀드재산 평가 ② 부동산개발
③ 부동산의 관리·개량 ④ 부동산임대

17
중요도 ★★

환매금지형펀드에 대한 설명 중 잘못된 것은?

① 자본시장법은 집합투자업자가 부동산펀드를 설정하는 경우에는 반드시 당해 부동산을 환매금지형펀드로 설정하도록 의무화하였다.
② 공모부동산투자신탁이나 공모부동산투자회사는 펀드발행일로부터 60일 이내에 해당 부동산펀드를 증권시장에 상장하도록 하였다.
③ 사모부동산펀드의 경우에는 상장의무가 없다.
④ 공모부동산투자유한회사는 상장의무가 없다.

정답 및 해설

13 ① 실사보고서에 대한 설명이다.

14 ① 사업계획서에 대한 설명이다.

15 ④ 해당되는 차입기관에는 은행, 한국산업은행, 중소기업은행, 한국수출입은행, 투자매매업자, 투자중개업자, 증권금융회사, 종합금융회사, 상호저축은행, 보험회사, 국가재정법에 따른 기금, 다른 부동산펀드, 기타 이에 준하는 외국 금융기관 등이 있다.

16 ① 예외적으로 부동산펀드의 집합투자업자는 부동산개발 및 부수업무, 부동산의 관리·개량 및 부수업무, 부동산임대 및 부수업무 등과 같은 업무의 일부를 제3자에게 위탁할 수 있다.

17 ② 펀드발행일로부터 90일 이내에 해당 부동산펀드를 증권시장에 상장하도록 하였다.

18 중요도 ★

환매금지형펀드이지만 상장의무가 없는 것이 있다. 이에 해당되지 않는 것은?

① 사모부동산펀드　　　　　　　　　② 공모부동산투자회사
③ 공모부동산투자유한회사　　　　　④ 공모부동산투자익명조합

19 중요도 ★

부동산펀드의 펀드재산은 시가로 평가해야 하지만 평가일 현재 신뢰할 만한 시가가 없는 경우 이에 대한 평가기준으로 올바른 것은?

① 공정가액　　　② 감정가액　　　③ 공시지가　　　④ 시가표준액

20 중요도 ★

사모부동산펀드는 공모부동산펀드에 적용되는 여러 가지 규정의 적용이 배제된다. 이에 해당하지 않는 것은?

① 파생상품 운용 시 의무사항 규정　　　② 감독기관 등록의무 관련 규정
③ 신탁업자의 운용행위 감시 관련 규정　　④ 집합투자자 총회 관련 규정

21 중요도 ★

다음 중 부동산펀드의 요건을 충족시키기 위해 펀드재산의 50%를 초과하여 투자해야 할 대상에 해당하지 않는 것은?

① 사회기반시설사업의 시행을 목적으로 하는 법인이 발행한 주식과 채권
② 부동산을 기초자산으로 하는 파생상품
③ 부동산투자회사가 발행한 주식
④ 부동산이 펀드의 50% 이상을 차지하는 경우의 집합투자증권

22 중요도 ★★
부동산펀드에 대한 설명 중 잘못된 것은?

□

① 펀드재산으로 금전을 대여하는 경우 그 한도는 자산총액에서 부채총액을 뺀 가액의 100% 이다.

② 부동산개발사업을 영위하는 법인을 대상으로 금전을 대여할 수 있다.

③ 금전을 대여하는 경우 해당 집합투자규약에서 금전의 대여에 관한 사항을 정하고 있어야 한다.

④ 금전대여는 공모부동산펀드는 가능하나 사모부동산펀드는 불가능하다.

23 중요도 ★
부동산펀드가 아닌 펀드(증권펀드, 특별자산펀드, 혼합자산펀드)도 부동산을 취득함에 있어 금전을 차입할 수 있는데 그 한도로 옳은 것은?

□

① 해당 펀드에 속하는 부동산 가액의 50%

② 해당 펀드에 속하는 부동산 가액의 70%

③ 해당 펀드에 속하는 부동산 가액의 100%

④ 해당 펀드에 속하는 부동산 가액의 200%

정답 및 해설

18 ② 공모부동산투자신탁이나 공모부동산투자회사만 상장의무가 있다.

19 ① 집합투자업자는 부동산펀드의 펀드재산을 시가로 평가한다. 다만, 평가일 현재 신뢰할 만한 시가가 없는 경우에는 공정가액으로 평가해야 한다.

20 ② 사모부동산펀드는 공모부동산펀드에 적용되는 여러 규정(투자광고, 펀드재산의 운용제한, 자산운용보고서, 수시공시, 펀드재산에 관한 보고, 집합투자규약 공시, 파생상품 운용 시 의무, 환매금지형펀드 상장의무, 기준가격 공고·게시, 결산서류 관련 규정, 펀드재산의 회계처리, 회계감사인의 손해배상책임, 신탁업자의 운용행위 감시의무, 신탁업자의 자산보관 및 관리보고서 작성의무, 집합투자자 총회, 투자자 공시 및 공고 등의 규정 등)이 적용되지 않는다.

21 ① 사회기반시설사업의 시행을 목적으로 하는 법인이 발행한 주식과 채권은 특별자산펀드의 투자대상에 속한다.

22 ④ 부동산펀드의 금전대여는 공모부동산펀드·사모부동산펀드 모두 가능하며 해당 집합투자규약에서 금전의 대여에 관한 사항을 정하고 있어야 한다. 다만, 공모부동산펀드는 투자자보호를 위하여 대여금 회수를 위한 적절한 수단을 확보해야 하나 사모부동산펀드는 이러한 수단을 확보하지 않아도 된다.

23 ② 부동산펀드가 아닌 펀드(증권펀드, 특별자산펀드, 혼합자산펀드)가 부동산을 취득함에 있어 금전을 차입할 수 있는 한도는 해당 펀드에 속하는 부동산 가액의 70%이다. 이 경우 부동산 가액의 평가는 평가위원회가 집합투자재산평가기준에 따라 정한 가액으로 한다.

제2장
부동산펀드 영업

학습전략

부동산펀드 영업은 제3과목 전체 15문제 중 **총 5문제**가 출제된다.

부동산펀드 영업의 경우 펀드일반의 전체적인 내용 중 부동산에 초점을 맞추어 정리되어 있으므로 정의와 목차 중심으로 개념을 이해해야 한다. 크게 부동산펀드의 종류와 부동산펀드의 종류별 특성으로 이루어져 있는데, 부동산펀드를 어떻게 분류하는지와 각각의 부동산펀드 특성에는 무엇이 있는지를 파악하는 것이 중요하다.

출제예상 비중

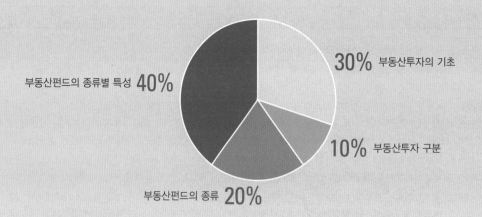

부동산펀드의 종류별 특성 40%

30% 부동산투자의 기초

10% 부동산투자 구분

부동산펀드의 종류 20%

핵심포인트

부동산의 복합개념에 관한 기술 중 옳은 것은?

① 좁은 의미의 부동산과 넓은 의미의 부동산으로 구분하여 파악하려는 개념분석을 말한다.
② 무형적 측면의 개념이다.
③ 부동산을 경제적, 법률적, 기술적의 3대 측면에서 접근하려는 방법을 말한다.
④ 협의의 부동산에 준부동산을 합친 개념을 말한다.

TIP 부동산의 3대 측면(경제적·법률적·기술적 측면)에서 복합된 개념으로 이해하고, 부동산활동 역시 이를 3대 측면의 복합된 현상으로 파악하고자 하는 것이 부동산의 복합개념이다.

핵심포인트 해설 **복합개념의 부동산**

(1) 부동산의 개념

부동산은 다양한 측면에서 복합적으로 이해해야 한다.(복합개념)

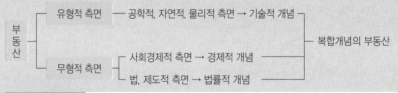

기술적 개념	• 자연물, 공간, 위치 • 공간을 이해할 때는 3차원의 공간(수평공간, 공중공간, 지중공간)으로 이해해야 함 • 위치의 중요성 : 위치와 접근성에 따라 용도가 결정됨
경제적 개념	• 자산, 자본, 생산요소, 소비재, 상품
법률적 개념	• 민법에서 규정하고 있는 부동산(협의의 부동산) : 토지 및 그 정착물 • 준부동산(의제부동산) : 등기·등록의 공시방법을 갖춤으로써 부동산에 준하여 취급되는 것(공장재단, 　　　　　　　　　　　광업재단, 선박(20톤 이상), 입목, 어업권, 항공기, 자동차, 건설기계) • 광의의 부동산 : 협의의 부동산 + 준부동산

정답 | ③

부동산의 자연적 특성에 관한 설명으로 적절한 것은?

① 부동성은 부동산시장을 구체적이고 완전경쟁시장으로 만드는 요인이 된다.
② 부증성은 토지의 공급을 탄력화시켜 부동산의 균형가격 형성을 어렵게 한다.
③ 부동산을 여러 용도로 이용할 수 있는 성질은 부동산의 자연적 특성 중 하나이다.
④ 개별성은 일물일가의 법칙이 부동산에는 타당하지 않는다는 것에 대한 이론적 근거가 된다.

TIP ① 부동산시장을 추상적 시장, 지역별 부분시장이 되게 한다.
② 물리적 공급곡선은 수직선이 되며, 가격에 대해 완전히 비탄력적이다. 수급조절의 어려움 등으로 균형가격의 형성이 곤란하다.
③ 용도의 다양성은 부동산의 인문적 특성이다.

핵심포인트 해설	부동산의 특성

(1) 토지의 자연적 특성 : 불변적, 본원적

부동성 (지리적 위치의 고정성)	• 동산과 부동산의 구분 근거가 되고 공시방법을 달리하는 근거가 됨 • 부동산 활동을 국지화, 임장활동, 정보활동화 • 부동산 시장을 불완전 시장, 추상적 시장화 시킴
영속성 (내구성, 비소모성)	• 토지에 물리적 감가상각의 적용을 배제 • 시간의 경과나 사용에 의해 소모되지 않음
부증성 (비생산성)	• 물리적 공급곡선은 수직으로 완전비탄력적 • 생산비법칙이 원칙적으로 적용되지 않아서 표준적 균형가격 형성이 어려움
개별성 (비동질성)	• 일물일가의 법칙이 적용되지 못함 • 부동산 가격형성을 개별화시키고 감정평가 시 개별분석을 필요하게 함

(2) 토지의 인문적 특성 : 인위적, 가변적, 후천적

용도의 다양성 (다용도성)	• 용도가 경합될 때 최유효이용의 원칙을 따르는 근거가 됨 • 이행과 전환 및 창조적 이용이 가능하게 함
합병·분할의 가능성	• 토지는 이용목적에 따라 법률이 허용하는 한도 내에서 합병(필지를 합함)과 분할(필지를 나눔)이 가능 • 합병과 분할을 통하여 최유효이용을 기함
위치의 가변성	• 사회적 위치의 가변성 • 경제적 위치의 가변성 • 행정적 위치의 가변성

정답 | ④

타인의 토지에 건물 기타의 공작물이나 수목을 소유하기 위하여 그 토지를 사용할 수 있는 권리를 무엇이라고 하는가?

① 지상권　　　　　　　　　　　② 저당권
③ 지역권　　　　　　　　　　　④ 소유권

TIP 지상권은 타인의 토지를 사용할 수 있는 용익물권이다.

핵심포인트 해설　　　　**부동산의 법률적 측면**

(1) 물권

개 념	• 물권의 성질 : 지배성, 배타성, 절대성 • 소유권 : 소유자는 법률의 범위 내에서 그 소유물을 전면적으로 사용·수익·처분할 권리를 지님
효 력	• 우선적 효력 : 먼저 성립한 물권이 나중에 성립한 물권에 우선함. 동일한 물건위에 물권과 채권이 함께 성립하는 경우 선후에 관례 없이 물권이 채권에 우선함 • 물권적 청구권 : 반환청구권, 방해제거청구권, 방해예방청구권

(2) 제한물권 : 용익물권(지상권, 지역권, 전세권), 담보물권(유치권, 질권, 저당권)

지상권	타인의 토지 위에 건물 기타의 공작물이나 수목을 소유하기 위하여 그 토지를 사용할 수 있는 물권
지역권	설정행위에서 정한 일정한 목적을 위하여 타인의 토지를 자기토지의 편익에 이용할 수 있는 물권
전세권	전세금을 지급하고 타인의 부동산을 용도에 좇아 사용·수익하며, 전세권이 소멸하면 목적부동산으로부터 후순위 권리자보다 전세금의 우선변제를 받을 수 있는 효력을 가지는 특수한 용익물권
유치권	물건이나 유가증권을 점유한 자가 채권을 변제 받을 때까지 물건이나 유가증권을 유치할 수 있는 권리로서 법정담보물권(등기 필요 없음)
저당권	채무자 또는 제3자(물상보증인)가 채무의 담보로 제공한 부동산에 대하여 채권자에게 점유를 이전하지 아니하고, 채무의 변제가 없는 경우에 다른 채권자보다 우선변제를 받을 수 있는 약정담보물권

(3) 부동산 등기

개 념	• 등기관이 부동산 등기법령이 정하는 절차에 따라 등기부에 부동산의 표시 및 부동산에 관한 권리관계를 기재하는 것 또는 그 기재 자체
효 력	• 본등기 : 물권 변동적 효력, 순위확정적 효력, 점유적 효력, 대항적 효력, 형식적 확정력, 권리존재 추정력 • 가등기 : (본등기 전)청구권 보전의 효력, (본등기 후)순위 보전의 효력

정답 | ①

04

부동산 투자방식에 대한 설명으로 가장 거리가 먼 것은?

① 공모형부동산펀드의 설정이 늘어나는 추세이다.
② 부동산시장 상승기에는 고수익이 가능한 Equity 투자가 바람직하다.
③ 향후 부동산 간접투자시장이 확대될 것으로 예상된다.
④ 부동산펀드를 통한 투자는 직접투자보다 운용의 전문성은 높으나 세제효과는 불리하다.

TIP 부동산펀드를 통한 간접투자를 하는 경우 세제효과, 운용의 전문성, 상품의 다양성, 안정성 등으로 인하여 직접
투자보다 유리한 편이다.

핵심포인트 해설 　 부동산 투자구분

(1) 부동산 투자방식별 비교

직접 VS 간접	• 부동산펀드를 통한 간접투자가 세제효과, 운용의 전문성, 상품의 다양성, 안정성 등으로 인하여 직접투자보다 유리함
공모 VS 사모	• 공모형부동산펀드의 설정이 늘어나는 추세임 • 향후 부동산 간접투자시장이 확대될 것으로 예상되며, 더불어 공모펀드 활성화 예상 • 투자 물건의 특성 및 투자자금의 성격에 따라 공모/사모 선택 가능
Equity VS Debt	• 투자자금의 속성에 따라 Equity/Debt 투자가 결정됨 • 부동산시장 상승기에는 고수익 가능한 Equity투자, 하락기에는 안정적인 Debt 투자에 집중되는 경향이 있음

(2) 부동산 투자기구별 비교

구 분	부동산펀드(투자신탁)	부동산투자회사(리츠)
근거법	자본시장법	부동산투자회사법
설 립	금융감독원 등록	발기설립-국토부 영업인가
법적성격	계 약	상법상 주식회사
최소자본금	없 음	50억(자기관리 70억)
자산운용	부동산 등 50% 이상	부동산 등 70% 이상
자금차입	순자산 2배 이내	자기자본 2배(주총특별결의 10배)
자금대여	순자산 100% 이내	금 지

정답 | ④

부동산펀드에 대한 설명으로 거리가 먼 것은?

① 자본시장법상 부동산펀드의 정의는 종전보다 훨씬 더 크게 확대되었다.
② 다양한 부동산 운용방법에 따라 세부적으로 부동산펀드의 유형을 구분할 수 있다.
③ 자본시장법상 부동산개발과 관련된 금전채권의 신탁수익권은 부동산 관련 권리에 해당한다.
④ 자본시장법은 부동산 관련 금전채권만 인정하며, 일반금전채권은 인정하지 않는다.

TIP 일반금전채권도 부동산담보부금전채권에 해당하는 것으로 인정되면 부동산펀드의 투자대상자산으로 인정되고,
이에 투자하는 펀드는 부동산펀드가 되는 것이다.

핵심포인트 해설   **자본시장법에서의 부동산펀드 종류**

실물형부동산펀드	• 펀드재산의 50%를 초과하여 부동산에 투자하는 부동산펀드	
	임대형부동산펀드	부동산을 취득하여 임대사업을 영위한 후 매각
	개량형부동산펀드	부동산을 취득하여 개량한 후 단순히 매각하거나 또는 임대사업 영위 후 매각
	경·공매형부동산펀드	부동산 중에서 경매부동산 또는 공매부동산을 취득하여 단순히 매각하거나 또는 임대사업 영위 후 매각
	개발형부동산펀드	부동산을 매입한 후 부동산개발사업을 통하여 개발된 부동산을 분양하거나 또는 임대 후 매각
대출형부동산펀드	• 펀드재산의 50%를 초과하여 부동산개발과 관련된 법인에 대한 대출 형태의 투자행위를 하는 부동산펀드 • 전통적인 부동산펀드	
재간접형부동산펀드	• 펀드재산의 40% 이상을 부동산펀드에 투자하는 펀드로서 주로 해외증권시장에 상장된 글로벌리츠에 포트폴리오를 구성하여 투자	
증권형부동산펀드	• 펀드재산의 50%를 초과하여 부동산과 관련된 증권에 투자하는 부동산펀드	

정답 | ④

펀드의 설립국가에 따라 분류한 것으로 연결이 잘못된 것은?

① 국내펀드 – 역내펀드
② 외국펀드 – 해외펀드
③ 국내펀드 – 역외펀드
④ 외국펀드 – Off-Shore Fund

TIP 역외펀드는 외국펀드를 의미하며, 외국펀드의 경우 외국 법령에 의거하여 설정·설립되고 외국 금융감독기관의 감독을 받는 펀드이다.

핵심포인트 해설   **펀드의 설립국가 기준에 따른 부동산펀드 분류**

(1) **국내펀드(역내펀드, On-Shore Fund)**
　국내 법령에 의거하여 설정·설립되고, 국내 금융감독기관의 감독을 받는 펀드
(2) **외국펀드(해외펀드, 역외펀드, Off-Shore Fund)**
　① 외국 법령에 의거하여 설정·설립되고, 외국 금융감독기관의 감독을 받는 펀드
　② 외국의 집합투자업자가 자국 내에서 펀드를 설정·설립하는 대신 다른 국가에서 펀드를 설정·설립하는 경우가 있음
　③ 자국 내에서의 과다한 규제를 회피하고 또한 자국 대비 유리한 세제혜택을 받기 위함
　④ 조세피난처(Tax Haven)에 국적을 둔 펀드가 많음
　⑤ 조세피난처에 해당하는 대표적인 국가 : the Cayman Islands, the British Virgin Islands, the Bermuda, the Bahamas, Luxembourg, Ireland, Panama 등

정답 | ③

다음 중 펀드의 법적 형태 분류에 대한 설명으로 잘못된 것은?

① 신탁형 펀드는 법인격이 부여되며, 자본시장법상의 펀드로는 부동산투자신탁이 있다.
② 회사형 펀드는 법인격이 부여되며, 자본시장법상의 펀드로는 부동산투자유한회사가 있다.
③ 회사형 펀드는 법인격이 부여되며, 자본시장법상의 펀드로는 부동산투자합자회사가 있다.
④ 조합형 펀드는 법인격이 부여되지 않으며, 자본시장법상의 펀드로는 부동산투자조합이 있다.

용어 알아두기

법인격	권리·의무의 주체가 될 수 있는 자격으로, 오직 자연인(살아있는 인간)과 법인만이 법인격을 가질 수 있다.

TIP 신탁형 펀드는 법인격이 부여되지 않는다.

핵심포인트 해설　　**펀드의 법적 형태 기준에 따른 부동산펀드 분류**

(1) 신탁형 펀드(Trust Type Fund)
　① 계약형 펀드로 신탁계약에 의거하여 설정되는 펀드
　② 법인격이 없으며, 수탁회사가 펀드 수행
(2) 회사형 펀드(Corporation Type Fund)
　① 회사 형태로 설립되는 펀드
　② 펀드 자체에 법인격 존재
(3) 조합형 펀드(Partnership Type Fund)
　① 투자합자조합 : 집합투자업자인 업무집행조합원 1명과 유한책임조합원 1명이 기명날인 또는 서명함으로써 설립
　② 투자익명조합 : 집합투자업자인 영업자 1명과 익명조합원 1명이 기명날인 또는 서명함으로써 설립

정답 | ①

08

펀드자금의 모집방식에 대한 연결이 잘못된 것은?

① 펀드자금의 모집방식에 특별한 제한이 없는 펀드 – 공모펀드

② 적격투자자를 대상으로 하는 펀드 – 공모펀드

③ 소수투자자만을 대상으로 하는 펀드 – 사모펀드

④ 투자자 자격요건에 제한이 없는 펀드 – 공모펀드

TIP 적격투자자를 대상으로 하는 펀드는 사모펀드이다.

핵심포인트 해설 **펀드자금의 모집방식 기준에 따른 부동산펀드 분류**

(1) 공모펀드
  ① 사모펀드가 아닌 펀드
  ② 일정 제한 없음, 투자 제한 없음, 일반적인 투자 방법

(2) 일반 사모펀드
  ① 적격투자자(전문투자자) 또는 소수투자자를 대상으로 함. 여기에서 소수투자자는 해당 펀드 증권의 발행총액수의 10% 이상
    을 투자하는 경우에는 그 펀드의 수익자 수도 포함하여 계산함
  ② 사모펀드는 공모펀드보다 제한이나 규제가 완화 또는 면제됨. 대신, 투자자보호 규정이 적용되지 않는 것이 일반적

정답 | ②

부동산펀드의 투자방식 등에 대한 설명과 거리가 먼 것은?

① 일반적으로 부동산펀드는 특정 대상물을 선택하여 투자자의 자금을 모아서 투자를
하는 사전특정형펀드이다.
② 경·공매형부동산펀드는 사전불특정형펀드의 성격을 가진다.
③ 사전특정형 펀드의 집합투자업자는 펀드재산을 자기 책임하에 투자한다.
④ 사전특정형 펀드는 자금모집이 용이하다.

TIP 사전불특정형 펀드의 투자자는 구체적인 투자대상자산이 아니라 집합투자업자의 딜소싱 및 자산관리 등을 비
롯한 펀드 운용능력을 믿고 펀드에 투자하고, 집합투자업자는 펀드재산을 자기 책임하에 투자하는 구조이다.

핵심포인트 해설 **사전특정 여부에 따른 부동산펀드의 분류**

사전특정형 (Project 펀드)	• 펀드자금을 모집하기 이전에 사전적으로 펀드의 투자대상자산 또는 투자방식을 특정함 • 펀드자금을 모집한 후에 사전에 특정된 투자대상자산에 투자하는 방식의 펀드 • 집합투자업자는 투자대상자산을 확정하여 동 자산에 대한 상세한 설명과 투자제안을 함 • 투자자는 투자제안을 바탕으로 펀드에 대한 투자의사결정을 함 • 펀드의 자금모집이 용이 • 현재 운용 중인 부동산펀드의 대부분이 이러한 프로젝트펀드임
사전불특정형 (Blind 펀드)	• 펀드자금을 모집하기까지는 펀드의 투자대상자산 또는 투자방식을 특정하지 않음 • 펀드자금을 모집한 이후에 펀드의 투자대상자산을 발굴하여 투자하는 방식의 펀드 • 투자자는 구체적인 투자대상자산이 아니라 집합투자업자의 딜소싱 및 자산관리 등을 비롯한 펀드 운용 능력을 믿고 투자함 • 집합투자업자는 펀드재산을 자기 책임하에 투자하는 구조 • 자금모집이 용이하지 않음

정답 | ③

10

임대형부동산펀드와 국내 및 외국 리츠(REITs)와의 관계에 대한 설명으로 거리가 먼 것은?

① 자기관리부동산투자회사는 일반적으로 수익성부동산을 취득하는 것을 목적으로 한다.

② 위탁관리부동산투자회사는 일반적으로 수익성부동산을 취득하는 것을 목적으로 한다.

③ 기업구조조정부동산투자회사는 부동산투자회사법에 의하여 기업구조조정부동산만 취득할 수 있다.

④ 국내의 부동산간접투자상품으로 리츠(REITs)가 있으며, 대부분 수익성부동산에 투자하고 있으며 임대 후 매각형태로 운용하고 있다.

용어 알아두기

리츠(REITs)	부동산에 투자하는 뮤추얼펀드이며 우리나라에서는 '부동산투자회사'라고 한다.

TIP 리츠(REITs)는 대표적인 외국의 부동산간접투자상품이다.

핵심포인트 해설   **임대형부동산펀드**

의 의	• 매입·임대(Buy & Lease)방식의 부동산펀드 • 부동산을 취득한 후 임대하여 임대소득을 획득하고, 매각하여 매각차익을 획득하는 펀드 • 업무용 부동산 또는 상업용 부동산 등과 같은 수익성부동산을 대상으로 함
수익 및 위험	• 수익 : 임대기간에 적정수준의 임대료 확보 • 위험 : 공실률, 관리비, 추가비용 발생
주요 점검사항	• 매입가격의 적정성 • 펀드 만기가 장기인 경우가 많아 매각시점의 가격 상승 여부가 가능할지 분석 • 펀드 만기 전에 매각해야 하나, 매각이 안 되거나 지연될 경우 환금성 문제 발생 • 해당 부동산이 속한 시장과 지역의 향후 성장성 분석 • 경제상황에 따른 임대료 현황과 추이, 상권 등 분석 • 공실률 현황과 추이 분석 • 기타 소득 및 차입 규모, 대출이자의 적정성 확인

정답 | ④

다음 중 개량형부동산펀드에 대한 내용으로 잘못된 것은?

① 매입·임대(Buy & Lease)방식의 부동산펀드이다.
② 개량을 통해 해당 부동산의 가치, 즉 자산가치 및 수익가치를 증대시킨다.
③ 개량에 소요되는 비용 대비 수익이 기대에 미치지 못하는 경우, 펀드의 수익률을 떨어뜨린다.
④ 인·허가가 지연되거나 수정보완과정에서 부대비용이 발생할 위험이 있다.

TIP 매입·임대(Buy & Lease)방식의 부동산펀드는 임대형부동산펀드이다.

핵심포인트 해설　　**개량형부동산펀드**

개 요	• 해당 부동산의 용도를 변경한다든지 리모델링 등을 실시 • 자산의 가치를 제고하여 매각하거나 임대 운영 후 매각하여 투자수익을 취득
수익과 위험	• 취득한 부동산의 적극적인 개량(Improvement)을 추구함 • 개량을 통해 해당 부동산의 가치, 즉 자산가치 및 수익가치를 증대시킴 • 개량에 소요되는 비용 대비 임대수익 및 매각차익이 기대에 미치지 못하는 경우, 펀드의 수익률을 떨어뜨림 • 인·허가가 지연되거나 수정보완과정에서 부대비용이 발생할 위험 • 민원 발생이 소송 등으로 이어지는 경우, 위험에 직면
주요 점검사항	• 개량비용 대비 매각차익의 증가 또는 임대수익 및 매각차익의 증가에 대한 사전적인 점검 필요 • 개량비용은 일종의 자본적 지출(Capital Expenditure)이기 때문에 개량비용의 규모가 적지 않음 • 소요된 개량비용에 상응하는 경제적 효과가 펀드의 수익률 제고로 연계될 수 있는지에 대한 점검이 필요 • 인·허가가 용이한지 여부 점검 필요

정답 | ①

경·공매형부동산펀드에 대한 설명으로 거리가 먼 것은?

① 경·공매형부동산펀드는 유동화 방안을 마련하기가 용이하다.
② 매각차익을 추구한다는 점에서 일종의 저평가된 부동산에 투자하는 가치투자형부동산펀드의 성격을 가진다.
③ 펀드자금을 모집한 후, 투자할 부동산 등을 탐색하여 투자하는 사전불특정형 방식이다.
④ 펀드재산의 50%를 초과한 부동산 중에서 경·공매형부동산을 취득하여 단순 매각하거나 임대 후 매각하는 펀드이다.

TIP 경·공매형부동산을 보유하고 있는 특성상 일반적으로 유동화 방안(Exit Plan)을 마련하기가 용이하지 않다.

핵심포인트 해설	경·공매형부동산펀드

의 의	• 가치투자형 부동산펀드 • 저평가된 부동산을 경·공매 방식으로 취득하여 매각 또는 임대 후 매각하는 운용전략을 가지는 펀드
수익 및 위험	• 수익 : 저평가된 부동산을 취득 후 자본소득 및 임대소득 획득 • 위험 : 투자수익의 제한성, 수익기간 확보, 저평가된 부동산 확보, 각종 권리관계 파악
주요 점검사항	• 부동산 운용전문인력의 전문성 보유 여부 • 경·공매형부동산펀드 규모의 적정성 여부 　· 규모가 너무 큰 경우 : 경·공매형 부동산을 편입할 때까지 미운용자금 비중 상승 ⇨ 수익률 하락 　· 규모가 너무 작은 경우 : 소수의 경·공매형부동산에 집중 ⇨ 리스크 증가 • 체계적이고 투명한 펀드운용 가능성 여부 • 펀드 관련 비용의 적정성 여부

정답 | ①

다음 중 개발형부동산펀드에 대한 설명으로 거리가 먼 것은?

① 직접개발방식의 부동산펀드라고도 할 수 있다.
② 개발형부동산펀드의 경우 사업계획서의 사전 작성을 권장하고 있다.
③ 투자비율에 제한을 두고 있지 않다.
④ 적극적으로 부동산개발사업의 이익을 획득하는 부동산펀드이다.

TIP 개발형부동산펀드는 사업계획서의 사전 작성을 의무화하고 있다.

핵심포인트 해설 개발형부동산펀드

특 징	• 부동산펀드가 시행사 역할 : 펀드가 직접 부동산개발사업을 추진하여 개발이익(임대 또는 분양 등) 추구 • 투자비율 제한 없음 : 펀드재산의 50%를 초과하여 부동산개발사업에 투자 • 개발사업 시 '사업계획서'를 작성하여 감정평가업자로부터 확인 후 인터넷 등에 공시해야 함 • 고수익을 기대할 수 있으나, 개발 지연·실패 시 손실이 큼
주요 점검사항	• 사업계획서 검토, 사업성 검토, 임대·분양 가능성 검토 • 토지매입 및 인·허가 여부 확인 • 우량한 시공사 참여 여부 확인

정답 | ②

14

대출형부동산펀드(프로젝트 파이낸싱형 부동산펀드)**에 대한 설명으로 거리가 먼 것은?**

① 자본시장법은 대출금을 회수하기 위한 적절한 수단을 확보할 것을 규정하고 있다.

② 대출금 회수방안으로는 부동산에 대한 담보권 설정이 있다.

③ 대출금 회수방안으로는 시공사 등으로부터 지급보증을 받는 경우가 있다.

④ 대출채권담보장치의 확보가 많을수록 대출형부동산펀드가 개발될 수 있는 여지가 증가된다.

용어 알아두기

프로젝트 파이낸싱	프로젝트 파이낸싱(Project Financing)이란 신용이나 담보에 의존하지 않고 사업의 미래현금흐름을 보고 자금을 대출해주는 금융기법이다.

TIP 대출채권담보장치의 확보가 많을수록 대출형부동산펀드가 개발될 수 있는 여지가 축소된다.

핵심포인트 해설 **프로젝트 파이낸싱형 부동산펀드**

의 의	• 대출형부동산펀드는 일반적으로 프로젝트 파이낸싱(Project Financing)형 부동산펀드라고 함 • 방식 : 출자(Equity Financing)방식, 대출(Debt Financing)방식 → 국내에서는 대출방식이 일반적임
특 징	• 대규모 공사로 인하여 자금공급의 규모가 큰 것이 일반적임 • 비소구금융 혹은 제한적 소구금융 • 부외금융(Off-Balance Sheet Financing) • 위험배분이 가능

정답 | ④

다음 중 대출형부동산펀드에 대한 주요 점검사항이 아닌 것은?

① 시행사의 사업부지 확보 관련
② 시행사의 신용평가등급 등 관련
③ 시행사의 인·허가 관련
④ 부동산개발사업의 사업성 관련

TIP '시행사의 신용평가등급 등 관련'이 아니라, '시공사의 신용평가등급 등 관련'이 옳다. '시공사의 신용평가등급 등
관련'은 시공사의 지급보증력 또는 채무인수력의 유무와 관련이 있다.

핵심포인트 해설　　**대출형부동산펀드**

의 의	• 프로젝트 파이낸싱(Project Financing)형 부동산펀드 • 대출이 주된 운용행위임 →시행사와 시공사를 뒤바꾸어 지문을 만드는 경우가 매우 흔함 • 규정 : 대출형부동산펀드에서 시행사 등에 대출을 할 때, 부동산에 대하여 담보권을 설정하거나 시공사 　등으로부터 지급보증을 받는 등 대출금을 회수하기 위한 적절한 수단을 확보(대출채권담보장치 　확보)
수익 및 위험	• 수익 : 대출이자와 대출원금 • 위험 : 시행사의 개발사업 관련 위험
주요 점검사항	• 시행사의 사업부지 확보 관련 • 시공사의 신용평가등급 등 관련 　· 지급보증 또는 채무인수한 시공사의 신용평가등급 확인 　· 투자적격등급인 BBB(-) 이상 　· 해당 시공사의 건설도급 순위 점검 • 시행사의 인·허가 관련 : 행정당국 인·허가 획득 여부 • 부동산개발사업의 사업성 관련 : 분양에 악영향을 줄 수 있는 요인 등 사전점검

정답 | ②

16

자본시장법상 증권형부동산펀드의 유형에 해당하는 것으로 보기 어려운 것은?

① 부동산투자목적회사 발행지분에 펀드재산의 일정비율을 초과하여 투자하는 펀드
② 부동산투자회사 발행주식에 펀드재산의 일정비율을 초과하여 투자하는 펀드
③ 부동산개발회사 발행증권에 펀드재산의 일정비율을 초과하여 투자하는 펀드
④ 부동산을 기초자산으로 한 파생상품이 집합투자재산의 50% 이상을 차지하는 경우에
　해당 집합투자증권에 펀드재산의 일정비율을 초과하여 투자하는 펀드

TIP　'부동산을 기초자산으로 한 파생상품'은 자본시장법에서 규정하는 특정 부동산관련 자산에 해당하지 않는다.

핵심포인트 해설　　증권형부동산펀드

수익증권, 집합투자증권, 유동화증권에 투자하는 방식	• 특정한 부동산 관련 자산이 신탁재산, 집합투자재산, 유동화자산의 50% 이상을 차지하는 경우에 해당 수익증권, 집합투자증권, 유동화증권에 펀드재산의 50%를 초과하여 투자 · 특정 부동산자산이 부동산인 경우 · 특정 부동산자산이 지상권·지역권·전세권·임차권·분양권 등 부동산 관련 권리인 경우 · 특정 부동산자산이 금융기관이 채권자인 부동산담보부 금전채권인 경우
부동산투자회사(REITs) 주식에 투자하는 방식	• 수익성부동산에 직접 투자한 것과 같은 유사한 효과 발생 • 다양한 국내외 펀드 개발 가능성 • 분산투자 및 포트폴리오 효과(해외 법적위험 등 다양한 위험회피)
부동산개발회사가 발행한 증권에 투자하는 방식	• 특정한 부동산을 개발하기 위하여 존속기간을 정하여 설립된 회사(PFV : 프로젝트금융투자회사)가 발행한 증권은 부동산과 관련한 증권으로서 부동산으로 간주 • PFV는 초대형개발사업(도시환경정비사업 등)을 목적으로 설립, 대규모사업에 적용 가능
부동산투자목적회사(SPC 등)가 발행한 지분증권에 투자하는 방식	• 다양한 국내외 펀드 개발 가능성 : 분산투자 및 포트폴리오 효과 • 해외 법적위험 등 다양한 위험회피 가능

정답 | ④

다음은 어떤 부동산펀드를 설명하는 것인가?

- 과거 국내에서 개발된 선례를 찾기 힘들며, 향후에도 개발될 여지는 크지 않다.
- 부동산을 기초자산으로 한 선물, 옵션, 스왑 등에 주로 투자하는 부동산펀드로 부동산의 가치하락을 헤지하기 위해 향후 개발가능성이 많다.

① 권리형부동산펀드
② 파생상품형부동산펀드
③ 개발형부동산펀드
④ 증권형부동산펀드

TIP 선물, 옵션, 스왑은 파생상품이다. 부동산을 기초자산으로 한 파생상품에 투자하므로 파생상품형부동산펀드에 대한 설명이다.

핵심포인트 해설　　　**파생상품형부동산펀드**

개 요	• 부동산을 기초자산으로 한 파생상품에 주로 투자하는 부동산펀드 • 자본시장법의 파생상품형부동산펀드는 간접투자법상의 파생상품펀드를 부동산펀드로 흡수한 것
파생상품 종류	• 선도·선물, 옵션, 스왑 등
파생상품 기초자산	• 금융투자상품, 통화, 일반상품, 신용위험 등
전 망	• 간접투자법상의 파생상품펀드가 개발된 선례가 드물고 자본시장법하에서 파생상품형부동산펀드가 개발될 여지는 크지 않을 것으로 보임 • 실물형부동산펀드에서 부동산의 가격하락을 헤지할 목적으로 제한적인 범위 내에서 모색될 수 있음

정답 | ②

fn.Hackers.com

출제예상문제

☑ 다시 봐야 할 문제(틀린 문제, 풀지 못한 문제, 헷갈리는 문제 등)는 문제 번호 하단의 네모박스(□)에 체크하여 반복학습하시기 바랍니다.

01 중요도 ★★★
□ 일반적으로 부동산의 개념을 기술적, 경제적, 법률적 개념으로 나눌 수 있다. 부동산의 경제적 개념과 거리가 먼 것은?

① 생산요소 ② 자 산
③ 자 본 ④ 공장재단

02 중요도 ★★★
□ 다음 중 부동산의 인문적 특성이 아닌 것은?

① 분할·합병 가능성 ② 영속성
③ 용도의 다양성 ④ 위치 가변성

03 중요도 ★★
□ 다음의 제한물권 중 용익물권에 해당하는 것은?

① 유치권 ② 지상권
③ 질 권 ④ 저당권

04 중요도 ★★
□ 자본시장법상 부동산펀드의 법적 형태와 거리가 먼 것은?

① 부동산투자신탁 ② 부동산투자조합
③ 부동산투자합자회사 ④ 기업구조조정 부동산투자회사

05 중요도 ★★★

다음 중 실물형부동산펀드의 종류가 아닌 것은?

□

① 대출형부동산펀드 ② 임대형부동산펀드

③ 개량형부동산펀드 ④ 경·공매형부동산펀드

06 중요도 ★★★

분류방법에 따른 부동산펀드의 종류가 잘못 연결된 것은?

□

① 설립지에 따른 분류 – 국내투자형, 해외투자형

② 법적 형태에 따른 분류 – 신탁형, 회사형, 조합형

③ 모집 형태에 따른 분류 – 공모, 사모

④ 사전특정여부에 따른 분류 – 프로젝트펀드, 블라인드펀드

정답 및 해설

01 ④ 공장재단은 준(의제)부동산으로서 부동산의 법률적 개념에 해당한다.

02 ② 부동산의 자연적 특성으로는 부동성, 영속성, 부증성, 개별성이 있다.

03 ②
```
┌ 점유권
본권 ┬ 소유권
     └ 제한물권 ┬ 용익물권 ┬ 지상권
               │          ├ 지역권
               │          └ 전세권
               │          ┌ 유치권
               └ 담보물권 ┼ 질권
                          └ 저당권
```
① ③ ④는 담보물권이다.

04 ④ 기업구조조정 부동산투자회사(CR–REITs)는 부동산투자회사법상 부동산투자회사의 형태이다.

05 ① 실물형부동산펀드에는 임대형부동산펀드, 개량형부동산펀드, 경·공매형부동산펀드, 개발형부동산펀드가 있다.

06 ① 국내투자형 펀드와 해외투자형 펀드로 나누는 것은 투자대상지역에 따른 것이다.

07 중요도 ★★
법적 형태 기준에 따른 부동산펀드에 대한 설명으로 옳은 것은?

① 신탁형펀드(Trust Type Fund)는 계약형펀드라고도 한다.
② 신탁형펀드(Trust Type Fund)는 법인격이 있다.
③ 회사형펀드(Corporation Type Fund)는 법인격이 없다.
④ 조합형펀드(Partnership Type Fund)는 법인격이 있는 것으로 이해할 수 있다.

08 중요도 ★
공모펀드(Public Offering Fund)에 대한 설명으로 잘못된 것은?

① 사모펀드가 아닌 펀드를 통칭한다.
② 증권신고서를 제출하는 매출의 방법으로 증권을 발행하는 펀드이다.
③ 공모펀드의 경우 투자자의 자격요건에 제한이 없다.
④ 엄격한 투자자보호 규정이 적용된다.

09 중요도 ★★★
사모펀드(Private Placement Fund)에 대한 설명으로 잘못된 것은?

① 적격투자자 또는 소수의 투자자만을 대상으로 하는 펀드이다.
② 소수투자자를 산출할 때 집합투자증권 발행총수의 10% 이상을 투자하는 경우에는 수익자 수도 포함하여 계산한다.
③ 공모펀드에 대해 적용되는 각종 제한이나 규제가 완화 또는 면제된다.
④ 공모펀드의 투자자에게 적용되는 투자자보호 규정은 동일하게 적용된다.

10 중요도 ★
부동산펀드의 각종 분류에 대한 설명으로 옳은 것은?

① Off-Shore Fund는 국내펀드이다.
② 회사형펀드의 경우 법인격이 없다.
③ 공모펀드의 경우 소수투자자에게 모집하는 방식이다.
④ 사모펀드의 경우 적격투자자에게 모집하는 방식이다.

11

중요도 ★

다음 중 부동산펀드의 연결이 잘못된 것은?

□

① 신탁형부동산펀드 – 부동산투자신탁

② 회사형부동산펀드 – 부동산투자익명조합

③ 조합형부동산펀드 – 부동산투자조합

④ 회사형부동산펀드 – 부동산투자유한회사

12

중요도 ★★★

임대형부동산펀드의 수익 및 위험에 대한 설명으로 옳은 것은?

□

① 기본적인 수익은 취득한 부동산을 임대함에 따라 발생하는 임대수익만을 목표로 한다.

② 펀드의 수익률을 안정적으로 유지하려면 목표로 한 적정 수준의 매각차익이 필요하다.

③ 실물형부동산펀드를 대표하는 펀드이다.

④ 가장 대표적인 위험요인은 바로 점유율이다.

정답 및 해설

07 ① ② 신탁형펀드(Trust Type Fund)는 법인격이 없다.

③ 회사형펀드(Corporation Type Fund)는 법인격이 있다.

④ 조합에 대해서는 법인격이 인정되지 않는 것이 일반적이다.

08 ② 증권신고서를 제출하는 모집의 방법으로 집합투자증권을 발행하는 펀드를 의미한다.

09 ④ 공모펀드의 투자자에게 적용되는 투자자보호 규정이 적용되지 않는 것이 일반적이다.

10 ④ ① 국내펀드(역내펀드, On-Shore Fund)이며, 외국펀드(해외펀드, 역외펀드, Off-Shore Fund)이다.

② 신탁형펀드의 경우 법인격이 없지만 회사형펀드의 경우 법인격이 인정된다.

③ 소수투자자에게 모집하는 방식은 사모펀드이다.

11 ② 자본시장법에서 회사형부동산펀드의 경우 부동산투자회사, 부동산투자유한회사, 부동산투자합자회사의 세 가지 형태로 규정하고 있다.

12 ③ ① 기본적인 수익원천은 임대수익과 매각차익을 들 수 있다.

② 당초 목표로 한 적정 수준의 임대수익을 확보함으로써 펀드의 수익률을 안정적으로 유지해야 한다.

④ 가장 대표적인 위험요인은 바로 공실률이다.

13

중요도 ★★★

임대형부동산펀드에 대한 주요 점검사항으로 잘못된 것은?

① 공실률과 임대료 수준
② 사업의 인·허가 가능성
③ 차입규모의 적정성
④ 차입 관련 비용의 적정성

14

중요도 ★

다음 내용이 설명하는 부동산펀드의 종류는?

> • 업무용 또는 상업용 부동산을 매입하여 임대하는 것을 주된 운용방법으로 한다.
> • 선진국의 대표적인 부동산 간접투자상품인 리츠(REITs)와 유사한 방식으로 운용한다.

① 증권형부동산펀드
② 대출형부동산펀드
③ 파생상품형부동산펀드
④ 임대형부동산펀드

15

중요도 ★

임대형부동산펀드에 대한 주요 점검사항으로 잘못된 것은?

① 매입한 업무용 부동산의 임대료 하락 가능성
② 매입한 부동산의 공실률 증가 가능성
③ 부동산개발사업의 사업성 유무
④ 매입한 수익성부동산 매입가격의 적정성 여부

16

중요도 ★★★

빈칸에 들어갈 알맞은 말을 순서대로 나열한 것은?

> 임대형부동산펀드는 (   )의 취득을 주된 운용목적으로 하는 반면, 경·공매형부동산펀드는 시세차익에 의한 (   )의 취득을 주된 운용목적으로 한다.

① 임대소득, 자본소득
② 자본차익, 임대소득
③ 양도소득, 임대소득
④ 임대소득, 기타소득

17

중요도 ★★★

개량형부동산펀드에 관한 설명으로 잘못된 것은?

① 해당 부동산의 용도를 변경한다든지 리모델링 등을 통해 자산의 가치를 제고한다.
② 개량비용 대비 수익이 작을 경우 펀드의 수익률을 떨어뜨리는 위험이 있다.
③ 인·허가가 지연되거나 수정보완과정에서 부대비용이 발생할 위험이 있다.
④ 외국의 부동산간접투자상품인 리츠(REITs)와 유사한 구조로 운용된다.

정답 및 해설

13 ② 사업의 인·허가 가능성은 개발형부동산펀드의 주요 점검사항이다.

14 ④ 임대형부동산펀드는 매입·임대(Buy & Lease) 방식의 부동산펀드이며, 선진국의 대표적인 부동산 간접투자상품인 리츠(REITs)는 대부분 수익성부동산을 매입하여 임대하는 형태로 운용된다.

15 ③ 부동산개발사업의 사업성 유무는 대출형부동산펀드의 주요 점검사항이다.

16 ① 임대형부동산펀드는 '임대소득'의 취득을 주된 운용목적으로 하는 반면, 경·공매형부동산펀드는 시세차익에 의한 '자본소득'의 취득을 주된 운용목적으로 한다.

17 ④ 리츠(REITs)와 유사한 것은 임대형부동산펀드이다.

18 중요도 ★★

개량형부동산펀드에 대한 주요 점검사항으로만 바르게 묶인 것은?

① 자본적 지출(Capital Expenditure)의 적정성, 개량에 대한 인·허가

② 개량비용의 경제성, 사업부지 확보

③ 자본적 지출(Capital Expenditure)의 적정성, 우량시공사 선정

④ 개량에 대한 인·허가, 차입 관련 비용의 적정성

19 중요도 ★★

다음 중 부동산펀드와 그에 해당하는 점검사항의 연결이 잘못된 것은?

① 개량형부동산펀드 - 자본적 지출의 규모, 인·허가 가능성

② 개발형부동산펀드 - 개량비용, 매각차익

③ 경·공매형부동산펀드 - 부동산펀드 규모의 적정성 여부, 투명한 펀드운용 가능성 여부

④ 임대형부동산펀드 - 임대료, 공실률

20 중요도 ★★★

다음 설명에 해당하는 프로젝트 파이낸싱(PF)의 특징은?

> 프로젝트의 시행과 관련하여 발생된 제반부채는 프로젝트 시행법인이 부담하므로, 실질사업자는 자신의 대차대조표상에 당해 프로젝트와 관련된 부채를 계상하지 않는다.

① 비소구금융

② 제한적 소구금융

③ 부외금융

④ 부내금융

21

중요도 ★★★

개발형부동산펀드에 대한 설명으로 잘못된 것은?

□

① 부동산을 취득한 후 직접 개발사업을 추진하여 부동산을 분양, 매각하거나 임대 후 매각한다.

② 공실률과 임대료의 상승(하락) 요인이 사업의 성패를 좌우한다.

③ 개발사업은 인·허가 리스크가 크고 개발자금의 안정적 조달이 중요하다.

④ 사업계획서를 살펴보아 사업타당성이 충분한지 점검해야 한다.

22

중요도 ★

펀드재산의 50%를 초과하여 부동산을 취득한 후 개발사업을 통하여 분양·매각하거나 임대 후 매각하는 부동산펀드는?

□

① 개발형부동산펀드

② 증권형부동산펀드

③ 대출형부동산펀드

④ 임대형부동산펀드

정답 및 해설

18 ① 사업부지 확보, 우량시공사 선정 여부는 개발형부동산펀드의 점검사항이고, 차입 관련 비용의 적정성은 임대형부동산펀드의 점검사항이다.

19 ② 개량비용 및 매각차익은 개량형부동산펀드의 점검사항에 해당한다.

20 ③ 부외금융(Off-Balance Sheet Financing)에 대한 설명이다.

21 ② 공실률과 임대료의 상승(하락) 요인은 임대형부동산펀드에서 가장 중요한 점검사항이다.

22 ① 개발형부동산펀드는 펀드재산의 50%를 초과하여 부동산개발 등의 방법으로 부동산에 투자한다.

23
중요도 ★★★

다음 중 프로젝트 파이낸싱(PF)에 대한 설명으로 잘못된 것은?

① 대출형부동산펀드를 일반적으로 프로젝트 파이낸싱(PF)형 부동산펀드라고 한다.
② 시행법인에 자금을 제공하는 방식에는 크게 출자방식과 대출방식이 있다.
③ 국내에서 주로 사용하는 자금 제공방식은 출자방식이다.
④ 프로젝트 자체에서 발생하는 현금흐름을 대출자금의 상환재원으로 인식하여 대출방식으로 자금을 제공해주는 방식이다.

24
중요도 ★★★

경·공매형부동산펀드에 대한 설명으로 거리가 먼 것은?

① 가치투자형부동산펀드의 성격을 가지고 있다.
② 사전불특정형 방식의 펀드이며 Blind 방식이라고도 한다.
③ 업무용 또는 상업용 부동산의 경우 권리분석이나 명도과정이 복잡하여 펀드수익률이 낮다.
④ 다른 부동산 대비 유동성 측면에서 열위에 있다.

25
중요도 ★★★

다음 중 경·공매형부동산펀드의 주요 점검사항으로 거리가 먼 것은?

① 경·공매형부동산펀드의 광고 여부
② 경·공매형부동산펀드 규모의 적정성 여부
③ 체계적이고 투명한 펀드운용 가능성 여부
④ 펀드 관련 비용의 적정성 여부

26
중요도 ★★★

다음 중 경·공매형부동산펀드의 주요 점검사항으로 잘못된 것은?

① 부동산개발사업의 사업성 유무
② 경·공매형부동산펀드 규모의 적정성 여부
③ 체계적이고 투명한 펀드운용 가능성 여부
④ 부동산운용 전문인력의 전문성 보유 여부

27

중요도 ★★★

프로젝트 파이낸싱(PF)의 특징에 대한 설명으로 잘못된 것은?

① 프로젝트 파이낸싱(PF)은 대규모 자금이 소요되고 공사기간이 장기인 프로젝트에 대한 자금제공 수단으로 활용된다.

② 기존 기업금융방식에 비하여 자금공급의 규모가 큰 것이 일반적이다.

③ 해당 프로젝트의 사업성에 더하여 담보나 보증이 추가로 보완될 경우 그 규모가 더욱 커질 수 있다.

④ 당해 프로젝트 시행법인에 출자를 하기 때문에 실질사업자가 제반의무를 부담한다.

28

중요도 ★★★

대출형부동산펀드에 대한 설명과 가장 거리가 먼 것은?

① 대출형부동산펀드는 시행사로부터 안정적인 대출이자를 지급받는 것을 운용목적으로 하는 프로젝트 파이낸싱 방식의 펀드이다.

② 시행사로부터 대출 원리금 상환 및 지급을 담보하기 위하여 별도로 대출채권담보장치를 마련하는 것이 필요하다.

③ 프로젝트 파이낸싱 방식은 프로젝트의 사업성을 배제하고 시행사의 신용도나 물적 담보를 기초로 하여 대출을 결정하는 금융기법이다.

④ 향후 부동산개발사업에 대한 철저한 사업성 분석을 통하여 다양한 형태의 대출형부동산펀드를 개발하는 것을 주요한 과제로 삼는다.

정답 및 해설

23 ③ 국내에서 주로 사용하는 자금 제공방식은 대출방식이다.

24 ③ 업무용 또는 상업용 부동산의 경우 권리분석이나 명도과정은 복잡하지만 펀드수익률은 높다.

25 ① 부동산 운용 전문인력의 전문성 보유 여부, 경·공매형부동산펀드 규모의 적정성 여부, 체계적이고 투명한 펀드운용 가능성 여부, 펀드 관련 비용의 적정성 여부가 경·공매형부동산펀드의 주요 점검사항에 해당한다.

26 ① 부동산개발사업의 사업성 유무는 대출형부동산펀드의 주요 점검사항이다.

27 ④ 당해 프로젝트 시행법인에 출자하여 실질사업자는 프로젝트 파이낸싱(PF)으로 인하여 발생하는 제반의무를 부담하지 않는다. 이를 비소구금융 또는 제한적 소구금융이라고 한다.

28 ③ 프로젝트 파이낸싱 방식은 시행사의 신용도나 물적 담보를 배제하고 프로젝트의 사업성을 기초로 하여 대출을 결정하는 금융기법이다.

29

중요도 ★

다음 중 부동산펀드에 대한 설명으로 잘못된 것은?

① 엄격한 대출채권담보장치의 확보에 과도하게 집착하면 다양한 형태의 대출형부동산펀드가 개발되기 어렵다.

② 임대형부동산펀드는 대출형부동산펀드를 보완하는 성격을 띤다.

③ 자본시장법은 부동산펀드 자산총액의 30%를 초과하여 부동산개발사업에 투자하는 것을 금지하였다.

④ 국내 부동산시장에서 위험요인이 증가하여 해외의 부동산개발사업에 대출하는 대출형부동산펀드가 개발된 적이 있다.

30

중요도 ★★★

다음 중 프로젝트 파이낸싱(PF)의 특징에 대한 설명으로 잘못된 것은?

① 프로젝트의 시행과 관련하여 발생된 제반부채는 프로젝트 시행 법인이 부담한다.

② 실질사업자는 자신의 대차대조표상에 당해 프로젝트와 관련된 부채를 계상하지 않는다.

③ 당해 프로젝트가 실패하는 경우 실질사업자는 전체적인 책임을 진다.

④ 실질사업자는 실질적으로 프로젝트를 영위하면서도 자신의 신용도에는 제한적인 영향을 받는다.

31

중요도 ★★

다음 중 부동산펀드의 종류에 대한 설명으로 거리가 먼 것은?

① 임대형부동산펀드는 업무용 또는 상업용 부동산 등을 매입하여 임대하는 것을 주된 운용방법으로 하는 Buy & Lease 방식의 부동산펀드이다.

② 개발형부동산펀드는 직접 부동산개발사업에 참여하여 분양·임대를 통하여 개발이익을 얻는 Development 방식의 부동산펀드이다.

③ 경·공매형부동산펀드는 법원이 실시하는 경매 또는 자산관리공사 등이 실시하는 공매를 통하여 부동산을 매입한 후 임대 또는 매각함으로써 임대수익이나 시세차익을 노리는 가치형부동산펀드이다.

④ 대출형부동산펀드는 부동산개발회사의 주식에 투자하고 부동산개발회사의 이익으로부터 배당금을 받는 것을 운용목적으로 하는 프로젝트 파이낸싱 방식의 부동산펀드이다.

32

중요도 ★★★

부동산투자회사(REITs) 발행주식에 투자하는 증권형부동산펀드에 대한 설명으로 틀린 것은?

① 자본시장법은 부동산투자회사법에 따른 부동산투자회사 발행주식에 투자하는 펀드를 증권펀드로 인정한다.

② 현재 글로벌부동산시장의 침체로 해외REITs의 주식에 투자하는 부동산펀드가 활성화되는 데에는 한계가 있다고 본다.

③ 선진시장의 REITs 주식과 신흥시장의 REITs 주식에 분산투자할 수 있다.

④ 수익성부동산의 형태를 달리하는 다양한 REITs 주식에 분산투자하여 위험을 최소화할 수 있다.

33

중요도 ★★

부동산개발회사 발행증권에 투자하는 증권형부동산펀드에 대한 설명으로 틀린 것은?

① 자본시장법은 특정한 부동산을 개발하기 위하여 존속기간을 정하여 설립된 회사가 발행한 증권을 부동산과 관련된 증권으로서 부동산으로 간주한다.

② 부동산개발회사에 해당하는 예로는 프로젝트금융투자회사(Project Financing Vehicle)를 들 수 있다.

③ 이 부동산펀드는 프로젝트금융투자회사가 지급하는 이자수익을 취득하는 것만을 목적으로 한다.

④ 향후 대형 부동산개발사업이 확대되는 경우 해당 부동산펀드도 활성화될 것이다.

정답 및 해설

29 ③ 자본시장법에는 기존의 간접투자법에서 제한했던 투자비율 규정이 없으므로 얼마든지 개발사업에 투자할 수 있다.

30 ③ 부외금융의 특징으로, 당해 프로젝트가 실패하는 경우 실질사업자는 출자금의 한도 내에서 책임을 진다.

31 ④ 대출형부동산펀드는 부동산개발사업을 영위하는 법인에 대한 대출을 주된 운용방법으로 하고, 시행사로부터 대출이자를 지급받는 것을 운용목적으로 하는 프로젝트 파이낸싱(Project Financing) 방식의 부동산펀드이다.

32 ① 자본시장법은 부동산투자회사법에 따른 부동산투자회사 발행주식에 투자하는 펀드를 부동산펀드로 인정한다.

33 ③ 증권형부동산펀드는 프로젝트금융투자회사가 시행하는 개발사업에 따른 개발이익 또는 이자수익을 취하는 것을 목적으로 한다.

제3장
부동산펀드 투자

학습전략

부동산펀드 투자는 제3과목 전체 15문제 중 총 2~3문제 정도 출제된다.

부동산펀드 투자의 경우 부동산시장에 영향을 미치는 요인에 어떤 것이 있는지 파악해야 하며, 부동산시장을 구성하고 있는 하위시장의 특징도 알아야 한다. 수요와 공급의 추이를 꼼꼼히 분석하여 이를 토대로 정부의 시장개입이 어떤 정책의 형태로 수행되는지를 학습하는 것도 빼놓지 말아야 한다.

출제예상 비중

부동산펀드 투자 20%

30% 부동산투자 및 시장분석

10% 거시경제, 경기변동과 부동산시장

부동산시장의 수요·공급 분석 20%

부동산시장과 정부정책 20%

핵심포인트

부동산시장의 특성을 기술한 것으로 적절한 것은?

① 부동산의 개별성으로 인해 부동산시장은 비표준화되는 경향이 강하다.

② 부동산시장은 그 범위가 전국적이고 보편적 성격을 가지고 있다.

③ 부동산시장에서의 거래내용은 투명하게 공개된다.

④ 일반시장에서와 같이 도매상, 소매상 등의 조직화가 가능하다.

TIP ② 부동산시장은 지역성을 갖는 국지적 시장이다.
 ③ 부동산시장에서의 거래내용은 공개되지 않는 경향이 많다.
 ④ 시장의 국지성, 거래의 비공개성 및 부동산 상품의 비표준화성 등으로 인하여 부동산시장의 조직화가 곤란
  하다.

핵심포인트 해설　　**부동산시장의 개념 및 특징**

개 념	• 부동산권리의 교환, 상호 유리한 가액결정, 경쟁적 이용에 따른 공간배분, 토지이용 및 공간이용의 패턴 결정 및 수요와 공급의 조절 등이 일어나는 추상적인 기구
특 성	• 시장의 국지성 : 지리적 위치의 고정성으로 인해 부동산시장은 지역성을 가짐 • 거래의 비공개성 : 거래 시 거액자금의 필요성, 행정적 규제 등으로 인해 거래내용의 공개를 꺼림 ⇨ 정보수집의 곤란으로 인해 정보 탐색비용 필요 • 부동산상품의 비표준화성 : 부동산의 개별성으로 인해 상품은 비표준화됨. 일물일가의 법칙 적용 배제, 견본거래가 사실상 불가 • 시장의 비조직성 : 일반시장에서와 같이 도매상, 소매상 등의 조직화 곤란 • 수요와 공급의 비조절성 : 수요와 공급의 조절에 오랜 시간이 소요. 가격의 왜곡현상이 단기적으로 발생할 가능성이 높고 시장의 불완전성 일으킴 • 매매기간의 장기성 : 단기거래의 곤란. 유동성, 환금성에 제약 • 법적규제의 과다 : 공공재적 성격 • 금융의 영향 과다

정답 | ①

02

경제여건과 부동산시장에 대한 설명으로 거리가 먼 것은?

① 국민소득은 민간소비, 투자(설비·건설), 정부지출, 순수출·입 등으로 구성된다.

② 투자가 늘어나면 산업용 부동산이나 오피스 등과 같은 사무용 부동산에 긍정적인 영향을 미친다.

③ 지역 및 국가 경제상황은 세 가지 부동산 하부시장 중에서 특히 공간시장의 공급 측면에 직접적인 영향을 준다.

④ 부동산시장을 좀 더 잘 이해하기 위해서 지역 및 국가 경제 전반에 관심을 두는 것이 좋다.

TIP 공간시장의 수요 측면에 직접적인 영향을 준다.

핵심포인트 해설   **경제여건·금융시장여건과 부동산시장**

경제여건	• 국민소득은 민간소비, 투자(설비·건설), 정부지출, 순수출·입 등으로 구성(Y = C + I + G + NX) • 소비가 줄어든다면 도소매용 부동산에 부정적인 영향 • 투자가 늘어나면 산업용 부동산이나 오피스 등과 같은 사무용 부동산에 긍정적인 영향 • 순수출·입이 크게 늘어나면 수출 중심의 기업이 많이 입지한 지역의 부동산에 좋은 영향 • 지역 및 국가 경제 상황은 세 가지 부동산 하부시장 중에서 특히 공간시장의 수요 측면에 직접적인 영향 • 개발시장, 공간시장, 자산시장 전반에 간접적인 영향
금융시장	• 금융시장의 투자여건 변화에 상당한 영향 → 공간시장은 쉽게 말해 임대차시장이라고 생각하면 됨 • 다른 자산에 대한 시황을 파악 • 금리 상황과 향후 금리 변화를 수시로 파악할 필요가 있음

정답 | ③

부동산시장 중 공간시장에 해당하는 내용은?

① 부동산자산의 공급과 수요에 의하여 결정되는 시장이다.
② 자산시장의 수급에 따라 해당 부동산시장의 시장요구 자본환원율(Market Required Capitalization Rate) 수준이 결정된다.
③ 개발 후 자산시장에 신규자산으로 공급되는 동시에 공간시장의 임대공간으로 제공된다.
④ 임대료(Rents)와 점유율(Occupancy Rate)이 결정된다.

TIP ①②는 자산시장, ③은 개발산업에 해당하는 내용이다.

핵심포인트 해설 | **세 가지 형태의 부동산시장 분석**

공간시장	• 공간 이용에 관한 권리를 사고파는 시장(임대시장) • 임대료(Rents)와 점유율(Occupancy Rate)이 결정 → 점유율의 반대는 공실률임 • 공간시장의 수요는 주로 지역 및 국가경제의 상황에 가장 크게 영향을 받음 • 공간시장의 공급은 건설하여 완공되는 물량에 따라 결정 부동산시장은 한 단위의 시장이 아니라 여러 개의 하위시장이 영향을 주고 받으면서 전체를 구성하는 유기적 체계
자산시장	• 부동산자산의 공급과 수요에 의하여 결정 • 자산시장의 수급에 따라 해당 부동산시장의 시장요구 자본환원율(Market Required Capitalization Rate) 수준이 결정 → 자본환원율이라고 하며, 실무적으로 '캡레이트(Cap Rate)'라고 부르기도 함 • 자본환원율이 바로 자산시장의 거래지표가 될 수 있음 • 자산시장의 현금흐름과 시장요구 자본환원율을 알면 부동산의 시장가격 추정이 가능
개발시장	• 대체 원가(Replacement Cost)가 시가보다 낮아서 개발이익이 발생한다면 개발을 결정 • 개발 후 자산시장에 신규자산으로 공급되는 동시에 공간시장의 임대공간으로 제공
하부시장 흐름표	

공간시장
신규 공급 → 공급(임대인) 수요(임차인) ← 지역 및 국가 경제
임대료와 점유율
미래예측

개발시장
이익이 있다면 / 개발이익의 여부 / 토지를 포함한 건설비용

자산시장
현금흐름 → 공급(소유자 매각)
시장요구 자본환원율
자산가격 수요(투자자 매입)
금융시장

──→ 주요 흐름
┄┄→ 정보의 수집과 허용

04

부동산시장과 거시경제 변수의 상호작용에 대한 설명으로 올바른 것은? (단, 다른 변수는 일정하다고 가정)

① 금융·비용이 상승하면 부동산가격도 상승한다.
② 통화량이 증가하면 물가는 상승하나 부동산가격은 하락할 것이다.
③ 부동산가격이 상승하면 부의 효과로 소비는 감소할 것이다.
④ 부동산가격은 주가에 후행하며, 주가가 상승하면 부동산가격이 상승하는 경향이 있다.

용어 알아두기

거시경제	국민경제 전체를 대상으로 분석한 경제지표이다.
부의 효과	부자가 되었다고 생각한 경제주체가 소비를 늘리는 효과이다.

TIP
① 금융비용이 상승하면 부동산가격은 하락할 것이다.
② 통화량이 증가하면 물가가 상승하고 부동산가격도 상승할 것이다.
③ 부동산가격이 상승하면 부의 효과로 소비가 증가할 것이다.

핵심포인트 해설   **거시경제 변수와 부동산과의 관계**

국민소득 = 소비 + 투자 + 정부지출 + 순수출·입	
경제성장(Y)	• 경제성장 상승 ⇨ 임대 수요 증가 ⇨ 임대료 상승 ⇨ 매매가격 상승
소비(C)	• 부동산가격 상승 ⇨ 소비 증가(자산효과)
투자(I)	• 토지가격 상승 ⇨ 토지사용량 감소 ⇨ 보완적 자본투자 감소
순수출(NX)	• 부동산가격 상승 ⇨ 생산비 상승 ⇨ 수출 감소, 수입 증가
총공급	• 부동산가격 상승 ⇨ 근로의욕 저하 ⇨ 노동생산성 감소 • 주택가격 상승 ⇨ 노동의 지역 간 이동 감소 ⇨ 인력수급 어려움 ⇨ 임금 상승 • 임대료 상승 ⇨ 생산비 상승
총통화	• 통화량 상승 ⇨ 물가 상승 ⇨ 부동산가격 상승
물 가	• 물가 상승 ⇨ 부동산가격 상승(인플레이션 헤지 효과)
주 가	• 주가 상승 ⇨ 부동산가격 상승
이자율	• 이자율 상승 ⇨ 부동산가격 하락

→ 금융비용의 대표격이 바로 이자비용임

정답 | ④

부동산펀드

제 3 과목

해커스 펀드투자자문인력 최종핵심정리문제집

다음 중 경기변동에 관한 사례의 연결로 잘못된 것은?

① 호황 – 건축허가신청 증가

② 경기후퇴 – 공실률 증가

③ 불황 – 매도인 우위시장

④ 경기회복 – 공실률 감소

TIP 불황국면에는 부동산시장에서 매수인이 더욱 우위에 있게 된다.

핵심포인트 해설 **부동산경기변동의 4국면**

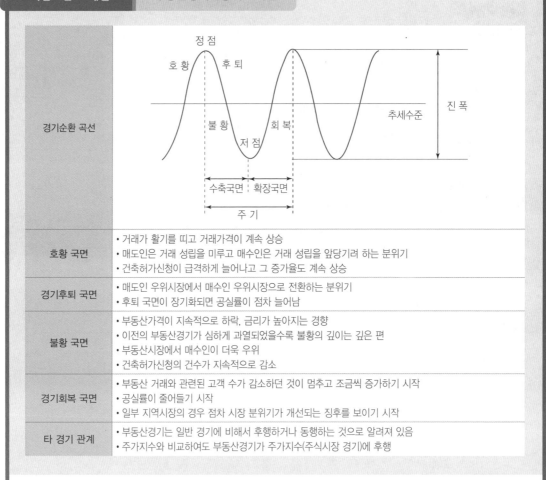

경기순환 곡선	
호황 국면	• 거래가 활기를 띠고 거래가격이 계속 상승 • 매도인은 거래 성립을 미루고 매수인은 거래 성립을 앞당기려 하는 분위기 • 건축허가신청이 급격하게 늘어나고 그 증가율도 계속 상승
경기후퇴 국면	• 매도인 우위시장에서 매수인 우위시장으로 전환하는 분위기 • 후퇴 국면이 장기화되면 공실률이 점차 늘어남
불황 국면	• 부동산가격이 지속적으로 하락, 금리가 높아지는 경향 • 이전의 부동산경기가 심하게 과열되었을수록 불황의 깊이는 깊은 편 • 부동산시장에서 매수인이 더욱 우위 • 건축허가신청의 건수가 지속적으로 감소
경기회복 국면	• 부동산 거래와 관련된 고객 수가 감소하던 것이 멈추고 조금씩 증가하기 시작 • 공실률이 줄어들기 시작 • 일부 지역시장의 경우 점차 시장 분위기가 개선되는 징후를 보이기 시작
타 경기 관계	• 부동산경기는 일반 경기에 비해서 후행하거나 동행하는 것으로 알려져 있음 • 주가지수와 비교하여도 부동산경기가 주가지수(주식시장 경기)에 후행

정답 | ③

다음 중 부동산 수요에 대한 설명으로 거리가 먼 것은?

① 부동산가격이 상승하면 부동산의 수요는 감소하고, 반대로 부동산가격이 하락하면 부동산의 수요는 증가한다.

② 수요의 법칙은 가격과 수요량이 서로 반대방향으로 변하는 것을 의미한다.

③ 부동산가격의 변화가 있을 경우에는 수요곡선 전체가 이동하게 된다.

④ 수요는 구매하려는 의도(Willing)는 물론 구매할 수 있는 능력이 있어야 한다.

TIP 부동산가격에 변화가 있을 경우 단순히 수요곡선상에서 이동하지만 나머지 수요 요인들에 변화가 있을 경우에는 수요곡선 전체가 이동하게 된다.

핵심포인트 해설   **부동산시장의 수요·공급 개념**

→ 부동산 수요란 구매력이 있는 수요(= 유효수요)

수요의 개념	• 일정한 기간에 재화와 용역을 구입하고자 하는 욕구 • 유효수요 : 구매력 수반 ⇨ 가처분 소득일 것(대출금도 구매력에 포함됨)
수요곡선	• 수요법칙 성립 ⇨ 가격과 수요량은 반비례(−, 역)관계 : 우하향 형태
수요량의 변화와 반드시 **수요의 변화**	• 수요량의 변화 : 임대료(가격)의 변화 ⇨ 수요곡선 상에서의 점의 이동 • 수요의 변화 : 임대료(가격) 이외의 다른 조건 변화 ⇨ 수요곡선 전체의 좌·우 이동
구별할 것! 공급개념	• 일정한 기간에 재화와 용역을 판매하고자 하는 욕구
공급곡선	• 가격과 공급량은 비례(+, 정)관계 : 우상향 형태
공급량의 변화와 공급의 변화	• 공급량의 변화 : 임대료(가격)의 변화 ⇨ 공급곡선 상에서의 점의 이동 • 공급의 변화 : 임대료(가격) 이외의 다른 조건 변화 ⇨ 공급곡선 전체의 좌·우 이동

정답 | ③

부동산에 영향을 미치는 요인에 관한 설명으로 잘못된 것은?

① 소득수준이 향상되면 부동산가격은 일반적으로 상승한다.
② LTV나 DTI가 높아지면 수요가 감소하여 가격이 하락한다.
③ 건설비용이 증가하면 공급이 감소하여 일반적으로 가격이 상승한다.
④ 금리의 상승은 부동산 수요를 감소시켜 가격상승을 억제한다.

TIP LTV나 DTI가 높아지면 수요가 증가하여 가격이 상승한다.

핵심포인트 해설 **부동산 수요·공급요인이 부동산시장에 미치는 영향**

수요 요인	부동산의 가격	• 해당 부동산의 가격이 상승하면 부동산의 수요는 감소 • 해당 부동산의 가격이 하락하면 부동산의 수요는 증가
	소득수준의 향상	• 정상재의 경우 소득이 늘면 수요가 늘어서 가격이 상승 • 열등재인 경우 소득이 늘면 수요가 줄어서 가격이 하락
	인구의 증가 및 핵가족화	• 인구가 증가하면 임대 수요와 구입 수요가 늘어서 가격이 상승 • 핵가족화와 단일 가족의 수가 증가하면 소형주택의 수요가 늘어서 가격이 상승
	대체관계에 있는 부동산의 가격	• 대체관계에 있는 부동산가격의 상승은 해당 부동산의 수요를 증가시켜서 가격을 상승 시킴
	소비자의 기호변화	• 소비자의 기호가 바뀌면 기호에 부합하는 부동산의 수요가 늘고 부동산가격이 상승
	대출정책의 변화 (LTV와 DTI)	• 대부비율(Loan To Value)이 높아지면 부동산 수요는 증가 • 소득대비 대출비율(Debt To Income)을 올리면 부동산 수요는 증가 └→ 보통 LTV는 대부비율, DTI는 총부채상환비율이라고 부름
	기 대	• 부동산가격이 오를 것으로 기대되면 부동산 수요는 증가
	금 리	• 금리가 인상되면 부동산 수요는 감소
공급 요인	부동산의 가격	• 부동산가격이 상승하면 공급이 증가 • 부동산가격이 하락하면 공급이 감소
	건설비용	• 건설비용이 커지면 부동산 신규 공급은 감소
	기술수준	• 기술수준이 향상되면 부동산 신규 공급은 증가
	기 대	• 부동산가격이 상승할 것으로 기대되면 부동산 공급은 점점 증가
	공급자의 수	• 공급자의 수가 늘어나면 부동산 공급은 증가

정답 | ②

다음 중 한 지역에서 아파트 시장균형가격을 하락시킬 수 있는 요인은? (단, 다른 조건은 일정하다고 가정)

① 생산비의 하락
② 주변에 생태공원 설치
③ 주민소득의 증가
④ 대체주택가격의 상승

용어 알아두기

균형가격	수요와 공급이 만나는 점에서 형성되는 가격이다.

TIP ①은 공급 증가로 인하여 시장균형가격이 하락하며, ②③④는 수요 증가로 인하여 시장균형가격이 상승한다.

핵심포인트 해설　　　**시장균형의 변동**

---

(1) 균형의 개념

일정한 가격에 사고자 하는 양과 팔고자 하는 양이 일치하는 점으로서 일단 정지된 어떤 상태에 도달한 후 외부에서 충격이 가해지지 않는 한, 더 이상 다른 상태로 변화하지 않으려는 상태

(2) 균형점의 이동

구 분	균형거래량	균형가격
공급 불변, 수요의 증가(우상향 이동)	증가(우)	상승(상)
공급 불변, 수요의 감소(좌하향 이동)	감소(좌)	하락(하)
수요 불변, 공급의 증가(우하향 이동)	증가(우)	하락(하)
수요 불변, 공급의 감소(좌상향 이동)	감소(좌)	상승(상)

정답 | ①

부동산시장의 특징에 대한 설명으로 올바른 것은?

① 부동산시장에 참여하는 수요자와 공급자는 전국적 범위로 확장된다.
② 위치의 가변성으로 인하여 부동산시장은 근본적으로 지역성을 띤다.
③ 부동산을 표준화하여 대량생산하기에는 원천적인 한계가 있다.
④ 거래 당사자의 상호이익을 위해 부동산 관련 정보를 투명하게 유통시킨다.

TIP ① 부동산시장에 참여하는 수요자와 공급자는 일정한 지리적 범위 내로 한정된다.
② 위치의 고정성으로 인하여 부동산시장은 근본적으로 지역성을 띤다.
④ 부동산을 거래하는 당사자 간의 상호이익을 위해 부동산 관련 정보를 왜곡하거나 은폐한다.

핵심포인트 해설　　부동산시장의 특징

(1) 수요자와 공급자 수의 제약
　① 부동산시장에 참여하는 수요자와 공급자는 일정한 지리적 범위 내로 한정됨
　② 위치의 고정성으로 인하여 부동산시장은 근본적으로 지역성을 띰

(2) 부동산상품의 비동질성
　부동산을 표준화하여 대량생산하기에는 원천적인 한계가 있음

(3) 정보의 비공개성 및 비대칭성
　① 부동산을 거래하는 당사자 간의 상호이익을 위해 부동산 관련 정보를 왜곡하거나 은폐함
　② 부동산 관련 중요한 정보들은 제한된 범위 내의 사람들에게만 제공 및 이용됨
　③ 정보의 비대칭성은 주식시장과 같은 다른 시장에 비해 상당히 큰 편

(4) 높은 거래비용
　① 부동산을 거래할 경우 취득세, 양도소득세 등과 같은 거래비용이 많은 편
　② 부동산 거래를 위축시키고, 거래행태를 왜곡시킬 여지도 있음

정답 | ③

부동산정책은 부동산시장에 대한 정부의 개입을 의미하는데, 다음 중 정부개입의 배경이 아닌 것은?

① 외부효과
② 독과점
③ 정보의 비대칭성
④ 완전경쟁시장

용어 알아두기

정보의 비대칭성	경제적 이해관계를 가진 당사자 간에 정보가 한쪽에만 존재하고 다른 한쪽에는 존재하지 않는 상황이다.

TIP 정부는 불완전경쟁시장으로 인한 시장실패를 보완하기 위해 시장에 개입한다.

핵심포인트 해설　　　**부동산시장의 정부개입**

시장실패	• 부동산시장의 가격기능이 원활하게 이루어지지 않아 시장이 실패한 경우에 부동산시장에 개입 • 시장의 실패는 독과점, 외부효과, 정보의 비대칭성 등으로 인하여 발생 　· 독과점 : 공정거래법, 부당거래규제 등과 같은 정책이 필요함 　· 외부효과(External Effect) : 부담과 보상 등을 통해 부동산시장을 정상화 　· 정보의 비대칭성 : 불특정 다수가 정보에 쉽게 접근할 수 있도록 제도의 개선이 필요함
정부실패	• 정책실행을 위한 충분한 정보의 미확보, 부정적인 외부효과, 비용과 수익의 분리 등

정답 | ④

정부의 조세정책에 관한 설명으로 잘못된 것은?

① 조세정책은 가격정책과 유사한 효과가 있다.

② 취득단계의 취득세, 보유단계의 재산세·종합부동산세, 그리고 처분단계의 양도소득세가 대표적이다.

③ 개발부담금을 강화 또는 완화함으로써 부동산의 수요를 억제 또는 진작시킬 수 있다.

④ 조세정책의 빈번한 변경은 부동산시장을 왜곡시키고 사회 전체의 후생을 감소시킬 수 있다.

TIP 개발부담금은 부동산의 공급을 억제 또는 진작시키는 수단이다.

핵심포인트 해설 　　 정부의 부동산정책

(1) 수요정책

부동산담보대출기준금리 조정	금리를 조정하여 부동산 수요를 조절
부동산담보대출 규제	LTV나 DTI 이용
주택담보대출 세제혜택 조정	세제혜택(소득공제, 세액공제) 수준 조정하여 임대주택 수요 조정
임대료 보조	일정 수준 이하 소득수준의 임차인에게 주거비를 보조하는 제도

(2) 공급정책

용도지역·지역제	지역과 지구지정을 통해 용도 및 밀도 조정
개발제한구역(그린벨트)제도	그린벨트의 지정 및 해제 등을 통하여 토지 공급
택지개발사업	택지개발지구의 지정 등을 통해 주택을 공급
도시개발사업	도시개발구역 지정 등을 통해 주거, 상업, 산업, 유통 등의 기능을 가지는 부동산을 공급
정비사업	주거환경개선사업, 주택재개발사업, 주택재건축사업, 도시환경정비사업, 주거환경관리사업 등을 통해 도시 내 부동산을 공급

(3) 가격정책

분양가 상한제	아파트 분양가가 일정 수준 이상이 되지 않도록 통제하는 제도
임대료 상한제	일정 수준 이상의 임대료를 받지 못하도록 규제

(4) 조세정책

취득세	
재산세, 종합부동산세	부동산의 취득, 보유, 처분단계별 관련 조세를 적용하며 수요를 조절하고 개발이익을 환수함으로써 공급을 조절
양도소득세	
개발부담금	

정답 | ③

12

부동산펀드 투자와 관련하여 유의할 사항이 아닌 것은?

① 자산운용사가 투자대상 부동산 운용에 전문성을 잘 갖추고 있는지 확인해야 한다.

② 운용전문인력을 보유하고 있는지 확인해야 한다.

③ 펀드가 청산되기 전에 중도 매각하면 일정 부분 손실을 감수할 수 있다.

④ 시장에서 집합투자증권을 매도한다면 펀드의 순자산가치보다 비싼 가격에 팔 수 있다.

TIP 시장에서 집합투자증권을 매수한다면 펀드의 순자산가치보다 할인된 가격에 살 수 있으며, 만기까지 보유할 경우 순자산가치에 상응하는 금액을 회수할 수 있게 된다.

핵심포인트 해설   **부동산펀드 투자 방법**

(1) 부동산펀드 투자와 실물부동산투자

① 투자자의 입장에서는 실물부동산에 투자하는 것과는 구별되는 다른 효익과 위험을 가짐

② 부동산펀드는 투자전문집단인 자산운용사가 투자를 집행하므로 투자자는 많은 업무에서 자유로움

③ 투자자는 자산운용사가 전문성을 잘 갖추고 있는지를 따져보아야 함

④ 부동산펀드가 투자하는 부동산의 유형과 입지, 수익의 안정성, 향후 매각의 용이성 등을 살펴보아야 하는 것은 실물부동산에 투자하는 것과 마찬가지임

⑤ 부동산펀드에 투자하는 것은 증권을 보유하게 되는 것이기에 증권을 시장에서 매매하는 것이 가능하나, 펀드는 순자산가치보다 할인되어 거래되는 것이 일반적임

⑥ 부동산펀드가 청산되기 전에 중도에 집합투자증권을 매각한다면 일정 부분 손실을 감수해야만 할 경우가 발생

⑦ 시장에서 집합투자증권을 매수한다면 펀드의 순자산가치보다 할인된 가격에 살 수 있으며 만기까지 보유할 경우 순자산가치에 상응하는 금액을 회수할 수 있음

⑧ 할인율은 거래 당시의 금리 수준이 주요 변수가 됨

정답 | ④

부동산펀드의 투자전략에 대한 설명으로 잘못된 것은?

① 핵심(Core)전략은 중심지역이나 교통의 요지에 존재하는 부동산에 대한 투자로 가장 보수적인 낮은 리스크를 감수하며 낮은 기대수익을 추구한다.
② 핵심플러스(Core-plus)전략은 핵심전략보다는 다소 높은 리스크를 감수하며 보다 높은 수익을 추구하는 전략이다.
③ 가치부가(Value added)전략은 저위험-중수익을 추구하는 전략이다.
④ 기회추구(opportunistic)전략은 고위험을 감수하며 최고의 수익을 추구하는 전략이다.

TIP 가치부가(Value added)전략은 중위험-고수익을 추구하는 전략으로 부동산개량이나 일정 수준의 재개발투자를 실행하고 시장이 좋을 때 되파는 전략을 사용한다.

핵심포인트 해설   **부동산펀드 투자 시 검토사항**

자산분석	• 투자의 알파와 오메가는 부동산의 입지(Location) • 투자자산 용도 분석
부동산시장 분석	• 임대료나 공실률의 추이 • 신규 공급계획에 대한 확인, 임대료의 안정성 여부 등 판단 • 경쟁지역과의 임대료의 차이, 임차인들의 산업 구성 • 시장 간의 이동요인 등 점검 • 수급상의 변동요인 점검
운용회사 분석	• 과거 운용실적(Track Record)과 시장의 평판
투자전략	• 핵심(Core)전략 : 보수적인 낮은 리스크, 낮은 기대수익, 우량부동산투자가 주된 전략 • 핵심플러스(Core-plus)전략 : 핵심전략보다 높은 수익을 추구하는 전략 • 가치부가(Value added)전략 : 중위험-고수익을 추구하는 전략 • 기회추구(opportunistic)전략 : 고위험을 감수하며 최고의 수익을 추구하는 전략
투자구조	• 투자형식이나 투자도관들과의 관계를 이해하는 것이 필수적 • 부동산펀드가 어떤 투자전략의 유형으로 분류될 수 있는지를 확인 • 운용전략의 기대수익과 위험이 투자자의 위험선호도에 적합한지 확인
펀드의 기대수익	• 시나리오별 기대수익률 분석 • 투자구조에서 발생할 수 있는 이슈와 리스크를 점검 • 기대수익이 가정하고 있는 주요변수에 대한 민감도 분석 필요
펀드 투자비용	• 투자를 실행함에 따라 발생하는 비용 + 수수료비용 등 고려 • 이익분배금 지급 시 세금 + 청산배당금 지급 시 세금 등 고려

정답 | ③

fn.Hackers.com

출제예상문제

☑ 다시 봐야 할 문제(틀린 문제, 풀지 못한 문제, 헷갈리는 문제 등)는 문제 번호 하단의 네모박스(□)에 체크하여 반복학습하시기 바랍니다.

01
중요도 ★★★

일반 경제재에 비해 부동산의 다른 특성을 기술한 것으로 가장 거리가 먼 것은?

① 일반시장에 비하여 매매기간이 장기적이며, 법적제한이 과다하다.
② 부동산의 부증성으로 공급이 비탄력적이다.
③ 지역에 따라 다른 가격이 형성되므로 중개업자의 역할이 요구된다.
④ 부동산의 시장은 일반상품시장보다 공개성이 높다.

02
중요도 ★★★

다음 중 부동산시장에 대한 전반적인 내용으로 올바른 것은?

① 소비가 줄어들면 도·소매용 부동산에 긍정적인 영향을 준다.
② 투자가 늘어나면 산업용 부동산이나 오피스 등과 같은 사무용 부동산에 긍정적인 영향을 준다.
③ 순수출이 크게 늘어나면 수입 중심의 기업이 많이 입지한 지역의 부동산에 좋은 영향을 준다.
④ 지역 및 국가 경제 상황은 세 가지 부동산 하부시장에 특별한 영향을 주지는 않는다.

03
중요도 ★★

다른 변수가 일정하다고 가정할 때 거시경제변수가 미치는 영향에 대한 설명으로 잘못된 것은?

① 토지가격이 상승하면 보완적 자본투자가 감소한다.
② 부동산가격이 상승하면 생산비가 상승하여 수출이 감소한다.
③ 부동산가격이 상승하면 노동생산성이 증가한다.
④ 주택가격이 상승하면 노동의 지역 간 이동이 감소하고 임금이 상승한다.

04
중요도 ★★

공간시장에 관한 설명으로 거리가 먼 것은?

① 공간 이용에 관한 권리를 사고파는 시장(임대시장)이다.

② 임대료(Rents)와 점유율(Occupancy Rate)이 결정된다.

③ 자본환원율이 결정되며 이는 자산시장의 거래지표가 될 수 있다.

④ 공간시장의 공급은 건설하여 완공되는 물량에 따라 결정된다.

05
중요도 ★★★

개발시장에 관한 설명으로 올바른 것은?

① 임대료(Rents)와 점유율(Occupancy Rate)이 결정된다.

② 현금흐름과 시장요구 자본환원율을 통해 부동산의 시장가격을 추정하는 시장이다.

③ 대체원가(Replacement Cost)를 고려하여 개발이익을 기대할 수 있다고 판단되면 부동산을 개발하는 시장이다.

④ 공간 이용에 관한 권리를 사고파는 시장(임대시장)이다.

정답 및 해설

01 ④ 부동산시장은 ⊙ 거래의 비공개성, ⓒ 상품의 비표준성, ⓒ 시장의 국지성, ⓔ 단기거래의 곤란성 등의 특성이 있다.

02 ② ① 소비가 줄어들면 부정적인 영향을 준다.

③ 수입 중심 기업보다는 수출 중심 기업의 입지성이 좋아진다.

④ 지역 및 국가 경제 상황은 세 가지 부동산 하부시장 중 특히 공간시장의 수요 측면에 직접적인 영향을 준다.

03 ③ 부동산가격이 상승하면 근로의욕이 저하되고 노동생산성이 감소한다.

04 ③ 자산시장에 관한 설명이다.

참고 공간시장

- 공간 이용에 관한 권리를 사고파는 시장(임대시장)
- 임대료(Rents)와 점유율(Occupancy Rate)이 결정됨
- 공간시장의 수요는 주로 지역 및 국가 경제의 상황에 가장 크게 영향을 받음
- 공간시장의 공급은 건설하여 완공되는 물량에 따라 결정

05 ③ ①④는 공간시장에 해당하며, ②는 자산시장에 해당하는 내용이다.

06
중요도 ★

부동산시장에 영향을 미치는 수요요인에 관한 설명으로 잘못된 것은?

① 정상재의 경우 소득이 늘면 수요가 늘어서 가격이 상승하고, 열등재인 경우 소득이 늘면 수요가 줄어서 가격이 하락한다.
② 해당 부동산의 가격이 상승하면 부동산의 수요는 감소하고, 반대로 가격이 하락하면 수요는 증가한다.
③ 대체관계에 있는 부동산가격의 상승은 해당 부동산의 수요를 증가시켜서 가격을 상승시킨다.
④ 대부비율(Loan To Value)이 높아지면 부동산 수요는 증가하고, 소득대비 대출비율(Debt To Income)을 올리면 부동산 수요는 감소한다.

07
중요도 ★★★

부동산 경기변동의 4국면에 대한 설명으로 거리가 먼 것은?

① 부동산 경기의 정점과 저점의 크기를 부동산 경기의 주기라고 한다.
② 정점에서 저점까지를 수축국면이라고 한다.
③ 저점에서 정점까지를 확장국면이라고 한다.
④ 경기는 호황, 후퇴, 불황, 회복을 반복한다.

08
중요도 ★★★

부동산의 수요 요인이 미치는 영향에 대한 설명으로 잘못된 것은?

① 인구가 증가하면 수요가 증가하여 부동산가격이 상승한다.
② LTV, DTI가 높으면 부동산 수요가 감소한다.
③ 금리가 상승하면 부동산 수요가 감소한다.
④ 대체관계에 있는 2개의 부동산 중 하나의 가격이 상승하면 다른 부동산의 수요는 증가한다.

09
중요도 ★★

A재화의 가격이 10% 하락할 때 B재화의 수요량이 20% 감소하였다면, 두 재화는 어떤 관계인가?

① 대체재 관계　　② 보완재 관계　　③ 독립재 관계　　④ 열등재 관계

10

중요도 ★★★

부동산시장이 일반 시장과는 다른 특징으로 올바른 것은?

① 수요자와 공급자 수의 제약

② 부동산상품의 동질성

③ 정보의 비공개성 및 대칭성

④ 낮은 거래비용

11

중요도 ★★

부동산 수요정책에 대한 설명으로 올바른 것은?

① LTV, DTI를 높이면 부동산 수요가 감소한다.

② 기준금리를 인상하면 부동산 수요가 감소한다.

③ 임대사업자에 대한 세제를 완화하면 수요가 감소한다.

④ 주택담보대출 소득공제나 임대료 보조제도는 부동산 수요를 감소시킨다.

정답 및 해설

06 ④ 대부비율과 소득대비 대출비율이 높아지면, 부동산 수요는 증가한다.

07 ① 주기가 아니라 진폭이라고 하며, 정점에서 다음 정점 또는 저점에서 다음 저점까지를 주기라고 한다.

08 ② LTV(대부비율), DTI(소득대비 대출비율)가 높으면 대출을 더 많이 받을 수 있으므로 부동산 수요가 증가한다. 부동산 수요에 영향을 미치는 요인에는 소득, 인구변화, 부동산가격, 대체관계에 있는 부동산, 소비자 기호, 대출정책의 변화, 기대, 금리 등이 있다.

09 ① A재화의 가격이 하락하면 A재화의 수요량은 증가한다. 그런데 B재화의 수요량이 감소했으므로 A, B 두 재화는 대체재 관계이다.

10 ① 부동산시장의 특징은 수요자와 공급자 수의 제약, 부동산상품의 비동질성, 정보의 비공개성 및 비대칭성, 높은 거래비용 등이 있다.

11 ② ① LTV, DTI를 높이면 부동산 수요가 증가한다.

③ 임대사업자에 대한 세제를 완화하면 수요는 증가한다.

④ 주택담보대출 소득공제나 임대료 보조제도는 부동산 수요를 증가시킨다.

12

중요도 ★

부동산정책에 대한 설명으로 옳은 것은?

① 중앙은행에서 기준금리를 인상하면 부동산시장의 수요에 긍정적이다.

② 그린벨트를 해제하면 부동산 공급이 감소한다.

③ 가격정책은 정부가 부동산시장에 간접적으로 개입하는 정책이다.

④ 조세정책은 부동산가격을 상승시키는 요인으로 작용할 수 있다.

13

중요도 ★★★

정부의 부동산정책 중 수요정책에 관한 내용으로 거리가 먼 것은?

① 주택담보대출을 받은 소유주에게 연말정산 시에 이자상환액에 소득공제 혜택을 주어서 주택 수요의 증가를 촉진시킨다.

② 대부비율(LTV : Loan To Value)이나 소득대비 대출비율(DTI : Debt To Income)을 통하여 대출규모를 조절하여 부동산 수요를 조절한다.

③ 부동산 담보대출금리 산정의 기초가 되는 기준금리를 조정하여 부동산 수요를 조절한다.

④ 지역과 지구의 지정을 통해 용도, 밀도 등을 통제하여 부동산 수요를 조절한다.

14

중요도 ★★

정부의 부동산정책 중 공급정책에 관한 내용으로 잘못된 것은?

① 도심의 기존 부동산을 멸실하고 오피스빌딩, 주택, 복합시설 등을 공급한다.

② 일정 수준 이상의 임대료를 받지 못하도록 규제함으로써 임대료를 직접적으로 통제한다.

③ 도심의 무분별한 확산을 막기 위한 제도로 그린벨트의 해제 등을 통하여 토지를 공급한다.

④ 공공과 민간이 대규모 토지를 수용하여 신도시, 산업단지 등을 공급한다.

15

중요도 ★★★

부동산펀드의 투자 방법으로 잘못된 것은?

① 부동산펀드 설립 시 청약하는 방법이 있다.

② 거래소 시장에서 집합투자증권 매매방식으로 투자하는 방법이 있다.

③ 부동산펀드는 공모펀드로 구성되는 것이 일반적이다.

④ 공모부동산펀드의 경우 거래소 시장에 상장되어 있다.

16

중요도 ★★

부동산펀드 투자 시의 검토사항에 관련한 설명으로 잘못된 것은?

① 부동산투자에 있어 투자의 알파와 오메가는 부동산의 입지(Location)이다.

② 임대료나 공실률의 추이가 어떻게 변해왔는지를 살펴보고 신규 공급계획에 대한 확인을 통해 향후 임대료의 안정성 여부 등을 판단해 보아야 한다.

③ 산업생태계의 변화도 부동산시장에 직접적인 영향을 줄 수 있으므로 수급상의 변동요인을 잘 살펴보아야 한다.

④ 자산운용회사를 선택할 때, 일반적으로 미래 예상 운용실적(Track Record)을 고려하되, 시장의 평판에 크게 좌우되어서는 안 된다.

17

중요도 ★★

부동산펀드의 기대수익에 관한 설명으로 잘못된 것은?

① 기대수익을 추정할 때, 미래수익에 대한 일정한 가정을 해서는 안 된다.

② 부동산펀드는 취득 후 임대 등 운영에서 발생하는 운영수익과 자산 매각 시 발생하는 처분이익을 수익의 원천으로 한다.

③ 미래 수익의 현금흐름에 대한 할인율을 적용하여 기대수익률을 산출한다.

④ 임대수익의 경우 공실률과 임대료 상승률에 대한 가정이 보다 보수적인 수치를 적용할 때 어느 정도 수익률이 하락하는지에 대한 분석이 필요하다.

정답 및 해설

12 ④ ① 중앙은행에서 기준금리를 인상하면 부동산시장의 수요에 부정적이다.
② 그린벨트를 해제하면 부동산 공급이 증가한다.
③ 가격정책은 정부가 부동산시장에 간접적이 아니라 직접적으로 개입하는 정책이다.

참고 부동산시장과 정부의 정책

수요정책	주택 담보대출 비용 소득공제, 부동산 담보대출 규제, 부동산 담보대출기준금리 조정, 부동산 임대사업제도, 임대료 보조
공급정책	지역지구제(Zoning) : 용도(주거, 상업, 공업 등), 용적률, 건폐율, 고도제한, 지구단위계획, 문화재보호구역, 대공방어협조구역, 택지공급제도(신도시, 산업단지 등), 그린벨트제도, 도시환경정비사업, 도심재정비사업, 뉴타운사업 등
가격정책	임대료 상한제, 분양가 상한제
조세정책	취득세 및 등록세, 보유세(재산세, 종합부동산세), 양도소득세, 개발이익환수제도

13 ④ 지역과 지구의 지정을 통해 용도, 밀도 등을 통제하여 부동산 수요를 조절하는 것은 지역지구제(Zoning)로, 공급정책이다.

14 ② 일정 수준 이상의 임대료를 받지 못하도록 규제함으로써 임대료를 직접적으로 통제하는 것은 가격정책 중 임대료 상한제에 대한 설명이다.

15 ③ 부동산펀드는 사모펀드로 구성되는 것이 일반적이어서 일반투자자가 투자기회를 찾기가 용이하지 않다.

16 ④ 자산운용회사를 선택할 때, 일반적으로 과거의 운용실적(Track Record)과 시장의 평판을 우선으로 고려해야 한다.

17 ① 미래수익에 대한 일정한 가정이 들어가게 되며, 가정의 적정성과 함께 그러한 가정에서 주요 변수가 달라질 경우 기대수익률이 어느 정도 달라지는지에 대한 민감도를 분석해 보아야 한다.

제 4 장
부동산펀드 리스크관리

학습전략

부동산펀드 리스크관리는 제3과목 전체 15문제 중 총 2~3문제 정도 출제된다.
부동산펀드 리스크관리의 경우 공부하기 까다로운 분야이다. 먼저 부동산투자가 주식·채권과 어떻게 다른지 확인하고 차별성을 명확히 정립해 놓아야 학습이 쉬워진다. 부동산투자가 전통적 투자대안과 다른 점에서 연유하는 독특한 리스크에 대하여 문제가 집중된다. 부동산투자에서 공통적으로 부딪치는 위험과 관리방법을 학습해야 하며, 가장 중요한 펀드인 대출형, 임대형, 경·공매형, 해외부동산펀드에서 주목해야 할 리스크 관련 내용을 숙지해야 한다.

출제예상 비중

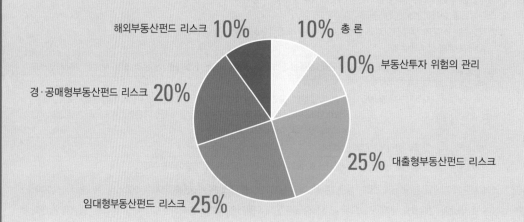

해외부동산펀드 리스크 **10%**　　**10%** 총 론

10% 부동산투자 위험의 관리

경·공매형부동산펀드 리스크 **20%**

25% 대출형부동산펀드 리스크

임대형부동산펀드 리스크 **25%**

핵심포인트

다음 중 대안투자(부동산투자)**의 특성에 대한 내용으로 잘못된 것은?**

① 투자대상으로는 짧은 역사를 가진다.
② 투자 포트폴리오에서 보편적이지 않은 보기 드문 형태의 투자이다.
③ 전통적인 투자에 비하여 유동성이 높다.
④ 장기 투자자가 대부분이다.

용어 알아두기

대안투자	기존 투자대상이 아닌 제3의 자산에 대한 투자를 말한다.

TIP 전통적인 투자에 비하여 유동성이 낮다.

핵심포인트 해설　　**대안투자**(부동산투자)**의 개념과 특성**

개 념	• 대체적 자산군에 투자하는 것 또는 대체적 전략으로 투자하는 것
특 성	• 투자대상으로는 짧은 역사를 가짐 • 투자 포트폴리오에서 보편적이지 않은 보기 드문 투자형태 • 전통적인 투자에 비해 유동성이 낮음 • 장기 투자가 대부분으로 장기간 환매불가기간이 있음 • 높은 수수료 • 일시에 대규모의 자금을 확실히 조달해야 하는 특성상 일반 개인투자자보다는 기관의 투자 수단으로 활용 • 전통적 투자자산과의 상관관계가 낮은 경향 • 대부분의 대안투자 자산은 주식, 채권 등 전통적 투자자산과는 달리 투명한 공개시장에서 대량으로 거래가 이루어지지 않아 공정가치를 평가하는 데에 어려움이 있음 • 실제 거래 시에 거래가격은 개별적인 가치평가된 가격이 아니라 협상에 따라 달라짐 • 성과 비교의 기준이 되는 적절한 벤치마크가 없으며, 절대적 수익률을 고려하게 됨 • 투자 또는 운용역의 전문성에 의존하는 경우가 많음

정답 | ③

02

부동산투자에 대한 일반적인 내용으로 거리가 먼 것은?

① 수익은 투자안으로부터 얻어지게 될 미래의 현금흐름이다.

② 위험은 수익에 대한 불확실성으로부터 발생하는 자산이나 부채가치의 변동성이다.

③ 부동산은 투자의사결정이나 포트폴리오 구성과 별도의 위험을 가지고 있다.

④ 실물자산의 관리 위험은 일반투자자산도 가지고 있는 공통된 위험이다.

TIP 실물자산인 부동산은 임대차, 유지, 개·보수, 개발하는 데에 따른 관리 위험을 추가로 부담하여야 하는데, 이는 부동산의 고유한 위험이다.

핵심포인트 해설 **부동산투자 위험의 종류**

사업상 위험 (Business Risk)	• 부동산 사업 자체로부터 연유하는 위험	
	시장 위험 (Market Risk)	· 시장 상황에 따른 수요와 공급의 변화는 부동산투자의 수익성에 대한 위험을 증대시키는 중요한 요인
	운영 위험 (Operating Risk)	· 부동산의 관리, 근로자의 파업, 영업경비의 변동 등으로 인해 야기될 수 있는 수익성의 불확실성을 폭넓게 지칭 · 경영 및 관리 위험(Management Risk) → = 변동성
	입지 위험 (Locational Risk)	· 부동산의 부동성으로 인해 사업상 안게 되는 위험 · 입지 위험은 모든 사업에 공통되는 문제
금융 위험 (Financial Risk)	• 부채(타인자본)를 사용하여 투자하게 되면 지분수익률 증가(지렛대 효과) • 부채가 많으면 많을수록 원금과 이자에 대한 채무불이행의 가능성이 높아지며, 파산할 위험도 그만큼 더 커짐 → 자기자본에 대한 수익률	
법적 위험 (Legal Risk)	• 부동산투자의 의사결정은 정부의 여러 가지 정책, 지역지구제, 토지이용규제 등의 법적 환경 아래서 이루어짐 • 부동산 세제나 감가상각방법의 변경과 부동산의 사용이나 임대료에 관한 법령의 변경 등	
인플레이션 위험 (Inflation Risk)	• 인플레이션으로 인해 장래 발생한 투자수익(현금 유입액)의 현재가치가 하락할 위험 • 투자에 대한 요구수익률도 그만큼 상승	
유동성 위험 (Liquidity Risk)	• 부동산은 다른 자산에 비해 유동성 위험이 매우 큰 자산 • 일반적으로 규모가 큰 부동산은 그만큼 유동성이 떨어지게 되며, 이에 따라 수익률이 높은 것이 일반적임	

다음 중 부동산투자의 위험관리절차로 올바른 것은?

① 위험 식별 ⇨ 위험 분류 ⇨ 위험 분석 ⇨ 위험 대응
② 위험 분류 ⇨ 위험 식별 ⇨ 위험 분석 ⇨ 위험 대응
③ 위험 식별 ⇨ 위험 분석 ⇨ 위험 분류 ⇨ 위험 대응
④ 위험 식별 ⇨ 위험 분류 ⇨ 위험 대응 ⇨ 위험 분석

TIP 부동산투자의 위험관리절차는 '위험 식별 ⇨ 위험 분류 ⇨ 위험 분석 ⇨ 위험 대응' 순이다.

핵심포인트 해설　　　**부동산투자 위험관리절차**

위험 식별 (Risk Identification)	• 위험 발생의 근원을 인식하고 위험 인자의 유형과 특성을 파악함으로써 특정 상황을 이해하는 단계 • 시장 및 사업 위험, 프로젝트 위험, 거시적 위험 등이 부동산투자의 주요 위험 인자
위험 분류 (Risk Classification)	• 위험 인자를 유형과 특성별로 분류하여 각 위험 인자들 사이의 상호 관련성을 파악하는 단계 • 특정 위험 상황과 성격에 부합하는 분석기법과 대응 전략을 설정 • 위험은 통제 가능한 위험과 통제 불가능한 위험으로 분류
위험 분석 (Risk Analysis)	• 식별된 위험 인자의 중요도를 파악함으로써 대안설정과 전략수립의 가능 여부를 판단하는 단계 • 부동산투자 위험요인을 식별하고 분석된 위험인자의 처리방안을 고려하는 단계 • 위험의 부정적인 영향을 가능한 한 완벽하게 제거하고, 위험에 대한 통제력을 강화하는 목적 • 위험 대응전략은 위험 회피, 위험 감소, 위험 보유, 위험 전가로 분류

정답 | ①

04

다음 부동산투자의 위험과 그 관리방안이 올바르게 연결된 것은?

A. 유동성 위험	B. 가격변동 위험
C. 임대 위험	D. 개발 위험

가. 파생금융상품	나. Put Back Option
다. 리싱 패키지	라. 확정가격에 의한 일괄도급계약

① A-가, B-나, C-다, D-라　　　② A-가, B-나, C-라, D-다

③ A-나, B-가, C-다, D-라　　　④ A-나, B-가, C-라, D-다

TIP 위험별 위험관리방안은 다음과 같다.
유동성 위험-사전옵션계약, Put Back Option 등
가격변동 위험-파생금융상품 등
관리운영 및 임대 위험-임차인과의 장기임대계약, 전문 관리업체와의 장기운영계약, 리싱 패키지 등
개발 위험-확정가격에 의한 일괄도급계약 등

핵심포인트 해설 | **위험관리방안**

→ 시험에서 가격변동 위험을 중요하게 다루지 않으므로 가격변동 위험 관리방안으로 파생상품 이용이 있다는 점만 숙지할 것!

가격변동 위험	• 파생금융상품을 활용하는 방안 • 우리나라는 지수들이 개발되지 않았거나 공신력이 떨어지는 상황
유동성 위험	• 일반적으로 유동성 위험은 개발사업과 관련하여 부동산을 분양하고자 하는 경우 또는 보유한 부동산투자의 포트폴리오를 변경하고자 하는 경우에 주로 발생 • 사전옵션계약 : 개발사업자가 완성된 부동산의 지분을 확정된 가격에 매각하는 사전옵션계약을 맺어, 유동성 위험을 줄이는 방법 • 풋백옵션(Put Back Option) : 투자자가 부동산 매매계약을 맺으면서 일정 기간이 지난 이후 이를 부동산 매도자에게 되팔 수 있는 권리
관리운영 및 임대 위험	• 임차인과의 장기임대계약을 맺는 방법 • 전문 관리업체와의 장기운영계약을 통하여 아웃소싱(Outsourcing)하는 방법 • 리싱 패키지(Leasing Package) : 부동산 소유자와 관리회사가 통제할 수 없는 외부시장 여건의 변화에 대응하기 위하여 통제 가능한 내부 여건을 변화시켜서 적극적으로 대응해 나가는 전략
개발 위험	• 시공자와 건설과정에서의 설계, 자재조달, 인·허가 등 각종 절차를 일괄적으로 부담시키고 건설비도 계약 시에 확정하는 '확정가격에 의한 일괄도급계약(Fixed Price and Lump-Sum Turn-Key Contract)'을 활용 • 시공사의 신용 위험에 대해서는 별도로 고려하여야 함
비체계적 위험	• 부동산 부문별로 분산투자를 하는 방법 • 지역별로 분산투자를 하는 방법 • 부동산펀드나 부동산투자회사와 같은 부동산 간접투자

정답 | ③

부동산펀드

제 3 과목

해커스 펀드투자권유자문인력 최종핵심정리문제집

부동산펀드의 리스크 조직에 관한 설명으로 잘못된 것은?

① 부동산과 같은 대체투자사업은 정성적인 차원에서의 위험관리가 요구된다.

② 사전적이고 적극적인 위험관리가 요구된다.

③ 프로젝트 시작 여부의 의사결정이 위험관리 측면에서 중요하다.

④ 사전적으로는 상호의존적이고 객관적인 감시가 필요하다.

TIP 사후적으로는 건전한 내부통제구조의 유지 및 운용역에 의해 수행된 업무가 적절하게 이루어졌는지에 관한 독립적이고 객관적인 감시가 필요하다.

핵심포인트 해설 │ **리스크 조직**

(1) 개 념
① 대체투자사업은 정성적인 차원에서의 위험관리 및 사전적이고 적극적인 위험관리가 요구
② 프로젝트 시작 여부의 의사결정이 위험관리 측면에서 중요
③ 사후적으로는 독립적이고 객관적인 감시 필요

(2) 위험관리부서
① 신용평가, 거래 한도 설정, 매매 시기 및 상품가격 결정 등 위험관리에 대한 의사결정은 각 운용부서가 시행
② 조직 전체의 입장에서 위험관리를 통합 관리하는 전담부서가 필요
③ 통합 위험관리는 위험관리부서(리스크관리팀)에서 담당
④ 주식, 채권, 파생상품 등과 관련한 위험관리부서에서 부동산펀드의 위험관리를 담당하는 것은 적절하지 않음

정답 │ ④

06

다음 중 부동산펀드의 사업타당성 분석의 요소가 아닌 것은?

① 시장환경 분석
② 물리·기술적 타당성 분석
③ 전(前) 실행 가능성 분석
④ 재무적 타당성 분석

TIP 부동산펀드의 사업 타당성 분석에는 시장환경, 법률·정책적 타당성, 물리·기술적 타당성, 실행 가능성, 재무적 타당성 등이 있다.

핵심포인트 해설　　리스크 분석

(1) 사업성과 리스크
① 모든 위험요인을 서면으로 기술하는 것은 용이하지 않음
② 위험이 발현되는 양태는 천차만별하고 그 효과를 예측하는 것도 불가능함
③ 사업성 분석은 리스크관리에 있어서 가장 중요한 부분
④ 사업성 저하로 인해 발생하는 리스크는 어떠한 금융구조로도 회피할 수 없음

(2) 사업 타당성 분석
① 시장환경
② 법률·정책적 타당성
③ 물리·기술적 타당성
④ 실행 가능성
⑤ 재무적 타당성

DSCR	• Debt Service Coverage Ratio : 연간 원리금 상환 능력 • DSCR = 영업 현금흐름 / 원리금 상환액(통상 1.2 ~ 1.3 적정)
IRR	• Internal Rate Return : 투자에 따른 현금유출(Cash Outflow)과 현금유입(Cash Inflow)의 현재가치를 동일하게 하는 할인율 • ROI(Return On Investment) : 프로젝트 자체의 IRR
ROE	• Return On Equity : 자기자본 투자의 현재가치와 배당수익 및 잔여재산의 현재가치를 동일하게 하는 할인율

정답 | ③

대출형부동산펀드의 구조에 관한 설명으로 올바른 것은?

① 소구금융으로서 사업주와 법적으로 독립된 프로젝트회사에 대출을 실행한다.
② 특별목적회사(SPC)를 설립하여 이 회사가 독립적으로 차입하는 자금조달구조이다.
③ 사업 실패 시 무한소구가 가능한 구조이다.
④ 사업주(시행자)의 지급보증 및 연대보증의 방법으로 신용 위험을 담보한다.

용어 알아두기

소구금융	어음(수표)금액 기타 비용의 변상을 청구하는 것을 말한다. 쉽게 말해 돈을 달라고 조르는 것이다.

TIP ① 비소구금융으로서 사업주와 법적으로 독립된 프로젝트회사에 대출을 실행한다.
③ 사업 실패 시 비소구 또는 제한적 소구금융이 가능한 구조이다.
④ 시공사의 지급보증 및 연대보증 등의 방법으로 신용 위험을 담보하는 대출구조이다.

핵심포인트 해설   **대출형부동산펀드의 개념 및 구조**

→ 바로 '소구'를 하지 않는다는 독특한 특성이 있으므로 표현에 주의할 것!

개 념	• 대출형부동산펀드는 프로젝트 파이낸싱(Project Financing)형 • 미래의 현금흐름(Cash Flows)을 담보로 시행 주체에게 대출한 후 이자를 수취하는 펀드
특 징	• 부외금융(Off-Balance Financing) • 자본집약적, 자금을 회수하기까지 상당 기간 환매가 제한되는 특징 • 수익자에게 예측 가능한 수익률 가이드라인을 제시
구 조	• 사업주와 법적으로 독립된 프로젝트회사에 대출을 실행, 비소구금융을 기본 형태로 함 • 특별목적회사(SPC)를 설립하여 독립적으로 차입하는 자금조달구조 • 모회사의 도산 위험으로부터 프로젝트를 격리하는 방법 • 부동산개발사업은 사업주가 직접 차주가 되거나 해당 사업의 차주에 대한 연대보증인으로 참여하는 제한적 소구금융 형태가 일반적

정답 | ②

다음 중 대출형부동산펀드 리스크 유형으로 거리가 먼 것은?

① 사업 인·허가 위험
② 분양 위험
③ 사모펀드 위험
④ 투자원금 손실 위험

TIP 대출형부동산펀드를 사모펀드가 아닌 공모형태로 모집할 경우 위험이 따른다.

핵심포인트 해설	대출형부동산펀드 리스크 유형

사업 인·허가 위험	• 개발유형에 따라 인·허가 사항이 상이 • 인·허가 관련 이해관계자의 민원이 다양하게 발생 • 일정이 지연되고 사업비가 증가하는 경향이 있음
사업부지 관련 위험	• 사업부지 매입 시 소유권 이전에 따른 위험이 존재 • 법률적 하자를 해소하는 데 리스크가 따름 • 임차인 명도 및 이주와 관련하여 상당한 기간이 소요되는 위험요소 존재
부도 위험	• 시행사 또는 시공사의 부도 시 사업 지연과 원리금 상환 지연 또는 미상환 위험 발생
분양 위험	• 분양 지연 및 분양률 저조 등으로 인한 원리금 상환 지연 및 미상환 위험
계약불이행 위험	• 계약당사자의 계약불이행으로 인한 사업 지연 또는 중단 위험
투자원금 손실 위험	• 부동산펀드 특성상 투자원리금 전액이 보장 또는 보호되지 않는 위험 존재
공모펀드 위험	• 높은 금융비용 • 융통성 결여

정답 | ③

임대형부동산펀드의 매입단계 리스크와 거리가 먼 것은?

① 매입가격의 적정성 : 유사거래사례, 감정평가액, 예상수익률 등을 고려하여 결정한다.
② 법률적 위험 : 권리상의 하자(소유권 분쟁 등)로 인한 위험을 검토하고 매입한다.
③ 물리적 위험 : 실사·측량을 통하여 물리적 하자(건물 손상 등)를 사전에 파악한다.
④ 임차인 위험 : 임차인의 임대료 체납 및 명도 지연 등을 관리한다.

TIP 임차인 위험은 운용단계의 리스크에 포함된다.

핵심포인트 해설   **임대형부동산펀드 리스크**

개 념	• 대형상가 및 오피스텔 등을 매입한 후 임대하여 임대수익 등의 안정적인 현금흐름을 확보하고 일정 기간 후 부동산가치를 높여 재매각함으로써 수익을 내는 형태의 펀드
형 태	• 빌딩, 상가 등을 구입하여 지속적인 임대수익을 얻고자 하는 목적으로 설립된 펀드
매입단계	• 매입가격의 적정성 : 부동산 매입에 있어 적정가격을 산정하는 것이 중요 • 법률적 위험 • 물리적 위험 • 재무타당성
건설 중인 부동산	• 개발사업 위험 : 건설 중인 부동산을 매입하는 형태의 부동산펀드는 개발사업에서 발생할 수 있는 모든 위험에 개발시행사로부터 간접적으로 영향을 받게 됨 • 부동산권리 확보 위험 : 계약금 및 중도금 등에 120 ~ 130% 정도 담보신탁설정 • 기타 공사 관련 위험
운용단계	• 임차인 위험 : 임차인의 임대료 체납 및 명도 지연 등 → 인도와 명도는 다르며, 인도가 아님 • 공실 위험 • 관리비 증가 위험 • 타인자본(Leverage) 위험 • 재해 등 불가항력에 대한 위험 • 제도변화 관련 위험
청산단계	• 사업계획미달 위험 • 매각 위험 • 추가비용 발생 위험

정답 | ④

10

경·공매형부동산펀드의 특징으로 잘못된 것은?

① 가장 큰 변수는 우량물건의 확보이다.
② 빌딩, 상가 등을 구입하여 지속적인 임대수익을 얻고자 하는 목적으로 설립된 펀드이다.
③ 기본적으로 경락을 받아야 하기 때문에 경쟁이 치열하다.
④ 일정 규모 이상의 물건을 확보하여야 하기 때문에 타 펀드보다 제한 요소가 많다.

TIP 빌딩, 상가 등을 구입하여 지속적인 임대수익을 얻고자 하는 목적으로 설립된 펀드는 임대형부동산펀드이다.

핵심포인트 해설 　경·공매형부동산펀드 리스크

개 념	• 판매사가 투자자의 자금을 모집하고 부동산 전문가가 실물자산을 시장가격보다 저렴하게 매입한 후 임대수익을 얻고, 재매각함으로써 시세차익을 얻음
특 징	• 경·공매형부동산펀드의 경우 가장 큰 변수는 우량물건의 확보 • 경락을 받아야 하기 때문에 경쟁이 치열, 일정 규모 이상의 물건을 확보해야 하기 때문에 타 펀드보다 제한 요소가 많음 ⟶ 일정 규모 이하 (X)
매입단계 리스크	• 투자자산 확보의 위험 　· 경매시장의 경쟁으로 인한 투자자산 확보의 위험 　· 양호한 대형 물건이 드물고, 경매시장에서의 치열한 경쟁으로 인해 일정 규모 이상의 투자자산 확보가 어려움 • 운용인력의 전문성 : 수익률의 경우 상대적으로 임대형부동산펀드, 대출형부동산펀드의 수익률보다 현저히 떨어짐 • 법률 위험 　· 경·공매 절차의 복잡 　· 사전 법률 검토를 선행해야 함 • 자산평가의 위험 : 입찰가격을 높게 설정하면 임대수익 하락과 재매각 시 가격 하락에 따른 수익률이 저하 • 비용 증가 위험 　· 경·공매형부동산펀드의 경우 펀드 보수가 연 3% 수준에 달하여 상당한 고비용 구조 　· 낙찰 후 명도, 리모델링, 재임대 등에 상당 기간이 소요되어 비용이 추가로 발생
매각단계 리스크	• 부동산 경기가 좋을 경우에도 부동산이 가지고 있는 개별적 특성으로 인해 시장에서의 위험은 항상 존재 • 투자자산 매각 시 인근 지역에 신규 물건이 초과 공급되어 매각가격의 하락과 매각 기간이 길어짐으로써 펀드 청산의 어려움이 있음

정답 | ②

경·공매형부동산펀드의 리스크관리방안에 관한 설명으로 잘못된 것은?

① 펀드의 규모가 너무 크면 미운용자금(Idle Money)의 비중이 높아진다.
② 펀드의 규모가 너무 작으면 소수에 집중 투자됨에 따라 리스크가 증가한다.
③ 사전불특정형(Blind) 방식이므로 체계적인 운용프로세스 및 운용매뉴얼이 필요 없다.
④ 경·공매시장의 상황을 고려하여 펀드 모집액의 적정성을 사전에 검토한다.

TIP 경·공매형부동산펀드는 사전에 투자자산이 정해져 있지 않은 상태에서 운용되는 사전불특정형(Blind) 방식이므로
체계적인 운용프로세스 및 운용매뉴얼이 필요하다.

핵심포인트 해설   **경·공매형부동산펀드 리스크관리방안**

투자자산 평가 위험	• 사전 검토 사항 　· 상품 판매 시 투자자산 후보군이 결정되어 있는지 　· 투자대상 개별 부동산을 사전 조사 및 평가하는 시스템을 체계적으로 갖추고 있는지 • 사전 검토를 통해 펀드 조성 후 부동산 매입에 실패하여 운용사가 조기상환을 하는 위험을 방지하고, 펀드 　수익률에 대한 안정성을 도모할 수 있음
법률 리스크	• 경매는 명도책임이 낙찰자에게 있음 • 불완전한 권리의 취득이나 경락자가 인수해야 하는 권리 등 다양한 법률적 위험이 존재
자산처분 위험	• 투자자산의 처분 지연으로 펀드 청산이 지연되어 환매대금 지급이 어려운 경우가 발생 가능 • 전속중개계약 및 부동산 매매 컨설팅 계약체결로 중개전문회사와 매도시기를 조정하여야 함 • 다른 펀드 편입 부동산에 비해 상대적으로 선호나 유동성이 떨어질 수 있으므로 매각 시스템이나 계획을 　사전에 점검하는 것이 매우 중요
펀드 규모의 적정성	• 경·공매형부동산펀드의 규모가 너무 크면 경매 및 공매 부동산을 펀드에 적정 수준까지 편입할 때까지 　<u>미운용자금(Idle Money)</u>의 비중이 높아 펀드의 수익률이 상당 기간 낮게 유지될 가능성이 있음 　 ↳ 1. 운용자금 (X) 2. 운용하지 않고 노는 돈이라는 뜻으로 'Idle Money'라고도 표현 • 경·공매형부동산펀드의 규모가 너무 작으면 1 ~ 2개의 경매 및 공매 부동산에 집중 투자됨에 따라 리스크 　가 증가될 수 있음 1. 사전특정형 (X) 2. 펀드는 대개 사전특정형이나, 경·공매형은 사전불특정형이므로 주의할 것! ↰
펀드 운용사의 체계적 관리	• 경·공매형부동산펀드는 사전에 투자자산이 정해져 있지 않은 상태에서 운용되는 <u>사전불특정형(Blind)</u>방식임 • 펀드 운용의 최적화 및 투명성을 기할 수 있는 체계적인 운용프로세스 및 운용매뉴얼이 필요 • 운용프로세스 및 운용매뉴얼을 포함한 경·공매형부동산펀드를 효율적으로 운용할 수 있는 체계를 구축하 　고 있는지 사전에 점검

정답 | ③

12

역외펀드에 관한 설명으로 거리가 먼 것은?

① 해외자산운용사가 외국에서 펀드를 만들어 국내에서 펀드를 판매하는 것이다.

② 세계적으로 검증된 유명한 해외운용사가 운용하는 만큼 신뢰도가 크다.

③ 원금을 제외한 이익금에 대하여 비과세 및 세금 우대가 가능하다.

④ 펀드 가입 시 선취수수료는 1.5% 내외, 운용수수료는 1.5% 내외로 수취한다.

용어 알아두기

역외펀드	외국의 자산운용회사가 국내에서 자금을 모아서 외국에 투자하는 펀드를 말한다.

TIP 원금을 제외한 이익금에 대해 비과세 및 세금 우대가 가능한 것은 해외펀드이다.

핵심포인트 해설 | **해외부동산펀드 리스크**

개 념	• 해외부동산에 직접 투자하는 펀드 + 해외 수익형부동산 관련 기업의 주식이나 리츠에 투자하는 펀드 • 해외 저평가된 부동산 관련 상품에 투자하여 수익을 내는 것이 목표
유 형	• 해외펀드 · 한국의 자산운용사가 국내에 펀드를 만들어 해외에 투자하는 상품 · 원금을 제외한 이익금에 대해 비과세 및 세금 우대가 가능 • 역외펀드 · 해외자산운용사가 외국에서 펀드를 만들어 국내에서 펀드를 판매하는 상품 · 신뢰도가 크며, 전문적인 고급 인력과 고급 기업정보가 있음 · 장기투자 시 국내펀드보다 수익률이 낮아질 수 있는 위험 · 환율변동에 따른 환차익 및 환차손이 발생 · 투자원금을 제외한 이익금의 약 15.4%가 과세 • 해외재간접펀드(Fund of Funds) · 국내에서 발매되고 있는 해외부동산펀드의 대표적인 유형 · 국내 운용사의 펀드가 해외운용사의 펀드에 투자하는 개념
리스크 유형	• 해당국의 정치, 경제, 법률적 차이 • 현지인 위험 • 제도 및 실사 비용 위험 • 조세 위험 • 환매 유동성 위험 : 해외펀드 환매 시 현금 유입은 6 ~ 8영업일 이후에나 가능 • 환율 위험 · 투자대상국 통화로 수익이 발생해도 원화 기준 수익률은 떨어질 수 있음 · 환율변동으로 인한 수익률 저하를 막기 위한 환헤지 요구 · 해당국 통화나 달러로 표시되는 역외(Off-Shore)펀드는 개별적으로 환헤지 • 펀드 정보의 제한 • 글로벌 신용경색 위험

정답 | ③

다음 중 각종 부동산펀드와 리스크 요인을 비교한 것으로 잘못된 것은?

① 경·공매형부동산펀드의 경우 미운용자금의 비중이 높아지면 수익률이 상당 기간 낮게 유지될 가능성이 크다.
② 임대형부동산펀드의 경우 공실률이 높아지면 수익률이 감소한다.
③ 해외부동산펀드에 있어서 프로젝트 시작 때보다 원화가 평가절하된 경우에는 환헤지 정산금을 납부하여야 한다.
④ 역외펀드는 펀드 내 환헤지를 하는 경우가 많아 환헤지에 대한 고려가 필요 없다.

TIP 역외펀드는 개인(투자자)이 환헤지를 해야 하는 경우가 많아 환율에 따른 위험이 존재한다.

핵심포인트 해설 **해외부동산펀드의 리스크관리방안**

펀드의 선택	• 투자국, 지역 검토 • 해당국의 부동산 정보 및 경제성장률 등의 정보 파악 • 해당국의 펀드 수익과 관련된 정보를 취득하기 어려움 • 변동성(위험)이 크며, 비과세 효과보다 투자성과가 꾸준한 펀드가 중요
포트폴리오	• 분산투자의 원칙을 고려하여 투자 • 경제성장률이 높은 지역은 가격등락도 심하게 나타나는 위험이 있음(이머징마켓)
환위험	• 환헤지(Hedge) 　· 국내사가 운용하는 펀드는 펀드 내 환헤지를 하는 경우가 많음 　· 역외펀드는 개인(투자자)이 환헤지를 해야 하는 경우가 많음 　· 역외펀드 가입 시 판매사를 통해 환헤지하는 것이 바람직 • 달러화 이외의 환헤지 • 과도한 환헤지(Over Hedge) : 환헤지 시에는 FX Swap보다는 Put Option 매입을 통한 환헤지가 적절하나 　　　　　　　　　　　　　　　비용이 큼 • 기준가 변동 : 기준가가 일시적으로 투자원본 이하로 하회할 수 있음 • 위험의 전가
운용사 선택	• 투자 전 자산운용사 신뢰성 여부, 운용실적 등 점검

정답 | ④

fn.Hackers.com

출제예상문제

☑ 다시 봐야 할 문제(틀린 문제, 풀지 못한 문제, 헷갈리는 문제 등)는 문제 번호 하단의 네모박스(□)에 체크하여 반복학습하시기 바랍니다.

01
중요도 ★★★

다음 중 전통적인 투자와 비교한 대안투자에 대한 설명으로 거리가 먼 것은?

① 장기간의 환매 불가 기간이 있다.

② 높은 수수료를 지불하여야 한다.

③ 일반 개인투자자보다는 기관투자수단으로 활용된다.

④ 전통적인 투자자산과의 상관관계가 높다.

02
중요도 ★

다음 중 인플레이션에 취약한 구조의 부동산펀드는?

① 임대형부동산펀드 　　　② 대출형부동산펀드

③ 경·공매형부동산펀드 　　④ 개발형부동산펀드

03
중요도 ★★

부동산투자의 장점과 가장 거리가 먼 것은?

① 안전성 　　　　　　　② 임대소득과 자본이득

③ 인플레이션 헤지 효과 　④ 환금성

04
중요도 ★

부동산투자의 수익과 위험에 대한 설명으로 올바른 것은?

① 부동산투자에 대한 기대소득의 변동 가능성으로 인한 위험이 없다.

② 위험과 기대이익은 반비례 관계에 있다.

③ '기대수익률 = 안전자산수익률 + 위험프리미엄'이다.

④ MBS는 국채나 회사채보다 위험하다.

05

중요도 ★★

부동산투자의 위험 중 사업상 위험에 해당하지 않는 것은?

① 금융 위험　　　　　　　　　　② 시장 위험

③ 운영 위험　　　　　　　　　　④ 입지 위험

06

중요도 ★★

다음 중 부동산투자의 위험에 대한 내용으로 잘못된 것은?

① 운영 위험은 부동산 관리, 근로자 파업, 영업경비 변동, 경영관리 위험 등을 말한다.

② 대출이 많을 경우 원리금에 대한 채무불이행 가능성으로 금융 위험이 생길 수 있다.

③ 법적 위험은 입지 위험이나 운영 위험 등 여러 가지 위험을 파생시킨다.

④ 유동성 위험은 부동산 규모에 따라 달라진다.

정답 및 해설

01 ④ 전통적인 투자자산과의 상관관계가 낮다.

02 ② 인플레이션에 취약한 구조의 부동산펀드는 대출형부동산펀드다.

03 ④ 부동산투자의 장점에는 안전성, 임대소득과 자본이득, 레버리지 효과, 절세 효과, 인플레이션 헤지 효과(구매력 보호), 소유의 긍지와 만족 등이 있다.

04 ③ ① 부동산투자에 대한 기대소득의 변동 가능성으로 인한 위험이 있다.
　　　② 위험과 기대이익은 비례 관계에 있다.
　　　④ MBS는 국채보다 위험하나 회사채보다는 안전하다.

05 ① 부동산투자의 위험 중 사업상 위험에는 시장 위험, 운영 위험, 입지 위험 등이 있다.

06 ③ 입지 위험이나 운영 위험 등 여러 가지 위험을 파생시키는 것은 사업상 위험이다.

07

중요도 ★★★

다음 중 부동산투자 위험의 종류에 대한 내용으로 잘못된 것은?

① 사업상 위험은 시장 위험, 운영 위험, 입지 위험으로 분류된다.

② 타인자본을 사용하여 투자하게 되면 자기자본에 대한 수익률이 감소한다.

③ 법적 위험으로 인하여 부동산투자에 대한 위험을 야기한다.

④ 인플레이션 위험이란 장래 발생한 투자수익의 현재가치가 하락할 위험을 말한다.

08

중요도 ★★★

다음 중 리스크 분석전략에 해당하지 않는 것은?

① 리스크 통제전략　　　　　　　② 리스크 회피전략

③ 리스크 감소전략　　　　　　　④ 리스크 보유전략

09

중요도 ★

다음 중 부동산투자 시 리스크관리항목과 거리가 먼 것은?

① 가격변동 위험관리　　　　　　② 유동성 위험관리

③ 수익성 관리　　　　　　　　　④ 관리운영 및 임대 위험관리

10

중요도 ★★★

위험관리방안에 관한 내용으로 잘못된 것은?

① 부동산 관련 유가증권의 가격변동 위험을 관리하는 방법으로는 파생금융상품을 활용하는 방안이 있다.

② 개발사업자가 완성된 부동산의 지분을 확정된 가격에 매각하는 사전옵션계약을 맺어, 유동성 위험을 줄이는 방법이 있다.

③ 유동성 위험의 관리를 위해 임차인과의 장기임대계약을 맺는 방법이 일반적이다.

④ 개발 위험을 회피하기 위해 '확정가격에 의한 일괄도급계약(Fixed Price and Lump-Sum Turn-Key Contract)'을 활용하기도 한다.

11

중요도 ★★

부동산펀드의 위험관리부서에 대한 설명으로 잘못된 것은?

① 신용평가, 거래 한도 설정, 매매 시기 및 상품가격 결정 등 위험관리에 대한 의사결정은 각 운용부서가 시행한다.

② 조직 전체의 입장에서 위험관리를 통합하여 관리하는 전담부서가 필요하다.

③ 통합 위험관리는 위험관리부서(리스크관리팀)에서 담당한다.

④ 통합적 차원에서 주식, 채권 등과 관련한 부서에서 부동산펀드의 위험관리도 함께 담당하는 것이 바람직하다.

12

중요도 ★★

부동산펀드에 있어 사업 타당성 분석에 관한 내용으로 잘못된 것은?

① 매출 또는 운영수입의 규모 및 실현 가능성을 분석하는 데 SWOT 분석을 활용한다.

② 부동산펀드는 간접투자이므로 직접투자에 필요한 입지분석을 실시하지는 않는다.

③ 시장환경분석은 분양성 검토보고서, 오피스시장 동향보고서 등의 자료를 활용한다.

④ 감정평가법인의 감정평가서를 활용하기도 한다.

정답 및 해설

07 ② 타인자본을 사용하여 투자하게 되면 자기자본에 대한 수익률인 지분수익률이 증가한다. (지렛대 효과)

08 ① 리스크 대응전략에는 리스크 회피전략, 리스크 감소전략, 리스크 보유전략, 리스크 전가전략 등이 있다.

09 ③ 부동산투자 시 리스크관리항목에는 가격변동 위험관리, 유동성 위험관리, 관리운영 및 임대 위험관리, 개발 위험관리, 비체계적 위험관리 등이 있다.

10 ③ 관리운영 및 임대 위험관리를 위해 임차인과의 장기임대계약을 맺는다.

11 ④ 주식, 채권, 파생상품 등과 관련한 위험관리부서에서 부동산펀드의 위험관리를 담당하는 것은 적절하지 않다.

12 ② 교통 및 접근성과 주변 환경 및 학군 등의 입지분석을 실시한다.

13

중요도 ★

사업성과 리스크에 관한 설명으로 잘못된 것은?

① 모든 위험요인을 서면으로 기술하는 것은 용이하지 않다.

② 위험이 발현되는 양태는 천차만별하고 그 효과를 모두 예측하는 것은 불가능하다.

③ 사업성 분석은 리스크관리에 있어서 가장 중요한 부분이다.

④ 사업성 저하로 인해 발생하는 리스크는 효율적인 금융구조로 피할 수 있다.

14

중요도 ★★

투자에 따른 현금유출(Cash Outflow)과 현금유입(Cash Inflow)의 현재가치를 동일하게 하는 할인율은?

① IRR(Internal Rate Return)

② DSCR(Debt Service Coverage Ratio)

③ ROE(Return On Equity)

④ ROI(Return On Investment)

15

중요도 ★★

아파트나 오피스텔 등을 건설하는 데 필요한 자금을 미래의 현금흐름을 담보로 시행 주체에게 대출한 후 이자를 수취하는 펀드는?

① 임대형부동산펀드

② 개발형부동산펀드

③ 경·공매형부동산펀드

④ 대출형부동산펀드

16

중요도 ★

대출형부동산펀드에 대한 설명으로 거리가 먼 것은?

① 사업주와 법적으로 독립된 프로젝트 회사에서 대출을 실행한다.

② 부외금융(Off-Balance Sheet Financing)이며, 프로젝트 자체 자산 및 현금흐름 이외에 사업주에게도 별도로 소구할 수 있다.

③ 프로젝트를 수행할 특별목적회사(SPC)를 설립하여 이 회사가 독립적으로 자금을 차입한다.

④ 모(母)회사의 도산 위험으로부터 프로젝트를 격리하는 방법을 취한다.

17

중요도 ★★

임대형부동산펀드 마케팅에 관한 설명으로 거리가 먼 것은?

① 계약 만료 전 상당 기간의 신규 임차인에 대한 임대마케팅 활동을 한다.

② 수익적 지출을 통해 부동산가치 증대와 공실률 감소를 꾀한다.

③ 임차료 할인, 인테리어 공사, 시설물 보수 등과 같은 전략이 필요하다.

④ 투입비용과 운영비용 대비 임대수입의 계산을 통하여 적정임대료 수준을 유지한다.

정답 및 해설

13 ④ 사업성 분석은 리스크관리에 있어서 가장 중요한 부분이고, 사업성 저하로 인해 발생하는 리스크는 어떠한 금융구조로도 회피할 수 없다.

14 ① 내부수익률(IRR : Internal Rate Return)에 관한 설명이다.

15 ④ 대출형(PF형)부동산펀드에 대한 설명이다.

16 ② 대출형부동산펀드는 프로젝트 자체 자산 및 현금흐름 이외에는 별도의 채권변제청구가 불가능한 비소구금융을 기본 형태로 한다.

17 ② 자본적 지출을 통해 부동산가치 증대와 공실률 감소를 꾀한다.

18
임대형부동산펀드의 레버리지(Leverage) **위험에 관한 설명으로 잘못된 것은?**

① 레버리지 효과는 자기자본으로 투자자금 전액을 조달하여야 극대화된다.
② 부동산 자산가치 상승 및 임대수익 상승 시 레버리지 효과가 발생한다.
③ 부동산 자산가치 하락 시 손실이 가중될 수 있는 위험이 있다.
④ 펀드 운용 시 전문부동산관리회사의 위탁이나 지속적인 임대마케팅이 필요하다.

19
임대형부동산펀드의 위험관리방안과 가장 거리가 먼 것은?

① 보수적인 마케팅
② 매각을 고려한 임대차 관리
③ 절감이자의 유보
④ 능력 있는 관리회사 선정

20
경·공매형부동산펀드의 개념에 관한 설명으로 거리가 먼 것은?

① 개개인이 직접 경·공매 절차에 참여하여 부동산을 구입하는 경우는 법적, 시간적 어려움으로 부동산 취득에 위험성을 가지고 있다.
② 경·공매형부동산펀드는 투자 위험으로부터 개인을 보호할 수 있다.
③ 부동산컨설팅회사와 자산운용사를 통하여 부동산을 매입하면 사전 위험요소를 최소화할 수 있다.
④ 경·공매부동산은 평가절상된 경우가 많으므로 비교적 투자가치가 낮다.

21

중요도 ★★

해외부동산펀드의 리스크에 대한 내용과 가장 거리가 먼 것은?

① 글로벌 신용경색 위험

② 수수료·조세 위험

③ 환매 유동성 위험

④ 판매사 위험

22

중요도 ★★

다음 중 환헤지(Hedge)에 대한 설명으로 거리가 먼 것은?

① 국내사가 운용하는 펀드는 투자자 개인이 환헤지를 하는 경우가 많다.

② 역외펀드는 투자자가 환헤지를 해야 하는 경우가 많아 환율 위험이 존재한다.

③ 역외펀드 가입 시에는 판매사를 통하여 미리 환헤지를 하는 것이 바람직하다.

④ 환율변동으로 인한 수익률 저하를 막기 위해서는 환헤지가 요구된다.

정답 및 해설

18 ① 전형적인 레버리지 효과는 대출을 통하여 자금을 조달할 경우 극대화된다.

19 ① 임대형부동산펀드의 리스크관리방안으로 부동산 매입 지연 및 실패 방지, 적극적 마케팅, 매각을 고려한 임대차 관리, 절감이자의 유보, 레버리지 위험 대비, 전문적 실사, 능력 있는 관리회사 선정 등이 있다.

20 ④ 경·공매형부동산은 평가절하되어 있는 경우가 많으므로 비교적 투자가치가 높다.

21 ④ 해외부동산펀드의 리스크에는 외국의 정치·경제·법률적 위험, 수수료·조세 위험, 환매 유동성 위험, 환율 위험, 정보제한 위험, 글로벌 신용경색 위험 등이 있다.

22 ① 국내사가 운용하는 펀드는 펀드 내 환헤지를 하는 경우가 많다.

필수암기공식 30

01 입금 | 금액입금, 단체입금, 현물입금

저축금으로 매수하는 수익증권의 좌수 계산 시(수납 시)

$$매수좌수 = 저축금액 \div \frac{매수\ 시\ 기준가격}{1,000} \Rightarrow 좌\ 미만\ 절상$$

저축금으로 지급하기 위한 수익증권의 좌수 계산 시(지급 시)

$$환매좌수 = 저축금액 \div \frac{환매\ 시\ 기준가격}{1,000} \Rightarrow 좌\ 미만\ 절사$$

02 금액환산 | 수익증권의 좌수를 금액으로 환산하는 경우

수익증권의 좌수를 매수하기 위한 저축금액 계산 시(수납 시)

$$저축금액 = 매수좌수 \times \frac{매수\ 시\ 기준가격}{1,000} \Rightarrow 원\ 미만\ 절사$$

수익증권의 좌수를 환매하여 지급하는 저축금액 계산 시(지급 시)

$$지급금액 = 환매좌수 \times \frac{환매\ 시\ 기준가격}{1,000} \Rightarrow 원\ 미만\ 절상$$

03 평가금액

평가기준일 현재의 총잔고금액 계산 시

$$평가금액 = 잔고좌수 \times \frac{평가일\ 기준가격}{1,000} \Rightarrow 원\ 미만\ 절상$$

04 출금 | 금액출금, 좌수출금, 이익금출금, 이익분배금 및 상환금출금, 현물출금

$$출금금액 = 환매\ 시\ 평가금액 - 환매수수료 - 세액$$

① 환매 시 평가금액 $= 환매좌수 \times \dfrac{환매\ 시\ 기준가격}{1,000} \Rightarrow 원\ 미만\ 절상$

② 환매수수료 $= 환매좌수 \times \dfrac{환매\ 시\ 기준가격 - 매수\ 시\ 기준가격}{1,000} \times 환매수수료율 \Rightarrow 원\ 미만\ 절사$

③ 세액 $= 과세소득 \times 적용세율 \Rightarrow 10원\ 미만\ 절사$

05 채권가격변동률

$$채권가격변동률 = (-) \times 듀레이션 \times dY + 컨벡시티 \times (dY)^2$$
$$(dY : 금리변동분)$$

06 듀레이션의 간편계산법

$$듀레이션 = \frac{V^- - V^+}{2V \times dY}$$

(단, V^- : 금리하락 시 가격, V^+ : 금리상승 시 가격, V : 현재가격,

dY : 금리변동분(0.5%일 경우, 소수점 0.005를 사용))

07 채권가격 계산 | 미래현금흐름할인법(Discounted Cash Flow)을 사용

$$PV = FV/[(1+r)^n \times (1+r \times \frac{d}{365})] \Rightarrow 관행적 복할인$$

$$PV = FV/(1+r)^{\frac{t}{365}} \Rightarrow 이론적 복할인$$

(PV : 현재가격, FV : 미래현금흐름, n : 잔존연수, r : 할인율, d : 1년 이내의 잔존일수, t : 총잔존일수)

08 금리민감도분석(Sensitivity Analysis)

$$채권투자성과 = 이자수익 + 자본손익$$

① 이자수익 = 매입금리(연 %)
② 자본손익 = (−) × 매도 시의 듀레이션 × 금리변동 × 연율화

09 콜옵션부채권가치

$$콜옵션부채권가치 = 일반채권가치 - 콜옵션가치$$

10 패리티가격

$$패리티가격 = \frac{주 가}{전환가격} \times 10,000원$$

11 PER(Price Earnings Ratio)평가모형

$$PER = \frac{주 가}{주당순이익}$$

12 PBR(Price to Book value Ratio)평가모형

$$PBR = \frac{주 가}{주당순자산}$$

13 PSR(Price Sales Ratio)평가모형

$$PSR = \frac{주 가}{주당매출액}$$

14 EV/EBITDA모형

$$EV/EBITDA = \frac{기업가치}{이자, 세금, 감가상각비 차감 전 이익}$$

위험조정성과의 측정

15 표준편차 | 절대적 위험

$$표준편차 = \sqrt{\frac{\Sigma (펀드주간수익률 - 평균수익률)^2}{표본 수 - 1}}$$

16 샤프비율(Sharp Ratio)

$$S_p = \frac{R_p - R_f}{\sigma_p} = \frac{포트폴리오 평균수익률 - 무위험 평균이자율}{포트폴리오 수익률의 표준편차}$$

(단, $R_p - R_f$: 초과수익률)

17 트레이너(Treynor) 비율

$$S_p = \frac{R_p - R_f}{\beta_p} = \frac{\text{포트폴리오 평균수익률} - \text{무위험 평균이자율}}{\text{포트폴리오의 체계적 위험}}$$

(단, $R_p - R_f$: 초과수익률)

18 젠센의 알파(Jensen's Alpha)

$$\alpha_p = (R_p - R_f) - \beta_p \times (R_m - R_f)$$

(단, R_p : 집합투자기구 수익률, R_f : 무위험수익률,
β_p : 집합투자기구의 베타, R_m : 시장수익률)

파생상품

19 최대손실예상금액(VaR)

$$\text{VaR} = \text{시장가치} \times \text{신뢰구간에 따른 표준편차의 배수} \times \text{변동성} \times \sqrt{\text{보유기간}}$$

20 포트폴리오 보험 관련 위험자산투자액 산정방법

- 보장치(Floor) : 포트폴리오의 최저가치
- 완충치(Cushion) : 포트폴리오 현재가치 − 보장치(Floor)
- 승수(Multiplier) : 위험자산 투자를 위한 배수
- 노출치(Exposure) : 위험자산 투자금액 = 완충치 × 승수

21 선물의 균형가격

$$F_T = S_t + S_t \times (r - d) \times \frac{t}{365}$$

(T : 만기시점, t : 현재시점, r : 단기이자율, d : 배당수익률)

① 매수차익거래 = 선물환 매도 + 현물환 매수
② 매도차익거래 = 선물환 매수 + 현물환 매도

22 풋−콜 패리티 조건

$$p_t + S_t = c_t + B_t$$

23 건폐율

$$건폐율 = \frac{건축면적}{대지면적} \times 100$$

24 용적률

$$용적률 = \frac{건축물의 지상층 연면적}{대지면적} \times 100$$

25 부동산 포트폴리오의 수익률

$$부동산 포트폴리오의 수익률(R_p) = w_a \times R_a + w_b \times R_b$$

(단, w_a : 전체 포트폴리오에서 a가 차지하는 비중, R_a : a자산의 기대수익률,
w_b : 전체 포트폴리오에서 b가 차지하는 비중, R_b : b자산의 기대수익률)

26 수요의 가격탄력성

$$수요의 가격탄력성 = \frac{수요량의 변화율}{가격의 변화율}$$

27 수요의 소득탄력성

$$수요의 소득탄력성 = \frac{수요량의 변화율}{소득의 변화율}$$

28 수요의 교차탄력성

$$수요의 교차탄력성 = \frac{수요량의 변화율}{대체 또는 보완 관계에 있는 부동산의 가격변화율}$$

29 공급의 가격탄력성

$$공급의 \ 가격탄력성 = \frac{공급량의 \ 변화율}{부동산 \ 가격의 \ 변화율}$$

30 DSCR(연간 원리금 상환 능력 : Debt Service Coverage Ratio)

$$DSCR = \frac{영업현금흐름}{원리금 \ 상환액}$$

실전모의고사 1,2

제1과목 · 펀드일반

01 다음 중 자본시장법상 집합투자의 요건과 거리가 먼 것은?

① 1인 이상의 자에게 판매되어야 한다.

② 투자자로부터 일상적인 운용지시를 받지 않아야 한다.

③ 투자자의 운용관여는 총회를 통한 간접적인 관여만 허용된다.

④ 재산적 가치가 있는 자산을 취득, 처분 그 밖의 방법으로 운용해야 한다.

02 집합투자기구의 형태 중 투자회사에 대한 설명과 거리가 먼 것은?

① 수익증권을 발행하는 형태이다.

② 서류상의 회사(Paper Company)로서 투자업무 외의 업무를 할 수 없다.

③ 본점 외의 영업소를 설치할 수 없다.

④ 직원 및 상근임원을 채용할 수 없다.

03 다음 중 투자신탁의 기관인 수익자총회에 대한 설명이 잘못된 것은?

① 자본시장법에서 정한 사항은 출석자 과반수와 총좌수 1/4 이상의 찬성으로 의결할 수 있다.

② 신탁계약에서 정한 사항은 출석자 과반수와 총좌수 1/5 이상의 찬성으로 의결할 수 있다.

③ 수익자총회의 소집권자는 원칙적으로 수익자이다.

④ 반대수익자의 수익증권 매수청구권 인정범위는 신탁계약 변경, 합병결의에 한한다.

04 집합투자증권의 거래가격에 대한 설명 중 잘못된 것은?

① 투자매매업자 또는 투자중개업자가 집합투자증권을 판매하는 경우 그 가격은 금전 등을 납입한 후 최초로 산정되는 기준가격(미래가격)으로 판매해야 한다.

② 외국환평형기금에게 단기금융집합투자기구의 펀드를 판매하는 경우 판매가격은 금전 등의 납입일에 공고된 기준가격으로 한다.

③ 투자자가 금융투자상품 매수에 따른 결제대금을 지급하기 위하여 MMF를 환매하기로 증권사와 미리 약정한 경우 환매가격은 환매청구일에 공고되는 기준가격으로 한다.

④ 장 마감 후 거래는 금전 등의 납입일에 공고된 기준가격으로 한다.

05 금융소비자보호법상 금융투자업자의 상품판매와 관련한 투자성 상품에 해당하지 않는 것은?

① 금융투자상품

② 투자일임계약

③ 신탁계약(관리형신탁 및 투자성 없는 신탁은 제외)

④ 연계투자(P2P투자)

06 다음 중 자본시장법이 금지하는 불건전 영업행위와 거리가 먼 것은?

① 투자권유의 요청을 받지 않은 증권과 장내파생상품에 대한 투자권유행위

② 일반투자자를 상대로 하는 차별적인 판매촉진노력

③ 수익률 보장 또는 손실보전 행위

④ 투자자로부터 집합투자증권을 매수·중개·주선·대리하는 행위

07 다음 중 집합투자증권의 환매에 대한 설명이 잘못된 것은?

① 투자자는 언제든지 판매사(투자매매·중개업자)에 집합투자증권의 환매를 청구할 수 있다.

② 판매사가 환매에 응할 수 없는 경우 집합투자업자, 신탁업자에게 청구할 수 있다.

③ 집합투자자 전원의 동의를 얻으면 집합투자재산으로 환매대금을 지급할 수 있다.

④ 환매수수료는 집합투자증권 평가잔액을 기준으로 부과하며, 징수한 환매수수료는 판매사에 귀속된다.

08 다음 중 집합투자증권의 가격결정 기준에 대한 설명이 잘못된 것은?

① 집합투자증권의 가격결정은 원칙적으로 미래가격을 기준으로 한다.

② 판매가격과 환매가격은 순자산가치에 비하여 할인 또는 할증된다.

③ 결제대금으로 결제일에 MMF를 매수하기로 약정하거나, 급여 등 정기적 금전 수취일에 MMF를 매수하기로 약정한 경우에는 예외적으로 과거가격을 기준으로 한다.

④ 장 마감 후 거래는 기준시점 이전에 적용되는 기준가격 다음에 산출되는 기준가격을 적용한다.

09 다음 중 투자신탁 자산의 운용에 대한 설명이 잘못된 것은?

① 투자신탁의 집합투자업자는 신탁업자에 대하여 투자대상자산의 취득·처분 등에 관하여 필요한 지시를 한다.

② 신탁업자는 집합투자업자의 지시에 따라 투자대상자산의 취득·처분 등을 하여야 한다.

③ 투자신탁은 신탁업자의 명의로만 투자대상자산을 취득·처분할 수 있다.

④ 회사형 집합투자기구의 경우 집합투자업자는 집합투자기구 명의로 투자대상자산을 취득·처분하고, 신탁업자는 집합투자업자의 지시에 따라야 한다.

10 집합투자증권의 환매에 대한 설명이 잘못된 것은?

① 투자자는 언제든지 투자매매업자 또는 투자중개업자에게 집합투자증권의 환매를 청구할 수 있다.

② 환매대금은 금전으로만 지급할 수 있다.

③ 투자매매업자·투자중개업자, 집합투자업자, 신탁업자는 환매대상 집합투자증권을 자기의 계산으로 취득하거나 타인에게 취득하게 할 수 없다.

④ 환매수수료는 환매금액 또는 이익금을 기준으로 부과하며, 징수한 환매수수료는 당해 집합투자재산에 귀속된다.

11 집합투자업자의 영업행위준칙에 대한 설명이 잘못된 것은?

① 전자단기사채 매매의 경우 투자신탁의 집합투자업자가 직접 해당 자산을 취득, 매각할 수 있다.

② 시가총액비중이 10%를 넘는 지분증권에 대하여는 그 시가총액비중까지 투자할 수 있다.

③ 집합투자재산으로 해당 집합투자기구 이외의 자를 위하여 채무보증이나 담보제공을 할 수 없다.

④ 집합투자업자는 어떠한 경우에도 성과보수를 받을 수 없다.

12 ETF 운용규제의 특례에 대한 설명이 잘못된 것은?

① ETF는 자산총액의 30%까지 동일종목의 증권에 운용할 수 있다.

② 각 ETF에서 동일법인 등이 발행한 지분증권 총수의 20%까지 투자할 수 있다.

③ 투자자보호 차원에서 ETF 설정 목적으로 이해관계인과 거래하는 것은 금지된다.

④ ETF는 자본시장법 규정 중 집합투자증권 환매, 계열사 발행주식에 대한 중립투표 의무, 자산운용보고서, 내부자의 단기매매차익 반환의무, 임원 등의 특정증권 소유상황보고 등에 관한 규정이 적용되지 않는다.

13 금융상품판매대리·중개업자에 대한 금지행위에 해당하는 것은?

> ⊙ 금융소비자로부터 투자금, 보험료 등 계약의 이행으로서 급부를 받는 행위
> ⓛ 금융상품판매대리·중개업자가 대리·중개하는 업무를 제3자에게 하게 하거나 그러한 행위
> 에 관하여 수수료·보수나 그 밖의 대가를 지급하는 행위
> ⓒ 금융상품직접판매업자로부터 정해진 수수료 외의 금품, 그 밖의 재산상 이익을 요구하거
> 나 받는 행위
> ⓔ 금융상품직접판매업자를 대신하여 계약을 체결하는 행위
> ⓜ 투자일임재산이나 신탁재산을 모아서 운용하는 것처럼 투자일임계약이나 신탁계약의 계약
> 체결 등을 대리·중개하거나 광고하는 행위
> ⓗ 금융소비자로부터 금융투자상품을 매매할 수 있는 권한을 위임받는 행위
> ⓢ 투자성 상품에 관한 계약체결과 관련하여 제3자가 금융소비자에 금전을 대여하도록 대리·
> 중개하는 행위

① ⓛ, ⓒ, ⓜ
② ⊙, ⓛ, ⓒ, ⓜ, ⓢ
③ ⓛ, ⓒ, ⓔ, ⓜ, ⓗ, ⓢ
④ ⊙, ⓛ, ⓒ, ⓔ, ⓜ, ⓗ, ⓢ

14 다음 중 직무윤리의 필요성 및 배경에 대한 설명이 잘못된 것은?

① 전통적 윤리규범이 공공재적 성격을 띠게 되었다.
② 신용이 무형의 자본으로 인정되고 있다.
③ 금융투자산업은 이해상충 가능성이 높다.
④ 자본시장에서는 정보비대칭 문제가 사라졌다.

15 다음은 금융투자업종사자의 어떤 의무와 가장 관계가 깊은가?

> • 고객의 재산을 이용한 자기 또는 제3자의 이익 도모 금지
> • 자신이 수익자의 거래 상대방이 될 수 없음
> • 직무를 통해 알게 된 고객의 정보에 대한 비밀유지의무
> • 고객의 이익과 경합하거나 상충하는 행위 금지

① 충실의무
② 주의의무
③ 설명의무
④ 주지의무

16 다음 중 금융투자회사의 직무윤리 관련 법령 및 표준윤리준칙에 근거한 내용이 가장 적절하지 않은 것은?

① 금융투자업 직무윤리의 기본원칙은 고객우선의 원칙과 신의성실의 원칙이다.

② 금융소비자는 본인의 투자금액 이외의 판매수수료, 해지수수료 등 추가적인 비용을 금융투자회사에게 지불해야 한다.

③ 금융투자상품은 금융소비자가 일정한 대가를 바라고 지불한 금액보다 기대했던 대가가 적어질 수 있는 위험성을 내포한 상품이다.

④ 금융소비자보호법은 금융소비자보호의 대상을 투자성 있는 금융투자상품으로 보고 있다.

17 다음은 무엇을 설명하는 내용인가?

- 투자권유 전 당해 고객이 투자권유를 원하는지 원하지 않는지의 여부를 확인해야 함
- 투자자가 일반금융소비자인지 전문금융소비자인지의 여부를 확인해야 함
- 투자권유를 하기 전에 면담·질문 등을 통하여 일반금융소비자의 투자목적·재산상황 및 투자경험 등의 정보를 파악해야 함
- 일반금융소비자로부터 서명, 기명날인, 녹취, 전자통신, 우편, 전화자동응답시스템 등으로 확인을 받아 이를 유지·관리해야 함
- 확인받은 내용을 금융소비자에게 지체 없이 제공해야 함

① Know-Your-Customer-Rule

② Prudent Investor Rule

③ Chinese Wall Policy

④ Unsolicited Call

18 다음 중 금융소비자보호법상 내부통제조직에 대한 기술이 적절하지 않은 것은?

① 이사회는 내부통제에 영향을 미치는 경영전략 및 정책을 승인한다.

② 금융회사는 금융소비자보호 내부통제기준에 따라 금융소비자보호 총괄책임자(CCO)를 지정해야 하며, CCO는 대표이사 직속의 독립적인 지위를 갖는다.

③ 금융소비자보호 총괄기관은 금융상품 개발 및 판매업무로부터 독립하여 업무를 수행해야 하고, 대표지사 직속기관으로 두어야 한다.

④ 금융소비자 내부통제위원회는 설치가 의무화 되어 있고, 준법감시인을 의장으로 한다.

19 직무윤리의 구체적 내용에 대한 설명 중 잘못된 것은?

① 금융투자업종사자의 고객에 대한 투자정보 제공 및 투자권유는 그에 앞서 정밀한 조사·분석에 의한 자료에 기하여 합리적이고 충분한 근거에 기초하여야 한다.

② 투자정보를 제시할 때에는 사실과 의견을 명확히 구별하여야 한다.

③ 중요한 사실에 대해서는 모두 정확하게 표시하여야 한다.

④ 자본시장법 시행으로 운용방법에 따라 투자성과를 보장하는 상품이 가능해졌다.

20 금융투자업자의 성과보수 및 수수료 제한에 대한 설명 중 잘못된 것은?

① 고객으로부터 성과보수를 받기로 하는 약정을 체결하거나 그에 의한 성과보수 수령은 금지된다.

② 투자자문업자 또는 투자일임업자는 계약으로 정한 수수료 외의 대가를 추가로 받는 행위가 허용된다.

③ 금융투자업자는 수수료 부과기준과 절차에 관한 사항을 금융투자협회에 통보하여야 한다.

④ 금융투자협회는 금융투자업자별로 수수료를 비교하여 공시하여야 한다.

21 내부통제기준 위반행위 발견 시 처리절차에 대한 설명 중 잘못된 것은?

① 준법감시부서 직원 중 조사원을 임명하여 임무를 부여한다.

② 범죄와 연루되었을 가능성이 있는 경우 감독·사법당국에 통보 및 고발을 검토한다.

③ 금융당국이 회사의 주요 내부정보를 요구하는 경우에는 준법감시인에게 보고하지 않아도 된다.

④ 필요한 경우 변호사 및 회계사에게 자문을 의뢰한다.

22 금융위원회의 금융투자업자에 대한 제재권의 내용과 거리가 먼 것은?

① 회원의 제명권
② 조치명령권
③ 승인권
④ 금융업등록 취소권

23 내부고발제도에 대한 설명 중 잘못된 것은?

① 준법감시인은 내부고발제도를 운영할 수 있으며, 이에 필요한 세부운영지침을 정할 수 있다.
② 내부고발자가 인사상 불이익을 받은 것으로 인정되는 경우 준법감시인은 회사에 시정을 요구할 수 있다.
③ ②의 경우 회사는 정당한 사유가 없는 한 이에 응하여야 한다.
④ 준법감시인은 내부고발자에 대하여 본인이 원하든 원치 않든 인사상 또는 금전적 혜택을 부여하도록 회사에 요청할 수 있다.

24 직무윤리 위반으로 인하여 민사책임을 질 경우에 대한 설명 중 잘못된 것은?

① 법률행위에 중대한 하자가 있는 경우에는 무효가 된다.
② 법률행위에 가벼운 하자가 있는 경우에는 취소할 수 있는 행위가 된다.
③ 계약당사자 일방의 채무불이행으로 인하여 계약목적을 달성할 수 없는 경우, 그것이 일시적인 거래이면 계약을 해제할 수 있다.
④ 계약을 해제하면 해제 시점부터 계약이 실효된다.

25 개인정보보호에 대한 설명 중 잘못된 것은?

① 개인정보의 처리 방법 및 종류 등에 따라 정보주체의 권리가 침해받을 가능성과 그 위험 정도를 고려하여 개인정보를 안전하게 관리해야 한다.

② 개인정보의 보유 기간이 경과하더라도 이를 파기하는 것은 금지된다.

③ 개인정보처리자가 정보주체의 동의를 받아 제3자에게 개인정보를 제공하는 경우, 개인 정보를 제공받는 자의 개인정보 보유 및 이용 기간에 대하여 정보주체에게 알려야 한다.

④ 개인정보처리자의 정당한 이익을 달성하기 위해 필요한 경우로서 명백하게 정보주체의 권리보다 우선하는 경우, 개인정보처리자는 개인정보를 수집할 수 있으며 그 수집 목적의 범위 내에서 이용할 수 있다.

26 영업점에 대한 준법감시통제와 관련하여 단일영업관리자가 2 이상의 영업점 영업관리자 업무를 수행할 수 있는 요건과 거리가 먼 것은?

① 감독대상 영업직원 수, 영업규모와 내용 및 점포의 지역적 분포가 단일영업관리자만으로 감시·감독하는 데 특별한 어려움이 없을 것

② 해당 영업관리자가 대상 영업점 중 1개의 영업점에 상근하고 있을 것

③ 해당 영업관리자가 수행할 업무의 양과 질이 감독업무 수행에 지장을 주지 않을 것

④ 해당 영업관리자가 준법감시업무 이외의 업무를 겸직하지 않을 것

27 자금세탁절차 중 불법재산을 덜 의심스런 형태로 변형하여 금융회사에 유입시키거나 국외로 이송시키는 단계로 옳은 것은?

① 예치단계
② 은폐단계
③ 합법화단계
④ 적법화단계

28 다음 중 STR(의심거래보고제도)에 대한 설명이 잘못된 것은?

① 1거래일 동안 2천만원 이상의 현금을 입금하거나 출금한 경우 적용한다.

② 금융회사종사자의 업무지식, 전문성, 경험 등을 바탕으로 의심되는 거래정황을 고려하여 판단한다.

③ 불법적인 차명거래도 보고대상이 된다.

④ 정확도가 높다는 장점이 있으나 참고유형의 제시가 곤란하다는 단점이 있다.

29 수익증권의 인출 및 해지에 대한 설명이 잘못된 것은?

① 환매가 제한되어 있지 않더라도 3개월 이내에 환매하는 것은 금지된다.

② 저축자가 수익증권현물을 요구하는 경우 판매회사는 특별한 사유가 없는 한 수익증권 현물로 지급해야 한다.

③ 판매회사는 정액적립식 저축자가 계속하여 6개월 이상 저축금을 납입하지 않는 경우 저축계약을 해지할 수 있다.

④ 판매회사는 저축자가 저축금을 납입하지 않는 경우 14일 이상의 기간을 부여하여 저축금의 추가납입을 요구할 수 있다.

30 A펀드의 매수 기준가격이 1,138.25인 경우 1천만원으로 매수 가능한 좌수는? (원 미만 절상)

① 8,685,417좌

② 8,785,417좌

③ 8,885,417좌

④ 8,985,417좌

31 수익증권저축에 대한 설명으로 잘못된 것은?

① 수익증권저축제도는 수익증권현물의 양수도에 따른 업무의 번거로움이 가장 큰 단점이다.

② 수익증권저축은 판매회사가 저축자로부터 저축금을 받아 그 자금으로 수익증권을 매입하고 보관·관리함으로써 저축자의 편익을 도모함을 목적으로 한다.

③ 저축자의 저축가입신청과 수익증권저축통장 교부로 성립하는 혼장임치계약이다.

④ 수익증권저축의 종류는 크게 임의식과 목적식으로 구분된다.

32 수익증권저축의 만기지급일과 관련된 내용 중 잘못된 것은?

① 저축기간을 월,연 단위로 정한 경우 저축기간이 만료되는 월의 최초 납입상당일을 만기지급일로 한다.

② ①의 경우 만료되는 월에 그 해당일이 없으면 그 월의 말일을 만기지급일로 한다.

③ 저축기간을 일 단위로 정한 경우 최초 매수일로부터 계산하여 저축기간이 만료되는 날을 만기지급일로 한다.

④ 투자신탁계약을 해지한 경우에는 해지결산 후 첫 영업일을 만기지급일로 한다.

33 적립식 저축에 대한 설명 중 잘못된 것은?

① 저축기간 중 저축재산의 일부인출이 가능하지만 신탁계약에서 정한 환매수수료를 징구한다.

② 저축금을 완납하고 저축기간이 종료된 이후에는 일부인출하여도 환매수수료가 없다.

③ 저축자가 6개월 이상 저축금을 납입하지 않은 경우에는 14일 이상 기간을 정하여 추가납입을 요구하고 그 기간 동안 저축자가 적절한 조치를 취하지 않으면 판매회사는 저축계약을 해지할 수 있다.

④ 저축자가 약정한 만기일이 도래했으나 미납입 저축금이 있는 경우 이를 납입한 날을 만기지급일로 한다.

34 투자신탁의 수입시기는 과세시기를 의미한다. 다음 중 투자신탁의 과세시기가 아닌 것은?

① 투자신탁의 이익을 지급받는 날, 즉 현금으로 이익을 수령하는 날
② 당초 소득이 신탁재산에 귀속된 날
③ 재투자 특약에 의하여 원본이 전입되는 날
④ 신탁계약기간을 연장하는 경우 그 기간을 연장하는 날

35 파생상품과 파생결합증권에 간접투자하는 경우, 매매평가손익의 과세에 대한 설명 중 잘못된 것은?

① 상장 주식의 매매평가손익은 투자신탁이익 계산 시 과세제외된다.
② 장외파생상품의 매매평가손익은 투자신탁이익에 포함하여 배당소득으로 과세한다.
③ ELW에서 발생한 소득은 양도소득으로 과세된다.
④ 비상장 파생결합증권의 매매평가손익은 투자신탁이익에 포함되지 않는다.

36 투자신탁이 투자한 유가증권에 대한 세제 중 과세제외되는 것으로 모두 묶인 것은?

> ㉠ 주식선물거래에서 발생한 소득
> ㉡ 장외파생상품의 매매평가손익
> ㉢ 벤처기업 주식의 매매평가손익
> ㉣ 비상장 파생결합증권의 매매평가손익
> ㉤ 소득세법 제46조 제1항에 따른 채권을 투자하여 발생한 손익
> ㉥ 국외 상장주식의 매매차익

① ㉠, ㉢   ② ㉠, ㉡, ㉢   ③ ㉠, ㉢, ㉣   ④ ㉠, ㉤, ㉥

37 단기금융집합투자기구가 투자하는 단기금융상품으로 옳은 것은?

① 잔존만기 5년 이내 국채증권
② 잔존만기 3년 이내 지방채증권
③ 잔존만기 1년 이내 CD
④ 잔존만기 1년 이내 주권관련사채권

38 환매금지형집합투자기구가 집합투자증권을 추가로 발행할 수 있는 경우에 해당하지 않는 것은?

① 환매금지형집합투자기구로부터 이익분배금 범위 내에서 그 집합투자기구의 집합투자증권을 추가로 발행하는 경우
② 기존 투자자의 이익을 해할 우려가 없다고 신탁업자의 확인을 받은 경우
③ 기존 투자자 전원의 동의를 받은 경우
④ 집합투자업자가 운용수익을 높이기 위한 경우

39 모자형집합투자기구와 Fund of Funds(재간접펀드)의 차이점으로 거리가 먼 것은?

① 모자형집합투자기구는 운용의 효율성을 위하여 도입된 반면 Fund of Funds는 운용회사 운용능력의 아웃소싱을 위해 도입되었다.
② 모자형집합투자기구는 투자자가 하위투자기구에 투자하지만 Fund of Funds는 투자자가 그 투자기구 자체에 투자한다.
③ 모자형집합투자기구는 상위 및 하위의 집합투자업자가 같지만 Fund of Funds는 대부분 그 투자기구와 투자대상투자기구의 집합투자업자가 다르다.
④ 모자형집합투자기구는 다른 집합투자기구가 발행한 집합투자증권에 주로 투자하나 Fund of Funds는 동일한 집합투자기구가 발행한 집합투자증권에 주로 투자한다.

40 펀드의 분류에 대한 설명으로 잘못된 것은?

① 추가형은 신탁계약기간이 정해져 있지 않고 최초모집기간이 종료된 이후에도 투자할 수 있으나 단위형은 신탁계약기간이 정해져 있고 추가로 투자할 수 없다.

② 개방형은 계약기간 중도에 환매를 요구할 수 있으나 폐쇄형은 환매를 요구할 수 없다.

③ 주식형(채권형)펀드는 주식(채권)에 펀드재산의 60% 이상을 투자하는 펀드로 시장위험, 개별위험, 유동성위험이 있다.

④ 장내파생상품에 투자하는 펀드는 장외파생상품에 투자하는 위험에 해당하는 위험 외에 거래상대방위험, 계약 조기해지위험, 지급금액 변동위험 등이 발생할 수 있다.

41 인덱스펀드에 대한 설명으로 잘못된 것은?

① 비용이 저렴하고, 운용이 투명하다.

② 장기투자를 할 경우 인덱스펀드는 동일한 수준의 수익률을 실현하는 액티브펀드보다 높은 수익률을 내는 것이 보통이다.

③ 인핸스드 인덱스펀드는 추적대상지수 수익률을 초과하는 수익률을 목표로 하는 인덱스펀드로 알파 추구 전략 또는 차익거래를 이용한다.

④ 인핸스드 인덱스펀드는 액티브펀드와 같이 위험을 제한 없이 부담하면서 추가수익전략을 수행한다.

42 특별자산펀드에 대한 설명으로 잘못된 것은?

① 집합투자재산의 50%를 초과하여 증권 및 부동산을 제외한 투자대상자산인 특별자산에 투자하는 펀드이다.

② 자본시장법은 특별자산펀드를 반드시 환매금지형펀드로 설정하도록 의무화하고 있다.

③ 발행일로부터 30일 이내에 증권시장에 상장해야 한다.

④ 특별자산펀드를 금융위원회에 등록 시 특별자산 평가방법을 기재한 서류를 금융위원회에 제출해야 한다.

43 특별자산펀드에서 펀드재산의 50%를 초과하여 투자해야 하는 특별자산과 거리가 먼 것은?

① 특별자산이 신탁재산의 50% 이상을 차지하는 경우의 수익증권
② 해외자원개발 전담회사와 특별자산에 대한 투자만을 목적으로 하는 법인이 발행한 수익증권
③ 사회기반시설사업의 시행을 목적으로 하는 법인이 발행한 주식과 채권
④ 증권 및 부동산을 제외한 자산으로서 펀드에서 투자할 만한 경제적 가치가 있는 모든 투자대상자산

44 모자형집합투자기구에 대한 설명으로 잘못된 것은?

① 운용의 집중도를 높일 수 있다.
② 기존 집합투자기구를 모자형집합투자기구로 변경할 수 있으며, 이 경우 하나의 집합투자기구의 자산을 분리하여 둘 이상의 모집합투자기구로 이전할 수 있다.
③ 사모집합투자기구가 아닌 집합투자기구로서 원본액이 50억원 미만일 경우에는 금융위원회가 고시하는 기준에 따라 이전이 가능하다.
④ 모자형집합투자기구는 상위 및 하위 투자기구의 집합투자업자가 동일하지만 Fund of Funds의 경우에는 집합투자업자가 동일하지 않은 경우가 대부분이다.

45 ETF에 대한 설명으로 가장 거리가 먼 것은?

① ETF는 반드시 상장해야 한다.
② 증권시장에서 거래되는 주식의 일종이다.
③ 증권회사에 직접 주문을 내거나 HTS 또는 전화로 매매할 수 있다.
④ 투자자가 원하는 가격과 시간에 매매할 수 있으므로 의사결정과 실제 투자 간의 차이가 발생하지 않는다.

46 다음 중 자본시장법상 특별자산펀드라고 보기 어려운 것은?

① 원유를 생산하는 사업을 영위하는 회사의 지분증권에 투자하는 특별자산펀드
② 자연적 현상에 속하는 위험을 기초자산으로 하는 파생상품에 투자하는 특별자산펀드
③ 선박투자회사법에 의거하여 설립된 선박투자회사의 발행주식에 투자하는 특별자산펀드
④ 탄소배출권에 투자하는 특별자산펀드

47 신탁상품의 판매 관련 금지행위와 거리가 먼 것은?

① 특정금전신탁 안내 및 홍보 금지
② 확정된 신탁계약조건 공시 금지
③ 기준을 초과하는 재산상의 이익제공 및 수령 금지
④ 신탁업 겸영 투자중개업자의 다른 수수료 부과 금지

48 다음 중 신탁에서 수탁자의 의무와 가장 거리가 먼 것은?

① 선량한 관리자로서의 주의의무
② 충실의무
③ 통합관리의무
④ 실적배당의 원칙 준수

49 다음 중 특정금전신탁에 대한 설명이 잘못된 것은?

① 고객 재산을 합동운용하는 신탁상품이라 최저 가입금액이 다른 상품에 비하여 낮은 편이다.

② 위탁자의 운용지시에 의하여 운용된다.

③ 손실이 발생하더라도 신탁회사의 원금보존의무는 없다.

④ 신탁금액의 일부 해지도 가능하다.

50 재산신탁의 유형과 거리가 먼 것은?

① 연금신탁

② 부동산신탁

③ 금전채권신탁

④ 동산신탁

51 신탁상품 판매 시 신탁상품의 상품설명서를 교부하고 일반투자자가 알 수 있도록 설명해야 한다. 특정금전신탁의 경우 추가 설명해야 할 사항과 거리가 먼 것은?

① 수익자가 운용방법을 지정하고, 수탁자는 지정된 운용방법에 따라 운용한다는 사실

② 위탁자는 운용방법 변경지정 또는 계약의 해지를 요구할 수 있고, 신탁회사(수탁자)는 특별한 사유가 없는 한 이에 응할 의무가 있다는 사실

③ 위탁자는 신탁회사 임직원에게 상담 요청을 할 수 있고, 신탁회사 임직원은 이에 응할 준비가 되어 있다는 사실

④ 위탁자는 신탁재산의 운용내역 및 자산의 평가가액을 조회할 수 있다는 사실

52 비지정형 금전신탁 판매 시 준수사항과 거리가 먼 것은?

① 신탁회사의 임직원은 투자자 정보를 파악하여 투자자를 유형화 하고 고객 서명 등의 방법으로 확인 후 이를 지체 없이 고객에게 제공해야 한다.

② 신탁회사는 하나 이상의 자산배분유형군을 마련해야 하며, 하나의 자산배분유형군은 둘 이상의 세부자산배분유형으로 구분해야 한다.

③ 신탁회사는 투자자 유형에 적합한 세부자산배분유형을 정하고 신탁계약을 체결해야 한다.

④ 신탁회사 임직원이 성과보수를 수취하더라도 그로 인한 잠재위험에 관한 사항까지 설명해야 하는 것은 아니다.

53 듀레이션에 대한 설명으로 거리가 먼 것은?

① 포트폴리오의 듀레이션은 포트폴리오 내 각 채권 듀레이션의 가중평균과 같다.

② 다른 조건이 동일하면 표면금리가 낮을수록 듀레이션이 작아진다.

③ 다른 조건이 동일하면 만기가 길수록 듀레이션이 커진다.

④ 이표채의 듀레이션은 만기보다 길 수 없다.

54 주가분석에 대한 설명으로 가장 올바른 것은?

① 주가순자산비율(PBR)은 기업의 단위당 수익가치에 대한 상대적인 수준을 나타내는 지표이다.

② 패턴분석 중 삼각형·깃발형은 반전형에 해당한다.

③ 기술적 분석은 수급이 아닌 다른 요인으로 발생된 주가변동도 잘 설명할 수 있다.

④ 지표분석은 과거의 추세성향이 향후에도 반복될 가능성이 있다는 것을 전제로 하여 주가를 예측한다.

55 다음 중 채권투자 시 신용위험(Credit Risk)에 해당하지 않는 것은?

① 유동성위험(Liquidity Risk)
② 신용등급 하향위험(Downgrade Risk)
③ 신용 스프레드 확대위험(Credit Spread Risk)
④ 부도위험(Default Risk)

56 채권의 종류와 성격에 대한 설명으로 잘못된 것은?

① 국채는 정부가 원리금을 지급하므로 무위험채권으로 분류된다.
② 할인채는 만기금액을 기간 이자율로 할인하여 발행한다.
③ 지방채는 국채보다 안정성이 높고 이자율은 낮다.
④ 선순위채의 청구권은 후순위채의 청구권보다 우선한다.

57 적극적 주식운용전략으로 잘못된 것은?

① 성장주 투자전략
② 가치주 투자전략
③ 중소형주 투자전략
④ 주식 인덱싱전략

58 절대적 위험을 나타내는 위험지표로 옳은 것은?

① 표준편차

② 공분산

③ 초과수익률

④ 베 타

59 소극적 채권운용전략으로 잘못된 것은?

① 만기보유전략

② 듀레이션조절전략

③ 채권면역전략

④ 현금흐름일치전략

60 펀드 분석 및 평가에 대한 일반적인 설명으로 잘못된 것은?

① 펀드 분석이란 분석대상 펀드의 특징을 찾아내는 과정이다.

② 양적 평가에는 성과요인 분석, 포트폴리오 분석 등이 있다.

③ 펀드 평가란 평가대상 펀드의 운용성과를 측정하여 그 우열이나 순위를 가리는 과정이다.

④ 계량적 평가는 성과의 우열을 가리기 위한 것이다.

61 자본시장법상 내국인 또는 외국인이 발행한 금융투자상품으로서 투자자가 취득과 동시에 지급한 금전 등 외에 어떠한 명목으로도 추가지급의무를 부담하지 않는 것은?

① ELS   ② 스 왑   ③ 선 도   ④ CDS

62 기초자산의 가격·이자율·지표·단위 또는 이를 기초로 하는 지수 등의 변동과 연계하여 미리 정해진 방법에 따라 지급하거나 회수하는 금전 등이 결정되는 권리가 표시된 것은?

① ETF   ② ELS   ③ 주 권   ④ Futures

63 단기금융집합투자기구에 대한 제한사항과 거리가 먼 것은?

① 부동산에 투자할 수 없다.
② 특별자산에 투자할 수 없다.
③ 채무증권에 투자할 수 없다.
④ 파생상품에 투자할 수 없다.

64 집합투자업자가 파생상품매매에 따른 명목계약금액을 산정할 때 사용할 수 있는 방법과 거리가 먼 것은?

① 옵션매도는 델타위험액에 감마위험액과 베가위험액을 모두 합산하여 산정한다.
② 회계기준상 위험회피 회계의 적용대상이 되는 거래는 명목계약금액 산정대상에서 제외할 수 있다.
③ 서로 다른 통화를 교환하는 거래(통화스왑)의 경우 지급하기로 한 통화의 명목원금이 계약금액이 된다.
④ 기초자산이 동일하고 가격의 변화방향이 반대인 파생상품 거래는 명목계약금액 산정대상에서 제외할 수 있다.

65 자본시장법은 파생상품펀드에 대하여 별도의 위험관리방법에 대한 신고의무를 집합투자업자에게 부여하고 있다. 다음 중 예외적으로 신고의무가 적용되지 않는 펀드를 모두 고른 것은?

㉠ 사모펀드	㉡ 전문사모펀드
㉢ 헤지펀드	㉣ 공모펀드

① ㉠　　　　　　② ㉠, ㉡　　　　　③ ㉠, ㉡, ㉢　　　　④ ㉠, ㉡, ㉢, ㉣

66 파생상품거래에 따른 만기시점의 손익구조를 공시하는 방법에 대한 설명 중 잘못된 것은?

① 당해 파생상품 기초자산의 가격변동에 따른 손익구조변동을 기재해야 한다.
② 이익발생구간, 손실발생구간으로 구분해야 한다.
③ 투자자가 이해하기 쉽도록 도표 등으로 나타내야 한다.
④ 서술식으로 요약하여 기재해야 한다.

67 파생상품펀드 위험지표의 공시 시기가 잘못된 것은?

① 계약금액은 파생상품 거래 후 그 다음 날까지 공시해야 한다.
② 파생상품 거래에 따른 만기시점의 손익구조는 파생상품 거래 후 그 다음 날까지 공시해야 한다.
③ 시장상황 변동에 따른 펀드재산의 손익구조변동은 파생상품 거래 후 그 다음 날까지 공시해야 한다.
④ 최대손실예상금액은 매일 공시해야 한다.

68 주가연계 금융상품에 대한 설명으로 가장 거리가 먼 것은?

① 주가연계증권(ELS)에서 발생한 소득은 이자소득으로 과세된다.

② 주가연계증권(ELS)은 원금보장구조도 가능하다.

③ 주가연동예금(ELD)은 5천만원까지 예금자보호를 받는다.

④ 주가연계펀드(ELF)에서 발생한 소득은 배당소득으로 과세된다.

69 다음 중 환율관련펀드에 대한 설명으로 올바른 것은?

① 원화 강세가 예상될 때는 하락형 낙아웃(Knock-Out) 구조가 적절하다.

② 환율은 안정적으로 움직이다가 짧은 기간에 큰 폭의 등락을 보이기 때문에 위험관리에 신중하여야 한다.

③ 환율이 제한적으로 움직일 것으로 예상될 때는 디지털 구조가 유효하다.

④ 환율 변동 범위가 제한적으로 예상될 때는 낙인(Knock-In) 구조가 효과적이다.

70 다음 중 멀티에셋 파생상품펀드에 대한 설명으로 가장 올바른 것은?

① 자산배분 효과가 거의 없다.

② 적은 투자금액으로 효율적인 자산에 집중투자할 수 있다.

③ 자산배분을 통하여 안정적인 수익을 추구하는 것이 일반적이다.

④ 구조가 단순하여 이해하기 쉽다.

71 현재 시장에서 A기업의 주가는 20,000원에, B기업의 주가는 8,000원에 거래되고 있는 상태이다. 이때 A기업은 B기업의 주주에게 1주당 A기업의 주식 0.5주를 지급하는 것을 내용으로 하는 합병계획을 발표하였는데, 합병 차익거래를 위해 투자자들은 어떻게 하여야 하는가?

① A기업의 주식 매수, B기업의 주식 매수
② A기업의 주식 매도(공매도), B기업의 주식 매도(공매도)
③ A기업의 주식 매도(공매도), B기업의 주식 매수
④ A기업의 주식 매수, B기업의 주식 매도(공매도)

72 이색옵션에 관한 다음 설명에서 빈칸 안에 들어갈 말을 순서대로 나열한 것은?

> 만기 이전에 아무 때나 한 번 옵션을 행사할 수 있는 구조는 (   ), 만기일 당일에만 권리행사가 가능하면 (   ), 미리 정한 특정 일자들 중 한 번을 선택하여 권리행사를 할 수 있으면 (   )이다.

① 버뮤다식 – 유럽식 – 미국식
② 미국식 – 버뮤다식 – 유럽식
③ 미국식 – 유럽식 – 버뮤다식
④ 유럽식 – 미국식 – 버뮤다식

73 구조화형 펀드에 대한 설명으로 거리가 먼 것은?

① 펀드매니저의 주관을 배제한 채 시스템에서 보내주는 매매 신호에 따라 기계적으로 파생상품을 거래한다.
② 기초자산과 파생상품을 어떤 식으로 조합하느냐에 따라 다양한 수준의 위험과 기대수익률을 갖춘 상품을 고안해 낼 수 있다.
③ 채권 + 초과성과를 추구하기 위하여 접근하는 유형이다.
④ 장내파생상품 혹은 주식을 활용한 델타헤징(Delta Hedging) 기법을 이용한다.

74 다음 중 포트폴리오 보험(Portfolio Insurance)기법을 단순화하여 최초 투자금액의 일정 비율을 방어하도록 설계하는 투자전략은?

① 방어적 풋전략(Protective Put Strategy)
② 이자추출전략(Cash Extraction Strategy)
③ 일정 비율 보험전략(Constant Proportion Portfolio Insurance Strategy)
④ 시간 불변 포트폴리오 보존전략(Time Invariant Portfolio Protection Strategy)

75 다음 중 W.P.(Worst Performer)를 이용하여 수익률을 산정한 값은?

| • A기업 : 50,000원 ⇨ 60,000원 | • B기업 : 300,000원 ⇨ 345,000원 |

① 15%
② 18%
③ 20%
④ 22%

76 다음 중 선도거래의 일반적인 특징에 대한 설명으로 거리가 먼 것은?

① 앞으로 얼마가 될지 모르는 가격을 미리 정해놓음으로써 위험회피효과를 거둘 수 있다.
② 특히 가격이 폭락할 경우 기업의 파산 위험이 존재하므로 선도거래는 기업의 파산 위험을 줄여주는 효과가 있다.
③ 사후적으로 현물시세가 나온 후 선도거래를 평가하는 경우 사후적 제로섬 게임이 되어 거래의 한쪽 당사자가 손실을 볼 가능성이 있다는 점에 주의하여야 한다.
④ 선도거래의 묘미는 신용 위험을 없애고 반대매매를 자유롭게 할 수 있다는 데에 있다.

77 만기가 1개월 남은 선물 1계약을 매입한 투자자의 일일정산 후 증거금이 165만원이다. 증거금 수준이 다음과 같을 때 추가증거금을 가장 많이 납부하여야 하는 경우는?

	개시증거금	유지증거금
①	230만원	140만원
②	220만원	150만원
③	210만원	160만원
④	200만원	170만원

78 주가지수선물 이론가격에 대한 설명으로 가장 올바른 것은?

① 이론적 보유비용은 이론선물가격과 현물가격의 차이이다.
② 이론선물가격이 실제선물가격보다 높을 경우 현물을 매입하고 선물을 매도하는 차익거래가 가능하다.
③ 이자율과 배당률이 동일할 때, 선물의 만기가 길어질수록 이론선물가격은 높아진다.
④ 배당률이 낮아지면 이론선물가격은 낮아진다.

79 다음 중 최초에 원금이 교환되고 만기 때 재교환되는 거래는?

① 금리스왑
② 통화스왑
③ 금리선도계약
④ 신용연계증권(CLN)

80 A주식의 가격이 150원일 때, A주식에 대한 콜옵션 매수 포지션의 시간가치가 가장 큰 것은?

① 만기 1개월, 행사가격 160원, 프리미엄 10원

② 만기 2개월, 행사가격 155원, 프리미엄 20원

③ 만기 3개월, 행사가격 145원, 프리미엄 30원

④ 만기 4개월, 행사가격 140원, 프리미엄 40원

81 다음 중 파생결합증권에 관한 설명으로 거리가 먼 것은?

① 파생결합증권 수익구조의 기본이 되는 논리로 이자추출전략이 있다.

② 낙아웃 옵션(Knock-Out Option)은 만기 이전에 기초자산의 가격이 미리 설정된 경계수준(Barrier)을 건드리면 옵션이 무효가 되도록 짜여진 옵션이다.

③ 채권 투입부분은 다 똑같지만 옵션의 매수 또는 매도포지션을 부가하는 것이 대부분이다.

④ 파생결합증권에 사용되는 옵션은 주로 장내옵션이 대부분이다.

82 다음 경우에 옵션을 가진 투자자가 얻을 수 있는 수익의 크기와 최종 조정된 행사가격은?

- 최초 행사가격이 100인 래더(Ladder) 콜옵션이 있다.
- 래더수준이 95, 100, 105, 110으로 정해져 있다고 한다.
- 기초자산 가격이 100에서 시작하여 움직이다가 105를 통과하여 109가 되었다.

① 이익 5, 행사가격 105

② 손실 5, 행사가격 109

③ 이익 없음, 행사가격 100

④ 이익 없음, 행사가격 109

83 다음 중 파생상품펀드의 리스크관리에 관한 설명으로 올바른 것은?

① 자체헤징이 불가능하거나 여의치 않을 경우 동일한 수익구조를 가진 장외파생상품거래를 통하여 다른 거래상대에게 위험을 전가한다.

② 파생결합증권의 발행사가 자체적으로 매매활동을 통한 수익구조를 창출하는 경우에는 백투백(BTB) 거래가 필요하다.

③ Unfunded Swap은 파생결합증권의 발행금액 대부분을 거래 상대방에게 지급하고 중도상환 혹은 만기일에 원리금을 되돌려 받는 구조이다.

④ 파생결합증권에 내재된 파생상품부분만 따로 떼어내서 거래를 체결하는 방식을 Funded Swap이라고 한다.

84 다음 중 백투백(BTB) 거래를 하는 파생결합증권 발행사의 리스크관리에 대한 설명으로 옳은 것은?

① 신용 리스크의 관리방안으로는 Funded Swap의 활용 및 담보제공계약 등이 있다.

② 파생결합증권과 동일한 수익구조의 장외파생상품 거래를 하므로 시장 리스크는 발생하지 않는다.

③ 표준적인 담보제공계약서는 별도의 법률적 자문이 필요 없다.

④ 파생결합증권과 장외파생상품 거래는 상이한 양식의 계약서로 이루어져 있으므로 특별히 검토할 필요는 없다.

85 다음 중 환리스크 헤지에 대한 설명으로 거리가 먼 것은?

① 채권형 펀드의 경우 대체로 투자원금 규모의 $50 \sim 70\%$의 환헤지를 하는 것이 보통이다.

② 역외펀드의 경우 환율의 폭등과 투자원금의 손실이 겹치면서 의도하지 않은 과다헤지로 인한 추가손실이 발생하기도 한다.

③ 통화선물보다 선물환 거래의 유동성이 더 풍부하다.

④ 펀드 만기보다 짧은 만기의 선물환 거래를 하였을 경우, 만기이월 시 펀드에서 가용현금이 부족한 사태가 발생할 수 있다.

86 부동산펀드의 투자대상인 부동산에 대한 설명 중 잘못된 것은?

① 민법상 토지와 그 정착물이 부동산펀드 투자대상 부동산에 해당한다.

② 부동산에 투자하는 방법은 부동산을 취득하여 매각하는 방법에 한한다.

③ 부동산펀드가 주로 투자하는 부동산은 임대료를 수취하는 수익형 부동산이다.

④ 호텔, 리조트 등을 부동산펀드가 직접 또는 간접적으로 운영할 수 있다.

87 부동산펀드의 운용제한에 대한 설명 중 잘못된 것은?

① 부동산펀드에서 취득한 부동산은 일정 기간 내 처분을 제한하고 있다.

② 부동산펀드에서 토지를 취득한 경우 원칙적으로 그 토지에 대하여 부동산개발사업 시행 전에 처분할 수 없다.

③ 전문투자형사모펀드가 부동산에 투자하는 경우에는 ①의 처분제한 이외의 다른 운용규제를 적용받지 않는다.

④ 부동산개발회사가 발행한 증권은 사모에 한하여 펀드재산의 100%까지 투자할 수 있다.

88 부동산펀드의 금전차입에 대한 설명 중 잘못된 것은?

① 부동산펀드의 금전차입을 허용한 이유는 부동산을 취득하는 경우 타인자본을 활용하여 취득하는 것이 일반적이라는 현실을 수용한 것이다.

② 국가재정법에 따른 기금에서는 차입할 수 있으나 외국 금융기관에서는 차입할 수 없다.

③ 해당 차입기관에 대하여 부동산 담보를 제공하거나 금융위원회가 정하여 고시하는 방법으로 금전을 차입한다.

④ 집합투자자총회에서 차입기관 및 차입방법을 다르게 의결한 경우 그 의결에 따라 금전을 차입할 수 있다.

89 집합투자업자가 펀드재산으로 부동산개발사업에 투자하는 경우에는 사업계획서를 작성해야 한다. 다음 중 그 사업계획서에 포함되어야 할 내용을 모두 고른 것은?

> ㉠ 부동산개발사업 추진일정
> ㉡ 부동산개발사업 추진방법
> ㉢ 건축계획 등이 포함된 사업계획에 관한 사항
> ㉣ 자금의 조달, 투자 및 회수에 관한 사항
> ㉤ 추정손익에 관한 사항
> ㉥ 사업의 위험에 관한 사항
> ㉦ 공사시공 등 외부용역에 관한 사항

① ㉠, ㉡, ㉢, ㉣
② ㉠, ㉡, ㉢, ㉣, ㉤
③ ㉠, ㉡, ㉢, ㉣, ㉤, ㉥
④ ㉠, ㉡, ㉢, ㉣, ㉤, ㉥, ㉦

90 부동산펀드의 금전대여에 대한 설명 중 잘못된 것은?

① 원칙적으로 펀드는 콜론을 제외한 금전대여를 금지하고 있지만, 부동산펀드는 예외적으로 허용하고 있다.
② 부동산개발사업을 영위하는 법인에 대하여 해당 요건을 모두 충족해야 금전을 대여할 수 있다.
③ 집합투자규약에서 금전대여에 관한 사항을 정하고 있어야 한다.
④ 공모부동산펀드뿐만 아니라 사모부동산펀드도 집합투자업자가 부동산에 대하여 담보권을 설정하거나 시공사 등으로부터 지급보증을 받는 등 대여금 회수를 위한 적절한 수단을 확보해야 한다.

91 펀드재산의 50%를 초과하여 부동산과 관련된 증권에 투자하는 부동산펀드는?

① 실물형부동산펀드

② 대출형부동산펀드

③ 재간접형부동산펀드

④ 증권형부동산펀드

92 부동산펀드의 종류 및 특성에 관한 설명으로 잘못된 것은?

① 펀드의 설정·설립 이전에 펀드재산으로 투자할 부동산 등이나 대출할 대상개발사업을 미리 특정하는 형태를 사전특정형부동산펀드라고 한다.

② 국내에서 설정·설립되는 대부분의 부동산펀드는 사전불특정(Blind)형부동산펀드에 해당한다.

③ 펀드재산으로 투자할 대상이 미리 특정하지 않은 상태에서 펀드자금을 모집하는 펀드를 사전불특정형부동산펀드라고 한다.

④ 경·공매형부동산펀드는 사전불특정형부동산펀드의 대표적인 사례이다.

93 다음 중 임대형부동산펀드에 대한 설명으로 거리가 먼 것은?

① 일종의 매입·임대(Buy & Lease)방식의 부동산펀드라고 할 수 있다.

② 업무용 부동산 또는 상업용 부동산 등과 같은 수익성 부동산을 대상으로 한다.

③ 안정적인 이자소득과 매각에 따른 자본소득을 주된 운용전략으로 한다.

④ 대표적인 위험요인은 관리비 상승이다.

94 투자대상자산에 따른 부동산펀드의 유형과 관계가 없는 것은?

① 임대형부동산펀드
② 파생상품형부동산펀드
③ 대출형부동산펀드
④ 국내투자부동산펀드

95 펀드재산의 50%를 초과한 자금으로 업무용 또는 상업용 부동산 등을 매입한 후 이를 임대하여 안정적인 임대수입과 향후 매입 부동산 가치 상승 시 자본소득도 확보하려는 펀드로 옳은 것은?

① 임대형부동산펀드
② 대출형부동산펀드
③ 개발형부동산펀드
④ 증권형부동산펀드

96 다음 중 자본시장과 부동산시장에 관한 내용으로 올바른 것은?

① 부동산은 자본시장의 투자여건 변화에 거의 영향을 받지 않는다.
② 부동산과 경쟁하는 다른 자산에 대한 상황을 파악할 필요가 없다.
③ 금리상황과 향후 금리변화를 수시로 파악할 필요가 없다.
④ 부동산투자는 금융비용에 영향을 주어 자기자본의 투자수익률에도 영향을 주게 된다.

97 부동산시장의 세 가지 하부시장으로 잘못된 것은?

① 공간시장
② 자산시장
③ 개발시장
④ 대출시장

98 다음 중 프로젝트 파이낸싱(PF)에 대한 설명으로 잘못된 것은?

① 프로젝트 파이낸싱(PF)은 물적 담보로 대출을 받는 것이 아니라 사업자의 신용이나 해당 사업으로부터 발생하는 미래의 현금흐름을 담보로 자금을 조달하는 공급자금융이다.
② 원리금 상환은 해당 사업에서 발생하는 현금흐름에 의존하기 때문에 사업의 수익성이 장기, 안정, 고수익성이어야 하므로 대부분 대규모 프로젝트나 해외 건설부문에 많이 사용된다.
③ 해당 사업이 도산할 경우 사업의 수익성을 담보로 한 대출이기 때문에 사업주는 개인적인 채무를 지지 않지만, 이 경우에 해당 사업에서 발생하는 현금흐름이나 자산의 범위 내에서 채권청구가 가능하다.
④ 다양한 사업 주체가 해당 사업에 참여하고 이해당사자 간의 위험분산이 가능하나 이해당사자 간의 계약관계에 따라 절차가 복잡하므로 사업이 지연될 가능성이 있다.

99 다음 중 대안투자(부동산투자)의 위험에 대한 내용으로 거리가 먼 것은?

① 투자금이 회수되지 않았을 경우를 대비하여 펀드 자동연장 조항을 집합투자규약에 넣고 있다.

② 실물형부동산펀드에서는 부동산 매입금액의 50 ∼ 100bp 수준의 취득수수료가 발생한다.

③ 부동산펀드운용의 경쟁이 심화되면서 완만하게 성장하였다.

④ 운용자 스스로 시장에 많지 않은 프로젝트(부동산투자)를 발굴하고 투자적정성 여부를 검토하여야 한다.

100 다음 중 위험관리방안에 대한 내용으로 거리가 먼 것은?

① 현재 국내에서는 부동산관련 지수가 개발되지 않았거나 공신력이 떨어진다.

② 유동성 위험은 개발사업과 관련하여 부동산을 분양하고자 하는 경우 주로 발생한다.

③ 개발 위험을 회피하기 위하여서는 확정가격에 의한 일괄도급계약을 활용할 수 있다.

④ 수익을 감소시키지 않고 체계적 위험 등 전체 포트폴리오의 위험을 감소시키기 위하여 분산투자를 할 수 있다.

제1과목 ■ 펀드일반

01 **집합투자증권의 투자권유에 대한 설명 중 잘못된 것은?**

① 집합투자증권 판매를 위한 광고 시 과거 운용실적은 광고에 포함될 수 없다.

② 불초청 투자권유 행위는 원칙적으로 금지되나 투자자보호 및 거래질서를 해할 우려가 없는 증권과 장내파생상품에 대한 투자권유 행위는 예외적으로 가능하다.

③ 투자자정보의 확인은 서명, 기명날인, 녹취뿐만 아니라 전자우편이나 전화자동응답시스템의 방법으로도 가능하다.

④ 투자설명서는 집합투자업자가 작성하며, 판매 시 투자자에게 투자설명서를 제공하고 그 주요내용을 설명해야 한다.

02 **다음 중 일반사무관리회사의 업무와 거리가 먼 것은?**

① 투자회사재산의 계산   ② 주식발행

③ 명의개서   ④ 투자자산의 보관

03 **다음 중 금융소비자보호법상 금융소비자의 대출성 상품 청약철회권에 대한 설명이 잘못된 것은?**

① 금융투자회사와 관련하여 청약철회의 대상은 자본시장법 제72조 1항에 따른 신용공여가 대표적이다.

② 대출성 상품에 대하여 일반금융소비자는 계약서류제공일 또는 계약체결일로부터 7일 이내에만 청약을 철회할 수 있다.

③ 담보로 제공된 증권이 자본시장법에 따라 처분된 경우에는 청약철회권을 행사할 수 없다.

④ 청약철회는 일반금융소비자가 금융상품판매업자에게 청약철회의 의사를 서면 등으로 발송하고, 금융상품판매업자에게 이미 공급받은 금전 등을 회사에 반환한 때 효력이 발생한다.

04 집합투자업자의 불건전 영업행위와 거리가 먼 것은?

① 특정 집합투자기구의 이익을 해하지 않으면서 자기 또는 제3자의 이익을 도모하는 행위

② 투자대상자산의 가격에 중대한 영향을 미칠 수 있는 매매의사를 결정한 후 이를 실행하기 전에 그 투자대상자산을 집합투자업자 자기의 계산으로 매매하거나 제3자에게 매매를 권유하는 행위

③ 제3자와의 계약 또는 담합 등에 의하여 집합투자재산으로 특정 자산에 교차하여 투자하는 행위

④ 특정 집합투자재산을 집합투자업자의 고유재산 또는 그 집합투자업자가 운용하는 다른 집합투자재산, 투자일임재산 또는 신탁재산과 거래하는 행위

05 신탁업자의 확인사항과 거리가 먼 것은?

① 폐쇄형펀드 집합투자증권 추가 발행 시 기존 투자자의 이익을 해할 우려가 없는지 여부

② 장외파생상품 운용에 따른 위험관리방법의 작성이 적정한지 여부

③ 자산운용보고서 작성이 적정한지 여부

④ 펀드재산의 운용 여부

06 집합투자증권의 집합투자재산 보관에 대한 설명 중 옳은 것은?

① 투자신탁재산은 집합투자업자 명의로 신탁업자가 보관한다.

② 투자회사재산은 투자회사 명의로 자산보관회사가 보관한다.

③ 대부분의 유가증권은 증권금융에서 보관한다.

④ 집합투자업자가 집합투자재산을 직접 보관하기도 한다.

07 집합투자증권의 집합투자재산에는 주식도 포함된다. 주식을 보유하면 의결권을 행사할 수 있는데 이에 대한 설명으로 옳은 것은?

① 투자신탁 집합투자업자는 의결권을 직접 행사할 수 없다.
② 주식발행인이 집합투자업자의 계열사인 경우에는 중립투표를 해야 한다.
③ 동일종목 투자한도를 초과하면 모든 의결권 행사가 제한된다.
④ 집합투자업자의 의결권 행사내용은 공시사항이 아니다.

08 투자신탁의 수익자총회에 대한 설명 중 잘못된 것은?

① 3% 이상 보유 수익자는 집합투자업자에게 총회소집을 요구할 수 있다.
② 신탁계약으로 정한 사항의 의결은 출석자 과반수와 총좌수의 1/5 이상으로 의결할 수 있다.
③ 총회 결의에 반대하는 수익자는 결의일로부터 20일 이내에 집합투자업자에 대하여 자신의 수익증권 매수를 청구할 수 있다.
④ 간주의결권이 행사되려면 수익자총회의 의결권을 행사한 총좌수가 발행총좌수의 1/10 이상이어야 한다.

09 투자신탁의 집합투자업자는 신탁재산의 효율적 운용을 위하여 자신의 명의로 직접 투자대상자산을 취득·처분하는 경우가 있다. 다음 중 이에 대한 설명으로 잘못된 것은?

① 집합투자업자는 상장채권을 취득·처분 시 상장채권의 운용을 담당하는 직원과 취득·처분의 실행을 담당하는 직원을 구분해야 한다.
② 신탁업자는 신탁재산의 취득·처분 등의 주문서와 자산배분명세서의 적정성 및 그 이행여부를 확인해야 한다.
③ 집합투자업자는 신탁재산별로 미리 정하여진 자산배분명세에 따라 취득·처분의 결과를 공정하게 배분해야 한다.
④ 집합투자업자는 신탁재산을 취득·처분하기 전에 신탁재산별로 주문금액, 가격, 수량 등을 기재한 주문서와 배분내용을 기재한 자산배분명세서를 작성해야 한다.

10 다음 중 신탁업자의 확인사항과 거리가 먼 것은?

① 집합투자재산 평가의 공정성 여부

② 환매수수료 산정의 적정성 여부

③ 장외파생상품 운용에 따른 위험관리방법의 작성이 적정한지 여부

④ 폐쇄형펀드 집합투자증권 추가발행 시 기존 투자자의 이익을 해할 우려가 없는지 여부

11 집합투자업자의 영업행위 규제에 대한 설명 중 잘못된 것은?

① 투자신탁의 집합투자업자는 신탁업자에 대하여 투자대상자산의 취득·처분 등에 관하여 필요한 지시를 한다.

② 신탁업자는 집합투자업자의 지시에 따라 투자대상자산의 취득·처분 등을 해야 한다.

③ 단기대출(Call Loan)은 집합투자업자가 직접 투자대상자산을 취득·처분할 수 없다.

④ 시가총액비중이 10%를 넘는 지분증권은 그 시가총액비중까지 투자할 수 있다.

12 자본시장법상 집합투자업의 규제에 대한 설명 중 잘못된 것은?

① 공모집합투자기구는 원칙적으로 성과보수를 받을 수 없다.

② 투자신탁 집합투자재산의 법적 소유자는 신탁업자이다.

③ 집합투자업자의 수시공시 방법은 인터넷 홈페이지, 전자우편, 본점·지점·그 밖의 영업소에 게시하는 방법 중 어느 하나의 방법만 하면 안 되고 3가지 방법 모두를 이행하여야 한다.

④ 원칙적으로 집합투자재산으로 금전차입과 대여를 할 수 있다.

13 집합투자기구의 증권 투자제한에 대한 설명 중 잘못된 것은?

① 원칙적으로 자산총액의 10%를 초과하여 동일종목에 투자할 수 없다.

② 지방채, 특수채, 파생결합증권, OECD회원국 또는 중국 정부 발행채권은 자산총액의 30%까지 투자할 수 있다.

③ 동일법인이 발행한 지분증권 총수의 20%를 초과하여 투자할 수 없다.

④ 집합투자업자가 다수의 집합투자기구를 운용하는 경우 모든 집합투자기구의 자산총액으로 동일법인이 발행한 지분증권 총수의 20%를 초과하여 투자할 수 없다.

14 윤리경영과 직무윤리가 강조되는 이유와 가장 거리가 먼 것은?

① 윤리경쟁력은 기업과 개인의 경쟁력 평가기준이 되기 때문이다.

② 위기의 시대, 불확실성의 시대에는 위험비용을 고려해야 하기 때문이다.

③ 직무윤리가 공공재 역할을 하며 무형의 자본이 되었기 때문이다.

④ 이익상충과 정보비대칭 문제가 없어졌기 때문이다.

15 다음 중 '투자성 상품'을 일반금융소비자에게 권유하는 경우 설명해야 할 사항과 가장 거리가 먼 것은?

① 투자성 상품의 내용과 위험

② 투자성 상품에 대한 금융상품직접판매업자가 정하는 위험등급

③ 금리 및 변동 여부

④ 금융상품과 연계되거나 제휴된 금융상품 또는 서비스

16 다음 중 직무윤리에 대한 설명이 잘못된 것은?

① 과당매매, 매매형태 명시의무 위반 등이 이해상충에 해당한다고 볼 수 있다.

② Chinese Wall 구축의무는 정보교류를 차단시키기 위함이다.

③ 투자매매업자나 투자중개업자가 증권시장을 통하여 매매하는 경우 자기계약금지규정이 적용된다.

④ 금융투자업종사자는 투자대상 선정과 포트폴리오 구축 시 적용되는 기본적 원칙과 방법, 이들에 중대한 영향을 미칠 수 있는 모든 사항 및 그 중대한 변경 등을 고객이 이해할 수 있도록 설명해야 한다.

17 금융투자업종사자의 합리적 근거 제공 및 정확한 표시의무에 대한 설명 중 잘못된 것은?

① 중요한 사실에 대한 정확한 표시는 반드시 문서로 해야 한다.

② 정확한 표시란 중요사항이 빠짐없이 표시되고 그 내용이 충분, 명료한 것을 의미한다.

③ 고객의 투자판단에 중요한 영향을 미친다고 생각되는 투자대상에 관한 중요정보뿐만 아니라 투자수익에 영향을 주는 정보에도 적용되는 의무이다.

④ 금융투자업자의 투자권유 시 정밀한 조사·분석에 기초한 자료에 의하여야 하고, 합리적이고 충분한 근거를 가져야 한다.

18 금융투자업종사자에 대한 재산상 이익의 제한에 대한 규제내용이 잘못된 것은?

① 금융투자업종사자는 수수료 및 비용징수에 관한 사항을 사전에 고객에게 고지해야 한다.

② 조사분석자료 작성 담당자에 대하여 기업금융업무와 연동된 성과보수를 지급하는 것은 금지된다.

③ 수수료 부과기준을 정할 때 투자자를 정당한 사유 없이 차별하면 안 된다.

④ 금융투자업자는 수수료 부과기준 및 절차에 관한 사항을 금융위원회에 통보해야 한다.

19 아래 금융투자업종사자의 투자권유 중 직무윤리를 준수했다고 볼 수 있는 경우는?

① A상담사는 주식은 미래가치를 반영하므로 미래전망 위주로 설명하였다.

② B상담사는 주관적 예감으로 확실히 수익이 날 것 같은 상품을 권유하였다.

③ C상담사는 중요한 사실이 아니고 오히려 그것을 설명함으로써 고객의 판단에 혼선을 줄 수 있는 사항을 설명하지 않았다.

④ D상담사는 고객을 강하게 설득하기 위해 투자성과가 보장된다고 설명하였다.

20 금융투자업종사자의 회사에 대한 의무로 옳은 것은?

① 지적재산물의 처분권한은 원칙적으로 개발자에게 있다.

② 금융투자업종사자가 대외활동을 할 경우에는 고객, 회사와의 이해상충뿐만 아니라 주주와의 이해상충도 발생하지 않도록 필요한 준법절차를 밟아야 한다.

③ 성희롱방지도 넓은 의미의 직무전념의무에 해당한다.

④ 회사에 대한 선관주의의무는 퇴직시점에 종료된다.

21 금융투자업종사자의 대외활동 규제에 대한 설명 중 잘못된 것은?

① 익명성이 보장되는 경우에도 비공개를 요하는 정보는 언급하지 않아야 한다.

② 정기적 정보제공이나 경미한 것은 준법감시인에게 사전 보고하지 않아도 된다.

③ 임직원－고객 간 이메일은 회사 내 컴퓨터를 이용하는 경우에 한하여 표준내부통제기준 및 관계법령이 적용된다.

④ 비밀정보인지 불명확한 경우 준법감시인의 사전 승인을 받아야 한다.

22 준법감시제도에 대한 설명 중 잘못된 것은?

① 내부통제기준은 임직원이 직무를 수행함에 있어서 준수하여야 할 적절한 기준 및 절차를 의미한다.

② 내부통제기준의 제정 및 개정은 이사회 결의를 거쳐야 한다.

③ 준법감시인은 회사경영 및 영업활동 등 업무전반에 대한 준법감시 프로그램을 구축하고 운영해야 한다.

④ 내부고발자가 인사상 불이익을 받은 경우 준법감시인은 회사에 대해 시정을 요구할 수 있으나, 회사가 이에 응해야 할 의무는 없다.

23 투자자와의 금융분쟁에 대한 설명 중 잘못된 것은?

① 금융분쟁은 금융수요자 등이 금융업무와 관련하여 이해관계가 발생함에 따라 금융기관을 상대로 제기하는 분쟁이다.

② 금융 관련 기관이 금융 관련 기관을 상대로 제기하는 분쟁은 금융분쟁에 해당하지 않는다.

③ 금융분쟁은 주로 금융투자업자에게 부여하는 의무 이행 여부가 쟁점이 된다.

④ 금융투자업 영위과정에서 거래관계가 수반되는 권리·의무에 대한 상반된 주장을 분쟁이라는 형태로 도출하는 것이다.

24 다음 중 금융상품판매업자의 불공정영업행위 금지의무와 거리가 먼 것은?

① 업무와 관련하여 편익을 요구하거나 제공받는 행위

② 특정 대출상환방식을 강요하는 행위

③ 대출계약 성립일로부터 3년 경과 후 중도상환수수료를 부과하는 행위

④ 연계제휴서비스 등이 있는 경우 이를 부당하게 축소하거나 변경하는 행위

25 금융투자상품 관련 분쟁의 유형 및 책임에 대한 설명이 잘못된 것은?

① 금융투자회사의 직원이 임의매매한 경우 민사상 손해배상책임뿐만 아니라 형사처벌도 받을 수 있다.

② 과도한 매매는 고객충실의무에 위반하는 행위로 민사상 손해배상책임이 발생할 수 있다.

③ 불완전판매는 부당권유행위라고 볼 수는 없으므로 불법행위에 해당되지는 않는다.

④ 설명의무를 제대로 하지 않아 위험성에 대한 투자자의 인식형성을 방해하면 부당권유행위에 해당되어 민사상 손해배상책임을 질 수 있다.

26 우리나라 자금세탁방지제도(CDD, STR, CTR)를 규정하고 있는 법률로 올바른 것은?

① 특정금융거래보고법

② 전자금융거래법

③ 자본시장법

④ 조세특례제한법

27 해외금융계좌 납세자협력법(FATCA)의 적용대상자와 거리가 먼 것은?

① 미국 시민권자

② 미국 영주권자

③ 외국인 중 세법상 미국 거주자

④ 한국과 중국 국적을 모두 보유한 이중국적자

28 자금세탁방지제도에 대한 설명 중 잘못된 것은?

① 금융회사는 고객확인·의심거래·고액현금거래 자료 등을 고객과의 거래관계 종료 후 5년 이상 보존하여야 한다.

② 실명이 확인된 계좌에 보유하고 있는 자산은 명의자 소유로 추정한다.

③ 금융기관 등은 100만원을 초과하는 모든 국내·외 전신송금에 대하여 고객과 관련된 정보를 확인하고 보관해야 한다.

④ CDD는 회사가 자금세탁 등에 임직원이 이용되지 않도록 하기 위해 임직원을 채용(재직 중 포함)하는 때에 그 신원사항을 확인하는 것을 말한다.

29 펀드판매절차에 대한 설명으로 가장 거리가 먼 것은?

① 투자자정보 파악 절차를 거부하는 경우 투자자의 서명을 받고 투자자가 요구하는 펀드를 판매해야 한다.

② 투자자정보 확인서를 통하여 본인의 투자성향을 알려주고 그 과정과 의미를 설명해야 한다.

③ 투자자가 투자자성향에 따른 권유 펀드를 거부하고 더 높은 위험수준의 펀드 매수를 요청하는 경우 부적합 금융투자상품 거래 확인서를 받고 판매하거나 거래를 중단해야 한다.

④ 투자자가 펀드매수를 원치 않으면 해당 펀드를 이해할 때까지 좀 더 쉽고 자세하게 설명해야 한다.

30 투자권유에 대한 설명 중 잘못된 것은?

① 투자자가 투자권유를 희망하지 않아 투자자정보를 제공하지 않는 경우에는 향후에도 투자권유를 할 수 없음을 알려야 한다.

② 투자권유가 없었는데 고객이 스스로 찾아와서 파생상품 등을 판매하게 된 경우에는 그 투자자의 투자정보를 파악하지 않아도 된다.

③ 집합투자증권의 경우에는 투자자가 투자설명서 교부를 별도로 요청하지 않는 경우 간이투자설명서 교부로 갈음할 수 있다.

④ 위험이 높지 않은 상품만 거래하는 투자자는 별도의 투자자정보 확인서를 사용하여 투자자정보를 간략하게 파악할 수 있다.

31 설문이나 답변 등을 통하여 부적합한 상품을 제거해 나가는 투자성향 분류방식은?

① 점수화방식
② 추출방식
③ 혼합방식
④ 상담보고서방식

32 임의식 수익증권저축의 내용과 거리가 먼 것은?

① 저축기간을 정하지 않는다.
② 저축금액을 정하지 않는다.
③ 추가납입이 가능하다.
④ 일부인출이 불가능하다.

33 납세의무의 성립시기가 잘못된 것은?

① 소득세, 법인세 – 과세기간이 종료하는 때
② 원천징수하는 소득세·법인세 – 소득금액·수입금액이 확정되는 때
③ 증여세 – 증여에 의하여 재산을 취득하는 때
④ 상속세 – 상속이 개시되는 때

34 세법상 제2차 납세의무자에 해당하지 않는 자는?

① 사업양수인
② 법 인
③ 출자자
④ 법정대리인

35 소득이 장기간에 걸쳐 발생되거나 비경상적으로 발생된 것으로 종합소득과 구분하여 각 소득별로 소득세를 과세하는 방법으로 옳은 것은?

① 종합과세
② 분리과세
③ 분류과세
④ 비과세

36 세법상 일부손익 과세제외 규정에 따라 과세제외되는 경우에 해당하는 것은?

① 재간접펀드에서 발생한 소득
② 국채에서 발생한 소득
③ 비상장주식에서 발생한 소득
④ 주식옵션에서 발생한 소득

37 우리나라의 대표적인 집합투자기구 형태로 올바른 것은?

① 투자신탁
② 투자회사
③ 투자유한회사
④ 투자합자회사

38 증권신고서를 제출하지 않아도 되는 경우에 해당하는 것은?

① 투자신탁의 수익증권을 발행하고자 하는 경우
② 투자회사의 증권을 발행하고자 하는 경우
③ 투자조합의 조합원을 모집하려고 하는 경우
④ 특수채증권을 발행하고자 하는 경우

39 일괄신고서제도에 대한 설명 중 잘못된 것은?

① 최초 신고 시 일정 기간 동안 모집하거나 매출할 증권의 총액을 미리 정해야 한다.

② 정해진 기간과 금액 범위 내에서는 해당 집합투자업자가 자신의 고유 권한으로 그 증권을 추가 발행할 수 있다.

③ 집합투자업자는 최초 신고 이후에는 증권이 추가 발행되어도 증권신고서를 추가로 제출할 의무가 없다.

④ 일괄신고서는 폐쇄형집합투자기구가 증권발행을 효율적으로 하기 위해 도입되었다.

40 증권신고서의 내용에 대하여 금융위원회가 정정신고를 요구할 수 있는 사유와 거리가 먼 것은?

① 증권신고서의 형식이 갖추어지지 않은 경우

② 증권신고서 주요 사항에 대하여 거짓으로 기재한 경우

③ 증권신고서 주요 사항이 누락된 경우

④ 집합투자업자의 보수가 높은 경우

41 집합투자기구 등록 시 1억원의 자본금을 요건으로 하는 집합투자기구와 거리가 먼 것은?

① 투자신탁   ② 투자회사

③ 투자유한회사   ④ 투자합자회사

42 수익자총회의 결의가 필요한 신탁계약 변경사항에 해당하는 것은?

① 보수 및 수수료의 인하

② 판매회사의 변경

③ 폐쇄형에서 개방형으로 변경하는 경우

④ 신탁계약기간을 변경하는 경우

43 다음 중 부동산집합투자기구로 보기 힘든 것은?

① A집합투자기구는 부동산투자회사가 발행한 주식에 51%를 투자하였다.
② B집합투자기구는 부동산개발회사가 발행한 증권에 61%를 투자하였다.
③ C집합투자기구는 부동산투자목적회사가 발행한 지분증권에 60%를 투자하였다.
④ D집합투자기구는 부동산이 대부분을 차지하는 상장법인의 지분에 61%를 투자하였다.

44 다음 중 금융소비자보호법상 금융위원회의 판매제한명령에 대한 설명이 잘못된 것은?

① 금융위원회가 판매제한명령권을 행사하려면 명령대상자에게 명령의 필요성 및 판단근거, 절차 및 예상시기, 의견제출방법 등을 사전에 고지해야 한다.
② 금융위원회는 명령 발동 전에 명령대상자에게 의견을 제출할 수 있는 충분한 기간을 보장해야 한다.
③ 금융위원회는 명령 발동 후 지체 없이 그 내용을 홈페이지에 게시해야 한다.
④ 판매제한명령을 하면 신규판매행위를 중단하더라도 판매제한명령권 행사를 중단할 수 없다.

45 자본시장법상 집합투자기구의 종류에 대한 설명으로 잘못된 것은?

① 일반투자자가 가장 많이 투자하는 집합투자기구는 증권집합투자기구이다.
② 부동산개발과 관련된 법인에 대한 대출은 부동산 관련 자산에 포함되지 않는다.
③ 와인, 그림, 날씨 등에 투자하는 집합투자기구는 특별자산집합투자기구에 해당한다.
④ 혼합자산집합투자기구는 어떤 자산이든 투자비율의 제한 없이 투자할 수 있다.

46 특수한 형태의 집합투자기구에 대한 설명으로 잘못된 것은?

① 자산총액의 20%를 초과하여 시장성 없는 자산에 투자하는 경우에는 환매금지형집합투자기구로 설정해야 한다.

② 종류형집합투자기구라도 집합투자업자 및 신탁업자의 보수는 클래스별로 차별화하지 못한다.

③ 전환형집합투자기구의 경우 투자기구 간 교체를 위해 투자기구를 환매하는 경우에는 교체시점에 환매수수료를 징수한다.

④ 모자형집합투자기구는 다수의 투자기구 대신 하나의 투자기구만 운용할 수 있게 되므로 운용의 집중도를 높일 수 있다는 장점이 있다.

47 사모집합투자기구에 대한 설명으로 가장 거리가 먼 것은?

① 공모에 의하지 아니하고 해당 집합투자기구의 집합투자증권을 매각하여 투자기구를 설정하는 것이다.

② 투자자의 수가 적으므로 공모보다 제약이 낮은 수준으로 규제하고 있다.

③ 사모투자자는 그 자산에 대하여 어느 정도 이해하고 투자하는 것으로 간주한다.

④ 공모집합투자기구에 적용되는 규정 중 투자광고규정은 적용이 배제되지만, 회계감사인의 손해배상책임의무에 대한 규정은 적용된다.

48 파생상품펀드에 대한 설명으로 가장 거리가 먼 것은?

① 주가연계파생상품의 기초자산은 지수뿐만 아니라 개별종목도 가능하다.

② 증권사는 파생결합증권을 발행하고, 운용사는 주가연계 파생결합증권을 편입한 구조화펀드를 제공한다.

③ 금융공학펀드(또는 델타펀드)는 장외파생상품을 이용한 펀드이다.

④ 기초자산이 두 종목으로 구성된 원금비보존형 파생상품펀드는 두 종목의 상관관계가 낮을수록 쿠폰이 높다.

49 특별자산펀드에서 펀드재산의 50%를 초과하여 투자해야만 하는 특별자산에 해당하지 않는 것은?

① 특별자산이 신탁재산의 50% 이상을 차지하는 수익증권
② 선박투자회사가 발행한 주식
③ 사회기반시설사업의 시행을 목적으로 하는 법인이 발행한 주식과 채권
④ 부동산투자회사가 발행한 주식

50 신탁의 기본구조에 대한 설명 중 잘못된 것은?

① 대부분의 신탁은 유언에 의하여 설정된다.
② 신탁이 설정되면 신탁재산의 소유자 및 권리자는 위탁자에서 수탁자로 변경된다.
③ 신탁 원본과 이익은 모두 수익자에게 귀속된다.
④ 수익자는 수탁자를 감시하고 감독할 권한이 있다.

51 다음 중 재산신탁과 거리가 먼 것은?

① 증권신탁
② 특정금전신탁
③ 부동산신탁
④ 무체재산권신탁

52 신탁상품의 판매에 대한 설명 중 잘못된 것은?

① 지정형 특정금전신탁의 경우 반드시 투자자정보를 확인해야 하며, 불원 또는 미제공 시 신탁계약을 체결할 수 없다.

② 특정금전신탁의 경우에는 일반적인 신탁상품에 대하여 설명하는 사항 이외에 추가로 설명해야 하는 것이 있다.

③ 전문투자자라 할지라도 상품설명서 및 상담확인서를 징구해야 한다.

④ 여러 신탁재산을 집합하여 운용하는 행위는 금지된다.

53 주식투자분석에 대한 설명으로 잘못된 것은?

① 주가매출액비율(PSR : Price Sales Ratio)은 주가를 주당매출액으로 나누어 계산한다.

② 주가수익비율(PER : Price Earning Ratio)은 주가가 주당순이익의 몇 배인가를 나타내는 지표이다.

③ 주가순자산비율(PBR : Price to Book value Ratio)은 주가를 주당순자산으로 나누어 계산한다.

④ PBR은 부(−)의 EPS 기업에는 적용할 수 없다.

54 말킬(B. G. Malkiel)의 채권가격정리에 대한 설명으로 잘못된 것은?

① 채권가격과 채권수익률은 반비례 관계에 있다.

② 장기채가 단기채보다 일정한 수익률 변동에 대한 가격 변동폭이 크다.

③ 만기가 일정할 때 수익률 하락에 의한 가격 상승폭이 같은 폭의 수익률 상승에 의한 가격 하락폭보다 작다.

④ 표면이자율이 낮은 채권이 높은 채권보다 일정한 수익률 변동에 따른 가격 변동률이 크다.

55 다음의 신용등급을 가진 채권 중 다른 조건이 일정하다고 가정했을 때, 채권금리가 가장 높다고 볼 수 있는 것은?

① BB등급 회사채

② AAA등급 은행채

③ AA등급 회사채

④ 국고채

56 다음 중 절대적 위험지표로 옳은 것은?

① 공분산(Covariance)

② 표준편차(Standard Deviation)

③ 초과수익률(Excess Return)

④ 상대 VaR(Relative VaR)

57 펀드운용의 3단계 중 계획단계가 순서대로 나열된 것은?

① 투자방침 설정 ⇨ 투자자의 투자목적(수익·위험)과 제약요인 파악 ⇨ 투자대상자산의 위험 및 기대수익률 계산 ⇨ 전략적 자산배분 결정

② 투자자의 투자목적(수익·위험)과 제약요인 파악 ⇨ 투자방침 설정 ⇨ 투자대상자산의 위험 및 기대수익률 계산 ⇨ 전략적 자산배분 결정

③ 투자방침 설정 ⇨ 투자대상자산의 위험 및 기대수익률 계산 ⇨ 투자자의 투자목적(수익·위험)과 제약요인 파악 ⇨ 전략적 자산배분 결정

④ 투자자의 투자목적(수익·위험)과 제약요인 파악 ⇨ 투자대상자산의 위험 및 기대수익률 계산 ⇨ 투자방침 설정 ⇨ 전략적 자산배분 결정

58 다음 중 펀드의 유형에 대한 적절한 설명으로 모두 묶인 것은?

> ㉠ 수익·위험구조 및 벤치마크가 유형분류의 기준이 되기도 한다.
> ㉡ 펀드의 유형이 바뀌면 펀드의 상대적인 우열(순위 등)이 바뀔 수 있다.
> ㉢ 펀드평가회사에 따라 펀드의 유형이 달라질 수 있다.

① ㉠, ㉡   ② ㉠, ㉢   ③ ㉡, ㉢   ④ ㉠, ㉡, ㉢

59 채권투자 성과를 이자수익과 자본손익으로 구분하여 측정하고자 한다. 2년 만기 은행채를 4%에 매입하여 1년간 보유한 후 4.5%에 매도할 때의 투자수익률로 옳은 것은?
(단, 매도 시 듀레이션은 1로 가정)

① 연 3.5%   ② 연 4.0%   ③ 연 4.5%   ④ 연 5.0%

60 A펀드의 성과지표가 다음과 같을 때, A펀드의 베타 값으로 옳은 것은?

A펀드		무위험수익률	시장수익률 (벤치마크 수익률)
수익률	젠센의 알파		
30%	10%	5%	20%

① 0.8   ② 1.0   ③ 1.2   ④ 1.5

61 다음 중 지분증권과 거리가 먼 것은?

① 주 권
② 신주인수권이 표시된 것
③ 출자지분
④ 지급청구권이 표시된 것

62 다음 중 장내파생상품시장의 거래에 해당하지 않는 것은?

① 한국거래소 규정에 따라 장내에서 이루어지는 코스피200 선물거래
② 한국 금융기관에서 환위험을 방지하기 위해 이루어지는 선물환거래
③ 런던 금속거래소 규정에 따라 장외에서 이루어지는 금속거래
④ 미국 선물협회 규정에 따라 장외에서 이루어지는 외국환거래

63 파생상품펀드에 대한 설명 중 잘못된 것은?

① 자본시장법에서 독립된 하나의 펀드로 명시적으로 인정하고 있지 않다.
② 펀드재산의 50%를 초과하여 파생결합증권에 운용하는 펀드이다.
③ 파생상품매매에 따른 위험평가액이 펀드자산총액의 10%를 초과하여 투자할 수 있는 펀드이다.
④ MMF도 예외적인 경우에는 파생상품에 투자할 수 있다.

64 모든 펀드에 공통적으로 적용되는 운용규제에 대한 설명 중 잘못된 것은?

① 동일종목의 파생결합증권에 투자하는 경우 펀드자산총액의 30%까지 투자할 수 있고, 사모펀드의 경우에는 100%까지 투자할 수 있다.

② 펀드재산으로 파생상품을 매매하는 경우 파생상품 매매에 따른 위험평가액이 순자산총액의 100%를 초과할 수 없다.

③ 파생상품의 기초자산 중 동일법인이 발행한 증권의 가격변동으로 인한 위험평가액이 각 펀드자산총액의 20%를 초과할 수 없다.

④ 같은 거래 상대방과의 장외파생상품 매매에 따른 거래 상대방 위험평가액이 각 펀드자산총액의 10%를 초과할 수 없다.

65 다음 중 금융투자상품에 포함되지 않는 것은?

① RP   ② CD   ③ ETF   ④ ELS

66 투자자 등급별로 차등화된 투자권유준칙을 고려할 경우 가장 적절하지 않은 것은?

① 만 65세 이상의 투자자에게 파생상품 등의 투자권유를 하지 않았다.

② 만 65세 이상이면서 파생상품 등에 대한 투자경험이 1 ~ 3년인 투자자에게 원금손실률이 20% 미만인 파생결합증권에 대해 투자권유를 하였다.

③ 만 65세 미만의 투자자에게 원금손실률이 20% 미만인 파생결합증권에 대해 투자권유를 하였다.

④ 만 65세 미만이면서 파생상품 등에 대한 투자경험이 1 ~ 3년인 투자자에게 장외파생상품에 대해 투자권유를 하였다.

67 파생상품펀드에 적용되는 강화된 투자자보호제도와 거리가 먼 것은?

① 부당권유 규제   ② 적정성의 원칙

③ 차등화된 투자권유 준칙 마련   ④ 투자권유대행인의 투자권유 제한

68 워런트 투자에 대한 설명과 거리가 먼 것은?

① 선물투자와 같은 선형구조의 수익 추구가 가능하다.

② 레버리지 효과, 즉 적은 자본을 투자하여도 큰 자본을 투자하는 효과를 얻을 수 있다.

③ 기초자산의 가격 변동에 따른 수익을 얻으면서도 원금보존 추구형이 가능하다.

④ 가격 위험과 신용 위험에 동시에 노출된다.

69 다음 빈칸에 들어갈 용어를 순서대로 바르게 나열한 것은?

> 파생결합증권 편입 시 원금이 거래 상대방에게 제공될 때 (   )이라고 하며, 원금 교환 없이 이자만 교환할 때 (   ) 또는 (   )이라고 한다.

① Unfunded Swap, Funded Swap, CD Swap

② Funded Swap, Unfunded Swap, CD Swap

③ CD Swap, Unfunded Swap, Funded Swap

④ Funded Swap, Unfunded Swap, FX Swap

70 다음 중 주가연계증권(ELS)에 대한 설명으로 잘못된 것은?

① 주가연계증권(ELS)의 기초자산은 대개 개별주가나 국내·국외 주가지수를 이용한다.

② 수익구조가 미리 확정되어 있기 때문에 증권사의 신용도와는 관련이 없다.

③ 증권사에서 발행하며 수익구조는 기초자산에 연동된다.

④ 증권사는 만기 또는 조기상환 시 기초자산 가격에 따라 원리금을 지급하여야 한다.

71 워런트 투자의 수익률은 참여율에 의하여 결정된다. 만일 기초자산이 KOSPI200 지수이고 참여율이 40%인 유럽형 콜옵션에 투자하였다면, 만기에 KOSPI200 지수가 30% 상승하였을 때 워런트 수익률은 얼마인가?

① 10%   ② 12%   ③ 14%   ④ 16%

72 3개월 동안 CD 91일물이 0% 이상 7% 이하에 있는 일수를 계산한 후, 3개월 동안의 전체 일수로 나누어 쿠폰을 결정하는 상품으로 옳은 것은?

① 스프레드(Spread)
② 레인지(Range)
③ 레인지 어크루얼(Range Accrual)
④ 디지털(Digital)

73 다음 중 지수가 10% 상승하면 펀드는 10% 수익이 나고, 지수가 10% 하락하면 10% 손실을 보는 펀드로 옳은 것은?

① 파생형 인덱스펀드
② 리버스(Reverse) 인덱스펀드
③ 시스템 운용형(Managed Futures) 펀드
④ 시장 중립형(Market Neutral) 펀드

74 포트폴리오 보험형 펀드의 투자기법과 가장 거리가 먼 것은?

① 방어적 풋전략
② Covered Call전략
③ 시간 불변 포트폴리오 보존전략(TIPP)
④ 이자추출전략

75 다음 중 환리스크 헤지에 대한 설명으로 잘못된 것은?

① 현물환 매입·선물환 매도의 FX Swap은 펀드 만기와 선물환 만기가 일치하지 않을 경우 추가자금이 필요하므로 가장 꺼리는 방법이다.
② 현물환 매입·선물 매도의 Block Deal은 선물의 경우 만기 때마다 만기이월해야 한다.
③ 통화옵션도 활용 가능한 상품이다.
④ 무비용전략(옵션의 매입 + 매도)을 활용하여 다양한 합성선물 포지션을 만들어 초기자금 부담을 경감하는 방법도 있다.

76 선물 근월물의 가격이 100, 원월물의 가격이 105인 상태에서 원월물의 가격이 급격히 상승하면서 가격차이가 급격히 커졌다. 이때 투자자가 이 스프레드가 다시 좁아질 것으로 예상할 경우 바람직한 투자전략으로 옳은 것은?

① 근월물 매수·원월물 매도
② 근월물 매도·원월물 매수
③ 근월물 매수·원월물 매수
④ 근월물 매도·원월물 매도

77 행사가격이 낮은 풋옵션을 매수하고 행사가격이 높은 풋옵션을 매도하는 전략은?

① 스트랭글 매도
② 풋 레이쇼 버티컬 스프레드
③ 풋 약세 스프레드
④ 풋 강세 스프레드

78 이색옵션에 대한 설명으로 옳은 것은?

① 낙아웃 옵션(Knock-Out Option)은 만기 이전에 기초자산의 가격이 경계수준(Barrier)을 건드리면 옵션이 유효화된다.
② 리버스 컨버터블(Reverse Convertible)은 채권 매수에 콜옵션 매도 포지션이 첨가된다.
③ 파생결합증권에 사용되는 옵션은 주로 장외옵션이다.
④ 룩백 콜옵션의 경우에는 만기까지의 최고가격이 행사가격이 된다.

79 포트폴리오 보험전략에 대한 설명으로 옳은 것은?

① 초과수익 추구라는 목표가 구조와 정확하게 일치하는 전략이다.
② 보험을 드는 것과 비슷하게 풋옵션을 매도하는 전략을 방어적 풋전략이라 한다.
③ 채권 매수와 동시에 풋옵션 매수전략을 병행하는 것을 이자추출전략이라 한다
④ 동적자산배분전략은 주식과 채권으로 자금을 운용함으로써 상승 가능성과 하락 위험 방어라는 두 가지 목표를 동시에 달성하고자 하는 전략이다.

80 어떤 파생결합증권에서 KOSPI 지수가 10% 상승 시 수익이 5%라면 지수 상승에 대한 참여율로 옳은 것은?

① 0.2   ② 0.4   ③ 0.5   ④ 0.8

81 다음 중 기초자산의 가격 하락 시 유효화되는 옵션으로 옳은 것은?

① 다운 앤 인(Down and In) 옵션
② 다운 앤 아웃(Down and Out) 옵션
③ 업 앤 인(Up and In) 옵션
④ 업 앤 아웃(Up and Out) 옵션

82 다음 중 펀드에서 파생상품의 활용에 대한 설명으로 잘못된 것은?

① 자본시장법상 활용할 수 있는 파생상품의 기초자산 종류에는 제한이 없다.
② Funded Swap은 파생결합증권에 내재된 파생상품 부분만 따로 떼어내서 거래를 체결하는 방식을 말한다.
③ 파생결합증권의 수익구조는 원금보존 여부, 중도상환 여부, 기초자산의 개수 등에 따라 분류되기도 한다.
④ 통상적으로 파생상품펀드라 하면 파생결합증권을 펀드에 편입시켜 파생결합증권의 수익구조에 따라 펀드의 수익구조가 정해지는 경우를 말한다.

83 장외파생상품의 리스크관리에 관한 설명으로 잘못된 것은?

① 자체헤징은 파생결합증권의 판매회사가 자체적으로 매매활동을 통한 수익구조를 창출하는 경우이다.

② BTB 거래란 동일한 수익구조를 가진 장외파생상품거래를 통해 다른 거래상대에게 위험을 전가하는 것이다.

③ Funded Swap은 파생결합증권의 발행금액 대부분(현재는 액면의 99% 수준)을 거래상대방에게 지급하고 중도상환 혹은 만기일에 원리금을 되돌려 받는 구조이다.

④ Unfunded Swap은 파생결합증권에 내재된 파생상품부분만 따로 떼어내서 거래를 체결하는 방식이다.

84 파생결합증권의 발행사가 자체헤지를 이용하여 리스크관리를 할 경우에 대한 설명으로 가장 올바른 것은?

① BTB 거래와 같이 자금의 유·출입이 일치한다.

② 거래 상대방에 대한 신용 위험은 존재하지 않는다.

③ 헤지수단은 장내파생상품으로 한정된다.

④ 시장 리스크의 운용결과에 따라 손익이 달라질 수 있다.

85 다음 중 파생상품펀드의 기초자산 범위의 확대에 관한 설명으로 잘못된 것은?

① 원자재 등 상품(Commodity)의 경우 파생상품보다 현물거래의 형태로 활성화되고 있다.

② 자산배분형의 경우 자산배분기능이 내재되어 있는 펀드를 통하여 안정성과 함께 기초자산의 투자수익을 추구한다.

③ 보증(Guarantee)이라는 일차상품을 시장성 있는 상품으로 발전시킨 신용부도스왑(CDS)을 필두로 신용 관련 시장의 파생상품은 폭발적으로 증가하였다.

④ 기존의 채권 등에서만 가능했던 신용 리스크에 대한 투자가 신용 관련 파생상품을 통하여 다양한 형태로 조합되면서 투자 가능 범위를 확대시키고 있다.

86 부동산펀드의 비율요건을 충족하기 위해 펀드재산의 50%를 초과하여 투자해야 하는 대상에 해당하는 것을 모두 고른 것은?

> ㉠ 부동산이 펀드재산의 50% 이상을 차지하는 집합투자증권
> ㉡ 부동산투자회사가 발행한 주식
> ㉢ 유동화증권으로서 유동화자산 가액의 70% 이상인 유동화증권
> ㉣ 사회기반시설사업의 시행을 목적으로 하는 법인이 발행한 주식과 채권

① ㉠, ㉡   ② ㉠, ㉡, ㉢   ③ ㉠, ㉢, ㉣   ④ ㉠, ㉡, ㉢, ㉣

87 부동산펀드의 상장의무에 대한 설명 중 잘못된 것은?

① 투자신탁은 상장의무가 있다.
② 투자회사는 상장의무가 있다.
③ 부동산투자유한회사는 상장의무가 있다.
④ 사모환매금지형부동산펀드는 상장의무가 없다.

88 부동산펀드가 투자할 수 있는 부동산 관련 증권과 거리가 먼 것은?

① 부동산이 펀드재산의 50% 이상을 차지하는 경우의 집합투자증권
② 부동산개발회사 발행 증권
③ 주택저당채권담보부채권
④ 선박투자회사 발행 주식

89 부동산펀드의 운용특례에 대한 설명 중 잘못된 것은?

① 부동산펀드는 금전차입이 허용된다.
② 부동산펀드는 금전대여가 허용된다.
③ 부동산펀드는 본질적 업무를 제외한 업무를 제3자에게 위탁할 수 있다.
④ 부동산펀드가 보유하는 부동산은 원칙적으로 공정가액으로 평가해야 한다.

90 다음 중 부동산펀드의 집합투자업자가 사업계획서를 작성해야 하는 경우는?

① 부동산개발사업에 투자하는 경우
② 부동산개량사업에 투자하는 경우
③ 부동산관리사업에 투자하는 경우
④ 부동산임대사업에 투자하는 경우

91 펀드의 설립국가 기준에 따른 부동산펀드의 분류로 잘못된 것은?

① 역내펀드
② 해외투자펀드
③ Off-Shore Fund
④ 역외펀드

92 임대형부동산펀드의 수익 및 위험에 대한 설명으로 잘못된 것은?

① 수익성 부동산을 매입한 후 매각을 통해 안정적인 수익을 취득하는 것이 주된 수익 모델이다.
② 분배금을 지급하며 매각을 통해 자본차익을 추구하는 펀드이다.
③ 공실률과 임대료의 상승(하락) 요인을 잘 점검해 보아야 한다.
④ 부담하는 차입금의 이자율수준이 레버리지 효과를 누리기에 적정한지 점검할 필요가 있다.

93 경·공매형부동산펀드에 대한 설명으로 잘못된 것은?

① 경매 또는 공매 등을 통해 주로 업무용 부동산 또는 상업용 부동산 등을 저가에 취득한다.

② 매각차익만을 획득하거나 또는 임대수익과 매각차익을 동시에 획득하는 것을 주된 목적으로 한다.

③ 펀드규모가 너무 작거나 지나치게 회전율이 높은 경우, 투자 자금은 미운용자금(Idle Money)이 될 수 있다.

④ 낙찰 받은 물건의 명도 및 관리 등에 많은 시간과 비용이 소요될 위험을 갖고 있다.

94 대출형부동산펀드에 대한 설명으로 잘못된 것은?

① 부동산개발사업과 관련된 법인에 대한 대출이 주된 투자대상이다.

② 대상 부동산개발사업이 차질 없이 진행될 수 있는 것인지 확인해야 한다.

③ 시공사의 신용평가등급으로 BB(−) 이상을 요구하고 있다.

④ 대출에 대한 신용보강장치가 적정한지 등을 점검해야 한다.

95 임대형부동산펀드에 대한 점검사항으로 거리가 먼 것은?

① 임대료
② 공실률
③ 시공사의 신용수준
④ 매입가격

96 다음 중 자산시장에 관한 설명으로 거리가 먼 것은?

① 대체원가(Replacement Cost)가 시가보다 낮아서 개발이익이 발생하면 개발이 결정되는 시장이다.

② 자산시장의 수급에 따라서 해당 부동산시장의 시장요구 자본환원율(Market Required Capitalization Rate) 수준이 결정된다.

③ 시장요구 자본환원율은 자산시장의 거래지표가 될 수 있다.

④ 자산시장의 현금흐름과 시장요구 자본환원율을 알면 부동산의 시장가격을 추정할 수 있다.

97 부동산시장 실패로 인한 정부의 개입 근거로 올바른 것으로만 모두 묶인 것은?

> ㉠ 완전경쟁시장   ㉡ 독과점
> ㉢ 정보의 비대칭성   ㉣ 외부효과
> ㉤ 상품의 동질성

① ㉠, ㉡, ㉢   ② ㉠, ㉣, ㉤   ③ ㉡, ㉢, ㉣   ④ ㉡, ㉣, ㉤

98 거시경제변수와 부동산의 관계에 대한 설명으로 옳은 것은? (단, 다른 변수는 일정)

① 경제성장률이 상승하면 임대료가 상승한다.
② 금리가 상승하면 부동산가격도 상승한다.
③ 통화량이 증가하면 물가가 하락하고 부동산가격도 하락한다.
④ 부동산가격은 주가에 선행한다.

99 **대안투자**(부동산투자)의 특성에 대한 설명으로 잘못된 것은?

① 투자대상으로 짧은 역사를 가졌다.
② 전통적인 투자에 비하여 유동성이 낮다.
③ 전통적인 자산보다 환금성이 낮기 때문에 비용이 저렴하다.
④ 전통적인 투자자산과의 상관관계가 낮다.

100 경기수준이나 인플레이션으로 인한 부동산 또는 부동산 관련 유가증권의 가격변동 위험을 관리하는 방법으로 활용되는 방안인 것은?

① 파생금융상품   ② 각종 사전옵션계약
③ 풋백옵션   ④ 장기운용계약

제1과목 • 펀드일반

01 ①	02 ①	03 ③	04 ④	05 ④
06 ①	07 ④	08 ②	09 ③	10 ②
11 ④	12 ③	13 ④	14 ④	15 ①
16 ④	17 ①	18 ④	19 ④	20 ②
21 ③	22 ①	23 ④	24 ④	25 ②
26 ④	27 ①	28 ①	29 ①	30 ②
31 ①	32 ③	33 ④	34 ②	35 ④
36 ①	37 ①	38 ④	39 ④	40 ④
41 ④	42 ③	43 ②	44 ②	45 ②
46 ①	47 ②	48 ③	49 ①	50 ①
51 ①	52 ④	53 ②	54 ④	55 ①
56 ③	57 ④	58 ①	59 ②	60 ②

제2과목 • 파생상품펀드

61 ①	62 ②	63 ③	64 ④	65 ③
66 ②	67 ③	68 ①	69 ②	70 ③
71 ③	72 ③	73 ④	74 ④	75 ①
76 ④	77 ④	78 ①	79 ②	80 ④
81 ④	82 ①	83 ④	84 ②	85 ①

제3과목 • 부동산펀드

86 ②	87 ④	88 ②	89 ④	90 ④
91 ④	92 ②	93 ④	94 ④	95 ①
96 ④	97 ④	98 ①	99 ③	100 ④

제1과목 • 펀드일반

01 집합투자가 되려면 2인 이상의 자에게 판매되어야 한다.

02 투자회사는 주권을 발행하는 형태이고, 투자신탁은 수익증권을 발행하는 형태이다.

03 수익자총회의 소집권자는 원칙적으로 집합투자업자이나, 신탁업자, 수익증권의 5% 이상 보유 수익자도 집합투자업자에게 총회소집 요구를 할 수 있다.

04 장 마감 후 거래는 불법적인 거래이므로 매수 또는 환매의 기준시점 이후에 매입 또는 환매를 청구한 투자자에게 적용되는 기준가격은 기준시점 이전에 매입 또는 환매하는 경우에 적용되는 기준가격 다음에 산출되는 기준가격을 적용해야 한다.

05 연계투자(P2P투자)는 「온라인투자연계금융업 및 이용자보호에 관한 법률」에 따른 것으로 온라인플랫폼을 통하여 투자자의 자금을 투자자가 지정한 해당 차입자에게 대출 등의 방법으로 자금을 공급하고 그에 따른 원리금수취권을 투자자에게 제공하는 것이다.

06 요청받지 않은 투자권유행위는 원칙적으로 금지되지만 증권과 장내파생상품에 대한 투자권유행위는 가능하다.

07 환매수수료는 환매금액 또는 이익금을 기준으로 부과하며, 징수한 환매수수료는 당해 집합투자재산에 귀속된다.

08 집합투자증권의 판매가격과 환매가격은 매수청구 또는 환매청구를 받은 이후에 최초로 산출되는 순자산가치(미래가격)를 기준으로 하며, 순자산가치 대비 할인 또는 할증이 금지된다.

09 투자신탁재산의 효율적 운용을 위하여 불가피한 경우 집합투자업자 자신의 명의로 직접 투자대상 자산을 취득·처분할 수도 있다.

10 환매대금은 금전으로 지급하는 것이 원칙이나, 집합투자자 전원의 동의를 얻은 경우 집합투자재산으로 지급할 수 있다.

11 집합투자업자는 원칙적으로 성과보수를 받을 수 없다. 다만, 사모집합투자기구인 경우와 공모집합투자기구라도 투자자보호 및 거래질서를 저해하지 않는 경우로서 일정한 요건을 충족하는 경우에는 예외적으로 성과보수를 받을 수 있다.

12 이해관계인과의 거래제한규정에도 불구하고 ETF 설정 목적으로 이해관계인과의 거래를 할 수 있다.

13 ㉠, ㉡, ㉢, ㉣, ㉤, ㉥, ㉦ 모두 금융상품판매대리·중개업자에 대한 금지행위에 해당한다.

14 금융투자상품이 전문화, 다양화되고 복잡한 첨단 금융상품이 나오면서 정보비대칭 문제가 발생하였으며, 이로 인해 금융투자업종사자에게는 직무윤리의 필요성이 더욱 강조된다.

15 충실의무에 대한 내용이다.

16 자본시장법은 금융소비자의 보호대상을 금융투자상품으로 정의하고 있으나, 금융소비자보호법은 금융소비자의 보호대상을 '금융상품'으로 정의하여 투자성 있는 금융투자상품뿐만 아니라 예금성상품, 대출성상품, 보험성상품까지 그 범위를 확대 적용하고 있다.

17 Know-Your-Customer-Rule(고객알기의무)에 대한 내용이다.

18 금융소비자 내부통제위원회는 설치가 의무화 되어 있고, 대표이사를 의장으로 한다.

19 고객에 대하여 투자권유와 투자관리 등의 서비스를 제공함에 있어서 이익을 확실하게 보장하는 듯한 표현을 사용해서는 안 된다. 자본시장법에서는 금융투자업자가 금융상품의 매매, 그 밖의 거래와 관련하여 투자자가 입을 손실의 전부 또는 일부를 보전하여 줄 것을 사전에 약속하는 행위, 투자자가 입은 손실의 전부 또는 일부를 사후에 보전하여 주는 행위, 투자자에게 일정한 이익을 보장할 것을 사전에 약속하는 행위, 투자자에게 일정한 이익을 사후에 제공하는 행위를 금지하고 있다.

20 투자자문업자 또는 투자일임업자는 계약으로 정한 수수료 외의 대가를 추가로 받는 행위는 금지된다.

21 금융당국이나 금융투자협회가 회사의 주요 내부정보를 요구하는 경우에 임직원은 상위 결재권자 및 준법감시인에게 그 사실을 지체 없이 보고해야 한다.

22 회원의 제명권은 금융투자협회의 제재내용이다.

23 준법감시인은 내부고발자 또는 내부통제우수자를 선정하여 인사상 또는 금전적 혜택을 부여하도록 회사에 요청할 수 있다. 그러나 내부고발자가 이를 원하지 않는 경우에는 그러하지 아니한다.

24 계약을 해제하면 계약이 소급적으로 실효되어 원상회복의무가 발생하고, 계약을 해지하면 해지 시점부터 계약이 실효된다.

25 보유 기간이 경과하거나 처리목적이 달성되는 등 개인정보가 불필요하게 된 경우에는 다른 법령에 따른 보존의무가 없는 경우를 제외하고 지체 없이 개인정보를 파기해야 하며, 개인정보의 처리를 위탁한 경우에는 수탁자가 안전하게 개인정보를 관리하도록 문서를 작성하고, 해당 업무를 초과한 이용이나 제3자 제공은 금지해야 한다.

26 해당 영업관리자가 준법감시업무 이외의 업무를 겸직하지 않을 것까지 요건으로 하는 것은 아니다.

27 예치단계는 불법재산을 덜 의심스런 형태로 변형하여 금융회사에 유입시키거나 국외로 이송시키는 단계, 은폐단계는 복잡한 금융거래를 거쳐 자금추적을 불가능하게 만드는 단계, 합법화단계는 충분한 반복단계를 거쳐 자금출처 추적이 불가능하게 된 불법자금을 정상적인 경제활동에 재투입하는 단계를 말한다.

28 STR은 금액 제한이 없다.

29 환매가 제한되어 있지 않는 한 언제든지 수익증권의 전부 또는 일부를 인출할 수 있다.

30 매수좌수 = 저축금액 ÷ (매수 시 기준가격/1,000)
= 10,000,000 ÷ (1,138.25/1,000)
= 8,785,416.21

31 수익증권저축제도는 수익증권현물의 양수도에 따른 업무의 번거로움·현물 보관관리에 따른 불편·현물 분실·훼손교부 시 절차의 복잡 등 수익증권현물 거래의 불편함을 해소하고 고객과 판매사 간 거래관계를 직접적으로 규율하는 수익증권저축약관을 제정·시행함으로써 투자신탁상품의 고유한 특성을 유지하면서 타 금융기관의 저축제도에 대응하기 위해 도입되었다.

32 저축기간을 일 단위로 정한 경우 최초 매수일로부터 계산하여 저축기간이 만료되는 날의 다음 영업일을 만기지급일로 한다.

33 저축자가 약정한 만기일이 도래했으나 미납입 저축금이 있는 경우 이를 납입 완료한 다음 영업일을 만기지급일로 한다.

34 투자신탁의 경우 수입시기는 당초 소득이 신탁재산에 귀속되는 때가 아니라 투자자에게 소득이 분배되는 때이다.

35 상장되지 않은 ELS(주가연계증권), DLS(파생결합증권), ELW(주식워런트증권) 등의 매매평가손익은 투자신탁이익에 포함된다.

36 ㉡㉣㉤㉥은 과세된다.

37 단기금융집합투자기구의 투자대상 단기금융상품

> • 잔존만기 6개월 이내 양도성예금증서
> • 잔존만기 5년 이내 국채증권, 잔존만기 1년 이내 지방채·특수채·사채(단, 주권관련사채, 사모사채 제외) 및 기업어음증권
> • 잔존만기 1년 이내의 금융기관이 발행·할인·매매·중개·인수·보증하는 어음
> • 단기대출
> • 금융기관 예치
> • 다른 단기금융집합투자기구의 집합투자증권 등

38 환매금지형집합투자기구가 집합투자증권을 추가로 발행 가능한 경우

> • 환매금지형집합투자기구로부터 이익분배금 범위 내에서 그 집합투자기구의 집합투자증권을 추가로 발행하는 경우
> • 기존 투자자의 이익을 해할 우려가 없다고 신탁업자로부터 확인을 받은 경우
> • 기존 투자자 전원의 동의를 받은 경우
> • 기존 투자자에게 집합투자증권의 보유비율에 따라 추가로 발행되는 집합투자증권의 우선 매수기회를 부여하는 경우

39 모자형집합투자기구와 Fund of Funds는 하나의 집합투자기구가 다른 집합투자기구에 투자한다는 면에서 비슷하다.

40 장외파생상품에 투자하는 펀드는 장내파생상품에 투자하는 위험에 해당하는 위험 외에 거래상대방위험, 계약 조기해지위험, 지급금액의 변동위험 등이 발생할 수 있다.

41 인핸스드 인덱스펀드는 액티브펀드와 달리 제한적 위험을 부담하며 추가수익전략을 수행한다.

42 발행일로부터 90일 이내에 증권시장에 상장해야 한다.

43 해외자원개발 전담회사와 특별자산에 대한 투자만을 목적으로 하는 법인이 발행한 지분증권·채무증권이 특별자산에 해당한다.

44 기존 집합투자기구를 모자형집합투자기구로 변경할 수 있으나, 둘 이상의 집합투자기구의 자산을 합하여 하나의 모집합투자기구에 이전하거나 하나의 집합투자기구의 자산을 분리하여 둘 이상의 모집합투자기구로 이전할 수 없다.

45 ETF는 주식처럼 거래되는 인덱스펀드이다.

46 농산물, 귀금속, 비철금속, 에너지자원(원유, 가스) 등과 같은 일반상품과 관련된 사업을 영위하는 회사의 지분증권에 투자하는 펀드는 자본시장법상 증권펀드에 해당한다.

47 확정된 신탁계약은 조건 등을 공시하여야 한다.

48 수탁자는 자신의 고유재산과 고객의 신탁재산을 구분하여 관리해야 한다.

49 고객별로 운용하는 단독운용 신탁상품이라 최저가입금액이 다른 상품에 비하여 높은 편이다.

50 연금신탁은 금전신탁에 해당된다. 재산신탁(금전 외 신탁)은 신탁재산이 금전이 아닌 재산인 신탁상품으로 그 유형에는 금전채권신탁, 증권신탁, 부동산신탁, 부동산권리신탁, 동산신탁, 무체재산권신탁 등이 있다.

51 특정금전신탁의 추가설명사항

> • 위탁자는 운용방법을 지정하고, 신탁회사(수탁자)는 지정된 운용방법에 따라 신탁재산을 운용한다는 사실
> • 위탁자는 운용방법 변경지정 또는 계약해지를 요구할 수 있고, 신탁회사(수탁자)는 특별한 사유가 없는 한 이에 응할 의무가 있다는 사실
> • 위탁자는 신탁회사 임직원에게 상담 요청을 할 수 있고, 신탁회사 임직원은 이에 응할 준비가 되어 있다는 사실
> • 위탁자는 신탁재산의 운용내역 및 자산의 평가가액을 조회할 수 있다는 사실

52 신탁회사의 임직원은 비지정형 금전신탁계약을 체결하기 전에 세부자산배분유형 간 구분기준, 차이점 및 예상위험수준에 관한 사항, 분산투자규정이 없을 수 있어 수익률의 변동성이 펀드 등에 비하여 더 클 수 있다는 사실, 투자자유형별 위험도를

초과하지 않는 범위 내에서만 신탁재산의 운용에 대해 투자자가 개입할 수 있다는 사실, 성과보수를 수취하는 경우 그 수취요건 및 그로 인한 잠재위험에 관한 사항 등을 설명해야 한다.

53 표면금리가 낮을수록 듀레이션은 커진다.

54 ① 주가수익비율(PER)은 기업의 단위당 수익가치에 대한 상대적인 수준을 나타내는 지표이다.
② 패턴분석 중 삼각형·깃발형은 지속형에 해당한다.
③ 기술적 분석은 수급이 아닌 다른 요인으로 발생된 주가변동을 설명하기 어렵다.

55 유동성위험(Liquidity Risk)은 신용위험(Credit Risk)에 해당하지 않는다.

56 국채가 지방채보다 안정성이 높고, 이자율은 낮다.

57 주식 인덱싱전략은 대표적인 소극적 주식운용전략이다.

58 ②③④는 상대적 위험지표이다.

59 듀레이션을 조절하는 것은 금리예측이 필요하며 적극적 채권운용전략이다.

60 성과요인 분석, 포트폴리오 분석 및 운용회사의 질적 평가는 집합투자기구의 성과원인 및 특성을 파악하는 것으로 질적(정성적) 성과평가이다. 반면, 계량적(정성적) 성과평가는 성과의 우열을 가리기 위한 것이다.

제2과목 파생상품펀드

61 내국인 또는 외국인이 발행한 금융투자상품으로서 투자자가 취득과 동시에 지급한 금전 등 외에 어떠한 명목으로든지 추가지급의무를 부담하지 않는 것은 증권이다. ELS는 증권 중 파생결합증권에 해당한다.

62 ELS는 파생결합증권이며 ETF는 수익증권, 주권은 지분증권, Futures(선물)는 파생상품이다.

63 단기금융집합투자기구(MMF)는 증권에만 투자할 수 있고, 부동산·특별자산·파생상품에는 투자할 수 없다.

64 기초자산이 동일하고 가격의 변화방향이 반대인 파생상품 거래는 각각의 위험평가액을 기준으로 상계한 후 잔여 명목계약금액을 위험평가액으로 산정할 수 있다.

65 공모펀드는 위험관리방법에 대한 신고의무가 적용된다.

66 이익발생구간, 손익이 없는 구간, 손실발생구간으로 구분해야 한다.

67 시장상황 변동에 따른 펀드재산의 손익구조변동은 매일 공시해야 한다.

68 주가연계증권(ELS)에서 발생한 소득은 배당소득으로 과세된다.

69 ① 원화 강세가 예상될 때는 디지털 구조가 적절하다.
③ 환율이 제한적으로 움직일 것으로 예상될 때는 양방향 낙아웃(Knock-Out) 구조가 유효하다.
④ 환율 변동 범위가 제한적으로 예상될 때는 낙아웃(Knock-Out) 구조가 효과적이다.

70 ① 자산배분 효과가 있다.
② 적은 투자금액으로 다양한 자산에 분산투자할 수 있다.
④ 구조가 복잡한 경우가 많다.

71 적정가 대비 낮게 거래되는 B기업의 주식을 매수하고, A기업의 주식을 매도(공매도)한다.

72 순서대로 미국식, 유럽식, 버뮤다식이 들어가야 한다. 예를 들어 만기가 한 달이라면 유럽식의 행사가능 시점은 만기시점 1회, 미국식의 행사가능 시점은 아무 때나이고, 버뮤다식은 10일, 20일, 30일의 3회로 설정되어 있는 것이다.

73 시스템 운용형 펀드에 대한 설명이다.

74 일정 비율 보험전략(Constant Proportion Portfolio Insurance Strategy)에 대한 설명이다.

75 • A기업의 수익률 = 20%($= \frac{60,000}{50,000} - 1$)

• B기업의 수익률 = 15%($= \frac{345,000}{300,000} - 1$)

⇨ W.P.수익률 = Min[A기업의 수익률, B기업의 수익률]

= 15%

∴ W.P.수익률 = 15%

76 선물거래에 관한 설명이며, 참고로 선물거래는 신용 위험을 없애기 위해서 증거금제도와 일일정산 제도를 두고 있다.

77 추가증거금은 증거금잔고가 유지증거금 미만이 되는 경우에 납부하여야 한다. 이때, 증거금은 개시 증거금 수준까지 회복시켜야 한다.

78 ② 이론선물가격이 실제선물가격보다 높을 경우 현물을 매도하고 선물을 매수하는 차익거래가 가능하다.
③ 이자율과 배당률이 동일할 때 이론선물가격은 현물가격과 같아진다.
④ 배당률이 낮아지면 이론선물가격은 높아진다.

79 통화스왑은 금리스왑과는 달리 실제 원금이 교환된다.

80 ①은 10원, ②는 20원, ③은 25원, ④는 30원이므로 ④의 시간가치가 가장 크다.

81 파생결합증권에 사용되는 옵션은 주로 장외옵션이 대부분이다.

82 스텝록 래더옵션의 경우, 기초자산의 가격이 래더 수준을 어디까지 건드리느냐에 따라 행사가격이 결정된다. 109까지 가격이 상승한 경우 래더수준의 105까지 건드린 것으로, 110까지는 가지 못했다. 따라서 행사가격은 105로 재설정되면서 최초 100 에서 105까지의 상승분에 대해 이익을 확정지급 하게 된다.

83 ② BTB 거래가 필요 없다.
③ Funded Swap에 대한 설명이다.
④ Unfunded Swap에 대한 설명이다.

84 ① 신용 리스크의 관리방안으로는 Unfunded Swap 의 활용 및 담보제공계약 등이 있다.
③ 표준적인 담보제공계약서는 별도의 법률적 자문이 필요하다.
④ 파생결합증권과 장외파생상품 거래는 상이한 양식의 계약서로 이루어져 있으므로 내용이 상충되지 않는지 충분한 검토를 하여야 한다.

85 채권형 펀드는 대체로 투자원금 규모의 환헤지를 하는 것이 보통이다.

제3과목 · 부동산펀드

86 부동산에 투자하는 방법은 단순히 부동산을 취득하여 매각하는 방법에 한하지 않고, 부동산관리, 부동산개량, 부동산임대, 부동산개발 등의 방법으로 투자하는 것도 가능하다.

87 부동산개발회사가 발행한 증권, 부동산투자목적회사가 발행한 증권, 주택저당담보부채권, 주택저당증권의 경우에는 공모·사모 구분 없이 펀드재산의 100%까지 투자할 수 있다.

88 외국 금융기관에서도 차입할 수 있다.

89 ㉠ ~ ㉅ 모두 사업계획서에 포함되어야 한다.

90 사모부동산펀드의 경우에는 대여금 회수를 위한 적절한 수단을 확보해야 한다는 요건이 적용되지 않는다.

91 펀드재산의 50%를 초과하여 '부동산과 관련된 증권'에 투자하는 부동산펀드는 증권형부동산펀드이다. '부동산과 관련된 증권'에는 부동산담보부채권이나 해외증권시장에 상장된 글로벌리츠의 집합투자증권 등을 들 수 있으며 후자에 투자하는 경우 재간접펀드가 된다.

92 국내에서 설정·설립되는 대부분의 부동산펀드는 사전특정형부동산펀드에 해당한다.

93 대표적인 위험요인은 공실률이다.

94 투자대상자산에 따라 임대형, 경·공매형, 파생상품형, 대출형, 개발형, 권리형, 증권형부동산펀드로 구분된다.

95 임대형부동산펀드에 대한 설명이다.

96 ① 부동산은 자본시장의 투자여건 변화에 상당한 영향을 받는다.
② 부동산과 경쟁하는 다른 자산에 대한 상황을 파악하여야 한다.
③ 금리상황과 향후 금리변화를 수시로 파악할 필요가 있다.

97 부동산시장의 하부시장은 공간시장, 자산시장, 개발시장으로 구성된다.

98 프로젝트 파이낸싱(PF)은 사업자의 신용이나 물적 담보가 아닌 해당 사업의 수익성을 담보로 자금을 조달하는 방법이다.

99 부동산펀드운용의 경쟁이 심화되면서 시행착오를
겪으며 성장하였다.

100 수익을 감소시키지 않고 비체계적 위험 등 전체 포
트폴리오의 위험을 감소시키기 위하여 분산투자를
할 수 있다.

제1과목 ▪ 펀드일반

01 ①	02 ④	03 ②	04 ①	05 ④
06 ②	07 ②	08 ①	09 ②	10 ②
11 ③	12 ④	13 ③	14 ④	15 ③
16 ③	17 ①	18 ④	19 ③	20 ②
21 ③	22 ④	23 ②	24 ③	25 ②
26 ①	27 ④	28 ④	29 ④	30 ④
31 ③	32 ④	33 ②	34 ④	35 ③
36 ④	37 ①	38 ④	39 ④	40 ④
41 ①	42 ④	43 ④	44 ④	45 ②
46 ③	47 ④	48 ③	49 ④	50 ①
51 ②	52 ①	53 ④	54 ③	55 ①
56 ②	57 ②	58 ④	59 ①	60 ②

제2과목 ▪ 파생상품펀드

61 ④	62 ②	63 ④	64 ③	65 ②
66 ④	67 ①	68 ①	69 ②	70 ②
71 ②	72 ③	73 ①	74 ③	75 ①
76 ①	77 ④	78 ③	79 ④	80 ③
81 ①	82 ②	83 ①	84 ④	85 ①

제3과목 ▪ 부동산펀드

86 ②	87 ③	88 ④	89 ④	90 ①
91 ②	92 ①	93 ③	94 ③	95 ③
96 ①	97 ③	98 ①	99 ③	100 ①

제1과목 ▪ 펀드일반

01 집합투자증권 판매를 위한 광고 시 과거 운용실적은 광고에 포함될 수 있다.

02 일반사무관리회사의 업무에는 투자회사운영, 주식 발행 및 명의개서, 투자회사재산의 계산, 법령 또는 정관에 의한 통지 및 공고, 이사회·주주총회의 소집 등이 포함된다.

03 대출성 상품에 대하여 일반소비자는 계약서류제공일 또는 계약체결일로부터 14일 이내에 청약을 철회할 수 있다.

04 특정 집합투자기구의 이익을 해하면서 자기 또는 제3자의 이익을 도모하는 행위는 불건전 영업행위로 금지된다. 특정 집합투자기구의 이익을 해하지 않으면서 자기 또는 제3자의 이익을 도모하는 행위는 가능하다.

05 펀드재산의 운용은 집합투자업자의 업무이다.

06 ① 투자신탁재산은 신탁업자 명의로 신탁업자가 보관한다.
③ 대부분의 유가증권은 예탁결제원이 보관한다.
④ 집합투자업자가 집합투자재산을 직접 보관하는 경우는 없다.

07 ① 투자신탁 집합투자업자는 의결권을 직접 행사할 수 있다.
③ 동일종목 투자한도를 초과하면 초과분에 한하여 의결권 행사가 제한된다.
④ 집합투자업자는 의결권 행사내용을 공시해야 한다.

08 5% 이상 보유 수익자는 집합투자업자에게 총회소집을 요구할 수 있다.

09 집합투자업자의 준법감시인은 신탁재산의 취득·처분 등의 주문서와 자산배분명세서의 적정성 및 그 이행 여부를 확인해야 한다.

10 신탁업자의 확인사항에는 ①③④ 이외에도 투자설명서가 법령 및 규약에 부합하는지 여부, 기준가격 산정의 적정성 여부(편차가 0.3% 이내이면 적정한 것), 자산운용보고서 작성의 적정성 여부, 운용지시 등의 시정요구에 대한 집합투자업자의 이행명세 등이 있다.

11 단기대출(Call Loan)은 집합투자업자가 직접 취득·처분할 수 있다.

12 원칙적으로 집합투자재산으로 금전차입과 대여가 금지된다.

13 동일법인이 발행한 지분증권 총수의 10%를 초과하여 투자할 수 없다.

14 이익상충과 정보비대칭 문제가 발생하기 때문에 직무윤리가 강조되는 것이다.

15 금리 및 변동 여부는 '대출성 상품'을 일반금융소비자에게 권유하는 경우에 설명해야 할 사항에 해당한다.

16 투자매매업자나 투자중개업자가 증권시장 또는 파생상품시장을 통하여 매매하는 경우에는 자기계약 금지규정이 적용되지 않는다.

17 정확한 표시의 방법은 구두, 문서, 이메일 등 제한이 없으므로 반드시 문서로 해야 하는 것은 아니다.

18 금융투자업자는 수수료 부과기준 및 절차에 관한 사항을 금융투자협회에 통보해야 한다. 금융투자협회는 통보받은 사항을 금융투자업자별로 비교하여 공시해야 한다.

19 투자권유는 객관적 사실에 기초하여야 하고, 사실과 의견을 구분하여야 하며, 투자성과를 보장하는 듯한 표현은 금지된다.

20 ① 지적재산물의 처분권한은 원칙적으로 회사에 있다.
   ③ 성희롱방지도 넓은 의미의 품위유지의무에 해당한다.
   ④ 회사에 대한 선관주의의무는 퇴직 후에도 상당기간 지속된다.

21 임직원 – 고객 간 이메일은 사용 장소에 관계없이 표준내부통제기준 및 관계법령이 적용된다.

22 내부고발자가 인사상 불이익을 받은 경우 준법감시인은 회사에 대해 시정을 요구할 수 있으며, 회사는 정당한 사유가 없는 한 이에 응해야 한다.

23 금융 관련 기관이 금융 관련 기관을 상대로 제기하는 분쟁도 금융분쟁에 해당한다.

24 대출계약 성립일로부터 3년 경과 후 수수료, 위약금 또는 그 밖에 어떤 명목이든 중도상환수수료를 부과하는 행위는 금지된다. 다만, 대출계약 성립일로부터 3년 이내에 상환하는 경우, 다른 법령에 따라 중도상환수수료 부과가 허용되는 경우에는 예외적으로 중도해지수수료의 부과가 가능하다.

25 불완전판매는 부당권유의 한 유형에 해당되며, 적정성의 원칙·적합성의 원칙·설명의무·손실보전약정 금지 등을 종합적으로 고려하여 민법상의 불법행위 여부를 판단하게 된다.

26 CDD, STR, CTR 등과 같은 주요 자금세탁방지제도는 특정금융거래보고법에 규정되어 있다.

27 해외금융계좌 납세자협력법(FATCA)의 적용대상자는 미국 시민권자, 미국 영주권자, 외국인 중 세법상 미국 거주자 등이다.

28 CDD는 고객확인제도이다. 회사가 자금세탁 등에 임직원이 이용되지 않도록 하기 위해 임직원을 채용(재직 중 포함)하는 때에 그 신원사항을 확인하는 것은 직원알기제도(Know Your Employee)이다.

29 투자자가 펀드매수를 원치 않으면 해당 펀드 투자권유를 중지해야 한다.

30 파생상품 등을 판매하려는 경우에는 투자권유를 하지 않더라도 면담·질문 등을 통하여 그 투자자의 투자자정보를 파악하여야 한다

31 추출방식은 설문이나 답변을 통해 부적합상품을 제거해 나가는 방식이다.

32 일부인출이 가능하다.

33 원천징수하는 소득세·법인세는 소득금액·수입금액을 지급하는 때에 납세의무가 성립한다.

34 제2차 납세의무자는 청산인, 잔여재산을 분배받은 자, 출자자, 법인, 사업양수인 등이다.

35 소득이 장기간에 걸쳐 발생되거나 비경상적으로 발생된 것으로 종합소득과 구분하여 각 소득별로 소득세를 과세하는 방법을 분류과세라 하며, 양도소득과 퇴직소득에 대해서는 분류과세방법에 의하여 과세한다.

36 일부손익 과세제외 규정이 적용되는 유가증권은 상장된 유가증권(단, 채권, 외국법령에 의한 외국집합투자기구의 주식·수익증권 제외), 증권을 대상으로 하는 장내파생상품, 벤처기업의 주식 또는 출자지분 등이다.

37 우리나라 집합투자기구의 대표적인 형태는 투자신탁이다.

38 국채, 지방채, 특수채, 국가 또는 지자체가 원리금의 지급을 보증한 채무증권 등을 발행하는 경우에는 사실상 지급불능의 위험이 없으므로 별도의 증권신고서 제출이 면제된다.

39 일괄신고서는 개방형집합투자기구가 증권발행을 효율적으로 하기 위해 도입되었다.

40 집합투자업자의 보수가 높다는 이유로 금융위원회가 정정신고를 요구할 수는 없다.

41 투자신탁 등록 시에는 자본금 1억원의 요건이 없다.

42 신탁계약기간을 변경하는 경우에는 수익자총회의 결의가 필요하다.

43 부동산이 대부분을 차지하는 상장법인의 지분에 50%를 초과하여 투자하면 증권집합투자기구에 해당한다.

44 금융위원회는 ㉠ 이미 금융소비자의 재산상 피해 발생 우려가 제거된 경우 ㉡ 신규판매행위를 중단한 경우 등의 사유가 발생한 경우 판매제한명령권의 행사를 중단할 수 있다.

45 부동산개발과 관련된 법인에 대한 대출도 부동산 관련 자산에 포함된다.

46 전환형집합투자기구의 경우 투자기구 간 교체를 위해 투자자가 집합투자증권을 환매하는 경우에는 해당 투자기구의 환매수수로 조항에도 불구하고 그 환매수수료를 적용하지 않고 유보한다. 다만, 그 투자자가 마지막으로 투자한 투자기구에서 사전에 정한 기간에 미치지 못하는 기간만 투자하고 해당증권을 환매하는 경우에는 유보했던 환매수수료를 재징수하게 된다.

47 회계감사인의 손해배상책임의무에 대한 규정도 적용되지 않는다.

48 금융공학펀드(또는 델타펀드)는 장내파생상품을 이용한 펀드이다. 장외파생상품(장외옵션)을 매입하여 운용하는 펀드는 ELF(구조화펀드)이다.

49 부동산투자회사가 발행한 주식은 부동산펀드에서 펀드재산의 50%를 초과하여 투자해야만 하는 부동산자산에 해당한다.

50 신탁은 신탁계약, 유언, 신탁선언 등에 의하여 설정되며, 대부분의 신탁은 신탁계약에 의하여 설정된다.

51 재산신탁에는 증권신탁, 금전채권신탁, 동산신탁, 부동산신탁, 부동산권리신탁, 무체재산권신탁 등이 있다.

52 불특정금전신탁 또는 비지정형 특정금전신탁의 경우 반드시 투자자정보를 확인해야 하며, 불원 또는 미제공 시 신탁계약 체결이 불가능하다.

53 PER은 부(-)의 EPS 기업에 적용할 수 없으나 PBR은 적용 가능하다.

54 만기가 일정할 때 수익률 하락에 의한 가격 상승폭이 같은 폭의 수익률 상승에 의한 가격 하락폭보다 크다.

55 위험과 수익률은 비례한다. 일반적으로 채권의 신용 위험은 '국채 < AAA등급 은행채 < AA등급 회사채 < BBB등급 회사채 < BB등급 회사채' 순이다. 그러므로 위험이 가장 높은 BB등급 회사채의 채권 금리가 가장 높다.

56

종 류	척 도
절대적 위험 (Absolute Risk)	• 표준편차(Standard Deviation) • VaR(Value-at-Risk)
상대적 위험 (Relative Risk)	• 공분산(Covariance) • 초과수익률(Excess Return) • 베타(β : Beta) • 상대 VaR(Relative VaR) • 추적오차(Tracking Error)

57 펀드운용의 3단계 중 계획단계는 '투자자의 투자목적(수익·위험)과 제약요인 파악 ⇨ 투자방침 설정 ⇨ 투자대상자산의 위험 및 기대수익률 계산 ⇨ 전략적 자산배분 결정' 순이다.

58 ㉠㉡㉢ 모두 옳은 설명이다.

59 채권투자 성과 = 이자수익 + 자본손익
  • 이자수익 = 매입금리 = 4%
  • 자본손익 = (-) × 매도 시 듀레이션 × 금리변동
          × 연율화
      = (-) × 1 × 0.5 × 1 = -0.5%
  ∴ 채권투자수익률 = 연 3.5%

60 젠센의 알파는 펀드수익률이 증권시장선의 균형수익률을 초과달성한 수익률이다.
  • 젠센의 알파 = 펀드수익률 - 증권시장선수익률
          = 펀드수익률 - {무위험수익률
            + (시장수익률 - 무위험수익률)
            × 베타}

= (펀드수익률 − 무위험수익률)

− (시장수익률 − 무위험수익률)

× 베타

⇨ 10% = (30% − 5%) − (20% − 5%) × 베타

∴ 베타 = 1.0

제2과목 ▪ 파생상품펀드

61 지급청구권이 표시된 것은 채무증권에 해당한다.

62 선물환거래는 장외파생상품시장의 거래에 해당한다. 반면 장내파생상품시장의 거래에는 국내 파생상품시장에서 거래되는 것과 해외 파생상품시장에서 거래되는 것이 있다.

63 MMF는 파생상품 투자가 불가능하다.

64 파생상품의 기초자산 중 동일법인이 발행한 증권의 가격변동으로 인한 위험평가액이 각 펀드자산 총액의 10%를 초과할 수 없다.

65 자본시장법은 원화표시 CD, 관리형신탁의 수익권, 주식매수선택권(Stock Option)을 명시적으로 금융투자상품에 해당하지 않는 것으로 정하였다.

66 만 65세 미만이면서 파생상품 등에 대한 투자경험이 1∼3년인 투자자에게는 장외파생상품에 대한 투자권유를 하지 않는 것이 바람직하다.

67 부당권유 규제는 일반적인 투자자보호제도에 해당한다.

68 워런트 투자는 비선형구조의 수익 추구가 가능하다.

69 파생결합증권 편입 시 원금이 거래 상대방에게 제공될 때는 Funded Swap이라고 하며, 원금 교환 없이 이자만 교환할 때는 Unfunded Swap 또는 CD Swap이라고 한다.

70 증권사는 만기 또는 조기상환 시 기초자산 가격에 따라 원리금을 지급하여야 하므로 투자매매업자인 증권사의 신용도는 중요하다.

71 참여율이 40%이므로 워런트 수익률은 0.3 × 0.4 = 0.12이다.

∴ 12%

72 일정 기간을 두고 기초자산에 대한 특정 조건을 만족하는 일수를 계산하여 수익을 결정하는 구조는 레인지 어크루얼(Range Accrual)이다.

73 ② 리버스(Reverse) 인덱스펀드는 지수의 움직임과 반대의 수익률을 추구하는 펀드, 즉 지수가 상승하면 손실이 발생하고, 지수가 하락하면 이익이 발생하는 펀드이다.

③ 시스템 운용형(Managed Futures) 펀드는 펀드 매니저의 주관을 배제한 채 시스템에서 보내주는 매매 신호에 따라 기계적으로 파생상품을 거래하는 펀드이다.

④ 시장 중립형(Market Neutral) 펀드는 시장의 움직임과 무관하게 사전에 정해진 목표수익률을 추구하는 절대수익(Absolute Return)추구형 펀드이다.

74 Covered Call전략은 포트폴리오 보험형 펀드의 투자기법에 해당되지 않는다.

75 현물환 매입·선물환 매도의 FX Swap이 가장 많이 쓰는 방법이다.

76 원월물이 위에 있고 근월물이 아래에 있는 상태에서 스프레드가 좁아질 것이므로, 가격이 싼 근월물을 매수하고 가격이 비싼 원월물을 매도한다.

77 행사가격이 낮은 풋옵션을 매수하고 행사가격이 높은 풋옵션을 매도하는 전략은 풋 강세 스프레드이다.

78 파생결합증권에 사용되는 옵션은 주로 장외옵션이고, 그 중에서도 이색옵션이 대부분이다.

① 낙아웃 옵션(Knock-Out Option)은 만기 이전에 기초자산의 가격이 미리 설정된 경계수준(Barrier)을 건드리면 옵션이 무효가 되도록 짜여진 옵션이다.

② 리버스 컨버터블(Reverse Convertible)은 채권매수에 풋옵션 매도 포지션이 첨가된다.

④ 룩백 콜옵션은 만기까지의 최저가격, 룩백 풋옵션은 만기까지의 최고가격이 행사가격이 된다.

79 ① 포트폴리오 보험전략은 파생결합증권의 가장 기본이 되는 구조, 즉 원금회복 구조와 정확하게 일치하는 전략이다.

② 주식포트폴리오를 보유한 상태에서 보험을 드는 것과 비슷하게 풋옵션을 매입하는 전략을 방어적 풋 전략이라 한다.

③ 채권 매수와 동시에 콜옵션 매수전략을 병행하는 것을 이자추출전략이라 한다.

80 10% 상승 시 절반인 5%의 수익이 발생하였으므로 참여율은 0.5(50%)이다.

81 일정 부분 이상 기초자산의 가격 하락 시, 유효화되는 옵션은 다운 앤 인(Down and In) 옵션이다.

82 Unfunded Swap에 대한 설명이다.

83 자체헤징은 파생결합증권의 발행사가 자체적으로 매매활동을 통한 수익구조를 창출하는 경우이다.

84 ① BTB 거래와 달리 자금 유·출입의 불일치로 인한 자금 유동성 리스크가 크다.
② 장외파생상품 이용 시에는 거래 상대방에 대한 신용 위험이 존재한다.
③ 헤지수단은 장내 및 장외파생상품 등의 제한이 없다.

85 현물거래보다 파생상품의 형태로 거래가 활성화되고 있다.

제3과목 · 부동산펀드

86 ② 특별자산펀드의 비율요건을 충족하기 위해 펀드재산의 50%를 초과하여 투자해야 하는 대상에 해당한다.

87 부동산투자유한회사는 상장의무가 없다.

88 선박투자회사 발행 주식은 특별자산에 해당한다.

89 부동산펀드가 보유하는 부동산은 원칙적으로 시가로 평가하고, 시가가 없는 경우에 공정가액으로 평가한다.

90 집합투자업자가 펀드재산으로 부동산개발사업에 투자하고자 하는 경우에는 사업계획서를 작성해야 한다.

91 국내투자펀드(Domestic Investment Fund)와 해외투자펀드(Overseas Investment Fund)는 펀드의 투자대상지역에 따른 부동산펀드의 분류이다.

92 임대형부동산펀드의 수익 모델은 임대수익과 매각차익이지만, 임대기간동안 발생하는 임대수익의 비중이 더욱 높다.

93 펀드규모가 너무 크거나 물건을 확보하지 못하는 경우, 투자 자금은 미운용자금(Idle Money)이 될 수 있다.

94 대출형부동산펀드는 시공사의 신용평가등급으로 투자적격등급인 BBB(−) 이상을 요구하고 있다.

95 임대형부동산펀드의 점검사항은 임대료, 공실률, 매입가격, 매각가격과 매각지연 등이고, 시공사의 신용수준은 대출형부동산펀드의 점검사항이다.

96 대체원가가 시가보다 낮아서 개발이익이 발생하면 개발이 결정되는 시장은 개발시장이다.

97 시장실패의 원인으로는 불완전경쟁시장, 독과점, 외부효과, 정보의 비대칭성, 상품의 개별성 등이 있다.

98 ② 금리가 상승하면 부동산가격이 하락한다.
③ 통화량이 증가하면 물가가 상승하고 부동산가격도 상승한다.
④ 부동산가격은 주가에 후행하며, 주가가 상승하면 부동산가격이 상승하는 경향이 있다.

99 대안투자는 높은 수수료를 지불한다.

100 가격 변동 위험을 관리하기 위하여 파생금융상품을 활용한다.

해커스
펀드투자
권유자문인력 최종핵심정리문제집

개정 10판 2쇄 발행 2024년 12월 9일

개정 10판 1쇄 발행 2024년 4월 3일

지은이	민영기, 송영욱 공편저
펴낸곳	해커스패스
펴낸이	해커스금융 출판팀
주소	서울특별시 강남구 강남대로 428 해커스금융
고객센터	02-537-5000
교재 관련 문의	publishing@hackers.com
	해커스금융 사이트(fn.Hackers.com) 교재 Q&A 게시판
동영상강의	fn.Hackers.com
ISBN	979-11-6999-875-8 (13320)
Serial Number	10-02-01

금융자격증 1위,
해커스금융(fn.Hackers.com)

ıİı 해커스금융

- 계산문제 완벽 대비를 위한 시험장 필수 자료! 필수계산문제집
- 금융자격증 무료 강의, 1:1 질문/답변 서비스, 시험후기/합격수기 등 다양한 금융 학습 콘텐츠
- 금융 전문 교수님의 본 교재 인강(교재 내 할인쿠폰 수록)
- 내 점수와 석차를 확인하는 무료 바로 채점 및 성적 분석 서비스

주간동아 선정 2022 올해의 교육 브랜드 파워 온·오프라인 금융자격증 부문 1위

해커스금융 단기 합격생이 말하는
투자권유자문인력 합격의 비밀!

해커스금융과 함께라면
다음 합격의 주인공은 바로 여러분입니다.

4일 단기 합격!

**익*명
합격생**

꼭 봐야하는 내용을 짚어주는 강의!

인강만 보고 합격했습니다.
'핵심포인트 해설'만 놓고 봐도 양이 방대한데 교수님께서
꼭 봐야되는 걸 짚어주셔서 그 부분만 봐도 합격 가능했습니다.
인강 없이는 중요도 높은 부분을 추려내기가 어려울 것 같아요.

3주 만에 합격!

**김*민
합격생**

문제집과 인강만으로 시험 준비!

굳이 기본서 없이도 최종핵심정리문제집만 가지고 공부하고
강의 들으면서 교수님이 알려주시는 것만 정독해도
합격할 수 있습니다. 교수님이 강의 해주신 부분만 딱 공부하니,
정말 3주도 안 되어서 합격했습니다.

취준생 단기 합격!

**박*민
합격생**

반복 학습을 통한 효율적인 공부!

문제집 1권 1회독하고, 별표 3개인 것들을 계속 외웠습니다.
바로 채점 서비스가 정말 좋았는데 합격/불합격 여부랑
석차도 나오고 과목별로 부족한 부분까지 분석해서 피드백도 해줘서
도움이 되었어요.
